KB237133

도덕교육의 교과교육학적 탐구

전 북 대 학 교
교과교육연구총서 4

도덕교육의 교과교육학적 탐구

강 두 호

도서출판 역락

발간사

이 시대 교육의 중요성에 대해서는 다시 강조해도 부족함이 없을 듯합니다. 우리 전북대학교 사범대학은 지역사회와 나라를 대표하는 교육 연구와 실천의 요람으로서 나름의 역할을 충실히 해왔음을 자부합니다. 그동안 안으로는 학문적으로 교육의 이론을 세우고, 밖으로는 이를 실천하는 우수한 선생님들을 수없이 배출해 온 역사가 이를 잘 보여준다고 믿습니다. 그러나 하루가 다르게 변화하는 교육 현실은 우리에게 또 다른 도전을 요구하고 있습니다.

특히 그동안 광범위한 영역에서 교과 교육은 있어 왔으나, 이에 관한 이론 수준의 연구가 부족했던 것이 사실입니다. 이에 우리 전북대학교 교과교육연구소는 이런 학계와 교육계의 반성을 바탕으로 교과 교육 방면의 지식 체계를 구조화할 수 있는 이론의 개발에 노력하기로 했습니다. 교과교육연구총서의 발간과 보급은 이를 뒷받침할 수 있는 사업의 하나로 기획된 것입니다.

이론 없는 실천은 공허하기 쉽습니다. 우리의 궁극적 목표는 교육 현장에서 이루어지는 것이지만, 이를 위해서는 치열한 이론 탐구가 전제되어야 합니다. 이론 제시가 토론을 낳고, 토론의 결실이 현장에 반영되고, 다시 그 결과가 이론 연구에 영향을 주어야 합니다. 학교 현장에서의 교육은 교과 교육의 형태를 띠고 있습니다. 때문에 교과 교육에 대한 이론적 연구는 어떤 연구보다 우선시되고 중요하게 여겨져야 할 것입니다. 우리 전북대학교 교과교육연구소는 앞으로도 이 점에 역점을 두고 여러 사업을 진행해 나가고자 합니다.

　우리 연구소의 노력이 총서의 형태로 결실을 맺기까지는 집필에 참여해주신 연구자 여러분은 물론이거니와, 많은 분들의 헌신적인 노고가 깃들어 있음을 잘 알고 있습니다. 우리는 이를 항상 기억하고 또 다른 결실로 보답하기 위해 노력하고자 합니다. 특히 이런 뜻깊은 사업의 취지에 동감하고 아낌없는 지원을 해주시는 전북대학교 당국의 배려에 감사의 말씀을 드립니다.

　이제 약간은 두근거리는 심정으로 우리 노력의 결과를 하나씩 세상에 내놓고자 합니다. 아무쪼록 이 총서를 접하는 많은 이들에게 의욕과 성과가 함께 하기를 기원합니다.

전북대학교 교과교육연구소장

책머리에

　도덕교육이 교과교육학의 한 분야로서 자리매김하기 시작한 것도 제
법 세월이 흘렀다. 이 책은 '도덕교육의 교과교육학적 탐구'라는 제목이
나타내고 있는 것처럼, 학교 현장에서 가르쳐지는 도덕 과목에 대하여
교과교육학의 측면에서 접근하고 있다. 사실 도덕과 교육을 주제로 하여
쓰인 서적이나 학술논문들은 의외로 많다. 이 연구들은 도덕과 교육과정
을 전문적으로 분석하는가 하면, 도덕 심리학, 도덕 교수 프로그램, 도덕
성의 측정에 중점을 두거나, 가치교육 또는 인격교육의 유형을 띠기도
한다.

　이런 배경 아래서 필자는 도덕과 교육을 이해하는 데 있어 학문의 전
반적인 동향에 비껴 있지 않으면서도 필자만의 독특한 색깔을 내보이고
싶었으며, 그 결실의 하나로서 맺어진 것이 바로 이 책이다. 필자만의 색
깔이라면 이를테면, 도덕교육의 핵심을 공동선을 추구하는 인간의 형성
에 두는 점, 도덕 주체의 속성을 존재론적 차원에서 인식하는 점, 도덕과
의 내용과 교과교육학의 접목을 시도하는 점 등을 포함한다.

　책은 필자가 근래에 도덕과 교육에 초점을 맞추어 써온 스물 한 편의
논문들을 모아서, 책의 구성체계에 맞게 다시 손질하여 엮은 것이다. 여
기에 소개된 글 가운데 13편은 한국도덕윤리과교육학회 혹은 한국윤리학
회와 같은 전국 규모 학회의 학술진흥재단 등재학술지(「도덕윤리과교육」,
「윤리연구」)에 실렸거나 학술대회(국제학술대회 포함)에서 발표된 것들이
다. 또한 2편은 기왕에 발간된 저서들에 수록된 것이고, 나머지 6편은 전
북대학교 교육대학원 학술지(「교육논총」)에 게재된 것이다.

책의 내용은 크게 세 부분으로 짜여 있다. 제1부는 도덕과 교육에 있어서 교육과정과 방향을, 제2부는 내용 주제별 실제를, 그리고 제3부는 교수·학습방법과 평가를 각각 다루고 있다. 글들이 논문의 형태를 띠고 있는 점에서, 도덕 교과 전문가인 교사들뿐만 아니라 논문을 준비 중인 도덕 교과교육 전공학도들에게도 많은 도움이 될 것으로 기대해 본다.

책을 읽는 중에 혹시 조금이라도 독자들의 혼란을 불러일으키는 부분들이 있다면, 그 책임은 전적으로 필자의 몫이다. 아무쪼록 이 책이 도덕교육 전공자들에게 작으나마 도움이 되어 주기를 바라는 마음 간절하다.

끝으로 지면을 통해서 감사하고 싶은 이들이 있다. 학문적으로 같은 길을 걷고 있는 학회의 여러 회원님들, 전북대학교 윤리교육과의 동료 교수님들께 감사드린다. 현장 교사들의 호의 또한 잊을 수 없다. 특히 몇몇 글들은 오진희, 강영화, 오현주, 송영인 등의 선생님들께 큰 빚을 지고 있다. 사랑하는 가족들을 빼놓을 수 없다. 언제나 살짝 미안한 아내 정진, 군복무를 마치고 다시 경제학도로 돌아와 열공 중인 장남 구현, 사제의 꿈을 키우며 신학도의 길을 걷고 있는 차남 구종에게 늘 고맙다. 여러 글들이 책으로 엮어져 나올 수 있게 도와주신 전북대학교 교과교육연구소장 최전승 교수님과 도서출판 역락의 이대현 대표이사님께도 깊은 감사의 마음을 표한다.

2009년 가을

나의 둥지, 온고을 진수당 연구실에서 강 두 호

제2부 도덕교육의 내용 주제별 실제

제3부 도덕교육의 교수·학습방법 및 평가

제1부 도덕교육의 교육과정과 방향

I. 윤리 연구 회고의 기초

우리나라는 초등학교로부터 중·고등학교 그리고 대학에 이르기까지 도덕·윤리에 관하여 독립된 교과 혹은 학과를 통해서 윤리의 교육과 연구를 실행하는, 세계적으로 흔치 않은 나라이다. 그러나 이것이 학문의 첫째 이념을 덕의 함양에 두어온 우리나라의 전통적인 유교적 교육관으로 보아 국민들에게 그리 낯선 모습은 아니다.

이 글이 윤리 연구에 대한 전반적인 회고를 그 목적으로 하고 있지만, 연구 대상을 일단 국민적 차원에서의 공동체(또는 사회) 윤리 연구에로 한정짓고자 한다. 윤리 연구 자체가 도덕적 당위와 가치를 탐구하는 학문적 활동으로 인간 삶의 거의 모든 영역과 관련되어온 만큼, 지난 세월 동안 축적된 우리나라에서의 윤리에 대한 연구를 일반화하여 요약하기란 쉽지 않기 때문이다.

또, 국민적 공동체 윤리 내지 사회 윤리를 대상으로 하되 규범적 연구에로 제한하고자 한다. 윤리 연구가 방법론에 있어 규범적인 것 외에 다양하게 접근되어온 상황에서, 글의 초점을 보다 명확히 하고자 하기 위해서이다. 물론 이렇게 윤리 연구의 주제를 국민적 차원에서의 공동체 혹은 사회 윤리에 대한 규범적 연구에로 제한 짓는 일은 연구의 폭을 스스로 축소시킨다는 약점을 갖지만, 연구 자체에 수월성을 기하게 하는 데는 훨씬 유리하리라는 생각이 든다.

이 글에서 윤리의 연구는 대체로 다음의 세 가지 유형을 포함한다. 첫째, 대학(주로 교육대학 및 사범대학)의 윤리교육과에서 전문 윤리 교사를 양성하는 일과 관련하여 이루어지는 연구이다. 현행 고등교육법 제41조는 교육대학 및 사범대학의 목적이 각각 초등학교와 중등학교의 교원 양성에 있음을 명시하고 있다. 또, 도덕과 교육과정이 초·중·고등학교 '도덕'에 대하여 "인간의 삶에 필요한 도덕규범과 예절을 익히고, 자신뿐만 아니라 사회와 관련된 도덕 문제를 주체적으로 성찰하고 실천하도록 하여 자신의 삶을 바람직하게 영위하도록 하며, 나아가 우리 사회와 세계의 발전에 기여할 수 있도록 도와주는 교과"라고 규정하는 점은, 국민적 공동체 윤리로서의 도덕 교과의 성격을 강조한다고 볼 수 있다.

둘째, 대학에서의 여러 교양윤리 강좌들과 관련하여 이루어지는 연구이다. 사실 전문대학을 포함하여 대학에 개설되어 있는 교양과목으로서의 윤리의 연구는 다른 전공 분야처럼 체계적으로 이루어지기가 쉽지 않다. 왜냐하면, 동 연구가 해당 대학의 여건과 담당 교수의 전공이나 경력 등에 따라 무척 다양할 뿐만 아니라, 학생들로 하여금 전공 지식의 습득보다는 일반교양을 함양하게 하는 일과 관계 깊기 때문이다. 물론 이 같은 점이 지성인의 입장에서 공동생활의 원리를 탐색하도록 권고하는 데는 유리할 수 있다.

셋째, 철학 안에서의 윤리학의 연구이다. 윤리의 연구에 있어서 이것을 세 번째로 꼽은 이유는 철학이라는 학문 안에서의 윤리학의 위상과 관련 있다.[1] 윤리학은 그 오랜 역사에도 불구하고 적어도 철학 안에서는 다른 분야와 비교하여 학문으로서의 가능성 문제 등 논란의 대상이 되어 왔으며, 또한 폭넓은 연구 분야 가운데 하나로 인식되고 있다. 그리고 그 것이 반드시 국민적 공동체 윤리 연구에 한정되어 있지 않다.

지난날의 국민적 공동체 윤리 연구가 어떤 유형으로 이루어졌든 간에, 그것은 한편으로 그동안 쌓아온 공로와 실적 그리고 또 한편으로 어떤 과실과 한계를 안은 채 오늘에 이르고 있다. 이제 간략한 시기 구분과 더 불어 각 시기마다 주목할 만한 연구 활동을 회고함으로써, 그간의 연구 가 21세기를 사는 우리에게 던지는 메시지에 대하여 성찰해보고자 한다.

II. 윤리 연구의 시기별 회고

1. 1960년대 이전의 윤리 연구

이 시기는 우리나라 nation-building의 출발기인 광복 및 정부의 수립 으로부터 1970년대 들어 초·중·고등학교에서 '도덕·국민윤리'가 독 립적인 교과가 되고 대학에서는 '국민윤리' 과목이 제도적으로 뒷받침되 어 연구되기 직전까지의 기간이다. 따라서 이 시기에 윤리교육과를 중심

---

1) 미국의 The Philosophical Gourmet Report는 철학의 전문 영역을 30개 정도로 분류한다. 이 중 3개의 영역(Normative Ethics & Moral Philosophy, Mataethics, Applied Ethics)이 윤리 연구에 속한다. http://www.philosophicalgourmet.com 참조. Cf. 서울대학교 철학과 의 교과과정을 보면, 학사과정의 경우 윤리 과목은 전체 30개의 전공과목 중 2개(윤리 학, 실천윤리학)이다. 대학원과정의 경우 동양철학전공에는 별도의 윤리학 과목이 없으 며, 서양철학전공에서 전체 28개의 과목 중 가치 연구를 포함하여 4개(윤리학연습, 윤리 학연구, 가치론연습, 가치론연구)이다. 서울대학교, 『2006 서울대학교 교과과정 : 교과목 개요(학사과정)』, 2006, pp.129~133 ; 서울대학교, 『2006 서울대학교 교과과정 : 교과 목개요(대학원과정)』, 2006, pp.71~74.

으로 하는 연구는 아직 없으며, 대학의 일부 교양윤리 과목이나 철학과 안에서의 윤리 연구가 주된 활동을 이루었다.

첫째로, 윤리 교사의 양성과 관련된 국민 공동체 윤리 연구는 사회과 안에서 부분적으로 윤리 문제를 다루던 당시의 초·중·고등학교 교육 과정 체제에 상응하여 이루어졌다고 추정할 수 있다. 광복 직후 미군정 의 영향아래 시작된 초·중·고 사회생활과의 '공민'은 학생들로 하여금 개인과 사회 및 국가와의 관계를 이해하게 하여 도의심, 책임감, 공덕심, 협동심을 강조함으로써 새로운 민주 시민의 양성을 목적으로 하였다.

이후 제1차 교육과정기(1955~1963)에서의 사회과 '도의교육'(고등학교의 경우 사회과 '도덕'), 그리고 제2차 교육과정기(1963~1973/4년)에서의 교과 외 '반공·도덕 생활'(고등학교의 경우 교과로서 사회과 '국민윤리' ; 1969년 이 후에는 '반공 및 국민윤리') 역시 1960년대 들어 특별히 반공이 강조된 것 외에는 대체로 종전과 유사하였다.[2]

둘째로, 철학계에서의 윤리 연구도 막 그 학문적 지평을 열기 시작하 였다. 광복과 함께 경성제대 철학과를 이어받은 서울대학교 철학과의 경 우, 윤리학 관련 연구자들로 최재희 교수(1952년 부임)와 김태길 교수(1962 년 부임)를 꼽을 수 있다. 최재희 교수는 저서 『윤리학 원론』(서울 : 백영사, 1954), 『新國民道德論』(서울 : 국민사상연구원, 1955), 『서양윤리사상사』(서울 : 서울대학교출판부, 1967), 『휴머니스트의 인간상 : 그 역사와 현실』(서울 : 청 림사, 1968) 등을 썼다. 특히 『新國民道德論』(117페이지짜리의 분량임)이 국민 적 차원에서의 도덕에 대하여 언급하고 있음은 주목할 만하다.

같은 시기에 김태길 교수는 『윤리학 개설』(서울 : 민중서관, 1956)을 썼으

---

2) 이 시기의 교육과정에 대하여 함종규, 『미군정 시대의 교육과 교과과정』, 서울 : 한국교육 개발원, 1984 ; 유봉호, 『한국 교육과정사 연구』, 서울 : 교학연구사, 1992 ; 교육부, 『중학 교 교육과정 해설 (Ⅱ)』, 1999 : 교육인적자원부, 『중학교 교육과정 해설 Ⅱ』, 2008 ; 교육 부, 『고등학교 교육과정 해설 (3)』, 2001.

며, 러셀(B. Russel)의 저서『Human Society in Ethics and Politics』를『윤리와 정치』(서울 : 민중서관, 1957)로 번역하여 발간하였다. 이어서 라이스(Philip B. Rice)의 저서『On the Knowledge of Good and Evil』을『현대도덕철학』(서울 : 을유문화사, 1958)으로 번역하였고, 『윤리학』(서울 : 박영사, 1964)도 펴냈다. 특히 그는 가치관 연구에 관심을 두고『웃는 갈대』(서울 : 동양출판사, 1961), 『A Critical Study on John Dewey's Theory of Value』(서울 : 발행자 미상, 1962), 『한국 대학생의 가치관 : 유교 사상과의 비교연구』(서울 : 일조각, 1967), 『새로운 가치관의 지향』(서울 : 민중서관, 1969)을 썼다.

이 시기에 꼭 언급해 두어야 할 인물이 있다.『花郎外史 : 附 국민윤리 특강』(대구 : 이문출판사, 1981)의 저자 범부 김정설(1897~1966) 선생이다. 경주 계림대학 학장을 지내고 동국대, 건국대 등에서 강의와 연구에 집중했던 그는 이 책에서 한국인들의 어떤 통일된 국가 의식 내지 국민 의식의 형성을 고취하였는데, 우리도 예컨대 영국(신사도), 미국(민주주의, 휴머니즘, 실용주의), 프랑스(봉상스), 독일(쿨투르멘슈), 중국(5덕), 인도(해탈주의)의 경우와 같은 국민윤리가 필요함을 역설하였다. 그에 따르면 국민윤리는 어떤 한 개의 관념이나 사상이 아니라 그 국민의 성격이며, 어떤 개인 차원의 윤리학설과 달리 역사적으로 성립되는 것이다. 그는 한국 국민윤리의 근거 깊은 전통을 화랑정신, 풍류도에서 찾았다.

2. 1970~80년대의 윤리 연구

1970~80년대는 국민적 차원의 공동체 윤리 연구가 초·중·고등학교 교육과정과 법에 의하여 특히 탄력을 받은 시기이다. 제3차 교육과정(1973/4~1981년)은 초등학교와 중학교에 '도덕과'를, 그리고 고등학교에 '국민윤리과'를 각각 수위의 독립 교과로 설정하였다. 초·중·고등학교에서의 도덕과·국민윤리과 체제는 1992년에 제6차 교육과정이 개정되

면서 고등학교의 국민윤리과가 윤리과로 전환될 때까지, 제4차 교육과정기(1981~1987/8년)와 제5차 교육과정기(1987/8~1992년)를 거치는 동안 계속되었다.

첫째로, 초·중·고등학교에서 도덕, 국민윤리가 독립된 교과로서 강조되었던 이 시기에 연구 분야 역시 그와 관련하여 눈에 띠는 변화를 보였다. 무엇보다도 윤리 교과교육의 전문화 및 윤리 담당 교사 양성의 전문화라는 측면에서이다. 1972년 8월에 설립된 한국교육개발원의 도덕교육연구실은 윤리·도덕에 관한 교과교육 연구의 활성화를 주도하였다.

윤리 교과의 연구는 1977년 서울대학교 대학원에 국민윤리교육과 석사과정이 개설됨으로써 본격적으로 추진되기 시작하였다. 동 대학원에 박사과정이 설치된 것은 1981년이다. 동 대학원은 1980년에 정기간행 학술지「사회와 사상」창간호를 발간하였으며, 이후 여러 대학원 국민윤리 전공에서 '국민윤리'를 주제로 한 학위논문들(주로 석사학위)이 발표되었다. 서울대학교 박사과정에서 최초로 학위 수여자를 배출한 것은 1989년이었다.[3]

학사과정의 경우 1981년, 전국의 국립대학교 사범대학에 국민윤리교육과가 설치(대통령령 제10223호)되어 중등학교 도덕·국민윤리 교사자격증을 수여하게 되었다. 대학에서 윤리 연구를 전담하는 학과의 창설은 우선 윤리 담당 교사의 임용과 관련하여 큰 변화를 가져왔다.[4] 또 새로

---

3) 1989년에 배출된 박사학위 수여자와 논문 제목은 다음과 같다. 박진환, "마르크스의 지식론에 관한 연구" ; 이태건, "마르크스의 사회인식체계에 관한 연구" ; 정승교, "롤즈와 마르크스의 정의론에 관한 연구" ; 김재덕, "대한제국의 정치체계 붕괴과정에 관한 체계론적 분석".

4) 1981년 국립사범대학에 국민윤리교육과가 설치되기 전까지 국·공립 중등학교의 윤리 담당교사에는 국·공립 사범대학의 교육학과 졸업생들이 우선 배정 임용되었다. 당시 윤리 담당교사 자격증의 수여는 교육학과 외에도 십여 개의 관련 학과들(철학과, 동양철학과, 인도철학과, 유학과, 미학과, 신학과, 기독교교육과, 불교학과, 성문학과, 종교학과, 심리학과, 교육심리학과, 시청각교육학과, 교도교육과)에서 가능하였다. 그러나 1981

운 학과의 창설은 안으로는 교과과정의 편성을 중심으로 많은 논의를 불러일으켰다.[5]

둘째로, 국민적 공동체 윤리는 일반 대학에서도 중시되었으며, 이는 대학에서의 국민윤리 연구의 강화를 야기하였다. 대학에서의 국민윤리 강좌는 1970년 2학기부터 문교부의 지시에 따라 교양필수과목으로 이루어졌으며, 1971년 3월 2일 대통령령 제5541호를 통하여 법적 근거를 확보하였다. 처음 문교부의 시안으로 배부된 이 강좌의 내용은 '윤리, 국사, 민주주의, 공산주의비판'의 4가지로 구성되었다. 당시의 교육법시행령은 제119조에서 대학의 교과에 대하여 규정하였는데, 동 시행령 제119조 4항은 다음과 같다 ; "일반교양과목은 인문과학, 사회과학, 자연과학의 각 계열에 속하는 과목을 균형 있게 편성하여 과하되 국민윤리 · 한국사 · 교련 · 체육은 반드시 이수하도록 하여야 한다." 이 규정은 1989년 2월 28일 개정될 때까지 유효하였다.

대학에서 '국민윤리'의 교양필수과목 지정은 국민윤리 담당교수들로 하여금 학문적 연계와 교류를 위하여 학술단체를 조직하게 하였다. 그 대표적인 것이 전국의 350여 국민윤리 담당교수들을 망라하여 1972년 10월에 창립된 '국민윤리교육연구회'였다. 초대 회장은 농학자이자 수필가였던 당시 서울대학교 농과대학 류달영 교수(원예학)였다. 동 연구회는

학년도부터 국민윤리교육과를 제외하고, 기존의 자격증 수여가 가능했던 대학의 15개 학과 신입생들에게 윤리 교사자격증 수여는 전면 금지되었다.

5) 학과 창설 직전에 문교부 정책과제연구보고서로 발행되었던 자료로서 박준규, 『국민윤리교육과의 교육과정 체계화를 위한 기초 연구』, 서울 : 문교부, 1977 ; 국민윤리 교원 양성을 위한 교육과정 개발 연구보고서로서 박용헌, 『국민윤리교육과 교육과정 개요 및 교수요강』, 서울 : 전국국립사범대학 국민윤리교육과협의회, 1981 ; 전국 14개 대학교 국민윤리교육과 전체 교수들이 모여 신생 학과의 교육과정에 대하여 협의를 가지면서 교육과정 구성실태와 향후 개선방안을 논의한 자료로서 정세구, "사범대학 국민윤리교육과의 교육과정 구성", 한국국민윤리학회, 『국민윤리교육과의 교육과정과 이념교육』, 서울 : 1985, pp.3~40.

1973년에 학술지 「국민윤리연구」 창간호를 펴냄으로써 우리나라 국민 공동체 윤리에 대한 업적을 남기기 시작하였다.[6] 국민윤리연구회는 한승조(고려대) 회장기인 1980년 12월에 '국민윤리학회'로 개칭되었고, 다시 박용헌(서울대) 회장기인 1985년 8월에 '한국국민윤리학회'로 개칭되었다.[7] 국민윤리학회는 특히 1980년대에 신생 학문의 정초(定礎)를 위하여 많은 노력을 기울였다.

이 시기에 동 학회를 통해 발간된 연구물들로는 『국민윤리』(서울 : 형설출판사, 1982), 『국민윤리학의 기초와 이념 정향 : 국민윤리학의 학문적 체계화를 위한 기초 이념의 정립』(서울 : 국민윤리학회, 1983), 『현대 사회의 윤리와 국가』(서울 : 형설출판사, 1985), 『국민윤리학개론』(서울 : 형설출판사, 1987), 『정치교육』(서울 : 형설출판사, 1989) 등을 꼽을 수 있다. 특히 『국민윤리학개론』은 국민윤리를 '국민 공동생활의 원리'로 규정하고, 국민윤리학의 기초(제1부), 체계(제2부), 실제(제3부)에 대하여 심도 있게 다루었다. 이 외에 국민윤리의 학문적 정립을 위한 시도로서 정세구의 『국민윤리교육론』(서울 : 교육과학사, 1983), 이규호의 『국민윤리교육의 이론과 실제』(서울 : 문우사, 1983), 서울대학교사회과학석사 팀의 『국민윤리학원론』(서울 : 민족문화사, 1986) 등이 발표되었다.

셋째로, 1970~80년대에는 철학계 내의 윤리학 전공자들 역시 대학의 교양윤리 과목에 각별한 관심을 기울이며 연구물들을 내놓았다. 대표적

---

6) 「국민윤리연구」 창간호에는 전체 20편의 논문이 실려 있는데, 그 중 6편이 신생 학문으로서의 '국민윤리'에 직접 기초를 놓으려는 취지의 것들이다. 6편의 논문 제목과 저자는 다음과 같다. '대학 국민윤리의 현황과 문제점'(김태길), '국민윤리의 내용-무엇을 가르칠 것인가'(이규호), '국민윤리교육의 방법-어떻게 가르칠 것인가'(강우철), '교육입국론과 국민윤리'(안병욱), '국민윤리교육 편고'(현승종), '「국민윤리」 교육방법론 서설'(김재진).

7) 한국국민윤리학회(2007년부터 한국윤리학회로 개칭)의 연혁에 관하여 http://www.kethics.com/intro.html 참조.

인 저작물을 몇 가지 보면, 최재희의 『국민윤리』(서울 : 서울대학교출판부, 1970), 박종홍·유달영의 『국민윤리』(서울 : 삼화출판사, 1971), 김두헌의 『국민윤리』(서울 : 문학문고사, 1972), 강재륜의 『국민윤리 : 윤리학의 근본문제』(서울 : 일신사, 1974), 김태길·박준규의 『국민윤리』(서울 : 서울대학교출판부, 1975), 김형석·조우현·배종호의 『국민과 윤리』(서울 : 박영사, 1976), 김태길·심재룡·이용필의 『국민윤리원론』(서울 : 박영사, 1983) 등이 있다.

철학계 안에서의 윤리 연구가 국민윤리에 머무른 것은 물론 아니다. 예컨대 1972년 서울대학교 철학과에서 창간된 정기 학술지 「철학논구」에는 여러 주제의 연구들이 발표되었다. 1970∼80년대에 「철학논구」에 실린 논문들 중 윤리 관련 논문들 — 꼭 국민적 공동체 윤리에 관한 것은 아니지만 — 은 다음과 같다.

김낙중, "도덕의 동기와 이기", 제1권, 1972, pp.69∼91.

강성위, "사랑의 도덕과 정의의 도덕—N. 하르트만에게 있어서의 근인애와 정의의 비교", 제3권, 1974, pp.22∼31.

김상배, "가치판단의 진위 결정 가능성에 대한 고찰", 제3권, 1974, pp.105∼131.

조성민, "M. G. Singer의 도덕적 추리론", 제7권, 1979, pp.126∼142.

우명섭, "제도적 의무", 제8권, 1980, pp.106∼114.

이인탁, "Rawls 정의 원칙의 도출 과정", 제9권, 1981, pp.137∼154.

이정원, "J. Habermas의 의사소통이론에 대한 윤리학적 고찰", 제10권, 1982, pp.132∼178.

김상배, "J. Rawls 정의론에 있어서의 자유 원칙의 우선성", 제11권, 1983, pp.59∼72.

이인탁, "롤즈 정의론의 평등주의적 측면", 제12권, 1984, pp.79∼88.

황경식, "준법의 근거와 시민불복종—J. Rawls의 '공정한 경기의 의무'를 중심으로", 제15권, 1987, pp.61∼78.

백도형, "데이빈슨의 행위론", 제16권, 1988, pp.83∼116.

김영기, "헤어의 규정주의적 윤리설", 제17권, 1989, pp.1∼18.

또한 이 시기의 연구 활동으로 1978년 6월 설립된 한국정신문화연구원(2005년 2월 한국학중앙연구원으로 명칭 변경)의 경우를 빼놓을 수 없다. 동 연구원은 당시에 '도덕교육, 인간교육, 민주시민교육, 정치·사상교육, 통일·안보교육, 새마을교육, 국민윤리교육, 정훈교육' 등의 이름으로 이루어진 노력들을 '국민정신교육'이라는 이름으로 통합하고 그 효율적 실천을 위한 체계를 마련하기 위해 노력하였다.[8]

3. 1990년대 이후의 윤리 연구

20세기 말과 21세기 초에 해당하는 이 시기는 국민적 공동체 윤리 연구에 있어서 가히 혁명기라고 말할 수 있다. 윤리교육 관련학과들의 경우, 안으로는 초·중·고등학교 교육과정의 대폭적인 개편과 밖으로는 교사 임용제도의 혁신에 적응하면서 아울러 학문적 정체성을 확립하고자 노력해왔다. 대학의 여러 교양윤리 강좌들의 경우, 법에 근거한 교양필수 과목의 폐지에 따라 시대적 요구에 부응하고자 힘써왔다. 그리고 철학 안에서의 윤리학의 경우, 학문적 관심의 다양화와 함께 생명, 환경, 정보화 등 다학문적 전문지식들의 새로운 요구에 부합하고자 노력해왔다.

첫째로, 국민적 공동체 윤리의 연구는 초·중·고등학교 교육과정의 개혁에 따라 큰 전환기를 겪는다. 시기적으로는 제6차 교육과정기(1992~1997)와 제7차 교육과정기(1997~2007)이다. 1990년대는 도덕교육의 중요성이 보다 강조될 만한 상황이었음에도 불구하고, 교과의 존폐 문제가 심각하게 논의되었다. 이를테면 1991년 5월, 제6차 교육과정 총론 연구팀은 윤리·도덕을 독립 교과로 두는 데 대하여 부정적이었다.[9] 도덕교

---

8) 당시 한국정신문화연구원의 주요 연구물로서 『국민정신교육 기본지침서』(1983), 『국민정신교육 교수지침서』(1984), 『대상별 국민정신교육 방법연구』(1984) 등이 있다.
9) 한명희 외 4인, 『초·중등학교 교육과정 체제 및 구조 개선연구』, 서울 : 한국교육개발원, 1991. 5. 17, pp.5~7 ; 정세구, "초·중·고등학교 도덕·윤리 교과의 수호 및 존

육은 매우 중요하지만 기존의 어느 한 교과로 다루기보다 모든 교과에서 다루어야 하고, 생활지도나 특별활동의 일환으로 다루는 것이 효과적이며, 개인보다는 사회과 교육적 접근이 바람직하다는 게 그 요지였다.

이에 대하여 교과를 수호하겠다는 의지는 교육부 담당 편수관들의 활동, 교육과정 총론 팀 주최 협의회에서의 교과의 입장 제시, 한국도덕윤리과교육학회의 연구물 발간 및 홍보활동, 전국 국·사립사범대학 국민윤리교육과 및 전국 교육대학 윤리교육과 교수 모임의 대 교육부장관 탄원서 제출 등으로 표출되었으며, 결국 초·중학교의 '도덕'과 고등학교의 '윤리'('국민윤리'에서 명칭 변경)는 필수 교과로 남을 수 있었다.10)

제7차 교육과정기를 앞둔 윤리 교과의 형편이 어렵기는 마찬가지였다. 대통령자문 교육개혁위원회는 1995년 8월에 인성교육의 실제적 강화를 위한 교육과정의 개선 및 운영 방안을 제시하면서, 지식 중심의 교과에서 벗어나 전 교과목에 걸친 윤리교육의 구현을 강조하는 중에 동 교과를 공통 필수에서 제외시킬 것을 제안하였다. 이후 1997년 2월 총론 개정안이 확정 발표되기까지 한국도덕윤리과교육학회와 한국초등도덕교육학회 등 관련 교수들의 대 대통령 탄원서 제출 등 학회 차원의 노력과 여타 개인 차원의 노력들이 잇달았으며, 독립 교과로서의 임무를 수행하기에는 미흡하나마 국민공통기본교과의 하나로 자리매김하였다.

교사 임용제도의 변화는 연구 활동에도 영향을 주었다. 1990년 10월, 국·공립 사범대학 출신자의 우선 임용을 규정한 종전의 교육공무원법 제도가 평등권과 직업선택권을 보장하는 헌법에 위배된다는 헌법재판소

속의 역정", 정세구 외, 『도덕·윤리과 교육의 발전 방향과 과제』, 서울 : 교육과학사, 2005, pp.10~11.
10) 제6, 7차 교육과정기에서의 초·중·고등학교 도덕·윤리 교과의 존속 과정에 대한 설명으로 정세구, "초·중·고등학교 도덕·윤리 교과의 수호 및 존속의 역정", op. cit., p.7f. 참조.

의 판결이 있은 뒤, 같은 해 12월 31일자로 개정된 교육공무원법은 제11조 1항에서 "교사의 신규 채용은 공개채용에 의한다."고 명시하였다. 이에 교육부는 1991년도 임용자부터 국·공립의 도덕·윤리과 중등 교사를 공개경쟁 채용시험을 통해 선발하기 시작하였으며, 1994년부터는 국·사립대의 구분 없이 완전한 공개경쟁 전형제도가 정착하게 되었다.

대학에서의 윤리 연구가 이런저런 격변에서 자유로울 수 없음은 당연한 일이었지만, 그런 와중에서도 윤리교육과는 새로운 환경에 적응하고 학문적 정체성을 강화하기 위해 교과과정을 지속적으로 개편해나갔다.[11] 또 대학원과정을 통하여 꾸준히 석사 및 박사 연구자들을 배출하였으며, 학위논문의 주제와 내용도 무척 광범해졌다.[12]

둘째로, 대학 교양윤리 과목 역시 이 시기에 대대적인 변화를 맞게 된다. 이는 비단 윤리 과목 하나만이 아니라 대학 교양과목 체제의 전반적

---

11) 서울대학교 윤리교육과의 2006년도 교과과정을 보면, 학사과정의 과목은 다음과 같다. '생명과 윤리, 민주주의론, 철학적 인간학, 문화와 윤리, 한국사상개론, 도덕·윤리과교육론, 국제문제와 윤리, 민주시민교육론, 현대사회의 윤리적 쟁점, 시장과 윤리, 사회과학개론, 한국윤리사상, 북한정치론, 남북한 사회연구, 도덕·가치교육론, 사회윤리, 국가와 윤리, 통일교육론, 동양윤리사상, 사회주의체제비교, 생태윤리학, 도덕·윤리과 지도 및 평가론, 동서양고전강독, 도덕·윤리과 교재론, 국가와 정의'. 서울대학교, 『2006 서울대학교 교과과정 : 교과목개요(학사과정)』, 2006, pp.478~480. 동 대학원과정의 과목들은 다음과 같다. '현대윤리학연습, 인간학특강, 서양윤리사상연습, 북한체제론, 사회와 정의, 한국민족사상사연구, 응용윤리, 사회윤리연구, 북한의 사회와 교육, 도덕·윤리과 교육방법론, 정치사회학특강, 동양윤리연구, 도덕·윤리과 교육연습, 국가와 윤리특강, 공동체교육연구, 시민교육연구, 국가안보론, 정치와 시민, 아태지역시민윤리교육실태비교연구, 국제문제와 윤리, 민주주의와 시민윤리, 선진문화사회와 시민윤리, 동서양비교윤리, 정치사회변동론연구, 통일정책연구, 북한의 협상전략과 협상행태, 한국사상특수연구, 사회정의와 공공선택, 가치론연구, 응용윤리연구, 북한의 정치·경제특수연구, 북한사회연구특강, 동양윤리사상특수연구, 도덕·윤리교과교육학연구, 합리적 선택과 윤리, 위기관리론, 남북한관계론, 사회존재론' ; 서울대학교, 『2006 서울대학교 교과과정 : 교과목개요(대학원과정)』, 2006, pp.554~558.
12) 서울대학교 윤리교육과 박사과정의 경우 1989년에 4명의 박사를 배출한 이후 2006년 8월까지 총 90여 명의 박사를 배출하였으며, 동 석사과정의 경우 1979년에 12명의 석사를 배출한 이후 2006년 8월까지 총 380여 명의 석사를 배출하였다.

인 개혁과 맞물려 진행되었다. 앞의 2절에서 밝힌 바와 같이 1989년의 개정된 교육법시행령은 종전에 대학의 일반교양과목에서 필수과목으로 지정해오던 조항을 삭제하였다.[13]

　일례로 서울대학교의 경우, 「1989 교과과정」에서 '국민윤리1'(2학점)과 '국민윤리2'(2학점)는 '한국사', '체육' 등과 더불어 학사과정의 모든 학생들에게 부과된 10개의 교양필수과목들 중 2개 과목이었다.[14] 그러나 1990년대 들어 관계법령의 개정과 학칙의 대대적인 개편으로 상황은 급변하였다. 「1993 교과과정」의 경우 모든 교양과목은 전체 8개 영역으로 분류되며, 영역 간에 균형 있는 교육을 도모하도록 규정하였다. 그리고 필수과목의 지정은 단대별로 정하여 시행하도록 하였는데, 윤리 관련 과목은 '사상과 윤리'(2학점)가 오직 사범대학에서만 필수과목으로 지정되었을 뿐이다. 그리고 선택과목으로는 제4영역(역사와 철학)에서 '사회윤리의 제문제', '사회와 사상', 제5영역(사회와 이념)에서 '법과 윤리', '사상과 윤리', '현대사회와 이데올로기' 등이 개설되었다.[15]

　시간이 흐르면서 상황은 더욱 달라졌다. 「1997 교과과정」의 경우, 모든 교양과목이 8개 영역으로 구분되어 실시되는 점은 전과 동일하였으나 교양이수 최저학점이 축소되고(42학점에서 36학점으로) 학생들의 선택의 폭

---

13) 1989년 2월 28일에 개정된 교육법시행령 제119조는 종전의 필수과목들을 삭제하고 다음과 같이 규정하였다. "일반교양과목은 인문과학·사회과학·자연과학 및 예·체능의 각 계열에 속하는 과목을 균형 있게 편성하여야 한다. 다만, 특성화 학과의 경우에는 그러하지 아니하다." 이후에 새로 개편 공포된 고등교육법(1997.12.13 제정)은 제21조(교육과정의 운영)에서 대학의 교양과목에 대하여 "학칙이 정하는 바에 의하여 교육과정을 운영하여야 한다."고 규정하고 있다.

14) 「국민윤리1」과 「국민윤리2」는 교양필수과목 중에서도 큰 비중을 차지하였다. 즉, 국민윤리는 『1981 교과과정』의 경우 전체 교양필수 6과목 중 2과목이었으며, 『1985 교과과정』의 경우 전체 8과목 중 2과목이었다. 그리고 『1989 교과과정』의 경우 전체 10과목 중 2과목이었다.

15) 서울대학교, 『1993 서울대학교 교과과정』, 1993, pp.1~14.

을 넓혀주면서, 윤리 관련 과목을 필수로 지정한 단과대학은 단 한군데도 없게 되었다. 단지 선택과목으로 제4영역(역사와 철학)에서 '사회윤리의 제문제' 외에 '윤리학', '생명의료윤리'가 신설되었으며, 제5영역(사회와 이념)에서는 변동이 없었다.

2000년대에 들어 서울대학교 교양과목의 경우 「2001 교과과정」은 「1997 교과과정」의 틀을 대체로 유지하였다. 그러나 「2003 교과과정」부터 <학문의 기초, 핵심 교양, 일반 교양>의 3영역으로 나뉘어 이수되었다. 선택과목으로 이수되는 윤리 관련과목의 경우 <학문의 기초> 영역에 해당되는 과목은 없었다. <핵심 교양>에서도 4영역 중 '역사와 철학' 영역에서 '현대사회와 윤리' 한 과목뿐이었다. 그리고 <일반 교양> 영역에서 250여 개에 이르는 과목들 중 윤리 관련 과목은 '생명의료윤리', '예술과 윤리', '정보사회와 사이버윤리', '성의 철학과 성윤리', '법과 윤리', '사상과 윤리', '현대사회와 이데올로기' 정도였다. 「2006 교과과정」의 경우 <학문의 기초> 영역에 윤리 관련과목은 없으며, <핵심 교양> 영역에서 '현대사회와 윤리' 과목이[16) 개설되어 있다. <일반 교양>에서는 '생명의료윤리', '예술과 윤리', '정보사회와 사이버윤리', '성의 철학과 성윤리', '법과 윤리', '사상과 윤리' 등이 있다.

셋째로, 이 시기에 있은 철학계 내에서의 윤리 연구의 동향을 보면 「철학논구」의 경우 윤리학 관련 연구물들이 점차 많아지고 있는 점, 그리고

---

16) 교과과정은 이 과목을 다음과 같이 소개하고 있다 ; "이 강의에서는 과학 기술의 발달에 따라 현대사회에서 새로이 제기되는 주요한 윤리적 문제로서 생명 · 의료윤리, 정보윤리, 환경윤리 등에 대해 실천윤리(practical ethics)적 접근을 하고자 한다. 또한 전통과 근대성이 맞부딪치면서 공존하는 현대 한국 사회의 특수한 윤리적 상황을 고찰하는 장을 마련하여 지금까지 다룬 여러 이론적 성찰들을 매개로 수강생들이 직접 현재의 우리 모습에 대해 반성적으로 성찰해보는 기회를 갖고자 한다. 특히 현재 한국 사회의 민주주의 구축과 관련해서 문제가 되고 있는 여러 주제들, 예컨대 집단주의, 신뢰성, 유교윤리 등을 다루고자 한다." 서울대학교, 『2006 서울대학교 교과과정 : 교과목개요(학사과정)』, 2006, p.24.

동양윤리에 대한 관심이 증대되고 있는 점 등이 주목할 만하다. 1990년 이후 2005년까지 동 연구지에 실린 논문들 가운데 윤리 분야의 연구물들을 정리하면 다음과 같다.

이혜경, "대진의 기일원적 윤리론", 제18권, 1990, pp.169~190.
정원규, "도덕 실재론에 대한 비판적 고찰", 제22권, 1994, pp.93~125.
주동률, "윤리적 실재론 논쟁의 구조와 외적 실재론의 가능성", 제23권, 1995, pp.123~153.
구영모, "임신중절은 생명권을 침해하는가?－탐슨과 캠의 임신중절 옹호에 대한 견해들을 중심으로", 제24권, 1996, pp.173~193.
유호종, "책임 귀속의 조건과 선택의 자유", 제25권, 1997, pp.109~132.
김명석, "순자 윤리학 체계에서의 정(情) 개념의 의미와 기능", 제26권, 1998, pp.71~92.
박재현, "지엄의 화엄학에서 보이는 윤리적 구상", 제26권, 1998, pp.93~115.
신정근, "'책임적 행위자' 용어[自/己]의 기원", 제27권, 1999, pp.23~45.
장은주, "전통의 도덕적 메타모포시스－한국 시민사회의 '문화적 민족주의'에 대한 규범적 반성", 제27권, 1999, pp.47~69.
류혜경, "흄의 도덕철학에서 사실과 당위의 문제－자연주의적 해석 가능성을 중심으로", 제27권, 1999, pp.213~245.
금희경, "유가 윤리적 실천 원칙으로서 서(恕)에 대한 변명", 제28권, 2000, pp.217~233.
한동익, "선불교 윤리의 정체성에 관한 연구", 제29권, 2001, pp.41~60.
박정록, "열반 개념의 변화와 불교윤리", 제30권, 2002, pp.141~172.
하상용, "흄의 비인지적 동기 이론", 제30권, 2002, pp.217~242.
박성규, "「논어」, 「대학」의 지행론", 제31권, 2003, pp.7~35.
이찬웅, "들뢰즈의 긍정의 윤리학", 제31권, 2003, pp.187~207.
강희경, "스피노자의 방법－＜윤리학＞의 기하학적 질서의 의미", 제33권, 2005, pp.61~81.

서울대학교 철학과 「2006 교과과정」의 경우 윤리 관련 전공과목으로는 학사과정에서 '윤리학', '실천윤리학', 대학원과정에서 '윤리학연습', '가치론연습', '윤리학연구', '가치론연구' 등이 개설되어 있다.

Ⅲ. 윤리 연구의 반성적 평가

1. 윤리 연구의 목적과 정당화

지난 반세기 동안 국민적 공동체 윤리 연구에 있어서 안팎으로 직면되어온 과제의 하나가, 도대체 이 연구의 학문적 목적은 무엇이며 그 정당성은 어디에 있는가에 관한 문제였다. 이런 문제에 의한 부담은 윤리교육 관련학과나 철학과 내 윤리학 전공의 연구자들보다 특히 대학 교양윤리 관련과목의 연구자들에게 더 심하게 부과되었다. 윤리교육 관련학과의 연구자들은 연구의 목적과 정당성을 항상 초·중·고등학교 도덕과 교육과정에서 찾았다. 철학과의 윤리학 연구자들의 경우 분석윤리학 혹은 메타윤리학(meta ethics)을 통하여 윤리학의 학(學)으로서의 가능성 여부를 탐구하였다.17) 이에 반하여 대학의 교양윤리 관련과목 연구자들의 경우는 좀 더 불리하였다.

어찌 보면 대학에서의 국민윤리 강좌 설정은 처음부터 많은 문제점을 안고 출발했었다. 특히 동 과목을 반대하는 입장에 의하면, 대학은 학문

---

17) 수많은 논의에도 불구하고 윤리학이 학으로서 가능한지 여부의 문제는 영원한 미해결의 문제이기도 하다. 이와 관련된 연구물들로 Paul Carus, *The Ethical Problem : Three lectures on ethics as a science*, Chicago : Open Court Publishing Co., 1899 ; George E. Moore, *Principia Ethica*, Cambridge : Cambridge University Press, 1903 ; Theodore De Laguna, *An Introduction th the Science of Ethics*, Whitefish, MT : Kessinger Publishing, 2004 ; 송석구, "학으로서 윤리학의 가능성 근거", 「철학사상」, 동국대학교불교대학철학과회, 제2집, 1971, pp.33~47 ; 김상돈, "'학으로서 윤리학'의 위기", 「국민윤리연구」 제62호, 2006, pp.25~47.

을 연구하고 가르치는 곳인데 '국민윤리'라는 것은 도대체 학(science)이 될 수 없다는 것이었다. 이에 대하여 서울대 철학과 김태길 교수는 이렇게 응답한 적이 있다 ; "국민윤리에 관한 학이 성립할 수 있느냐 없느냐 하는 문제는 언뜻 생각하기보다도 어려운 문제이다. 다만 안심하고 주장할 수 있는 것은, "學으로서 성립할 수 있느냐?"는 점에서 결코 '국민윤리'에 못지않게 의심스러운 과목들을 거의 모든 대학에서 이미 가르치고 있다는 사실이다. 예컨대, 교양필수과목으로 된 '체육'이 그것이고, 어느 대학에서나 가르치는 교양으로서의 외국어 과목이 그것이다. '체육' 또는 '교양영어' 따위를 대학에서 없애야 한다고 역설하는 사람이 없는 것으로 보아, '학'으로서의 성립 여부는 절대적인 조건은 아닌 것으로 보인다."18)

국민윤리의 목적이나 정당화에 관한 연구는 1970~80년대 내내 계속 이어졌다.19) 국민윤리의 학적 정립을 직접 시도함으로써 문제 해결을 꾀하기도 하였다. 이를테면 1981년 국민윤리학회는 국민윤리의 학적 정립이라는 주제 아래 철학적 관점(민동근), 역사학적 관점(최창규), 정치학·사회학적 관점(한승조), 경제학적 관점(이영기), 어문학적 관점(김동리), 교육학

---

18) 김태길, "대학 국민윤리의 현황과 문제점", 「국민윤리연구」 제1호, 1973, p.10.
19) 「국민윤리연구」지에 발표된 것들 가운데 대표적인 것들을 보면 다음과 같다. 정용술, "대학 국민윤리교육의 과제"(제3호, 1974, pp.127~140) ; 서울대학교국민윤리교육개선연구회─한전숙·김태길·임원택·박준규·최창규·이남영, "국민윤리 교육방법에 관한 실험적 연구"(제4호, 1975, pp.137~160) ; 천옥환·최도희, "국민윤리 교육효과에 관한 조사 연구"(제5호, 1976, pp.111~144) ; 최재우, "국민윤리교육의 성과와 문제점"(제6호, 1977, pp.319~334) ; 한승조, "국민윤리교육의 회고와 전망"(제10호, 1980, pp.127~141) ; 한승조, "국민윤리교육의 내실화 방안"(제12호, 1981, pp.327~335) ; 안종운, "국민윤리 교육의 진로"(제13호, 1982, pp.33~47) ; 조점환, "한국 국민윤리교육 진단"(제15호, 1983, pp.59~82) ; 양홍모·이준구, "대학 교양국민윤리 교과운영 실태"(제26호, 1988, pp.239~254) ; 정세구, "국민윤리교육의 교과운영에 관한 고찰─대학 교양 '국민윤리' 교과운영의 개선을 위한 기본 과제"(제29호, 1989, pp.215~223).

적 관점(김재득)에서 국민윤리학을 논하였다.[20]

1990년대 이후에도 윤리 연구의 학문적 정당화 내지 근거를 위한 연구는 계속되어왔다. 이에 대하여 「국민윤리연구」에 발표된 것들로는 다음과 같은 것들을 꼽을 수 있다.

최문기, "도덕·윤리교육의 학적 토대와 체계윤리", 제32호, 1993, pp.201 ～218.
조태훈, "'가치윤리학'의 기반", 제33호, 1994, pp.5～33.
구승회, "환경 문제의 윤리학적 근거 지움 : 환경 문제가 왜 윤리학적인 문제인가?", 제36호, 1997, pp.93～112.
오기성, "국민윤리학 방법론으로서 현상학의 함의에 관한 연구", 제39호, 1998, pp.255～275.
이규호, "신윤리학과 효학의 정초", 제40호, 1998, pp.3～18.
유지한, "메타윤리학에서 기술주의 오류-R. M. Hare의 기술주의 비판을 중심으로", 제41호, 1999, pp.349～372.
변순용, "타자의 윤리학-레비나스(1906～1995)를 중심으로", 제45호, 2000, pp.47～66.
박병기, "응용윤리학의 방법론에 관한 한 고찰-안락사에 관한 도덕 주체론적 접근을 중심으로", 제52호, 2003, pp.1～18.
최문기, "윤리학과 도덕교육 관계", 제54호, 2003, pp.133～163.
김상돈, "'학으로서 윤리학'의 위기", 제62호, 2006, pp.25～47.

2. 윤리 연구의 학제적 성격

국민적 공동체 윤리 연구의 학문적 정체성은, 그것이 학제적(interdisciplinary) 성격을 요하고 있는 점에서도 많은 논쟁의 대상이 되어왔다. 더구나 대학에서 교양 국민윤리가 필수과목으로 부과되던 시절, 강좌의 내용을 윤리, 국사, 민주주의, 공산주의비판의 분야들로 지정한 것은 교수들로 하여금 국민윤리 과목을 기피하게 한 주요 이유이기도 하였다.[21]

20) 국민윤리학회, 「국민윤리연구」 제11호, 1981, pp.7～95.

‘학제적’이라는 말은 원래 ‘서로 다른 지식이나 학문의 영역들을 포함한다.’는 영어 interdisciplinary의 우리말 번역이다. 이 말은 영어 단어가 당초 의도하고 있는 의미와는 좀 거리가 있어 보이지만 어느새 우리 주변에 친숙하게 자리매김된 것 같다. 이는 학제적이라는 것 외에, ‘교과목들의 상호 접근성 ; 통합 학문적 ; 학문간 ; 다학제성 ; 학제간’ 등으로도 표현된다. 어떻게 표현되든 이 개념이 근래에 특히 윤리 연구 분야에서 잘 인지되게 된 것은, 그 동안 다양한 학문들이 서로 제휴해온 윤리 교과의 지난 역사와 깊은 관련이 있을 것이다.[22]

이제는 윤리 연구의 학제성에 대한 재조명이 필요하다고 본다. 행여 종전처럼, 기존의 학문 영역들이 자신의 고유성과 독자성만을 양보 없이 주장하면서 제도 때문에 — 과거의 교육법시행령, 현재의 도덕과 교육과정의 제도처럼 — 다른 분야와 어쩔 수 없이 함께할 수밖에 없음을 탓한다면, 그것은 윤리 연구에 더 이상 의미를 주지 못한다. 사실 1990년대 이후에 교과교육 연구가 빠르게 성장하면서 윤리 교과의 정체성 문제에 불을 붙이며 그 정체성 확립을 논하기 이전까지만 해도, 윤리 연구에는 으레 철학이나 정치학 전공자들의 어색한 만남이 있었다. 그런데 이 연구자들의 관계에 대해서는, 국민적 공동체 윤리 연구가 요구하는 공통분모를 찾아 겸허한 자세로 진지하게 접근했다는 평가보다는 서로 선을 긋고 오직 스스로에게만 정통성을 유지하려 했다는 평가가 더 큰 것 같다.

---

21) 서울대학교 국민윤리교육개선연구회, “국민윤리 교육방법에 관한 실험적 연구”, 「국민윤리연구」 제4호, 1975, p.138.

22) 한 예로서 1973년의 「국민윤리연구」 창간호에 실린 20편 논문들의 저자와 명기된 전공을 보면 다음과 같다. 김태길(윤리학), 이규호(철학), 강우철(역사교육), 안병욱(철학), 이항녕(법철학), 이종항(정치학), 현승종(법학), 김재진(경제학), 이명식(국제정치), 최창규(정치사상사), 고영복(사회학), 손인수(교육사상사), 김대환(사회학), 유형진(교육철학), 안창호, 이광수, 김교신, 박종홍, 유달영, 보헨스키(이상 6명의 전공은 명기되어 있지 않음).

윤리 연구에서의 학제적 '만남'이란 단순히 기존 학문의 경계를 넘나드는 일에 그치지 않는다. 그것은 상이한 영역의 서로 다른 개념들이 접속되고 그러한 접속을 통해서 한 단계 높이 새로운 지식을 창조하는 것을 이른다. 예컨대 사회윤리는 사회과학과 윤리학의 만남에서 창출된 그만의 특성을 지닌다. 사회윤리의 연구에 사회과학적 시각을 저버린 채 순수한 윤리학만으로 한계가 있는 이유도 그 때문이다. 생명윤리를 연구하면서 의학이나 생물학에 대한 지식이 없다면 그 연구는 불완전할 수밖에 없다. 정보윤리를 연구하는 데 과학 기술에 대한 전문적 소양을 무시할 수 없는 것도 같은 이치이다.

학제적이라는 말을 기존 전공 영역의 단순한 모임을 넘어서는 공분모(우리의 경우 공동선)의 지향으로 이해할 경우, 윤리 연구가 학제적 접근을 취하는 것은 스스로의 성격 자체에서 나온다고 본다.[23] 이 점은 윤리·도덕의 주체인 인간을 곰곰이 훑어보면 어렵지 않게 알 수 있다. 인간은 변전하는 사물들을 초월하면서 독자적이고 주체성을 갖는 자존적 존재이지만, 자신의 인격을 완성 짓기 위하여 반드시 사회를 요구할 수밖에 없는 사회적 존재이기도 하다. 인간의 사회성은 그 바탕에 있어서 공리주의 차원에서의 타인에 대한 외면적 의존성에 그치지 않으며, 형이상학적으로 인간의 본질에 기인한다.[24]

3. 윤리 연구의 교육에의 적용

국민적 공동체 윤리의 연구는 그 자체로서 의미 있는 작업이다. 더구나 그 일은, 지난 세월 우리의 경우 미완성의 자라나는 아이들을 완성에

---

23) 한국도덕윤리과교육학회, "도덕과의 성격과 목표", 한국교육과정평가원, 『새로운 도덕과의 성격과 목표 정립』, 서울 : 2006, p.50.
24) 자연법 사회윤리학자들은 이를 인격의 공동체에로의 소명(召命)이라고 표현한다. 강두호, 『자연법 사회 윤리―도덕 교육의 기초』, 서울 : 인간사랑, 2003, p.121.

로 이끌어가는 '사람 만들기'(shape man)라는 현실적 업무와 관련하여 더욱 의미 있었다. 그렇지만 국민적 공동체 윤리를 초·중·고등학교 교육에 적용함에 있어서, 크게 두 가지 문제가 논의의 중심에서 갈등을 야기했던 것 같다. 하나는 한국인으로서의 윤리를 강조하는 일이 보편성을 침해한다는 점이요, 다른 하나는 윤리교육의 외연 내지 하위 영역에 관한 점이다.

전자는, 한국인으로서의 윤리를 교육하는 일과 보편적인 윤리를 교육하는 일의 대립성 여부에 관한 것이다. 요컨대 윤리의 주체에 대하여 특히 한국인을 강조하는 경우, 그 내용이 특수윤리로서 일반성을 결여한다는 논의이다.

그런데 한국인으로서의 윤리를 강조하는 일이 과연 보편타당성을 갖지 못하고 제한적으로만 의미 있는 것인가에 대해서는 재고해 볼 필요가 있다. 보편적인 윤리를 무시해가며 한국적인 윤리를 따로 정해 놓고 가르치는 일은, 그런 일 자체가 가능하지 않을 뿐만 아니라 바람직하지도 않다. 만일 그런 일이 가능하다면, 우리는 한국인의 삶 자체가 지구상에서 매우 예외적이라 말해야 한다. 왜냐하면 한국인들은 보편적인 삶과는 상관없이 특수한 삶을 살고 있기 때문이다. 물론 한국이라는 지리적으로 특수한 상황에서 살아온 사람들만의 고유한 역사와 전통이 다른 나라 사람들과 차별성 있는 삶을 산출하는 점은 분명 있을 것이다. 그러나 이런 측면에서의 특수성마저 초월해 있는 나라는 지구상 어디에도 없다.

학문적으로 보편을 바라보는 관점은 다양하다. 이를테면, 보편적이라는 것은 명칭에 불과하다(유명론), 보편적인 것은 명칭을 넘어서는 개념이지만 그 이상은 아니다(개념주의), 보편적인 것은 어떤 방식으로든 실재적으로 존재한다(실재론) 등등. 다만 여기서 강조하고자 하는 것은, 진정한 윤리·도덕이란 그 주체가 현실적 존재(actual entity)로서 이해될 때 비로소 가능하다는 점이다. 현실적 존재라 함은, 인간이 결코 무(無)에서 살아가는 존재가 아니라 능동적 의미에서건 수동적 의미에서건 역사적 존재로 이해될 수밖에 없다는 의미와 관련된다. 현실적 존재 이외의 존재 모습은 공허한 추상으로 흐르기 쉽다. 현실적 존재로 이해된 존재야말로 진정한 존재(res vera)라 함은 기왕에 존재론(存在論)에서도 많은 지지를 얻고 있다. 이는, 윤리·도덕이 특정의 공간과 시간적 상황을 초월하여 진공 상태에서 요구되는 일이 없다는 점을 고려하면 쉽게 이해될 수 있다.

후자는, 윤리 교과가 다루어야 할 내용이 당위와 가치에 관한 것들 가운데 어느 범위까지를 포함하는가에 관한 것이다.

윤리·도덕은 인간이 지켜야 할 도리 및 그에 준한 행위로 인식되어 왔다. 따라서 그것은 '마땅히 있어야 할' 세계를 다루며, 그런 의미에서 당위 혹은 가치를 그 탐구의 대상으로 한다. 그런데 지난날 우리의 경우 윤리·도덕이 관여하는 당위 내지 가치의 외연을 둘러싸고 늘 논쟁이 있었다. 단적인 예가, 민주주의나 북한 혹은 통일에 관한 내용은 정치적 교화의 성격이 강하므로 배제되어야 한다는 논의이다.

우리는 당위의 외연과 관련하여 독일 출신의 사상가 로터(H. Rotter)를 주목할 필요가 있다. 그는 저서 『윤리의 기초』에서 윤리의 현상과 개념을 규정하려는 세 가지 노력들을 구별하고 있다. 인격 자체를 완성시키는 인격적 실현을 윤리적인 것이라고 이해하는 것, 이웃에 대한 관계로부터 윤리의 본질을 규정하려고 시도하는 것, 그리고 인간의 인격적 행위가 내포하고 있는 절대적인 계기로부터 출발하는 것이 그에 해당한다.25) 이 세 가지는 각각 행위자 주체 자신에 대한 관계, 이웃에 대한 관계, 그리고 절대자에 대한 관계를 주된 관심의 대상으로 삼고 있다. 로터

---

25) Hans Rotter, *Grundlage der Moral*, Köln : Benziger Verlag, 1975, ch.1, 1.

는 윤리의 개념에 대해서, 가능하면 이 세 가지 측면 모두에 입각하여 파악하기를 권하고 있다. 그렇다면 우리는 적어도 이론적으로는, 학생들의 당위와 가치에 관한 것으로서 자신과 이웃에 (그리고 절대자에) 대한 관계를 해명하는 것이라면 일단 윤리교육의 대상이라고 말할 수 있겠다.

IV. 윤리 연구의 전망

우리는 지금까지 건국 이후 오늘에 이르는 동안 국민적 차원에서의 공동체 윤리 내지 사회 윤리의 연구 활동에 대하여 회고해 보았다. 동 윤리 연구의 주된 주체를 크게 3분하여, 대학의 윤리교육 관련학과에서 윤리 담당 전문교사를 양성하는 일과 연계되어 이루어지는 연구, 대학의 교양 윤리 강좌들과 연계되어 이루어지는 연구, 그리고 철학의 한 분과로서의 윤리학의 연구로 나누어 살펴보았다. 또한 그 역사적 전개에 대해서 마찬가지로 크게 3분하여, 정부 수립 직후부터 학문 활동의 기초를 다진 1960년대 이전의 연구, 초등학교에서부터 대학에 이르는 각급 학교의 제도적 뒷받침 속에 진행한 1970~80년대의 연구, 그리고 세기적 격변을 겪으면서 학문의 자리매김을 위해 진력해온 1990년대 이후의 연구로 나누어 탐색해보았다.

그리고 짧지 않은 연구 활동의 여정 속에서 국민적 공동체 윤리 연구의 학문적 목적과 정당성을 찾는 문제, 학제적 성격에서 오는 혼란을 극복하고 학문적 정체성을 정립하는 문제, 그리고 동 연구가 초·중·고등학교의 도덕 교과와 상당 부분 운명을 함께하는 이상 교육에 적용할 경우에 부딪치는 보편성·특수성의 문제 및 하위 영역 내지 내용 구성의 문제들이 논의의 대상으로 상존해왔음을 성찰하였다.

　인간이 국가 구성원으로서의 삶을 저버리지 않는 이상, 국민적 차원에서 공동체 윤리 내지 사회 윤리를 모색하는 일은 계속 필요할 것으로 생각된다. 물론 세상의 모든 일이 늘 그렇듯이 국민적 공동체 윤리에 관한 우리의 연구 활동에도 명암은 공존할 수밖에 없다. Ⅲ장에서 지적한 세 가지의 문제들 역시 어쩌면 윤리 연구의 영원한 과제로 남을지도 모른다. 다만 분명한 것은, 우리가 향후에 그간의 연구 활동에서 쌓아온 성과나 공적은 더욱 발전시켜 나가되 의도하지 않았던 결함이나 과실은 반성하여 줄여나가도록 노력해야 한다는 점이다. 우리 스스로를 위해, 그리고 미래 세대의 더 나은 세상을 위해!

참고문헌

강두호, 『자연법 사회 윤리－도덕 교육의 기초』, 서울 : 인간사랑, 2003.

교육부, 『고등학교 교육과정 해설 (3) : 도덕』, 2001.

교육부, 『중학교 교육과정 해설 (Ⅱ) : 도덕』, 1999.

교육인적자원부, 『중학교 교육과정 해설 Ⅱ : 도덕』, 2008.

김범부, 『화랑외사 : 국민윤리 특강』, 대구 : 이문출판사, 1981.

김상돈, "'학으로서 윤리학'의 위기", 「국민윤리연구」, 제62호, 2006.

박준규, 『국민윤리교육과의 교육과정 체계화를 위한 기초연구』, 서울 : 문교부, 1977.

서울대학교, 『2006 서울대학교 교과과정 : 교과목개요(대학원과정)』, 2006.

서울대학교, 『2006 서울대학교 교과과정 : 교과목개요(학사과정)』, 2006.

서울대학교 철학과, 「철학논구」 제1권～제33권, 1972～2005.

서울대학교대학원 국민윤리교육과, 「사회와 사상」 제1집～제21집, 1980～2003.

송석구, "학으로서 윤리학의 가능성 근거", 「철학사상」 제2집, 1971.

유봉호, 『한국 교육과정사 연구』, 서울 : 교학연구사, 1992.

정세구, "초·중등 도덕·윤리과교육 반세기의 회고 및 반성과 21세기 초의 과제", 한국도덕과교육학회, 『도덕과 교육론』, 서울 : 교육과학사, 2001.

정세구 외, 『도덕·윤리과 교육의 발전 방향과 과제』, 서울 : 교육과학사, 2005.

한국국민윤리학회, 「국민윤리연구」 제1호～제62호, 1973～2006.

한국도덕윤리과교육학회, "도덕과의 성격과 목표", 한국교육과정평가원, 『새로운 도덕과의 성격과 목표 정립』, 서울 : 2006.

한국도덕윤리과교육학회, 「도덕윤리과교육」 제1호～제22호, 1990～2006.

함종규, 『미군정시대의 교육과 교과과정』, 서울 : 한국교육개발원, 1984.

Carus, Paul, *The Ethical Problem : Three lectures on ethics as a science*, Chicago : Open Court Publishing Co., 1899.

De Laguna, Theodore, *An Introduction to the Science of Ethics*, Whitefish, MT : Kessinger Publishing, 2004.

Hunt, Thomas C., *Moral Education in America's Schools : The Continuing Challenge*, Charlotte, NC : Information Age Publishing, 2005.

Moore, George E., *Principia Ethica*, Cambridge : Cambridge University Press, 1903.

Rotter, Hans, *Grundlage der Moral*, Köln : Benziger Verlag, 1975.

Ⅰ. 도덕 교과 성격·목표 설정의 의미

한 교과의 성격과 목표를 어떻게 규정할 것인가 하는 문제는 해당 교과의 교육과정을 마련하는 데 있어서 가장 중요한 작업이다. 왜냐하면 교과의 성격과 목표야말로 곧 교과의 정체성을 결정하기 때문이다. 또한 규정된 성격과 목표에 따라 교과의 내용 구성이 이루어지며, 궁극적으로 교과의 효율적인 교수·학습방법 및 평가 방안도 그 영향을 받게 되기 때문이다. 그러므로 도덕과 교육과정의 개정 연구에 있어서도 가장 핵심적인 부분은 학생들의 입장에서 그들의 도덕성 향상에 최적의 방안이 무엇인가를 진지하게 숙고한 다음에 내려지는 결론이어야[1] 한다.

근래에 도덕과 교육과정의 개정을 둘러싸고 학계와 관련 단체에서는 도덕 교과의 정체성과 추구해야 할 목표에 대하여 다양한 의견들을 제시해 왔다. 그 의견들은 특히 몇 가지 쟁점들을 중심으로 하여 표출되고 있

---

[1] 차우규, 『새로운 도덕과의 성격과 목표의 정립』, 서울 : 한국교육과정평가원, 2005, p.3.

는데, 몇 가지 쟁점들이란 대개 다음과 같은 것들로 이루어져 있다.

첫째, 학생들에게 보편적인 윤리·도덕만을 가르칠 것인가? 또는 한국인으로서의 특수한 윤리·도덕을 병행할 것인가? 둘째, 철학을 모(母) 학문으로 정할 것인가? 아니면 윤리학을 바탕으로 하되, 이른바 학제적 접근으로서 사회과학적 관점도 포함할 것인가? 셋째, 북한이나 통일 교육의 내용을 유지할 것인가? 또는 그런 내용은 도덕 교과에서 배제시킬 것인가? 이 같은 쟁점들은 향후에도 도덕과의 성격과 목표를 정하는 데 있어서 계속 논의의 중심에 설 가능성이 크다고 본다.

II. 윤리·도덕의 보편성과 특수성

언어 상의 뜻으로 대개 '보편적'이라 함은 일정한 범위 안의 모든 사상(事象)에 공통하며 예외가 없는 것을 말한다. 이에 대하여, '특수적'이라 함은 어떤 부류의 전체에 공통된 것이 아니고 그 중의 일부의 것에 관해서만 한정지어 말할 수 있는 성질을 이른다. 따라서 우리는 보편적인 윤리가 모든 사람에게 예외를 두지 않고 유효한 것인데 반하여, 특수 윤리는 일반성을 결여하고 제한된 범위의 사람들에게만 타당성을 지니는 것으로 이해하게 된다.

그런데 한국인으로서의 윤리·도덕을 강조하는 일이 과연 보편타당성을 갖지 못하고 제한적으로만 의미 있는 것인가에 대해서는 재고해 볼 필요가 있다. 혹시 우리 주변에서 누가 보편적인 윤리·도덕을 무시해가며 한국적인 윤리·도덕을 따로 정해 놓고 가르치려고 한다고 가정해 보자. 아마 그런 일 자체가 가능하지 않을 뿐만 아니라 바람직하지도 않을 것이다.

만일 그런 일이 가능하다면, 우리는 한국인의 삶 자체가 지구상에서 매우 예외적이라 말해야 할 것이다. 왜냐하면 한국인들은 보편적인 삶과는 상관없이 특수한 삶을 살고 있기 때문이다. 하지만 현재 한국인들이 시간적으로, 그리고 공간적으로 유별나게 예외의 생활을 하고 있는 것은 아니다. 물론 한국이라는 지리적인 특수한 상황에서, 그리고 한국이라는 땅 안에서 살아온 사람들만의 고유한 역사와 전통의 테두리 안에서 다른 나라 사람들과 차별성 있는 삶을 영위하는 점은 분명 있을 것이다. 그러나 이런 측면에서의 특수성마저 초월해 있는 나라가 과연 지구상에 있을까?

사실 학문적으로 보편을 바라보는 관점은 다양하다. 이를테면, 보편적이라는 것은 명칭에 불과하다(유명론), 보편적인 것은 명칭을 넘어서는 개념이지만 그 이상은 아니다(개념주의), 보편적인 것은 어떤 방식으로든 실재적으로 존재한다(실재론) 등등. 우리는 지금, 보편의 실체성 여부를 놓고 벌였던 중세 스콜라 철학 시기의 논쟁에서 그랬듯이, 보편은 명목에 불과하다는 해묵은 주장에 손을 들어주려는 것이 아니다. 그러기에 보편이란 다만 명칭에 불과하다거나 사유의 추상적 소산이라는 점을 말하려 하는 것이 아니다. 여기서 강조하고자 하는 것은, 진정한 윤리·도덕이란 그 주체가 현실적 존재(actual entity)로서 이해될 때 비로소 가능하다는 점이다.

현실적 존재라 함은, 인간이 결코 무(無)에서 살아가는 존재가 아니라 능동적 의미에서건 수동적 의미에서건 역사적 존재로 이해될 수밖에 없다는 뜻과 관련된다. 현실적 존재 이외의 존재 모습은 공허한 추상으로 흐르기 쉬우며, 현실적 존재로 이해된 존재야말로 진정한 존재(res vera)라 함은 기왕의 존재론(存在論)에서도 많은 지지를 얻고 있다. 이는, 윤리·도덕이 특정의 공간과 시간적 상황을 초월하여 진공 상태에서 요구되는 일이 없다는 점을 고려하면 쉽게 이해될 수 있다. 실존주의자들은 이와 관련하여 우리에게 큰 시사점을 준다. 그들에게 있어서 '실존'이란 시공을 초월하는 추상적인 인간에 관심을 두기보다는, 어떤 시대, 어떤 장소, 어떤 상황에서 살아가는 구체적인 인간의 모습에 관심을 두는 것이라고 보아야 할 것이다.

그렇다면 한국인의 주체적인 얼과 정신을 중시하면서 한국인으로서의 윤리·도덕을 가르치는 일이 보편적인 윤리·도덕을 가르치는 일과 서로 모순되는 것이 아니라는 점은 분명해진다. 우리는 학생들로 하여금 손가락으로 별을 가리키듯이 막연하게 일반적이고 개념적인 사고에만 충실할 것이 아니라, 구체적으로 느끼고 체감하며 실천할 수 있도록(이것이야말로 윤리·도덕의 진수가 아니겠는가?) 가르치고자 노력해야 한다.

결국 우리는 보편적인 덕목을 바탕으로 하되 이 시대, 이 나라, 이 상황에서 살아가는 '구체적인' 인간으로서의 윤리·도덕에 관심을 가질 수밖에 없다. 한국인으로서의 윤리·도덕을 가르치는 일과 보편적인 윤리·도덕을 가르치는 일이 서로 별개의 것이 아니다.

Ⅲ. 도덕 교과의 학제적 접근

'학제적'이라는 말은 '서로 다른 지식이나 학문의 영역들을 포함한다.'는 뜻을 가진 영어 interdisciplinary의 우리말 번역이다. 이 말은 영문 단어가 원래 의도하고 있는 의미와는 좀 거리가 있어 보이지만 어느새 우리 주변에 친숙하게 자리매김 되어 있다는 감을 준다. Interdisciplinary는 학제적이라는 말 외에도, '교과목들의 상호 접근성 ; 통합 학문적 ; 학문 간 ; 다학제성 ; 학제간' 등의 말로도 표현되고 있다. 어떻게 표현되고 있든 이 개념이 근래에 특히 도덕 교과에서 잘 인지되어 있는 것은 그 동안 철학이나 정치학 등 다양한 학문들이 서로 제휴해온 도덕 교과의 지난 발자취와 깊은 관련이 있다고 본다.

우리는 향후, 도덕 교과에 적용할 경우 학제적이라는 용어에 대하여 새롭게 사고할 필요가 있다. 학제적이라는 말이 행여 종전처럼, 기존의 학문 영역들이 자신의 고유성과 독자성만을 한 치의 양보 없이 주장하면서 기존의 제도적 장치 아래에 다른 분야와 어쩔 수 없이 함께 자리할 수밖에 없다고 고집하며 쓰인다면, 그것은 도덕 교과에 더 이상 의미를 주지 못한다.

사실 1990년대 이후에 교과교육 분야가 빠르게 성장하면서 도덕과의 정체성에 불을 붙이며 교과의 정체성 확립을 논하기 이전까지만 해도, 도덕교육은 으레 철학이나 정치학 또는 교육학 전공자들의 몫이었다. 그런데 이들 전공자들의 관계에 대해서는 도덕교육이 요구하는 공통분모를 찾아 겸허한 자세로 진지하게 접근했다는 평가보다는 서로 선을 긋고 오직 스스로에게만 정통성을 유지하려 했다는 평가가 더 큰 것 같다.

이제는 학제적이라는 말을 다시 성찰해야 한다. 이와 관련하여 방금 지적하였지만 1990년대 이후의 교과교육학의 경우는 주목할 만하다. 도덕 교과에서 교과교육학은 종전의 교육심리, 교육철학, 교육과정, 교육행정 등의 교육학 분야와 철학, 윤리학, 정치학, 사회학 등 교과 내용학을 적당히 얼버무린 상태가 아니다. 그것은 양측을 기반으로 하면서도 도덕과만의 영역과 색깔을 창출해 내고 있다. 요컨대, 교과교육학은 교과 내용학과 교육학의 '만남'이 연출해내는 교유한 성격의 것으로 자리하게 되었다. 마찬가지로, 사회윤리학은 사회과학과 윤리학의 '만남'에서 창출된 그만의 특성을 지니고 있다.

이들의 경우 만남이란 단순히 기존의 학문의 경계를 넘나드는 일에 그치지 않는다. 그것은 상이한 영역의 서로 다른 개념들이 접속되고 그러한 접속을 통해서 한 단계 위의 새로운 양식을 창조하는 것을 이른다. 이런 의미에서, 학제적이라는 말은 이제 기존의 전공 영역에서 볼 수 있는 단위 과목들이 어떤 공분모— 도덕과의 경우 공동선(共同善) — 를 지향함이 없이 단순히 모여 있는 기계적인 결합을 넘어서는 것으로 이해될 필요가 있겠다.

학제적이라는 말을 이렇게 이해할 경우, 도덕과가 학제적 접근을 취하는 것은 누가 시켜서가 아니라 도덕이라는 교과의 성격 자체에서 나온다고 볼 수 있다. 이 점은 윤리·도덕의 주체인 인간을 찬찬히 훑어보면 어렵지 않게 알 수 있다. 즉, 인간은 변전하는 사물들을 초월하면서 독자적이고 주체성을 갖는 자존적 존재이지만, 자신의 인격을 완성 짓기 위해서는 반드시 사회를 요구할 수밖에 없는 사회적 존재이기도 하다. 물론 사회가 인간을 위해서 있는 것이지, 인간이 사회를 위해서 있는 것은 아니다. 따라서 인간의 사회성은 그 바탕에 있어서 공리주의 차원에서의 타인에 대한 외면적 의존성에 그치지 않으며, 형이상학적으로 인간의 본질에 기인한다. 자연법 사회윤리학자들은 이를 인격의 공동체에로의 소명(召命)이라고 표현하는데, 바로 이 점이 도덕 교과에 인문학적인 면 외에 사회과학적인 면이 요구되는 까닭이기도 하다.

사회윤리를 공부하면서 사회과학적 시각을 저버린 채 순수한 윤리학만으로는 한계가 있게 마련이다. 논리를 좀 비약하면 사회윤리를 연구하는 데는 자연과학적 사고도 요구된다. 생명윤리를 공부하면서 의학이나 생물학에 대한 지식이 없다면 그 공부는 불완전할 수밖에 없다. 정보윤리를 공부하는 데 있어서 과학 기술에 대한 전문적 소양을 무시할 수 없는 것도 마찬가지이다. 더구나 도덕 교과는 학생들로 하여금 순수한 윤리학을 공부하게 하는 교과가 아니다. 그것은 미완성의 자라나는 아이들을 완성에로 이끌어가는 '사람 만들기'(shape man)를 다루며, 여기에 심리학적이고 교육학적인 배경이 요구됨은 너무도 당연한 일이 아닐 수 없다.

IV. 도덕 교과의 범위

전통적으로 윤리·도덕은 인간이 지켜야 할 도리 및 그에 준한 행위로 인식되어 왔다. 그것은 행동의 옳고 그름과 선악에 관한 원리로서, 사람들에 대하여 어떻게 행동할 것인지를 일깨워주는 기준과 규범의 역할을 한다. 따라서 윤리·도덕은 '마땅히 있어야 할' 세계를 다루며, 그런 의미에 당위 혹은 가치를 그 탐구의 대상으로 한다.

그러면 윤리·도덕이 관여하는 당위 내지 가치의 외연(外延, extension)은 과연 어디까지라고 말할 수 있을까? 이와 관련하여 독일 출신의 사상가 로터(H. Rotter)의 견해는 주목할 만하다. 로터는 그의 저서 『윤리의 기초』 (Grundlagen der Moral)에서 윤리의 현상과 개념을 규정하려는 세 가지 노력들을 구별하고 있다.[2] 인격 자체를 완성시키는 인격적 실현을 윤리적인 것이라고 이해하는 것, 이웃에 대한 관계로부터 윤리의 본질을 규정하려고 시도하는 것, 그리고 인간의 인격적 행위가 내포하고 있는 절대적인 계기로부터 출발하는 것이 그에 해당한다.

이 세 가지는 각각 행위자 주체 자신에 대한 관계, 이웃에 대한 관계, 그리고 절대자에 대한 관계를 주된 관심의 대상으로 삼고 있다. 로터는 윤리의 개념에 대해서 가능하면 이 세 가지 측면 모두에 입각하여 파악하기를 권장한다. 그러므로 윤리의 현상에 대한 이해는 인간 자신에 대한 관계, 그리고 이웃에 대한 관계를 (더 나아가 절대자에 대한 관계를) 잘 해명함으로써 보다 완전해질 수 있을 것이다.

그렇다면 우리는, 적어도 이론적으로는, 학생들의 당위와 가치에 관한 것으로서 자신과 이웃에 (그리고 절대자에) 대한 관계를 해명하는 것이라

---

2) Hans Rotter, *Grundlagen der Moral* ; 안명옥(역), 『윤리의 기초』, 왜관 : 분도출판사, 1993, p.22.

면 일단 도덕교육의 대상이라고 말할 수 있다. 물론 이 경우에도 우리에게 여전히 문제는 남아 있다. 이를테면, 이웃의 범위를 어디까지로 볼 것인가와 같은 문제이다. 이웃을 문자 그대로 학생이 살고 있는 집 근처로만 볼 것인지, 동(洞) 내지 구(區)까지 볼 것인지에 관한 것이다. 따라서 광역단체인 시도는 이웃으로 보기 어렵다든지, 북한이나 일본, 중국 등은 이미 국경선을 넘어 있으므로 이웃에서 빼야 한다든지, global ethics와 같은 지구촌 자원에서의 그것은 이웃으로 보기에는 너무도 황당하다든지 등등 논의가 가능할 것이다.

그렇지만 좀 더 개방된 시각으로 볼 경우, 도덕 교과가 그 내용으로 담아야 할 주제 내지 대상의 범위가 도덕 교과의 존재 이유를 곧바로 결정할 만큼 중요한 것은 아니다. 또한 도덕 교과가 그 자체로서 가치를 포함하고 있는 이상, 분명히 학생들의 가치 판단과 그 근거에 대한 탐구가 요구됨에도 불구하고 일정한 영역을 제한하여 지도하는 것이 오히려 문제가 될 수도 있을 것이다. 그렇다면, 민주시민으로서 그의 당위와 가치에 관련되는 것임에도 불구하고, 예컨대 북한이나 통일 문제는 정치 냄새가 난다고 하여 일부러 배제할 이유는 없다. 설사 도덕 교과에서 떼어낸다고 해도, 북한이나 통일 문제에 대한 교육이 과연 일체의 가치관을 배제한 채 가능한 것인지 통찰해볼 필요가 있다. 북한이나 통일 문제는 남이 아니라 바로 우리들의 올바른 가치 판단이 절실히 요구되는 문제가 아니겠는가?

다만 그 내용의 분량이 지금처럼 네 영역 가운데 하나를 차지할 정도로 많다는 느낌을 준다면, 그리하여 도덕교육이 정치교육의 성격을 일부 지니고는 있지만 이건 좀 너무 하지 않느냐 하는 불만을 일으킨다면, 그리고 내용의 서술 면에 있어서도 '극우적이다' 또는 '정부 홍보용이다'는 의구심을 불러일으킬 만큼 균형 감각을 잃은 채로 쓰여 있다면, 그런 점들은 반드시 개선되어야 할 것이다. 국민들이 시대착오적인 교과 내용을 용납하는 시대는 지났다고 본다. 결국 도덕 교과가 다루어야 할 내용이 당위와 가치에 관한 것들을 모두 포함하는 이상, 그들 가운데 정치적 성격을 지닌다고 하여 애써서 배재할 이유는 없을 것이다.

끝으로, 도덕 교과의 목표를 '생각하는 도덕교육'에 두면서 비판적 사고력의 신장에만 역점을 두는 것은 편협한 생각이라는 점을 지적해 둔다. 초·중·고등학교 도덕과 교육의 성격 중에는 철학적 윤리교육론이 하나의 자리를 차지하고 있는데, 철학적 사고를 통한 도덕적 판단 능력의 신장에 중점을 두는 것이 이에 해당한다. 물론 도덕과 교육의 목표 중에 학생들의 도덕적 판단 능력의 신장이 중요한 부분을 차지하고 있는 것은 분명하다.

그러나 그렇다고 하더라도 도덕교육을 비판적 사고력에만 중점을 두고 몰아가서는 안 될 것이다. 도덕교육의 속성으로 보아 도덕적 민감성이나 공감, 친사회적 행동 등 도덕 기능의 다른 부분들 역시 도덕적 삶의 영역에서 중요하다는 점을 수용하면서, 도덕성에 대한 포괄적이고 통합적인 관점을 지향해야 하기 때문이다. 도덕교육에서 지나치게 지적인 면만을 강조해서는 안 되며 생각하고 느끼고 행동하는 통합성과 도덕적 습관교육을 중시해야 한다는 점, 도덕교육이 인격체 전반을 대상으로 하는 한 메마른 논리교육만으로는 도덕적 심성을 기르는 데 부족하다는 점 등에 유념할 필요가 있다.

참고문헌

강두호, "도덕과의 성격과 목표 설정의 원칙", 한국교육과정평가원, 「새로운 도덕과의 성격과 목표 정립」, 연구자료 ORM 2005-28, 2005.

김광수 외, 『도덕적으로 성숙한 인간 육성을 위한 '생각하는 교육'의 정책 및 프로그램 연구』, 서울 : 교육인적자원부, 2001.

김태길, 『윤리 문제의 이론과 사회 현실』, 서울 : 철학과 현실사, 2004.

이돈희, 『도덕성 회복과 교육』, 서울 : 교육과학사, 2002.

정창우, 『도덕교육의 새로운 해법』, 서울 : 교육과학사, 2004.

차우규, 『새로운 도덕과의 성격과 목표 정립』, 서울 : 한국교육과정평가원, 2005.

Gill, David W., *Becoming Good : Building Moral Character*, Downers Grove, IL : InterVarsity Press, 2000.

Hunt, Thomas C., et al., *Moral Education*, Santa Barbara, CA : Praeger, 2007.

Nucci, Larry P., *Education in the Moral Domain*, New York : Cambridge University Press, 2001.

Rotter, Hans, *Grundlage der Moral* ; 안명옥(역), 『윤리의 기초』, 왜관 : 분도출판사, 1993.

 도덕과 교육과정에 제시된 인간상의 존재론적 특징

Ⅰ. 도덕과의 인간상 탐구

1. 연구의 목적 및 필요성

이 연구는 도덕과(道德科) 교육과정에서 목표 혹은 이상적인 당위의 주체로 제시된 인간상(人間像)이 존재론적으로 어떤 특징을 보이는지 살펴보는 데 그 목적을 두고 있다. 우리나라의 도덕과 교육과정은 도덕 교과의 목표를 명시하면서 학생들의 미래 인간상에 대하여 방향을 제시한다. '한국인으로서 바람직한 삶을 살아가는 데 필요한 기본 생활 습관과 예절 및 도덕규범을 익히고, 일상생활 속에서 부딪치는 도덕적 문제를 바람직하고 합리적으로 해결할 수 있는 판단 능력을 기르며, 올바른 시민 의식과 국가·민족 의식, 그리고 세계 평화와 인류 공영 의식을 함양하고, 삶의 이상과 원리를 체계화하여 실천할 수 있는 도덕적 성향을 기른다.'[1]

도덕 교과가 자라나는 학생들로 하여금 이처럼 한국인으로서의 당위

---

[1] 교육부, 『제7차 도덕과 교육과정』, 1997, p.29.

에 대해 성찰하게 하는 일은, 동 교과가 특정의 공간 및 시간적 상황을 초월하여 당위를 논하는 것이 아니라는 점과 함께 당위의 주체에 대하여 어떤 존재자의 모습을 전제로 한다는 점에 의미를 갖는다. 후자의 경우 간혹 일부에서는 당위와 존재에 대하여 서로 분리하여 다룰 것을 주장하기도 한다. 당위와 존재의 관계에 대하여 깊은 철학적 논의를 벌리는 것이 본 연구의 관심사는 아니지만, 일단 존재로부터 당위를 추론할 수 있으며 존재와 당위는 궁극적으로 합치된다는 입장을 존중한다. 본 연구를 통하여 우리나라 도덕과 교육과정에서 요구되는 당위의 주체로서의 인간 존재자의 모습이 어떤 것인지를 탐구하려는 것도 바로 이런 입장과 연계된다.

존재론(存在論)은 존재자 자체를 탐구하는 영역으로서, 말 그대로 존재에 관한 논의를 이른다. 존재라 함은 인간이 여러 가지 의미로 '있음'을 나타낸다. 존재는 형이상학적으로 살펴볼 경우 변화하는 현상을 초월하는 근원적인 실재를 의미하나, 보통 우리의 일상 경험으로는 일정한 시간과 공간을 점하는 실재로서 인식된다. 또, 그것은 그 특유한 성격으로 인하여 사회적 존재, 인격적 존재 등 다양한 양상을 보인다. 이런 점들은, 존재론이 존재자에 대하여 묻고 있지만 그 물음들이 함축하는 바가 매우 광범하고 복잡하다는 사실을 드러낸다.

따라서 존재론과 관련된 쟁점들 역시 존재의 의미로부터 시작하여, 실체와 우유, 가능태와 현실태, 존재자의 존재 방식, 존재자의 근본 원인, 존재와 본질의 관계 등에 이르기까지 다양하다.[2] 도덕과 교육과정에 초

---

2) 존재론 연구의 일반적 경향을 소개해 놓은 것으로 Battista Mondin, *Ontologia e Metafisica*, Bologna : Edizioni Studio Domenicano, 1999 ; Richard M. Gale (ed.), *The Blackwell Guide to Metaphysics*, Oxford : Blackwell, 2002 ; Jaegwon Kim & Ernest Sosa (eds.), *A Companion to Metaphysics*, Oxford : Blackwell, 1996. 특히 토미즘에서의 존재론에 대하여 Paul-Bernard Grenet, *Ontologia*, Brescia : Paideia Editrice, 1967 ; Norbert

점을 둔 본 연구는 이들 가운데 도덕 교과에서의 존재자 문제, 특히 근본 실체로서 그리고 가치를 지향하는 이로서의 존재자 문제에 대하여 중점적으로 다루고자 한다. 존재론이 도덕 행위의 주체인 존재자에 대하여 묻고 있는 한, 그 실체와 당위에 관한 성찰이야말로 주된 관심이 아닐 수 없다.

도덕과 교육과정에서 제시되는 인간상을 탐구하는 데에 존재론적 연구가 필요한 이유는 다음과 같다. 첫째, 학문적 필요성이다. 도덕과가 제시하려는 인간상을 정확하게 파악하는 일은 존재 문제에 대한 바른 인식에 의존하게 마련이며, 이는 그 자체로서 도덕교육의 학문적 기초를 이룬다. 둘째, 교육적 필요성이다. 존재에 대한 통찰은 학생들로 하여금 바람직하고 합리적인 가치관을 추구하도록 돕는다. 존재의 주체성을 잊은 채 가치만을 추구하거나, 반대로 가치 실현의 관심을 저버린 채 주체만 논하는 것은 이런 일에 불리하다. 셋째, 국가·사회적 필요성이다. 교육과정이 '한국인'의 양성에 역점을 두는 점은, 근래 우리의 국가·사회적 정체성의 약화와 분명히 관련되어 있다. 국가와 사회의 구성원으로서 자신의 존재-당위 체계에 대한 올바른 이해는 중요하다.

2. 연구의 범위와 방법

도덕적 행위에 대한 고찰이 그 주체로서의 존재자를 전제로 하는 이상, 당위의 문제는 존재 문제의 탐구라는 보다 포괄적인 지평 위에서 접근되어야 한다. 이 연구가 도덕과 교육과정에 대하여 인간 존재 자체에 토대를 두고 분석하려는 것도 바로 이 같은 맥락에서이다.

연구의 앞부분인 Ⅱ장은 이 연구를 위해 필요한 기초 작업에 해당한

Bathen, *Thomistische Ontologie und Sprachanalyse*, München : Verlag Karl Alber, 1987 참조.

다. 여기서는 먼저 존재론에 대하여 예비적으로 검토하게 된다. 존재론의 흐름을 개략적으로 알아보는 것이다. 고대의 아리스토텔레스는 존재론을 가장 우월한 의미의 철학이라는 뜻으로 제1철학이라고 불렀다. 이후 '존재'는 중세와 근대를 거치며 때로는 다소 막연한 개념으로서, 또 때로는 많은 뜻을 함축하는 개념으로서 이해되어 왔다. 다음으로 도덕 교과에 있어 그 목표로서 추구되는 인간상을 요약할 것이다.

연구의 중간은 존재론에서 가장 중시되는 이슈에 따라 교육과정의 인간상을 분석하는 부분이다. Ⅲ장은 존재자의 범주 내지 존재 양식에 대한 분석이다. 첫째, 도덕과 교육과정에서 설명되는 인간 실체의 문제이다. 실체는 인간의 존재 양식을 나타내는 주요 개념으로서, 항구적이고 동일성을 유지하는 주체로 이해되어 왔다. 둘째, 인격의 문제이다. 인격은 인간을 다른 존재자와 구별시키는 실체의 표시로서 자기실현의 특징을 갖는다. 셋째, 관계의 문제이다. 한 존재자가 다른 존재자와 어떤 형태로 연결되어 있을 경우 항상 어떤 관계가 있게 마련이다.

이어서 Ⅳ장은 존재자의 내적 구성 원리에 대하여 분석한다. 첫째, 변화하는 모든 존재는 현실태와 가능태로 성립된다는 점과 관련된 내용이다. 현실의 존재자는 먼저 그렇게 될 수 있는 가능 상태에 있었는데, 이 상태가 가능태이다. 그리고 가능태에 있던 것이 현실화된 상태가 존재자의 현실태이다. 이 부분에서는 교육과정이 인간의 완성을 강조하는 데 유의할 것이다. 둘째, 존재를 통해서 본질이 실제화 된다는 점과 관련된 내용이다. 본질이 존재자로 하여금 무엇이라고 불릴 수 있게 하는 것이라면, 존재는 본질의 실현이다. 교육과정에서 인간을 구성하는 두 개의 존재론적 원리가 어떻게 구별되고 있는지는 흥미로운 관찰거리이다. 셋째, 궁극적 존재의 논의와 관련된 내용이다. 만일 어떤 존재자도 없었다면 그 무엇도 존재하기를 시작하지 못했을 것이며 지금까지 없을 것이다.

이는 존재 자체, 무한자, 절대자에 관한 것으로서 종교적 영역과도 관련이 깊다. Ⅴ장은 연구의 끝 부분으로서 맺음말과 제언으로 구성된다.

논문은 그 연구 방법에 있어서, 존재론적으로 접근하되 중·고등학교 도덕과 교육과정을 다룬 자료들을 중심으로 한 문헌 연구에 의존한다. 따라서 교육과정을 분석하는 데 활용될 적절한 기준으로서 존재론의 틀을 마련하는 일, 그리고 그것을 준거로 하여 교육과정을 종합적으로 분석하는 일이 연구의 주된 관심을 이룬다. 특히 전자의 경우 연구자들마다 무척 다양한 존재론의 학문적 성격을 고려하되 '사람 만들기'라는 도덕 교과의 정체성에 부합하도록 구성해나갈 것이다.

이와 관련하여 본 연구는 그 기본 관점으로 토미즘의 입장을 견지한다. 오웬스(J. Owens)의 지적처럼 토미즘 존재론은 존재에 대한 가장 만족스러운 접근법으로 평가되고 있다.3) 본 연구가 토미즘 존재론에 바탕을 두는 또 다른 이유는, 그것이 인간에 대하여 최고의 존엄성을 부여하는 도덕 교과의 성격에 가장 어울리기 때문이다. 그리고 후자의 경우, 우리나라 중·고등학교 도덕 교과 전반에 걸쳐 국가 수준의 문서화된 교육과정은 물론 그것이 구체화된 교과용 도서들을 망라하여 다룰 것이다.

Ⅱ. 도덕과 존재자 연구의 기초

1. 존재론의 예비적 검토

역사적으로 존재자에 대한 관점은 다양하며, 존재에 관한 학설 또한 개인이나 학파에 따라 사뭇 다르다. 따라서 존재론을 하나의 체계로 요

---

3) Joseph Owens, *An Interpretation of Existence* ; 이재룡(역), 『존재 해석』, 서울 : 가톨릭대학교출판부, 2003, p.208.

약하거나 종합하는 일이 결코 쉽지는 않다. 그럼에도 불구하고 그 흐름에 대한 개략을 살펴보는 일은 연구의 논의를 전개하는 데 큰 의미를 갖는다.

'존재론'이라는 용어가 17세기 초 학계에서 자리 잡기 이전, 존재 연구는 형이상학과 같은 의미였다. 일찍이 형이상학이 존재인 한에 있어서 존재를 다루는 학문이라고 규정되었던 것처럼,[4] 존재의 연구는 오랜 역사를 지니고 있다. 플라톤(Platon)에 있어서 '존재'(ousia)의 문제는 인식 대상으로서의 사물이 지니고 있는 '무엇'에 관한 것이었다. 그는 이 용어가 오직 형상이라는 자기 동일적이고 불변의 항구적인 영역에 대해서만 적절하다고 생각하였다. 그에게 형상은 생성이라는 가변적인 영역과는 대조되며, 단지 지성에 의해서만 이해되는 실재였다. 이데아적 존재가 참된 존재라는 것은 그의 사유의 특징을 이룬다.[5]

아리스토텔레스(Aristoteles)는 존재를 불변의 초월적인 형상과 동일시하는 데 대하여 비판적이다. 그는 '존재하다'는 동사가 보편적으로 적용 가능하다고 보고, 어떤 것으로 존재한다는 것이 무엇을 의미하는지에 대해서 관심을 가졌다. 그에 따르면 존재라는 말이 여러 의미를 갖는 이상 한 가지 뜻으로만 사용될 수 없지만,[6] 존재는 주체를 나타낼 때 주로 사용된다. 그러므로 존재하는 것은 어떤 구체적인 실재로 있게 된다. 여기서 중요한 것은, 아리스토텔레스가 존재자에 대하여 형상과 질료 내지 현실태와 가능태라는 두 원리들의 복합으로 보는 점이다. 특히 실재하는 것의 성장과 발전에 관한 활동적 원리로서의 현실태와 변화를 허용하는 가능성의 토대로서의 가능태는 존재 문제에 대하여 새로운 지평을 열었다

---

4) Aristoteles, *Metaphysics*, Bk. Ⅳ, ch.1, 1003a 21.
5) Johannes Hirschberger, *Geschichte der Philosophie* ; 강성위(역), 『서양철학사(상권)』, 대구 : 이문출판사, 1998, p.146.
6) Aristoteles, *op. cit.*, Bk. Ⅳ, ch.2, 1003a 33.

고 할 수 있다.

　존재에 관한 사고는 토마스 아퀴나스(Thomas Aquinas)를 거치면서 한층 정밀해졌다. 그에 의하면 존재 연구의 주요 과제는 실체를 탐색하는 일이다. 그는 『존재자와 본질』에서, ‘존재자’와 ‘본질’의 개념을 아리스토텔레스의 ‘실체’ 및 ‘우유’와 관련짓고 있다.[7] 예컨대 그에게 있어서, "존재자는 단적이요 우선적으로 실체에 관한 것이며, 상대적 및 이차적으로 우유에 관한 것이다. 따라서 본질은 본래적이고 참된 의미로 실체 안에 있으며, 우유 안에는 어떤 모양 혹은 의미로 있다."[8] 존재자의 존재 양식과 관련하여, 토마스는 실체 외에 인격과 관계를 중시하였다. 그의 인격 관념은 이를 합리적 본성을 갖춘 개별적 실체라고 정의한 보에티우스(A. Boethius)로부터 영향 받고 있다. 그리고 관계는 존재자가 어느 것에 향하여 있음을 표현하는 개념이다.

　또한 토마스는 현실태와 가능태를 보다 넓게 적용하였다. 그는 한 사물의 ‘무엇’(본질)을 결정하는 형상−질료뿐만 아니라, 사물의 본질과 그 현존재 간의 구별에 대해서도 관심을 기울였다. 그에 있어서 본질은 오직 현존재를 통해서 실현되는 가능태이다. 존재자 안에 본질과 존재의 이중성이 있는 셈이다. 다만 이는 존재자를 구성하는 별개의 두 사물이라기보다 질료가 형상을 통해서 규정되는 것처럼 한 존재자 안에서 본질이 존재를 통하여 실제화 된다는 설명으로 보인다.[9] 이밖에 토마스는 다른 것에의 종속성이나 유한성을 배제하는 의미에서 절대적 존재자 내지

---

7) Thomas Aquinas, *De Ente et Essentia* ; 정의채(역), 『존재자와 본질에 대하여』, 서울 : 바오로딸, 2004. Cf. 이를 요약 설명하고 있는 것으로 Robert Pasnau & Christopher Shields, *The Philosophy of Aquinas*, Boulder, CO : Westview Press, 2004 ; Dietrich Lorenz, *I Fondamenti dell'Ontologia Tomista*, Bologna : Edizioni Studio Domenicano, 1992.

8) Ibid., pp.44~45.

9) Thomas Aquinas, *Summa Theologica*, Ⅰ, 3, 4.

제일원인으로서 신(神)의 존재를 강조하였다.

17세기 들어 고클레니우스(R. Goclenius) 등을 통해 존재론(ontologia)이라는 용어가 나타나면서, 이는 다른 학문 영역에도 적용될 수 있는 길을 열었다. 또 볼프(C. Wolff)에게 있어 존재의 연구는 형이상학의 하위 일반으로서, 신학이나 심리학, 우주론과 같은 특수한 분야의 주제들과 구별되었다.10) 그에 있어서 존재는 가장 보편적인 특성으로서의 '무엇'을 나타내는 일의적(一義的)인 용어였다. 이제 종전처럼 존재에 대하여 여러 의미들을 부여하는 일은 줄어들었다.

칸트(I. Kant)를 거치면서 추상적이고 연역적인 형태의 존재 연구는 거부되었다. 칸트에게 존재론은 사실상 선험철학과 동일시되었으며, 이에 사물 그 자체보다는 인식의 주관적 조건들이 중시되었다. 그의 『순수이성비판』은 존재론의 새로운 정초였다는 일부의 평가에도 불구하고11) 형이상학적 사고가 원칙적으로 불가능함을 역설하였다. 헤겔(G. W. Hegel)에 있어서 존재의 연구는 논리학의 형식을 취하였다.12) 그의 경우 존재에 앞서 개념을 중시한 점, 존재로부터 무(無)로의 이행에서 생성(生成) 개념을 도입한 점, 그리고 최고 개념으로서 절대 정신을 논한 점 등이 돋보인다.

근래의 몇몇 관점들도 짚고 갈 필요가 있다. 훗설(E. Husserl)은 이른바 현상학적 방법을 정교화 하였다. 그에 의하면 본질은 보편 개념이 아니며, 그것을 파악하기 위해서는 이른바 본질 직관이 요구된다. '선험적 자

---

10) 볼프의 존재론에 대한 설명서로 Christian Wolff, *Preliminary Discourse on Philosophy in General*, New York : Bobbs-Merrill, 1963 참조.

11) Johannes Hirschberger, *Geschichte der Philosophie* ; 강성위(역), 『서양철학사(하권)』, 대구 : 이문출판사, 2002, p.414.

12) Cf. 이에 대한 비평으로 John M. E. McTaggart, *A Commentary on Hegel's Logic*, Chestnut Hill, MA : Adamant Media Corporation, 2005.

아' 내지 '순수 의식'은 훗설의 존재자를 이해하는 데 있어서 중요한 개념들이다. 훗설의 영향을 받으면서도 그에게 비판적이었던 하이데거(M. Heidegger)는『존재와 시간』을 통해서 존재론을 영향력 있게 재건시키고 있다. 이 저작은, 제목이 암시하는 바와 같이, 죽음에로 향한 시간적 존재인 인간의 현존재를 통해서 존재 문제를 다룬다. 그는 일상적인 의미에서 생각되는 모든 존재자와 근원적인 의미의 존재 자체 간의 존재론적 차이에 주목하였다. 하이데거에게 존재는 존재자와 근본적으로 구별된다. 전자가 존재론적 담론의 주제인 데 반하여, 후자는 단지 존재의 담론에 관한 것이다. 그에 따르면 존재를 이해하는 것은 곧 그 존재에 대한 인간 현존의 물음 속에 전제된 것을 이해하는 일이다.

한편 하르트만(N. Hartmann)은 자신의 존재론을 새로운 존재론이라 칭하였다.13) 그에 의하면, 과거의 존재론은 보편적 실재론을 견지하며 연역적 성격을 띠면서 시간 및 사물의 세계를 평가절하하고 경험 지식을 소홀히 하였다. 그에게는 존재의 계기, 방식, 양상 등을 해명하고, 실재하는 세계의 존재 구조를 밝히는 일이 중요하였다. 끝으로 질송(E. Gilson), 로츠(J. Lotz), 오웬스(J. Owens) 등 토미즘의 발전을 추구하는 일단의 사상가들이다. 그들은 존재 문제의 연구에 있어서 일정한 분류와 주제들을 정해 놓고 있으며, 전문 용어들의 사용이나14) 논의의 전개에서도 비교적 일관성을 유지한다. 이들은 고유의 연구 틀을 바탕으로 존재자에 대한 해석에 관심을 기울이면서 존재론을 학문적으로 자리매김하는 데 공헌해오고 있다.

---

13) N. Hartmann, *Neue Wege der Ontologie* ; 손동현(역),『존재론의 새로운 길』, 서울 : 서광사, 1997.
14) 이에 대하여 Josef de Vries, *Grundbegriffe der Scholastik* ; 신창석(역),『스콜라 철학의 기본개념』, 왜관 : 분도출판사, 1997.

2. 도덕 교과의 인간상

도덕과 교육과정은 학생들로 하여금 '자신을 이해하고, 일상생활에 필요한 규범과 예절을 익히며, 국가·민족의 구성원으로서 그리고 세계 사회의 일원으로서의 역할과 책임을 파악함으로써 한국인, 나아가 세계 시민으로서의 바람직한 삶을 살아가는' 사람이 되도록 유도한다.[15] 이 같은 도덕 교과의 이상적인 인간상은 우리나라의 교육 전반에서 추구되는 인간 모습에 부합하며,[16] 나아가 도덕 교과서들을 통하여 구체적으로 표현되고 있다

도덕 교과에서 기술되는 인간상은 단순히 일상적인 인간의 모양을 서술하는 데 그치지 않는다. 그것은 우리로 하여금, 도덕과 교육과정이 추구하는 인간에 대하여 다음의 두 가지 측면으로 분석하여 살펴보게 한다.

첫째, 자신이 어떤 존재자인지를 인식하는 것과 관련된 분석이다. '나라는 존재자는 누구인가'라는 물음은 일상생활에서는 물론 학문 활동 안에서도 깊은 숙고를 요한다. 다른 물음들과 달리 인간의 본질에 대한 질문은 묻는 인간 자신을 의문의 대상으로 만들면서 동시에 스스로 답변하게 한다.

우리는 어떤 면에서 인간이 스스로에게조차 신비로운 존재임을 잘 안다. 또한 교육과정에 따르면, 인간이 홀로 있지 않으며 누구나 다른 이들과 인격적 관계를 맺으면서 사회(국가와 민족 그리고 세계를 포함하여) 안의 한 구성원으로 산다는 점은 자신을 이해하는 중요한 척도이다. 이처럼 우리는 존재자로서의 인간의 고유한 특성에 대하여, 한편으로 실체와 인

---

15) 교육부, 『제7차 도덕과 교육과정』, p.28.
16) 제7차 교육과정 전반에서 추구되는 인간상은 '전인적 성장의 기반위에 개성을 추구하는 사람, 기초 능력을 토대로 창의적인 능력을 발휘하는 사람, 폭넓은 교양을 바탕으로 진로를 개척하는 사람, 우리 문화에 대한 이해의 토대위에 새로운 가치를 창조하는 사람, 민주시민 의식을 기초로 공동체의 발전에 공헌하는 사람'이다. Ibid., p.2.

격을 그리고 다른 한편으로 다른 존재와의 관계를 고찰하면서 살펴볼 수 있겠다.

둘째, 바람직한 가치 및 행위 규범을 지향하는 것과 관련된 분석이다. 선이 모든 사물의 추구 대상이라고 인정되는 것은, 그것이 사물들을 완전함에로 이끌기 때문일 것이다.[17] 우리는 자신을 완전에로 이끌어주는 요소들에 관심을 가질 수밖에 없으며, 가치와 규범 등이 그런 요소임을 잘 안다.

한편 교육과정이 우리로 하여금 가치와 규범을 추구하되 한국인 나아가 세계 시민으로서의 바람직한 삶을 자각하게 하는 점은 역사적 존재로서의 인간을 묻는 것이라고 풀이할 수 있다. 주지하듯이 인간에 대해서 시공을 초월하여 순전히 객관적으로 진술하는 일은 불가능하다. 그러므로 진정한 윤리, 도덕이나 가치, 규범은 그 주체가 현실적 존재로서 이해될 때 비로소 가능하다. 여기서 현실적 존재라 함은, 인간이 결코 무(無)에서 살아가는 존재가 아니라 능동적 의미든 수동적 의미든 역사적 존재로 이해될 수밖에 없다는 의미이다. 존재의 근거 문제 역시 이와 맥을 같이 하여 다뤄질 수 있겠다.

다음의 Ⅲ장은 위의 두 가지 측면 중 첫째 것과, 그리고 Ⅳ장은 둘째 것과 각각 관련된 내용들이다.

---

17) Aristoteles, *Nicomachean Ethics*, Bk I, 1094a 1∼2. ; Thomas Aquinas, *Summa Theologica*, I, Q.5, A.1.

Ⅲ. 실체로서의 존재자

1. 본질적 실체

인간이 과연 무엇이며 어떤 존재인가를 아는 일은 도덕교육에서 제일 중요하다. 왜냐하면 인간의 본질 내지 실체에 관한 인식이야말로 그가 지녀야 할 규범의 방향을 결정짓기 때문이다. 인간의 본질에 대해서 실체 개념을 활용하여 이해하는 것은 토미즘 존재론의 오랜 전통이다. 실체 개념은 우리가 내적 혹은 외적 경험을 통해서 아는 스스로의 변화, 즉 우유(偶有)와의 대조 속에서 그 의미를 갖는다.

실체가 다른 것에 속하여 의존하는 일 없이 스스로 자립하여 존재하는 데 비하여, 우유는 실체에 속해 있지만 양태 면에서 변화하는 것을 이른다. 따라서 실체가 항구적이요 동일성을 유지하는 주체라면, 우유는 그에 의존하여 변화를 보이는 것이다. 인간의 실체를 이해하는 일은 인간 자체와 그의 속성들 간의 차이를 알고 나아가 그들 간에 나타나는 존재론적 우선순위의 서열을 앎으로써 삶의 방향을 정립하는 데 유익할 것이다.18)

도덕과 교육과정은 인간의 실체 개념을 직접 설명하지는 않지만 여러 주제들을 통하여 학생들로 하여금 이에 대해 추론할 수 있게 한다. 교육과정을 종합하면 첫째, 인간은 유한한 삶의 존재자이다. 교과서는 인간이 백년 이내의 한 번뿐인 삶을 사는 유한한 존재임을 상기시킨다.19) 태어나 자라면서 배우고, 어른이 되어 활동하다가 죽음으로써 삶을 정리한다

---

18) John J. Haldane, "A Thomist Metaphysics", in Richard M. Gale (ed.), *The Blackwell Guide to Metaphysics*, Oxford : Blackwell Publishers, 2002, p.91.

19) 교육인적자원부, 『중학교 도덕 1』, pp.8~10 ; 『중학교 도덕 3』, p.15 ; 『윤리와 사상』, p.28.

는 것이다. 여기서 우리는, 교과서가 인간의 실체에 대하여 독특하게 드러내고 있음을 알 수 있다. 인간은 유기체로서 정적인 존재가 아니지만, 성장 및 생사의 변화가 인간 스스로의 본질을 바꾸지는 않는다는 점이다.

둘째, 인간은 양심을 가진 행위 주체이다. 교과서는 양심을 모든 인간의 본성에 공통된 것으로 보며, 인간에게 양심이 있다는 것은 다행이라고 설명한다. 그리고 사람에 따라 그 가책의 정도에 차이가 있는 것은 죄책감을 갖는 정도의 차이일 뿐, 사람마다 양심 자체가 각기 다른 것은 아니라고 단언한다.[20] 다만 실체가 절대적으로 불변이라기보다 늘 변화하는 우유와 비교하여 상대적으로 지속되는 것임을 고려해볼 때, 교과서가 양심에 기초하여 인간적인 목적을 위해서 한 일일지라도 다른 이에게 해를 끼칠 수 있음에 조심해야 한다고 서술하는 점은 옳다고 본다.

셋째, 인간은 이성적 동물이다. 이성이란 사물의 이치를 따져서 생각하며, 옳고 그름을 판별할 수 있는 능력을 일컫는다. 인간 역시 동물적인 욕구의 제약을 받는 육체와 감정을 지니고 있기에 본능의 충동만을 따를 경우 다른 동물과 다를 바 없다. 그러나 인간은 다른 동물과 달리 행동의 결과에 대해서 생각한 후에 행동하며, 다른 이의 행동 결과가 자기에게 유리하더라도 그것이 옳지 못한 경우 수용하지 않는다. 교과서도 이 점을 분명히 하고 있다.[21] 인간이 이성을 가진 존재자임은, 그가 인간으로서 고찰되는 한 그것을 제거하거나 또는 다른 것으로 바꿀 수 없는 특성이다. 그리고 그것은 과거와 현재 그리고 미래에도 마찬가지로 영원하며, 생성 및 소멸과 관계없이 필연적인 진리이기도 하다.

넷째, 인간은 개방된 존재이다. 교육과정은 학생들로 하여금 인간의 본질과 특성에 대한 인식을 바탕으로 하여 윤리와 사회사상의 필요성을

20) 『중학교 도덕 1』, pp.18 ; 20~21. Cf. 『윤리와 사상』, p.47.
21) 『중학교 도덕 1』, p.61 ; 『윤리와 사상』, pp.23~24.

알게 한다. 이와 관련하여 교과서는 인간이 태어날 때부터 어떤 것에 얽매여 있지 않으며 모든 분야에 잠재 가능성을 갖춘 열려 있는 존재라고 명기한 다음, 인간의 특성을 여러 가지로 표현하고 있다.[22] 즉 인간은 다른 동물들에 비해 불리한 신체적 조건을 극복하고 도구들을 만들어 쓰는 도구적 존재이며, 삶의 재미를 적극적으로 더해줄 활동을 하는 유희적 존재이다. 그리고 언어·지식·사랑·기술·예술 등 인간 생활양식의 총체를 창조 계승하는 문화적 존재요, 타인의 도움을 통해서 비로소 완전하게 성장할 수 있는 사회적 존재이며, 자기반성과 자기 제어가 가능한 정신적·윤리적 존재이다.

2. 인격의 주체

인격은 인간의 실체와 관련되어 정립된 개념 중 하나로서 인간을 이해하는 데에 많이 활용되어 왔다.[23] 인격 개념을 학문적인 전문 용어로 정착시킨 이는 보에티우스이며, 그에 따르면 인격은 '이성적 본성의 개별적 실체'이다.[24] Ⅱ장에서 언급했듯이 이 정의는 이후 토미즘 및 서구 사상에 큰 영향을 미쳤다.

교육과정은 인격에 대하여 크게 두 가지 측면에서 다룬다. 첫째, 인격의 의미에 관한 내용이다. 교과서는 인격을 '겉으로 드러나는 모습이나 하는 일 등은 각기 달라도 사람으로서의 공통점을 가지고 있기 때문에 우리가 사람이라고 부르는 것, 사람을 사람이게끔 해주는 공통점, 사람을 다른 존재와 구분 지을 뿐만 아니라, 사람이라면 기본적으로 꼭 갖추어

---

22) 『윤리와 사상』, pp.10~14.

23) William N. Clarke, *The One and the Many*, Notre Dame, IN : University of Notre Dame Press, 2001, p.36.

24) Thomas Aquinas, *Summa Theologica*, I, Q.29, A.1.

야 할 조건' 등으로 설명한다. 또 실제로 보에티우스의 정의를 인용하면서 '이성적 본성은 자아의식과 자기 행위에 대한 지배력을 가지고 법적 책임을 질 수 있는 존재를 의미'하며, '개별적 실체성은 자유, 자립성, 완전성, 불양도성을 지니고 있다는 것을 의미'한다고 쓰고 있다.[25]

토미즘에 있어서 인격이 이성적 본성이라 함은, 합리성이 결여된 기체(基體)를 배제하고 있음을 뜻한다. 이는 달리 표현하여 인격을 정신적 주체로 이해하는 것이며, 교과서의 서술도 이런 의미라고 본다. 또한 개별적 실체는, 인격이 완전하고 다른 것들과 분리되어 스스로 존재하며 실제적으로 혹은 성질상 본성의 부분에 불과하지 않다는 점을 나타낸다. 이렇게 인격은 자신 안에 자존함으로써 자신의 본성과 모든 행위를 점유하며 그의 모든 속성의 궁극적인 주체가 된다.[26] 교과서의 표현들도 이 점을 드러낸 것이라고 할 수 있겠다. 교과서는 현대에 들어 인격을 추상적인 관점에서 논하기보다는 현상적인 면에서 고찰하려 한다고 덧붙이고 있다.

둘째, 인격의 도야에 관한 내용이다. 인격은 감정, 이성, 의지와 관련되어 있는데, 이것들은 사람마다 똑같지 않으며 정도의 차이가 있을 수 있다. 그러기에 인격은 사람들이 이런 특성들을 잘 발달시키고, 또 조화를 이루려는 정도에 따라 결정된다는 것이다.[27] 예컨대 폭넓은 감정을 가진 사람이 그것을 적절히 조절할 때, 동물처럼 본능적으로 행동하지 않고 이성에 기초하여 판단할 때, 그리고 굳은 의지로 이성이 밝힌 길을 실천해 갈 때 인격체가 된다는 설명이다.

교과서는 인격을 갈고 닦는 구체적인 방법으로써 자신을 객관적으로

---

25) 교육인적자원부, 『중학교 도덕 1』, p.60 ; 『윤리와 사상』, pp.34~35.

26) 강두호, 『자연법 사회 윤리 : 도덕 교육의 기초』, 서울 : 인간사랑, 2003, pp.143~144.

27) 교육인적자원부, 『중학교 도덕 1』, p.62.

볼 수 있는 안목을 가지고 자신의 결점을 고쳐 나가도록 노력할 것, 말로써 다른 사람의 감정을 상하지 않도록 할 것, 다른 사람의 훌륭한 인격을 본받을 것, 그리고 자신이 처한 현실을 더 나은 것으로 개선하려고 노력할 것을 제시한다. 한편 인격을 위한 노력으로써 덕의 실천을 강조하는 점은 흥미롭다. 예를 들어『윤리와 사상』은 인격에 필요한 전통적 덕목과 민주사회의 덕목을 구분하면서, 전자의 경우 오상(五常), 팔정도, 무위, 구용, 경천애인, 순천 절물(順天節物) 등을, 그리고 후자의 경우 인권 존중, 공정성, 준법정신, 책임감, 정직성 등을 들고 있다.『전통 윤리』도 극기를 통한 인격 수양을 강조한다.28)

3. 나와 세계와의 관계

실체가 존재자를 본질적으로 형성하는 것이라면, 우유는 존재자에 부착하는 것이다. 우유 가운데 어떤 것은 양이나 질처럼 존재자에 속하여 존재자 자체를 완성하지만, 또 어떤 것은 다른 것과의 관련 하에서 존재자에 속하며 그를 다른 것과 연결시켜 규정짓는다. 후자에 있어서 존재론적으로 중시되어온 개념이 관계이다. 관계는 하나의 다른 것에 대한 질서를 뜻한다. 그러므로 그것은 주체와 대상으로 형성된다. 예컨대 부성(父性)의 관계에서 부(父)는 관계의 주체이며, 자(子)는 대상이다. 이 둘의 관계가 성립되는 근거는 당연히 부성에 있어서 낳음이라는 사실이다.

우리는 관계의 실재를 사회생활을 통해서 인식한다. 관계가 중요한 이유는, 인간이 다른 정신적인 존재와의 교류를 통하여 자신을 실현한다는 점에 있다. 타인과의 교류 안에서만 비로소 스스로의 완전한 발전을 기할 수 있는 것이다. 인간의 본성이 사회성을 지닌다는 점은 이런 맥락에

---

28)『중학교 도덕1』, pp.70~71 ;『윤리와 사상』, pp.37~40 ;『전통 윤리』, p.86f.

서 이해될 수 있겠다.

교육과정은 도덕적 삶의 영역을 구성하는 데에 생활 확대의 원칙에 입각하고 있다. 즉 삶의 범위에 대하여 개인 생활, 가정·이웃·학교생활, 사회생활, 그리고 국가·민족 생활이라는 4분법의 관계를 사용한다. 실제로 교육과정은 교과의 구체적인 하위 목표를 '인간이 도덕적으로 살아야 하는 이유를 이해하고, 가정·이웃·학교생활에서 요구되는 도덕규범과 예절을 익히고, 민주 사회의 도덕을 이해하고 실천하며, 국가, 민족, 문화를 아끼고 사랑하는 애국 애족의 자세를 지니고'의 넷으로 구분하여 정해 놓고 있다.[29]

네 개의 관계 영역은 교과서의 대단원들을 통하여 체계적으로 편성되어 있다. 7~10학년의 경우, 행위 주체 자신에 대한 관계에 대하여 'Ⅰ. 삶과 도덕'(7학년), 'Ⅰ. 개인의 가치와 도덕 문제'(9학년). 가정, 이웃 및 학교와의 관계에 대하여 'Ⅱ. 가정·이웃·학교생활 예절'(7학년), 'Ⅱ. 가정·이웃·학교생활과 도덕 문제'(9학년). 사회와의 관계에 대하여 'Ⅰ. 사회생활과 도덕'(8학년), 'Ⅰ. 현대 사회와 도덕 문제'(10학년). 그리고 국가 및 민족과의 관계에 대하여 'Ⅱ. 바람직한 국가·민족 생활'(8학년), 'Ⅱ. 민족 통일 문제와 통일 한국의 모습'(10학년).

7~10학년에 비하여 체계성은 다소 덜하지만, 11~12학년의 경우도 크게 다르지는 않다. 『시민 윤리』는 특히 사회와의 관계(Ⅰ. 시민 사회와 윤리, Ⅱ. 현대 사회 문제와 시민 윤리, Ⅲ. 경제 생활과 직업 윤리)와 국가·민족과의 관계(Ⅳ. 국가 발전과 지구 공동체)에 중점을 둔다. 『전통 윤리』의 세 단원들(Ⅱ. 개인과 가족의 가치 있는 삶, Ⅲ. 친척·이웃·교우 관계와 바람직한 삶, Ⅳ. 국가, 사회에 이바지하고 자연을 아끼는 삶) 역시 이 체계를 유지하고 있다.

---

29) 교육부, 『제7차 도덕과 교육과정』, p.29.

또한 교과서는 이처럼 전체적인 구성 체계 외에, 제재 수준에서 보다 상세하게 관계 문제를 다루기도 한다. 이를테면 인간의 사회성, 부부, 부모와 자녀, 형제자매, 친족 간 촌수, 조상, 이웃, 교우, 선후배, 남녀 이성, 사회 질서, 도덕 공동체, 노사 화합, 나와 민족, 나라와 나, 국제 질서, 지구 공동체 등을 설명하는 제재들이 그것이다.[30]

IV. 가치 지향의 존재자

1. 가능태의 실현

인간은 고정된 채 있지 않으며 늘 변하는 경향을 지니고 있다. 실제로 그는 안팎으로의 경험을 통해서 스스로 끊임없이 변화하고 있음을 자각한다. 여기서 변화란, 인간이 기존의 어떤 상태를 극복하고 종전과 다른 새로운 상태에 이르는 것을 의미한다. 존재론의 개념을 빌리면 새로 된 것 내지 새로 나타난 것이 존재자의 현실태(現實態)이며, 이를 받아들이는 상태가 그의 가능태(可能態)이다. 요컨대 사물이 현실화되어 움직이고 있는 경우, 그 사물은 현실태에 있는 것이다. 그런데 그 사물은 운동을 갖기 전에 혹은 현실화를 이루기 전에는 그런 것이 될 수 있는 가능 상태에 있었다.

교육과정은, III장에서 본 것처럼 인격이 인간을 다른 존재와 구별시키는 인간만의 특성이지만, 그것이 미리 완성되어져 있는 것은 아님을 분

---

30) 관련 제재들을 보면 『중학교 도덕 1』, pp.169 ; 178f. ; 195f. ; 210~211 ; 231f. ; 276 f. ; 『중학교 도덕 2』, pp.95~96 ; 143 ; 154 ; 189f. ; 『중학교 도덕 3』, pp.164f. ; 174 f. ; 『고등학교 도덕』, pp.67f. ; 135f. ; 184f. ; 『시민 윤리』, pp.10f. ; 32f. ; 252~256 ; 『윤리와 사상』, pp.42~44 ; 120f. ; 232f. ; 『전통 윤리』, pp.115~116 ; 124f. ; 140~ 143 ; 159f. ; 170f. ; 243~244.

명히 한다. 이에 대하여 교육과정은 첫째, 보다 일반적인 논의로서, 참다
운 인격은 자신의 성품과 행동의 연마를 통해 완성된다고 설명한다. 이
는, 가능태가 현실태로 되는 일이 저절로 이루어지는 게 아니라 어떤 다
른 작용에 의한다는 점을 시사하는 것으로 볼 수 있겠다. 예를 들어 교과
서는, 사람들이 어느 날 갑자기 훌륭한 인격자가 되는 것은 아니며, 마음
과 몸, 지식과 성격을 가꾸지 않으면 어렵다고 쓰고 있다. 또 덕성이 인
간의 내면에 이미 들어있다는 것은 다만 '가능성'이며, 가능성으로 주어
진 덕성이 각자의 실천적인 노력과 수양을 통해서 도를 내면화할 때 비
로소 그의 인격을 형성하게 된다고 서술한다.[31]

교과서는 인격이 완성 단계에 이른 사람을 '된 사람, 군자, 보살, 지인
(至人)' 등으로 표현한다. 이를테면 착한 마음으로 도리를 다하는 사람, 인
간미 넘치는 성숙한 사람, 자기 마음을 잘 다스리고 다른 이의 마음까지
움직일 수 있는 사람, 포용력으로 주위를 감싸 안는 사람, 천도를 내면화
하여 천지 운행을 주도하고 만물의 화육(化育)을 도모하는 사람, 위로는
깨달음을 구하고 아래로는 자비를 구현하는 사람, 세속적인 생활을 초월
하고 무위 자연의 도를 추구하며 사는 사람 등이다.[32]

둘째, 교육과정은 청소년의 성장과 관련된 보다 특수한 논의로서, 청
소년 시절이 몸과 마음 모두 불완전한 상태로부터 시작하여 점차 완성에
로 나가는 과도기라고 설명한다. 교육과정은 '청소년기와 중학생 시절'을
7학년의 한 소단원으로 지정하고 있을 정도이다. 교과서에 따르면 청소
년기는 성인이 되어가는 준비 기간으로서 불안하고 미완성이지만, 다른
한편으로는 그만큼 가능성이 많은 시기이다. 교과서는 이 소단원에서, 청

---

31) 교육인적자원부, 『중학교 도덕 1』, p.66 ; 『전통 윤리』, p.76f. Cf. 인간이 일을 통해 삶
   을 완성해간다는 설명으로 『시민 윤리』, p.168.
32) 『중학교 도덕 1』, p.12 ; 『전통 윤리』, p.80.

소년기가 일생의 계획을 세우는 시기로서 매우 소중함을 「명심보감」을 인용하여 강조한다. 청소년기를 어떻게 보내느냐에 따라서 인생의 기본 방향이 결정된다는 것이다.

단원 수준은 아니지만 9학년 교과서는 '우리 삶과 중학교 3학년의 의의'라는 제재를 따로 두고 있다. 자신과 사회에 대한 현실적 판단을 근거로 해서 진로 선택을 실제 경험하는 시기는 중요하다는 논지이다.[33] 한편 10학년 교육과정 역시 '청소년 문화와 청소년 문제'를 소단원으로 다루면서, 현대 사회의 급격한 변화에 따른 청소년의 정체성 혼란과 그로 인한 문제들 및 건전한 청소년 문화의 정립 방안들을 생각하게 한다. 교과서는, 청소년기의 자아 정체성과 관련된 고민이 한 인간으로서 더욱 성숙해지고 있음을 나타내는 증거라고 설명한다.[34]

토미즘에 따르면 각 존재자는 현실적이라는 점에서 완성이요 가능 상태에 있다는 점에서 미완성이다.[35] 다만 필자는 존재자의 가능태에서 현실태로의 이행에 대하여 다소 유연한 관점을 취하고자 한다. 즉, 종전의 상태를 잃고 지금까지 없던 새로운 상태를 얻는 일뿐만 아니라, 어떤 수준에서의 현실태인 실재가 보다 높은 수준에서의 현실태에 대해 가능태일 수 있음도 함축하는 것이다. 왜냐하면 이런 관점이 인간을 완성시키려는 도덕 교과에 더 적합할 것이기 때문이다. 이런 관점은 현행 교육과정이 그 목표와 내용에 있어서 학생들의 도덕성 발달에 부응하는 방향으로 계열성을 살리고 있는 점과도 일치한다.

---

33) 『중학교 도덕 1』, pp.113 ; 119 ; 121 ; 『중학교 도덕 3』, p.106f.

34) 『고등학교 도덕』, p.38.

35) Leo J. Elders, *Die Metaphysik des Thomas von Aqiun* ; 박승찬(역), 『토마스 아퀴나스의 형이상학』, 서울 : 가톨릭출판사, p.274.

2. 한국적 존재의 당위

존재와 본질의 구별은 중세 이후 늘 존재론의 핵심 주제 중 하나였다. 근래의 토미즘은, 우리가 너무 인간의 본질 문제에만 치우침으로써 현실의 존재를 소홀히 하거나 혹은 반대로 실존 문제에만 치중함으로써 그의 본질을 도외시 하지 않도록 경계한다. 요컨대 본질과 존재의 이중적 고려를 권장하는 것이다.

인간의 존재와 본질을 구별하는 일은 인간을 구성하는 서로 다른 두 가지 사물들을 전제하는 것이 아니며, 인간이라는 존재의 구성 원리에 대한 통찰을 의미한다. 이를테면 학생의 키, 체중, 피부색, 학생임은 그의 본질에 속하지 않는다. 반면에 그가 이성적 동물이라는 점은 그의 본질을 표시한다. 그러므로 본질이 이런저런 방식으로 현실화될 수 있으며 현실적인 존재를 그때마다 본질에 부가되는 것으로 이해할 경우, 존재는 본질에 대해 마치 우유처럼 관계를 맺는다.

이렇게 볼 때 교육과정에서 주목할 것은, 그것이 한국인으로서의 정체성과 규범을 강조하는 점이다.[36] 한반도에서 태어나 살게 된 한 개인으로서 그리고 사회와 국가·민족의 구성원으로서, 주어진 본분과 역할을 제대로 수행할 수 있는 가치관과 신념을 가르치는 데 교과의 의의와 목적을 두고 있는 것이다.

이를 위해 교육과정은 그 내용 체계를 정함에 있어서, 한국인으로서의 바람직한 가치·덕목을 적용한다. 7~10학년의 경우 바람직한 한국인 내지 청소년상을 위하여 전체 이십 개의 핵심 가치·덕목을 선정한 것은 세계의 보편적 규범과 한국의 전통적 규범과의 조화와 균형을 추구하려는 것으로 보인다. 또, 한국인의 정신 자세나 생활 태도에서 바람직하지

---

36) 교육부, 『중학교 교육과정 해설 (Ⅱ)』, 1999, p.178.

못한 점을 극복, 치유하고 바람직한 점을 권고하려는 것으로 보인다. 11
〜12학년 선택 과목들의 경우도 이와 맥을 같이 한다.

이 같은 시도는, 도덕 교과가 강조하는 한국인으로서의 규범이 보편적
인 그것과 서로 대립될 수 있다는 논쟁을 불러일으키기도 한다.[37) 다만
여기서 강조하는 것은, 진정한 윤리·도덕이란 그 주체가 현실적 존재로
서 이해될 때 비로소 가능하다는 점이다. 윤리·도덕이 일정한 공간과
시간을 초월하여 진공 상태에서 요구되는 일은 없기 때문이다. 교과서는
실제로 인간의 본질이 존재로부터 더 잘 파악될 수 있음을 명백히 하고
있다. 예컨대 교과서는 현대 사회에서의 전통 도덕의 필요성을 설명하는
가운데, 전통 도덕이 한국인으로서의 정체성을 알게 하며 또 정체성의
위기에 빠지기 쉬운 현실에서 삶의 중심 역할을 한다고 기술한다.[38)

교육과정에서 한국인으로서의 당위와 관련하여 한 가지 더 주목할 점
은 국가·민족 생활에 대한 내용이다. 8학년의 대단원 '바람직한 국가·
민족 생활'은 학생들로 하여금 바람직한 민족관, 국가관, 통일관을 마음
속에 가지며 그것을 실천하기 위한 최선의 길이 어떤 것인가를 찾게 한
다. 마찬가지로 10학년의 대단원 '민족 통일 문제와 통일 한국의 모습'은
학생들로 하여금 분단된 민족의 평화 통일을 위한 방안과 한민족 공동체
의 구성원으로서 해야 할 일을 깨닫도록 유도한다. 이를 위해 세계 속의
바람직한 한국인상을 하나의 제재로 정해 놓고 있는 점은 특기할 만하다.

교과서에 따르면 미래 사회의 한국인이 지향해야 할 인간상은, 매사에
자율적으로 판단하고 행동하는 자주적인 인간, 갈등의 원만한 해결을 위
해 화해·협력·평화를 사랑하는 인간, 변화에 능동적으로 대응하는 진

---

37) 이 논쟁에 대하여 차우규 외, 『새로운 도덕과의 성격과 목표 정립』, 서울 : 한국교육과
　　정평가원, 2005.
38) 교육인적자원부, 『중학교 도덕 2』, p.13 ; 『전통 윤리』, pp.12 ; 20 ; 25.

취적이고 창조적인 인간, 자신뿐 아니라 타인의 인권을 존중하며 권리만큼 책임을 다하는 도덕적인 인간이다.[39] 이밖에 11~12학년의 과목들에서도 미래의 통일 국가에서 요구되는 인간상을 살펴볼 수 있다.[40]

3. 존재의 근거

인간의 존재는 유한하다. 우리 역시 여러 해 이전에는 없었다가 지금 존재하고 있으며, 다시 여러 해 이후에는 존재하지 않을 것이다. 우리 자신은 분명 우연의 존재이다. 이렇게 우연적으로 존재하는 것은 원인을 갖게 마련이다. 바로 여기서 우연적 존재의 근거, 즉 필연의 존재는 무엇인가 하는 물음이 제기된다. 필연적 존재에서 인간 존재의 궁극적 근거를 찾는 셈이다.

존재의 근거를 묻는 것은 개개의 인간들이 확실히 독립된 자립적 존재이지만, 그의 존재가 거기서 끝나지 않음에 대한 성찰이다. 토미즘 존재론에서 필연적 존재는 존재할 수도 있고 그렇지 않을 수도 있는 그런 존재가 아니다. 그것은 존재와 본질이 같은 존재 자체(ipsum esse)이다.[41] 따라서 다른 존재에 더 이상 의존하지 않고, 스스로 완전한 충만을 가지며, 제일원인으로서 다른 원인을 허용하지 않는다. 변화 불가능하며 가능태를 일체 배제하는 순수 현실태로서 무한하고 영원한 존재이다. 요컨대 절대적 존재로서, 이는 신(神)으로 불리어 왔다.

그러면 유한한 존재자인 인간은 모든 존재자의 순수 원형으로서의 절대적 존재와 어떤 관계를 갖고 있는 것일까? 참여(participatio) 설에 의하면 유한한 존재자는 완전한 근원으로부터 불완전한 유사성을 받아들이며,

---

39) 『고등학교 도덕』, pp.102f. ; 190~193 ; 『중학교 도덕 2』, p.152f.
40) Cf. 예를 들어 『시민 윤리』, pp.230~231 ; 『윤리와 사상』, pp.257~260.
41) Thomas Aquinas, *Summa Theologica*, I, Q.3, A.4 ; *De Ente et Essentia*, op. cit., p.99.

따라서 존재하는 모든 것은 참여를 통해 원인과 연계된다.[42] 우리는 종교가 현실적으로 이런 연계성을 실행하고 있다고 본다. 물론 절대적 존재에 대한 인식이 곧바로 종교인 것은 아니지만, 종교적 행위는 존재의 궁극적인 근거가 어떻게든 이미 사유되고 있음을 전제한다.

교육과정은 인간 존재의 근거가 절대자라고 직접 언급하지는 않는다. 그러나 종교를 다루면서 이 문제에 접근하고 있다. 첫째, 종교의 본질과 종교적 인간관, 그리고 위대한 종교인들에 대한 학습을 통하여 다루는 내용이다. 교과서 『시민 윤리』는 '종교 활동과 경건한 삶'의 제재를 통하여 종교의 본질을 직접 다루면서, 인간을 종교적 존재라고 표현한다. 교과서에 따르면, 삶의 유한함과 불완전함을 깨닫게 된 인간이 그 궁극적인 의미를 찾고자 노력하면서 믿게 된 초월적이고 초자연적 힘을 지닌 존재가 신이다. 종교가 인생의 근원적인 부분에 해답을 제시한다는 것이다.[43]

또 『윤리와 사상』, 『전통 윤리』는 유교, 불교, 도교, 그리스도교의 인간관을 바탕으로 인간을 서술한다.[44] 이밖에 종교의 창시자들을 인물 학습의 대상으로 하는 점도 눈여겨 볼만하다. 교과서에 인물 학습으로 지정된 24명은 석가모니, 공자(이상 7학년), 예수(8학년), 노자(9학년)를 포함하고 있다.

둘째, 종교의 윤리성 및 전통 도덕의 가치를 강조하며 다루는 내용이다. 교과서에 의하면 종교에서 윤리성이 배제될 경우 그것은 진정한 의미의 종교로 보기 어렵다. 또한 이 경우에도 건전한 종교 생활을 위해서는 그것이 세속의 인본주의적 가치와 무관하지 않아야 한다.[45]

---

42) Elders, *Die Metaphysik des Thomas von Aquin*, op. cit., p.371f.
43) 교육인적자원부, 『시민 윤리』, pp.129~130.
44) 『윤리와 사상』, pp.16~18 ; 『전통 윤리』, pp.52~56.

전통 도덕의 가치와 관련하여 특기할 사항 두 가지는 다음과 같다. 하나는 종교를 전통 도덕의 기초로 보는 점이다. 교과서는, 우리의 전통 도덕은 고유의 토속 신앙을 바탕으로 하여 유교, 불교, 도교, 그리고 근래의 그리스도교 등을 주체적으로 받아들이면서 성립되었다고 쓰고 있다.[46]

또 하나는 조상에 대한 예절을 존재론적으로 설명하는 점이다. 교과서는 '나'라는 존재의 근원이 조상이라고 단언하면서 조상 섬김과 존재의 생명력을 연결시킨다. 조상에 대한 제사는 근본적으로 자기 존재의 근원에 대한 보답이라는 것이다. 아울러 조상 섬김의 문화 안에는 한국인들의 독특한 종교관과 생사관이 자리 잡고 있다고 설명한다. 이에 의하면 제례는 자신을 이 세상에 존재하게 해준 근본에 대한 마음의 표현으로서, 자신의 근원을 잊지 않고 감사하는 보본(報本) 의식을 담고 있다.[47]

V. 수업 지도의 유의점

1. 맺음말

지금까지 도덕과 교육과정에서 제시된 인간상이 어떤 특징을 지니고 있는가에 대하여 존재론적 입장에서 탐색하였다. 먼저 연구의 기초 작업으로서 존재론의 흐름을 간추려본 다음, 교육과정에서 추구되는 전반적인 인간상을 약술하였다. 이후 토미즘에 입각하여 국가 수준의 문서화된 교육과정과 그 구체적 표현인 교과서들을 분석하면서 크게 두 가지 특징

---

45) 『시민 윤리』, pp.132~133. Cf. 종교윤리(유교윤리, 불교윤리, 도교윤리, 그리스도교윤리 등)에 대한 상세한 설명으로 『윤리와 사상』, pp.74~75 ; 78~83 ; 89~95 ; 97~100 ; 108~109 ; 217~221 ; 『전통 윤리』, pp.65~66 ; 68~71 ; 81~90.
46) 『중학교 도덕 2』, pp.17~23 ; 『전통 윤리』, pp.43~44 ; 46.
47) 『중학교 도덕 1』, pp.210~211 ; 213 ; 『전통 윤리』, pp.103 ; 191 ; 195~196.

을 추출하였다. 도덕 교과에서의 인간상이 하나는 근본 실체로서의 존재자로, 아울러 다른 하나는 가치를 지향하는 존재자로 제시되어 있는 점이다.

전자는 주로 존재자의 범주 내지 존재 양식을 중심으로 살펴본 것으로서, 인간은 다른 것에 내속되지 않고 자존하는 실체요, 합리적 본성을 갖춘 개별 인격의 주체이며, 세계와의 관계 속에 자리매김 된 존재자로서 나타나 있다. 그리고 후자는 주로 존재자의 내적 구성 원리를 중심으로 살펴본 것으로서, 인간은 자신의 가능태를 실현하는 일에 관심을 기울이고, 본질을 소홀히 하지 않되 한국인으로서의 현존재를 중시하며, 자기 존재의 궁극적 근거에 대한 성찰을 통해 삶의 방향을 가늠하는 존재자로서 묘사되어 있다.

도덕 교과의 인간상을 이상의 연구만으로 완벽하게 그려냈다고는 결코 말할 수 없다. 그러나 존재 문제에 대한 인류의 오랜 사유 과정 덕분에 우리는 존재자에 관해서 나름대로 해석해내는 수단을 확보하고 있는 셈이다. 존재 연구의 깊이를 더해주는 여러 개념과 원리 및 논의들로 이루어진 스펙트럼 아래에서, 존재는 이제 그 의미가 막연한 하나의 단어 이상으로 드러난다. 그런 의미에서 이 연구물이 도덕 교과에서 추구되는 인간상에 대해 한층 설득력 있는 틀을 구축할 수 있기를 희망한다. 이를 통하여 도덕교육을 보다 심도 있게 들여다보는 계기가 되기를 바라는 것이다.

2. 제언

인간의 모습을 명확하게 인식하는 것은 도덕교육에서 의미 있는 일이다. 인간 존재에 대한 바른 관점이야말로 도덕 교과의 방향을 제시하는 데 가장 중요하기 때문이다. 도덕교육 자체가 학생으로 하여금 인간 완성을 지향하게 할 뿐만 아니라 행위를 통한 실천적 성격을 지닌다는 점에서 더욱 그러하다. 끝으로 이와 관련하여 한 가지 사항을 제언으로 덧붙이고자 한다.

도덕교육에서의 인간상은 유물론이나 실증주의 혹은 순수한 과학적 인간관을 넘어 존재론적으로 접근되어야 한다는 점이 그것이다. 존재론적 관점이야말로 인간을 제일 존엄한 존재로 해석하며, 인격의 공동체를 중시하고, 인간 완성의 차원에서 가치와 당위를 논하되 존재의 근거 문제를 진지하게 탐색하는 인간관이다. 적어도 여기서는 인간의 인격성이 동물성으로 환원되거나 이성 또는 자유 의지가 환상으로 해석되는 일은 없다. 마리탱(J. Maritain)은 존재론적 인간관에 대하여 현세적이며 세속적인 것과 영구적이고 신적인 것을 조화시키려는 진정한 휴머니즘이라고 쓴 적이 있다.48) 이는 우리의 문명이 실제로 이 인간관에 모두 내포되어 있다는 통찰이라기보다, 이러한 인간관만이 정말 진실하다는 것을 표현한 것으로 보인다.

교사가 교육과정 체제에서 학생들에게 존재론적 인간상을 인식시키는 일은 그리 어렵지 않아 보인다. 앞에서 보았듯이 우리의 교육과정이나 교과서들은 존재론이라는 하나의 기준 틀을 명기하지 않았을 뿐, 이미 이 같은 인간상에 기반을 두고 있다. 교사는 본받아야 할 인간상을 구체적으로 제시해 놓은 교과서의 '인물 학습'이나 또는 '함께 하기'를 효율적으로 활용함으로써49) 존재론의 효과를 극대화할 수 있을 것이다.

---

48) J. Maritain, *True Humanism*, Westport, CT : Greenwood Press, 1970, p.16.
49) Cf. 강두호, "도덕 교과서 '함께 하기'의 효율화 방안 연구", 「도덕윤리과교육」 제21호, 2005, pp.155~177.

참고문헌

강두호, "도덕 교과서 '함께 하기'의 효율화 방안 연구", 「도덕윤리과교육」 제21호, 2005, pp.155~177.

강두호, 『자연법 사회 윤리 : 도덕 교육의 기초』, 서울 : 인간사랑. 2003.

교육부, 『고등학교 교육과정 해설(3)』, 2001.

교육부, 『제7차 도덕과 교육과정』, 1997.

교육부, 『중학교 교육과정 해설(II)』, 1999.

교육인적자원부, 『고등학교 도덕』 ; 『시민 윤리』 ; 『윤리와 사상』 ; 『전통 윤리』, 2006.

교육인적자원부, 『중학교 도덕 1』 ; 『중학교 도덕 2』 ; 『중학교 도덕 3』, 2006.

김 진, 『퓌지스와 존재 사유』, 서울 : 문예출판사, 2003.

백종현, 『존재와 진리』, 서울 : 철학과 현실사, 2000.

소광희 외, 『현대 존재론의 향방』, 서울 : 철학과 현실사, 1995.

정의채, 『형이상학』, 서울 : 열린, 1997.

차우규 외, 『새로운 도덕과의 성격과 목표 정립』, 서울 : 한국교육과정평가원. 2005.

Aquinas, Thomas, *De Ente et Essentia* ; 정의채(역), 『존재자와 본질에 대하여』, 서울 : 바오로딸, 2004.

Aquinas, Thomas, *Summa Theologica*.

Aristoteles, *Metaphysics* ; 조대호(역해), 『아리스토텔레스의 형이상학』, 서울 : 문예출판사, 2005.

Aristoteles, *Nicomachean Ethics*.

Barry, Smith, "On Substances, Accidentia and Universals : In defence of a Constituent Ontology", *Philosophical Papers*, vol.26, 1997, pp.105~127.

Bathen, Norbert, *Thomistische Ontologie und Sprachanalyse*, München : Verlag Karl Alber, 1987.

Bergmann, Gustav, *New Foundations of Ontology*, Madison : University of Wisconsin Press, 1992.

Clarke, William N., *The One and the Many : A Contemporary Thomistic Metaphysics*, Notre Dame, IN : University of Notre Dame Press, 2001.

Eberl, Jaston T., "Aquinas on the Nature of Human Beings", *The Review of Metaphysics*, vol.58, no.2, 2004, pp.333~365.

Elders, Leo J., *Die Metaphysik des Thomas von Aquin* ; 박승찬(역), 『토마스 아퀴나스의 형이상학』, 서울 : 가톨릭출판사, 2003.

Gale, Richard M. (ed.), *The Blackwell Guide to Metaphysics*, Oxford : Blackwell Publishers, 2002.

Grenet, Paul-Bernard, *Ontologia*, Brescia : Paideia Editrice, 1967.

Haldane, John J., "A Thomist Metaphysics", in R. Gale (ed.), *The Blackwell Guide to Metaphysics*, Oxford : Blackwell Publishers, 2002.

Hartmann, N., *Neue Wege der Ontologie* ; 손동현(역), 『존재론의 새로운 길』, 서울 : 서광사, 1997.

Hirschberger, Johannes, *Geschichte der Philosophie* ; 강성위(역), 『서양철학사(상권)』, 대구 : 이문출판사, 1998 ; 『서양철학사(하권)』, 2002.

Kim, Jaegwon & Sosa, Ernest (eds.), *A Companion to Metaphysics*, Oxford : Blackwell Publishers, 1996.

Lorenz, Dietrich, *I Fondamenti dell'Ontologia Tomista*, Bologna : Edizioni Studio Domenicano, 1992.

Maritain, Jacques, *True Humanism*, Westport, CT : Greenwood Press, 1970.

McTaggart, John M. E., *A Commentary on Hegel's Logic*, Chesnut Hill, MA : Adamant Media Corporation, 2005.

Miller, Barry, *The Fullness of Being : A New Paradigm for Existence*, Notre Dame, IN : University of Notre Dame Press, 2002.

Mondin, Battista, *Ontologia e Metafisica*, Bologna : Edizioni Studio Domenicano, 1999.

Owens, Joseph, *An Interpretation of Existence* ; 이재룡(역), 『존재 해석』, 서울 : 가톨릭대학교출판부, 2003.

Pasnau, Robert & Shields, Christopher, *The Philosophy of Aquinas*, Boulder, CO : Westview Press, 2004.

Putnam, Hilary, *Ethics Without Ontology* ; 홍경남(역), 『존재론 없는 윤리학』, 서울 : 철학과현실사, 2006.

de Vries, Josef, *Grundbegriffe der Scholastik* ; 신창석(역), 『스콜라 철학의 기본개념』, 왜관 : 분도출판사, 1997.

von Wachter, Daniel, "On Doing without Relations", *Erkenntnis*, vol.48, no.2~3, 1998, pp.355~358.

Westerhoff, Jan C., "The Construction of Ontological Categories", *Australian Journal of Philosophy*, vol.82, no.4, 2004, pp.595~620.

Wolff, Christian, *Preliminary Discourse on Philosophy in General*, New York : Bobbs-Merrill, 1963.

I. 중학교 도덕과 교육과정의 의미

중학교 도덕과 교육과정은 중학교에서 교과 형태로 학습되는 도덕교육의 내용을 그 목적에 따라 조직하고 배열한 과정이라고 할 수 있다. 따라서 그것은 학생들이 도덕적 인간의 형성이라는 목표를 향해 나아갈 방향, 그리고 그에 의해서 경험할 내용과 활동에 대한 지침을 포함하게 된다.

20세기 초 미국의 보비트(F. Bobbitt)는 curriculum이란 말을 처음으로 학교 교육에 적용하였다.[1] 원래 라틴어의 curriculum은 '달리기'를 뜻하는 말이다. 또한 cursus는 '달리는 동작'을, cursor는 '달리는 사람'을 뜻하는데, 이들은 모두 curro(달리다)에 그 어근을 두고 있다. 이 같은 뜻이 교육에 적용되어 교육과정은 출발점에서 일정한 목표 지점을 향하여 달리는 유목적적인 과정을, 곧 학습자가 일정한 목표를 향하여 학습해 나

---

1) Franklin Bobbitt, *The Curriculum*, Boston : Houghton Mifflin, 1918 ; William A. Reid, *Thinking about the Curriculum*, London : Routledge, 1978, p.28.

가는 진로나 방향 혹은 학습 내용을 의미하게 된 것이다.

교육이 인간을 형성하는 작업인 이상, 그것은 결코 준비 없이 아무렇게나 이루어져서는 안 될 것이다. 마리탱(J. Maritain)이 교육을 하나의 윤리적 예술로 표현한 것처럼,[2] 교육은 예술이자 특히 어려운 예술로서 본질적으로 윤리와 실천적 지혜의 영역에 속한다. 사람을 대상으로 이러한 윤리적 예술 활동을 벌이는 일에는 많은 시간이 요구될 뿐만 아니라 꾸준한 노력으로 계속적인 작용이 가해져야 한다. 그러므로 교육 활동은 매우 치밀하고 조직적이며 체계적인 계획에 의하여 이루어질 필요가 있다. 이 같은 일련의 계획을 위하여 그 내용과 틀을 연구하는 것이 교육과정에서 다루어야 할 주요 내용이며, 그러한 교육 활동에 대한 설계가 바로 교육과정이다.

그에 의해 교육이 이루어지는 동인(動因)들 가운데 특히 학교는 그 설립의 목적이 교육 자체를 위해서 있는 기관으로서, 학습자에게 입학에서부터 졸업할 때까지 모든 생활과 활동 업무가 유목적적이고 조직적이며 체계적인 계획에 따라 가해진다. 그 중에서 중학교 도덕과 교육과정은 중학교의 학습자들을 대상으로 도덕 교과를 통하여 의도적이고 조직적이며 체계적으로 이루어지는 교육 실천 활동이라는 성격을 갖는다. 본 연구는 중학교 도덕과 교육과정에 대한 학문적 탐구를 위한 의의에서부터 방향 제시를 시도한다.

---

2) Jacques Maritain, *Education at the Crossroads*, New Haven : Yale University Press, 1955, p.2.

II. 중학교 도덕과 교육과정 연구의 의의

1. 도덕과 교육과정 연구의 의미

인간이 어떤 활동을 하는 데 있어 목표가 뚜렷하지 못하고 알맞지 않으며 목표 달성을 위한 계획이 적절하게 짜여 있지 못할수록 결과 면에서 역시 그만큼 실패가 커지게 마련이다. 학교 교육에서도 마찬가지로 만일 학습자를 지도함에 있어서 적정 수준의 목표를 비롯하여 학습자의 학습 활동과 교사의 지도 활동에 필요한 내용들이 알맞게 조직되고 체계적으로 계획되어 있지 못하면 소정의 성과를 기대하기 어렵게 된다. 도덕과 교육과정을 연구하는 일은 도덕과 교육과정에 대하여 그 구성과 교육 현장에서의 적용 등 도덕과 교육의 출발점에서 도착점까지 이에 연계되는 모든 요소에 관해 탐색하는 일을 포함한다.

교육과정의 구성을 위하여 연구되어야 할 기본 요소들에 관해서는 전문가들의 견해가 꼭 일치되어 있지 않으나, 일찍이 타일러(Ralph W. Tyler)는 교육과정을 편성할 때 반드시 고려해야 할 사항을 다음과 같은 네 가지 질문으로 표현하였다. 즉, 학교에서 달성하고자 하는 교육 목표는 무엇인가? 목표를 달성하기 위하여 학습 경험의 선정은 어떻게 이루어져야 하는가? 그 같은 학습 경험을 효과적으로 조직하는 방법은 무엇인가? 교육 목표의 달성 여부를 어떻게 평가할 수 있는가?[3]

타일러의 모형을 존중하면서 이를 도덕과 교육과정에 적용해 볼 경우, 도덕과 교육과정의 연구는 도덕과 교육의 성격 규정과 목표 설정, 도덕과의 내용 혹은 학습 경험의 선정과 조직, 도덕과 교육 학습 과정, 그리

---

3) Ralph W. Tyler, *Basic Principles of Curriculum and Instruction*, Chicago : University of Chicago Press, 1949, p.1.

고 도덕과 학습 성과의 평가 등을 살펴보는 것이라고 하겠다.

첫째로, 도덕과 교육과정을 연구하는 일은 도덕과 교육의 성격을 적절하게 규정하는 것, 그리고 그 타당한 목표를 설정하는 것을 포함한다. 도덕과 교육에 있어서 규정된 성격과 설정된 목표는 도덕과 교육과정을 구성하는 데 결정적인 지침이 된다. 그것은 도덕과 교육의 전반적인 방향을 제시할 뿐만 아니라 도덕과 교육의 정당성의 근거를 이루며, 나아가 그 성공도의 기준이 되기 때문이다.

우리나라의 경우 국가 수준의 교육과정에서 도덕과의 성격에 대하여 명시한 것은 제6차 교육과정이 처음이다. 동 교육과정의 규정에 따르면 도덕과는 '학생들이 자신을 이해하고 사회 규범과 생활 예절을 익히며, 도덕적 판단 능력을 길러, 한국인으로서 바람직한 삶을 살아가는 데 도움을 주기 위한 교과'이다.[4]

또한 제7차 교육과정의 개발과 관련된 한 연구에서[5] 정세구 교수를 중심으로 한 중학교 도덕과 공동 연구진은 도덕 교과에 대하여, 학생들이 자신을 이해하고 일상생활에 필요한 규범과 예절을 익히며 국가·민족의 구성원으로서의 역할과 책임을 파악하게 하여 한국인으로서의 바람직한 삶을 살아가는 데 도움을 주기 위한 교과라고 설명하고 있다.

우리나라 중학교 도덕과 교육의 성격과 목표에 참고가 될 수 있는 것들 가운데 일본의 중학교 「도덕」을 꼽을 수 있다. 일본의 중학교 「도덕」 교육의 목표는 1989년에 문부성이 고시하여 1994학년도부터 시행되고 있는 <학습지도요령>에 의해 제시되고 있다. 여기에 나타난 「도덕」 수업의 목표는 '인간 존중의 정신과 생명에 대한 외경의 염을 가정, 학교,

---

4) 교육부, 『제6차 중학교 교육과정』, 1992, p.10.
5) 서울대학교 도덕과 교육과정개정연구위원회, 『제7차 초·중·고등학교 도덕과 교육과정 개정연구』, 1997, p.35.

기타 사회의 구체적인 생활 속에 살려서 개성이 풍부한 문화의 창조와 민주적인 사회 및 국가의 발전에 노력하고 자발적으로 평화적인 국제 사회에 공헌할 수 있고 주체성이 있는 일본인을 육성하기 위해서 그 기반으로서의 도덕성을 양성하는 것으로 한다.'이다.6)

국내에서 이돈희 교수는 도덕과의 목표를 합리적이고 도덕적인 신념의 형성과 일관성 있는 도덕적 관습의 형성으로 분류하고 있다.7) 근래의 일반 연구들 역시 도덕교육의 목표가 인격의 함양에 있는 한, 도덕교육이 덕을 지닌 사람을 기르는 교육이어야 한다고 강조한다.8)

둘째로, 도덕과 교육과정을 연구하는 일은 교육 내용을 선정·조직하는 것을 포함한다. 도덕과의 내용은 도덕과의 의의와 성격에 준거하여 설정된 목표를 달성하기 위한 수단으로 짜여진다. 따라서 그것은 도덕과 교육의 목표에 근거하지만, 한편으로 그것 없이 도덕과의 목표 달성은 기대할 수 없을 것이다.

도덕과 교육은 그 성격에서도 알 수 있듯이 장기간에 걸쳐서 계속적이며 체계적으로 진행되어야 한다. 도덕적인 지식도 마찬가지려니와 특히 바람직하고 합리적인 사고력, 가치와 태도, 실천 동기 등 전인적인 행동의 변화가 단기간에 조직적으로 일어날 수는 없는 것이다. 그러므로 도덕과의 내용 조직이 이 같은 점을 고려한 원리에 따라 이루어져야 함은 물론이다.

타일러는 교육 내용을 효과적으로 조직하기 위하여 고려해야 할 준거

---

6) 정세구, "21세기에 대비하는 일본의 중·고등학교 「도덕」·「윤리」 교육", 정세구 외 (역), 『인격교육과 덕교육』, 서울 : 배영사, 1995, p.271 ; 세키네 히데유키, "일본의 도덕교육", 「도덕윤리과교육」 제6호, 1995, p.222.
7) 이돈희, 『도덕교육원론』, 서울 : 교육과학사, 1986, p.282.
8) 유병렬, "도덕교육의 목표로서의 '도덕적 인격'에 관한 연구", 「도덕윤리과교육」 제7호, 1996, p.252f.

로서 반복 학습에 따르는 계속성, 질적 심화와 양적 확대를 중시하는 계열성, 각 내용이나 경험을 상호 관련시키도록 하는 통합성을 제시한 바 있다.9) 미국의 인격교육연구소가 밝혀놓은 인격교육과정의 범위와 계열도 참고할 만하다.10) 근래의 교육과정에서 중학교 도덕과 내용을 선정하고 조직하는 원칙은 범위와 계열을 중시하고, 국민 정신교육에 부응하며, 인물 학습을 위한 모형을 제시하는 점으로 요약되고 있다.11)

셋째로, 도덕과 교육과정을 연구하는 일은 교수·학습과정 내지 학습지도과정의 탐색을 포함한다. 교수·학습과정은 성공적인 학습을 위하여 조성된 일정한 조건 아래 교사와 학생이 상호 작용하는 과정이다. 따라서 그것은 도덕과의 목표를 설정하고 내용을 선정·조직한 다음 가장 효율적인 지도 방법을 구사하는 단계라고 볼 수 있다.

교수·학습과정에는 교사, 학생, 교과 내용, 학습 조건 등 여러 요인들이 다양하게 얽혀있기 때문에, 그것을 몇 가지의 지도 방법만으로 규정짓기란 쉽지 않다. 일례로 가네(R. M. Gagné)는 학습이 일어나는 데는 외적 조건과 더불어 내적 조건이 동등하게 중요하다고 강조하면서, 학생들이 배워야 할 과제가 무엇인가에 따라 학습 조건도 다양하게 된다고 설명한다.12) 허쉬(R. H. Hersh) 등은 도덕교육의 모형으로서 여섯 가지를 들었으며,13) 근래의 교육과정은 종전에 비하여 비교적 상세한 지도 방법상의 원리를 제시하고 있다.

넷째로, 도덕과 교육과정을 연구하는 일은 도덕과 학습 성과의 평가

---

9) Tyler, *op. cit.*, p.5ff.

10) 정세구 외(역), 『인격교육과 덕교육』, 서울 : 배영사, 1995, 제6장.

11) 교육부, 『중학교 도덕과 교육과정 해설』, 1994, pp.75∼79.

12) Robert M. Gagné & L. J. Briggs, *Principles of Instructional Design*, New York : Holt, Rineheart & Winston, 1974.

13) Richard H. Hersh, John P. Miller, Glen D. Fielding, *Models of Moral Education* ; 강두호 외(역), 『도덕·가치교육의 교수모형』, 서울 : 교육과학사, 1989.

에 관한 것을 포함한다. 교육과정이 구체적으로 교수 학습을 전개해 나
간 결과로서 학습자의 학습 성과를 검토하게 하는 것은 매우 타당하다.
특히 종전의 이론적 수준에서의 도덕과 평가를 교과교육 수준에서 실제
적용하는 단계로 구체화시키는 노력은 앞으로 절실히 필요하다고 볼 것
이다.

우리나라의 경우 몇 차례 교육과정의 개정을 거치면서 도덕과 평가의
기준 역시 다양하게 서술되어 왔다. 여기에는 도덕과의 평가는 단편적인
지식 습득의 측정에만 의존해서는 안 되고 도덕적 판단력·도덕적 가치
와 태도·실천 의지와 행동 성향 등을 포함할 것, 정의적 영역에 대한 평
가에서는 바람직한 가치와 태도의 내면화 정도를 평가의 준거로 삼을 것,
객관식 평가 방법만을 적용하는 것은 한계가 있으므로 가급적 여러 가지
방법을 모색할 것 등이 포함되어 있다.

2. 도덕과 교육과정 연구의 중요성

중학교 도덕과 교육과정을 연구하는 작업이 중요한 이유는 무엇보다
도 우리가 그것을 통해 중학교에서 교과로 설정되어 있는 도덕과에 대하
여 명확한 인식의 준거 틀을 가질 수 있기 때문이다. 여기서는 인식의 틀
을 크게 네 가지로 나누어 보고자 한다.

첫째, 도덕과 교육과정의 연구는 도덕과 교육에 관련되는 주요 개념들
을 통하여 도덕과 교육의 이념을 알게 하는 데 그 중요성이 있다. 도덕과
교육과정에 쓰이는 많은 개념들(예를 들어, 규범, 도덕적 판단력, 선악, 가치관,
태도, 정의적 영역, 인격, 도덕성 등)은 도덕과 교수의 핵심적인 의미를 파악
하고 여러 가지 교육 방법의 특징을 이해하며 도덕과 수업이 이루어지는
조건이 무엇인가를 검토하는 데에 유용한 시사를 준다.

그럼으로써 도덕과 교육과정의 연구는 도덕과 교육의 정체성 확립을

돕게 된다. 도덕과 교육이 도덕성을 함양하며 이를 바탕으로 우리 사회가 직면하고 있는 도덕적 문제를 해결하려는 의지를 기르고 실천하게 하는 교과임을 인식하게 하는 것이다. 특히 세계화 시대에 부응하도록 도덕과 교육의 방향을 가늠하게 하고, 실제적인 지도 방안을 탐색하게 한다.

둘째, 도덕과 교육과정의 연구는 도덕과 교육이 목표하는 바를 효율적으로 달성하기 위한 여러 방법들을 발견함으로써 교수 이론을 정립할 수 있게 하는 데 그 중요성을 갖는다. 즉 도덕과 수업을 어디서 시작하고 순차적으로 어떤 단계를 거쳐 어떻게 종결할 것인가에 주목하게 함으로써, 도덕과 수업 목표의 설정, 수업 시작의 진단, 수업 절차, 수업 성취도의 평가의 관계를 확인하게 하는 것이다.

셋째, 도덕과 교육과정의 연구는 도덕과를 지도하는 담당 교사의 교수 행동과 학교생활을 조정하게 하는 데 그 중요성이 있다. 도덕과 교육과정은 도덕 교사가 어떤 능력과 열성을 갖추어야 하는지를 암시한다. 요컨대 도덕과를 성공적으로 지도할 수 있는 전문가로서의 특성과 자질을 알게 하는 것이다.[14] 근래의 교육과정들은 교사로 하여금 확고한 신념을 가지고 열성적으로 지도하며, 특히 학생들의 동일시의 대상으로서 일상적인 발언이나 태도와 행동에 유의하여 지도할 것 등을 상기시키고 있다.

넷째, 도덕과 교육과정의 연구는 도덕과에 대하여 교과교육으로서의 의의를 알게 하는 데 그 중요성을 갖는다. 그로스만(P. L. Grossman)은 교사에게 필요한 지식으로서 일반교육학 지식, 전공 분야의 지식, 교과교육학적 지식, 그리고 교육 상황에 관한 지식을 들고 있다.[15] 특히 교과교육학적 지식은 교과의 교수 활동을 위한 교육학적 지식을 말하는 것으로서,

---

14) 정세구, "중등학교 도덕·국민윤리과의 교사 교육과 교사 임용", 「도덕국민윤리과교육」 제4호, 1993, p.39ff.

15) Pam L. Grossman, *The Making of a Teacher : Knowledge and Education*, New York : Teachers College Press, 1990, pp.3~18.

이를 도덕과에 적용해 볼 경우 그것은 도덕 교과를 가르치는 목적에 대한 인식, 학생의 이해 정도에 관한 지식, 도덕 교과에 관한 지식, 그리고 도덕과 교수법과 교수 전략에 관한 지식으로 구성된다.

Ⅲ. 중학교 도덕과 교육과정의 이론적 기저

중학교 도덕과 교육과정이 그 이론적 기반을 어디에 두는가는 도덕과 교육의 학문적 근거와 관련되는 문제라고 볼 수 있다. 이에 대하여 그간 도덕과 교육에 관심을 둔 학자들이 각자 자신의 연구 분야를 배경으로 발표해 놓은 것들은 많으나, 교육과정에서 공식적으로 서술하기는 제6차 교육과정기가 처음이다. 동 교육과정에 의하면 '도덕과의 학문적 배경은 바람직한 삶을 위해 도덕규범과 가치문제를 추구하는 규범과학적 관점 및 사회 질서 유지와 국가·민족의 발전에 공헌하는 국민 의식 형성 문제를 탐구하는 사회과학적 관점을 모두 포함한다.'16) 그러므로 무엇보다도 도덕과의 학적 근거에 대해서는 그 학제적(學際的) 성격에, 즉 규범과학의 관점과 사회과학의 관점을 공히 포함하는 종합적인 성격에 주목해야 할 것으로 보인다.

이처럼 종합적 성격을 지닌 도덕과 교육의 이론적 토대에 관하여 이를 기존의 학문 분야에서 찾는 것은 어렵지 않다. 도덕과 교육은 그것이 윤리, 도덕이라는 인간의 행위 규범을, 곧 선의 추구를 목표로 하고 있기에 철학 특히 윤리학을 그 기초 학문 영역으로 한다. 또한 도덕적 행위의 주체인 인간은 본성적으로 사회적 존재이므로, 인간의 사회성과 그 현상을

---

16) 교육부, 『제6차 중학교 교육과정』, p.11.

탐구하는 것이 사회과학의 임무인 이상 도덕과 교육이 사회학이나 정치학과 같은 사회과학의 협력을 필요로 하는 것은 자연스러운 현상이다. 아울러 도덕과 교육은 자라나는 학생들로 하여금 선을 이해하고 자각하며 실천하도록 가르치고 이끄는 과정이므로 심리학이나 교육학으로부터도 학적 토대를 제공받는다고 볼 수 있다.

이러한 배경에서 우리는 도덕과 교육의 이론적 기저에 대하여 철학, 윤리학적 측면에서 공동선 이론, 사회과학적 측면에서 공동체 이론, 그리고 심리·교육학적 측면에서 사회화 및 발달 이론을 차례로 살펴보고자 한다.

1. 공동선

선을 행하고 악을 피해야 한다는 것은 근본적인 도덕적 진리로서 그리고 도덕적 행위의 최고 원리로서 받아들여지고 있다. 그러므로 도덕과 교육은 선을 행할 줄 아는 인간을 형성하는 데 그 의의를 갖는다. 인간의 선은 인간 본연의 완전함으로서 본연의 인간적인 탁월성 안에서 모색되거나 혹은 궁극적인 완성 안에서 추구된다.[17]

도덕적 선은 그 사려되는 범위에 따라 다양하게 구분될 수 있는데, 도덕과 교육이 그에 정초하는 공동선은 자발적인 행위들이 개인의 사적 생활은 물론 그의 공공 생활에도 관련되는 경우를 이른다. 요컨대 그것은 유개념(genus)으로서, 사적 생활의 측면에서 인격의 존엄성과 품위를 지향하며 공적 생활의 측면에서 사회 정의를 지향한다.

아리스토텔레스의 관점에서 국가를 위한 선은 개인을 위한 선보다 고귀하고 위엄 있게 보일 수 있으며, 또 개인주의 또는 집산주의의 사회 이

---

17) 강두호(역), 『사회 윤리의 기초』, 서울 : 인간사랑, 1997, pp.36~37.

론에서 보아 서로 반대되는 이유와 결론들이 제시되고 있으나 공동선과 개별선 간에 어떤 본질적인 차이는 없다.[18] 다만 둘 사이에 완성의 차이는 있을 수 있다. 곧 사회의 유(有)의 완성과 개인의 유의 완성 간의 차이이다. 이는 사회 전체의 선이 초개인적 실재의 성격을 가지며, 인격으로서 개인의 선이 초사회적 실재의 성격을 갖는 데서 온다. 공동선이 그것을 통해서 구성원들의 실존적인 목적들의 달성이 가능하게 되는 사회의 상태라면, 개별선은 이러한 목적들을 달성하는 데 있어서의 개인의 자아의 실현으로서, 양자는 상호 관련되어 있는 것이다.

역사적으로 공동선은 매우 오래된 관념인데, 라틴어의 bonum commune를 칭하는 이 용어는 공동선 외에도 공공복리, 공익 등 폭넓은 의미로 활용되어 왔다.[19] 개별적인 인간 본성의 완성을 의미하는 경우 이는 어떤 특정한 사회 내 모든 활동의 목표를 이루는 가치 혹은 가치들의 총체를 뜻하며, 공공복리를 의미하는 경우 사회는 구성원들의 힘을 조정하고 활성화시킬 수 있게 된다. 또한 공동체의 모든 구성원들에 의해 향유되는 공동 이익으로 사용되는 경우 이는 복지의 의미로서, 개인을 위하여 모든 사람에 의해 보존된 것이며 또한 모든 사람 전체를 위하여 개인에 의해 보증된 것이다.

근래에 사회윤리학자들은 공동선에 대하여 사람들로 하여금 자신의 완성을 보다 원만하고 용이하게 이루게 하는 사회생활의 모든 조건의 총체로, 바꿔 말해서 사회생활의 조건들이 인간 완성을 용이하게 달성할 수 있게 하는 모든 것으로 인식한다. 우리의 도덕과 교육과정을 분석해 보면 그 목표가 줄곧 공동선에 있었음을 쉽게 알 수 있다.[20]

---

18) Ibid., p.202.

19) G. Graneris, "Common Good", *New Catholic Encyclopedia*, New York : McGraw-Hill, 1967, Vol.4, pp.15～19.

20) 강두호, "자연법사상의 사회 윤리적 성격 연구—윤리교육의 이론적 정초", 서울대학교

2. 공동체

공동선의 실현은 사회가 공동체적 성격을 갖지 않는 한 불가능하다. 인간의 사회생활이 그 바탕에 있어서 공리주의적으로 타인에 대한 외면적 의존성에 기인하는 데 그치는 것은 아니기 때문이다. 우리는 이것이 오히려 형이상학적으로 인간의 본질에 기인한다고 볼 필요가 있다.

이 본질은 그가 다른 이들의 도움 없이 혼자서는 살기 어렵다는 소극적인 빈곤이 아니라, 인격체로서 자신을 완성하기 위해 사회를 요구한다는 적극적인 차원에서의 풍요를 의미한다. 인간이 사회에 의지하지 않으면 살 수 없지만, 사회가 인간에게 소용되기 위하여 있는 것이지 사회를 위하여 인간이 있는 것은 아니기 때문이다. 즉, 모든 인격적 존재는 그의 본질에 따라 '너'와 '사회'로 지향되어 있으며,21) 이에 인격은 인간 사회성의 기본 전제로서 공동체에로의 소명(召命)을 의미하게 되는 것이다.

도덕적 공동체를 주장하면서 개인주의적 관점을 거부하는 이들도 있다. 꽁트(A. Comte)에 의하면 개인은 하나의 추상으로서 형이상학적 추론의 구성물에 지나지 않으며, 사회는 집단과 공동체로만 환원될 수 있다. 퇴니스(F. Tönnis)는 전근대 사회로부터 근대 사회에로의 이행이라는 역사적 흐름을 유형적으로 파악하려고 시도하면서, 단체적인 것과 개인적인 것, 귀속적인 것과 계약적인 것, 성스럽고 공동체적인 것과 세속적이고 결사체적인 것을 대조하였다.22) 그러나 공동체는 개인의 자유와 사회의 선을 동일하게 강조하는 개념이다.

사회과학자들 사이에서 공동체 연구가 활발해진 것은 특히 2차대전

박사학위논문, 1990, p.127.

21) Ibid., pp.33~34.

22) Robert A. Nisbet, "Community" ; 신용하(편), 『공동체이론』, 서울 : 문학과 지성사, 1985, p.102f.

이후의 일이다. 현대의 공동체 연구자들이 공동체의 개념을 정의하는 경향은 대체로 다음과 같이 분류될 수 있다.[23] 첫째, 공동체를 동질성을 가진 소집단과 동일한 것으로 개념화하는 경향이다. 종교 공동체, 학문 공동체, 군사 공동체 등의 용어는 이 같은 경향을 중시하는 개념들이다.

둘째, 공동체를 타인과 일체가 되어 협동적 관계를 맺고자 하는 심성적·정신적 현상과 관계를 가리키는 개념으로 정의하려는 경향이다. 이런 입장에 있는 이들은 공동체가 '일체감, 심성적 통일, 자발성, 전체성'이 특징인 반면, 대중 사회는 '소외, 심성적 단절, 비참여, 분절화'가 특징이라고 설명한다.

셋째, 공동체를 지역과 결부된 조직체의 단위들을 가리키는 개념으로 정의하려는 경향이다. 이런 입장은 인간의 사회적·심리적 욕구 충족이 근린성을 수반하기에 공동체가 형성된다고 본다.

도덕과 교육에서 추구하는 사회는 단순한 사람들의 결합을 의미하는 데 그치지 않는다. 그것은 역사적으로 인류를 성장 발전시켜온 바탕으로서 고귀한 가치들인 일치와 사랑, 헌신, 우정, 연대, 협동 등을 산출하는 공동체를 뜻한다. 이와 관련되는 적절한 공동체의 개념으로서 메쓰너(J. Messner)의 것을 빼놓을 수 없는데, 그는 공동체를 일치를 이루어내는 여러 가지 결속들에 의거하는 특수한 결합이라고 규정한다.[24] 여기서 결속들이란 존재론적, 목적론적, 정의적, 도덕적, 조직적, 그리고 교류적 측면에서의 결속을 내포한다.

---

23) Ibid., pp.14~15.

24) Johannes Messner, "Community", *New Catholic Encyclopedia*, New York : McGraw-Hill, 1967, Vol.4, pp.80~81.

3. 사회화와 발달

사회화는 한 세대로부터 다음 세대에로 문화가 전달되어가는 과정을 중시하면서 발전된 개념이다. 그것은 인간이 출생한 후 사회학적으로 시인된 태도나 이념 및 행동 양식을 다른 사람들과의 접촉을 통해 학습해가는 과정을 의미한다. 따라서 도덕과 교육은 사회화의 측면을 갖는다.

사회화를 이론적으로 설명해 보려는 시도로 쿨리(Charles H. Cooley)의 거울 자아(looking-glass self)를 꼽을 수 있다. 쿨리는 인간이 어떻게 자아의식을 획득하는가에 관심을 기울였다. 쿨리에 따르면 거울 자아는 세 단계를 포함한다. 우선 인간은 그가 타인에게 어떻게 비쳤는가를 상상한다. 그 다음에 그는 타인이 자신의 모습을 어떻게 판단하는가를 상상한다. 끝으로 그는 타인의 판단이라고 인식한 것에 기초해서 자부심이나 굴욕감 같은 자의식을 발전시켜 나간다.25) 이 원리가 반복되면서 사회화가 이루어진다는 것이다.

철학적 심리학으로 유명한 미드(George H. Mead)는 사회화를 개인이 일반화된 타인(generalized other)의 기대를 획득하는 과정으로 풀이한다.26) 사회적으로 기대되는 규칙이나 관습, 행동 등이 개인의 자아 안에 내면화되는데, 말하자면 타자(他者)의 기대를 일반화한 행동 체계를 자기의 것으로 갖게 된다고 한다. 처음에 주로 부모에게만 반응하던 자아는 점점 다른 가족이나 또래집단의 태도를 받아들이게 되며 결국은 사회 일반의 태도와 신념 등을 획득함으로써 성숙한다는 것이다.

이밖에 도덕적 사회화 접근을 강조하는 사람들로 최근 인격교육의 부

---

25) Charles H. Cooley, *Human Nature and the Social Order*, New York : Scribner's, 1964, p.169.

26) George H. Mead, *Mind, Self and Society*, Chicago : University of Chicago Press, 1962, p.134.

활을 선도하는 학자들을 들 수 있다.[27] 베닛(W. Bennett), 위인(E. A. Wynne),
킬패트릭(W. Kilpatrick) 등은 구체적인 덕의 가르침, 사회의 최상 가치들
의 전수, 도덕적 모형들의 제시를 강조한다.

한편 발달론자들은 사회화가 갖는 교화의 위험성을 경고하면서 학생
들이 능동적으로 보편적인 도덕 원리들을 구성해 나가는 과정 자체를 중
시한다. 피아제(J. Piaget)의 이론은 발달 이론의 역사적 토대를 이룬다. 피
아제의 연구에 의하면 도덕적 판단 능력의 발달은 특히 지적 능력의 발
달에 밀접하게 관련되어 있다.[28]

피아제는 아동의 지적 능력의 발달 과정을 네 단계로 구분하고, 도덕
적 판단력도 이 같은 지적 발달의 과정에 병행하여 습관의 단계로부터
점차 규칙이나 원리 및 이상의 설정 단계에로 진행되어 간다고 설명한다.
그의 영향을 받은 콜버그(L. Kohlberg) 역시 도덕적 판단이 인지적 발달의
단계와 관련되어 있다고 보고, 도덕성의 발달을 3수준 6단계로 체계화하
였다.[29]

또한 리코나(T. Lickona)는 기존의 연구 결과들을 바탕으로 새롭게 구성
한 이론을 선보이고 있다.[30] 그는 0단계에서부터 5단계까지 모두 여섯
단계로 이루어진 도덕적 추론의 발달 단계를 제시하였다. 발달 이론들은
도덕과 교육의 임무가 도덕적 사고를 발달시키는 데 있다고 강조한다.

---

27) 주요 학자들에 대하여 설명해 놓은 글로서 추병완, "미국의 도덕과 교육", 「도덕윤리
과교육」 제6호, 1995, pp.177∼180.
28) Jean Piaget, *The Moral Judgement of the Children*, New York : The Free Press, 1965.
29) Lawrence Kohlberg, *The Psychology of Moral Development*, San Francisco : Harper &
Row, 1984.
30) Thomas Lickona, *Raising Good Children*, New York : Bantam Books, 1994.

IV. 중학교 도덕과 교육과정의 변천과 특징

1. 중학교 도덕과 교육과정의 변천

중학교에서 도덕과가 독립된 정식 교과로 채택된 것은 제3차 교육과정기가 시작된 1973년부터이다. 그러나 우리는 도덕교육이 어떤 형태로든 그 이전부터 학교 교육에서 자리하고 있음을 알 수 있으며[31], 따라서 도덕과 교육과정의 역사도 그 같은 점을 고려하여 살펴보고자 한다.

우리나라 도덕교육에 있어서 1945년의 광복은 중대한 전환기를 이룬다. 광복 직후인 1945년 9월 미(美) 군정 당국은 초·중등학교의 교과와 시간 배당 기준을 담은 '일반명령 제4호'의 구체화 작업에 따라 일제기에 개설되었던 종전의 「수신」(修身) 과목을 폐지하였다. 대신 미국의 사회과(Social Studies)를 도입하였는데, 이때 「공민」 과목을 통하여 민주 도의교육을 강조하였다. 1년의 과도기를 겪고 이듬해인 1946년 9월부터 시행된 이른바 교수요목(敎授要目)에서는 공민 과목이 역사, 지리 과목과 더불어 '사회생활과'로 흡수되었다. 민주 시민으로서 지녀야 할 가치관과 같은 내용을 다루는 공민은 주당 1시간씩 배당되었는데, 공동 사회(1학년), 민주주의 정치(2학년), 경제생활(3학년)을 그 주된 내용으로 하였다.

1954년 4월에 문교부령 제35호로 교육과정시간배당기준령이 고시되었으며, 동 제14조는 "사회생활과에 배당된 시간 중 최저 35시간은 도의교육을 위한 활동에 충당하여야 한다."고 규정하였다. 제1차 교육과정기의 도덕교육은 이처럼 아직 사회생활과 안의 도의 교육의 명칭으로 내포

---

31) 오천석, 『한국 신교육사(하)』, 서울 : 광명출판사, 1975 ; 함종규, 『한국 교육과정 변천사 연구』, 서울 : 숙명여자대학교출판부, 1976 ; 홍웅선, 『교육과정 신강』, 서울 : 문음사, 1982 ; 유봉호, 『한국 교육과정사 연구』, 서울 : 교학연구사, 1992 ; 교육과학기술부, 『중학교 교육과정 해설 II』, 2008.

되어 있었으나, 준교과로서의 위상을 갖게 되었다.

1963년 2월에 고시된 제2차 중학교 교육과정은 그 편제에 있어서 '교과, 반공·도덕생활, 특별활동'의 세 영역으로 구성되었다. 교과 외의 영역으로 주당 1시간씩 반공·도덕생활이 추가된 것은 반공·도덕생활이 특정의 교과나 특별활동 중 어느 한쪽에만 포함시킬 수 없는 독특한 영역으로서, 학교 교육 전반에서 얻어지는 성과를 종합하고 이를 체계화하여 실천하게 하는 데 중점을 두려는 정부의 의지에서 비롯되었다고 할 수 있다. 반공·도덕생활의 내용은 예절생활, 개인생활, 사회생활, 국가생활의 4개 생활영역으로 하였다.

1973년 8월에 고시된 제3차 중학교 교육과정은 반공·도덕생활을 없애는 대신 도덕교육을 전담할 수 있는 하나의 독립된 교과를 신설하였으며, 그 명칭을 도덕과로 하였다. 이제 도덕과가 처음으로 정식 교과가 되었으며, 수업은 주당 2시간씩 배정되었다. 제4차 중학교 교육과정은 1981년 12월에 고시되었다. 지도 내용에 있어서 종전의 5개 생활영역 중 예절생활 영역을 다른 영역으로 흡수하여 개인, 사회, 국가, 반공 생활의 4개 영역으로 조정하였다.

제5차 중학교 교육과정은 1987년 3월에 고시되었으며, 내용 체계의 구성을 개인, 가정·이웃, 시민, 국가, 통일·안보 생활의 다섯 가지 영역으로 하였다. 1992년 6월에 고시된 제6차 중학교 교육과정에서는 최초로 도덕 교과의 성격을 명시하였다.[32] 또한 교과의 내용을 5개 생활영역에서 다시 4개로 축소 조정하여, 전체적으로 개인, 가정·이웃·학교, 사회, 국가·민족 생활의 영역 틀로 구성하였다.

교육부는 1997년 12월에 제7차 교육과정을 고시하였다. 이에 의하여

---

32) 교육부, 『중학교 도덕과 교육과정 해설』, 1994.

중학교 도덕과는 '국민공통기본교육과정' 속의 공통 기본 교과로서 주당 1~2시간(1, 2학년은 2시간, 3학년은 1시간)의 수업이 배정되었다. 개정의 중점은 도덕 교과가 당면하고 있는 문제점들을 해결하는 데 두었다. 즉, 행동 실천을 위한 인성교육을 강화함으로써 도덕 교과에 대한 요구를 충족하고 교과의 실효성을 높이는 일, 국내외적 상황의 변화에 부합하는 도덕교육을 통하여 교과의 적절성을 제고하는 일, 그리고 교과 교육과정으로서 그 체계성을 확립하는 일에 초점을 두었다. 이에 따라 동 교육과정은 실천 위주의 인성교육과 민주시민교육의 강화를 중시하고, 나선형 교육과정의 원리에 맞추어 초등학교 및 고등학교와 계열성을 유지하였다.33) 학년 당 생활영역을 종전의 4개에서 2개로 축소한 점은 주목할 만하다.

한편 2007년 2월에 고시된 중학교 개정 교육과정은 그 내용 구성에 있어서 생활영역의 틀을 극복하고 도덕적 가치 공간을 중시하였다.34) 즉, 도덕 주체인 나를 중심으로 가치 관계가 확장되는 내용의 틀로서, '도덕적 주체로서의 나, 우리·타인·사회와의 관계, 국가·민족·지구 공동체와의 관계, 자연·초월적 존재와의 관계'의 네 영역을 두었다.

2. 중학교 도덕과 교육과정 변화의 특징

여러 차례에 걸쳐 개정되어온 중학교 도덕과 교육과정은 그 변천 과정에서 다음과 같은 몇 가지 특징을 보이고 있다. 첫째로, 도덕과의 교과로서의 위상이 매우 큰 변화 속에서 자리매김 되어온 점이다. 일제기에 있었던 「수신」 과목이 폐지되고 광복과 함께 우리의 도덕교육은 '사회생활과' 안에서 공민 교육 및 도의 교육의 형태로 남아 있었다. 그러다가 교

---

33) 교육부, 『중학교 교육과정 해설(Ⅱ)』, 1999.
34) 교육과학기술부, 『중학교 교육과정 해설 Ⅱ』, 2008, p.177.

과 외의 '반공·도덕생활'로 확대되었으며, 제3차 교육과정기에서 비로소 독립된 교과로 자리하게 된다. 이것은 도덕과가 우리나라의 전통적인 교육관에 기초하는 교과라는 점을 잘 드러내는 사실이라고 볼 것이다.

우리나라가 「도덕」이라는 명칭의 독자적인 교과를 가지고 있는 것은 교육을 곧 도덕교육으로 이해하는 우리의 유교적 전통과 통하는 것이라고 하겠다. 실제로 도덕과가 독립된 교과로 개설되기 이전의 시기에서도 우리의 교육은 항상 도덕교육을 강조하였다. 예컨대, 교수요목만으로는 도덕의 내용을 수업 현장에 연결시킬 수 있는 근거가 부족하였던 시절에 정부는 장학 방침에서 이를 반영하였다. '도의 교육'(1951), '평화인의 양성'(1952), '도의 앙양'(1953), '반공사상 함양, 정신 무장'(1954) 등이 주요 장학 방침으로 제시되었던 것이다. 제1차 교육과정기에도 당시 문교부 장관의 자문 기관으로 도의교육위원회가 설치되어 학교에서 도의 교육을 한층 강화하는 계기가 되었다.

둘째로, 도덕과 교육과정이 교육과정의 통합적 접근이라는 측면에서 매우 독창적인 모델이 되어온 점이다. 통상 교육과정의 통합은 학습자에 대하여 시간적·공간적으로 그리고 내용 영역에 있어 서로 다른 학습 경험들이 학교의 지도하에 상호 관련지어지고 의미 있게 모아져서 전체로서의 학습이 이루어지게 하고 나아가 그의 성향 변화가 가치 있게 이루어지도록 하는 과정을 말한다.35) Ⅳ장의 내용에서도 알 수 있듯이 도덕과는 그 내용 체계로 보아 다수의 교과가 묶이는 형태에 의한 통합은 아니지만, 여러 학문 분야를 서로 관련시키면서 하나의 목표를 추구하게 하는 이른바 학제적 통합(interdisciplinary integration)이라는 특징을36) 견지

---

35) 김재복, 『교육과정의 통합적 접근』, 서울 : 교육과학사, 1997.

36) Cf. Richard E. Maurer, *Designing Interdisciplinary Curriculum in Middle, Junior High, and High Schools*, Needham Heights, MA : Allyn & Bacon, 1994.

해오고 있는 것이다.

셋째로, 도덕과 교육과정의 형식이 꾸준히 발전하고 정제(精製)되어온 점이다. 어떤 일이든 첫 시도에서 완성된 제품을 기대하기는 쉽지 않을 것이다. 도덕과 교육과정에서도 목표나 내용 체계는 물론 지도 방법과 평가 면에 대하여 각 개정 시기마다 공든 노력의 흔적들을 엿볼 수 있다. 예를 들어, 제3차 교육과정에서는 교육과정의 지도 내용을 교과서 편찬에서 내용의 준거로 직접 활용할 수 있게 하였고, 제4차 교육과정에서는 처음으로 평가에 대한 지침을 마련하였으며, 제6차 교육과정은 도덕과의 성격에 대하여 최초로 규정하였다. 또한 제7차 교육과정은 소단원 수준에서 구체적인 성취 기준을 제시하였으며, 평가에서도 통합적 접근과 수행 평가 개념을 적극적으로 수용하였다.

넷째로, 도덕과 교육과정의 개정이 우리나라의 시대적 변화와 맥을 함께해온 점이다. 교육이 사회 변화와 무관할 수 없듯이 우리의 교육과정 역시 건국과 더불어 국가의 재건과 개혁, 그리고 발전 과정의 소용돌이 속에서 그와 맞물려 변화해왔다고 말할 수 있다. 이를테면 1968년의 1·21 사태, 울진·삼척 사태 등 북한의 도발적인 사건들을 체험한 정부는 이듬해인 1969년에 교육과정을 부분적으로 개정한 적이 있으며, 그간의 빈번한 교육과정 개정도 우리의 정치 변동과 무관하지 않다고 볼 것이다.

V. 중학교 도덕과 교육과정의 과제

지금까지 중학교 도덕과 교육과정에 대하여 그것을 연구하는 일이 갖는 의미와 중요성, 그 이론적 기저, 그리고 우리나라에서의 변천 과정과 특징을 중심으로 살펴보았다.

요약해 보면, 먼저 도덕과 교육의 설계로서 도덕과 교육과정을 연구하는 일은 도덕과의 성격을 적절히 규정하고 그 타당한 목표를 설정하는 일, 내용을 선정하여 조직하는 일, 효율적인 지도 방법을 비롯하여 전반적인 교수·학습 과정을 탐색하는 일, 그리고 학습 성과의 평가에 관하여 검토하는 일을 포함한다. 도덕과 교육과정의 연구가 갖는 중요성은 무엇보다도 그것이 도덕과에 대하여 명확한 인식 틀을 갖게 하는 데 있다. 즉, 도덕과 교육에 관련되는 주요 개념들을 인지하면서 도덕과 교육의 정체성을 확립하게 하고, 교수 이론을 정립할 수 있게 하며, 지도 교사의 교수 행동과 학교생활을 조정하게 하고, 교과교육의 의의를 알게 하는 것이다.

또 도덕과 교육과정의 이론적 기저에 관하여 철학적·윤리학적 관점에서 공동선을, 사회과학적 관점에서 공동체를, 그리고 심리·교육학적 관점에서 사회화와 발달을 논의하였다. 아울러 광복 이후 지금까지 우리나라의 중학교 도덕과 교육과정이 여러 차례의 교육과정 시기를 거치는 동안 공민 교육, 도의 교육, 반공·도덕생활 교육, 도덕과 교육으로서 어떤 특성들을 보였는지에 대해서도 알아보았다.

이제 글을 마무리하면서 중학교 도덕과 교육과정이 향후 지속적으로 연구하면서 해결해 나가야 할 과제들을 몇 가지 꼽아보고자 한다.

첫째, 도덕과 교육과정을 바라보는 사유 체계의 전환에 관한 과제이다. 교육이 그 일차적인 과제를 인간의 형성에 두고 있는 한, 그것은 도덕적인 문제와 영역에서 결코 벗어날 수 없다. 왜냐하면 교육은 처음부터 인간은 무엇이며 어떻게 살아야 하는가에 대하여 대답해야 하기 때문이다. 그러므로 도덕과가 자신의 성격을 규정함에 있어서 자신을 더 이상 많은 교과들 가운데 하나일 뿐이라고 간주해서는 안 될 것이다. 오히려 그것은, 한 나라의 전반적인 교육과정이 여기에 정초(定礎)하는 초석으로서 역량을 충분히 발휘하도록 적극적으로 촉진되어야 한다.

둘째, 도덕과 교육과정의 목표와 내용 구성에 관한 과제이다. 그동안 우리나라 교육과정에 대하여 연구 보고서들이 흔히 지적해온 문제점으로 목표와 구체적인 내용 사이의 괴리 현상을 들 수 있다. 총론의 철학, 인간상, 기본 방향 등은 구호에만 그칠 뿐,37) 각 교과의 성취 목표, 내용 구성, 교수·학습방법, 평가의 집필은 그와 별 상관없이 이루어져 왔다는 것이다.

셋째, 도덕과 교육과정의 지도 방법과 평가에 관한 과제이다. 지금까지 수차례에 걸쳐 개정되어온 교육과정에서 도덕과의 수업 지도 방식에 관하여 적지 않은 관심을 보인 게 사실이다. 그렇지만 한편으로 도덕과의 성격에 부합하면서도 교사들이 쉽게 현장에서 활용할 수 있는 정교하고 세련된 기법들이 충분히 제시되었다고 보기는 어렵다. 앞으로 학교별, 학년별 특징을 고려한 지도 기법에 더 많은 관심을 두어야 할 것이다.

넷째, 도덕과 교육과정 개정의 제도에 관한 과제이다. 우리나라는 특히 제4차 교육과정기 이후 교육과정의 개정 주기가 그 이전과 달리 매우 짧아지고 있다는 느낌을 감출 수 없다. 설사 교육과정의 개정이 긴급하게 요구된다고 하더라도, 심혈을 기울여 만든 하나의 교육과정이 제대로 적용되고 또한 그 타당성이 검증될 만한 시간적 여유도 주지 않은 채 다음의 교육과정 개발을 서두르는 것은 아무래도 무리라고 판단하지 않을 수 없다.

---

37) 김호권, "초·중등학교 교육과정 개혁의 배경과 방향", 교육혁신연구회(편), 『한국 교육과정의 새로운 좌표 탐색』, 서울 : 교육과학사, 1996, p.33.

참고문헌

강두호(역), 『사회 윤리의 기초』, 서울 : 인간사랑, 1997.

강두호, "자연법사상의 사회 윤리적 성격 연구 : 윤리교육의 이론적 정초", 서울대학교 박사학위논문, 1990. 8.

교육부, 『중학교 도덕과 교육과정 해설』, 1994.

교육부, 『중학교 교육과정 해설 (Ⅱ)』, 1999.

교육과학기술부, 『중학교 교육과정 해설 Ⅱ』, 2008.

김영섭 외, 『공동체 의식과 시민운동』, 서울 : 아산사회복지사업재단, 1994.

김재복, 『교육과정의 통합적 접근』, 서울 : 교육과학사, 1997.

김호권, "초·중등학교 교육과정 개혁의 배경과 방향", 교육혁신연구회(편), 『한국 교육과정의 새로운 좌표 탐색』, 서울 : 교육과학사, 1996, pp.29~47.

세키네 히데유키, "일본의 도덕교육", 「도덕윤리과교육」 제6호, 1995, pp.203~237.

오천석, 『한국 신교육사(하)』, 서울 : 광명출판사, 1975.

유병렬, "도덕교육의 목표로서의 '도덕적 인격'에 관한 연구", 「도덕윤리과교육」 제7호, 1996, pp.252~279.

유봉호, 『한국 교육과정사 연구』, 서울 : 교학연구사, 1992.

이돈희, 『도덕교육원론』, 서울 : 교육과학사, 1986.

정세구(역), 『자녀와 학생들을 올바르게 기르기 위한 도덕교육』, 서울 : 교육과학사, 1994.

정세구, "중등학교 도덕·국민윤리과의 교사 교육과 교사 임용", 「도덕국민윤리과교육」 제4호, 1993, pp.28~52.

정세구 외(역), 『인격교육과 덕교육』, 서울 : 배영사, 1995.

추병완, "미국의 도덕교육", 「도덕윤리과교육」 제6호, 1995, pp.158~202.

함종규, 『한국 교육과정 변천사 연구』, 서울 : 숙명여자대학교출판부, 1976.

홍웅선, 『교육과정 신강』, 서울 : 문음사, 1982.

Bobbitt, Franklin, *The Curriculum,* Boston : Houghton Mifflin, 1918.

Cooley, Charles H., *Human Nature and the Social Order*, New York : Scribner's, 1964.

Gagné, Robert M. & Briggs, L. J., *Principles of Instructional Design*, New York : Holt, Rinehart & Winston, 1974.

Goodson, Ivor F., *The Changing Curriculum : Studies in Social Construction*, New York : Peter Lang Publishing Co., 1997.

Graneris, "Common Good", *New Catholic Encyclopedia*, New York : McGraw-Hill, 1967,

Vol.4, pp.15~19.

Grossman, Pam L., *The Making of a Teacher : Knowledge and Education*, New York : Teachers College Press, 1990.

Hersh, Richard H., John P. Miller & Glen D. *Fielding, Models of Moral Education* ; 강두호 외(역), 『도덕·가치교육의 교수모형』, 서울 : 교육과학사, 1989.

Kohlberg, Lawrence, *The Psychology of Moral Development*, San Francisco : Harper & Row, 1984.

Lickona, Thomas, *Raising Good Children*, New York : Bantam Books, 1994.

Maritain, Jacques, *Education at the Crossroads*, New Haven : Yale University Press, 1955.

Maurer, Richard E., *Designing Interdisciplinary Curriculum in Middle, Junior High, and High Schools*, Needham Heights, MA : Allyn & Bacon, 1994.

Mead, George H., *Mind, Self and Society*, Chicago : University of Chicago Press, 1962.

Messner, Johannes, "Community", *New Catholic Encyclopedia*, New York : McGraw-Hill, 1967, Vol.4, pp.80~81.

Nisbet, Robert A., "Community" ; 신용하(편), 『공동체이론』, 서울 : 문학과 지성사, 1985, pp.102~154.

Piaget, Jean, *The Moral Judgement of the Children*, New York : The Free Press, 1965.

Tyler, Ralph W., *Basic Principles of Curriculum and Instruction*, Chicago : University of Chicago Press, 1949.

I. 연구의 의미

오늘날 세계의 여러 나라들에서 청소년들이 심각한 도덕적 문제들에 직면해 있음은 주지의 사실이다. 실제로 그 암울한 모습들은 폭력과 파괴, 도벽, 시험에서의 부정행위, 권위에 대한 존중의 결여, 동료 학생들에 대한 가혹 행위, 인종 차별과 편견, 저속한 언어, 성적 조숙과 학대, 자기 중심주의의 확대 및 시민적 책임감의 축소, 자기 파괴적 행동 등으로 드러나고 있다.[1] 우리는 이러한 행동들이 개인의 인격적인 결함과 무관하지 않다는 데 주목할 필요가 있다.

우리나라의 경우 역시, 학생들의 인격을 함양시키기 위해 초등학교부터 고등학교까지 독립적인 '도덕' 교과목을 두고 있음에도 불구하고 도덕의식의 현주소는 그리 밝지 않다. 한 예로 최근의 '2005년 사회통계조

---

1) 리코나는 서구 사회의 젊은이들이 보이고 있는 비도덕적 행위의 형태를 10가지 지표로 요약하고 있다. Thomas Lickona, *Educating for Character : How Our Schools Can Teach Respect and Responsibility*, New York : Bantam, 1991, pp.12~19.

사 결과'에서 조사 대상의 64.3%가 자신은 법을 지킨다고 답한 데 비해, 다른 사람이 법을 잘 지키고 있다는 응답은 28.0%에 불과하였다. 그리고 자신이 법을 지키지 않는 이유 중에는 '다른 사람이 지키지 않아서'라는 답이 25.1%로 가장 많았다. 비록 단편적인 예라고 할 수도 있겠지만, 우리는 학교가 도덕적 가치들을 가르치고 훌륭한 인격의 함양을 위하여 더욱 헌신적인 노력을 기울여야만 하는 이유를 이 같은 도덕적 현실에서 분명하게 찾을 수 있다.

리코나(Thomas Lickona)는 오늘날 미국의 도덕교육 분야에서 새로운 동향으로 자리 잡은 인격교육 운동을 선도적으로 이끌고 있는 도덕 이론 전문가이다. 본 연구는 콜버그(L. Kohlberg) 이후 최고의 도덕성 발달론자로 인정받고 있는 그의 도덕 이론에 주목하면서, 그것이 우리의 도덕교육에 주는 함축적 의미를 파악해보고자 하는 데 그 목적을 두고 있다.

글의 순서를 보면, Ⅱ장은 리코나의 도덕 이론이 형성된 배경에 대한 부분이다. 여기서는 그의 도덕성 개념과 그가 도덕성 발달이론의 맥을 잇게 된 경유를 살펴볼 것이다. Ⅲ장과 Ⅳ장은 리코나의 도덕 이론을 크게 두 영역으로 구분하여 분석한 것이다. 먼저 Ⅲ장은 리코나가 도덕성의 발달에 대하여 여섯 단계로 나누고 그 특징을 논하면서 학생들의 도덕적 상황을 이해하는 데 기여한 점에 초점을 맞추고 있다. 이어서 Ⅳ장은, 리코나가 훌륭한 인격의 형성은 그 구성 요소들이 통합적으로 조화를 이룰 때 가능함을 강조한 점에 초점을 맞추고 있다. Ⅴ장은 리코나의 이론을 실제의 도덕교육에 적용하려는 시도를 다루는 내용이다. 끝으로 결론 부분이 Ⅵ장을 이룬다.

한편, 이 글은 그 연구의 방법에 있어 대체로 이론적 측면에서 리코나의 인격교육에 대한 저서와 논문을 중심으로 하되, 리코나의 인격교육론에 관련된 국내외의 연구물들을 참고로 한 문헌 연구에 의존할 것이다.

II. 리코나 도덕 이론의 배경

도덕성이란 넓은 의미에서, 개인이 올바르고 훌륭한 삶을 영위하며 동시에 사회의 규범에 합치하여 살 수 있는 능력 내지 성향을 말한다. 리코나는 도덕성의 개념을 이처럼 폭넓게 이해하면서도, 대체로 인지 발달론의 입장을 존중하며 접근한다. 인지 발달 이론가들은 도덕성의 발달을 개인이 도덕적 원리들을 이해하고 또한 그것들에 동의하기 때문에 받아들이는, 혹은 그가 스스로 성취하게 된 도덕적 원리들에 따라 행동할 수 있는 상태에로 나아가는 적극적이고 역동적이며 구성적인 과정으로서 간주한다. 인지 발달 이론은 도덕성의 발달에 관한 가장 체계적이고 포괄적인 연구 결과들을 제공해왔으며, 콜버그에 의해 그 절정을 이루고 있다.

따라서 우리는, 리코나의 도덕 이론이 콜버그의 도덕성 발달 단계 이론으로부터 많은 영향을 받고 있다는 점을 쉽게 짐작할 수 있다. 리코나 역시 이에 대하여 스스로 인정한다.[2] 그렇다고 그가 콜버그의 이론을 그대로 받아들이고 있는 것만은 아니다. 리코나가 콜버그에 대하여 비판적 수용의 입장에 있음은 다음에서 잘 드러난다.

첫째, 리코나의 관점에서 콜버그의 이론 구조는 도덕교육을 위한 포괄적인 청사진으로서 만족스럽지 못하다는 점이다. 사실 콜버그는 도덕교육을 도덕적 추론으로 제한하고 있을 뿐만 아니라, 딜레마에 관한 추론 그리고 정의의 이슈들에 관한 추론으로 제한시키고 있다. 또한 리코나는 대다수의 사람들이 3단계 혹은 4단계를 넘지 않고 있다는 점에 주목하며, 교사들의 도덕적 판단 단계도 성인들과 비교하여 일반적으로 크게

---

2) Thomas Lickona, *Raising Good Children*, New York : Bantam, 1994, p.2 ; Melanie Killen & Judith G. Smetana, *Handbook of Moral Education*, Mahwah, NJ : Lawrence Erlbaum, 2005, ch.2.

다르지 않다고 가정하고 있다. 만약 그런 가정에 따른다면, 우리는 학교가 어떻게 원리화된 도덕성을 효과적으로 조장할 수 있는가에 신중하지 않을 수 없다.

둘째, 리코나가 콜버그에 대하여 비판적이라는 것은 그가 0단계를 설정하고 있는 점에서 잘 드러난다. 리코나는 콜버그의 도덕성 발달에 관한 연구에서 20여 년간의 종단 연구 끝에 제6단계에 이르는 사람을 거의 찾아보기 어렵다는 사실이 경험적으로 밝혀지자, 자신의 저서 『Raising Good Children』에서 이 6단계를 생략하고 대신 0단계를 추가하여 0~5단계의 도덕성 발달이론을 체계화하였다. 리코나의 '0단계'는 일견하여 데이먼(William Damon)과 셀만(Robert L. Selman)의 영향을 받은 것으로 보인다. 데이먼과 셀만은, 유아기의 배려 환경이 이후 어린 시절의 신념 형성에 중요하다는 점을 간파하면서 0단계의 개념을 강조한 바 있다.[3]

이따금 0단계는 잘못된 명칭으로 오해되기도 한다. 이는 특히 0단계 전에 규칙 또는 옳고 그름의 의식과 같은 도덕적 발달이 없음을 의미하는 것과 관련된 논의에서 더 그럴 수 있다. 물론 0단계가 시작되지 않은 세 살 반 이전의 어린 아이들도 그들의 사회적 세계를 조직하기 위해 좋고 나쁨의 범주를 사용할 수 있다. 사물을 옳고 그름, 나쁘고 좋음 등으로 구별하여 행동할 수 있는 것이다. 다만 리코나는 도덕적 추론의 시작이 세 살 반에서 네 살 사이에 나타나며, 아이들이 이전과는 달리 공정한 것에 대하여 자신의 추론대로 행동하고 그들 자신의 욕구와 같이 최고의 것으로 생각하는 것에 배타적으로 관심을 보이는 데 주목한 것으로 보인다.[4]

셋째, 도덕성의 발달에서 이전 단계로부터 다음 단계로 이동하는 수직

---

3) Robert L. Selman, *The Growth of Interpersonal Understanding*, New York : Academic Press, 1980 ; William Damon, *The Social World of the Child*, San Francisco : Jossey-Bass, 1977.
4) Lickona, *op. cit.*, p.93.

적 발달(vertical development) 외에도 수평적 발달(horizontal development)을 인
정하는 점이다. 수평적 발달이란 아동이 새로운 단계의 특징을 보이다가
그것이 천천히 세상을 다루는 방식으로 자리를 잡아가는 것을 가리킨
다.5) 즉, 우리가 직면하는 모든 사태들에 일관성을 갖고 도덕적 추론들을
확대 적용해 나감으로써 도덕적 추리의 단계를 단순히 일관된 사고 패턴
이 아니라 도덕적인 행동 패턴의 일부분으로 만드는 것을 의미한다. 이
는 아마도 실제로 도덕적 추리에서 더 높은 단계로 발달은 하지만 그것
을 일상 행위에 적용하지 못하는 경우를 염두에 둔 것으로 보인다.

　리코나의 도덕 이론은 궁극적으로 도덕교육의 실제와 연결되는 데 의
미를 갖는다. 그에게 있어서 도덕교육의 본질은 학생들로 하여금 도덕성
의 발달이 단계적으로 순조롭게 진행될 수 있도록 돕는 데 있다. 그는 이
른바 '도덕발달 접근법'을 제시하면서, 그것이 학생들을 올바르게 성장시
키기 위한 복잡하고 힘든 일이라고 설명한다. 10개의 '훌륭한 아이디어'
가 이 같은 도덕발달 접근법을 구성하고 있다.6)

III. 도덕성의 단계적 발달

1. 리코나 도덕성 발달 이론의 일반적 특징

　리코나는 학령 전에서부터 성인기 사이에 발달하게 되는 도덕적 추론
을 여섯 단계로 설명한다.7) 이 단계들은 아동기, 10대, 그리고 성인기를
거치면서 우리의 머릿속에 형성된 옳고 그름에 대한 이론 틀이라고 할

---

5) Lickona, *Educating for Character*, op. cit., p.63.
6) Lickona, *Raising Good Children*, op. cit., p.8f.
7) Ibid., p.89ff.

수 있다. 각 단계 혹은 이론들은 무엇이 옳은가, 그리고 왜 사람이 선해야만 하는가의 이유에 대해 각기 다른 아이디어를 가지고 있다. 리코나의 도덕성 발달 단계를 정리하면 [표 1]과 같다.

[표 1] 리코나의 도덕성 발달 단계

도덕적 추리의 단계 : 특징	기대 연령	옳은 이유	선해야 할 이유
0단계 : 자기 중심적 추리	4세 정도의 학령 전	나는 반드시 나 좋은 대로 한다.	상을 받고 벌을 피하기 위해서
1단계 : 무조건의 복종	유치원	나는 하라는 대로 해야 한다.	괴로움을 당하지 않기 위해서
2단계 : 이기적 공정성	초등학교 저학년	나는 나의 이익을 챙겨야 하지만, 내게 공정하게 하는 사람에게는 공정하게 대해야 한다.	이기적 자세 : 내게 유리한 것이 무엇인가?
3단계 : 타인과의 일치	초등학교 중·고학년 및 10대 초·중기	나는 근사한 사람이 되어야 하고, 내가 알고 관심 가진 사람의 기대에 부응해야 한다.	다른 사람이 나를 알아주어야 하고, 나 자신도 나를 좋게 생각해야 하므로
4단계 : 사회 체제에 대한 책임	고등학생 및 10대 말기	나는 사회의 가치체계에 맞게 책임을 다해야 한다.	체제의 붕괴를 막아야 하고, 자기 존중도 유지하기 위해서
5단계 : 원리화된 양심	젊은 성인	나는 모든 개인의 권리와 권위를 최대한 존중해야 하고, 인권을 보호하는 체제를 지지해야 한다.	모든 인간에 대한 존중의 원리에 맞추어 행동해야 할 양심의 의무가 있으므로

　[표 1]에 나타난 리코나의 이론을 구체적으로 살펴보기 전에, 그 고유한 특징으로서 염두에 두어야 할 사항들이 몇 가지 있다. 첫째로, 리코나의 단계 이론은 일정한 나이에 주로 나타나는 경향을 제시한 것이라는 점이다. 아동의 실제 나이만 보고 도덕적 단계를 확인할 수는 없다. 이를테면 개인차에 따라서 사회 환경의 요구로 보다 높은 단계에 일찍 들어갈 수도 있다. 또한 도덕적 단계가 올라갈수록 개인 차이는 커지는데, 예를 들어 성인의 경우 여전히 3단계에 머무는 경우도 많다.

둘째로, 리코나가 아이들의 도덕적 추론과 관련하여 두 가지 기본적인 방법을 제시하고 있는 점이다. 한 가지 방법은 아이의 발달 단계에 따르는 일이며, 다른 방법은 아이의 발달 단계에 자극을 주는 일이다. 전자의 경우 우리는 현재의 그들 자신을 수용하고 인정해야 하며, 그들이 지금 지니고 있는 추론 방법을 사용하도록 도와주어야 한다. 그리고 후자의 경우 그들이 도덕적 발달의 다음 단계로 성장하여 좀 더 나은 추론을 할 수 있도록 도와주어야 한다.

셋째로, 리코나는 도덕 발달의 각 단계들이 부분적으로 정당하게 옳거나 그른 생각과 관련되어 있다고 평가하는 점이다. 우리는 아동들이 각각의 도덕 발달 단계를 거칠 때마다 그들의 도덕적 추론에 대해 실망하거나 또는 도덕성 발달의 역행을 의심할 수도 있다. 그러나 리코나는 이 점에 대해 염려하지 말 것을 당부한다. 리코나에 따르면 그들이 도덕성의 퇴화를 겪는 것이 아니라 새로운 각각의 단계들로부터 도덕성에 대해 더 좋은 아이디어를 획득하는 과정을 겪고 있다.

넷째로, 혼합 단계에 관한 점이다. 아이들은 천천히 새로운 단계로 발전하며, 아이들마다 단계를 통과하는 시간 또한 상당히 다르게 나타나곤 한다. 따라서 리코나는 '순수한' 단계에 있는 아이들을 기대하지 말라고 상기시킨다. 실제로 리코나가 제시한 도덕적 예화에 등장하는 아이들의 반응을 살펴보면 4단계에 있는 아동이 때때로 5단계 수준의 도덕적 추론을 해서 주위 사람들을 놀라게 하기도 하지만, 피곤하거나 혼란스럽거나 혹은 자신의 욕구에 완전히 사로잡혀 있는 상황에서 사람들이 어떻게 생각할지에 모든 관심을 모으는 3단계로 후퇴하기도 한다.

다섯째로, 아이들 각자의 도덕적 추론 단계에 맞추려면 아이의 전체적인 도덕적 인격의 맥락을 고려해야 한다는 점이다. 예를 들어 같은 도덕적 추론의 단계에 있는 아이들이라고 해도 어떤 아이들은 원래 너그러워서 쉽게 다른 사람들과 어울리는 것처럼 보이며, 다른 아이들은 훌륭한 성실성을 지니고 있는 것처럼 보인다. 마찬가지로 어떤 아이들은 만족하고 감사하는 데에 어려움을 느끼는가 하면, 또 다른 아이들은 타인을 비판할 줄도 자신의 잘못을 인정할 줄도 모른다. 도덕적 추론 단계가 동일한 아이들일지라도 반응하는 방법이 다를 수 있다는 것이다.

2. 리코나 도덕성 발달 이론의 단계별 논의

리코나의 여섯 단계 중 첫 번째인 0단계는 이기적 추론(egocentric reasoning)의 시기로서, 보통 세 살 반에서 네 살 사이에 나타난다. 그에 의하면 0단계에 있는 아이들이 보이는 도덕적 추론의 특징은[8] 다음과 같다.

① 도덕적인 용어("그건 불공정해!")로 자신의 독립을 표현하기 시작한다. 다만 그들에게 '공정하다'는 것은 원하는 방식대로 하는 것을 의미한다.
② 갈등 상황에서 특히 자기중심적이며, 그들 자신의 관점으로만 사물을 본다.
③ 소유물에 대해 "내가 그것을 원하니까, 그것은 내 것이야"와 같은 접근 방식을 취한다.
④ 자신들의 행동이 그릇된다는 이해 없이 게임에서 속임수를 쓰거나 거짓말을 하거나 부모를 교묘히 속이는 등 할 수 있는 방법을 다 사용하여 그들이 원하는 것과 세계를 일치시키려고 노력한다.
⑤ 자기주장과 시도의 양상의 일부분으로서 종종 규칙을 위반한다든지, 자기과시를 해 보인다든지, 욕을 한다든지, 성나게 하는 행동을 한다든지 정도를 벗어난 행동을 한다.
⑥ 다른 도덕적 단계에 있는 아이들과 마찬가지로, 그들은 그들 자신이 할 수 있는 도덕적 추론보다 더 높은 수준의 도덕적 추론을 이해할 수 있다.
⑦ 그들 자신이 원하는 것과 다른 사람이 원하는 것이 서로 갈등을 일으

---

8) Ibid., p.92.

키지 않는 상황 속에서 그들은 자발적인 협조와 동정심을 보여 준다.
⑧ 아이들의 도덕적인 개인적 특성을 반영하는 사회적·도덕적 행동에
있어서 개인차를 보인다. 리코나는 0단계 아이들을 자극하는 방법들
을 별도로 제시한다.

1단계에서는 무조건의 복종(unquestioning obedience)이 두드러지며, 이는
4~5세의 아이들에게서 일반적으로 나타난다. 이 단계의 특징을 요약하
면9) 다음과 같다.

① 자기주장의 단계에서 나아가 보다 순종적이고 협력적으로 변한다.
② 다른 사람의 관점을 받아들일 수 있지만 하나의 관점(어른의 그것)만
이 옳다고 본다.
③ 옳은 것은 어른들이 말한 대로 하는 것이며, 그에 순종을 해야 하는
이유는 그렇게 하지 않으면 처벌받기 때문이라고 믿는다.
④ 어른들은 항상 아이들이 잘못한 행동을 금방 알아내는 전지적인 슈
퍼탐정이라고 생각한다. 그래서 "거짓말하면 안 돼, 어른들은 머리가
좋아서 그걸 금방 알아내 버리거든."이라고 생각한다.
⑤ 만약 그들에게 나쁜 일이 일어난다면 그들이 말을 잘 듣지 않아서
벌을 받은 것이라고 믿는다.
⑥ 고자질 하는 습관이 생겨난다. 규칙을 깨뜨리는 사람은 처벌을 받아
야 한다고 믿는 것이다.
⑦ 마음속에 서로 다른 두 가지의 관점을 동시에 수용하기가 어렵다.
⑧ 비록 그들이 규칙에 따라야 한다고 생각하지만, 규칙이 필요한 이유를
모르기 때문에 어른이나 처벌의 위험이 없으면 종종 규칙을 어긴다.

자기중심적 공정성(what's-in-it-for-me fairness)은 2단계의 특성이다. 이 단
계의 추론은 일부의 아동에게는 5~6세 사이에 첫 신호를 보이기 시작하
지만, 대부분 아동의 경우 7~8세에 두드러지게 나타난다. 리코나는 2단

---

9) Ibid., p.115.

계의 특징을 다음과 같이 열거하고[10] 있다.

① 독립성과 스스로의 개성을 향해 눈을 뜬다.
② 모든 사람은 자신의 입장을 갖는다고 믿는다. 그리고 옳은 것이란 자신의 견해를 따르고, 자신을 살피며, 자신에게 공평한 사람들에게 공평하게 대하는 것이라고 여긴다.
③ 스스로를 어른들과 도덕적으로 동등하다고 생각한다.
④ 더 이상 어른들이 통제를 해주어야 한다고 생각하지 않는다.
⑤ 공정성을 융통성 없는 '같은 방식의 보답'(tit-for-tat)으로 이해한다.
⑥ 상호관계의 양 측면을 이해하고, 자신과 그들의 관계에 대해 일종의 주고받는 거래로 생각한다.
⑦ 만약 그들이 공정하다고 생각하는 대로 안 될 경우 이를 고자질하는 경향이 있다.
⑧ 계속적으로 비교하고("그가 나보다 더 가졌어요!") 동등한 대우를 요구한다.
⑨ 어른들의 권위에 대한 두려움이나 다른 사람들에 대하여 감각을 갖는 일과 관련하여 새로운 잠재력이 발휘된다.
⑩ 해로운 결과가 없다면, 누군가를 다치게 하지 말아야 한다고 생각한다.
⑪ 받은 대로 돌려줘야 한다고 믿기 때문에 전보다 많이 싸우고 별명 부르기를 많이 한다. 리코나는 특히 이 단계에 있는 아이들에 대하여 종교교육의 중요성을 강조한다.[11]

3단계에서는 상호간의 일치(interpersonal conformity) 의식이 강하다. 이는 초등학교 중·고학년과 10대 초·중기에서 주로 나타난다. 3단계에 있는 아이들이 보여주는 도덕적 추론의 특징을 정리하면[12] 다음과 같다.

---

10) Ibid., p.133.
11) Thomas Lickona, *Religion and Character Education*, Bloomington, IN : Phi Delta Kappa, 1999.
12) Lickona, *Raising Good Children*, op. cit., p.162.

① 대체로 세 가지의 신념을 지닌다. 좋은 사람이 된다는 것은, '착한 사람'에 대해 내면화된 형상에 따라 살아가는 것을 뜻한다 ; 너는 착한 사람이 되어야 한다. 그래야만 타인도 너에 대해 좋게 생각하고 (사회적 인정), 네 자신도 너를 좋게 생각할 수 있다(자존감) ; 너는 타인이 너를 대해주기를 원하는 방식으로 그들을 대우해야 한다(황금률).

② 자신의 이익뿐 아니라 타인이 필요로 하는 것에 대해서도 생각할 수 있다. 다른 사람의 입장을 고려해봄으로써 선한 행위를 잘할 수 있다.

③ 도덕 판단에 있어 더 유연하고 관대하며, 상황을 참작하여 사고한다.

④ 인격 개념을 지니고 있다. 일반적으로 성인은 현명하고 선하며 그들의 충고를 따른다면 착한 사람으로 성장하는 데 도움이 될 것이라는 생각을 받아들인다.

⑤ 좋은 관계란 사람들이 서로 돕고 신뢰하는 것이라고 간주한다.

⑥ 자신에 대한 불안감이 타인에 대해 비판적인 태도를 지니게 하고, 자신에 대해 좋은 감정을 느끼기 위한 처방제로서 동료 집단의 인정을 필요로 한다.

⑦ 처음으로 진정한 의미의 양심을 가진다. 여기서 양심은 처벌에 대한 두려움과는 다르다. 그것은 내적 표준을 지니고 있기에 내향적이지만, 그 표준의 결정을 타인에게 의존하고 있기에 외향적이기도 하다.

4단계에서는 체제에 대한 책임(responsibility to 'the system')이 중시되며, 고등학생 시절과 10대 후반의 학생들이 이에 해당된다. 이 단계의 아이들은 다음과 같은 특징을[13) 보인다.

① 자신이 그 일부분이라 느끼는 사회 체제에서 스스로 책임을 수행하는 좋은 사람이 될 수 있다고 생각한다.

② 사회적 의무를 성실히 수행하는 이유가 체제의 존속을 돕고 자신의 의무를 수행하는 존재로서 자기 존중감을 유지하도록 하는 데 있다고 믿는다.

③ 책임 있는 사람이 되는 것이 주위 사람들을 기쁘게 하는 것보다 더

---

13) Ibid., p.199.

우선순위에 있기 때문에, 3단계에서보다 또래 집단의 압력으로부터
더 독립적이 된다.

④ 도둑질이나 사기, 거짓말 같은 행동을 할 때 '모든 사람들이 그렇게
한다면 어떻게 되겠는가?'라며, 그것들의 파급 효과를 생각한다.

⑤ 사회 체제 속의 아는 사람뿐만 아니라 개인적으로 알지 못하는 사람
들에 대해서도 관심을 갖는다.

⑥ 협력하는 일이 사회 존속에 필수적이라는 것을 믿는다.

⑦ 삶과 사회 그리고 그 안에서의 사람들의 역할에 관한 질문에 대답할
수 있는 신념을 위한 욕구를 갖는다.

⑧ 좋은 시민이 되는 것이 무엇을 의미하는지 이해한다.

끝으로 5단계는 도덕성 발달의 정점에 있으며, 원리화된 양심(principled
conscience)에 따르는 시기이다. 젊은 성인들의 연령대가 이에 속한다. 리코
나는 5단계에 대해 다음과 같이 그 특징들을[14] 기술하고 있다.

① 각 개인의 권리에 대해 가능한 최대로 존중하고, 그러한 권리들을
보호하는 사회 체제를 지지하는 것이 옳다고 믿는다.

② 모든 인간에 대하여 존중한다는 원리는 양심의 충실한 의무에서 오
는 것이라고 믿는다.

③ 정신적으로 사회 체제에서 떨어져 설 수 있고, 체제에서 일어나는
행동의 도덕성을 평가하기 위해 인간 존중의 원리를 이용한다.

④ 모든 사람을 위한 자유와 정의를 추구하는 방도로서 민주주의를 평
가한다.

⑤ 자신의 개인적인 가치를 타인에게 강요하지 않고 모든 개인은 타인
의 권리를 존중할 책임이 있다고 생각한다.

⑥ 인류의 모든 구성원들의 복지에 관해 걱정하는 착한 사마리아인의
의무를 느낀다.

⑦ 목적이 수단을 정당화하지 않는다고 믿는다.

⑧ 인간 존중이 서약(誓約)의 준수를 요구함을 이해한다.[15]

---

14) Ibid., p.222.
15) 인격교육론자들은 대체로 도덕의 서약을 중시한다. 최근 이를 도덕적 용기와 관련하여

⑨ 모든 사람은 그들의 지위가 어떠하든 간에 도덕적으로 동등한 사람
으로서 대우 받을 가치가 있다고 믿는다.

IV. 인격 교육의 통합적 접근

일찍이 아리스토텔레스는, 인간은 정의로운 행동의 실천에 의해 의롭
게 되고 유덕한 행동의 실천을 통하여 덕스러운 인간이 된다고 강조하였
다.16) 리코나 역시 학교에서 갖는 학생들의 전체적 경험이 그들의 인격
형성에 계속적으로 널리 영향을 미치게 됨을 중시하면서, 인격을 가르치
는 일이야말로 학교의 교육과정에서 가장 중요한 역할이라고 주장한다.
도덕교육의 초점을 개인의 도덕 선택이나 자율성으로부터 핵심적 가치들
과 공동체에로 옮기면서 이른바 도덕교육 패러다임의 이동을 시사하고
있는 것이다.

1. 훌륭한 인격의 요소

인격교육 운동의 부활에 결정적인 역할을 했던 윈(Edward A. Wynne)은
인격에 대하여, 인간이 소유한 내적인 정서적 기질들로서 성격 특성이나
덕을 지칭하는 것으로 설명한다.17) 그는 특히 이러한 특성들이 인간의
습관이나 행동을 통해서 드러난다는 점에 주목하였다. 리코나는 윈의 견
해에 적극 공감하면서, 훌륭한 인격이 선을 아는 것(knowing the good), 선
을 바라는 것(desiring the good), 그리고 선을 행하는 것(doing the good)으로

서술한 것으로 Rushworth M. Kidder, *Moral Courage*, New York : William Morrow,
2005 참조.

16) Aristoteles, *Nicomachean Ethics*, Ⅱ, 1, 1103b 5.
17) 추병완, 『도덕 교육의 이해』, 서울 : 백의, 2004, p.250.

이루어진다고 설명한다.[18] 즉, 그에 따르면 인격은 도덕적인 사고와 심정과 행동이 습관화 되어 있는 상태를 이른다. 다시 말해서 그것은 도덕적 인지와 도덕적 감정, 그리고 도덕적 행동으로 구성된다.

리코나는 [그림 1]을 통하여 도덕적 인지, 도덕적 감정, 도덕적 행동을 구성하는 구체적인 인격의 특성을 요약하고 있다.[19] 그림에서 화살표는 각 부분들 간의 상호관련성을 나타낸다.

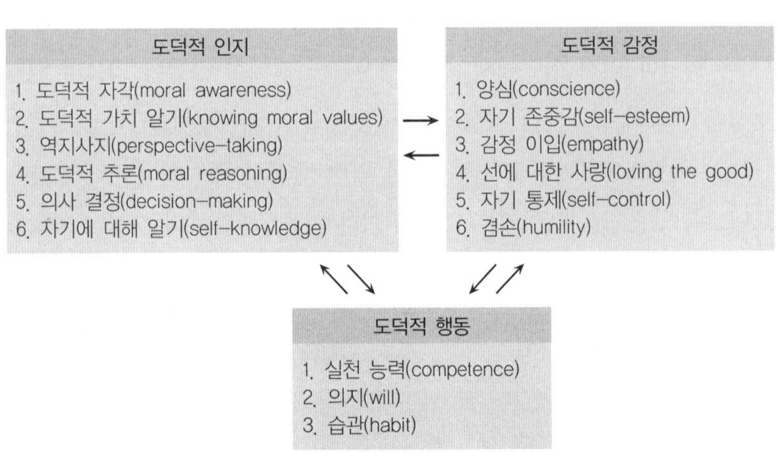

[그림 1] 훌륭한 인격의 구성요소

도덕적 인지는 도덕적 행위의 이유를 아는 능력, 도덕규범 및 타인과의 관계에서 상대방을 이해하는 능력, 합리적인 의사결정과 판단능력 등을 포함한다. 이는 주로 사람들의 사고 영역과 관련되기 때문에 머리(Head : 1H)로 상징되기도 한다. 리코나는 구체적으로 도덕적 인지에 대하여, 도덕적 자각, 도덕적 가치 알기 등 그림 안의 여섯 가지로 설명하고

---

18) Lickona, *Educating for Character*, op. cit., p.51.
19) Ibid., p.53.

있다.[20)]

리코나는 특히 '존중'과 '책임'이야말로 도덕적 가치들의 근본을 이룬
다고 보며, 최근에는 인격교육의 핵심 가치로서 열 가지의 미덕(지혜, 정
의, 불굴, 자제, 사랑, 긍정, 근면, 성실, 감사, 겸손)에 대하여[21)] 강조하고 있다.

도덕적 감정은 인격의 정서적 측면으로서, 그간 도덕교육에서 상대적
으로 소홀히 여겨져 온 영역이다. 우리의 일상생활 역시 이성을 중시하
면서 감정을 무시하거나 심지어 그것을 나쁜 행위의 원인으로 지목하는
데 익숙해 있다. 그러나 도덕적 감정은 사람이 상대방이나 환경에 대해
서 갖는 느낌이나 마음가짐, 자신에 대한 태도, 다른 사람에 대한 공감
능력과 같은 요인을 포함하는 것으로서, 도덕적 인지의 요소들과 어떤
형태로든지 연결되어 있다. 특히 그것은 도덕적 인지와 도덕적 행동을
연결해 주는 핵심적인 연결고리 역할을 한다는 데 의미가 있다.

이 영역은 주로 사람들의 마음의 태도와 관련되어 있기 때문에 가슴
(Heart : 2H)으로 상징되기도 한다. 리코나는 인격교육을 시도할 때 관심을
두어야 할 구체적인 도덕적 감정 요소를 양심, 자기 존중감, 감정 이입
등 여섯 가지로[22)] 설명한다.

도덕적 행동은 실제의 생활에서 아는 것에 의해서만 혹은 마음가짐에
의해서만 이루어지는 것이 아니다. 우리는 어떤 행위가 잘못된 것인지
알고 느끼면서도 그른 행동을 할 수 있고, 반대로 무엇을 행해야 되는지
를 알고 느끼면서도 생각과 감정을 행동으로 전환시키지 못하는 경우가
많다. 이는 우리의 도덕적 행위에 인지적 요소와 정의적 요소, 그리고 행
동적 요소가 통합적으로 작용하고 있기 때문이다.

---

20) Ibid., pp.53~56.
21) Thomas Lickona, *Character Matters*, New York : Touchstone, 2004, p.8ff.
22) Lickona, *Educating for Character*, op. cit., p.56ff.

이 영역은 주로 사람들의 행동과 관련되기 때문에 동작을 나타내는 손 (Hand : 3H)으로 상징된다. 리코나는 도덕적 행동과 관련하여 실천 능력, 의지, 그리고 습관의 세 가지 측면들을[23] 강조한다.

2. 인격 교육의 통합적 원리

위에서 본 것처럼 인격이 도덕적 지식과 감정 그리고 행동이라는 세 요소로 구성되어 있는 이상, 인격을 발달시키기 위해서 학생들은 먼저 덕이나 가치가 무엇인지를 알고 그 중요성을 평가할 수 있어야 하지만, 아울러 그것을 존중하려고 원해야 하며, 궁극적으로는 일상적인 행동에서 실천해야 한다. 이런 의미에서 인격교육은 머리와 가슴과 손의 종합된 도덕성을 발달시키기 위한 노력이라고 말할 수 있다.

리코나는 이와 관련하여 학교에서 인격교육을 실시하고자 할 경우 통합적 접근의 관점에서 의거해야 할 원리들을 제안하고 있는데, 그것을 간략하게 정리하면[24] 다음과 같다.

① 인격교육은 훌륭한 인격의 기초가 되는 윤리적 가치들, 예컨대 타인에 대한 배려, 정직, 공정, 책임, 자기와 타인에 대한 존중 등과 같은 가치들을 증진시키는 데 목적을 두어야 한다.
② 인격은 도덕생활을 할 수 있는 인간 능력의 인지적, 정서적 그리고 행동적 측면들을 포괄하도록 총체적인 관점에서 정의되어야 한다.
③ 잠재적 교육과정을 포함한 학교생활의 모든 측면에서 핵심적 가치들이 증진될 수 있도록 의도적이고 적극적으로 노력해야 한다.
④ 학교 자체가 훌륭한 인격의 분위기를 구비해야 한다. 이를 위해 학교는 품위 있고 온정적이며 정의롭고 서로 돌보는 따뜻한 배려의 공동체가 되지 않으면 안 된다.

---

23) Ibid., pp.61~62.
24) Thomas Lickona, "Eleven Principles of Effective Character Education", *Journal of Moral Education*, vol.25, no.1, 1996, p.93ff.

⑤ 학생들에 대하여 협동 학습이나 봉사 활동 등 도덕적 행동을 실천하
　　면서 배울 수 있는 기회를 제공해야 한다.
⑥ 교육 과정은 학교에서의 학습과 인격교육이 항상 상호 연결되어 있
　　도록 최선의 교육 내용과 방법 등으로 구성되어야 한다.
⑦ 학교는 인격교육을 수행함에 있어 외적 보상이나 처벌 등과 같은 방
　　식에 의존하는 것을 최소화하고 학생들의 내적 동기를 유발하는 일
　　에 최선을 다해야 한다.
⑧ 학교의 모든 교직원들은 인격교육에 대해 책임을 공유해야 한다.
⑨ 학교 경영자와 교사들은 인격교육의 지도자로서 적절히 기능해야 하
　　며, 인격교육에 관한 계획을 수립하고 프로그램을 실천해 가는 데
　　필요한 후원 집단들 역시 리더십을 발휘해야 한다.
⑩ 학교는 학생들의 인격 계발을 위한 교육 활동을 전개해 나감에 있어
　　가정과 지역 사회의 성원들을 충실한 협조자로 활용해야 한다.
⑪ 학교는 인격교육을 실행하면서 또한 그것이 제대로 이루어지고 있는
　　지를 늘 평가하는 데 관심을 기울여야 한다.

V. 리코나 도덕 이론의 전략적 적용

우리는 리코나의 도덕 이론들을 실제로 수업 현장에서 적용해 볼 경
우, 그것은 인격의 세 가지 구성 요소들을 고려하면서 인격 형성에 핵심
적인 가치들을 학생들의 도덕성 발달 단계에 따라 가르치는 일이라고 요
약할 수 있다.

수업 현장에서의 효과적인 전략을 수립하기 위하여, 통합적인 인격교
육의 모형 설정에 관한 리코나의 연구를 요약한 것이 [표 2]이다.[25]

---

25) Cf. Lickona, *Educating for Character*, op. cit., p.69.

[표 2] 인격교육의 실천을 위한 포괄적 접근

목표	구성요소	교사의 역할
존중과 책임 등 핵심 가치에기초한 인격 발달	도덕적 인지	11. 교실에 긍정적 도덕문화 형성하기
		1. 배려의 제공자, 역할 모델, 윤리적 스승으로서의 교사 되기 8. 윤리적으로 숙고하기 9. 갈등 해결능력 가르치기
	도덕적 감정	10. 배려를 교실 밖으로 확대하기
		2. 교실을 도덕 공동체로 만들기 3. 도덕적 규율 가르치기 4. 민주적 교실 만들기
	도덕적 행동	12. 학교, 부모, 지역 공동체를 파트너로 만들기
		5. 교육과정을 통해서 가치 가르치기 6. 협동 학습하기 7. 학업과 관련된 양심 가르치기
		11. 교실에 긍정적 도덕문화 형성하기

이제 인격교육을 위한 포괄적인 접근에 기초하여 구체적인 수업 전략들을 구상해 보고자 한다. 여기서 포괄적 접근이라 함은, 학교는 학생들의 인격을 발달시키기 위하여 학교생활의 모든 측면들을 폭넓게 활용해야 한다는 의미를 함축하고 있다. 표 안에서 열두 가지는 특히 교사의 활동 내용과 역할을 표시한 것이다. 그리고 표의 흰 부분과 검은 부분은 각각 교실 차원에서의 수업전략과 학교 차원에서의 수업전략에 관한 역할을 나타내고 있다.

리코나의 통합적인 도덕교육 방법론에 주목하면서, 교실 상황에서 활용하기 위한 전략들과 전반적인 학교 활동 속에서 활용하기 위한 전략들을 차례로 살펴보도록 한다.

1. 교실 차원의 수업 전략

표의 흰 부분에서 알 수 있듯이 교사가 교실 안에서 활용하기 위한 첫째 전략은, 학생들을 따뜻하게 배려해 주는 사람이자 역할 모델 내지 윤리적 스승으로서 활동하는 것이다. 학생들을 사랑하며, 그들이 학교생활을 하는 데 성공할 수 있도록 도움을 주고 자부심을 키워주며 도덕적으로 대함으로써, 그들로 하여금 도덕성이 무엇인지를 경험할 수 있게 하는 일이 교사가 해야 할 배려의 제공자로서의 역할이다.

또한 교사는 교실 안팎에서 높은 수준의 존중과 책임감을 시범 보이면서 학교생활과 크게는 세상살이 속에서 도덕적 관심과 추론의 본보기가 되어야 한다. 그리고 교사는 윤리적인 스승으로서, 학생들이 다른 사람들이나 자기 자신에게 해를 입히게 되었을 경우에는 설명, 학습 토론, 스토리텔링, 개인적인 격려, 교정적인 피드백을 통하여 도덕적 가르침과 지도를 제공해 주어야 한다.

두 번째 교실 차원의 전략은 교실을 배려의 공동체로 만드는 일이다. 교사가 도덕적인 교실 공동체를 성공적으로 만들었을 때, 학생들은 그러한 교실에서 생활함으로써 도덕을 배울 수 있다. 학생들은 자신의 또래들로부터 존중과 온정적인 배려를 느낄 수 있을 때 동시에 그들에게 다시금 존중과 온정적인 배려를 실천할 수 있게 된다. 이 같은 반복된 경험을 통해 존중과 온정적 배려는 습관화 될 수 있을 것이다.

셋째 전략은 교실 안에 도덕적 규율을 도입하는 일이다. 교사는 학생들과의 고유한 삶이 이루어지는 교실 안에 도덕적 규율들을 도입할 필요가 있다. 규율은 교실이라는 작은 사회가 제대로 기능하도록 도덕적인 규범을 제공해 준다. 성공적인 규율의 준수를 위해서는 교사와 학생들이 서로 협력하여 규칙을 제정하도록 하는 것이 좋을 것이다. 이후 다양한 인센티브제를 활용하여 학생들이 규칙을 잘 지키도록 동기화시키며, 필요에 따라서는 학부모를 참여시켜 협조를 구하도록 한다.

넷째 전략은 교사가 민주적인 교실 환경을 만드는 것이다. 피아제(Jean Piaget)는, 민주 사회가 기본 전제로 하는 시민정신과 인간존엄의 정신을 학생들에게 길러주는 효과적인 방법은 학교에서 실제적으로 민주주의의 연습을 해 보는 일이라고 썼다.26) 이를테면 민주적인 학급회의는 학생들을 교실 생활에 관한 결정에 적극 참여시킴으로써 민주주의에 대한 경험을 하게 해줄 뿐만 아니라, 그들의 역할과 책임을 넓혀줌으로써 도덕적 성장을 촉진시킨다.

전략의 다섯째는 학생들에게 교육 과정을 통하여 가치를 가르치는 일이다. 교실 안에서 이루어지는 모든 교육과정은 가치와 윤리 의식을 계발하는 좋은 수단으로 활용될 수 있다. 도덕적으로 풍부한 내용들을 담고 있는 문학이나 역사 등과 같은 교과목들, 그리고 성과가 입증된 훌륭한 가치교육 관련 프로그램들을 통하여 학생들에게 직접 가치를 가르치고 도덕적 문제들에 대해 조사해 보도록 할 필요가 있겠다.

여섯째의 전략은 교사가 학생들에게 서로 돕고 협력하려는 성향과 기능들을 가르쳐 주기 위하여 협동학습을 활용하는 것이다. 위에서 언급한 교육 과정에 근거한 도덕교육이 주로 교과의 내용과 관련되는 것이라면, 협동학습은 수업과정과 더 관련된다. 학생들은 협동학습을 통하여 혼자 하는 경우보다는 함께 협력하는 경우에 더 많은 것을 할 수 있다는 사실을 깨닫게 된다.

일곱째의 전략은 학생 본연의 학업과 관련된 양심을 발달시키는 일이다. 학교에서의 학생들의 주요 업무는 학습이지만, 도덕적 배움과 학문적

---

26) Jean Piaget, *The Moral Judgement of the Child*, New York : The Free Press, 1965, p.366.

배움이 별개의 것은 아니다. 학생들이 학업을 진지하게 받아들이고 자신의 능력을 다할 수 있도록 그 능력을 뒷받침해주는 인격의 특성들을 계발하기 위해, 교사는 그들이 학습하는 기회 자체를 소중하게 여겨야 한다.

여덟째 전략은 도덕적으로 숙고하고 성찰하는 능력을 고무해 주는 것이다. 도덕적 사유는 특히 인격의 인지적 측면을 계발하는 데 필요하다. 교사는 독서, 조사 연구, 작문 활동, 일기 쓰기, 토론 등을 통하여 학생들의 도덕적 사유 능력을 발달시키는 데 관심을 기울여야 한다. 또한 임신 중절과 같은 민감한 논쟁적 문제들에 대해 대립 토의 등을 통하여 현 사회의 어려운 도덕적 문제들을 해결해 나갈 수 있는 능력을 신장시켜 주어야 한다. 도덕 교과서의 '함께하기'는 이 같은 일을 위해 요긴하게 활용될 수 있을 것이다.

교실에서의 마지막 전략은 갈등 해결의 능력을 길러주는 일이다. 예컨대 학생들에게 문제 해결의 성향을 발달시켜 주는 학급회의는 그들로 하여금 갈등들을 효과적으로 다루는 방법들을 배우게 하는 데 도움을 줄 수 있다. 교사는 학급회의를 통하여 갈등의 원인들에 대해 토의하게 하고, 그러한 갈등들은 공정한 방법으로 그리고 폭력을 사용하지 않으면서 원만하게 해결될 수 있다는 신념을 갖도록 도와주어야 한다.

2. 학교 차원의 수업 전략

한편 [표 2]의 검은 부분에서 알 수 있듯이, 도덕교육은 교실의 상황을 넘어 하나의 전체로서의 학교라는 울타리 안에서 전략적으로 접근되어야 한다. 학교 차원에서 수립될 수 있는 첫 번째 전략은, 타인들을 보살피는 등 학생들에게 배려의 중요성을 학습할 수 있도록 학교 차원의 봉사활동을 활용함으로써 교실을 넘어선 배려 행위를 조장하는 일이다.

예를 들면, 학생들에게 어려운 이들을 돕는 모범 단체들을 알려주고 직접 참여하게 하는 것이다. 그리고 교내 혹은 지역사회의 봉사활동에 참여하게 하거나 도움을 필요로 하는 아이들과 짝지우기, 선후배간 개인 만남처럼 일대일의 협조 관계를 가질 수 있는 기회를 제공하는 것도 바람직하다.

둘째 전략은 교실에서 배운 가치들을 지지하고 확대하는 전체적인 학교 환경을 만들어 학교에 하나의 긍정적인 도덕문화를 창조하는 일이다. 이를 위해서는 학교장의 리더십이 절대적으로 요구되며, 동시에 학교의 규율, 학교 공동체 의식, 민주적인 학생 자치, 교사들 사이의 도덕적 공동체 확립, 도덕적 관심을 제고할 수 있는 시간 부여 등이 주요한 역할을 하게 된다.

셋째 전략은 학부모와 지역사회를 도덕교육의 중요한 협력자로 끌어들이는 일이다. 이를 위해서, 아이들의 최초이자 가장 중요한 도덕교사인 학부모를 지원해주는 일, 훌륭한 가치들을 조장하기 위한 노력에 있어서 학교를 지원해 줄 수 있도록 학부모들을 권면하는 일, 학교에서 가르치고자 하는 가치들을 강화시키는 데 교회·기업·청소년 단체·지방 정부·미디어 등 지역사회의 도움을 모색하는 일 등이 중요한 역할을 할 것이다. 도덕교육의 장기적인 성공 여부는 학교 외부의 요인들, 즉 아이들의 욕구를 충족시키고 그들의 건전한 발달을 조장하기 위한 공동 노력에 있어 가정과 지역사회가 얼마나 학교에 참여하는지에 달려 있다고 하겠다.

VI. 수업 지도의 유의점

우리는 지금까지 리코나의 도덕 이론에 관한 몇 가지 틀을 살펴보면서 교사가 아이들의 도덕성 발달에 대하여 이해하는 일, 그리고 그들로 하

여금 인격이라는 통합적인 관점에서 도덕적 문제를 바라볼 수 있게 도와
주는 일에 관심을 기울였다. 특히 아이들에 대하여 옳고 그른 것을 심도
있게 판단할 줄 알고, 선한 일을 하고 싶은 동기를 가지며, 그것을 실제
로 행할 수 있는 도덕적인 사람으로 기르는 데 주목하였다. 그럼으로써
머리로는 알지만 실제로 느끼고 행동하도록 동기 부여를 못하는, 따라서
도덕교육이 자신의 삶과 별개의 것으로 남게 되는 한계를 보완하고자 하
였다.

글을 맺으면서, 리코나의 이론에 의거하여 도덕과 수업을 실행하려는
교사들에게 몇 가지 제언을 하고자 한다. 첫째, 학생들을 보다 잘 이해하
기 위하여 그의 도덕 이론을 충분히 활용하자는 점이다. 이를테면 리코
나가 제시한 도덕성 발달의 단계는 연령이나 생활환경 등의 영향으로 말
미암아 같은 상황에서도 각기 다른 도덕적 추론을 하고 다르게 반응하는
학생들을 이해하고 지도하는 데 많은 도움을 줄 수 있다.

둘째, 도덕교육에 있어서 통합적 지도에 더 많은 관심을 기울이자는
점이다. 우리나라의 도덕교육은 그동안 지적인 측면과 비교해 볼 때 도
덕적 감정이나 행동의 측면에 대하여 상대적으로 소홀하게 취급하여 왔
음을 부인하기 어렵다. 리코나는 이런 점에 대해 도덕적 지·정·행의
세 측면을 모두 포함하는 인격교육론으로 대안을 제시해주고 있다.

셋째, 인격교육의 성공을 위해 부단하게 노력하자는 점이다. 인격교육
을 위한 노력이 우리가 직면한 도덕적 문제들과 균형을 이룰 수 있으려
면 그것에는 인내심을 바탕으로 하여 포괄적이고 적극적인 전략과 자세
가 요구된다. 인격교육을 위해서라면, 학교 외에도 학생들의 가치와 인격
에 영향을 주는 모든 관련 집단들이 공동의 노력을 함께 해야만 한다.

참고문헌

강두호, "도덕성 발달론에 입각한 도덕과 수업 방법의 개선", 「교육논총」, 전북대학교 교육대학원, 제21집, 2001, pp.103~117.

강두호 외(역), 『도덕·가치교육의 교수모형』, 서울 : 교육과학사, 1996.

남궁달화, 『도덕성 요소와 도덕교육』, 서울 : 학지사, 2003.

서강식 외, 『도덕과 교육의 이론』, 고양 : 인간사랑, 2004.

유병열 외(역), 『인격교육의 실제』, 서울 : 양서원, 2006.

정세구(역), 『자녀와 학생들을 올바르게 기르기 위한 도덕교육』, 서울 : 교육과학사, 1994.

추병완, 『도덕 교육의 이해』, 서울 : 백의, 2004.

Aristoteles, *Nicomachean Ethics*, New York : Oxford University Press, 1998.

Damon, William, *Moral Development*, San Francisco : Jossey-Bass, 1978.

Damon, William, *The Social World of the Child*, San Francisco : Jossey-Bass, 1977.

Kidder, Rushworth M., *Moral Courage*, New York : William Morrow, 2005.

Killen, Melanie & Smetana, Judith G., *Handbook of Moral Development*, Mahwah, NJ : Lawrence Erlbaum Associates, 2005.

Kohlberg, Lawrence, *The Psychology of Moral Development : The Nature and Validity of Moral Stages*, San Francisco : Harper & Row, 1984.

Lickona, Thomas, "Character Development in the Elementary School Classroom", in Kevin Ryan and Thomas Lickona, eds., *Character Development in Schools and Beyond*, Washington, DC : The Council for Research in Values and Philosophy, 1992.

Lickona, Thomas, *Character Matters : How to Help Our Children Develop Good Judgment, Integrity, and Other Essential Virtues*, New York : Touchstone, 2004.

Lickona, Thomas, *Educating for Character : How Our Schools Can Teach Respect and Responsibility*, New York : Bantam, 1991.

Lickona, Thomas, "Eleven Principles of Effective Character Education", *Journal of Moral Education*, vol.25, no.1, 1996, pp.93~100.

Lickona, Thomas, "Four Strategies for Fostering Character Development in Children", in Anita E. Woolfolk, *Readings and Cases in Educational Psychology*, Needham Heights, MA : Allyn & Bacon, 1993.

Lickona, Thomas, *Raising Good Children : From Birth Through the Teenage Years*, New York : Bantam Books, 1994.

Lickona, Thomas, *Religion and Character Education*, Bloomington, IN : Phi Delta Kappa, 1999.

Lickona, Thomas, "The Teacher's Role in Character Education", *Journal of Education*, vol.179, no.2, 1997, pp.63~80.

Piaget, Jean, *The Moral Judgment of the Child*, New York : The Free Press, 1965.

Selman, Robert L., *The Growth of Interpersonal Understanding*, New York : Academic Press, 1980.

Ryan, Kevin & Lickona, Thomas, *Character Development : The Challenge and the Model*, Washington, DC : The Council for Research in Values and Philosophy, 1992.

Wynne, Edward A. & Ryan, Kevin, *Reclaiming Our Schools : Teaching Character, Academics, and Discipline*, Upper Saddle River, NJ : Prentice Hall, 1996.

I. 양성 평등 연구의 방향

양성(兩性) 평등의 문제는 근래에 인류의 커다란 관심사 중 하나로 이해되고 있다. 그것은 우리나라에서도 근대화의 한 척도라고 평가받을 만큼 중요한 가치의 한 지표로 제시되어 왔다. 특히 1980년대 이후 사회 전반에 걸친 민주화의 흐름 속에서 양성 평등의 이념은 더욱 강조되었다. 이에 우리는 학교 교육의 기능을 고려할 때, 보다 실효성 있는 양성 평등 교육의 실행을 통해서 더 나은 사회를 만들기 위해 노력할 필요가 있다. 양성 모두의 차별 없는 민주적이고 평등한 사회, 양성의 능력과 소질을 최대한 계발하여 활용하는 경쟁력 있는 사회를 지향하는 것이다.

본 연구는 이 같은 요구에 주목하여, 도덕과 교육과정에서 양성 평등의 내용이 어떻게 다루어지고 있는가를 분석하고 그 함축적인 의미를 살펴보는 데 목적을 두고 있다. 양성 평등에 관련된 교육 내용이 도덕 교과서에 어떤 형태로 내재해 있는가를 생활 영역별 및 요인별로 분석하여 제시하고, 더불어 이를 개선하기 위한 구체적인 방안을 제시해 볼 것이다.

양성 평등 교육과 관련된 종전의 선행 연구들은 양성 평등 교육의 의미에 대하여 우선적으로 초점을 맞추고 있다. 이를테면 양성 평등한 교육이란 성 중립적인 교육으로서, 성별의 차이를 제거한다든지 혹은 교육 활동에서 성을 의식하지 않든지 아니면 거꾸로 보다 적극적으로 성을 고려하는 것들을 지칭한다.[1] 본 연구는 이들 선행 연구물들의 관점을 존중한다. 또 연구의 방법 면에서는 기본적으로 문헌 연구 및 자료 분석에 의존하고 있다. 특히 중학교 1~3학년 도덕 교과서들의 내용을 생활 영역별 및 요인별로 구분하여 분석하였다.

이렇게 연구된 본문의 내용 체계를 요약하면 다음과 같다. 먼저 Ⅱ장은 양성 평등의 이론적 배경을 살펴본다. Ⅲ장에서는 인간의 존엄성과 성 역할의 동등성 및 여성의 주체성이 양성 평등의 도덕적 가치관으로 요약되고 있다. 이어서 Ⅳ장은 양성 평등에 관한 분석의 기준을 마련한 다음, 그 내용이 도덕 교과서에서 어떤 형태로 다루어지고 있는가를 관찰하면서 교과서가 안고 있는 문제점을 제시한다. 끝으로 Ⅴ장은 도덕교육의 개선을 위한 제언을 담고 있다.

---

1) 오재림, 『양성평등관점에 기초한 제7차 교육과정 교과서 분석 및 교육과정 심의기준 마련에 관한 정책 연구』, 서울 : 교육인적자원부, 2002 ; 조경원, "양성평등실현을 위한 교육의 방향", 「교육과학연구」 제29권, 1999 ; 한국양성평등교육진흥원, 『양성평등 : 알고 보면 쉬워요』, 서울 : 한국양성평등교육진흥원, 2003 ; 김재춘·왕석순, 『제7차 교육과정에서의 양성평등교육 실현방안 연구』, 서울 : 한국교육과정평가원, 1999 ; Connie Titone, *Gender Equality in the Philosophy of Education*, New York : Peter Lang, 2004 등 참조.

II. 양성 평등의 이론적 배경

1. 학문적 배경

양성 평등이 포함하고 있는 학문적인 의미는 크게 철학, 여성학, 그리고 심리학의 관점에서 이해되어 왔다. 남녀가 평등하다는 것은 먼저 철학적 관점에서 두 가지 의미를 갖는다. 하나는 사실에 대한 측면에서 '남녀는 인간으로서 평등하다.'는 것이며, 다른 하나는 당위에 대한 측면에서 '남녀는 평등해야 한다.'는 것이다. 양성의 평등은 사실의 진술과 당위의 진술 그 어느 쪽으로 해석하더라도 '남녀는 인간으로서 평등하게 대우되어야 한다.'는 실천적 명제를 전제하고 있다.

물론 이 명제가 남녀간에 어떤 의미 있는 차이도 없다고 말하는 것은 아니다. 그것은 인간의 존엄성이라는 본질적인 측면에서 남녀가 평등하다는 것을 의미한다. 요컨대 동일성의 원리와 적합성의 원리에 해당되는 것으로서, 남녀의 속성 중 성격, 능력, 기질, 조건과 같이 다른 점은 다르게 대하되 인간의 존엄성이라는 같은 점은 같게 대해야 한다는 뜻으로 받아들일 수 있다.

토마스 아퀴나스(Thomas Aquinas)는 일찍이 남자와 여자가 존재 면에서 평등하며 상호 의존하고 있음을 강조한 적이 있는데,[2] 이는 남녀의 비 동등한 속성과 인간으로서의 동등한 존엄성을 함께 고려한 것으로 보인다.

물론 남녀의 같은 점은 같게 대하고, 다른 점은 다르게 대한다는 논리를 현실적으로 적용하기는 쉽지 않다. 왜냐하면 남녀간에 존재하는 동일한 속성과 상이한 속성을 올바로 분석하고 이해한다는 것이 어려우며,

---

2) Thomas Aquinas, *Summa Theologica*, I, Q.91~93.

또한 선천적인 것과 후천적인 학습에 의해 형성된 차이를 구분하는 것도 쉽지 않기 때문이다. 남녀간의 상이한 속성을 계속 확대시켜 나가는 것이 좋은지 아니면 좁혀나가는 것이 좋은 지에 대해서도 합의를 보기가 어렵다.3)

여성학은 사회 속에 존재하는 성차별 내지 성불평등을 극복하기 위해 노력하면서 양성 평등의 개념을 발전시켰다. 여성학에서 발전된 양성 평등의 의미는 양성 평등의 유형에 대하여 크게 동일성, 지배 종식, 그리고 이중의 권리로 요약될 수 있다.4)

첫째, 동일성의 유형은 양성 평등이란 남녀를 동등하게 대우하는 것을 의미하는 것으로 본다. 이 같은 성향은 주로 자유주의자들에게서 강하다. 이들에게 있어 양성 평등은 교육이나 정치 참여에 대한 기회의 보장은 물론 모든 영역에 있어 여성과 남성을 똑같이 대우함을 말한다.

둘째, 지배 종식의 유형에 의하면 양성 평등은 여성에 대한 남성 지배의 중단이다. 즉 남녀간의 생물학적이고 문화적인 차이가 존재한다는 사실은 인정하되, 그 차이가 현실에서 차별로 이어지는 사회적인 여건에 주목한다. 그러므로 이 입장에서 양성 평등이란 특정한 제도나 정책이 여성의 불평등으로 이어지지 않도록 사회의 억압적인 구조나 불평등한 체제에 대하여 조치를 취하는 일을 포함한다.

셋째, 이중 권리의 유형에서 양성 평등이란 여성은 남성과 동일하게 대우받아야 할 뿐만 아니라 남성과 다른 특별한 대우를 한시적으로 받아야 함을 의미한다. 그 동안 남성이 누려온 특권의 누적적인 효과 때문에

---

3) 김재춘 · 왕석순, *op. cit.*, pp.11~12.

4) Johnnetta B. Cole & Beverly Guy-Sheftall, *Gender Talk*, New York : One World/Ballantine, 2003 ; Michael S. Kimmel, *The Gendered Society*, Oxford : Oxford University Press, 2003 ; Martha F. Loutfi, *Women, Gender and Work*, Geneva : International Labour Office, 2000 등 참조.

현 시점에서 양성에게 동일한 권리만을 허용하게 되면 불평등한 권력 관계가 여전히 지속되기에 한시적으로라도 여성만의 특별한 권리를 인정해 주어야 한다는 것이다.

한편 양성 평등의 의미는 심리학적 관점에서 성 역할의 사회화에 대한 이해를 필요로 한다. 어떤 의미에서 양성 평등에 대한 논의는 직접적으로 성 역할 사회화의 문제에서 출발한다고 볼 수 있다. 보통 성 역할은 남녀의 생물학적인 성 역할(sex role)과 사회적인 성 역할(gender role)로 구분된다. 양성 평등과 관련하여 중요한 것은 대체로 후자의 의미이다.

이 경우에 성 역할이란 남성의 행동과 여성의 행동에 대해 사회적으로 만들어진 기대로써 그에게 부여된 가족, 직업, 정치에서의 역할은 물론 자아 개념, 심리적인 특성들을 포함한다. 따라서 성 역할의 사회화는 양성에 대한 태도와 기대, 행동, 가치 기준, 능력을 발달시키는 과정들을 포함하여 성별에 따른 적절한 선호, 인성, 행동, 자아 개념 그리고 기술 등을 습득하는 것을 의미한다.5)

이렇게 볼 때 성 역할의 사회화란 남성다움 혹은 여성다움으로 규정되는 특성과 관련되어 있다. 사실 지금까지 남성다움이란 자기중심적이고 성취 지향적이며, 책임감 있고 독립적이며, 용감하고, 자립적인 성격 내지 행동을 지닌 것으로 간주되었다. 반면에 여성다움이란 감성적이며 수줍고, 수동적이고 봉사와 헌신적인 존재로서 의존적인 성격과 행동을 지닌 것으로 간주되었다. 그러나 성 역할에 대한 이 같은 구분은 복잡한 현대 사회에 더 이상 실제적으로 적용하기 어렵게 되었다. 오히려 전통적인 구분 없이 한 개인에게 남성적인 특질과 여성적인 특질을 동시에 가지면서 상황에 따라 복합적으로 적응하는 능력이 요구되게 되었다. 양성

---

5) 임정빈 외, 『성 역할과 여성』, 서울 : 신정, 2000, p.22.

성(androgyny)은 이런 배경에서 새로운 성 역할의 개념으로 자리하고 있다. 벰(Sandra L. Bem)은 양성성의 인간 유형이야말로 현대인을 적절하게 표현하고 있다고[6] 강조한다.

2. 정책적 배경

학문적인 근거와 더불어 현실적으로 시행되고 있는 관련 법규와 정책들 역시 양성 평등의 주요한 배경을 이룬다. 실제로 주요 선진국들은 양성 평등의 실현을 위하여 법과 정책들을 마련하는 데 많은 관심을 기울이고 있다.

예를 들어, 미국의 경우[7] 1974년의 여성교육평등법(Women's Educational Equity Act)은 여성들이 완전하게 사회에 참여하는 일은 여성에 대한 교육의 평등 없이는 이루어질 수 없다는 배경에서 만들어졌다. 1980년의 과학기술기회균등법(Science and Engineering Equal Opportunities Act)에는 초등학교 및 중학교의 여학생들을 위한 과학·수학 교육 프로그램의 개발, 여성의 과학 기술 분야에로의 진출의 중요성을 나타내는 자료 작성, 새로운 취업 기회의 획득에 관계되는 과학 기술 교육, 과학 기술 영역의 고용 촉진 등에 대하여 지원하는 일들이 상세하게 규정되어 있다.

이와 유사한 것으로서 여학생들의 과학 기술 분야에로의 진출을 장려하기 위한 EYH(Expanding Your Horizons : Encouraging Young Women to Pursue Careers in Science and Mathematics)는 1976년 이후 미국의 전역에 걸쳐 매년 1~2회 중·고등학교 여학생들을 대상으로 실시되고 있는 대표적인 프로그램이다. 이는 여학생들이 수학이나 과학 분야에 대한 진로의 선택에

---

6) Sandra L. Bem, *The Lenses of Gender*, New Haven : Yale University Press, 1994.
7) Diane D. Horgan, *Achieving Gender Equity*, Needham Heights, MA : Allyn & Bacon, 1994.

있어서 부모나 교사로부터 격려 받지 못하고 있는 점을 고려하여 부모
및 교사의 참여와 더불어 이 분야의 교과 성취와 진로 선택의 필요성을
인식시킨다.

영국의 경우8) GIST(Girls into Science and Technology)는 과학 기술 분야의
과목들에 있어서 남학생들에 편중되는 현상이 심각하며, 특히 대학 입학
시험의 경우 이러한 현상이 두드러지게 나타나고 있는 점을 극복하기 위
해 마련된 프로젝트이다. 또 WISE(Women into Science and Engineering)는
1984년에 시작한 정책 과제로서, 여성의 능력 개발, 여성의 능력을 향상
시키기 위한 효율적인 방안의 제시, 여성의 경력을 가정생활과 조화시키
는 일을 그 목표로 삼고 있다.

우리나라의 경우9) 양성 평등과 관련된 법규로는 헌법 외에 교육기본
법, 남녀차별금지 및 구제에 관한 법률, 여성발전기본법 등을 꼽을 수 있
다. 먼저 우리나라 「헌법」은 제2장 제11조에서 누구든지 성별에 의하여
정치・경제・사회・문화생활의 모든 영역에 있어서 차별을 받지 아니한
다고 규정하고 있다. 「교육기본법」 역시 제4조의 규정을 통하여 모든 국
민이 교육을 받는 데 있어서 성별에 관계없이 균등한 기회를 받음을 명
시하고 있다. 동 제17조 2항은 국가 및 지방자치단체로 하여금 남녀평등
의 정신을 보다 적극적으로 실현할 수 있는 시책을 수립・실시하도록 촉
구한다.

또 1999년에 제정된 「남녀차별금지 및 구제에 관한 법률」은 "헌법의
남녀평등 이념에 따라 고용, 교육, 재화・시설・용역 등의 제공 및 이용,
법과 정책의 집행에 있어서 남녀 차별을 금지하고, 이로 인한 피해자의

---

8) Sheena Erskine & Maggie Wilson, *Gender Issues in International Education*, London :
   Falmer Press, 1999, p.39f.
9) 교육부 여성교육정책담당관실, 『양성평등 학교문화, 선생님이 만듭니다』, 서울 : 교육부,
   1999, pp.7~9.

권익을 구제함으로써 사회의 모든 영역에서 남녀평등의 실현을 목적으로 한다."고 규정함으로써, 사회 제도의 모든 분야에 걸쳐서 남녀의 차별을 금지할 뿐만 아니라 차별이 발생하였을 경우 일정한 구제 조치를 취하게 하고 있다. 특히 이 법은 차별 시정의 대상 기관을 민간 부문 뿐 아니라 국가 기관과 지방자치단체 등으로 확대하고 있으며, 따라서 교육부 산하 각급 학교도 이 법의 적용 대상이 된다.

한편 1996년부터 시행되고 있는 「여성발전기본법」은 국가가 학교 교육을 통하여 남녀평등의 이념을 확산시켜야 할 의무가 있음을 규정하고 있다. 예컨대 동 법 제20조는 "국가 및 지방자치단체는 학교 교육에 있어서 남녀평등 이념을 고취하고 여성의 교육 기회를 확대하여야 한다."고 명시하고 있다. 한편 동 법에 근거하여 보다 구체적으로 '여성 정책 기본 계획'이 실행되고 있는데, 2003년에 시작된 제2차 여성 정책 기본 계획은 양성 평등한 교육 환경을 조성하는 과제, 여성의 평생 교육을 지원하는 과제 등을 추진하고 있다.

Ⅲ. 양성 평등의 도덕적 가치

양성 평등의 학문적인 의미와 그 구현을 위한 법적 노력 및 정책들을 종합하여 볼 때, 우리는 양성 평등의 이념이 무엇보다도 인간의 존엄성과 성 역할의 동등성, 그리고 여성의 주체성을 그 가치의 중요한 도덕적 준거로 하고 있음을 알 수 있다.

1. 인간의 존엄성

인간의 존엄성은 양성 평등의 가장 중요한 도덕적 가치이다. 역사상

오랫동안 소외되어온 여성들에 대하여 인간으로서의 본래적으로 동일한 존엄성을 회복해 주고자 하는 것이다. 사실 남녀를 불문하고 인간이 존엄한 것은 그가 인격체이기 때문이다. 인격을 형이상학적으로 정의하는 문제는 인격 관념의 궁극적인 존재론적 토대를 결정하는 문제이다.

인격이 특별한 존엄성을 갖고 있음은, 만물 가운데 가장 완전한 것이 무엇인가를 표현하고 스스로의 활동에 대하여 자율적인 지배력을 갖는 데에 그의 특별한 탁월성이 있기 때문이다.[10] 이렇게 존엄한 인간은 구체적으로 남성 또는 여성으로서 나타나며 본질적으로 상호 의존하는 관계를 갖는다.

그간 인간 존엄의 정신을 실현하려는 많은 노력들이 있었다. 이를테면, 「세계인권선언」은 제1조에서 '모든 인간은 날 때부터 자유롭고 동등한 존엄성과 권리를 가지고 있다. 사람은 천부적으로 이성과 양심을 가지고 있으며 서로 형제애의 정신으로써 행동하여야 한다.'고 명기한다. 인간의 기본적인 권리와 자유가 성별과 상관없이 존중되어야 함을 강조하고 있는 것이다.

이 같은 노력은 국내의 규정들에서도 뚜렷이 나타나고 있다. 우리나라 헌법 제10조는 모든 국민이 인간으로서의 존엄과 가치를 가지며 행복을 추구할 권리를 가진다고 기술함으로써, 인간 존엄성이 민주 사회에서 절대적으로 중요한 가치임을 강조하고 있다.

이런 점에서 볼 때 양성 평등 교육은 청소년들에게 인간으로서 자신과 타인의 인격성에 대하여 알고, 성별에 관계없이 동등한 태도 및 행동을 통해 상대방을 존중하고 배려하며, 남성 혹은 여성이기 때문에 우월하거나 또는 열등하다고 보지 않고 남녀 모두 인간으로서의 다양한 권리와

---

10) 강두호, 『자연법 사회 윤리』, 서울 : 인간사랑, 2003, p.157.

책임의 주체라는 것을 이해하도록 돕는 교육이라고[11] 할 수 있다.

2. 성 역할의 동등성

성 역할의 동등성은 양성 평등의 또 다른 도덕적 가치를 이룬다. 성 역할은 남성 또는 여성에게 적합한 것으로 기대되는 인성의 특성이나 태도, 가치관, 행동 양식 등을 말한다. 우리는 사회의 구성원으로서 필요한 성 역할을 학습하는 과정을 성 역할의 사회화라고 부른다. 성 역할의 사회화를 통하여 남성 또는 여성에게 필요한 행위나 태도는 권장되고 그렇지 못한 것은 제재를 받게 된다.[12] 실제로 대부분의 사회는 성별에 따라 상이한 가치와 행동 양식을 규정해 왔다.

전통적으로 여성의 역할은 가정 지향적인 것으로 설정되었다. 여기서 여성들이 차지하는 위상은 출산과 육아를 담당하는 역할과 살림을 꾸려 나가는 생활 보조자로서의 역할 정도였다. 이러한 역할의 규정은 남성과 여성 간에 위계적인 사회관계를 가져왔는데, 주로 임금 노동에 종사하는 남성을 가사의 책임을 맡는 여성보다 우위에 놓았다.

여성과 남성의 성 역할이 다르다는 이른바 성 역할 분담론은 남자와 여자는 태어날 때부터 생물학적으로 다르기 때문에 역할도 다르게 타고 났다는 믿음에 근거한다. 이런 생물학적 설명의 주장에 의하면 신체상의 해부학적 차이가 심리적인 차이와 역할의 차이를 가져온다. 그러나 유전적이고 생물학적인 차이에 근거하여 사회 심리적인 역할의 분담과 더 나아가 성차별을 정당화하는 것은 타당하지 않다. 왜냐하면 남녀간에 생물학적 차이가 있음은 분명하지만, 그 외의 능력이나 성격에 있어서 나타

---

11) 현영자, "양성평등교육을 위한 교사의 성 역할 정체감 의식 연구", 세종대학교 석사학위논문, 2000, p.4.
12) 임정빈 외, *op. cit.*, p.67.

나는 차이는 실제적으로 적거나 상당 부분 중첩되기 때문이다.

만일 생물학적 차이만으로 남녀가 사회에서 분담하는 역할을 규정한다면, 어느 시대 및 어느 사회에서도 남녀는 똑같은 역할을 해야 할 것이다. 그러나 남녀의 기질의 차이나 사회적 역할이 일반적으로 생각하듯이 어느 곳에서나 동일한 것은 아니라는 것을 보여주는 연구는 많다.

예컨대, 미국의 미드(Margaret Mead) 교수는 뉴기니아(New Guinea) 지방에서 참불리(Tchambuli), 먼더거머(Mundugumor), 아라페쉬(Arapesh)라는 세 부족을 대상으로 남성과 여성의 기질과 역할의 차이를 조사한 바 있다.13)

'세 원시 사회에서의 성과 기질'이라는 이 연구에 의하면, 참불리족은 우리의 남녀 역할과는 정반대의 구실을 한다. 여성이 경제권을 쥐고 있고 공격적이며 삭발까지 하는 데 반하여, 남성은 수동적이고 섬세할 뿐더러 치장에 신경을 쓴다. 먼더거머족은 여성과 남성 모두가 거칠고 폭력적이며 서로 경쟁하고 불신하는 적대적인 관계를 보인다. 이와 달리 아라페쉬족은 태생부터 남녀가 다르다는 인식이 전혀 없다. 이는 성 역할의 차이가 본래적인 것이라기보다는 사회화 과정의 결과임을 강하게 보여주는 사례라고 할 수 있겠다.

3. 여성의 주체성

양성 평등은 여성의 주체성을 주요 도덕적 가치로 삼고 있다. 양성 평등론자들은 여성들이 특히 교육을 통하여 주체성을 찾을 수 있다고 강조한다.

예를 들어 자유주의자들은 전통적인 성 역할의 의식이나 성 고정 관념이 갖고 있는 폐단을 없애려면, 교과의 내용을 성 중립적인 또는 성 무차

---

13) Margaret Mead, *Sex and Temperament : In Three Primitive Societies*, New York : Morrow, 1963.

별적인 입장에서 구성하고 남녀 모두에 대하여 똑같은 교육과정을 운영해야 한다고 제안한다. 여기에는 학교 교육과정이 실행되는 동안에 성역할의 평등을 도모하고 남녀에게 동일한 교육 경험을 준다면 남녀의 평등은 가능하리라는 가정이 자리하고 있다.

또한 재생산 이론가들은 기본적으로 학교의 역할이 현존 사회의 성별 불평등 구조를 지속시킨다고 주장한다. 학교의 관리 체계는 여전히 남성 중심적이며, 교과나 지식 자체도 학생들로 하여금 노동의 성별 분업을 받아들이도록 유도하는 경우가 많다는 것이다.

한편 비판 이론가들은 학교가 오랜 동안 여성들에게 성 고정 관념을 심어주고 종속적인 위치에로 유도하는 전통적인 기능을 수행해 오면서도, 동시에 여성으로 하여금 그들 자신의 지적인 인생과 직업을 갖도록 해 준 하나의 통로이기도 했음을 주목한다. 그들은 여기서 책임과 자유를 향한 여성의 개인적 능력을 찾고 있다.

IV. 양성 평등에 기초한 도덕과의 내용 분석

본 연구에서 내용 분석의 대상으로 사용된 교재는 제7차 교육과정의 중학교 1, 2, 3학년 「도덕」 교과서들이다. 양성 평등의 내용이 이들 교과서에 어떻게 서술되어 있는지를 알아보기 위하여 먼저 내용 분석의 기준을 마련하고, 이어서 그에 입각하여 교과 내용을 분석하기로 한다.

1. 내용 분석의 기준

양성 평등의 분석 내지 평가 기준을 마련하는 일은 도덕과 교육에서 양성 평등의 내용이 어떻게 다루어지고 있는지를 구체적으로 탐색하는 데 반드시 필요하다. 이와 관련하여 볼 때, 아마도 마이라 새드커(Myra Sadker)와 데이비드 새드커(David Sadker)는 양성 평등에 대한 관심을 촉구하는 연구의 한 전환점으로 볼 수 있을 것 같다.

미국 아메리칸대학교의 부부 교수였던 그들은 1973년부터 1978년 사이에 발행된 교사 교육을 위한 교재들 중 베스트셀러에 해당되는 24권을 선택하여 분석하였다. 연구 결과에 따르면 이들 교재에서 양성 평등을 직접 주제로 다루고 있는 경우는 1%도 안 되며, 그 중 1/3은 전혀 언급조차 하고 있지 않다.14)

비슷한 맥락에서 매쿤(S. McCune)과 매튜(M. Matthews)는 학습 자료에서 나타나는 성 편견을 몇 가지로 분류하여 제시한다. 그 분류는 여성의 배제, 양성의 정형화, 여성 종속과 비하, 여성에 관한 자료 분리, 현대 사회의 문제에 대한 피상적인 관심, 한 문화에서 능동적인 여성 대부분을 제외시키는 문화적 부적절성 등을 포함한다.15)

우리나라의 경우 종래에 교육에서의 성차별에 대한 연구는 대체로 교과서 분석이나 교사들의 여성관, 또는 교직 사회에서의 여성 지위에 관한 분석 등을 중심으로 진행되어 왔다.

여기서는 도덕 교과서들에 나타난 양성 평등의 내용을 분석 평가하기 위한 기준으로 두 가지를 설정하고자 한다. 하나는 생활 영역별 분석 기준이며, 다른 하나는 양성 평등을 가늠케 하는 요인별 분석 기준이다. 전자는 도덕과 교육과정의 체계성을 고려한 것이며, 후자는 앞에서 언급한 새드커 등의 관점을 응용한 것이다.

생활 영역은 현행의 도덕 교과서들에서 구분하고 있는 개인생활, 가

---

14) Myra P. Sadker & David M. Sadker, *Sex Equity Handbook for Schools*, New York : Longman, 1982.

15) American Association of University Women, *How Schools Shortchange Girls*, Washington, DC : Marlowe & Company, 1995, p.10ff.

정·이웃·학교생활, 사회생활, 그리고 국가·민족생활의 네 영역을 말한다. 우리는 다음의 2절에서, 생활 확대(expanding community)의 원리에 따라 설정된 네 가지 영역들에 있어 양성 평등이 어떤 단원 내지 제재 아래서 어떻게 다루어지고 있는지를 살펴볼 것이다.

한편 새드커 등은 학교에서 다루어지는 다양한 교수·학습 자료에 성차별이 포함되어 있는가에 대하여 평가할 수 있는 기준을 다음의 여섯 가지로 요약하고 있다. 언어적인 편견, 성 역할에 대한 고정 관념, 희소성, 불균형, 비현실성, 그리고 분절화가 그것이다.[16] 우리는 3절에서, 이 여섯 가지 요인을 기준으로 교과서에서 양성 평등이 어떻게 다루어지고 있는지를 분석해볼 것이다.

첫째, 언어적인 편견(linguistic bias)이란 성 차별적인 언어 사용을 말한다. 이는 남성 중심의 용어와 문구를 사용함으로써 무의식중에 여성들의 동등함과 참여를 부정하게 한다.

둘째, 성 역할에 대한 고정 관념(stereotyping)은 태도나 행위, 직업에 있어서 여성성과 남성성에 대하여 가지는 고정적인 관념을 드러낸다. 성 역할의 고정 관념에 근거한 내용 구성은 학생들로 하여금 집단 속에서 개인의 다양성, 복잡성, 변동성 등에 관하여 거부하게 할 우려가 있다.

셋째, 여성의 희소성(invisibility)은 예문이나 삽화에 여성이 상대적으로 적게 등장하거나 역사적으로 공헌한 여성 인물들이 배제되는 것을 뜻한다.

넷째, 불균형(imbalance)은 어떤 상황에 대해서 일방적인 관점만을 제시하는 것을 말한다. 예를 들면 어떤 주제와 관련하여 주로 남성의 경험에 기초한 관점만을 제시하는 경우이다.

---

16) Sadker & Sadker, *op. cit.*, pp.72~73.

다섯째, 비현실성(unreality)은 현실과는 거리가 먼 것들로 교육 내용을 구성함으로써 문제의 본질을 간과하는 경우이다.

여섯째, 분절화(fragmentation)는 여성이 국가와 사회에 공헌한 내용을 글상자 등으로 주변 처리하여 교과서의 주 내용과는 별도로 다룸으로써 덜 중요하거나 또는 단순한 흥밋거리로 여기게 하는 것을 뜻한다.

2. 생활 영역별 내용 분석

중학교의 세 권 교과서들에서 양성 평등을 직접 주제로 삼고 있는 단원이나 제재는 없다. 다만 각 생활 영역들에서 관련된 제재를 설명하는 가운데 양성 평등에 대하여 부분적으로 언급하는 경우들은 있다. 이를 살펴보면 다음과 같다.

1) 개인생활 영역

개인생활 영역에서의 대표적인 경우로 중1 교과서를 들 수 있다. 단원 <삶의 의미와 도덕>에 소개되고 있는 테레사 수녀의 경우가 그것이다.[17] 인간의 일생에 대하여 기술하는 가운데 학생들로 하여금 자신의 묘비명을 써보도록 하는 중 모델로 제시된 테레사 수녀의 묘비명은, 비록 주 내용과는 별도의 '함께 하기'로 처리되어 있지만 여성 인물의 활동을 뚜렷이 보여주는 사례이다.

2) 가정·이웃·학교생활 영역

가정·이웃·학교생활 영역은 양성 평등과 관련된 내용을 비교적 많이 다룬다고 할 수 있다. 이는 영역의 성격상 가족을 비롯하여 일상적으

---

17) 교육인적자원부, 『중학교 도덕 1』, 2007, p.13.

로 관계하는 사람들에 대한 내용으로 구성되기 때문일 것이다.

중1 교과서는 단원 <학교생활 예절> 중 특히 '이성 친구에 대한 이해'를 설명하면서, "올바른 마음가짐으로 이성에 대해 이해하여야 하며, 그러한 과정에서 올바른 남녀 관계인 양성 평등을 이루는 기틀이 마련된다."고 강조한다.18) 이 글은 양성 평등에 대해서는 남성과 여성이 차별 없이 동등함이라고 짧게 설명하고 있지만, 바로 밑에 '다른 성 역할 해보기'라는 일화를 소개함으로써 좀 더 적극적으로 서로를 이해할 수 있게 하고 있다.

중3 교과서는 단원 <학교생활과 도덕문제>에서 오늘날 사회가 개방되고 민주화되면서 남성과 여성의 특성과 차이를 평등하게 인정하는 문화가 형성되었음을 강조한다. 핵가족화로 인해 가정 안팎에서 남녀에 대한 양육이 비교적 평등하게 이루어져 있고, 또 양성 평등의 사상이 확산되면서 여성들의 사회적 진출도 많아졌으며, 그 활동 영역 또한 점차 확대되고 있음을 보여주고 있다. 이와 관련하여 예문은 "얼마 전 수업 시간에 직업인으로서 여성 파일럿이 등장하고, 남성 간호사, 남자 영양사와 피부 미용사도 등장하는 등 성별에 따른 차별이 많이 사라지고 있다는 것을 배운 기억이 났다."고 기술하고 있다.19)

3) 사회생활 영역

사회생활 영역에서의 양성 평등은 특히 중2 교과서에서 두드러진다. 교과서는 <현대 사회와 시민 윤리> 단원에서 시민 윤리의 기본 정신과 관련하여 성차별의 금지에 대해 언급하고 있다. "우리 사회는 … 아직도 남아 선호 사상이 남아 있어 성비 불균형 현상이 일어나고, 이로 인한 불

---

18) Ibid., p.270.
19) 교육인적자원부, 『중학교 도덕 3』, 2007, p.176.

법적인 낙태가 벌어지고 있다. … 이제, 우리는 생명의 가치를 단순히 인식하는 수준에서만 그칠 것이 아니라, 사회의 잘못된 편견과 제도들을 개선하려는 노력을 해야 한다."[20)

예를 들면, "사회 곳곳에서 벌어지는 성차별을 근절시켜야 한다. 단지 여자라는 이유만으로 불이익을 당하거나 공평한 대우를 받지 못하는 경우가 있다. 올바른 시민이라면, 모든 인간은 정당한 대우를 받아야 하며, 성별, 종교, 인종, 사회적 지위 등에 의해 차별 받아서는 안 된다는 것을 알아야 한다."[21)

이는 현대 사회에 필요한 시민 윤리 중의 하나로 생명을 존중하는 정신을 규정하고, 남아 선호 사상으로 인해 성비 불균형이 일어나는 우리 사회의 성차별 문제를 다시 한번 생각해 보도록 한다. 다만 여성의 인권 보호와 존중이 단순히 생명 존중의 정신 차원에서 다루어지는 것인가 하는 점에서는 여전히 논의의 여지가 있겠다.

4) 국가·민족 생활영역

국가·민족 생활 영역은 중2 교과서의 단원 <남북통일과 통일 실현 의지>에서 북한 여성들의 삶을 보여주는 가운데 양성 평등에 대하여 서술하고 있다. 동 교과서는 북한 여성들이 비록 제도와 현실의 삶은 다르지만, 1946년 남녀평등법의 제정에 의해 사회적 진출을 적극적으로 할 수 있으며 남녀평등을 획득할 수 있는 제도적 기반을 얻고 있다고 설명한다.[22)

---

20) 교육인적자원부, 『중학교 도덕 2』, 2007, p.57.
21) Ibid.
22) Ibid., p.270.

3. 요인별 내용 분석

1) 언어적 편견

성 차별적 언어를 사용한다고 평가할 수 있는 경우이다. 보는 관점에 따라서는 관용적인 표현이라고 말할 수도 있겠지만, 중학교 세 권의 도덕 교과서들에서 남성과 여성의 순서가 정형화되어 나타난 경우는 전체 35회이다. 구체적으로 지적하자면, '부모' 21회, '형제자매' 8회, 그리고 '남편과 아내' 6회이다. 특히 '남편과 아내'의 경우들은 성 역할의 고정 관념을 강화시킬 수 있다는 점에서 주목할 만하다.

사실 성 차별적인 언어는 우리의 일상생활에서 별 의식 없이 사용되고 있다. 일상생활에서 이러한 단어가 지속적으로 사용되는 한 교과서에서 남성 중심의 용어들이 고착화되는 일은 사라지지 않을 것으로 보이며, 교과서에서 만이라도 이 점에 유념할 필요가 있다고 본다.

2) 성 역할 고정 관념

성 역할이 고정된 관념으로 드러나 있는지에 대하여, 세 권의 교과서 전체에 등장하는 모든 인물들 477명(여성 166명, 남성 311명)을 중심으로 살펴보았다. 아래의 [표 1]은 문장이나 사진 혹은 삽화를 통해서 교과서에 등장하는 각종 인물들의 출현 장소와 직종의 분포를 요약한 것이다.

등장인물들이 출현하는 장소는 가정의 경우 여성 74명, 남성 80명이고, 학교의 경우 여성 62명, 남성 75명이다. 그리고 야외에서는 여성 12명, 남성 80명이며, 기타의 경우 여성 18명, 남성 76명이다. 남성의 출현 비율은 여성에 비하여 압도적으로 많다.

한편 등장인물들의 직종의 분포를 보면, 전문직에 종사하는 여성은 36명, 남성은 124명이다. 기술직에 종사하는 분포는 여성 3명, 남성 45명이고, 서비스직에 종사하는 경우 여성 15명, 남성 15명이며, 기능 노무직에 종사하는 경우 여성 112명, 남성 127명으로 나타났다. 여성의 직업 활동 영역이 급격히 다양해가고 있음에도 불구하고 직업 활동을 하는 여성들은 교사나 간호사 등의 제한된 전문가이거나 서비스업 또는 판매직 종사자들이다. 관리직이나 기술직, 사무직은 여전히 남성들의 주된 직종으로 그려져 있고, 기능 노무직조차도 남성의 비율이 높다.

[표 1] 등장인물들의 출현 장소 및 직종

등장인물 / 구분	출현 장소								직 종							
	가정		학교		야외		기타		전문직		기술직		서비스 판매직		기능 노무직	
	여	남	여	남	여	남	여	남	여	남	여	남	여	남	여	남
문장	2	14	8			5	6	13	6	16					9	11
사진/삽화	72	66	54	75	12	75	12	63	30	108	3	45	15	15	103	116
소계	74	80	62	75	12	80	18	76	36	124	3	45	15	15	112	127

3) 여성의 희소성

여성의 희소성과 관련하여 교과서의 '인물학습, 명언, 본문 주변 및 함께하기'에 등장하는 역사적 인물들의 성별 구성을 살펴보았다. 인물학습에 등장하는 인물 20명, 명언에 등장하는 인물 57명, 본문 주변 및 함께하기에 등장하는 인물 97명 등 전체 174명의 경우, 여성의 비율은 남성에 비해 현저하게 적게 나타났다.

세 부문 가운데 가장 내용의 비중이 큰 인물학습의 경우, 총 20명의 인물 중 여성은 신사임당과 헬렌 켈러 단 2명이며, 그것도 모두 중1 교과서에 몰려있다. 신사임당의 경우도 지극히 가부장적이었던 조선 사회에서 시대적인 제약을 극복하여 가정을 이끌며 자아를 실현한 인물이었음을 강조하기보다는, 남편과 자식에게 좋은 아내요 좋은 어머니였다는 점에서 '여성들의 본보기'라는 수식어가 붙어있을 뿐이다.

이는 위대한 남성이 남녀 모두 본받아야 할 역할의 모델로 제시되는 것과는 좋은 대조를 이룬다. 또, 명언이 인용된 여성은 단 한명도 없으며, 본문 주변 및 함께하기에 등장하는 인물 역시 테레사 수녀, 명성 황후, 이해인, 펄벅에 불과하다.

[표 2]는 역사적 인물들의 성별 분포를 나타내고 있다. 표에서 알 수 있는 바와 같이 역사 속에서의 여성의 소외는 특히 여학생들에게 역할 모델의 부재라는 문제를 안겨줄 수 있을 뿐만 아니라, 여성이 우리 사회에서 덜 중요한 존재라는 왜곡된 가치를 불러일으킬 수 있어 성 차별화로 흐를 가능성이 크다.

[표 2] 역사적 인물들의 성별 분포

구분 \ 역사적 인물	인물학습	명언	본문 주변 및 함께하기
여	2	0	4
남	18	57	93
소계	20	57	97

4) 불균형

중학교의 교과서들에서 양성의 평등에 대하여 어떤 일방적 관점만을 제시하는 불균형적인 내용은 크게 두드러지지 않았다. 다만 우리는 그 같은 내용을 유추하게 하는 사례를 핵가족 제도에 관한 서술에서 볼 수 있다.

예컨대 중1 교과서는 다음과 같이 기술하고 있다. "핵가족 제도가 널리 퍼짐에 따라 여러 가지 사회 문제가 발생하게 되었다. 부모가 직장을 가지는 경우가 많아져서 가족끼리 함께하는 시간과 기회가 줄어들었으며, 가족 구성원의 수도 적고, 부모나 자식이 하는 일도 달라져서 가족 간의 이해와 협동심을 익힐 수 있는 기회도 줄어들었다.”23)

이렇게 전통적인 가정의 문제점은 다루지 않은 채로 핵가족 제도나 여성들의 사회 활동으로 인한 맞벌이의 증가가 마치 가족의 문제를 야기하는 주된 원인인 것처럼 진술하는 것은 가족의 문제를 바라보는 데 있어서 균형 잡힌 시각이라고 보기는 어렵다.

5) 비현실성

현실성이 떨어지는 내용은 앞의 [표 1]에서도 나타났듯이, 교과서에 등장하는 인물들의 직업 활동의 구성 비율을 보면 잘 알 수 있다. 미래의 일과 직업 세계에 대한 이해를 얻고자 하는 학생들에게 비록 사전에 의도되지는 않았다 하더라도 괜찮은 직업 활동은 남성이라는 메시지를 강하게 전달하고 있는 것이다. 그렇지만 현실적으로 여성들의 경제 활동 참여율은 이미 절반에 달하며, 그들의 경제 활동을 지원하기 위하여 다양한 사회적 지원 체제가 개발되고 이를 국가적으로 지원하기 위한 정책들도 지속적으로 추진되어 왔다.

문제는 여성과 여성의 일에 대하여 교과서에 담겨져 있는 기본 의식이다. 비현실적인 내용은 자칫 청소년들에게 올바른 직업관을 심어줄 수 없게 할 뿐만 아니라 자신의 능력을 적극적으로 개발할 기회마저 차단하게 하는 위험이 있다. 또, 예컨대 남성이 가사 노동을 하는 일 등은 전혀 다루어지지 않은 채 사회의 현실과 동떨어진 내용으로 구성될 경우, 학생들은 우리 사회에 존재하는 성 차별적 편견이나 계층 간의 갈등 및 소수 집단의 문제들을 간과해 버릴 수도 있다.

---

23) 교육인적자원부, 『중학교 도덕 1』, p.160.

6) 분절화

교과서에서 여성의 사회적 업적이나 공헌이 본문의 주된 내용과 분리되어 분절되는 사례가 많지는 않다. 다만 두 경우를 지적해 보면, 하나는 중1 교과서에서 컷으로 처리된 '평생 모은 돈을 장학금으로 내놓은 어느 할머니의 고백'이다.24) 이글은 인간다운 삶의 자세를 다루는 주 내용과 괴리된 채 단순한 호기심거리로 오해될 수도 있다.

또 하나는 중3 교과서의 '세상에서 가장 아름다운 말'의 처리에 관한 것이다.25) 본문은 이웃생활의 변화를 주 내용으로 다루면서, 우리 주변에 많은 사람들이 나눔을 실천하고 있음을 주변으로 처리하고 있다. 이것은 독자들로부터 다소 어색하다는 비판을 받을 수도 있다. 중1의 경우처럼, 여성들이 사회적으로 기여한 활동이나 업적을 주 내용으로 부각시키기보다는 본문 주변에서 작은 글씨로 다루며 넘어가고 있다는 인상을 줄 수 있기 때문이다.

V. 양성 평등 교육의 개선

우리는 지금까지 우리 사회의 주된 과제로 부각되고 있는 양성 평등의 실현에 근거하여 중학교 도덕 교과서들을 조명해 보는 데 주요 관심을 기울였다. 교과서들이 성 편견과 차별에서 벗어나 양성 평등한 교육 내용을 담고 있는가를 생활 영역별 및 요인별로 분석하였으며, 양성이 모두 존중받고 평등하게 살아 갈 수 있는 방안을 탐색하였다. 이를 위해 양성 평등 교육의 기본적인 의미를 철학, 여성학, 심리학의 관점에서 관찰

---

24) Ibid., p.84.
25) 교육인적자원부, 『중학교 도덕 3』, p.154.

하여 정의하고, 양성 평등의 법적 및 정책적인 노력에 대해서도 살펴보았다. 그리고 양성 평등의 도덕적 가치로서 인간의 존엄성, 성 역할의 동등성, 여성의 주체성을 꼽았다.

우리의 교육 현실을 교육 기회의 측면에서 볼 때, 과거에 비하여 남녀 간의 격차가 많이 사라진 것은 사실이다. 그렇다고 남녀 모두에게 평등한 교육이 제공되고 있다고 단정하기는 어려울 것 같다. 특히 여성에 대한 제약이나 눈에 보이지 않는 차별을 정당화하는 성 이데올로기 내지 사회 구조의 모습이 여전히 교육 과정과 교과서의 내용에 내재되어 있다면, 양성 평등한 교육의 실천은 그만큼 기대하기 어렵다.

글을 맺으면서 남녀 학생들의 전인적인 발달을 도모할 수 있는 양성 평등한 도덕교육의 실현을 위하여 몇 가지 사항을 제언으로 덧붙이고자 한다.

첫째, 양성 평등한 도덕교육을 실현하기 위해서는 무엇보다도 그가 남성인가 혹은 여성인가에 관계없이 인간으로서 똑같이 존엄하다는 가치를 의식하고 생활화하는 일이 필요하다. 모든 이가 성별에 의해 어떠한 차별도 받지 않고 권리와 자유를 누리고 있음을 공감할 때 참된 민주주의도 가능할 것이다.

둘째, 양성 평등에 기초한 교수·학습 자료의 개발이 시급하다. 교과서가 양성 평등에 기여하는 학습 자료로 남기 위해서는 그동안 상대적으로 평가 절하되어 온 여성의 위상을 충분히 고려해야 한다. 이를테면 본문의 내용이나 삽화에 있어서도 여성 인물들을 남성 인물들과 비슷한 비율로 등장시키며, 행여 사회에 편재해 있는 성에 관한 고정 관념을 의식적으로 배제해야 할 것이다.

특정의 사건이나 상황에 대해서 다양한 견해와 관점을 공정하게 소개하는 균형적인 시각이 필요하며, 여성들이 관련된 내용을 교과서의 주변적인 내용으로 처리하기보다는 분문 속의 주 내용으로 제시하여 여성이 부차적인 존재로 인식되지 않도록 배려해야 한다. 또 성차별을 드러내는 언어의 표현은 가급적 삼가도록 한다. 이밖에 교사는 실제 수업에 있어서 다양한 자료들을 활용하여 학생들로 하여금 성 역할의 고정 관념에서 벗어나 올바른 성 의식을 갖도록 유도해야 한다.

셋째, 도덕 수업을 담당하는 교사 외에 범사회적인 협조가 필요하다. 교육 정책의 입안자, 학교 관리자, 학부모, 대중 매체 종사자 등 학생들의 성 평등 의식의 형성에 영향을 주는 모든 동인들이 지금보다 더 이 문제에 관심을 기울여야 한다.

참고문헌

강두호, 『자연법 사회 윤리』, 서울 : 인간사랑, 2003.

곽삼근, 『여성과 교육』, 서울 : 박영사, 1998.

교육부 여성교육정책담당관실, 『양성평등 학교문화, 선생님이 만듭니다』, 서울 : 교육부, 1999.

교육인적자원부, 『중학교 도덕 1』, 2007.

교육인적자원부, 『중학교 도덕 2』, 2007.

교육인적자원부, 『중학교 도덕 3』, 2007.

김경희, 『양성 평등과 적극적 조치』, 서울 : 푸른사상사, 2004.

김재춘·왕석순, 『제7차 교육과정에서의 양성평등교육 실현방안 연구』, 서울 : 한국교육과정평가원, 1999.

심영희 외, 『함께 이루는 남녀평등』, 서울 : 나남출판, 2002.

오재림, 『양성평등관점에 기초한 제7차 교육과정 교과서 분석 및 교육과정 심의기준 마련에 관한 정책 연구』, 서울 : 교육인적자원부, 2002.

임정빈 외, 『성 역할과 여성』, 서울 : 신정, 2000.

장혜경, 『남녀 평등 어떻게 생각하십니까』, 서울 : 한국여성개발원, 1998.

정해숙·김연, 『초·중등 교육과정의 성 인지적 개편을 위한 양성평등교육 내용개발』, 서울 : 한국여성개발원, 2002.

정해숙 외, 『OECD 국가의 성 평등 교육정책』, 서울 : 한국여성개발원, 2001.

조경원, "양성평등실현을 위한 교육의 방향", 「교육과학연구」 제29권, 1999, pp.3～19.

한국양성평등교육진흥원, 『양성평등 : 알고 보면 쉬워요』, 서울 : 한국양성평등교육진흥원, 2003.

현영자, "양성평등 교육을 위한 교사의 성 역할 정체감 의식 연구", 세종대학교 석사학위논문, 2000.

American Association of University Women, *How Schools Shortchange Girls*, Washington, DC : Marlowe & Company, 1995.

Aquinas, Thomas, *Summa Theologica*.

Bem, Sandra L., *The Lenses of Gender*, New Haven : Yale University Press, 1994.

Cole, Johnnetta B. & Guy-Sheftall, Beverly, *Gender Talk*, New York : One World/ Ballantine, 2003.

Erskine, Sheena & Wilson, Maggie Wilson, *Gender Issues in International Education*, London : Falmer Press, 1999.

Horgan, Diane D., *Achieving Gender Equity*, Needham Heights, MA : Allyn & Bacon, 1994.

Kimmel, Michael S., *The Gendered Society*, Oxford : Oxford University Press, 2003.

Loutfi, Martha F., *Women, Gender and Work*, Geneva : International Labour Office, 2000.

Mead, Margaret, *Sex and Temperament : In Three Primitive Societies*, New York : Morrow, 1963.

Sadker, Myra P. & Sadker, David M., *Sex Equity Handbook for Schools*, New York : Longman, 1982.

Titone, Connie, *Gender Equality in the Philosophy of Education*, New York : Peter Lang Publishing Inc, 2004.

Ⅰ. 도시 사회 연구의 의의

현대 사회에서 도시는 하나의 물리적 실재물(實在物)이며 인간의 삶에 있어 주요한 장소이다. 우리나라의 경우 2000년 말 현재 전 인구의 80%가 읍·면 지역을 제외한 도시 지역에 살고 있으며,[1] 따라서 국민의 대부분이 도시적 환경과 생활양식 속에서 살고 있는 셈이다.

세계적으로도 어느 나라를 막론하고 도시를 중심으로 인구가 집중되고 산업화가 진행되고 있음은 주지의 사실이다. 지속적으로 진행되어 온 도시화 현상에 따라 현재 세계 인구의 약 45%가 도시 지역에 살고 있으며(개발국의 경우 75%, 개발도상국의 경우 37%), 이는 2005년까지 절반을 넘으면서 2025년에는 60% 이상이 도시 지역에 거주하리라 예측되고 있다.[2]

도시의 삶이 일반인들의 관심 속에 폭넓게 자리하면서, 도시 사회에

---

1) 통계청, 『한국통계연감 : 제49호』, 2002.
2) Harry Gold, *Urban Life and Society*, Upper Saddle River, NJ : Prentice Hall, 2002, p.366.

대한 이해는 사회과학에 있어서 매우 중요한 분야가 되고 있다. 사실 도시는 무척 매력적인 곳이다. 많은 일자리가 있고, 새로운 정보와 상품이 넘쳐나며, 우리가 요구하는 각종 서비스가 공급되고 있다. 화려한 오피스 빌딩, 거대한 아파트 단지, 복잡한 도로망 등은 도시 발전의 상징이다.

반면에 이 같은 발전에도 불구하고 도시는 환경오염, 교통의 혼잡, 실업의 증가, 빈곤, 범죄 등 고질적인 도시 특유의 문제들을 갖고 있다. 또한 도시가 비대해지면서 여러 집단 간의 갈등이 표출되고, 공공 서비스에 대한 불만 역시 증가하고 있다. 특히 사회 윤리적 측면에서, 도시화는 사람들 사이에 공동체적 성격이 쇠퇴함으로 말미암아 사회의 도덕적 질서가 침식되어 가는 과정으로 주목받아 왔다.

이처럼 도시의 양면성은 우리로 하여금 도시 사회의 미래에 대하여 진지하게 논의하도록 요구한다. 이 글은 도덕교육의 차원에서 도시 생활의 보다 나은 인간화를 위한 방안에 관심을 기울이고 있다. 도시란 시민들이 창조적이며 존엄한 삶을 누릴 수 있는 장소가 되어야 한다. 오늘날의 도시가 그런 곳이 되지 못하는 배경이 무엇이며, 그 목표를 달성하는 데 도덕교육이 기여할 수 있는 방향을 찾으려는 것이 이 글의 주제이다.

글의 내용은 먼저 Ⅱ장에서 도시 사회의 특징, 특히 그 비인간화의 모습에 대하여 고찰할 것이다. 이어 Ⅲ장에서는 중·고등학교 도덕과 교육과정이 도시 사회에 대하여 어떻게 다루고 있는가를 알아본 다음, Ⅳ장에서 인간적인 도시 사회를 위한 도덕과 교육의 방안을 살펴볼 것이다.

도시 사회를 분석한다는 것은 결코 쉬운 일이 아니다. 더구나 그 사회에서 우리 각자는 배우이자 동시에 관객과도 같다. 필자의 주장이 부분적인 기술이요 처방인 만큼 논쟁의 여지가 많은 점은 이 글이 갖는 한계이다. 그러나 이런 종류의 질문들에 대하여 간단한 해답은 없지만 적어도 탐구는 시작할 수 있다는 데서 이 글의 의의를 찾을 수 있겠다.

II. 도시 사회의 특징과 비인간화

1. 도시 사회의 특징

도시 사회의 특징을 탐색하기 위하여 우리는 먼저 도시에 대한 정의를 내릴 필요가 있다. 김혜천 등은 도시를 '촌락 혹은 전원적 집락(rural settlement)에 대비되는 거주의 한 가지 형태로 지표면의 일부를 점하고 있는 지리적 현상'으로 보면서, 다음과 같은 세 가지를 상술하고 있다.3)

첫째, 도시는 인구와 시설 면에서 볼 때 촌락과 대조되는 공간이다. 우리나라는 인구 5만 명 이상을 도시로 규정한다. 물론 이런 기준은 도시라고 하는 실체를 파악하기보다는 오히려 통계를 위한 구분인 것 같다. 또, 도시는 시설 면에서 고층 건물들과 도로, 상·하수도, 기타 물리적인 여러 시설이 집적되어 있는 공간이다.

둘째, 도시는 사회 및 문화면에서 지적 엘리트를 포함하여 각종 전문가가 많은 곳, 주민의 대부분이 공업 또는 상업적인 영리 수입에 의해 생활하는 곳, 인구 구성의 이질성·사회 계층화의 심화·유동성과 익명성이 강한 곳이다. 또 다양한 생각들이 서로 만나는 터전으로서 시대를 이끌어 가는 새로운 사상을 담는 창고이며, 농촌과는 구별되는 다양한 거주 형태와 사회적인 공간 배치로 독특한 문화를 만들어 나가는 토양이 되는 곳이다.

셋째, 도시는 기능 면에서 사회 제도의 중심부로서 정치, 행정, 종교, 상업, 교통, 문화의 중추 기능을 담당하는 곳이다. 최근에는 정보 통신 중심지로서의 기능이 강조되고 있다.

워렌(R. Warren)은, 도시는 많은 사람들을 위하여 그 기능을 통합하는

---

3) 김혜천 외, 『도시 : 현대 도시의 이해』, 서울 : 대왕사, 2002, p.23f.

데 필요한 독특한 사회 구조 때문에 구별될 수 있다고 설명한다. 그에 따르면 도시 사회가 갖는 가장 현저한 구조적 특징은, '복잡해진 분업, 구성원들 간에 분화된 관심과 교제, 보다 넓은 사회를 향한 체계적 관계의 확산, 증대하는 관료화와 비인간화, 자발적 결사체와 개인적 독창력에서 기업과 정부 쪽으로 이익을 주는 기능의 뚜렷한 변화' 등이다.[4]

도시 사회의 특징을 살펴보는 데 있어서 워스(L. Wirth)의 고전적인 연구를 빼놓을 수 없다.[5] 도시의 성격에 관심을 기울였던 워스는 도시성(urbanism)이 하나의 생활양식으로서 인구의 크기(size), 밀도(density), 이질성(heterogeneity) 등 몇 가지 영향력의 분석에서 도출될 수 있다고 보았다. 요컨대 한 지역의 인구가 보다 많고, 보다 높은 인구 밀도를 보이고, 보다 이질적일수록 그곳의 생활양식은 보다 더 도시화되어 있다는 것이다.

무엇보다도, 도시에는 많은 인구가 있다. 그런데 인구의 규모가 커질수록 사람들 간의 공간적인 격리도 확대된다. 왜냐하면 많은 이들 안에서의 만남은 흔히 한 인간의 전체 역할 가운데서 한정된 분야만을 포함하는 상황에 제한되는 경향이 있기 때문이다. 공통의 전통이나 경험이 없는 곳에서 어떤 공통의 정체감이 있을 수 없으며, 이제 경쟁과 공식적인 통제 메커니즘들이 사람들의 결속을 대치한다.[6]

그러므로 도시에서의 사회관계는 보다 피상적일 수밖에 없으며, 우리는 그것들을 단지 자신의 목적들을 성취하기 위한 수단으로서(관계 자체의 가치를 위한 수단이 아니라) 간주하기 쉽다. 이렇게 도시라는 거대한 사회 조직은 일차적 관계에 기초한 생활양식을 매우 어렵게 만든다.

---

4) Ronald L. Warren, *The Community in America*, Chicago : Rand McNally College Publishing Co., 1978, p.77.
5) Louis Wirth, "Urbanism as a Way of Life", *American Journal of Sociology*, vol.44, no.1, 1938.
6) Ibid., p.11.

다음으로, 밀도의 영향이다. 단순히 외형적인 조건으로 보면, 작은 공간에 많은 사람이 거주하고 있기에 서로 만날 수 있는 가능성이 인구가 덜 밀집된 지역보다 더 높다. 달리 말하면, 농촌 지역보다 도시에서 더 많은 사회적 행위가 예측된다. 그러나 도시인들 간의 수많은 접촉에도 불구하고 그것이 깊이 없이 더구나 익명으로 이루어질 경우, 사정은 달라진다.

또 비록 사람들이 물리적으로 근접해 있다 하더라도 교환된 정보의 총량과 관련해서는 접촉이 거의 없을 수도 있을 뿐만 아니라, 상호 작용의 성질이나 깊이에서도 역시 실질적으로 각양각색일 수 있다. 사회적 공간은 이렇게 물리적 공간과는 상당히 다른 것이다. 서로 다른 유형들이 가까이에 모여 있는 데서는 오히려 대항과 상호 간의 착취가 나오기 쉽다.

한편, 도시인들의 이질성은 각자에게 여러 가지 이해관계, 성향, 멤버십, 충절 등을 개발할 기회를 준다. 그러나 각자 이런저런 상이한 집단들에 여러 개씩 걸쳐서 소속되어 있는 것은 사람들을 분리시킬 뿐만 아니라, 개인들을 안정된 사회생활에 뿌리내리도록 하기보다는 반목하고 가변적인 방향으로 유도한다.

워스는 도시의 무규범적 성격에 중요한 영향을 미치는 것이 주로 이러한 이질성이라고 믿었다. 어디서 거주하고, 어디서 일하며, 어떤 직업을 갖고, 어느 정도의 수입을 올리며, 사람으로서 무엇을 지켜야 할 것인지가 공간적으로든 문화적으로든 잘 연계되어 있지 않은 것이다. 이처럼 여러 가지 면에 있어서의 비연계성은 도시 생활에 있어서 사회관계의 단편화를 가중시킨다.

위와 같은 도시 사회의 복잡하고 다양함이 오히려 사람들의 삶을 매우 풍요롭게 해준다고 해석할 수도 있다. 구성원들의 삶의 방식이 그만큼 역동적으로 보이기 때문이다. 실제로 멈포드(L. Mumford)는 도시가 인간에게 희망을 준다고 썼다.[7] 그에 의하면 일과 여가, 공적 생활과 사생활의 융합 등과 같은 균형 있는 생활양식은 오직 도시에서만 가능하다. 되도록 많은 사람들이 가능한 한 많은 생활양식의 선택권에 접근할 수 있을 때 비로소 최적의 조건에 도달하게 된다는 것이다.

그러나 워스 이래로 도시의 분위기는 보다 풍요로운 삶을 위한 기회를 제공해 주기보다는 인간의 소외를 심화시키는 것으로 비쳐진 듯하다. 짐멜(G. Simmel)은 도시에 대하여 인간의 모든 가치가 화폐 경제의 공통분모에 의해 평준화되는 것으로 묘사한 적이 있다.[8] 그에 의하면 인간 유기체는 반드시 도시의 충격에 주춤하게 되거나 자제를 잃게 된다.

2. 도시 사회의 비인간화

이제 위와 같은 특징을 지닌 도시 사회가 오늘날 어떤 형태의 비인간화된 모습을 보이고 있는지를 차례대로 살펴보기로 한다. 이와 관련하여 첫째로 꼽을 수 있는 것은, 도시 사회에서 인간 자체가 경시되고 있는 점이다.

자본주의 사회에서 도시는 복합적인 장소이다. 그것은 동시대의 건축술의 표현이고 다양한 사회 집단의 거처이며, 수많은 기업 활동의 장이고 여러 수준의 정부들의 책임이 두드러지는 곳이다. 근래에 자본주의 체제가 최악으로 치닫는 사태는 진정되었지만, 시장 체계는 여전히 경쟁 속에서 움직이고 있다. 무한 경쟁의 최전선에 있는 도시 사회에서는 특히 자본이 사람보다 더 중요시되기 쉽다.

일례로 우리는 보다 큰 이윤을 위해 사람이 희생되는 경우를 도심의

---

7) Lewis Mumford, *The City in History : Its Origins, Its Transformations, and Its Prospects*, New York : Fine Communications, 1998.

8) Georg Simmel, "The Metropolis and Mental Life", in K. Wolff(ed.), *The Sociology of Georg Simmel*, New York : The Free Press, 1994.

개발에서 찾을 수 있다. 현대의 도시 건축에는 인간의 규모와는 동떨어진 웅장함을 추구하는 뿌리 깊은 메커니즘이 있는 것 같다. 여기서 재정 자본은 최고의 힘이며, 그 힘의 증거는 최대의 임대료를 추구하는 거대한 빌딩들에서 드러난다. 간혹 차 없는 거리, 보행자 중심의 도로 등이 있지만 이들은 예외이다. 우리의 도시 중심이 가장 큰 경쟁력을 갖는 자들에게 팔려지고 있는 것이다.9) 공유된 사회적 가치보다 개인적인 경제력이 환영받을 때, 사람보다는 이윤이 우선될 수밖에 없다.

조명래는 이에 대하여, 도시 사회에서는 사람 사이가 도구화되기 쉽다고 쓰고 있다.10) 전통 사회에서는 사람 사이가 대면적·인격적·공동체적인 데 반하여, 도시 사회에서는 계약적·신분적·업무적이다. 사람들은 인간관계 자체에 뜻을 두기보다 조직과 제도의 목표를 달성하는 수단으로서의 쓰임이에서 그 의미를 찾는다. 도시를 구성하는 여러 사람들의 경험, 필요, 포부가 동일한 비중으로 간주되지 않는 것이다.

예컨대, 도시 내의 빈민들은 공공 정책 분야에서 그들의 목소리를 상정하지 못하며, 바로 이러한 이유로 그들은 초라하다. 또, 자동차의 등장이 분명 큰 이익을 가져오고 있지만, 도시는 사람보다 자동차를 위해 설계되고 있다. 보행자는 도시에서 안전한 통행로를 얻기 위해 투쟁해야 할 형편에 있다. 한편 자동차의 접근성이 누구에게나 보편적인 것은 아니다. 자동차를 소유하지 않은 이들, 청소년을 비롯하여 자동차를 사용할 수 없는 이들처럼 접근성의 부족은 그들의 전반적인 삶의 질에 실질적 효과를 주고 있는 게 사실이다.

둘째로, 도시 사회에서 가족생활이 왜곡되고 있는 점이다. 윌슨(Robert A.

---

9) John R. Short, *The Humane City : Cities as if People Matter* ; 백영기(역), 『인간의 도시』, 서울 : 한울, 2000, p.43.
10) 조명래, "근대성·도시·도시론", 「한국사회학」 제31집 여름호, 1997, p.366.

Wilson)은 도시 생활이 가족을 파괴하는 데 중요한 요인으로 작용한다고 주장한다.11) 도시가 좋은 생활에 대한 기대치는 높이면서도 정작 그 같은 생활양식을 실현시킬 기회는 제공해 주지 못하기 때문이라는 것이다.

가족생활에 대한 도시화의 영향을 평가한다는 것은 산업화 및 근대화와 같은 다른 과정들이 도시의 성장과 얽혀있기 때문에 매우 복잡한 일이다. 그렇지만, 가족 간 유대 관계의 약화와 도시화율의 증가 추세가 어느 정도는 상관되어 있는 것 같다. 도시가 매우 빠르게 전통적인 생활양식을 붕괴할 수 있는 기회와 새로운 생활양식을 출현시킬 수 있는 가능성을 제공한다는 사실이 분명해지고 있기 때문이다.

부모와 친척들의 통제로부터 자유로운 도시인들은 보다 많은 이주의 자유를 누리고, 전통에 대한 비판을 조장하지는 않더라도 허용하는 교육을 받으며, 주변에 다양한 생활양식이 존재하고 있다는 사실을 쉽게 발견한다.

예를 들어, 도시의 자녀들은 시골에 있었다면 자신들의 행동을 감독해 주었을 확대 가족의 보호가 결여된 상태에서 집밖의 온갖 유혹에 전적으로 노출되어 있다. 부부의 경우도 과거의 대가족에 의해서 받던 통제와 비교해 본다면 실로 고립적이라 해도 과언은 아니다. 부부 관계 자체 역시 전보다 안정도가 낮아지는 경향이 있다. 전반적으로 볼 때 한 나라의 도시화의 정도와 가족의 안정성 사이에 반드시 상관관계가 있을 필요는 없겠지만, 가족의 불안정성이 도시화의 증가와 직접 관련되어 있음을 짐작할 수 있다.

셋째로, 도시 사회에서 이웃과 공동체의 의식이 쇠퇴하고 있는 점이다. 이웃 간의 단절과 공동체 의식의 결여는 현대 도시 사회의 주요한 문제

---

11) Robert A. Wilson & David A. Schulz, *Urban Sociology* ; 김현조 · 김석훈(역), 『도시 사회학』, 서울 : 경진사, 1991, p.171.

이다. 사실 커뮤니티의 상실과 그로 인한 병리 현상은 선후진국을 막론하고 도시들이 안고 있는 중요한 사회 문제이며 해결해야 할 과제다.

특히 이 같은 문제가 현대 도시의 구조적 특성에서 야기된다는 점에서, 그리고 결국 도시의 사회적 비용을 크게 증대시킨다는 점에서 그 심각성은 크다. 사회 구조의 분화로 도시에서 전통적인 이웃 간의 친밀한 유대감이 희박해져 가고 있으며, 교통 통신의 발달로 도시 공간이 넓혀짐에 따라 공동체의 지연성(地緣性)을 무의미하게 만들고 있는 것이다.

원래 '이웃'이란 공통된 사회 유대를 인식하고 지리적으로 동일한 지역에 사는 사람들로 구성된 작은 집단이다. 이웃은 자기 집단을 다른 집단들과 구분해 주고 있는 일련의 역할, 지위, 사회 과정, 관습 및 사회 통제 등을 인정한다. 물론 도시에도 이웃은 있다. 이른바 느슨한(diffusive) 이웃이다. 느슨한 이웃은 공식적 혹은 비공식적인 조직력이 약하고, 접촉 또한 극히 한정된다. 그것은 이웃에 애착이 없으며, 자신의 이해관계에만 관심이 있기에 조직적인 공동체라고 보기는 어렵다.

대단위 고층 아파트 단지가 이 형태에 가깝다. 아파트라는 대단위 집합 주거는 인구학적 내지 사회 경제적으로 유사한 사람들을 한 장소에 밀집시켜 놓았지만, 인구의 빈번한 이동, 수직적인 건물 구조, 공통 배경의 부재 등으로 주민의 관계는 소원하고 외면적이며 일시적인 상태로 있다.12) 아파트 단지 내에서도 이웃 간의 관계가 있으나, 공통성과 지속성에 기초한 저층 단독 주택 지역에서의 이웃 관계에 비교한다면 긴밀한 관계와 유대감·소속감·애착심은 떨어진다.

한편 도시 안에 변형된 의미의 이웃 공동체가 있을 수 있다. 일부 부유층들이 폭력으로부터의 안전 등을 이유로 집의 담장을 높이고 무장된

---

12) 윤인진, "한국의 도시와 지역 공동체의 변화와 전망", 「한국사회」, 서울 : 고려대학교 한국사회연구소, 제2집, 1999.

경호원을 두며 보안 장치를 강화하고 공간적으로 격리해 가는 일이 늘어나면서, 공중 생활의 질이 변형되고 있는 것이다. 특히 사회적 불평등이 명백한 도시에서 이 같은 현상이 뚜렷하다.

칼데이라(Teresa P. R. Caldeira)는 이 같은 새로운 도시의 격리를 '요새화된 포령(包領)'(fortified enclave)이라고 부른다.13) 그녀는 포령에 의한 격리 현상이 시민권 및 민주주의에도 부정적인 영향을 준다고 경고한다. 또 뤼메즈(Don Luymes)는 이런 종류의 포령이 도시라는 신체 안에서 암과 같은 이미지를 지닌다고14) 적고 있다.

넷째로, 도시 사회에서 도시 고유의 문제들이 늘 야기되고 있는 점이다. 국가마다 그리고 한 국가 안에서도 도시마다 그 유형이 다를 수 있겠지만, 현대의 도시들은 일반적인 문제들을 안고 있다.

이를테면 과대 및 과밀화에서 오는 문제도 그 중 하나이다. 우리나라의 경우 서울을 비롯한 수도권에 전국 인구의 46.3%가 집중되어 있다.15) 도시의 인구 집중은 주택을 비롯한 각종 기반 시설의 부족과 교통 체증·환경오염·녹지 부족 등 생활환경의 악화를 초래하며, 도시 재해에 취약한 안전성 문제를 불러온다. 이런 문제들을 해결하기 위해서는 엄청난 규모의 관리비가 소요되며, 이는 또다시 도시의 재정난을 가중시킨다.

또, 도심의 공동화, 주변 지역의 난 개발(자연 환경의 훼손을 포함하여), 도시 빈민 문제 등도 결코 소홀히 할 수 없는 문제들이다. 물론 모든 도시가 커지기만 하는 것은 아니다. 국내외의 경기 변동과 산업 구조의 조정 과정에서 장기적으로 정체 또는 쇠퇴하는 도시도 발생한다. 이 같은 구

---

13) Teresa P. R. Caldeira, "Fortified Enclaves : The New Urban Segregation", in James Holston(ed.), *Cities and Citizenship*, Durham : Duke University Press, 1999, p.114.

14) Don Luymes, "The Fortification of Suburbia", *Landscape and Urban Planning*, vol.39, 1997, p.202.

15) 김혜천 외, *op. cit.*, p.81.

조적 원인으로 도시의 쇠퇴가 지속되면, 지역 경제의 침체와 함께 고용 및 소득이 감소하며, 자치 단체의 재정력 악화로 도시 시설의 관리 부실 등 심각한 문제로 이어지게 된다.

우리는 도시의 일반적인 문제들과 관련하여 특히 도시화와 범죄 사이의 관계에 대해 주목하지 않을 수 없다. 미국의 통계이긴 하지만 최근의 FBI의 자료에 의하면, 강력 범죄의 비율은 농촌 지역이 1천 명당 29.2건, 교외 지역이 1천 명당 36.3건인 데 반하여, 도시 지역의 경우 1천 명당 51.2건이다.[16] 레클리스(Walter C. Reckless)는 범죄를 무엇보다도 도시화의 결과로 보았다.[17] 옛날 식 지역 공동체 생활 유형의 퇴조, 이웃 관계의 붕괴, 가족 없이 혼자 이입해 오는 사람들의 적응 문제, 타 지역으로부터의 이주민의 증가, 자동차를 포함한 수송 편의 시설의 발달, 여성의 지위 변화, 아파트 내의 생활 조건의 기계화, 여가 시간의 확대와 이웃이 행사하는 영향력의 감소 등이 사회 일탈을 부추긴다는 것이다.

III. 도덕과 교육과정에 반영된 도시 사회의 위상

중·고등학교 도덕과 교육과정에서 도시 사회를 직접 중심적인 주제로 다루는 단원은 없다. 이는 도시 사회에 대한 무관심에서 온 결과라기보다는, 도덕과의 내용 자체가 도시 사회에서도 전반적으로 잘 적용될 수 있기 때문인 것으로 보인다. 따라서 도시 사회의 인간화에 대한 문제 제기 및 그 해결 방안을 위한 내용은 도덕과의 모든 영역에서 교육될 수 있다고 하겠다.

---

16) Gold., *op. cit.*, p.269.
17) Wilson, *op. cit.*, p.81.

그렇지만 우리는 특히 '가정·이웃·학교생활' 영역에서의 이웃 간의 예절이라든가 '사회생활' 영역에서 공동선의 중요성을 공부하는 중에 이 주제를 중점적으로 다룰 수 있을 것이다. 말하자면 현대 도시 생활에서 학생들로 하여금 이웃과 사회를 상호 작용의 무대로서, 사람들 간의 영향의 중심지로서, 상호 도움의 원천으로서, 공식적 혹은 비공식적 조직들의 기초로서, 하나의 참조 집단으로서, 그리고 신분 부여의 장으로서 다시 바라보도록 가르칠 수 있다.

중·고등학교 도덕과 교육과정에서 나름대로 도시 사회를 조명하여 다룰 수 있다고 보이는 부분을 학년별로 꼽아보면 다음과 같다.

7학년은 가정·이웃·학교생활 예절을 대단원으로 다루는데, 이 중 첫 번째 소단원 <행복한 가정>은 도시 지역에서의 핵가족화 문제를 간략하게 언급한다.[18] 이어서 세 번째 소단원인 <이웃 간의 예절>은 이웃 간의 올바른 관계를 이해하고 예절 생활을 실천하려는 능력과 태도를 강조한다. 교과서는 오늘날의 변화된 이웃 생활의 모습을 설명하면서, 허름한 연립 주택의 지하 셋방에서 외롭게 살던 한 할머니가 오랜 시간이 흐른 뒤 숨진 채로 방안에서 발견된 사례를 들고 있다.[19] 이웃과 대화하고 친분을 나누는 일이 점차 사라지고 있는 오늘날의 이웃 관계의 어두운 모습을 보여준다.

이에 교과서는 가족을 속옷으로, 그리고 이웃을 겉옷으로 비유하면서, 이웃 사랑은 가까이 있는 이웃에 대한 관심에서부터 시작되는 것임을 상기시킨다.[20] 이웃끼리 관심을 갖고 살다 보면, 도움이 필요할 때 서로 도움을 주고받을 수 있을 뿐만 아니라 우리 생활을 안정되고 풍부하게 유

---

18) 교육인적자원부, 『중학교 도덕 1』, 2006, p.159.
19) Ibid., pp.228~229.
20) Ibid., p.231.

지시켜 준다는 것이다. 교과서는 또한 이웃 생활에서 지켜야 할 예절들에 대하여 많은 지면을 할애하여 강조한다. 이웃 간에 실천해야 할 예절들, 따뜻한 말 한 마디와 눈인사, 새로운 이웃을 대할 때 해야 할 행동 요령들에 대하여 자세히 설명하고 있다.[21]

8학년은 사회 생활과 도덕을 대단원으로 설정하고 있다. 이 중 도시 사회에 대한 내용은 두 번째 소단원 <현대 사회와 시민 윤리>에서 적절하게 다루어질 수 있다. 예컨대 교과서는 현대 사회에서 인구와 도시가 폭발적으로 늘어가면서 공동체 의식의 약화, 집단 이기주의, 환경 파괴 등 도덕 문제가 생기고 있음을 간헐적으로 서술하고 있다.[22] 네 번째 소단원 <생활 속의 경제 윤리>는 도시의 삶의 질을 생각하게 한다.[23]

9학년의 경우 가정·이웃·학교생활과 도덕 문제에 관한 대단원에서 두 번째 소단원은 학생들로 하여금 이웃 생활의 도덕 문제를 파악하고 그 해결 방안을 탐색하는 능력과 태도를 지니도록 한다. 교과서는 근래에 이웃 생활이 변화함에 따라 여러 가지 도덕 문제들이 발생하고 있음을 지적한다. 이를테면, 이웃 간에 벌어지는 사생활 침해, 이웃 간의 무관심, 쓰레기 또는 주차 분쟁, 지역 이기주의 등이다.[24] 교과서는 이런 문제들을 해결하기 위하여 이웃에 대한 관심과 예절, 문제 해결에 자발적으로 참여하려는 공동체 정신이 필요하다고 역설한다.[25]

10학년의 경우, 현대 사회와 도덕 문제에 대한 대단원의 두 번째 소단원 <청소년 문제와 청소년 문화>는 도시화 현상이 청소년 문제에 영향을 준다고 쓰고 있다. 이와 관련하여 교과서는, 익명성과 비인간화로 통

---

21) Ibid., p.249ff.
22) 교육인적자원부, 『중학교 도덕 2』, 2006, pp.49~51.
23) Ibid., p.117.
24) 교육인적자원부, 『중학교 도덕 3』, 2006, p.155f.
25) Ibid., p.160.

칭되는 도시에서의 인간관계의 변화와 공동체의 해체로 표현되는 지역 사회 구조의 변화가 청소년들의 비행 요인으로 작용한다고 지적한다.[26]

　11~12학년에 개설되는 3개의 선택 과목들 가운데『시민 윤리』는, 이 과목이 시민 사회 전반을 염두에 두고 있는 이상 모든 내용에 걸쳐 도시민으로서 지녀야 할 규범과 관련된다고 확대하여 해석할 수 있다. 다만 특별히 도시 사회의 인간화에 초점을 맞출 경우 제재에 따라 적절하게 다룰 수 있겠다. 예를 들어 I단원은 시민 공동체 의식의 형성을 촉구하는 중에, 우리나라가 1960년대 이후 급격한 도시화 과정 속에서 이기주의적 풍조가 만연되었다고 비판한다.[27]

　심화 선택 과목의 하나인『전통 윤리』는 III단원(친척·이웃·교우 관계와 바람직한 삶)의 두 번째 소단원 <이웃 관계와 상부상조>에서 바람직한 이웃의 모습을 재삼 상기시킨다. 교과서는 전통적인 이웃 관계의 변화에 도시화가 관련되고 있음을 다음과 같이 묘사하고 있다. "우리 사회는 급격한 도시화로 인해 이웃의 처지에 대해 무관심한 익명(匿名) 사회의 특징을 드러내게 되었고, 잦은 이사로 인해 이웃 간의 관계가 소원해진 것은 물론, 이웃에 함께 살아도 바쁜 생활에 쫓겨 얼굴을 마주치는 일조차 드물게 되었다."[28]

　이어서 동 교과서는 우리가 행복하게 살아가기 위해서는 정겨운 이웃 문화를 발전시켜 나아가야 한다고 전제하고, 다음과 같은 방안을 권고한다.[29]

　첫째, 이웃과 접촉할 수 있는 주거 환경을 조성해야 한다. 우리는 급격

---

26) 교육인적자원부,『고등학교 도덕』, 2006, p.48.
27) 교육인적자원부,『시민 윤리』, 2006, p.49.
28) 교육인적자원부,『전통 윤리』, 2006, p.161.
29) Ibid., pp.162~163.

한 도시화 과정에서 방범이나 사생활의 보호를 위해 집을 감옥처럼 에워싸는 일을 당연한 것으로 생각할 정도로 극히 폐쇄된 생활을 하는 경우가 많다. 그러나 이웃이 존재하지 않는 삶은 결코 행복할 수 없다. 인제 담장을 낮추고 이웃과 접촉하기 쉬운 주거 문화를 만들어 나가야 한다.

둘째, 이웃과 공동으로 사용하는 공간들을 확보해야 한다. 최근 도시에 '쌈지 공원'이라 불리는 작은 공원들이 만들어져 이웃이 함께 이용하는 공간으로 활용되고 있다.

셋째, 마을 축제나 지역 축제를 활성화하여 이웃이 함께 할 수 있는 공동의 무대를 만들어야 한다. 이웃이 모여 축제를 계획하고 준비하고 실행하는 과정에서 공동체 의식을 키워 나갈 수 있다.

넷째, 이웃 간의 다툼의 소지를 제거하기 위해 노력해야 한다. 예로, 오늘날 도시 지역에서는 승용차가 급격히 늘어나면서 이웃 간에 주차 공간을 서로 확보하기 위해 신경을 곤두세우며 다투는 일이 빈번하게 발생하고 있다. 이웃이 서로를 불편한 존재로 여기는 환경을 개선해야 한다.

IV. 인간적인 도시 사회를 위한 도덕과 교육의 발전 방향

도시의 구성원으로서 편안하고 인간미 넘치는 도시의 삶을 원치 않는 이는 없을 것이다. 그런데 사실 '인간화된' 도시를 만드는 데 어떤 간단한 공식이나 학문적인 비법이 존재하는 것 같지는 않다. 우리는 정치인이나 전문가가 이런 딜레마를 해결해 줄 적절한 정책 내지 기술을 제시하리라는 희망에서 그들의 의견에 호소하고 그들에게 의사 결정을 위임할 수도 있다. 그렇지만 정책이나 기술 역시 목표가 애매하고 모순되거나 그것을 추구하는 시민들의 삶과 괴리되어 있다면 별 의미가 없다. 요컨대 정책이나 기술만으로 도시 사회의 비인간화라는 문제를 해결할 수는 없는 것이다. 그렇다면 도시 문제에 대한 해결책은 결국 가치를 떠나서는 생각할 수 없다.

도시 사회의 인간화를 위한 도덕과 교육의 발전 방향을 탐색하는 일도 이 같은 틀에 기초하여야 한다. 한 사람의 가치 지향은 출생으로부터 전 생애를 통하여 지속되는 사회화 과정에 따라 발달된다. 만일 현재의 도시 생활양식이 수정되어야 한다면 그 대안적 양식은 어린 시절부터 교육되어야 한다. 그러므로 학생들로 하여금 Ⅱ장에서 도시 사회의 비인간화 형태로 지적된 문제점들을 해결하도록 유도하는 일이야말로 도시 사회의 인간화를 위한 향후 도덕과 교육의 발전 과제라고 할 수 있다.

즉, 도덕과 교육은 무엇보다도 도시 사회에서 인간 자체가 경시되고 있는 점을 극복하기 위하여 인간을 최우선으로 여기는 데 더욱 관심을 기울여야 한다. 또, 도시 사회에서 가족생활이 왜곡되고 있는 점, 그리고 이웃과 공동체의 의식이 쇠퇴되고 있는 점을 극복하기 위하여 공동선의 함양에 더욱 중점을 두어야 한다. 나아가, 도시 사회에서 일반적으로 야기되는 도시 고유의 문제들을 극복하기 위하여 시민 참여를 통해서 주인 의식을 갖는 일이 중요하다는 점을 일깨우는 데 더욱 노력해야 한다. 그리고 Ⅲ장에서 드러났듯이 교육과정의 구성에도 각별히 주목할 필요가 있다. 이를 순서대로 살펴보면,

첫째, 사람 자체를 가장 중시하도록 하는 방안이다.

진정으로 인간적인 도시를 원한다면 사람이 중요시되는 도시를 '이해하는' 사고가 중요하다. 그러므로 도덕과 교육의 방향은 도시 발전에 대한 논제에 있어서 경제적 효율성보다는 보다 쾌적한 환경, 시민 사회에의 소속감, 지속적이고 즐거운 고용 등을 통하여 모든 시민을 귀하게 다루는 일에 초점을 두어야 한다. 더 이상 도시가 정치적 타협의 무대가 된다든

지 혹은 이윤의 계산 안에서만 중시되어서는 안 된다. 요컨대 참으로 중요한 것은 인간성을 희생시켜가면서 목적을 추구하지 않도록 하는 점이다. 도시 생활을 꾸려 가는 데 있어서 비용의 문제는 중요하지 않을 수 없다. 그러나 경제적 사고들이 인격의 영역을 넘어설 수는 없는 법이다.

인간 존중이 추상적인 사고에 그치지 않도록 하기 위하여 시민들 역시 좀 더 현실적이고 구체적인 안목을 갖출 필요는 있다. 이를테면 도시의 생활 유형에 대한 이상형을 상상한 골드(H. Gold)에 따르면, 도시의 이상적인 삶의 유형을 구성하는 요인들은 다음과 같다.30)

자기 인식(도시 생활이 시간, 정력, 돈이 요구되는 이런 저런 선택과 커뮤니케이션에 얽혀 있으므로 자신의 능력과 욕구와 한계를 잘 앎), 의미 있는 업무 역할(도시 생활의 질에 더 공헌하는 직업들에 종사함), 관용(이질적인 사회에서 자신을 긴장과 낭패로부터 보호하기 위해 고도의 포용력과 융통성을 갖춤), 적극적이고 감식력 있는 태도(도시 사회에서 이루어지는 문화 활동들에 적극적으로 참여하려는 자세를 가짐), 지식(도시에서 이루어지는 문화, 경제, 서비스 시설들의 기능이나 이용 방법 등에 대하여 앎), 기술(도시의 각종 자원들이나 시설들을 활용하는 데 필요한 기술들을 습득함) 등.

둘째, 가정의 중요성을 알고 바람직한 이웃 관계 및 공동체의 형성을 목적으로 하는 공동선의 함양을 위한 방안이다.

공동체는 가정이든 이웃이든 공동선을 추구할 줄 아는 집단이다. 우리가 공동체를 좋다고 여기는 이유는, 그것이 공동의 선을 추구하기 때문이다. 근래에 일부 종교 재단과 시민 단체들을 중심으로 전개되고 있는 가정 사목 혹은 대안 가정의 프로그램들은 도덕과 교육의 실천적 방향에 많은 시사점을 주고 있다. 예를 들면, 바람직한 가정을 형성하기 위한

---

30) Gold, *op. cit.*, p.126f.

‘행복한 가정 운동, 가정 성화 운동, 조기 귀가 운동, 홍익 가정 운동’, 그리고 대안적 성격의 ‘새 샘터 치유 공동체, 대안 가정 운동’ 등은, 한결같이 인간의 전인적인 성숙이 건강한 가정 공동체(familiaris consortio)를[31] 통해서만 가능하다는 점을 중시한다. 이들은 공동체 의식을 통한 가정의 인간화를 지향하면서, 도시 가정의 위기가 도시 사회의 위기로 이어짐을 경계한다고 볼 수 있다.

이웃의 경우도 마찬가지다. 최근에 등장하고 있는 도시 공동체 운동으로, 주거 측면에서 ‘아파트 자주 관리 운동, 세입자 운동’, 환경 측면에서 ‘녹색 아파트 만들기 운동, 승용차 함께 타기 운동, 생태 마을 운동’, 경제 측면에서 ‘녹색 가게 운동, 생활 협동조합 운동’, 문화 측면에서 ‘지역 축제, 사이버 공동체 운동’, 자치 측면에서 ‘주민 자치 센터’ 등을 들 수 있다.[32]

한편으로 우리는 오늘날 도시에서 공동체의 개념이 적용되기 어려움을 잘 알며, 우리들 중 도시에서 공동체 의식을 경험하는 경우도 사실 흔치 않다. 실제로 우리는 도시 생활에 있어서 각자 자기가 공동체에 속해 있다고 느끼지 못함을 개탄한다. 그러나 이는 도시 자체가 가지는 특성뿐만 아니라 도시들을 만들어 낸 현대 사회 자체에 내재하는 문제들에 기인한다고 하겠다. 즉, 현대 도시 사회는 대규모화되었을 뿐만 아니라 기능적으로 매우 복잡하게 얽혀 있고, 매우 개인주의화 또는 다원화되어 있으며, 또한 극히 유동적이고 가변적이다. 따라서 상대적으로 동질적이고 안정된 구성원들 간의 관계를 전제로 하는 공동체 의식 및 그 형성이 매우 어렵거나 불가능한 것으로 인식될 수 있다.

---

31) John Paul Ⅱ, *Familiaris Consortio* ; 오경환(역), 『가정 공동체』, 서울 : 한국천주교중앙 협의회, 1981.
32) 한국도시연구소, 『도시공동체론』, 서울 : 한울, 2003, p.96ff.

그럼에도 불구하고 우리는 공동체라는 용어를 기꺼이 도시에로 확대하여 사용할 필요가 있다. 워렌은 거대 도시 지역도 광의의 공동체의 정의에 포함시킨다.33) 그에 따르면 도시에서 공동체가 붕괴되는 이유는 공동체의 자율성의 상실과 공동체와의 일체감의 부족 때문이다. 아마도 워렌은 우리의 삶의 터전이 도시를 중심으로 설정된다고 해서, 그러한 추세가 전통적인 공동체적 삶의 방식이 더 이상 필요 없음을 자동적으로 의미하지 않는다고 통찰한 것 같다.

도시의 규모가 커지고 도시의 구조가 복잡해질수록 역설적으로 도시인들은 인간의 본성과 주체성을 바탕으로 더불어 살아가는 방식을 더 절실히 갈망하게 된다. 즉, 이질적인 배경과 이해관계로 얽혀져 있는 도시 사회가 부과하는 익명성, 비인격성, 탈 주체성을 극복하려는 의식이 싹트면서 도시인들은 함께 살아가는 울타리의 원리와 방식에 관심을 갖게 되고 그 결과 도시 공동체의 복원을 모색하게 된다. 공동체가 인간 생존의 기본 틀이자 방식이 되는 것은 예나 지금이나 또 미래에 가서도 변치 않을 이치의 하나이다.

셋째, 도시 고유의 문제들을 해결해 가는 데 필요한 참여 의식을 고취하는 방안이다.

도시 사회의 인간화를 위하여 참여를 강조하는 이유는 학생들로 하여금 장차 자신들의 삶에 영향을 미치는 정책의 결정을 내리는 데 있어 평등한 시민으로서 책임감을 가지고 접근할 수 있도록 훈련시키기 위해서이다. 일반적으로 주민 참여는, 공적 권한이 있는 정부 또는 지방자치단체의 정책 결정이나 집행 과정에 직접적이며 공식적인 권한을 가지지 않은 일반 주민들이 그 결정 및 집행에 영향을 주기 위하여 직·간접으로

---

33) Wilson, *op. cit.*, p.233.

관여하는 행위이다.

시민의 입장에서는, 무엇보다도 참여를 통해 도시의 문제들에 대하여 알뿐만 아니라 그 해결을 위해 건전한 시민 의식을 육성할 수 있다는 장점이 있다. 시민들은 개인 혹은 집단적으로 '청원, 항의, 진정, 건의, 자문 회의, 공청회, 여론 모니터제, 주민 총회, 반상회, 시위' 등을 통해 참여할 수 있다. 아른스타인(Sherry R. Arnstein)은 한 연구에서[34] 시민 참여를 '조작, 치료, 통지, 자문, 회유(懷柔), 파트너십, 권력 위임, 시민 통제'로 구분하여 설명하였다.

참여가 방금 언급된 것들 중 어떤 형태이든 간에, 그것의 부재는 구성원으로 하여금 살고 있는 도시에 대한 소속감을 상실케 하고 도시로부터의 소외를 초래한다. 우리가 어떤 이의 소외에 대하여 말할 때, 여기에는 그가 스스로 참여로부터 물러서는 일도 포함된다. 꼭 의무나 원칙을 위반하지 않은 경우라도 시민 모두의 일에 정서적인 기여를 소홀히 하는 것은 도덕적 태만으로 이어질 수 있는 것이다.

참여의 부족은 시민 사회의 미성숙과도 관계 깊다. 공권력을 갖는 국가 사회와 사적 이해를 반영하는 시장 사회를 매개하는 공공 영역이 제대로 열려 있지 못하다는 것은 그만큼 도시의 삶이 공공적이고 민주적인 삶의 원리를 바탕으로 하고 있지 않음을 의미한다. 비록 형식적으로는 개방과 경쟁이 허용되는 듯하면서도, 내면으로 성숙하지 못한 시민 의식, 사적 권리의 방임적 행사, 통제 받지 않는 공적 권력의 관철 등이 있는 경우 도시 문제의 해결을 위한 시민적 합의는 그만큼 어렵게 되어 있다.

넷째, 교육과정의 구성을 개선하는 방안이다.

Ⅲ장에서 지적하였듯이 도덕과 교육과정은 여러 제재 안에서 도시 사

---

34) Michael Pacione(ed.), *The City : Critical Concepts in the Social Sciences*, London : Routledge, 2002, p.307.

회의 문제와 발전 방향을 다룰 수 있지만, 도시의 삶을 직접 중심 주제로 다루고 있지는 않다. 우리는 어떤 주제에 대해서 일정한 소단원 혹은 제재를 정하여 집중적으로 다루지 않고 모든 단원이나 모든 제재에서 자유롭게 다룰 수 있도록 할 경우, 오히려 그 주제가 책임성 있게 다루어지지 않음을 잘 알고 있다.

그러므로 현대 도시 사회의 문제들을 심도 있게 진단하면서 보다 인간화된 도시 사회의 형성을 위한 방안들을 사려 깊게 논의하는 별도의 독립적인 소단원이나 제재를 마련하는 것이 좋을 것이다. 근래에 주목되고 있는 주제 중심 교육과정은 이러한 점에서 보다 유리할 수 있다. 도시 사회의 인간화를 별도의 소단원이나 제재로 다룰 경우에도 이론적인 내용보다는 학생들로 하여금 생활 속에서 쉽게 실천할 수 있도록 사례 연구에 관심 두는 것이 나을 것이다.

V. 유의점

우리는 앞에서 현대 도시 사회가 그 풍요로움에도 불구하고 비인간화의 양상을 보이고 있음을 지적하였다. 또 도덕과 교육과정이 학생들에게 도시 사회의 삶에 대하여 어느 정도로 지침을 주고 있는지에 대해서 살펴보았다. 그리고 인간적인 도시 사회의 형성을 위하여 향후 도덕과 교육이 나가야 할 방향에 대해서도 서술하였다.

글을 맺으면서 우리는, 앞으로 우리가 사는 도시의 이미지가 그 안에서 개인들이 소외되어 있고 외로우며 경쟁적인 규범들 및 가치들의 바다 속에서 표류하는 그런 것이 아니기를 바란다. 도시의 규모가 더욱 커지고 복잡해지며 이질적인 사람들의 틈바구니에서 각 시민들이 사회적으로 뿌리 뽑힌 상태, 그리고 정치적으로 힘이 없는 상태로 남아 있지 않기를 바란다. 공동체는 없어지고 그 안에서 각 개인들이 어떤 공동의 상태로 환원되는 무차별 인간성의 사회가 되지 않기를[35] 희망하는 것이다.

적어도 지금까지 도시는 진보 또는 발전의 표상이 되어 왔다. 또한 미래 사회에도 도시화의 추세는 계속될 것이다. 도시는 많은 인격체들이 모여 사는 곳이므로 생활이 더욱 편리하고 안정되며 환경도 더 안전해야 한다. 최근 우리 주변에서 일어나는 작은 변화들— 이를테면 환경 친화적인 계획의 수립, 지속 가능한 개발의 추진, 쾌적한 도시 환경의 확보, 주민 참여의 활성화 등— 은 우리가 사는 도시가 향후 어떤 모습으로 변해 갈 것인지에 대하여 나름대로 예측을 가능하게 해 준다.

도시다움은 더 이상 사람 사이가 단편화되고 대인 관계에 있어서 약삭빠르며 계산적인 행위 성향을 조장하는 것이 아니어야 한다. 이제 도덕과 교육은 자라나는 학생들로 하여금 도시다움이 세련된 가운데서도 인격적이고 인간미 흐르는 것임을 자각하고 실행하도록 하는 데 지향을 두어야 한다. 도시에서는 으레 사회적 유대가 약하고 피상적이며 일시적이고 무규범적일 수밖에 없다는 고정 관념을 바꾸게 해야 한다. 인류 역사의 경험에 비추어볼 때 어렵고 힘들더라도 우리 모두를 위해서 그렇게 노력해야만 할 것이다.

---

35) William G. Flanagan, *Urban Sociology : Images and Structure*, Boston : Allyn & Bacon, 2002, p.87.

참고문헌

강대기, 『현대 사회에서 공동체는 가능한가?』, 서울 : 민음총서, 2000.

교육인적자원부, 『고등학교 도덕』 ;『시민 윤리』 ;『전통 윤리』, 2006.

교육인적자원부, 『중학교 도덕 1』 ;『중학교 도덕 2』 ;『중학교 도덕 3』, 2006.

김혜천 외, 『도시 : 현대 도시의 이해』, 서울 : 대왕사, 2002.

심현천, 『살기 좋은 아파트 마을 만들기』, 서울 : 도서출판 마들, 1993.

윤인진, “한국의 도시와 지역 공동체의 변화와 전망”, 「한국사회」, 서울 : 고려대학교 한국사회연구소, 제2집, 1999, pp.199~238.

조명래, “근대성·도시·도시론”, 「한국사회학」 제31집 여름호, 1997.

조명래, 『현대 사회의 도시론』, 서울 : 한울, 2002.

통계청, 『한국통계연감 : 제49호』, 2002.

하성규 외, 『지속 가능한 도시론』, 서울 : 보성각, 2003.

한국도시연구소, 『도시공동체론』, 서울 : 한울, 2003.

Arnstein, Sherry R., “A Ladder of Citizen Participation”, in Pacione, Michael(ed.), *The City : Critical Concepts in the Social Sciences*, London : Routledge, 2002.

Caldeira, Teresa P. R., “Fortified Enclaves : The New Urban Segregation”, in Holston, James(ed.), *Cities and Citizenship*, Durham : Duke University Press, 1999, pp.114~138.

Ferguson, Ronald F. & Dickens, William J., *Urban Problems and Community Development*, Washington, DC : The Brookings Institution, 1999.

Flanagan, William G., *Urban Sociology : Images and Structure*, Boston : Allyn & Bacon, 2002.

Gimmel, Georg, “The Metropolis and Mental Life”, in K. Wolff(ed.), *The Sociology of Georg Simmel*, New York : The Free Press, 1994.

Gold, Harry, *Urban Life and Society*, Upper Saddle River, NJ : Prentice Hall, 2002.

Holston, James(ed.), *Cities and Citizenship*, Durham : Duke University Press, 1999.

Luymes, Don, “The Fortification of Suburbia”, *Landscape and Urban Planning*, vol.39, 1997, pp.187~203.

Macionis, John J. & Parrillo, Vincent N., *Cities and Urban Life*, Upper Saddle River, NJ : Prentice-Hall, 2003.

John Paul Ⅱ, *Familiaris Consortio* ; 오경환(역), 『가정 공동체』, 서울 : 한국천주교중앙협의회, 1981.

Mumford, Lewis, *The City in History : Its Origins, Its Transformations, and Its Prospects*, New York : Fine Communications, 1998.

Pacione, Michael(ed.), *The City : Critical Concepts in the Social Sciences*, London : Routledge, 2002.

Short, John R., *The Humane City : Cities as if People Matter* ; 백영기(역), 『인간의 도시』, 서울 : 한울, 2000.

Warren, Roland L., *The Community in America*, Chicago : Rand McNally College Publishing Company, 1978.

Wilson, Robert A. & Schulz, David A., *Urban Sociology* ; 김현조·김석훈(역), 『도시 사회학』, 서울 : 경진사, 1991.

Wirth, Louis, "Urbanism as a Way of Life", *American Journal of Sociology*, vol.44, no.1, 1938, pp.1~24.

제2부 도덕교육의 내용 주제별 실제

제1장 도덕 교과서에서 강조된 연대성 원리의 형태

Ⅰ. 도덕교육과 연대성

1. 연대성 개념의 역사적 배경

연대성(連帶性, solidarity)은 사람들의 상호 결속과 책임을 뜻하는 말로서, 사회의 올바른 질서를 유지하는 데 있어서 중시되어 온 개념이다. 일찍이 '견고하게 하다'(solido)는 말과 관련지어 사용된 라틴어의 solidus 혹은 in solidum obligari는 로마법의 관용 언어로 '전체에 대한 책임'을 뜻하였다. 이후 학문적으로 연대 의식을 통한 사회의 책임을 강조하고 사회에 대한 의무적 공헌을 구체적으로 설명한 것은 근래의 일이다.

19세기 말경에 프랑스의 부르주아(L. Bourgeois), 지요(Y. Gyot), 지드(C. Gide) 등의 문헌에서 사회 연대주의 개념이 자주 나타나고 있다.[1] 이들에 따르면 사회 연대주의는 자유주의에서처럼 개인에 중점을 두지 않는다. 자유주의는 다소간에 사회를 자신의 고유한 이익과 목표를 추구하는 개

---

[1] Anton Rauscher, "Solidarität", *Staats Lexikon*, Freiburg : Herder, vol.4, 1988, p.1191f.

인들의 총계라고 여긴다. 이 같은 관점에서는 개인들이 그로부터 어떤 편익을 기대하거나 계약을 맺을 경우 그것은 항상 다시금 용해될 수 있다. 그렇다고 사회 연대주의가 집산주의를 시도하는 것은 아니며, 마르크스주의처럼 유적 존재로서의 인간을 의도하는 것도 아니다.

연대성은 20세기 초 독일의 페쉬(H. Pesch)의 '사회 속의 인간'(Menschen inmitten der Gesellschaft) 개념을 거치면서 발전된 사회관에로 적용되었다.[2] 그에 의하면 연대성은 인간이 사회적 존재라는 점, 인간은 이웃에 개방되어 있으며 그들에게 의존하고 있다는 점, 인간은 오직 다른 사람들과의 협력 안에서만 발전하고 목적을 달성할 수 있으며 문화와 역사를 형성할 수 있다는 점을 의미한다. 반대로 사회는 스스로 아무 것도 할 수 없고 그 구성원들이 활동하는 한도 내에서 단지 존속할 뿐이다. 그러므로 그 구성원들의 발전을 가능하게 하는 것이 그의 목표요 과업이다.

이로부터 인간의 사회에 대한 속박과 인간의 복리에 관한 사회의 재속박이라는 양면성이 드러난다. 만일 개인이 단지 개체일 뿐 자신의 존재로부터 다른 이들과의 연대성을 명하지 못한다면, 그리고 만일 사회가 스스로의 의도 안에 위치하고 있으며 단지 스스로의 의지에 달려있다면, 개인이 사회적인 속박을 갖든 갖지 않든 혹은 그가 다른 이들과 함께 일을 하려 하든 그렇지 않든 간에 이 같은 속박은 그의 자유와 모순되거나 혹은 그의 자유를 제한할 뿐이다. 각 개인들이 자유로운 영역을 임의로 처리한다 하더라도, 사회적 결합의 결정화(結晶化)의 핵심으로서 본질적인 사회의 목적과 목표가 그들에게 우선하기 때문이다.

연대성은 근래에도 주요한 사회 원리로 인지되어 왔다. 그것은 특히 넬브로이닝(O. von Nell-Breuning), 군드라하(G. Gundlach), 벨티(E. Welty) 등

---

2) H. Pesch, *Lehrbuch der Nationalökonomie*, Freiburg : Herder, 1924.

에서 무엇보다도 사회의 존재 기초를 이룬다. 그것은 강한 사람들의 힘에 의한 것이 아니며 사람들로부터 내려진 타협도 아니다. 오히려 인간에 고유한 사회성이다. 넬브로이닝은 연대성을 사회의 질서 원리로서 인간다운 사회를 건설하는 규준이라고 쓰고 있다.[3] 여기서는 도덕적 책임이 전체의 복리를 위한 힘을 정하고 그 사적인 이익을 공공 이익의 하위에 둔다. 또한 사회도 마찬가지로 사람들의 복리를 위하여 분주하게 된다. 사람들은 공동생활에 있어서 이기심의 반대편에 서게 되며, 사회의 직무는 인간적으로 풍부해진다.

한편 그리스도교의 문헌들도, 연대성이 현대 세계의 정치적, 경제적, 문화적, 종교적인 요소들에 있어 관계를 결정하는 체계로서 이를 하나의 윤리적 범주로 받아들여야 한다고 강조한다.[4] 예컨대 1987년의 회칙 『사회적 관심』에 의하면, "만약 상호 의존을 이런 각도에서 파악한다면, 거기에 상응하는 윤리적이고 사회적인 태도, 일종의 덕이라고 할 응답은 연대성이다. 그러므로 연대성은 가깝든 멀든 그 많은 인간들이 겪는 불행을 보고서 만연한 동정심 내지 피상적인 근심을 느끼는 무엇이 아니다. 그것은 오히려 공동선에 매진하겠다는 강력하고 영속적인 결의이다."[5]

이런 문헌들은 우리로 하여금 다른 사람 — 개인이든 민족이든 국가든 — 을 일종의 도구로, 저가(低價)로 착취할 수 있는 노동력과 체력을 가진 존재로, 그리고 더 이상 효용이 없을 때는 내버릴 것으로 여기지 않고,

---

3) Oswald von Nell-Breuning, *Baugesetze der Gesellschaft*, Freiburg : Herder, 1968. 이와 유사한 입장의 것으로 Gustav Gundlach, *Die Ordnung der menschlichen Gesellschaft*, Köln : Butzon & Bercker, 1964 ; Eberhard Welty, *A Handbook of Christian Social Ethics*, New York : Herder, 1960 참조.
4) 토미즘의 최신 동향에 대하여 Gerald A. McCool, *From Unity to Pluralism : The International Evolution of Thomism*, New York : Fordham University Press, 1992.
5) John Paul Ⅱ, *Sollicitudo rei Socialis* ; 성염(역), 『사회적 관심』, 서울 : 한국천주교중앙협의회, 1987, n.38.

우리의 '이웃'으로, '돕는 이'로 보도록 촉구하고 있다.

아마도 연대성은, 그것이 특히 종교적 성격을 가질 때 더욱 완전에 다가서는 것 같다. 실제로『사회적 관심』은 이렇게 적고 있다. "신앙에 비추어볼 때 연대성은 그 자체를 초월하고자 모색하며 전적인 무상(無償), 용서, 그리고 화해 같은 차원의 형태를 취하려고 한다. 그렇게 될 때 우리의 이웃은 단지 나름대로의 권리 및 다른 이와의 근본적인 평등을 갖춘 동료 인간에 그치는 것이 아니라, 신의 영상이 되며 따라서 그를 위해서라면 최후의 희생까지도 각오하지 않으면 안 될 대상으로 오른다."6) 오늘의 우리 사회에 만연되어 있는 극단의 이기주의적 사고방식을 극복하는 데 '연대성과 애덕'의 투신이 더욱 요구됨을7) 지적하고 있는 것이다.

2. 도덕 교과에서의 연대성의 의미

위의 내용으로 볼 때 우리는, 연대성이 공동선의 실현을 위한 사회 질서의 원리라는 점에 그 의의가 있음을 알 수 있다. 공동선은 문자 그대로 개인의 선과 사회의 선을 함께 추구한다. 그러므로 연대성은 그것이 개인에 대하여 어떤 의미를 가지는지, 그리고 사회에 대하여는 어떤 의미를 가지는지에 관심을 기울이지 않을 수 없다.

한편 도덕교육은 공동선을 이해하고 자각하며 실천할 줄 아는 인간을 형성하는 과정이다. 이에 도덕 교과는 분명히 연대성을 중요한 덕목으로 강조하고 있다. 우선 교과의 성격과 목표에 비추어 보아8) 그렇고, 내용의 구성 체계로 보아서도 그렇다고 말할 수 있겠다. 교과 내용의 기본을 이

---

6) Ibid., n.40.

7) John Paul Ⅱ, *Centesimus Annus* ; 김춘호(역), 『백주년』, 서울 : 한국천주교중앙협의회, 1991, n.49.

8) 교육부, 『제7차 도덕과 교육과정』, 1997, pp.28~29 ; 교육인적자원부, 『도덕과 교육과정』, 2007, pp.3~4.

루는 수십 개의 가치·덕목 역시 학생들로 하여금 공동생활의 지혜를 추구하게 하고 있다.

본 연구는 연대성의 원리가 7~9학년 중학교 도덕과 교과서에서 어떤 형태와 의미로 나타나 있는지를 살펴보는 데 그 목적을 둔다. 이러한 연구가 필요한 이유는 사실 최소한의 인간적인 유대 관계를 유지하기도 쉽지 않은 이 시대에 연대성은 그러한 차원을 넘어 인류의 일치에 관한 새로운 모델로서 도덕교육의 중요한 목표가 되기 때문이다. 연구의 방법은 문헌 연구와 내용 분석으로 요약된다. 개략적으로 말해서, 연대성 개념을 구성하는 요소들을 세분하여 그것들이 도덕 교과서에서 어떻게 표현되고 있는지 탐색하고자 하는 것이다.

교과서에서 연대성을 직접 드러내어 강조하고 있는 한 가지 예를 들어 보자. 8학년의 Ⅰ단원은 사실상 사회 안에서의 연대성을 주제로 하는 부분이라고 할 수 있다. 교과서는 특히 현대 사회의 도덕적 문제들을 해결하는 데 있어서 공동체 의식과 연대 의식이 필요하다고 다음과 같이 설명한다. "현대 사회의 도덕적 문제는 구성원들이 공동체 의식과 연대 의식의 바탕 위에서 해결될 수 있을 것이다. 그러기 위해서는 사회 구성원들이 사회 전체의 이익을 위하여 정해진 규율과 질서에 합의해야 한다. 그리고 시민들은 개인적으로 도덕심을 갖추어야 할 뿐만 아니라 사회적·국가적으로 미비한 법과 제도를 근절시킬 수 있는 제도적 장치를 마련해야 한다."9)

이를 위하여 개인의 이익을 추구하면서 동시에 공익을 고려해야 하는 점이 강조되고 있다. "우리는 사회 전체를 위하여 개인의 이익과 사회의 공익 사이의 갈등 조정이 필요하다는 것을 알 수 있다. 먼저 각 개인의

---

9) 교육인적자원부, 『중학교 도덕 2』, 2006, p.53.

이익과 사회의 공익을 동시에 만족시킬 수 있는 방안을 찾아야 하고, 그 것이 안 될 때에는 각 개인의 피해를 최소한으로 줄이면서 사회의 공익을 추구하는 방향으로 문제를 해결해야 할 것이다."10)

또 9학년의 Ⅰ단원은 개인의 가치문제를 주제로 하면서도 개인이나 집단 간에 가치 갈등이 심각해지면 서로 더불어 살아가기가 힘들어진다고 강조한다. 이에 갈등을 원만히 해결하기 위한 몇 가지 마음의 자세들을 촉구하고 있다.11) 즉 문제점에 대하여 자기중심적으로만 생각하지 않는 태도, 나와 다른 가치를 가진 사람일지라도 그 사람의 생각과 가치를 존중해주고 받아들일 수 있는 관용의 자세, 서로 양보하고 타협하는 자세, 당사자간의 대화와 설득을 통해 해결하려는 자세, 사회 규범을 준수하고 공공의 이익을 우선적으로 생각하는 마음가짐, 사실을 있는 그대로 진실 되게 보는 자세 등.

이제 도덕 교과서의 내용을 분석하는 데 있어, 공동선을 위한 사회 질서의 원리로서 연대성의 총괄적인 의미를 다음과 같이 세분하여 차례로 다루어보기로 한다. 그것은 개인의 선과 관련하여 각 사람의 인격적인 자유와 자아실현의 전제가 된다는 점(Ⅱ장), 사회의 선과 관련해서는 공동체적 사회를 이루는 기준이라는 점(Ⅲ장), 나아가 공동체는 국가적 및 국제적 차원에서도 이루어져야 한다는 점(Ⅳ장)이다.

Ⅱ. 자유와 자아실현

사회 안에서 올바르게 연대 의식을 갖는 일은 그 구성원들이 서로 타

---

10) Ibid., p.62.
11) 교육인적자원부, 『중학교 도덕 3』, 2006, pp.61~65.

인을 인격체로 인정할 경우에만 가능해진다. 연대성이 인격의 존엄성으로부터 생겨난다는 것도 이를 두고 하는 말이다. 사회가 개인을 위하여 있는 것이지 개인이 사회를 위해서 있는 것이 아니기에, 개인은 사회의 한갓 구성물에 불과하거나 사회가 의도하는 목적 달성에 필요한 수단에 그치는 것이 아니다. 그는 하나의 인격체로서 사회의 전체 활동들이 그를 위해 지휘되고 있다고 보아야 한다. 그러므로 연대성은 사회 활동의 실현에 있어서 인간들의 인격적인 결합에 근거를 두며,12) 어떤 미리 주어진 통일성에 근거를 두는 것은 아니다.

연대성과 인격은 얼추 모순처럼 보일 수 있다. 사실 인격은 그 자존성과 완전성을 통하여 하나의 독립된 주체이며 자기 이외의 어떤 것에 의존해서 존재하지 않고 자기 안에 존재하는 것임을 드러낸다. 따라서 자유 — 그리고 그에 말미암은 권리 — 는 인격을 특징짓는 주요한 요소이다. 자유의 개념은 그것이 인간의 내적 세계 안에서의 자족으로 이해되면서 존재론화 되었는데, 존재론적 개념에 의하면 자유로운 인간이란 자신의 인격을 완성해 나가는 데 필요한 기본 결단을 올바로 내리는 사람이다.13) 자족은 비 예속성으로서만 파악되는 것이 아니라, 자기 자신에 대한 올바른 관계로서 그리고 온전한 독자성과 자립성의 근거로서 파악되고 있다.

다만 우리가 자유의 형태를 상이한 대상 가운데 하나를 스스로 선택·결정하는 능력으로만 본다면, 이는 도덕적 자유를 이해하는 데 오류를 범할 여지가 있다. 왜냐 하면, 선과 악을 그중 어느 하나를 선택하지 않으면 안 되는 두개의 대상으로 파악할 수는 없기 때문이다. 선과 악은 대

---

12) Rauscher, *op. cit.*, p.1193.
13) Cf. Tim Gray, *Freedom*, London : Macmillan, 1991 ; Ian Carter, "The Independent Value of Freedom", *Ethics*, vol.105, no.4, 1995.

상이 아니라 인격의 방향과 관련되는 문제이다. 그러므로 자유는 인격체로서 인간 존재에 본질적으로 속해 있으면서도 인격으로서의 인간의 자아실현을 위한 기반일 뿐이다.

인간의 구체적인 자유는 인격의 폐쇄된 내면 안에서 타인과 분리된 가운데 실현되지 않는다. 인간은 인격 계발의 가능성만을 가지고 세상에 태어나기에, 자기 인격을 계발하기 위하여 가정 안에서 부모의 사랑과 배려를 필요로 하며 사회와의 접촉을 필요로 한다. 이것은 자유가 무전제적이 아니라 정치, 경제, 사회, 문화적 요인 및 심리, 지리적 요인 등 많은 요인들에 의하여 규정되고 있음을 시사한다. 따라서 인간의 구체적인 자유는 역사적 성격을 지니며 역사를 통해 중재되고 있다. 이는 진정한 자유가 단순히 자율로 이해되기보다는 인격들의 만남, 즉 연대성 안에서 실현되는 것으로 이해되어야 함을 뜻한다.

이와 관련하여 교과서는 자율성을 발휘하기 위해서는 한 가지 조건이 있다고 밝힌다. 그것은 자신이 선택하고 결정한 행동에 대하여는 스스로 책임을 져야 한다는 점이다.14) 아울러 학생들에게 자제하고 반성할 줄 아는 삶을 촉구한다. "우리는 자신의 욕구를 충족시키는 데 있어서 그것을 적절히 조절하는 방법이나 능력을 지녀야 한다. … 만약 우리가 욕구나 충동이 일어나는 대로 행동한다면, 이 사회의 질서는 금방 무너지고 말 것이다."15) 순전히 이기적으로 인식된 자유는 파괴적일 수밖에 없고 서로를 적대적으로 만들 위험이 있음을 경계하는 것이다.

인간이 자유 의지를 가지고 있다는 것은, 그가 훌륭한 인격을 갖출 수 있는 존재임을 뜻한다. 교과서는 학생들에 대해 21세기의 새로운 시대에 맞는 인격을 갖추려면, 자기의 이익만을 위하여 노력하지 말라고 가르친

---

14) 교육인적자원부, 『중학교 도덕 1』, 2006, p.134.
15) Ibid., p.131 ; 134.

다. "우리는 혼자서는 살 수 없다. 다른 사람과 서로 도움을 주고받으며 살아가야 한다. 정보와 통신이 더욱더 발달하는 앞으로의 사회에서는 이웃을 뛰어넘어 세계의 모든 인류와 서로 도움을 주고받으며 살아가야 한다. 따라서 앞으로 우리는 자신과 가족만의 행복을 추구하는 것을 뛰어넘어, 인류 전체의 행복을 추구하기 위해 노력하여야 한다."16)

사람은 짐승과 달리 자신의 선택이 자신의 삶의 방향과 의미를 결정하며, 그러기에 다른 사람들에게도 매우 중요한 영향을 끼치게 마련이다. 각자 자신이 선택할 수 있는 삶의 목적은 다양하지만 거기에는 반드시 갖추어야 할 기본적인 조건들이 있으니, 그것은 적어도 다른 사람들이나 사회 전체에 부당한 손해를 끼치지 않고 자신에게도 보람 있고 의미 있는 것이어야 한다는 점이다.

아울러 인간다운 삶이란 자시 자신만을 생각하는 것이 아니라, 다른 사람의 입장과 처지를 생각할 줄 아는 삶이라고 강조한다. "우리는 자기 자신만을 알고 자기 혼자만의 이익을 추구하며 사는 사람을 이기적인 사람이라고 한다. 이와는 반대로, 다른 사람의 삶이나 사회 전체를 위하여 자신의 이익을 포기하거나 봉사할 줄 아는 사람을 이타적인 사람이라고 한다. 인간다운 삶이란 이타적인 삶을 말한다."17)

그러므로 진정한 인격자는 사회 전체에 대해서 책임을 질 줄 아는 사람이며, 사회는 그와 같은 사람들 때문에 질서가 유지되고 발전한다고 말할 수 있다. 사실 인간은 본성적으로 다른 사람과 더불어 살아가도록 되어 있으며, 생존뿐만 아니라 삶의 의미나 행복도 그들과의 관계에 의하여 결정되는 경우가 많다. 사람들은 모두 각자의 능력을 최대한으로 계발하여 풍요롭고 행복하게 살려고 하지만, 사회에는 그런 삶에 필요한

---

16) Ibid., p.73.
17) Ibid., p.86.

재산이나 권력, 지위, 기회 등이 충분히 주어져 있지 않기 때문이다.

　교과서는 이와 관련하여, 사람이 사회적 연대를 무시할 경우 결코 자아 실현을 이룰 수 없다고 설명한다. 근래에 자아의 실현은 올바른 행위를 통하여 자아 본질의 완성과 최고선에 이르는 상태로 이해되어 왔다. 자아 실현을 위해서는 먼저 자신을 올바르게 아는 일이 전제된다. 자아를 발견하는 일은 단순히 자신이 존재한다는 사실을 아는 것만이 아니라 자기 자신이 어떤 조건에 처해 있으며 어떤 가능성과 이상을 가지고 다른 사람들과는 어떤 관계를 맺고 있는가에 대하여 올바로 아는 것을 의미한다.

　자기를 올바로 알기 위해서라면 자신에 대한 관찰이나 반성만으로는 부족하며, 사회에 대하여 알고 그 구성원들과 자신과의 관계에 대해서도 관심을 가져야 한다. "나는 사회 속에서 다른 사람들과 일정한 관계를 맺으며 살아가고 있다. 따라서 사회인으로서 내가 해야 할 행동과 해서는 안 될 행동이 있다. 또, 하고 싶지 않아도 해야 할 일이 있고, 반드시 해야 하지만 능력이 미치지 못해서 하지 못하는 일도 있다. 이러한 점에서 볼 때, 내가 할 수 있는 것을 아는 것만으로는 충분하지 못하다. 사회적 존재로서 내가 할 일과 해서는 안 되는 일이 무엇인지를 알 때, 비로소 자아를 안 것이라고 할 수 있다."[18] 교과서는 자아의 발견을 위하여 구체적으로 친구들 앞에서 이야기해 보고, 가까운 이들에게 내가 어떤 사람인지 물어보거나 혹은 상담 선생님이나 전문 기관을 찾아보도록 권고한다.[19]

　자아를 실현하는 사람이 많으면 많을수록 그 사회는 더욱 질서가 확립되고 인간미 넘치는 사회가 될 수 있으며, 개인의 자유도 확장되게 마련이다. 사르트르(J. P. Sartre) 등은 점차 원자화 되어가고 있는 현대 문화의

---

18) Ibid., p.41.
19) Ibid., pp.42~43.

과격한 분리성을 놓고 이를 능가하는 연대성에 대하여 관심을 기울이면서, 인간은 연대적 행위를 통하여 참된 자유를 얻고 개인주의의 폐단을 극복할 수 있다고 설명한다.[20]

Ⅲ. 순환 관계에의 적용

개인이 사회의 구성원임에 틀림없지만, 그는 일반적으로 여러 집단들을 통하여 그러하다. 요컨대 개인은 가장 크고 보편적 사회인 국가에 대하여 직접 개별적으로 그 구성원을 이루기보다는 비교적 자율적이고 자치 결정의 능력이 있는 많은 집단들을 통해서 구성원이 된다. 따라서 연대성은 사회 안에서 개인과 국가 사이에 자리하게 될 여러 집단들의 설정을 강조한다. 이 같은 중간 집단들은 개인과 국가를 잇는 단순한 매개체에 불과한 것이 아니라 소속된 성원들의 선을, 그리고 보다 큰 사회의 선을 위하는 데 그 목적인(目的因)을 갖는다.

그러므로 개인과 사회, 국가에는 연대성의 원리에 의하여 독특한 공동체 관계가 형성된다. 회칙『백주년』도 중간 집단들이 '연대성의 중요한 역할'을 수행하고 있다고 지적한다.[21] 이 같은 기능적 집단들은 사회가 그것들 없이는 존재할 수 없다는 의미에서 사회의 완성에 필요한 것들이다.

교육과정은 그 내용 구성의 체계성을 위하여 전통적으로 사회 확대의 방식을 활용해 왔는데, 이는 학생들로 하여금 개인으로부터 가정·이

---

20) Joseph Pappine, "Freedom and Solidarity in Sartre and Simon", *American Catholic Philosophical Quarterly*, vol.LXX, no.4, 1996, p.569f. ; Robert A. Wicklund & M. Eckert, *The Self-Knower*, New York : Plenum Press, 1992. 특히 타인과의 관계 속에서의 자아실현에 대하여 고범서, 『행복의 윤리학 : 자아실현과 행복』, 서울 : 소화, 1994.
21) John Paul Ⅱ, *Centesimus Annus*, op. cit., n.49.

웃·학교를 거쳐서 사회 그리고 국가·민족생활의 영역에 따라 공동선을 달성하게 하려는 것으로 해석된다. 학생들의 생활환경이 확대되는 범위에 따라 연대성의 순환적인 관계가 형성되어 있는 셈이다.

첫째, 가정은 부모와 자녀가 한데 모여 의식주 등의 공동생활을 하는 생활 공동체이다. 가족들은 함께 생활하며 서로 사랑하고 믿는 가운데 공동의 목표를 달성해 나간다. 교과서는, 가족의 구성원들 사이에는 사랑과 이해 그리고 인격적 존중을 통하여 어느 집단보다도 강한 연대감이 있다고 강조한다. "가족 간에는 이익과 손해를 따지지 않고, 서로 도우면서 아끼고 격려해 준다. 또, 가정은 서로를 사랑으로 감싸주는 곳이기 때문에 우리는 포근한 행복감을 느끼며 살아갈 수 있는 것이다."[22]

이러한 연대성이 도덕적 성격을 가지는 것은 물론이다. "우리는 가정에서 부모님의 영향과 형제자매와의 관계를 통하여 여러 가지 예절과 규칙을 배움으로써 최소한의 사람 된 도리를 익히게 된다. 가족과 함께 생활하고 성장하면서 무엇이 옳고 그른 것인지, 또는 선과 악이 무엇인지를 처음으로 배우게 되며, 건전한 가치관과 올바른 습관을 가지게 된다. 가족과의 생활 속에서 이웃에 대한 사랑과 봉사 그리고 타인과 협동하는 정신을 배우고, 그 속에서 책임과 의무를 깨달으며, 훌륭한 사회인, 훌륭한 민주 시민이 되는 길이 무엇인가를 알게 된다."[23]

한편 교과서는 오늘날 핵가족 현상과 함께 바쁜 산업 사회의 생활이 가정의 연대 기능을 약화시키고 있다고 우려한다. "부모가 직장을 가지는 경우가 많아져서 가족끼리 함께 하는 시간과 기회가 줄어들었으며, 가족 구성원의 수도 적고, 부모나 자식이 저마다 하는 일이 달라져서 가족 간의 이해와 협동심을 익힐 수 있는 기회도 줄어들었다."[24] 아울러

---

22) 『중학교 도덕 1』, p.156.
23) Ibid., pp.157~158.

가정의 행복을 위해서는 가족 구성원간의 이해와 사랑 그리고 역할과 책임 분담이 필요하다고 설명한다.[25]

둘째, 이웃은 나와 내 가족 외에 직접적 또는 간접적인 인간관계로 맺어져 더불어 살고 있는 사람들이다. 이웃끼리 관심을 가지고 살다 보면 도움이 필요할 때 서로 도움을 주고받을 수 있다. 현대 사회에서 이웃은 꼭 가까운 곳에서 살고 있는 사람들만을 의미하지 않는다. 각종 정보 매체의 발달에 따라 장소와 시간에 제한을 받지 않고 인간관계를 맺을 수 있게 되었으며, 이웃의 범위도 더 넓어졌다.

교과서는 이웃과 더불어 살고 있는 모습을 속옷과 겉옷에 비유한다. "가족을 속옷이라고 하면, 이웃은 겉옷에 해당된다. … 가족과 이웃은 마치 속옷과 겉옷처럼 서로 보완적인 관계에 있으며, 우리 생활을 안정되고 풍부하게 유지시켜 준다."[26] 설사 오늘날의 이웃 관계가 옛날처럼 친밀할 수는 없지만, 우리는 항상 이웃과 더불어 살아간다는 생각을 잊지 말아야 한다는 것이다.

이 같은 이웃 간의 상부상조의 필요성을 교과서는 인간의 사회성에서 찾고 있다. "살다 보면 혼자서는 해결할 수 없는 일들이 많이 생긴다. 이때 우리는 이러한 일들을 해결해 주는 전문 기관에 그 일을 맡겨본다. 그러나 그들이 만족할 만큼 일을 잘 처리해 주지 못하면, 마치 자신의 일처럼 해결해 줄 수 있는 가까운 이웃이 있기를 바라게 된다."[27] 또 이웃 생활에서 발생하기 쉬운 사생활의 침해, 무질서, 지역 이기주의 등의 문제들은 이웃에 대한 보다 큰 관심과 자발적인 참여를 통해서 해결될 수 있

---

24) Ibid., p.160.
25) 『중학교 도덕 3』, p.142.
26) 『중학교 도덕 1』, p.232 ; 233.
27) Ibid., pp.245~246.

다고 제시한다.28)

셋째, 학교는 자라나는 아이들이 가정을 떠나서 처음으로 접하게 되는 사회이다. 학교는 같은 또래의 학생들이 같은 목적을 가지고 생활하는 삶의 주된 현장이요 활동 무대이기도 하다. 교과서는 학교생활에서 만나는 선생님과 친구들 및 선배 혹은 후배들과의 관계를 올바로 파악하여 원만한 인간관계를 맺어 나가도록 권고한다.

학교라는 공동체에서 구성원들 사이에 이처럼 원만한 관계가 유지되기 위해서는 규칙을 잘 지켜야 한다. "만약 '나 하나쯤이야.' 하는 생각으로 교칙을 지키지 않고 위반하기 시작한다면, 교칙을 지키는 사람이 손해를 보는 학교 풍토가 만들어질 것이다. 이런 현상이 확대되면 사회의 규칙과 법의 원칙은 무너지고, 사회의 부정은 치유되기 어려워질 것이다."29) 또, 교우 관계는 서로의 입장과 처지를 이해하고 배려하는 관계 그리고 서로의 발전에 도움을 주고받는 관계라는 점을 잊지 않도록 촉구하며, 학연을 중시하는 풍조 역시 집단 이기주의에 빠질 가능성이 있다고 경고한다.30)

넷째, 사회생활에 있어서 다른 이들과의 연대 의식과 공익을 존중하는 태도는 성숙한 시민 의식의 발로이다. 교과서는 사회생활에서 요구되는 규범들을 다루면서, 특히 합리적인 소비 생활에 대하여 다음과 같이 설명한다. "올바른 소비자가 되기 위해서는 자신의 이익만을 생각해서는 안 된다. 자신과 공동체와의 연대 의식을 가지는 건전한 소비자가 되어야 한다. 상품이 내 마음에 들고, 또 충분한 경제적 능력이 있다고 하더라도, 나의 잘못된 선택으로 인하여 우리의 이웃인 근로자, 농민, 그리고

---

28) 『중학교 도덕 3』, p.160f.
29) 『중학교 도덕 1』, p.285.
30) 『중학교 도덕 3』, p.171 ; 190.

기업이 어떤 영향을 받게 될지를 충분히 생각해야 한다. 사치품이나 외제 수입품의 소비가 늘어날 때, 우리의 경제나 정신이 알게 모르게 좀먹어 들어간다는 사실을 명심해야 한다."31)

교과서는 또한 연대성에 바탕을 두면서 민주적으로 생활하는 태도에 대하여 많은 지면을 할애한다. 몇 가지의 예를 들어보면 첫째로, 인간 존중을 실천하기 위하여 공동체 의식을 갖는 일이다. "나와 다른 사람이 힘을 합쳐 우리가 살아가는 사회를 유지하고 발전시킨다는 생각을 가져야 한다. 그리고 이를 위해서는 사회 구성원 각자가 상대방을 존중하는 상호 존중 의식을 가져야 함은 물론이다."32)

둘째로, 자발적으로 참여하고 봉사하는 일이다. "자기에게 맡겨진 일만 하는 소극적 참여가 아니라, 공동체의 선을 위하여 중요한 문제들을 지적하고 관심을 같이 하는 사람들과 함께 문제 해결을 위하여 적극적으로 노력하는 것을 중요하게 생각하는 것이다. … 봉사 활동은 공동체를 위한 활동이다."33)

셋째로, 질서 의식과 준법정신을 갖는 일이다. "모든 집단과 공동체에서 질서가 유지되기 위해서는, 개인이 양심에 따라 자발적으로 질서를 지키고 타인에 대해 배려하는 것이 필수적이다."34)

끝으로, 공정한 절차를 거쳐 올바른 의사 결정을 이루는 일이다. "합리적인 의사 결정을 위해서는 다양한 의견을 듣고 어떤 행동이 정당한지 충분한 토론과 이해를 하여야 한다. 자기의 주장만 내세우며 남의 주장에는 귀 기울이지 않는 독단적이고 폐쇄적인 태도는 옳지 못하다."35)

---

31) 『중학교 도덕 2』, p.126.
32) Ibid., p.84.
33) Ibid., p.89 ; 91.
34) Ibid., p.97.
35) Ibid., p.110.

근로자의 직업윤리와 관련해서는, 직업인의 개인적인 능력과 노력을 존중하는 가운데 사회 연대 의식에 바탕을 두고 선의의 경쟁을 이루어 나가도록 충고한다.[36] 아울러 노사의 화합과 협력에 대해서도 강조한다. 노사는 편협하고 자기만을 생각하는 이기주의를 버려야 한다는 것이다. "근로자와 기업주는 때로는 자신들에게 돌아갈 이익과 혜택을 양보할 줄도 알아야 한다. 그것은 기업 전체의 생존과 번영을 위해서 서로 타협하겠다는 의지와 태도를 보여주는 것이다. 즉, 노사간의 공감대를 기초로 한 노사 화합의 윤리를 통해서 근로자와 기업주는 자신들의 순간적인 이익을 뛰어넘어 자신들의 공동체인 기업을 발전시키게 되는 것이다."[37] 국가·민족 생활에서의 연대성에 대하여는 Ⅳ장에서 별도로 다루기로 한다.

Ⅳ. 국가의 보조성 및 국제 공동선

1. 국가의 보조성

연대성은 국가적 및 국제적인 차원에서도 이루어져야 한다.[38] 사회 철학적으로 보아 국가는 한 민족에 있어서 최고의 사회 형태이다. 국가는 인간의 본성에 근거하는 하나의 자연적 제도로서, 구성원인 시민들의 공동선을 그 목적으로 한다.[39] 전통적으로 그것은 공동선이라는 목적을 달성하는 데 필요한 모든 정당한 수단을 자유롭게 갖는다는 의미에서, 그리고 내면적인 자율성과 외적 자주성을 가진다는 의미에서 '완전한 사

---

36) Ibid., p.140.

37) Ibid., p.143.

38) John Paul Ⅱ, *Sollicitudo rei Socialis*, op. cit., n.40.

39) Thomas Aquinas, *Summa Theologica*, Ⅱ-Ⅰ, Q.90, A.2. 이와 유사한 논의로, 권석원·서규선(역), 『국가론』, 서울 : 인간사랑, 1994, p.71ff.

회'(communitas perfecta)로 이해되어 왔다.

교과서는 국가와 개인의 삶이 매우 밀접한 관계에 있음을 다음과 같이 표현한다. "나라는 나의 삶의 터전이다. 나라 안에서 나는 인생을 설계하고 삶의 목표를 실현하고자 노력하고 있다."[40] 또, 국가가 우리 모두를 하나로 느끼게 하고 하나로 묶어준다고 강조한다. 국가를 구성하는 데 있어서 같은 나라 국민이라는 연대 의식이 매우 중요하다는 것이다. "아무리 객관적 요소들을 공유한다 하더라도 국민 서로간의 연대 의식이 없다면, 그 나라는 결속력이 강한 국가로 성장할 수 없다. 따라서 영토, 국민, 주권과 같은 객관적 요소와 국민의 연대 의식이라는 정신적 요소가 결합하여 나라를 구성한다고 할 수 있다."[41]

연대성의 원리가 개인과 국가의 올바른 질서를 다루는 데 있어서 상호 간의 결속과 책임을 중시하는 한, 그것은 어느 한쪽의 일방적인 시혜를 추구하지 않는다. 따라서 연대성이 개인의 자유로운 영역, 사적 발의권, 사적 소유권, 자가 경영을 계속해서 억제하기 위하여 요구될 수 없지만, 마찬가지로 국가의 권한과 활동, 공공 재산, 당국의 조정권을 항구적으로 신장시키기 위하여 요구될 수는 없다.[42]

교과서는 이에 대해서 다음과 같이 서술한다. "한 나라의 보전과 융성은 저절로 보장되는 것이 아니며, 국가가 스스로 개척하고 노력해야 한다. 여기에는 국민 각 개인의 책임과 노력 그리고 희생이 뒤따른다. 이러한 것들이 모여 한 나라의 국력이 되기 때문이다. 그러므로 국가가 나를 위하여 해줄 수 있는 일이 무엇인지만을 생각하고 요구할 것이 아니라, 내가 국가를 위하여 해야 하고 또 할 수 있는 일이 무엇인지도 함께 생

---

40) 『중학교 도덕 2』, p.189.
41) Ibid.
42) Rauscher, *op. cit.*, p.1193.

각해야 한다."43)

　이와 관련하여 우리는, 보다 큰 사회 구성체로서 국가의 역할이 개인이나 보다 작은 집단들의 활동을 보충·촉진해야 하는 데 있다는 점에 대하여 짚고 넘어가지 않을 수 없다. 이른바 국가의 보조성(補助性)에 관한 문제이다. 사실 보조성은 연대성의 원리를 전제로 함으로써 가능하다. 보조성은 국가와 개인 또는 하위 단체들 간에 어느 한쪽으로 치우쳐 권리를 행사해서는 안 되는 상호 보충 및 보완으로서 그 의의를 갖는다. 그것은 개인과 하위 단체의 자기 존재와 자기 생활을 국가의 부당한 간섭으로부터 보호하는 한편, 종종 무시되는 경향이 있는 '위로부터 아래로의 원조'를 강조한다.44)

　교과서는 국가의 보조성 문제에 관하여 구체적으로 다루고 있지는 않다. 다만 이를 직접적으로 표현하고 있지는 않으나, 국가가 하는 일에 대하여 설명하는 중에 "적어도 현대 국가가 고대 국가에 비하여 국민들의 어려움을 보살피는 기능과 업무가 증대되었다는 사실 자체는 부인할 수 없다"고45) 쓰고 있다.

　한편 개인과 국가 간에는 국가애 혹은 애국심이 덕목으로서 요구된다. 이에 대하여 교과서는, 애국·애족을 강조하는 것도 민족의 공동체 의식이 약화되어 민족의 정체성이 위협받고 있는 점에서 그 한 배경을 찾을 수 있다고 지적한다. "우리 사회는 근대화, 도시화 과정에서 서구의 대중 문화가 상업주의의 물결을 타고 거침없이 밀려 들어와 약해진 전통 사상과 문화에 치명적인 타격을 가하고 있고, 그 여파로 사회 여러 곳에서 사회 병리 현상과 기강 해이 현상이 나타나고 있는 실정이다."46)

---

43) 『중학교 도덕 2』, p.199.

44) 국가와 보조성에 관한 글로서 강두호, "보조성 원리의 관점에서 본 국가 권력의 한계", 『자연법 사회 윤리』, 서울 : 인간사랑, 2003, pp.257~277 참조.

45) 『중학교 도덕 2』, p.194.

2. 국제 공동선

국제적 차원의 연대성에 대해서는 민족주의와 통일 문제로 나누어 살펴볼 수 있다. 연대성의 원리를 국제 분야에 적용하는 데 있어서 민족주의나 이데올로기 등은 하나의 장애 요소일 수 있기 때문이다.

첫째로, 민족주의와 국제 연대성에 관한 것이다. 사실 민족주의에는 긍정적 측면과 부정적 측면이 공존한다. 정치적으로 독립하여 방금 통합을 이룬 민족이 아직은 견고하지 못한 체제를 보호하기 위해 온갖 노력을 다하는 것이나, 오래된 문화를 지닌 민족이 조상에게서 물려받은 유산을 자랑스러워하는 것은 지극히 자연스럽다.

그렇지만, 이 같은 정당한 감정도 전 인류를 감싸주는 보편적인 사랑 속에 더욱 완전해져야 한다. 그렇지 못하여 민족을 고립시키고 분열시켜 민족의 참된 이익을 저버린다면 민족주의는 오히려 해롭게 된다. 요컨대 상호 의존성이 날로 증대되어 가는 국제 사회에서 민족의 정체성을 유지하면서, 동시에 지구촌의 모든 민족과도 화합할 수 있는 열린 민족주의를 구현해야 하는 것이다.

이를테면, "민족 문화의 전통을 계승하자고 해서 편협한 국수주의나 배타주의로 가자는 것은 아니다. 우리의 민족 문화가 소중한 것처럼, 다른 민족의 문화도 소중하다는 것을 인정하는 태도를 가져야 한다."[47] 민족 간의 불신과 잘못된 이기심은 연대성의 원리에 의해 극복될 수 있다. 연대 의식을 통하여 서로의 존경과 우정, 솔선과 책임을 통한 협동 관계가 가능해지기 때문이다. 서로 피해를 주지 않고 자신의 이익을 도모하는 일이 단독으로 불가능할 경우 협력을 통한 공동의 노력을 기울여야 하며, 이때 한쪽의 이익이 다른 쪽의 해가 되지 않도록 주의해야 할 것이다.

46) Ibid., p.226.
47) Ibid., p.175.

둘째로, 통일과 남북한의 연대성에 관한 것이다. 교과서는 민족을 하나의 큰 가족으로 부를 수 있다고 설명한다.[48] 더구나 우리나라는 한 민족이 한 국가를 이루고 있는 세계적으로 보기 드문 단일 민족 국가이다. 따라서 우리는, 우리 민족이 운명을 함께 하는 운명 공동체임을 자각하는 데 매우 유리한 입장에 놓여 있다. 그러나 민족의 구성원들이 자각된 연대를 이루지 못할 때는 분열로 치닫기 쉽다.

교과서는 이 점을 놓치지 않는다. "아무리 핏줄과 언어가 같고 문화와 역사를 함께 한다고 하더라도, 실제로 우리가 같은 운명을 지니고 함께 살아가야 하는 공동체임을 자각할 수 있는 민족의식을 가지지 못한다면, 그것은 참다운 의미에서 민족이라고 말하기 어렵다."[49] 교과서의 가르침에 의하면, 남북의 통일은 양분된 정치·경제·사회·문화·교육 등 우리 민족의 삶을 하나로 묶어 완전한 한민족 국가를 만드는 것이다.[50] 이에 우리는 북한 사회를 이해하려고 노력해야 하며, 남북의 교류와 대화를 지속적으로 실시해 나갈 필요가 있다.

V. 지도상의 유의점

도덕 교과는 학생들로 하여금 자신을 이해하고, 일상생활에 필요한 규범과 예절을 익히며, 국가·민족의 구성원으로서 그리고 세계 사회의 일원으로서의 역할과 책임을 파악하게 하여 한국인 나아가 세계 시민으로서의 바람직한 삶을 살도록 지도한다. 이처럼 연대성의 원리는 도덕 교

---

48) Ibid., p.156.
49) Ibid.
50) Ibid., p.259.

과의 성격 자체를 결정하는 하나의 중요한 요인으로 되어 있다. 따라서 도덕과 교과서의 내용 체계와 기술이 이 같은 점을 고려하고 있음은 당연하다.

도덕 교과서는 도덕교육의 기본 학습 내용을 구조적으로 제시하면서 공동선의 탐구를 유도하는 매체이다. 종전까지의 법령 체계 아래, 그것은 제1종 도서로서(2007년 교육과정 이후는 검정도서임) 형식과 내용 면에서 어느 정도의 제약이 있는 반면에 교과 목표의 실현을 통일시킬 수 있다는 장점도 있다. 필자는 여기서 교과의 설정, 명칭, 교과서의 발행 제도 등 국제적으로 비교해 볼 때 매우 독특한 위상을 지닌 우리나라 도덕과 교과서의 내용을 근본적으로 부정할 이유가 없음을 밝혀 둔다. 다만 필자의 소견으로 보아 연대성과 관련하여 주요 논쟁의 대상이 될 수 있다고 판단되는 몇 가지 사항들을 지적하면서 그에 대한 주관을 덧붙여 보고자 한다.

첫째, 연대성이 인간의 사회생활을 규제하는 자연법의 원리인 이상, 교과서의 내용을 서술하는 데 있어 이는 사회 질서의 지침으로서 일관성 있게 적용될 필요가 있다. 연대성은 개인주의나 집산주의를 거부하며 인간과 사회의 본성 안에서 전체의 질서 원리를 찾는다. 일찍이 토마스는, 자연법의 규정이 유(有)의 질서 앞에서 절대적으로 제일인 것과 관련되어 이루어진다고 설명하였다.51)

물론 동일한 내용이라고 해도 그것을 해석하는 방식은 여러 가지일 수 있다. 그러나 지금처럼 연대성 원리의 근거에 대하여, 개인은 다른 집단이나 사회 혹은 국가의 도움 없이는 살아갈 수 없다는 소극적인 측면에 더 비중을 두어서는 안 된다. 그것은 자연법의 규정으로서 인간의 사회

---

51) Thomas Aquinas, *op. cit.*, Q.91, A.1~2.

성 ─ 즉, 공동체에로의 소명 ─ 과 더불어 그의 인격성에서 요구되어지는 것임을 보다 강조할 필요가 있다.

교과서가 가지고 있는 그 역할의 중요성을 감안한다면, 인간 상호간의 결합과 의무를 강조하되 그 관점은 특정한 시기에 유행하는 시류나 흐름에 치우치지 않고 이른바 영원의 철학(philosophia perennis)을 견지할 이유가 있다. 이것은 앞에서도 밝혔듯이 연대성의 원리에 종교적 관점을 투영하는 일과 관련될 수 있다. 실로 철학이 실재에 대한 인간의 근본적 사색인 이상, 인간적 실존의 전체에서가 아니면 철학을 한다는 것은 불가능할지도 모른다. 말할 필요조차 없지만 자연법을 올바르게 해석하는 일은 '현명한 사람들의 과제'이다.

둘째, 연대성의 완전한 실현을 위해서라면 국가의 기능은 본질적으로나 개념적으로 보조적 성격을 갖지 않을 수 없다. 보조성이 연대성의 원리를 전제로 함은 위에서도 밝힌 바 있다. 연대성 원리는 국가와 개인간의 관계에 있어서 각자의 자치와 자기 책임이 삭제되거나 혹은 자립적 생활의 건설이 방해받아서는 안 되며, 책임도 어느 한쪽에 일방적이 아니라 서로 주고받는 관계 안에 함께 놓여 있음을 강조한다. 교과서에 의하면 우리나라가 지향하고 있는 국가 발전의 이상은, 모든 국민이 강한 공동체 의식을 지니고 개인의 창의성과 자율을 존중하며 민주적 가치가 보장되는 통일 국가를 건설하는 데 있다.[52]

그런데 개인이나 사회 집단의 솔선이 우선되지 않는다든지 혹은 국가가 개인과 사회 집단을 보조하고 도와야 할 의무를 소홀히 할 경우 이러한 이상이 실현되기는 어렵다. 따라서 보조성 원칙이 잘 시행되고 사회화의 질서가 보다 훌륭하게 준수될수록 사회의 권위와 힘은 강화되며 그

---

[52] 『중학교 도덕 2』, p.208ff.

만큼 국가의 상태가 좋아질 수 있다는 점이 강조될 필요가 있다. 개인이나 보다 작은 집단은 국가에 대해서 납세·국방 등을 포함하여 그 존속과 진보에 필요한 것이라면 무엇이든지 공헌해야 할 의무가 있지만, 동시에 국가로 하여금 자신들에게 이바지하게 하거나 또는 당연히 기대되는 것들을 지원하고 보호하게 할 권리도 갖는다.

셋째, 개인이 사회와의 긴밀한 질적 관계 속에서 자신의 인격적 완성을 마음껏 요구할 수 있고 또 그것을 실현할 수 있는 한, 연대성의 실천을 위한 구체적 사회 운동이 사회 안에서 꾸준히, 함께 그리고 점진적으로 추진되어야 하는 점이다. 필자는 이 문제를, 한 예로서 자원 봉사와 연결시키고자 한다. 현행 교과서는 자원 봉사에 대하여 민주적 생활 태도의 하나로서 비교적 상세하게 다루고 있다.[53] 사실 자원 봉사 활동만큼 인간 상호간의 연대 정신을 실현하고 있는 것도 드물다.

자원 봉사 활동은 공동선을 향한 가치 이념이자 또한 자주 협동의 실천적인 노력이다.[54] 학생들은 봉사 활동이라는 구체적인 삶의 체험을 통하여 그 의미를 깨닫고 보람을 느끼며 이상적인 공동체의 삶에 대한 기초를 배울 수 있을 것이다. 지역 사회의 복지 증진을 위해 일하는 집단이나 기관의 책임 일부를 감당하면서 노력의 대가에 상관없이 자발적으로 봉사하는 일이야말로, 말로는 연대 의식을 강조하면서도 이를 일상생활 속에서 제대로 실천하지 못하는 경우들을 극복하는 첩경이 된다.

넷째, 교육인적자원부가 저작권을 가지고 있는 교과용 도서라는 점에서 오는 문제이다. 국정 교과서 체제 아래서는 저자의 고유하고 이상적인 철학에 기초하여 다양한 형태의 교과서를 개발하기란 어려우며, 자칫

---

53) Ibid., pp.89~92.
54) 배영복, 『자원봉사활동』, 서울 : 청아출판사, 1997, p.17. 자원 봉사 활동의 이념에 대하여 Louise C. Johnson, *Social Work Practice*, Boston : Allyn & Bacon, 1995 참조.

국가의 의사에 부응하는 내용으로 구성되기 쉽다. 더구나 인간의 본성에 관한 진리를 간과하고 개인주의적 자유관과 윤리적 상대주의를 극복하지 못한 채 연대성을 논하는 일은 객관적인 윤리 질서를 갈망하는 현대인에게 올바른 삶의 길을 제시하기가 그만큼 쉽지 않을 것이다.

윤리적 덕목으로서의 연대성은 많은 인간들이 겪는 불행을 보고서 막연한 동정심 내지 엷은 근심을 느끼는 무엇이 아니다. 그것은 공동선에 투신하겠다는 강력하고 지속적인 결의이다. 위에서 지적한 바와 같이 몇 가지 논쟁의 여지를 남겨두고 있지만, 연대성의 원리는 7~9학년 도덕과 교과서 전반에 걸쳐 하나의 도덕적 범주로 받아들여지고 있다. 우리의 실정에 비추어 보다 시급한 과제로 지적되고 있는 단결력의 부족, 이기적 경향, 공공 윤리에 대한 무관심의 문제를 시종 상기시키고 있는 것이다. 교과서는 오직 이와 같은 방식에서 진정한 자연적 관계가 가능하며, 오직 이 같은 방식으로 각 유형의 공동체들은 설혹 마찰이나 긴장이 있다 하더라도 사실상 서로를 위협하거나 방해함이 없이 번영할 수 있음을 가르치고 있다.

참고문헌

강두호(역), 『사회 윤리의 기초』, 서울 : 인간사랑, 1997.

강두호, 『자연법 사회 윤리』, 서울 : 인간사랑, 2003.

고범서, 『행복의 윤리학 : 자아실현과 행복』, 서울 : 소화, 1994.

교육인적자원부, 『중학교 도덕 1』 ; 『중학교 도덕 2』 ; 『중학교 도덕 3』, 2006.

권석원 · 서규선(역), 『국가론』, 서울 : 인간사랑, 1994.

배영복, 『자원봉사활동』, 서울 : 청아출판사, 1997.

이종영, 『욕망에서 연대성으로』, 서울 : 백의, 1998.

Aquinas, Thomas, *Summa Theologica*.

Baldwin, Peter, *The Politics of Social Solidarity*, Cambridge : Cambridge University Press, 2003.

Carter, Ian, "The Independent Value of Freedom", *Ethics*, vol.105, no.4, 1995, pp.147~156.

Gundlach, Gustav, *Die Ordnung der menschlichen Gesellschaft*, Köln : Butzon & Bercker, 1964.

Gunn, Giles B., *Beyond Solidarity : Pragmatism and Difference in a Globalized World*, Chicago : University of Chicago Press, 2001.

John Paul Ⅱ, *Centesimus Annus* ; 김춘호(역), 『백주년』, 서울 : 한국천주교중앙협의회, 1991.

John Paul Ⅱ, *Sollicitudo rei Socialis* ; 성염(역), 『사회적 관심』, 서울 : 한국천주교중앙협의회, 1987.

Johnson, Louise C., *Social Work Practice*, Boston : Allyn & Bacon, 1995.

Pappine, Joseph, "Freedom and Solidarity in Sartre and Simon", *American Catholic Philosophical Quarterly*, vol.70, no.4, 1996, pp.569~578.

Pesch, H., *Lehrbuch der Nationalökonomie*, Freiburg : Herder, 1924.

Rauscher, Anton, "Solidarität", *Staats Lexikon*, Freiburg : Herder, vol.4, 1988.

von Nell-Breuning, Oswald, *Baugesetze der Gesellschaft*, Freiburg : Herder, 1968.

Welty, Eberhard, *A Handbook of Christian Social Ethics*, N. Y. : Herder, 1960.

Wicklund, Robert A. & Eckert, M., *The Self-Knower*, N. Y. : Plenum Press, 1992.

Ⅰ. 연구의 방향

　도덕과의 내용은 설정된 도덕 교과의 목표를 실현하기 위한 수단으로서 선정, 조직된다. 따라서 도덕과 교육의 목표가 학생들로 하여금 공동선을 추구할 줄 알게 하는 데 있는 이상, 도덕과 교육에서 강조되어야 할 내용을 구성하는 일 역시 공동선의 함양과 관련되어 이루어진다.

　공동선은 지성과 의지를 갖춘 사회적 존재로서의 인간이 자신의 본성을 발휘하여 완성하는 것으로서 사회윤리의 근본을 이룬다. 사회윤리는 인간의 일상생활 중에 요구되는 원리로서 그의 삶의 방향을 설정해 준다. 그것은 모든 인간으로 하여금 사회의 구성원으로서 선한 생활을 할 수 있게 하는 당위이며, 그 궁극적인 목적에는 인간의 인간으로서의 품위 내지 존엄성의 실현이 포함된다. 또한 그것은 각 인간이 인격체로 대우받을 수 있는 정당한 사회의 건설을 포함한다. 그러므로 사회윤리의 영역에는 공동선과 인간 존엄성, 그리고 사회정의에 관한 규범들이 내포된다.

　인간의 생명을 존중하는 것은 모든 도덕성의 기본으로서의 인간 존엄성에 대한 신뢰에 바탕을 두고 있다. 사실 생명 문제만큼 인간을 근본적으로 다루는 분야도 드물다. 인간이 인격체로서 존엄한 이유도 따지고 보면, 그의 생명이 위대함과 측량할 수 없는 가치를 지니고 있기 때문이다. 인간이 온 세상을 다 얻는다 해도 제 생명을 잃으면 무슨 소용이 있겠는가? 시간 안의 생명이야말로 인간 실존의 통합된 과정 전체를 위한 기본적인 조건이며 출발점이고 핵심인 것이다.[1] 그러기에 '생명존중의 윤리'는 도덕 교과의 목표를 달성하기 위한 사회윤리의 영역 가운데 가장 중요하다고 말할 수 있다.

도덕 교과의 목표를 달성하기 위하여 사회윤리의 영역 가운데 중시되고 있는 것으로 또한 '환경윤리'를 꼽을 수 있다. 환경윤리는 최근 전 세계적으로 관심의 대상이 되고 있는 생태적 위기의 문제와 관련되어 주목받고 있는 분야이다. 인간은 자연에서 태어나 그 안에서 삶을 유지하다가 다시 자연으로 돌아가는 존재이다. 그런데 오늘날 자연 환경은 분별없는 개발과 낭비로 말미암아 자원의 고갈, 수질 오염, 대기 오염, 삼림지역의 황폐화, 생물체의 멸종 등 많은 어려움에 처해 있다. 자연 환경을 떠날 수 없는 인간은 예기치 못했던 환경 오염과 그것이 초래하는바 생태계의 파괴라는 위기 속에서 자신의 생명마저 위협받는 지경에 이르게 된 것이다.

생명윤리의 문제를 생명의 영역 전체로 확대시킬 경우 자연에 대한 관점 또한 윤리적 의무와 상관된다. 왜냐하면 이때의 인간 인식 과정은 단순히 자연을 대상으로 간주하는 데 그치지 않고, 전체 생명의 역동성에 관여하기 때문이다. 본 연구에서 환경 문제를 생명존중의 문제와 함께 다루려는 것도 환경윤리를 생명윤리와 관련지어 연구하는 흐름과 맥을 같이한다고 볼 수 있다.

---

1) John Paul Ⅱ, *Evagelicum Vitae* ; 송열섭(역), 『생명의 복음』, 서울 : 한국천주교중앙협의회, 1995, no.2.

II. 현대 사회의 발전과 생명 경시 및 환경오염의 실태

근래에 인간은 과거와 비교할 수 없을 정도의 물질적인 풍요로움 속에서 매우 안락한 삶을 누리고 있다. 이는 과학기술의 지속적인 발전과 산업화로 인하여 가능하게 되었다. 생명 분야의 경우 불임부부들이 인공수정을 통하여 희망을 갖게 되었고, 반대로 원치 않은 아이를 갖게 된 산모는 정교한 시술로써 별 고통 없이 뜻한 바를 이루고 있다. 한편 생산 기술의 발달에 따라 대량 생산과 광범위한 개발이 가능해졌고, 그에 힘입어 사람들은 엄청난 물량을 경쟁적으로 소비하면서 자신의 욕구 충족을 극대화하고 있다.

그러나 빛이 강하면 그림자도 그만큼 어두운 법, 생명과 자연에 관한 과학기술의 발달은 그 유용성의 뒷면에서 여러 가지 윤리적 문제들을 야기해오고 있다. 요컨대 인간의 존엄성을 거스르고 있는 것이다. 실제로 사회적 물의를 빚는 기술들의 경우, 처음 개발한 사람들이 제일 먼저 그 규제를 주장하고 나서기도 하지만 일단 개발되고 나면 그것은 이미 고삐 풀린 망아지처럼 실용화로 치닫고 만다.

1. 생명 경시의 실태

우리는 근래에 RU-486이라는 특효약의 허용을 둘러싸고 논란이 있음을 안다. 사람들은 생명을 다루는 인간의 창조력과 지성에 감탄하면서도 이내 다음과 같은 물음들에 직면하는 것이다. 이 같은 발전이 인간에게 진정으로 도움을 주는가? 인간 본연의 한계를 넘는 일은 아닌가? 전문 영역에서 능력을 발휘하는 과학자들이 자신의 직무와 관련된 윤리 문제에 대해서 어디까지 고려해야 하는가? 우리는 윤리적 옳고 그름에 대하여 어떤 기준을 가지고 판단해야 하는가? 등.

생명 경시의 실태에 있어서, 구체적으로 낙태에 대하여 살펴보자. 통계에 의하면 매년 전 세계의 여성 2억 1천만 명이 임신하고, 그 중 4천 6백만 명이 낙태 수술을 받고 있다.2) 우리나라에서 한 해에 태어나는 신생아는 80만 명 정도이며, 이보다 두 배 가까운 150만 명 정도의 태아가 공식적으로 인공 유산되고 있는데,3) 이는 미국과 함께 수위를 다투는 숫자로서 비공식적으로는 200만 건이 넘는다고 한다.

또한 한국형사정책연구원의 조사에 의하면, 조사 대상 여성의 36%가 낙태를 경험하였다. 낙태 경험의 횟수는 최고 8회까지 나타났고, 평균 낙태 횟수는 0.7회였다. 기혼 여성 중에는 52.2%, 미혼 여성 중에는 3.7%가 낙태 경험이 있으며, 기혼 여성의 평균 낙태 횟수는 1.0회, 그리고 낙태를 경험한 기혼 여성들의 낙태 횟수는 2.0회였다.4) 낙태 경험 여성의 98.7%가 수술로 낙태를 하였으며, 미혼의 경우에는 25.8%가 낙태 약을 약국에서 구입 복용하였다.5)

동 연구에 따르면 조사 대상자의 75.7%는 임신을 하여도 반드시 낳지 않을 수 있다고 응답하였다. 또 개인의 교육 정도나 사회 경제적 지위와 무관하게 사람들의 낙태 허용 정도가 비슷하며, 낙태를 경험해본 사람들이 경험하지 못한 사람들의 경우보다 낙태 허용도가 높게 나타났다.

생명 경시의 풍조는 살인의 경우에서도 알 수 있다. 김상희 등은 대검찰청이 분기별로 발간하는 범죄 분석의 통계 자료와 살인 사건의 수사 및 재판 기록들을 분석하고, 아울러 부산, 광주, 대전, 청주의 4개 교도소에 수감되어 있는 남녀 살인 범죄자들을 상대로 설문 조사하였다.6) 이

---

2) 조선일보, 1999. 1. 25일자.
3) 김중호, 『의학윤리란 무엇인가』, 서울 : 바오로딸, 1996, p.38.
4) 심영희 외, 『낙태의 실태 및 의식에 관한 연구』, 서울 : 한국형사정책연구원, 1991, p.18.
5) Ibid., p.19.
6) 김상희·이태원, 『살인 범죄의 실태에 관한 연구』, 서울 : 한국형사정책연구원, 1992.

연구에 의하면 응답자의 79%가 흉기를 사용하여 사람을 살해하였는데, 흉기는 우리의 일상생활에서 흔히 사용되는 생활용품들이었다. 범행 동기를 보면 남자의 경우 '상대방과의 사소한 시비'(30%), '모욕감을 참을 수 없어서'(23%), '상대의 부정(不貞) 행위'(9%), '변심한 애인에 대한 증오감'(9%)의 순이었으며, 재산 다툼으로 인한 경우도 적지 않았다. 반면에 여자의 경우 '상대방과의 사소한 시비'(13%)나 '모욕감을 참을 수 없어서'(17%)는 남자의 경우보다 낮았지만, '상대의 부정(不貞) 행위'(15%)나 '자신의 비관'(13%)이 남자의 경우보다 높게 나타났다.

범행 전에 과연 상대를 꼭 죽일 의도가 있었는지를 조사한 결과, 응답자의 79%가 '죽일 생각이 전혀 없었다.'고 하였다. 이는 살인 행위가 우연적인 상황에서 우발적인 이유로 많이 발생하고 있음을 시사하는 것이다.

2. 환경오염의 실태

환경오염의 실태 역시 대기, 물, 토양, 삼림, 식량, 자원 등을 망라하여 그 문제의 정도가 매우 심각한 실정이다. 일례로, 대기 오염은 산성비의 원인이 되고 있다. 산성비는 석탄, 석유 등 화석 연료가 연소할 때 배출되는 황산화물, 질소산화물이 대기 중에서 수소와 결합되는 등 복잡한 화학 반응을 일으킨 후 최종적으로 황산이온, 질산이온 등으로 변화하여 강한 산성을 띠며 내리는 강우 현상을 말한다. 통상 수소이온농도(pH)가 5.6 이하인 빗물을 산성비라고 한다. 이것은 빗물, 서리, 눈 등을 포함하는 습성 강하물 혹은 가시 상태의 건성 강하물의 형태를 이루는데, 연중 우리나라에 내리는 강우 가운데 약 40% 정도를 차지하는 것으로 나타나고 있다.

산성비의 영향은 광범위한 것으로서, 토양을 산성화시킴으로써 식물의 생장을 억제하여 말라죽게 하며, 삼림의 경우 수목의 신진대사를 방해한다. 또한 하천과 호수의 pH 저하를 초래하여 바닥으로부터 유해한 요소를 용출시켜 물고기를 죽게 하며, 대리석이나 금속 등을 부식시킴으로써 빌딩, 주택, 다리 등의 건축물에 영향을 준다. 인체에 끼치는 피해로는 눈이나 피부에 통증을 주는 것으로 보고되어 있다.[7]

대기의 오염은 산성비에 그치지 않는다. 에너지 사용과 산업 공정 과정에서 발생하는 이산화탄소를 비롯하여 이른바 온실가스(GHG)가 축적됨으로써, 지표로부터 외계로 방출되는 적외선이 흡수 차단되어 대기권의 기온이 상승하여 더워지면서 지구 온난화 현상이 심각해지고 있다. 보고에 의하면 온실가스의 대부분을 차지하는 이산화탄소 배출의 증가로 말미암아, 현재의 지구는 19세기말 이래 지난 일백년 동안 평균기온이 0.3~0.6°C, 해수면은 10~25cm 각각 상승하였다.[8] 온실가스에 대해 특별한 감축 조치가 취해지지 않을 경우 2100년까지 평균기온은 1~3°C, 해수면은 15~95cm가 추가로 상승할 것이라고 한다.

지구 온난화가 초래하는 생태계의 영향 또한 마찬가지로 크다. 해수면의 상승으로 해안선이 육지 안으로 이동하면서 군소 섬나라들은 존립을 위협받고, 저지대 경작지는 침수될 것이다. 또 이상 기후는 가뭄, 홍수, 폭염, 한파, 태풍 등의 자연재해를 낳고 인명과 재산의 손실을 가져오게 된다. 식량 수확의 감소와 질병의 발생 등은 인류의 건강을 위협할 수밖에 없다.

---

7) US Environmental Protection Agency, *Acid Rain*, Washington, DC : Office of Research & Development, 1999.

8) US Environmental Protection Agency, *Global Warming*, Washington, DC : Office of Research & Development, 1999.

Ⅲ. 도덕과 교육에서의 생명존중사상 및 환경윤리의 의의

1. 생명존중사상의 의의

우리는 앞에서 생명존중이야말로 인간의 존엄성에 대한 신뢰에서 나오는바 모든 도덕성의 기본 바탕이 되며, 도덕과 교육의 목표를 달성하는 데 가장 중요하다고 지적하였다. 그러므로 도덕과 교육에 있어서 생명존중사상은 인간 존중의 근본이자 삶의 기본 가치로서, 학생들로 하여금 생명에 대하여 올바르게 이해하고 생명을 경외하여 중시할 줄 아는 안목과 가치관을 갖게 하는 데 그 의의가 있다고 할 것이다.

생명의 존중에 관한 논의는 인간의 생명에 대한 정의에서 시작된다. '생명'이란 말을 국어사전에서 찾아보면 '목숨, 생(生) ; 생물로서의 특성을 보여주는 추상적 활동 ; 사물의 핵심' 등으로 정의되어 있다. 영어 사전의 'life'에는 다음과 같은 해설들이 있다. '살아있는 존재를 시체나 무생물과 구별시키는 특성 ; 신진대사, 성장, 자극에 대한 반작용, 생식작용 등을 할 수 있는 특징이 있는 유기체의 상태 ; 개체의 육체적 및 정신적 경험 ; 탄생에서 죽음까지의 기간' 등.

생명은 신비로운 것이기에 그것을 이런 개념들만으로 전부 설명했다고 보기는 어렵다. 생명의 본질에 대한 학문적 설명은 크게 두 가지로 나누어지는데, 하나는 자연과학적 방법론을 사용하여 생명 현상의 특성을 규명함으로써 그 기원과 원리를 탐구해가는 것이고, 다른 하나는 내면적인 성찰이나 믿음을 기본으로 하여 철학적 또는 종교적 답변을 얻는 것이다.

생물학자들은 생명을 물체들의 복잡한 조직 안에서 일어나는 하나의 과정으로 묘사한다. 그들은 '신진대사의 능력, 생식 작용, 변이성(變異性), 성장, 반응, 자율적인 운동' 등을 생명체의 특성으로 꼽으며,9) 생명의 기원에 대한 직접적인 증거 자료를 찾기 위해 화석을 연구하는 등 노력하고 있다. 생명이 물질 기계라고 하는 것은 분자생물학의 변함없는 입장인데, 여기서는 물질의 물질 초월성도 물질간의 새로운 관계를 획득함으로써 얻어지는 것으로 이해한다.10) 노벨 물리학상을 수상한 슈뢰딩거(E. Schrödinger)는 살아있는 세포에서 결정론적인 물리 법칙들을 발견할 수 있으리라고 희망했다.11)

철학자들의 생명관을 간단히 요약하기란 쉽지 않다. 예컨대 같은 생의 철학에 있어서도 베르그송(H. Bergson)이나 블롱델(M. Blondel)은 초월성을 인정하지만, 클라게스(L. Klages)에 있어서 생명이란 순전히 유기체 안에서 요동하는 생물학적 힘이다. 그러나 이들에 있어서 공통적인 생각이 있다면 그것은, 지성의 추상적인 활용이 기계적이고 형식적인 개념 구조들을 만들어낸다는 점, 그리고 이러한 개념 구조들이 그것들을 산출하는 인간에 있어 삶의 깊은 근원보다도 더 중요하게 받아들여지고 있는 점이다.12)

동양철학의 경우, 인도인들에 따르면 열반한 사람은 생명의 '있음'과 '없음'의 어떤 사유에도 걸림이 없다.13) 요컨대 생명 없는 생명관이다. 도가의 도는 생명의 근원으로서 상(常), 무형(無形), 무소부재(無所不在), 무위(無爲)의 특성을 갖는다.14) 도의 이 같은 특성은 현상으로 존재하는 생명의 의미를 희석시키거나 부정하기보다, 오히려 그 현상을 더욱 의미 있는 존재로 승화시키기 위한 것으로 보인다. 생명은 어떤 조건이나 장

---

9) Kenneth Kearson, *Medical Ethics*, Dublin : The Columba Press, 1995, p.12.

10) 서정선, "상향방식의 과학적 생명인식", 『과학과 철학』, 서울 : 통나무, 1997, p.88.

11) Erwin Schrödinger, *What is Life?* ; 서인석 · 황상익(역), 『생명이란 무엇인가』, 서울 : 한울, 1998, p.172.

12) Johannes Hirschberger, *Geschichte der Philosophie* ; 강성위(역), 『서양철학사(下)』, 대구 : 이문출판사, 1997, p.805.

13) 원의범, "인도철학에서 본 생명관", 「과학사상」 제17호, 1996, p.147.

14) 임금자, "도가의 생명관", 「가톨릭 신학과 사상」 제20호, 1997, pp.42~46.

식도 필요 없이 자연으로 존재하는 그 자체로서 가치 있다는 것이다.

종교적 생명관에서 중요한 것은 인간의 생명이란 우연히 있게 된 것이 아니라 창조주의 의지와 결단으로 인하여 있게 된 것이라는 믿음이다. 그리스도교의 경우, 구약성서에서 생명을 뜻하는 단어로 '하이임, 네페쉬, 루아흐, 바사르' 등이 있다.[15] 이들은 생명이 본질적으로 숨과 피 속에 있음을 나타내고 있다. 또한 숨과 피는 창조주에게 속한 것으로 이해되는데, 여기서 창조주는 인류 전체의 창조자이면서 또한 개개인의 창조자이다.[16] 신약성서에서는 '프쉬케, 조에' 등이 사용되고 있다.[17] 이는 현세의 목숨 내지 육체적 죽음을 넘어서 계속될 수 있는 생명을 뜻한다.

따라서 그리스도교적 생명관은 우선 창조 신앙에 그 뿌리를 두고 있다. 즉, 생명은 자연발생적인 것이 아니라, 주인인 창조주가 내린 선물이다.[18] 또한 죽음으로 끝나는 현세의 자연적인 생명과 육체적 죽음을 초월하는 종말론적인 진정한 생명은 서로 깊은 관계를 갖는다. 현세적 생명이 여전히 인간 각자에게 맡겨진 신성한 실재이므로, 개인은 책임감을 가지고 생명을 보존해야 하며 사랑으로 이를 완성시켜야 한다는 것이다.

한편 불교의 생명관은 생명 자체보다도 생명을 가지고 살아가는 존재와 관련하여 사색되고 있다. 인간은 이미 결정되어 있는 존재가 아니라 만들어지는 존재로서 불변적인 본성이 없고, 자신이 지은 업(業)에 따라 윤회하며, 자신의 노력을 통하여 윤회로부터 벗어날 수도 있는 존재이다. 생명체를 해치지 않는 것이야말로 불교의 핵심적 가르침이다.[19]

---

15) P. M. Coyle, "Life, Concept of", *New Catholic Encyclopedia*, New York : McGraw-Hill, vol.Ⅷ, 1967, p.740.

16) 김영남, "그리스도교의 생명 이해", 「가톨릭 신학과 사상」 제20호, 1997, p.68.

17) Coyle, *op. cit.*, p.742.

18) Augustine, *De Civitate Dei*, Ⅱ-Ⅰ, Prologue.

19) 박해당, "불교의 생명관", 『과학과 철학』, 서울 : 통나무, 1997, p.107 ; 오형근, "불교의 생명관", 「가톨릭 신학과 사상」 제20호, 1997, p.34f.

　도덕과 교육에 있어서 생명에 대한 자연과학자들의 설명은 존중되어야 하지만, 그것이 단순히 기계론적이고 생물학적인 현상으로 제한될 수는 없다. 오히려 생명의 신비에 의미를 두는 철학의 전통을 따라야 하며, 창조주라는 목적성을 도입하는 종교적 생명관을 주목할 필요가 있다. 이는 인간 생명을 삶의 현실로부터 추상화된 어떤 내적인 것으로 한정짓지 않으면서도 인간 스스로의 정체성을 분명히 하려고 할 때 더욱 그렇다.

　인간이 기계론적이고 생물학적인 차원 안에 머무를 경우 그는 더 이상 자신을 다른 피조물들과 신비하게 다른 존재로 볼 수 없으며, 자신을 단순히 살아있는 존재의 하나로, 기껏해야 가장 높은 단계에 도달한 유기체로 여길 뿐이다. 이렇게 자신을 사물로 격하시키고, 자신의 실존이 지닌 초월적 성격을 파악하지 못할 경우, 인간은 생명을 더 이상 선물로서 자신의 책임에 맡겨진, 따라서 사랑으로 보살피고 존중해야 할 어떤 신성한 것으로 여기지 않게 된다.[20] 그렇게 되면 생명 자체는 단순한 사물로서 있을 뿐이며, 인간은 그 생명에 대하여 배타적인 소유권을 주장하면서 자신의 통제에 완전히 속한 것이라고 보게 된다.

2. 환경윤리의 의의

　생명체들은 자신의 생명을 유지하는 데 반드시 환경을 필요로 한다. 이들은 환경으로부터 끊임없이 에너지, 물, 공기 등을 자신의 몸 안으로 받아들여서 사용하며, 일부는 자신의 체내에 저장하고 폐기물은 체외로 배출하여 몸의 균형을 유지해 나간다. 따라서 생명체들은 자신이 놓여 있는 환경의 조건에 지배를 받기도 하고 반대로 영향을 주기도 하는데, 이는 대단히 복잡하게 구성되어 있는 현상이다.

---

20) 강두호, "생명에 관한 도덕 규준과 적용", 「도덕윤리과교육」, 제12호, 2000, p.179.

물론 모든 생명체들의 생명이 동일하게 가치 있다고 주장하는 것은 비
현실적이지만, 인간을 포함한 자연의 모든 생명체가 존엄한 이상, 인간은
자신의 생명과 다른 생명체를 보존하기 위한 신성한 책임을 지고 있다.
최근의 생태윤리학자들이 자연의 생태학적 상호 연관성을 특히 강조하는
것도 이런 맥락에서이다. 인간과 자연 환경은 더 이상 적대관계 또는 지
배관계가 아니며, 상호 보완적인 동반자관계 내지 형제관계로 인식되어
야 하기 때문이다. 요컨대 인간의 윤리적 책임은 인간에서 벗어나 땅 위
에 있는 모든 것으로 확대되어야[21] 한다는 것이다.

환경의 사전적 의미는 '생명체를 둘러싸고 직접 간접으로 영향을 주는
자연 또는 사회의 조건이나 형편'이다. 우리나라의 환경정책기본법은[22]
제3조에서 환경을 자연환경과 생활환경으로 구분하고, 전자를 '지하, 지
표(해양을 포함) 및 지상의 모든 생물과 이들을 둘러싸고 있는 비생물적인
것을 포함한 자연의 상태'라고, 후자를 '대기, 물, 폐기물, 소음, 진동, 악
취 등 사람의 일상생활과 관계되는 환경'이라고 규정하고 있다. 이글에서
말하는 환경(혹은 자연)은 자연환경뿐만 아니라 생활환경도 포함하는 넓은
의미의 것을 이른다.

우리는 환경 문제를 둘러싸고 그 당위성을 논할 경우, 환경 그 자체와
환경을 구성하는 여러 요소들 간의 관련성 및 상호 영향에 대한 지식뿐만
아니라 인간이 환경을 이용할 때나 환경에 영향을 미치는 행동을 할 때
지녀야 할 올바른 태도 등에 관심을 가져야 한다. 그러므로 도덕과 교육
에 있어서 환경윤리는 학생들로 하여금 자연환경의 고유한 가치를 인정하
고 인간의 윤리적 의무의 범위를 확대하여, 자연을 인간의 삶의 조건으로

---

21) Aldo S. Leopold, "The Land Ethic", *A Sand Country Almanac : With Essays on
　　Conservation from Rand River*, New York : Ballantine, 1970, p.240.
22) 1990년 8월 1일 제정(법률 제4257호).

끌어들일 줄 아는 눈을 갖게 하는 데 그 의의가 있다고 할 것이다.

그렇다면 이 같은 눈을 갖는다는 것이 구체적으로 무엇을 의미하는가? 첫째로, 자연은 단순히 인간을 위해서 봉사하는 데 그치는 것이 아니라 고유한 독자성을 가지고 있는 것임을 인정하는 일이다. 사실 환경 위기는 근본적으로 인간의 환경에 대한 올바른 이해가 부족한 데서 생긴 병폐이다. 따라서 자연과 자연의 개별적 구성 부분이 고유한 권한을 갖는다는 것을 인정하자는 점에 대하여 최근 학자들 사이에 활발한 논의가 있음은 주목할 만하다.[23] 물론 공기나 물, 토양처럼 비인간적 존재와 사물을 개체적 권리의 소유자로 보기란 쉽지 않다. 그러나 전통적 규범에서 이미 죽은 자, 아직 태어나지 않은 자, 의식을 상실한 자 등의 권리를 인정하려는 시도는 이에 대하여 시사하는 바 크다고 할 수 있다.

둘째로, 인간과 자연의 올바른 관계를 규명하는 일이다. 인간의 환경을 구성하고 있는 모든 요소들은 자연을 근간으로 하면서 서로 관련되어 있고 상호 작용한다. 이렇게 보면 인간 또한 자연의 한 부분이다. 우리는 인간 이외의 것들이라고 해서 그것을 인간이 정해놓은 목적에 따라 이용될 수 있는 원료에 불과한 것으로만 보아서는 안 될 것이다. 인간 이외의 것들을 가볍게 취급하려는 태도는 결국 인간까지도 쉽게 경시하게 만들기 때문이다.

자연을 도덕적으로 바라보는 것이 용이한 일은 아니다. 어떤 상태라 할지라도 삶을 손상시키는 행위는 도덕적이라고 볼 수 없다. 자연이 파괴되면서 그 안에서 나타나는 고통이 인간 삶의 원칙에 가장 깊이 저항하는 것으로 보고자 할 때, 비로소 자연은 도덕적으로 규정될 수 있을 것

---

23) 진교훈, "환경윤리학과 그리스도교윤리학의 만남", 『현대사회와 종교』, 서울 : 서광사, 1987, p.222 ; 서규선·문종길, 『환경윤리와 환경윤리교육』, 서울 : 인간사랑, 2000, p.169.

이다. 자연이 무너지면 인간의 생명도, 그의 본질적인 안전이나 올바른 가치관도 무너지게 마련이다. 왜냐하면, 자연은 우리가 고향이라고 부를 만한 휴식할 환경과 안심하고 살 안식처를 제공하기 때문이다. 고향을 상실한 채 유랑민처럼 동요하는 데서 삶의 목표와 의의를 찾기란 어렵다. 그러기에 고향이라는 현상에서 인간과 자연의 연대적 용접이 가장 빨리 이루어진다는[24] 점은 옳다고 생각된다.

IV. 도덕과 교육과정에 반영된 생명존중사상 및 환경윤리

근래의 도덕과 교육과정, 특히 제7차 교육과정은 우리가 추구해야 할 가치·덕목의 수를 구체적으로 제시하였다.[25] 이는 우리나라 도덕과 교육의 역사상 처음으로 시도된 것이다. 즉, 내용의 범위에 있어서는 종전처럼 4개의 생활영역을 그대로 사용하면서도 각 영역별로 5개씩, 모두 20개의 가치·덕목을 핵심 내용으로 선정한 것이다.

그것은 개인생활 영역에서 '생명 존중, 성실, 정직, 자주, 절제', 가정·이웃·학교생활 영역에서 '경애, 효도, 예절, 협동, 애교·애향', 사회생활 영역에서 '준법, 타인 배려, 환경 보호, 정의, 공동체 의식', 그리고 국가·민족생활 영역에서 '국가애, 민족애, 안보 의식, 평화 통일, 인류애'이다. 여기서 특별히 생명존중사상과 직접 관련되는 것은 개인생활에서의 '생명 존중'이며, 환경윤리와 직접 관련되는 것은 사회생활에서의 '환경 보호'라고 할 수 있다.

---

24) 진교훈, 『환경윤리 : 동서양의 자연보전과 생명존중』, 서울 : 민음사, 1998, p.120.
25) 교육부, 『제7차 도덕과 교육과정』, 1997, pp.30~31.

1. 국민공통기본교육과정

국민공통기본교육과정의 경우 생명존중사상은 주로 개인생활의 단원에서 강조되고 있다. 먼저 초등학교를 보면, 3학년은 첫 번째 소단원에서 자신의 몸에 대한 <청결, 위생, 정리 정돈>을 다루고 있다. 학생들은 주로 자신의 몸을 소중히 하는 건강관리로서의 청결·위생과 정리 정돈의 중요성, 자신의 몸과 주변을 청결히 하고 정리 정돈하는 방법 등을 배운다. 4학년에서는 대체로 <바른 몸가짐>의 소단원에서 다루어지는데, 학생들은 바른 몸가짐의 중요성을 깨닫고 일상생활에서 몸가짐을 바르게 하는 생활을 실천하여 습관화하는 일을 통해서 학습한다. 5학년에서는 <절제하는 생활>의 소단원에서 다루어질 수 있는데, 학생들은 절제하는 생활의 의미와 중요성을 알고, 일상생활에서 이를 실천하려는 자세를 지니는 일을 통하여 공부하게 된다.

생명존중사상은 6학년에서 가장 강조되고 있는데, 개인생활의 단원에 <생명을 소중히 하기>가 독립적인 소단원으로 구성되어 있다. 이 내용은 학생들로 하여금 생명존중의 의미와 중요성을 알고, 일상생활에서 그것을 실천하려는 태도와 의지를 갖게 한다. 학생들은 구체적으로 '① 생명을 존중하는 태도의 의미와 중요성, ② 역사적 또는 일상생활의 경험 속에서 생명존중을 실천한 구체적 사례 및 본받을 점, ③ 동식물의 생명을 소중히 여기는 태도와 구체적 실천 방안, ④ 인간 생명을 존중하는 태도를 실천하려는 마음가짐과 구체적 실천 방안'에 대하여 배운다.

중학교의 경우, 학생들은 7학년의 소단원 <인간다운 삶의 자세>를 통하여 생명존중사상을 배우게 된다. 이 소단원은 '자기 존중과 생명 존중'을 하나의 제재로 다루고 있다. 9학년의 소단원 <삶의 설계와 가치 추구>는 학생들로 하여금 인간다운 삶을 살기 위한 도덕적 가치 추구의 중요성을 알아 올바른 삶의 목표를 설정하고 계획, 반성하는 능력과 태도를 지니게 하는 가운데 생명존중을 다룰 수 있다.

다음으로 환경윤리에 대하여 살펴보면, 이는 주로 사회생활의 단원에서 '환경 보호'라는 가치를 중시하면서 다루어진다. 초등학교의 경우, 3학년은 <환경을 보호하기>를 독립된 소단원으로 설정하고 있다. 이 내용은 학생들로 하여금 환경 보호의 의미와 중요성을 깨닫고, 환경 보호 활동을 생활화하려는 태도를 지니게 한다. 학생들은 구체적으로 '① 환경과 우리 생활과의 관계와 환경 보호의 중요성, ② 생활 주변에서 일어나는 환경 파괴의 실태와 그 원인, ③ 쓰레기 줄이기와 분리수거 및 자원 재활용의 중요성과 구체적 실천 방법, ④ 쓰레기 줄이기와 분리수거 및 자원 재활용을 생활화하려는 의지의 습관화'에 대하여 학습하게 된다.

4학년에서는 대체로 소단원 <공공장소에서의 예절과 질서>에서 다루어지는데, 학생들은 공공장소에서 지켜야 할 예절과 질서를 알고 이를 실천하려는 태도와 의지를 지니는 일을 통해서 환경 보호를 배운다. 5학년에서는 <공익 추구의 생활>의 소단원에서 다루어질 수 있는데, 학생들은 공익을 추구하는 생활 태도의 의미와 중요성을 이해하고 일상생활에서 공익 실현을 위해 노력하려는 태도와 의지를 지니는 일을 통해서 공부하게 된다.

6학년의 내용에는 <자연 보전과 애호>가 독립된 소단원으로 짜여져 있다. 이는 학생들에 대하여 자연 보전의 의미와 중요성을 깨닫고 자연 애호를 생활화하려는 태도와 의지를 지니도록 권장한다. 학생들은 구체적으로 '① 자연과 인간 생활과의 관계 및 자연 보존과 애호의 의미와 중요성, ② 자연 생태계 파괴의 실태와 그 원인, ③ 자연을 보전하기 위한 사회, 국가 및 국제적 노력과 협력, ④ 자연 보전을 위해 우리가 할 수 있는 일들과 실천 의지'에 대하여 배운다.

중학교에서 학생들은 8학년 때 소단원 <현대 사회와 시민 윤리>를 통하여 환경윤리를 공부할 수 있다. 이 소단원에서 학생들은 현대 사회의 환경 문제들을 해결하기 위하여 시민 윤리의 필요성과 기본 정신 및 내용을 파악하고, 시민 윤리와 전통 도덕과의 조화를 추구하려는 태도를 지닐 수 있게 된다.

고등학교에서 학생들은 10학년 때 소단원 <공동체 의식 문제와 환경 문제>를 학습하게 된다. 이 소단원은 학생들로 하여금 현대 사회의 변화에 따른 도덕 문제를 올바로 파악하고, 공동체 의식의 약화와 환경 문제를 해결하기 위한 방안을 탐색할 수 있는 능력을 갖추게 한다. 학생들은 구체적으로 '① 현대 사회의 변화와 도덕 문제, ② 공동체 의식의 약화와 그 해결 방안 탐색, ③ 환경 문제와 그 해결 방안 탐색'에 대하여 배운다.

2. 선택중심교육과정

생명존중사상과 환경윤리는 11, 12학년의 선택중심교육과정에서도 깊이 있게 다루어지고 있다. 이를테면 『시민 윤리』 과목의 네 단원 중 두 번째 단원 '현대 사회 문제와 시민 윤리'는 <생명 존중과 환경 윤리>를 독립된 소단원으로 구성하고 있다. 학생들은 여기서 생명존중 및 환경문제의 윤리적 의미와 중요성을 이해하고, 생명존중의 자세와 환경윤리관을 확립하게 된다. 구체적으로 '① 생명 존중의 윤리, ② 환경 문제와 윤리, ③ 생명 존중 및 환경 보전을 위한 자세'에 대하여 배운다.

『윤리와 사상』은 학생들로 하여금 한국인으로서의 주체적인 윤리관과 사상적 틀을 형성하게 하려는 과목이다. 이 과목에서 생명존중과 환경윤리를 직접 주제로 다루는 별도의 단원은 없지만, 교사는 얼마든지 그에 관한 사상적 흐름의 맥을 학생들에게 제시해 줄 수 있다. 예컨대 '윤리의 흐름과 특징'에 관한 단원에서 단순히 동서양 및 한국의 윤리 사상사를 제시하는 데 그치지 않고, 그 안에서 우리가 추구하는 현대적 생명윤리 및 환경윤리의 뿌리를 찾아낼 수 있을 것이다.

또 다른 선택과목『전통 윤리』는 학생들로 하여금 우리 조상들의 윤리적 삶을 현대적 시각에서 재음미하여 한국인으로서 지녀야 할 바람직한 윤리적 인식과 자세를 보다 확고히 정립하게 하려는 과목이다. 이 과목의 첫 번째 단원인 '전통 윤리의 의의와 기본 정신'은 생명존중사상을 심도 있게 다룰 수 있는 부분이다. 즉, 생명존중에 대하여 우리 조상들이 어떤 생각을 가지고 있었는지 탐색하는 것이다. 이를테면, 우리 조상들은 천(天), 지(地), 인(人)의 삼자가 조화 속에서 세상을 온전하게 한다는 성현들의 가르침에 따라서 인간과 자연이 본래 하나라고 생각해 왔음을 강조할 수 있다. 단군의 건국 이야기, 화랑도의 세속오계, 보우(普雨)와 동학사상 등은 조상들의 생명존중사상을 엿볼 수 있는 내용들이다.

아울러 이 과목의 네 번째 단원인 '국가, 사회에 이바지하고 자연을 아끼는 삶'은 <전통적 자연관과 자연 친화>를 독립된 소단원으로 설정하고 있다. 학생들은 이 내용을 학습함으로써, 자연을 정복의 대상이 아니라 삶의 동반자로 보았던 조상들의 자연관을 올바르게 이해하여 오늘날의 삶에 적용, 실천하려는 자세를 갖게 된다. 학생들은 구체적으로 '① 전통적 자연관의 기본 정신, ② 서구적 자연관과 환경 문제, ③ 자연과 인간의 조화'에 대하여 배운다.

V. 향후 도덕과 교육에서 강조되어야 할 생명존중사상과 환경윤리

IV장에서 살펴본 바와 같이 제7차 도덕과 교육과정에 있어서, 생명존중사상에 대해서는 '생명존중의 의미와 중요성 알기, 생명을 소중히 하려는 태도와 의지 갖기, 자기 존중과 생명존중을 통하여 인간다운 삶의 자세를 갖기, 생명존중의 자세 확립하기' 등이 특히 강조되었다. 또한 환경윤리에 대해서는 '환경 보호의 의미와 중요성 깨닫기, 환경 보호 활동을 생활화하려는 태도 지니기, 자연 보전 및 자연 애호를 생활화하려는 태도와 의지 갖기, 환경 문제와 그 해결 방안 탐색하기, 환경윤리관 확립하기, 전통적 자연관을 올바르게 이해하여 오늘의 삶에 적용·실천하기' 등이 특히 강조되었다.

일견하여 생명존중사상과 환경윤리는 제7차 도덕과 교육과정에 있어서 대체로 내실 있게 반영된 것으로 보인다. 그러므로 여기서 향후 강조되어야 할 내용으로 덧붙이고자 하는 바는 제7차 도덕과 교육과정에 대한 비판이기보다는 그 발전적 논의라고 볼 수 있겠다.

1. 생명존중사상

생명윤리에서는 학생들에게 단순히 생명존중사상을 고취시키는 일에서 더 나아가 구체적인 생명 문제에 대하여 일정한 규준을 제시해줄 필요가 있다. 앞으로 생명에 관한 과학적 탐구의 결과가 인간 삶의 실천적인 측면에 더욱 큰 영향을 줄 수 있는 이상, 학생들은 새로운 기술적 가능성 앞에서 가능한 한 객관적이고 보편적인 윤리 규준에 근거하여 행동할 수 있도록 준비되어 있어야 하기 때문이다.

여기서 생명윤리의 규준이란, 생명 문제에 있어서 최종적으로 정당화되며 추론의 기초를 이루는 원리들로서 도덕적 판단의 준거(準據)로 작용하는 것을 이른다. 윤리적 규준들은 일반적인 성격을 갖기에 모든 도덕적 딜레마에 대하여 그 자체로서 완벽한 해결책이 된다고 말하기는 어렵지만, 문제 해결의 기초를 제공하며 문제를 명료화하도록 이끌어준다.26) 물론 윤리적 규준들을 논한다고 해서 종전의 결의론(決疑論)처럼 어떤 정적이고 고착된 기준을 제시하려는 것은 아니다.

생명윤리의 규준으로 제시되어온 것들로는 '자율성, 무해성, 선행, 정의',27) '생명의 근본 가치, 인간의 자유와 책임, 전체성, 인간의 사회성과 보조성',28) '믿음, 희망, 사랑'29) 또는 '관리인, 인간 생명의 신성불가침, 전체성, 출산과 성, 이중효과'30) 등이 있다. 필자는 한 연구에서31) 생명윤리의 규준으로 '창조성과 관리, 바른 양심의 형성과 윤리적 분별, 이중효과, 정당한 협력과 친교, 전체성 및 완전성, 고통과 인내를 통한 인격성장'의 여섯 가지를 제시한 적이 있다.

생명윤리의 규준들이 그 자체로서 생명 문제의 해결을 위해 명쾌한 답변을 준다고 말하기는 어렵다. 다만 실제적인 판단이 이런 규준들로부터 자명한 결론처럼 자동적으로 이루어질 수는 없어도, 우리는 그것들을 통하여 특수한 도덕적 상황에 지혜롭게 접근할 수는 있는 것이다. 필자는 위의 연구에서 생명윤리의 이슈로서 논의되어온 것들을 세 개의 범주로 나누어, 생명체의 탄생과 관련되는 논점들로서 낙태, 인공피임, 인공수정에 대하여, 생명체를 변형시키는 일과 관련되는 논점들로서 인간복제, 인체실험, 장기이식에 대하여, 그리고 생명체의 죽음과 관련되는 깃들로서 안락사, 자살, 뇌사에 대하여 다루었다.32)

---

26) Daniel P. Maher, "Principles and Prudence", *Ethics and Medics*, vol.23, no.8, 1998, p. 1 ; Raanan Gillon (ed.), *Principles of Health Care Ethics*, Hoboken, NJ : John Wiley & Sons, 1995, p.7.

27) Tom L. Beauchamp & James F. Childress, *Principles of Biomedical Ethics*, New York : Oxford University Press, 1994.

28) Elio Sgreccia, *Manuale di Bioetica*, Milano : Jaca, 1991.

29) Benedict M. Ashley & Kevin D. O'Rourke, *Health Care Ethics*, Washington, DC : Georgetown University Press, 1997.

30) 김중호, 『의학윤리란 무엇인가』, 서울 : 바오로딸, 1996.

31) 강두호, "생명에 관한 도덕 규준과 적용", 「도덕윤리과교육」 제12호, 2000, p.176ff.

32) Ibid., pp.183~188.

2. 환경윤리

환경윤리에서는 학생들에게 직관에 호소하여 자연 보호의 의식을 일깨워주는 일에서 더 나아가 환경윤리를 위한 존재론적 논의에도 관심을 기울일 필요가 있다. 존재론적 논의는 자연의 존재와 그 가치를 인정함으로써 가능한데, 그 같은 논의는 무엇보다도 인간에게 자연이 적절한 형태로 지속될 수 있도록 행동해야 할 의무가 있음을 보여주는 데[33] 그 의의가 있다.

이와 관련하여 진교훈 교수는 자연 보전을 실현하기 위한 방향으로 세 가지를 제시한 적이 있다.[34] 첫째, 자연의 고유한 가치를 인정하는 일이다. 즉, 모든 생명을 외경(畏敬)하고, 자연의 권리를 인정하며, 자연과 인간이 하나라는 의식을 갖는 것이다. 둘째, 인간의 윤리적 의무의 범위를 그의 삶의 조건인 자연에로 확대하는 일이다. 셋째, 자연의 아름다움을 감지하는 일이다. 하그로브(Eugene C. Hargrove)는 자연적 아름다움이 예술적 아름다움만큼이나 보존의 가치가 있다고[35] 강조한다.

우리는 근래에 강원도 영월의 동강댐 건설과 전북 서해안의 새만금 간척지 개발을 둘러싸고 벌어진 첨예한 논쟁들을 보았다. 많은 전문가들과 시민들이 각기 다양한 관점에서 이들 사업의 장단점을 논해왔지만, 대체로 그 요지는 댐 건설이나 간척지 개발에서 얻는 경제적 이득과 역으로 자연의 파괴에서 나오는 폐해를 놓고 빚어지는 갈등이라고 할 수 있다.

먼저 영월댐의 경우를 보자. 이것은 당초 영월의 동강에 총사업비 9,390억 원을 들여 7억 톤의 물을 저장할 댐을 건설하는 사업이다. 댐 건

---

33) Eugene C. Hargrove, *Foundations of Environmental Ethics* ; 김형철(역), 『환경윤리학』, 서울 : 철학과 현실사, 1994, p.353.
34) 진교훈, 『환경윤리 : 동서양의 자연보전과 생명존중』, *op. cit.*, pp.123~129.
35) Hargrove, *op. cit.*, p.341.

설을 주도하는 한국수자원공사는 수도권과 남한강 유역의 홍수 피해를 경감시키고 2000년대 수도권의 물 부족에 대처하기 위하여 공사가 꼭 필요하다고 주장하였다. 즉, 남한강은 북한강에 비해 유역 면적($12,929km^2$)은 1.2배 넓으나 홍수조절능력(6.2억 톤)은 63%에 불과하여 홍수에 매우 취약하다는 것이었다.[36] 또한 향후 수도권 지역의 안정적인 용수 공급과 갈수 시 하천의 자정 능력 확보를 위해 댐 건설이 절실히 요구된다는 것이었다.

반대로 환경운동연합 등 시민단체들은 영월댐의 건설을 적극적으로 저지하였다. 그들은 무엇보다도 동강의 생태적 가치가 매우 크다는 사실을 강조하였다. 동강은 식물 300여 종의 식생군락, 조류 72종, 어류 34종 등 다양한 희귀 동식물 종을 지니고 있는 우리나라 굴지의 생태박물관이며, 여기에 인류가 살기 훨씬 전부터 흘러온 사행천과 계곡의 비경은 세계적인 자연 유산이라는 것이다. 또 이 지역에는 신석기시대 유적 7곳과 청동기시대 13곳, 철기시대 6곳 등 유적지가 즐비하고, 보전 가치가 높아 영구 미공개 결정이 난 천연기념물 260호 백룡동굴을 비롯하여 244개 동굴들의 아름다움이 간직되고 있으며, 정선아리랑의 숨결이 동강과 함께 흐르고 있는 곳이어서 이곳을 수장시키는 것은 곧 문화유산을 파괴한다는 것이었다. 이밖에도 댐의 안전성 문제, 용수 문제 해결을 위한 다른 대안의 고려, 의견 대립으로 인한 지역 공동체의 분열, 미래 세대에의 간과, 환경영향 평가 진행의 위법성, 국민의 반대 여론 등이 지적된 바 있다.

다음, 새만금 간척지 개발의 경우를 보자. 이 사업은 총비용 2조 2,137억 원을 들여, 전북 군산·김제·부안 일대의 해안지역에 길이 33km의 방조제를 건설하고 배수 갑문을 건설한 후에 담수호(11,800ha)와 조성된

---

36) 건설교통부, 『수자원 개발 가능 지점 및 광역 배분계획 기본조사』, 1996.

토지(28,300ha)를 개발하는 것이다. 사업을 추진하는 농업기반공사 측은 사업의 효과로서, 국토의 확장으로 잠식된 농경지 대체, 방대한 간척농지 조성으로 식량의 증산, 수자원의 확보, 수해 상습지역 해소, 육운 개선 및 종합 관광권역 형성, 서해안 전진기지 구축의 여건 조성, 공사의 고용 창출 등을 들고 있다.[37]

그렇지만 시민단체들은 미래 세대의 환경권과 생존권, 농업 환경과 간척의 필요성 여부, 갯벌 보전의 문제, 간척 담수호의 수질 문제(예컨대 제2의 시화호가 될 우려), 간척지 논과 갯벌의 생태 가치 등을 내세우고 있다.

여기서 지적하고자 하는 것은 위와 같은 사업들을 둘러싸고 벌어지는 질문들이 무척 광범위하지만, 우리는 과연 가장 근원적인 물음들을 고려하고 있는지에 관한 것이다. 즉, 우리는 강이나 갯벌 등 자연 대상물이 존재하거나 존재하지 않아도 될 권리에 대하여 진지하게 묻고 있는가 하는 점이다. 또한 그것들이 인간 존재와 무관하게 가치가 있는지에 대하여 묻고 있는가 하는 점이다. 물론 환경 문제를 정치적 행위를 통해서 해결하려는 노력들은 계속되어야 한다. 그렇지만 환경윤리를 위한 존재론적 논의의 필요성이 강조되어야 하는 이유는, 근본적으로 인간의 인식 전환이 없는 한 환경 문제의 궁극적 해결은 어렵기 때문이다. 요컨대, 자연에 대한 가치 기준에 근본적인 변화를 가함으로써 새로운 환경윤리를 정립할 필요가 있는 것이다.

이와 관련하여 우리는 환경오염에서 오는 위기를 극복하려는 윤리학자들의 시도들을 눈여겨볼 필요가 있다.[38] 그들은 인간과 자연과의 관계를 인간 중심적, 자연 중심적, 생명 중심적인 측면에서 새롭게 정초하고 이를 토대로 생태학적 위기를 극복하려고 한다.

---

37) 농업기반공사, 『새만금 사업단 사업 현황』, 2000.
38) 진교훈, 『환경윤리 : 동서양의 자연보전과 생명존중』, *op. cit.*, p.55ff.

첫째, 공생적 인간 중심적 자연관이다. 인간과 자연은 공생관계이다. 다만 인간은 자연의 중심으로서, 창조주로부터 자연을 다스리는 임무를 받았으며 생태학적 위기에 대하여 책임을 질줄 아는 존재이다. 그러므로 인간 중심적이라고 해도 그것은, 자연을 인간과 대립관계에 있으며 인간에게 경제적 이용물에 불과한 것이라고 보는 폐쇄적인 관점이 아니라, 열려진 상태에서의 공생적 관점이다. 아우어(A. Auer), 그뢰써(E. Gräßer), 패트리지(E. Patridge), 싱어(P. Singer) 등이 이에 속한다.

둘째, 자연 중심적 자연관이다. 자연은 그 자체의 존재 이유와 고유한 가치를 갖는다. 이 입장은 모든 생명체의 생존권뿐만 아니라 자연 보존에 대한 인간의 상응하는 의무를 강조한다. 여기서 인간과 자연과의 관계는 예컨대 동반자관계, 협력관계, 공속관계, 형제관계, 연대성 등의 용어로 표현된다. 슈바이처(A. Schweitzer), 긴터즈(R. Ginters), 마이어아비히(K. M. Meyer-Abich) 등의 입장이다.

셋째, 생명 중심적 자연관이다. 이는 자연을 살아있는 것으로 보고 살아있는 자연의 모든 형태들에 대해 인간이 책임질 것을 요청한다. 따라서 단순히 자연보호와 환경보호를 넘어서 모든 종의 보존은 물론, 모든 유기체의 발전까지도 생명윤리의 연구 과제가 된다. 얀치(E. Jantsch), 크래머(F. Cramer), 로렌츠(K. Lorenz) 등의 입장이다. 특히 이들은 자연의 역동성과 창조 가능성을 제시하면서도 단순히 형이상학적인 신념을 가지고 관념적으로 생명윤리를 논하는 것이 아니라, 자연과학자들과 함께 자연에 대한 인식을 새롭게 모색했다는 점에서 높이 평가되고 있다.

혹자는 자연의 존재론적인 논의들이 자칫 그리스도교적 창조 신앙에 의존하기 쉽다고 반박할 것이다. 그러나 여기서 강조하고자 하는 것은 환경 문제의 해결이 정치적 행위에만 의존해서는 안 된다는 점, 그리고 윤리적 행위를 통한 해결을 모색하되 경제적 손익계산을 넘어서 균형 있

는 가치체계를 추구해야 한다는 점이다. 즉, 자연의 고유한 가치를 강화
시키면서, 인간의 윤리적 의무의 범위를 시공간적으로 확대하여 자연을
인간의 삶의 조건으로 끌어들여야 한다는 점이다.

VI. 유의 사항

지금까지 생명존중사상과 환경윤리가 도덕과 교육에서 어떤 의미를
지니고 있는지, 그리고 그것이 도덕과 교육과정에서 어떻게 반영되고 있
으며 향후에 강조되어야 할 점들은 무엇인지 등에 대하여 살펴보았다.

인간이 유한한 존재이며 또한 그의 욕구 충족이 항상 불완전한 것인
한, 그가 지상에서 완전한 행복을 구하는 일은 사실상 불가능하다. 그러
므로 인간이 현존재에서 인간과 생명체와의 올바른 관계, 그리고 인간과
자연환경과의 올바른 관계가 만족스런 상태에 이를 수는 없다. 물론 그
렇다고 하여 우리가 이 점에서 생명존중과 환경보호의 중요성에 대하여
소홀히 할 이유를 찾을 수는 없다.

인간이 생명의 신비에 대한 소중한 믿음 없이 인간의 생명을 경시할
경우, 사회는 와해되고 말 것이라는 데에 별도의 설명이 필요치 않을 것
이다. 인간에게 부(富)를 안겨다 주는 데 있어서, 그리고 과학기술의 도움
을 받는 현대 의학이 많은 질병의 치유에 성공하는 데 있어서, 생명 자체
의 가치가 우선순위에서 밀린다고 할지라도 인간 사회의 질서 유지를 위
하여 최소한 지켜져야 할 기준은 있게 마련이다.

환경도 마찬가지이다. 인간이 자연환경을 파괴하면, 그는 결국에 가서
그 자신까지 훼손시키고 만다. 자연은 인간과 불가분리의 관계에 있으며,
인간 존재의 부분으로서 인간 자신의 실존적 완전성의 한 요소이기 때문

이다. 따라서 우리는 현세적이고 잠재적인 인간의 환경으로서의 자연을 보편적인 선으로 보호하고 그것을 건강하게 보전하지 않으면 안 된다.

이제 글을 맺기로 한다. 인간 스스로를 생명과 자연을 보호하는 일의 출발점으로 삼는 것이 이기적이라는 비판은 확실히 경청할 만한 가치가 있다. 그러나 적어도 지금까지는 역사상 일어난 수많은 살인이나 환경파괴 행위에도 불구하고 지구상에서 인류가 영속되어야 한다는 것이 자명한 것으로 전제되어 왔지만, 이제 상황은 달라지고 있다. 오늘날에는 인류의 자기 해체와 유일한 삶의 보금자리인 지구의 파멸이 가능성으로 나타난 것이다. 인류는 인간 존중의 삶이 불가능해질 정도로 자신과 자연의 삶의 조건을 변화시키는 것을 금해야 한다. 인간이 미래에도 자기 행동에 책임을 지는 주체로 남아있는 이상, 인간은 반드시 자기 제어를 지속적으로 해야 할 것이다.

참고문헌

강두호(역), 『사회 윤리의 기초』, 서울 : 인간사랑, 1997.

강두호, "생명에 대한·도덕 규준과 적용", 「도덕윤리과교육」 제12호, 2000, pp.176～191.

건설교통부, 『수자원 개발 가능 지점 및 광역 배분계획 기본조사』, 1996.

교육부, 『제7차 도덕과 교육과정』, 1997.

김상희·이태원, 『살인범죄의 실태에 관한 연구』, 서울 : 한국형사정책연구원, 1992.

김영남, "그리스도교의 생명 이해", 「가톨릭 신학과 사상」 제20호, 1997, pp.64～89.

김중호, 『의학윤리란 무엇인가?』, 서울 : 바오로딸, 1996.

농업기반공사, 『새만금 사업단 사업 현황』, 2000.

박해당, "불교의 생명관", 『과학과 철학』, 서울 : 통나무, 1997, pp.93～110.

생명문화연구소, 『생명연구』, 서울 : 서강대학교출판부, 1994.

서규선·문종길, 『환경윤리와 환경윤리교육』, 서울 : 인간사랑, 2000.

서정선, "상향방식의 과학적 생명인식", 『과학과 철학』, 서울 : 통나무, 1997, pp.72～92.

심영희 외, 『낙태의 실태 및 의식에 관한 연구』, 서울 : 한국형사정책연구원, 1991.

오형근, "불교의 생명관", 「가톨릭 신학과 사상」 제20호, 1997, pp.20～38.

원의범, "인도철학에서 본 생명관", 「과학사상」 제17호, 1996, pp.140～154.

임금자, "도가의 생명관", 「가톨릭 신학과 사상」 제20호, 1997, pp.39～63.

진교훈, 『환경윤리 : 동서양의 자연보전과 생명존중』, 서울 : 민음사, 1998.

진교훈, "환경윤리학과 그리스도교윤리학의 만남", 『현대사회와 종교』, 서울 : 서광사, 1987, pp.222～225.

허재윤, 『환경윤리, 경제윤리 그리고 생명윤리』, 대구 : 영남대학교출판부, 1999.

Ashley, Benedict M. & O'Rourke, Kevin D., *Health Care Ethics*, Washington, DC : Georgetown University Press, 1997.

Augustine, *De Civitate Dei*.

Beauchamp, T. L. & Childress, J. F., *Principles of Biomedical Ethics*, New York : Oxford University Press, 1994.

Botzler, Richard G. & Armstrong, Susan J., *Environmental Ethics*, New York : McGraw-Hill, 1997.

Coyle, P. M., "Life, Concept of", *New Catholic Encyclopedia*, vol.VIII, New York : McGraw-Hill, 1967, pp.739～744.

Derr, Thomas S., et al., *Environmental Ethics and Christian Humanism*, Nashville, TN : Abingdon Press.

Des Jardin, Joseph R., *Environmental Ethics : An Introduction to Environmental Philosophy*, Stamford, CT : Wadsworth, 1996.

Gillon, Raanan (ed.), *Principles of Health Care Ethics*, Hoboken, NJ : John Wiley & Sons, 1995.

Hargrove, Eugene C., *Foundations of Environmental Ethics* ; 김형철(역), 『환경윤리학』, 서울 : 철학과 현실사, 1994.

Hirschberger, Johannes, *Geschichte der Philosophie* ; 강성위(역), 『서양철학사(下)』, 대구 : 이문출판사, 1997.

John Paul Ⅱ, *Evangelicum Vitae* ; 송열섭(역), 『생명의 복음』, 서울 : 한국천주교중앙협의회, 1995.

Johnson, Lawrence E., *Morally Deep World : An Essay on Moral Significance and Environmental Ethics*, New York : Cambridge University Press, 1993.

Leopold, Aldo S., "The Land Ethic", *A Sand Country Almanac : With Essays on Conservation from Rand River*, New York : Ballantine, 1970, p.240ff.

Pojman, Louis E., *Environmental Ethics*, Stamford, CT : Wadsworth, 1998.

Schrödinger, Erwin, *What is Life?* ; 서인석 · 황상익(역), 『생명이란 무엇인가』, 서울 : 한울, 1992.

Sgreccia, Elio, *Manuale di Bioetica*, Milano : Jaca, 1991.

Sterba, James P. (ed.), *Earth Ethics,* Upper Saddle River, NJ : Prentice-Hall, 1999.

US Environmental Protection Agency, *Acid Rain,* Washington, DC : Office of Research & Development, 1999.

US Environmental Protection Agency, *Global Warming*, Washington, DC : Office of Research & Development, 1999.

I. 가상적 실재 행위 연구의 의의

본 연구는, 우리가 가상적 실재의 행위들을 규제함에 있어 도덕교육적 측면에서 제시할 수 있는 근거를 살펴보는 데 그 목적을 두고 있다. 가상적 실재(virtual reality)는 근래에 컴퓨터 기술의 발달과 함께 중시되어 온 용어이다. 이 용어는 미국의 래니어(J. Lanier)에 의해 쓰였는데, 그는 가상적 실재를 컴퓨터를 통하여 이루어지는 몰입된 상호 작용의 환경이라고 정의하고 있다.[1]

물론 이런 개념으로 통일되어 있는 것은 아니다. 이를테면 크루거(M. Krueger)는 '인공 현실'(artificial reality), 깁슨(W. Gibson)은 '사이버스페이스'(cyberspace)의 개념을 중시한다. 또는 '가상 현실'이라는 말로 표현되기도 한다. 여기서 가상적 실재라고 칭하는 것은, 컴퓨터 기술을 통하여 그 네트워크 안에서 창출되는 행위들이 설사 물리적으로 존재하지 않을지라

---

[1] Christopher Watkins & Stephen R. Marenka, *Virtual Reality Excursions*, Cambridge, M A : Academic Press, 1994, p.138.

도 기능적으로는 존재할 수 있다는 실재성의 의미를 더 강조하기 위해서이다. 그러므로 이 글에서 가상적 실재 행위란 넓은 의미로 가상 세계에서 컴퓨터 네트워크를 통하여 이루어지는 행위를 뜻한다.

가상과 실재라는 단어는 사실 서로 모순되어 보이며, 이 두 단어의 합성은 우리를 다소 혼란스럽게 하기도 한다. '가상적'(假想的)이라는 말은 사전적인 의미에서 '정식으로 인정되거나 허용되지는 않지만 본질적으로 혹은 효력 면에서 존재하는 ; 사실상 그렇지 않으나 마치 ~인 듯한'을 뜻하는 개념으로 컴퓨터 기술의 확장과 함께 최근 널리 쓰이고 있다. '실재'(實在)는 '사고 속에서만 관념적으로 존재하지 않고 실제로 사물 내지 사상(事象)으로서 존립하는 것'을 의미하는 철학적 용어이며 현실적으로 존재함을 강조한다.

예를 들어, e-메일은 사람들로 하여금 키보드를 두드리는 행위만으로 봉투를 이용한 우편물을 대치하고 있다. 온라인 서비스 설비는 사람들로 하여금 손으로 직접 돈을 만지지 않고 거래하는 일을 가능하게 한다. 이 밖에도 컴퓨터는 우리의 학업, 장보기, 투표, 의료 행위, 레저 활동, 친구 사귀기, 사랑하기, 심지어 전쟁에 이르기까지 모든 것을 변화시키고 있다. 이렇게 가상적 실재 행위는 현실의 문제를 종전에 미처 생각하지 못했던 범위로까지 확대하고 있다.

그러나 그것은 또한 불행스럽게도 전례 없는 범죄의 기회들을 만들어 내고 있다. 일례로 최근에 화상 채팅을 통한 성행위가 사회 문제로 대두되고 있다. 모르는 상대와 이른바 사이버 섹스를 즐기는 것이다. 또, 우리는 가끔 걷잡을 수 없이 퍼져 가는 악성 바이러스의 폐해를 경험한다. 실제로 몇 해 전에 필리핀의 한 청년으로부터 유통된 'I Love You' 바이러스는 전 세계의 많은 컴퓨터 시스템들을 폐쇄시켰고, 소프트웨어의 손상, 시간과 교역의 손실 등 경제적으로도 70억 달러 이상의 손해를 끼쳤다.[2]

이렇게 가상적 실재의 행위들은 좋은 질서를 유지할 경우 얼마든지 유토피아가 될 수 있지만, 그렇지 못할 경우에는 무질서와 혼돈한 상태로 전락하게 된다. 이 점에서 본 연구는 가상적 실재 행위가 바람직하고 합리적으로 이루어지기 위해서는 일정한 규제가 요구된다는 전제 아래, 그 근거를 이루는 규범 체계에 대하여 논의하고자 하는 것이다.

글의 내용은 먼저 Ⅱ장에서 가상적 실재의 행위들이 구체적으로 어떤 특징을 보이고 있는지에 대하여 살펴볼 것이다. 이어서 Ⅲ장은 가상의 실재에서 규제 대상의 논란이 되어온 행위들을 다루게 된다. 그리고 Ⅳ장은 그 같은 행위들을 규제하는 원리들에 대하여 탐색한다. 글은 대체로 문헌 및 사례 연구에 의존한다.

II. 가상적 실재 행위의 사회적 특징

대부분의 가상적 실재 행위는 하나의 거대한 전자 망(網)을 형성하고 있는 컴퓨터 환경을 통해서 이루어진다. 인터넷은 이 같은 컴퓨터 환경 네트워크의 대표적인 것으로서, 일반인들이 가상의 실재 공간에서 가장 많이 의존하는 매체이다. 우리는 인터넷과 다른 매체와의 차별성을 문자, 음성, 화상, 동영상 등 다양한 형식의 정보를 동일한 형식으로 일괄하여 취급할 수 있는 멀티미디어 능력에서 찾을 수 있다.[3]

가상의 실재 행위와 관련된 인터넷 매체의 특징에 대해서는 그 동안 관점에 따라 많은 연구물들이 발표된 바 있다. 이를테면 인터넷의

---

2) Richard T. De George, "Law and Ethics in the Information Age", *Business & Professional Ethics Journal*, vol.20, no.3/4, Fall/Winter 1999, p.6.
3) David Beckett, "Internet Technology", in Duncan Langford (ed.), *Internet Ethics*, New York : St. Martin's Press, 2000, p.13f.

구조에 주목하는 경우, 가상 세계 안에서의 정보 유통에 관심을 두는
경우, 상업적 이용에 초점을 두는 경우, 학교 수업에 응용하는 경우 등
이다.4) 이들은 대체로 미디어로서의 컴퓨터 네트워킹이 갖는 특징들을
중시한다.

여기서는 인터넷 매체를 통하여 일어나는 가상적 실재 행위들의 특징
을, 사회적 측면을 고려하여 다음과 같이 여섯 가지로 나누어 살펴보기
로 한다.

첫째, 실재성이다. 실재(reality)의 본질적 개념을 이해하는 일은 언제나
어려운 철학적 논의의 대상이었으며, 그 논쟁의 역사는 매우 길다.5) 예컨
대, 플라톤(Platon)은 이데아적 형상만을 참된 실재로 인정하였다. 그러나
아리스토텔레스(Aristoteles)에 따르면 플라톤의 이데아는 진정한 실재인 실
체로부터 추상해낸 모습에 불과하다. 근대에는 형이상학적 내용을 비껴
가면서 감각을 통하여 관찰될 수 있는 사물들만이 실재하는 것으로 여겨
졌다.

오늘날 실재의 개념은 대체로 내적인 역동성 및 에너지를 지닌 물질과
관련되고 있으나, 종종 그에 대한 물음 자체가 별 중요성을 갖지 못해 보
인다. 이는 컴퓨터를 통한 실재의 개념을 그만큼 이해하기 어렵게 만들
기도 한다. 다만 가상의 실재가 비록 그 의미를 확실하게 파악하기 어려

---

4) 인터넷의 특징에 대하여 언급하고 있는 문헌들로 Preston Gralla, *How the Internet
Works*, Indianapolis : Que Publishing, 2003 ; Douglas E. Comer, *The Internet Book :
Everything You Need to Know About Computer Networking and How the Internet
Works*, Upper Saddle River, NJ : Prentice-Hall, 2000 ; Randolph Hock & Gary Price,
The Extreme Searcher's Internet Handbook, Medford, NJ : Cyberage Books, 2004 ; Steve
Jones, *Doing Internet Research : Critical Issues and Methods for Examining the Net*,
London : Sage Publications, 1998 등을 참조.
5) 실재 개념의 논의와 관련하여 Michael Heim, *The Metaphysics of Virtual Reality*, Oxford :
Oxford University Press, 1994 ; Philip Zhai, *Get Real : A Philosophical Adventure in
Virtual Reality*, Lanham, MD : Rowman & Littlefield, 1998.

움에도 불구하고 온갖 종류의 구체적인 컴퓨터 현상을 지칭한다는 점은 분명하다. 요컨대 그 행위는 추상이나 관념이 아니라 컴퓨터를 이용하는 이들의 현재적인 지각과 관련되어 있는 유(有)이며 사실로서 존재하는 것이다.[6]

둘째, 상호 작용성이다. 지리적으로 멀리 떨어져 있지만 사람들로 하여금 쉽고 빠른 커뮤니케이션을 가능하게 하는 매체로서 인터넷만한 것이 없다. 전통적인 통신 매체로서 전화 역시 이런 일을 하지만, 인터넷은 뉴스 그룹, 리스트 서버, 웹 사이트 등을 통하여 일 대(對) 일의 커뮤니케이션 외에 일 대 다수, 다수 대 다수의 상호 행위를 허용한다. 게다가 그것은 디지털 방식으로 저장된 자료들, 예컨대 논문, 사진, 음악 등의 이동을 허용한다.

이 같은 상호 작용은 가상의 공동체들이 전에는 가능하지 않던 방식으로 발전하도록 허용한다. 우리는 이전에 비하면 훨씬 쉽게 세계 여러 지역의 사람들과 의사소통을 할 수 있으며, 다양한 사람들로 구성된 공동체의 일원이 될 수 있다. 전에는 가능하지 않던 방식으로 공동체에의 참여를 유도하기도 하는데, 한 예로서 텔레커뮤팅(telecommuting)은 집에 묶인 사람들로 하여금 생산적인 노동력의 구성원이 되게 해준다.[7]

셋째, 세계성이다. 통계 조사에 따르면, 인터넷으로 연결된 세계 온라인 인구는 2004년 3월 현재 7억 2,900만에 이르고 있다.[8] 대부분의 주민들이 그것을 이용하고 있는지 혹은 이용할 기회를 가지는지의 점에서 볼 경우 사정은 다소 달라지겠지만, 세계 인구의 11.8%라는 크지 않은 비율에도 불구하고 인터넷이 대부분의 나라들에 현존하고 있다는 점에서

---

6) 유의 개념과 특성에 대하여 정의채, 『형이상학』, 서울 : 열린, 1997.

7) Jeffery D. Zbar, *Teleworking & Telecommuting*, Deerfield Beech, FL : Made E-Z Products, 2002, p.3.

8) www.glreach.com/globstats

그것은 분명히 세계적이다.

지구상의 다른 이들과의 교류는 사람들로 하여금 다른 문화, 다른 생활 유형, 다른 관점들을 더 잘 이해하게 만든다. 다른 지역들에 대한 보다 큰 이해는 관용을 키우며, 이는 다시 보다 평화로운 세상을 위한 기회들을 강화할 수 있게 한다. 다만 불행하게도, 최근 여러 나라에서 볼 수 있는 것처럼 의사소통이 반드시 관용과 이해를 증대시키지 못하고 있다. 또 메시지나 정보 혹은 사진이 담긴 파일들을 세계의 수많은 사람들에게 전송하는 경우 윤리적인 문제를 야기하기도 한다.

넷째, 재생 가능성이다. 인터넷에는 방대한 양의 복사할 만한 자료들이 있다. 또 그것들은 매우 쉽게 그리고 훨씬 광범위하게 네트워크를 통해서 분배될 수 있다. 그것들은 예컨대 우편물 수취인 명단으로 주소를 파악한 다음, 홈페이지를 통하여 전달될 수 있다. 이렇게 재생산 가능성과 분배에 있어서의 용이함은 전에는 결코 가능하지 않던 방식으로 자료들에 접근할 수 있게 한다.9)

가상 도서관의 발전은 그 좋은 예이다. 내가 어디에 살고 있는지는 중요하지 않다. 왜냐하면 가상 도서관의 내용들이 내가 컴퓨터를 사용할 수 있는 곳이라면 어디서든 내게 접근 가능하기 때문이다. 가상 미술관도 마찬가지이다. 모든 방문객들은 자신의 지리적 위치와 상관없이 사실상 원본 상태의 것을 관람할 수 있으며, 그림들을 스캔할 수 있다. 온라인 음악은 어떠한가. 레코드, 테이프, CD 등을 사기 위해 더 이상 시내에 나갈 필요가 없으며, 누구든 음악을 다운받아 연주할 수 있다. 이런 것들은 적절하게 사용될 경우 우리의 삶의 질을 높일 수 있다. 그러나 자료의 보존, 변경, 복사와 관련하여 여전히 많은 문제점들이 있다.

---

9) F. B. Schneider (ed.), *Trust in Cyberspace*, Washington, DC : National Academic Press, 1999.

다섯째, 익명성이다. 익명성이 새로운 것은 아니다. 저술가들은 오랜 동안 익명으로 책을 출간해 왔으며, 익명으로 편지를 보내거나 또는 익명으로 전화 통화를 하는 일 역시 어렵지 않다. 그러므로 인터넷과 다른 미디어 사이에 절대적인 차이가 있는 것은 아니다.

물론 의미 있는 차이는 있다.10) 예컨대 인터넷에서는 책이나 편지 또는 전화에 비하여 훨씬 많은 사람들을 상대로 상당한 정도의 익명성을 갖는다. 또 인터넷에서는 기록 활동의 용이함으로 말미암아 익명성이 새로운 중요성을 띠고 있다. 경우에 따라 익명성은 개인의 프라이버시 내지 마음의 평화를 보호하는 유일한 방법으로 여겨지기도 한다.

여섯째, 통제의 난이성이다. 인터넷에서의 내용과 활동이 과연 통제될 수 있는가 하는 문제이다. 물론 개별적인 서버들의 내용이 그럴 수 있는 것처럼, 백본(backbone) 사이의 상호 연결 통로들이 단절될 수 있다. 그러나 인터넷의 일정한 내용과 활동들에 대하여 잔여 부분들을 손상시키지 않은 채로 통제하는 것이 결코 쉬운 일은 아니다.

싱가포르의 경우처럼 인터넷 서비스 공급자들(ISPs)로 하여금 내용에 대하여 책임지게 할 수도 있겠지만,11) 그들이 서비스를 유지하면서 단지 원치 않은 자료들만을 효과적으로 걸러낼 수 있는지는 또 다른 문제다. 인터넷은 프라이버시에 관한 법규들, 거래의 비밀을 보호하는 규정들 등 관련법들에 의하여 어느 정도 통제되고는 있다. 그렇지만 설령 금지된 자료를 포함하는 사이트들을 폐쇄하더라도, 유사한 자료를 포함하고 있는 새로운 사이트가 설립되는 일을 막기는 쉽지 않다.

---

10) John Weckert, "What is New or Unique about Internet Activities?", in Duncan Langford, *Internet Ethics*, New York : St. Martin's Press, 2000, p.55.

11) H. Nissenbaum, "Values in the Design of Computer Systems", *Computers and Society*, vol.28, no.1, March 1998, p.38.

III. 가상적 실재 행위의 규제 대상들

1. 규제 대상 가상적 실재 행위의 종류

컴퓨터 네트워크를 통해 일어나는 디지털 범죄의 형태는 매우 다양하다. 영국 회계감사위원회는 자체 기준에 따라 컴퓨터 범죄를 분류하며, 미국 컴퓨터공학협회는 인터넷 남용의 유형을 상세히 규정하고 있다. 우리는 방대한 이들 연구물들을 참고로 하여,[12] 도덕적 (내지 법적) 규제의 대상이라고 여겨지는 가상 실재의 행위들을 다음과 같이 기술할 수 있겠다. 아래에 나열되는 규제 대상들이 반드시 서로 배타적인 것은 아니며 또한 완벽한 목록일 수 없음은 물론이다.

- 일반적인 e-메일 남용 : 대표적인 예가 스팸(spam)이다. 발신자는 컴퓨터 네트워크를 통하여 불특정 다수의 수신자에게 메시지를 무차별로 살포함으로써 이를 원치 않는 사람이 읽거나 처리하는 데 많은 시간과 비용을 낭비하게 만든다. 프로그램에 감당할 수 없을 만큼의 데이터를 입력시켜 프로그램이 실행할 수 없도록 하기도 한다. 이밖에 e-메일 남용은 성적 또는 인종적인 내용을 담아 보내 괴롭히기, 연쇄 메일 보내기, 바이러스 유포하기 등을 포함한다.
- 해킹(hacking) : 다른 컴퓨터에 침입하여 자료를 무단으로 열람, 변조, 파괴하는 등의 모든 불법적인 행위를 말한다. 좁은 의미에서는 정보 시스템에서의 보안 침해 사고를 발생시키는 행위들을 이른다. 근래에 해킹은 특정 사이트에 엄청난 양의 정보를 쏟아 부어 시스템에 과부하가 걸리도록 해 서비스를 중단시키는 서비스 거부 공격으로부터 조직적인 데이터베이스 접근에 이르기까지 웹 사이트들에 상처를 가하

---

12) Peter Grabosky & Russell Smith, "Telecommunication fraud in the digital age", in David S. Wall (ed.), *Crime and the Internet*, London : Routledge, 2001, p.29f. ; Steven Furnell, *Cybercrime : Vandalizing the Information Society*, London : Addison-Wesley, 2002, p.22f. ; Keng Siau, Fiona Fui-Hoon Nah, and Limei Teng, "Acceptable Internet Use Policy", *Communications of the ACM*, vol.45, no.1, January 2002, p.75f.

고 있다. 테일러(P. Taylor)는 해커 활동의 유형을 가상 파업, 스팸 메일, 컴퓨터 침입, 컴퓨터 바이러스로 구분한다.[13)

- **포르노그래피** : 인간의 성적 행위를 직접적이고 노골적으로 묘사한 것들을 총칭한다. 사이버 세계에서는 주로 포르노 사이트들에 접근하여 이들 사이트들을 전시하고 배급하며 드나드는 일을 내포한다. 한국의 인터넷을 키운 8할은 포르노그래피라는 말이 있을 정도로 포르노그래피는 우리나라에서 인터넷의 성장과 대중화에 영향을 주었다.[14) 그러나 미풍양속을 해치고 반사회적 행동을 유발시키는 것이라 하여 많은 나라에서 규제되고 있다.

- **저작권 침해 또는 표절** : 저작권(著作權)은 법을 통하여 학문적 혹은 예술적 저작물의 저작자에게 부여하는 배타적인 권리이다. 저작물을 이용하려면 저작권자의 이용 허락을 받아야 하는데, 이를 위해서는 사용료를 지급하는 것이 보통이다. 그러므로 이용 허락은 저작권자와 사용자간의 채권 법률관계이다. 사회의 발달과 시대의 변천에 따라 저작물의 종류가 늘면서 컴퓨터 프로그램이나 캐릭터 같은 것도 최근엔 저작물로 인식되고 있다. 가상 세계에서 이를 위반하는 행위는 불법 소프트웨어를 사용하는 일, 웹 사이트들이나 저작권으로 보호되는 로고들을 베끼는 일 등을 포함한다.

- **온라인 사기** : 개인의 이득을 위하여 독단적으로 투입물을 바꾸기, 컴퓨터 산출물을 파기하거나 은폐 혹은 횡령하기, 컴퓨터 처리된 자료들을 바꿔치기, 프로그램을 바꿔 사용하기 등을 포함한다. 최근 인터넷을 통한 전자 상거래의 붐이 일면서 그에 따른 사기 사건도 많이 발생하고 있다.[15) 예컨대, 음란 사이트 이용에 따른 사기 피해의 사례가 늘고 있으며, 인터넷 경매, 온라인 상품 판매, 피라미드 및 다단계 판매에 있어서 거래의 내용과 결과가 일치하지 않는 경우들이 많다.

- **무단적인 사용 및 접근** : 이는 특히 인터넷 서비스 공급자들과 관계가 있다. 사업자들의 주된 수입 원(源)은 인터넷에 접속하는 사용자들의 요금이다. 그러므로 허락 없이 인터넷에 출입하는 일은 안전 문제 외

---

13) Paul Taylor, "Hacktivism : in search of lost ethics?", in David S. Wall, *op. cit.*, p.64.
14) 홍성욱, 『네트워크 혁명, 그 열림과 닫힘』, 서울 : 들녘, 2002, p.162.
15) 전자 상거래 시스템의 운영과 관리에 관하여 안웅 외, 『전자상거래 개론』, 서울 : 연학사, 2003 참조.

에 수입에도 영향을 줄 수밖에 없다. 또, 무단으로 암호(password)를 공유하는 일은 회사의 업무 비밀과 기밀 정보를 위태롭게 한다.

- **뉴스 그룹 퍼뜨리기** : 뉴스 그룹(news group)은 주요 인터넷 사이트에 일정한 주제에 관하여 짧은 글들을 올려서 서로 토론할 수 있도록 만들어진 서비스 마당이다. 사용자는 기존의 뉴스 그룹에 글을 올리거나 올려진 글에 답변을 할 수 있으며, 새로운 뉴스 그룹을 만들 수도 있다. 이때 이른바 네티켓에 어긋나면서까지 의견을 표현하는 일은 물론, 섹스 이야기나 광고 등 해당 주제와 관련 없는 메시지들을 퍼뜨리는 일들이 만연하고 있다.

- **컴퓨터 바이러스** : 컴퓨터 처리를 변조할 의도를 가지고 자기 복제를 통하여 또는 기존의 실행 프로그램에 기생함으로써 시스템을 파괴하거나 작업을 지연 내지 방해하는 프로그램의 일종이다. 악성 프로그램의 경우 보통 제작자가 고의로 사용자에게 피해를 주고자 하며, 그 부작용은 메시지 출력, CMOS 메모리 데이터 삭제, 하드디스크 정보 파괴, 플래시 메모리 정보 파괴 등으로 점점 커지고 있다. 미국의 컴퓨터 분야 시장 조사 기관인 컴퓨터 이코노믹스의 조사에 의하면, 2000년 한 해에 전 세계에 걸쳐 컴퓨터 바이러스에 감염된 정보 시스템의 피해액은 171억 달러였다.[16]

- **업무와 무관한 다운로드 및 업로드** : 업무 대역폭(bandwidth)을 제약하는 소프트웨어를 증식시키는 일, 그리고 영화, 음악, 그래픽 자료들의 전송을 허용하는 냅스터(Napster)나 그누텔라(Gnutella)와 같은 프로그램들이 이에 해당된다. 냅스터는 개인 대 개인의 파일 공유 서비스(P2P)를 이용해 개인이 보유하고 있는 음악 파일(MP3)들을 인터넷을 통해 공유할 수 있게 하였다. 그러나 2001년 미국 법원은 냅스터를 통해 음악 파일을 주고받는 것이 저작권을 침해하는 위법이라고 판결하였다.[17]

- **인터넷의 안일한 사용** : 업무 시간 중 인터넷으로 시간 보내며 빈둥거리는 일을 말한다. 인터넷 쇼핑, e-카드나 사적인 e-메일 보내기, 온라인 도박, 채팅, 게임하기, 경매에 참여하기, 주식 거래, 기타 일체의 사

---

16) www.etnews.co.kr/news

17) Joseph Menn, *All the Rave : The Rise and Fall of Shawn Fanning's Napster*, London : Crown Business, 2003, p.8.

적인 활동을 망라한다. 샤우(K. Siau) 등의 연구에 따르면[18] 직장인들
이 업무 중 벌이는 게임 비용이 한해에 500억 달러에 해당하며, 이들
은 대개 중간 관리인들이라고 한다.

이밖에 동시에 두 직장 일하기, 즉 부수입을 얻을 목적으로 사무실의
컴퓨터 네트워크를 사용하여 개인의 일을 행하기, 회사 내에서 발각되지
않고 인터넷에 접속하기 위해 외부의 ISP를 사용하기, 컴퓨터의 공정 사
이클이나 장비에 고의로 손상을 가함으로써 컴퓨터 처리를 방해하기(사보
타지) 등을 꼽을 수 있다.

2. 규제 대상 가상적 실재 행위의 유형

우리는 1절에서 기술된 종류의 행위들을 보면서 가상 실재라는 환경
이 인간의 활동에 독특하게 영향을 미치고 있음을 알 수 있다. 이에 대하
여 월(David S. Wall)은 가상 실재의 환경이 기존의 비도덕적인 행위들을
더욱 조장하는 수단으로 작용한다고 비판하는가 하면,[19] 휴스턴(G.
Houston)은 컴퓨터가 산출하는 매혹적인 환경이 사람들로 하여금 현실의
것보다 가상의 것을 더 선호하게 만든다고 주장한다.[20] 어떤 식으로 보
든 우리는 규제의 대상으로서 논의되고 있는 앞의 행위들이 대체로 그
유형에 있어서 침해, 사기, 외설, 그리고 폭력에 걸쳐 있음을 알 수 있다.

첫째로, '침해'이다. 독단적으로 컴퓨터 시스템의 경계를 넘어 소유권
혹은 정당한 권리가 이미 설정되어 있는 공간에로 침투해 들어가는 것으
로서, 해킹이나 컴퓨터 바이러스가 그 대표적인 경우이다. 사이버 침입자

---

18) Keng Siau, et al., *op. cit.*, p.64.
19) David S. Wall, "Maintaining order and law on the Internet", in Wall (ed.), *op. cit.*, p.168.
20) Graham Houston, *Virtual Morality*, Leicester : Apollos, 1998, pp.54~55.

들은 그 행동 유형에 있어서 가장 온건한 형태에서는 손해 없이 지적인 도전 정도에 그치지만, 가장 사악한 형태(사이버펑크 혹은 사이버테러)에서는 표적이 된 대상자에게 엄청난 피해를 준다.

둘째로, '사기(詐欺)'이다. 타인의 권리를 기만하여 사용하는 등 여러 유형의 탐욕스런 해악으로서, 저작권 침해, 온라인 사기 등이 이에 해당한다. 지적 재산권의 문제는 사이버 상에서 많은 논란을 불러일으키고 있는데, 컴퓨터를 통해서 영상, 음악, 사무 보조 등과 같은 가상적 산출물을 얻는 일이 소유자로부터 그것을 영구적으로 박탈하지는 않지만 법적으로는 절도에 속한다. 한편 사이버 사기꾼들은 인터넷을 통하여 실제의 신용 카드와는 상관없이 카드 번호와 만기 일자, 이름과 배달 주소만으로 물건을 가로채기도 한다.

셋째로, '외설'이다. 사이버스페이스 안에서 성적으로 자극적인 자료들을 공표하거나 거래하는 것으로서, 포르노그래피를 들 수 있다. 외설의 논란은 간단치 않다. 사람들은 해당 자료들이 외설적인지 또 보는 이를 타락시키는지 여부에 대하여 명쾌하게 알고 싶어 하지만, 외설과 타락이라고 확증하게 하는 기준들이 과연 무엇인지에 대해서는 상당한 법적 및 도덕적 다툼들이 있다. 예컨대, 서구 국가들에서 별 문제되지 않는 영상들이 몇몇 중동 국가들에서는 외설로 분류되고 있다.[21]

끝으로, '폭력'이다. 직접 물리적으로 나타나지 않더라도 피해자에게 난폭함을 느끼게 하며 오랜 동안 심리적인 상처를 주는 것으로서, e-메일 남용, 뉴스 그룹 퍼뜨리기 등을 꼽을 수 있다. 예를 들어, 사이버 스토킹(cyber-stalking)은 e-메일을 악착같이 보낸다든가 음란한 메시지 또는 죽이겠다는 위협 등을 보냄으로써 한 개인을 끈덕지게 추적하여 괴롭힌다.

---

21) David S. Wall, "Cybercrimes and the Internet", in Wall (ed.), *op. cit.*, p.6.

이때 진짜 위협과 성가신 일 사이를 어떻게 구별할 지를 결정하는 일은 여전히 문제로 남는다. 사이버 스토킹이 주로 개인에 대한 경우라면, 욕설과 같은 사이버 증오는 주로 특정의 집단에 대하여 이루어지고 있다. 가장 극적인 예의 하나가 유태인 학살(Holocaust)의 부정일 것이다.22) 이는 이름이 암시하는 것처럼 유태인들에 대한 박해가 나치에 의해 일어났다는 사실을 거부함으로써 역사를 다시 쓰도록 유도한다.

IV. 가상적 실재 행위의 규제 원리

인터넷 등을 통하여 이루어지는 가상의 실재 행위는 규제의 대상이 아니라고 말하는 이들이 있다. 그들은 사이버스페이스에 들어서는 순간 곧 도덕적으로 간섭받지 않는다고 주장한다. 이 같은 인식은 가상 세계의 특성으로 보아 타당해 보이기도 한다. 왜냐하면 규제의 대상이 되기에 충분한 사이버 행위들이 현실 세계의 사법적 관할권을 뛰어넘는 경우 법을 집행하기 어려울 뿐만 아니라, 공식적으로 산출되는 통계 자료도 부족하기 때문이다.

누가 그 행위의 피해자인지 또 그가 어떻게 피해를 받았는지에 대하여 애매한 경우도 많다. 더구나 받아들일 만한 사이버 행위와 받아들이기 어려운 사이버 행위에 대한 정의(定義)들이 엘리트 내지 권력 집단들의 사회적 활동에 의해서뿐만 아니라 사회의 일반 구성원들 및 범죄자 자신들의 사회적 활동에 의해서 유동적으로 내려지고 있는 점도 그만큼 규제를 어렵게 한다.

---

22) 이와 관련하여 John C. Zimmerman, *Holocaust Denial*, Lanham, MD : Rowman & Littlefield, 2000 참조.

그러나 가상 세계에서의 행위들이라 할지라도 그것들이 실제 세계에서의 형법이나 민법 등 실정법에 위배됨으로써 법률상의(de jure) 범죄일 수 있으며, 또한 공공의 측면에서 개인의 행동에 부과할 수 있는 도덕적 비난이나 압력으로 말미암아 사실상의(de facto) 범죄가 될 수 있다. 따라서 가상 세계에서 범죄 문제가 없을 수 없으며, 이제 가상 세계도 규제할 수 있는 환경이라는 점이 분명해지고 있다.

우리는 가상적 실재 행위의 규제에 관하여 다음과 같은 것들을 이론적 논거로 삼음으로써, 가상 세계의 질서를 이해할 수 있다.

첫째, 사회적 책임이다. 이는 가상 행위의 주체들이 보다 광범한 공동선 내지 공중 이익에 민감하고 그에 대하여 관심을 갖는 것을 뜻한다. 따라서 그것은 사익을 넘어 공동체에 대한 존중을 표현한다. 사회 윤리의 본질은, 인간은 서로에 대하여 책임이 있고 상호 의존하며 고립된 자아가 아니라는 점을 인정하는 데 있다.[23] 그러므로, 사회적 책임 윤리는 공공적 존재로서의 인간을 인정하면서, 사람들로 하여금 사회에 대하여 충실하도록 유도한다. 사회적 책임의 원리에 조화되어 행동하는 사람들은 사회에 해롭다고 알고 있는 산출물, 관념 등을 조장하지 않는다.

사회적 책임은 구체적으로 행동의 책임, 인식의 책임, 표현의 책임으로 드러난다. 행동의 책임에 있어서, 예컨대 시스템 관리자는 이른바 감독의 책임을 진다.[24] 여기서 감독의 책임은 보트(bot)와 같은 프로그램 또는 HTML(Hyper Text Markup Language) 연결(links)과 같은 소프트웨어에 대하여 미치는 것으로 해석될 수 있다. 인터넷 서비스 공급자 역시 금지된 자료들과 연결되는 일에 책임을 진다. 또 온라인상의 모든 이들은 자기

---

23) 강두호, 『자연법 사회 윤리』, 서울 : 인간사랑, 2003, p.72.
24) Jeroen van den Hoven, "The Internet and Varieties of Moral Wrongdoing", in Langford, *op. cit.*, p.149.

감시의 책임을 가지며, 이에 실패하는 경우 그는 무책임하게 행동하는
셈이다.

인식의 책임은 우리가 네트워크 상에서 알아야 할 책임이다. 쉬어(V.
Shea), 거트(B. Gert) 등을 비롯하여 많은 이들은 인터넷상의 도덕적 규칙
목록들을 제시하고 있다.25) 사실 아는 사람은 사태가 잘못되어 가는 경
우 책임을 질 수 있는 사람이다. 다만 요즈음 아는 것에 대한 책임과 행
하는 것에 대한 책임이 따로 된 듯하다. 표현의 책임에 대해서는 인종 차
별주의, 욕설, 포르노 등에서 알 수 있다. 우리는 그것들을 묵과할 수 없
지만, 단지 그것을 금하기도 어렵다. 밀(J. S. Mill)의 '위해(危害) 원칙'(harm
principle)은 이 같은 경우 여전히 유효할 것이다.

둘째, 소프트웨어 소유권의 문제이다. 이에 대해서는 오래 전부터 많
은 논의가 있어 왔다. 스톨맨(R. Stallman)은 소프트웨어 소유권이 결코 허
용되어서는 안 된다고 주장한다.26) 그에 의하면 모든 정보는 무료이어야
하며, 모든 프로그램 역시 원하는 사람이라면 누구에게나 복사, 연구, 수
정을 위해 이용될 수 있어야 한다.

반면에 존슨(Deborah G. Johnson)은 소프트웨어 회사나 프로그래머들의
경우 만일 그들이 면허료나 매매의 형태로 투자를 회수할 수 없다면 소
프트웨어의 개발에 많은 작업 시간과 자금을 투자하려 하지 않을 것이라
고 지적한다.27) 소프트웨어 산업은 엄청난 규모의 경제권을 이루고 있으
며, 소프트웨어 회사들은 불법 복사, 즉 소프트웨어 저작권 침해에 의하

---

25) Ibid., pp.146~147.
26) Richard Stallman, "Why Software Should Be Free", in Terrell W. Bynum, et al.,
    Software Ownership and Intellectual Property Rights, New Haven : The Research Center
    on Computing & Society, 2000, p.35f.
27) Deborah G. Johnson, "Proprietary Rights in Computer Software : Individual and Policy
    Issues", in Bynum, *op. cit.*, p.3.

여 매출에 있어서 큰 경제적 손실이 있다는 것이다.

소유권 문제는 실로 복잡하다. 왜냐하면 소유 가능한 소프트웨어가 여러 종류일 수 있으며 또한 소유권 자체도 저작권, 특허, 영업 기밀 등 다양한 형태를 지니기 때문이다. 비넘(Terrell W. Bynum)은, 우리가 어떤 프로그램의 다음과 같은 것들을 소유할 수 있다고 설명한다. Pascal이나 C++ 같은 고수준 컴퓨터 언어로 프로그래머에 의해 쓰인 원시 코드(source code), 원시 코드의 기계 언어 변형인 목적 코드(object code), 원시 코드와 목적 코드가 표현하는 기계 명령의 결과인 알고리즘(algorithm), 화면 인터페이스를 설정하는 프로그램의 룩앤필(look & feel).[28]

이 중 컴퓨터 알고리즘 특허권은 특히 논의의 대상이 되고 있다. 알고리즘은 컴퓨터 소프트웨어를 구성하는 각종 프로그램의 기본적인 문제 해결 절차 또는 그에 관련된 자료 구조를 말한다.[29] 학자들은 알고리즘 특허권이 공공 도메인에서 수학적인 부분들을 제거하며 그에 의하여 과학을 해칠 우려가 있다고 설명한다.

셋째, 컴퓨터 안보에 관한 것이다. 컴퓨터 사용자들의 지리적인 위치와 거리에 상관없이 컴퓨터 바이러스가 만연하고 해커들에 의하여 국제적인 스파이 행위가 이루어지는 데 대하여, 컴퓨터 안보는 규제를 위한 근거가 되기에 충분하다. 여기서 컴퓨터 안보가 컴퓨터를 화재나 절도 또는 홍수 등으로부터 보호하는 하드웨어의 물리적 안전 이상의 것을 의미함은 물론이다.

스패포드(E. Spafford) 등은 컴퓨터의 안보를 다음의 다섯 가지로 분류하고 있다. 자료에 대한 프라이버시 및 기밀, 완전함(자료와 프로그램이 정당한

---

28) Terrell W. Bynum, "Global Information Ethics", in Bynum & James H. Moor, *The Digital Phoenix*, Malden, MA : Blackwell, 1998, p.284.
29) Cf. 박정호, 『컴퓨터 알고리즘』, 서울 : 상조사, 1998.

권위 없이 수정되지 않음을 보장함), 손상되지 않은 서비스, 일관성(우리가 오늘 보는 자료와 행동이 내일도 동일할 것임을 보증함), 자원에 대하여 접근하는 일을 통제함.30)

잘못된 소프트웨어가 컴퓨터 안보에 중대한 도전이 됨은 틀림없다. 이 같은 측면에서 규제의 대상이 되는 행위들은 다음을 포함한다. 스스로 작동할 수는 없지만 다른 컴퓨터 프로그램들에 삽입되는 '바이러스'(virus) ; 네트워크를 가로질러 기계 사이를 이동할 수 있으며 자신의 일부분을 다른 기계들에서 움직이게 할 수 있는 '웜'(worm) ; 일종의 프로그램처럼 여겨지지만 실제로는 막후에서 손해를 끼치는 '트로이목마'(Trojan horse) ; 특정의 조건들을 체크하고 나서 그런 조건들이 나타나면 실행하는 '논리폭탄'(logic bomb) ; 급속히 불어나서 컴퓨터 메모리를 잔뜩 채워놓는 '박테리아'(bacteria)나 '래빗'(rabbit) 등등.31)

상당수의 컴퓨터 범죄들은 보통 컴퓨터 시스템을 사용하도록 허가된 위탁자들에 의하여 저질러진다. 그러므로 컴퓨터 안보는 이들의 행위와 관계가 있다. 해커 또한 컴퓨터 안보에 있어서 주요한 위험 요인이다. 어떤 해커들은 고의로 자료를 파괴하지만, 다른 해커들은 단순히 탐색에 그치기도 한다. 그러나 모든 해킹은 유해하다. 왜냐하면 하나의 컴퓨터 시스템에 대한 성공적인 침투는 소유자에게 손상되거나 상실된 자료들 및 프로그램들을 충분히 체크하도록 요구하기 때문이다.

넷째, 유용성이다. 한 사람의 행위는 모든 이의 복리에 긍정적으로 또는 부정적으로 영향을 주게 마련이다. 여기서 복리는 꼭 돈만을 포함하지 않으며, 행복, 안녕, 충족된 선택, 기본적인 재화의 공유 등의 측면으로도 해석될 수 있다. 모든 도덕적 논의들은 어느 정도 복리의 유용성에

---

30) Bynum, *op. cit.*, p.283.
31) Ibid., p.282.

호소한다. 예를 들어, 고용주에게 고용인의 e-메일 읽기를 허용할 것인지는 노동자들의 의사소통을 감독하는 유용성의 요구와 프라이버시에 대한 보편적 권리의 유용성의 요구가 충돌하면서 논쟁의 대상이 된다. 감시하는 일이 감시 없는 일보다 경제적으로 나을지 모르지만, 그것이 개인에 대한 권리가 무시되어도 좋다는 점을 의미하지는 않는다.

물론 경제적 측면의 유용성은 소홀히 할 수 없는 문제이다. 스팸 메일은 거래 비용을 산출시키며, 수취인 측에 주의, 시간, 정보 자원을 낭비하게 한다는 점에서 비용을 부과한다. 기회비용은 결과로서 생겨날 수 있는 또 다른 형태의 손실이다. 또, 스팸 메일이 정보 하부 구조의 주요 기능에 심각한 결과들을 초래하는 일은 기능적 측면의 유용성에 영향을 미치는 증거라고 볼 수 있다. 이밖에 인식 측면의 유용성은 과학적 연구, 사실 조사, 뉴스 그룹을 통한 정보 수집, 인쇄 이전의 문서들, 화상 회의 (畫像會議), 온라인 데이터베이스, 자바(Java) 등 인터넷 사용의 유리한 점들을 통해서 이해할 수 있다.[32]

다섯째, 일반적인 권리문제이다. 누구나 인간으로서 가지는 일반적인 권리들이 있다. 가상 세계에서 각 사용자들이 갖는 일반적 권리들로는 언론의 자유, 정보의 자유, 프라이버시, 사유 재산권, 양심의 자유, 자율성과 자결권 등을 꼽을 수 있다. 이런 권리들은 나름대로 정당한 도덕적 이유들을 갖는다. 그러나 권리들의 의미와 적용 범위가 항상 명쾌한 것은 아니어서, 우리는 경우에 따라 권리들을 재구성하여 행위를 평가할 필요가 있다.

프라이버시에 대한 권리를 보자. 프라이버시의 가치를 지지하는 주요한 도덕적 토대는, 그것이 자유 내지 자율성에 대한 하나의 조건으로서

---

32) Van den Hoven, *op. cit.*, p.144.

역할을 한다는 점에 있다. 즉, 만일 누군가가 자유롭게 자신의 목표를 추구하거나 또는 사회적 유대 관계를 공고히 하고자 할 경우 프라이버시라는 보호막은 절대로 필요하다.[33] 다만 프라이버시에 대한 권리의 중요성에도 불구하고 그것이 다른 기본권들과 갈등을 빚을 때 문제가 발생할 수 있다. 예컨대, 프라이버시와 표현의 자유간의 대립이다.

프라이버시의 규제는 정보를 교환하고 유포할 수 있는 조직의 권리와 갈등을 야기하기 쉽다. 이와 관련하여 프라이버시 보호 표준기술 플랫폼(P3P)은, 특정 웹 사이트의 개인 정보 보호 정책을 사이트 접속자에게 알려줌으로써 개인이 자신에 관한 정보를 제공할지 여부를 결정할 수 있도록 하는 프라이버시 보호 기술로 주목받고 있다.[34]

여섯째, 특별한 의무이다. 혼자 살 수 없는 우리는 사회 안에서 각자의 처지에 따라 일정한 의무와 직무들을 갖는다. 고용주와 고용인, 부모와 자녀 사이의 관계에서처럼 서비스 공급자와 각각의 인터넷 사용자들, 시스템 관리자와 그의 서비스에 의존하는 사람들 간에 각각 특별한 의무들이 없을 수 없다.

우리는 이 같은 특별한 의무들을 때로는 자발적인 관계들의 결과로서, 때로는 우연히 일어나는 관계들 안에서 지니게 된다. 우리가 적어도 자기 행위의 영향을 받는 사람들에게 특별한 의무를 지듯이, 인터넷 서비스 공급자들은 관련자들에 대하여 특별한 의무를 갖는다. 마찬가지로 사람들이 온라인상에 관계들을 설정함에 따라 특별한 의무의 관계들도 더불어 생긴다. 그런데 이런 것들이 무시되는 경우가 있다. 예컨대 신원(身元) 사기의 경우이다. 누군가가 수년 동안 25세의 장애인 여성과 지속적

---

33) Richard Spinello, *CyberEthics : Morality and Law in Cyberspace* ; 이태건·노병철(역), 『사이버 윤리 : 사이버 공간에 있어서 법과 도덕』, 서울 : 인간사랑, 2001, p.217.
34) 이에 관하여 Lorrie F. Cranor, *Web Privacy with P3P*, Sebastopol, CA : O'Reilly & Associates, 2002 참조.

으로 도움 주는 관계를 유지해 왔는데, 그 여성은 실제로는 60세의 남성 정신과 의사임이 드러났다. 젊은 장애인 여성에 대하여 순수한 배려와 동정심을 베푼 쪽에서 사기를 당한 셈이다. 이는 명백히 관계자들 간에 정립되는 특별한 의무를 위반한 사례이다.

많은 학자들이 인터넷상의 도덕적 규율, 이른바 네티켓 규칙들에 관심을 기울이고 있는 것도 특별한 의무를 염두에 둔 것이라고 볼 수 있다. 이 규칙들은 우리로 하여금 무엇이 도덕적이고 무엇이 도덕적이지 않은지를 확인하도록 한다. 이들의 대부분은 대체로 다른 사람들을 존중하라는 점, 그리고 정보 자원들을 존중하라는 점에 대하여 관심을 둔다.

V. 지도상의 유의점

우리는 앞에서 가상의 실재 행위들이 갖는 사회적 특징에 대하여, 그리고 규제의 대상이 되는 행위들과 그 도덕적 논점들에 대하여 서술하였다. 또, 그 같은 행위들이 어떤 원리들에 입각하여 규제되어야 하는지 살펴보았다.

사실 가상적 실재 행위는 역설적인 면도 있다. 왜냐하면 가상적 실재가 오늘날의 현대 사회를 특징짓는 개인주의의 표출과 관련 있는 데 반하여, 컴퓨터 네트워크의 발달은 오히려 개인과 전체 사회의 균형이 회복되기를 추구하기 때문이다.[35] 따라서 그 행위는 규제의 대상이 될 수 있고 또 규제될 필요가 있다. 다만 지금까지 우리의 경험에 비추어볼 때, 전적으로 새로운 형태의 규제보다는 기왕에 존재하는 규제의 형태들을

---

35) Houston, *op. cit.*, p.168.

수정하고 발전시켜 나가는 것이 더 바람직해 보인다.

우리는 가상적 실재 행위에 대한 윤리적 지침을 지속적으로 연구해야 한다. 왜냐하면 그렇게 하는 것이 사람들로 하여금 책임 있게 행동하도록 만들며, 컴퓨터의 남용과 재앙을 피하는 방법을 가르쳐 줄 것이기 때문이다. 컴퓨터 기술의 발달이 정책의 공백 상태를 만들어낼 우려가 있는 점도 우리가 고려해야 할 대상이다.36) 컴퓨터 기술의 사용이 일정한 윤리적 이슈들을 변형시키고 있는 것이다.

예컨대 값싸고 빠르고 어렵지 않은 암호화(encryption) 기술은 프라이버시에 관한 논쟁을 완전히 바꿔 놓았다. 우리는 종전에 프라이버시의 침해를 걱정했지만, 이제는 컴퓨터가 산출해내는 프라이버시의 꿰뚫을 수 없는 장벽에 대하여 고민해야 할 처지에 놓이게 되었다. 우리는 앞으로 색다르고 변형된 이슈들이 윤리학의 새로운 영역을 규정지을 만큼 충분히 크고 또한 조리 있으리라는 점을 짐작할 수 있다.

이제 두 가지 사항을 제안하면서 글을 맺기로 한다. 하나는, 규제가 필요하되 그것이 최선은 아니라는 점이다. 때때로 규제가 정당화될 수 있지만, 인터넷 등을 통한 가상 실재의 행위가 경제, 사회, 교육, 문화의 분야에서 우리에게 발전적으로 영향을 끼치는 일까지 방해하지는 말아야 할 것이다. 각종 규제 행위들은 장기적으로 보면, 시민들이 국가 당국에 부여하는 신뢰성을 손상시킬 수 있다. 또 규제 행위들은 그 정당성을 위한 기준으로서의 공동선이 적절하지 못함을 드러내고 있다. 세계화는 이 같은 규제에 더욱 신중을 기하게 한다.

또 하나는, 정부의 역할이 중요하다는 점이다. 정부는 시민들로 하여금 온라인 감시 시스템으로서의 인터넷 핫라인이나 정보의 여과 시스템

---

36) Walter Maner, "Unique Ethical Problems in Information Technology", *Science and Engineering Ethics*, vol.2, no.2, April 1996, p.266.

등의 존재에 대하여 잘 인식하도록 유도해야 한다. 또, 인터넷 사용에 있어서의 권리와 책임에 대하여 교육하는 일에 보다 적극적인 역할을 수행해야 한다. 지금으로서는 예컨대 만일 개인들이 포르노그래피와 거리를 두려면, 그들은 그냥 욕구를 참아야 한다. 정부는 어떻게 하면 인터넷이 보다 합리적인 방식으로 이 같은 문제들에 대처하며 사용될 수 있는지에 대하여 숙고해야 할 것이다.

참고문헌

강두호, 『자연법 사회 윤리』, 서울 : 인간사랑, 2003.

김진석, 『이상현실 가상현실 환상현실』, 서울 : 문학과 지성사, 2001.

박정호, 『컴퓨터 알고리즘』, 서울 : 상조사, 1998.

박형민, 『컴퓨터사용 사기범죄의 현황과 처리실태에 관한 연구』, 서울 : 한국형사정책
　　　연구원, 2002.

배시규, 『컴퓨터 정보 윤리』, 서울 : 학문사, 2003.

안웅 외, 『전자상거래 개론』, 서울 : 연학사, 2003.

전자신문, "컴퓨터 바이러스의 피해", 2004 ; http://www.etnews.co.kr/news/detail.html

정의채, 『형이상학』, 서울 : 열린, 1997.

정진명, 『가상공간법 연구 1』, 서울 : 법원사, 2003.

주영주 외, 『정보통신윤리』, 서울 : 남두도서, 2004.

홍성욱, 『네트워크 혁명, 그 열림과 닫힘』, 서울 : 들녘, 2002.

Beckett, David, "Internet Technology", in Duncan Langford (ed.), *Internet Ethics*, New York : St. Martin's Press, 2000.

Bynum, Terrell W., "Global Information Ethics", in Bynum & James H. Moor, *The Digital Phoenix*, Malden, MA : Blackwell, 1998.

Comer, Douglas E., *The Internet Book : Everything You Need to Know About Computer Networking and How the Internet Works*, Upper Saddle River, NJ : Prentice-Hall, 2000.

Cranor, Lorrie F., *Web Privacy with P3P*, Sebastopol, CA : O'Reilly & Associates, 2002.

De George, Richard T., "Law and Ethics in the Information Age", *Business & Professional Ethics Journal*, vol.20, no.3/4, Fall/Winter 1999.

Furnell, Steven, *Cybercrime : Vandalizing the Information Society*, London : Addison-Wesley, 2002.

Global Reach, "Global Internet Statistics", 2004 ; http://www.glreach.com/globstats

Grabosky, Peter & Smith, Russell, "Telecommunication fraud in the digital age", in David S. Wall (ed.), *Crime and the Internet*, London : Routledge, 2001.

Gralla, Preston, *How the Internet Works*, Indianapolis : Que Publishing, 2003.

Heim, Michael, *The Metaphysics of Virtual Reality*, Oxford : Oxford University Press, 1994.

Hock, Randolph & Price, Gary, *The Extreme Searcher's Internet Handbook*, Medford, NJ : Cyberage Books, 2004.

Houston, Graham, *Virtual Morality*, Leicester : Apollos, 1998.

Johnson, Deborah G., "Proprietary Rights in Computer Software : Individual and Policy

Issues", in Terrell W. Bynum, et al., *Software Ownership and Intellectual Property Rights*, New Haven : The Research Center on Computing & Society, 2000.

Jones, Steve, *Doing Internet Research : Critical Issues and Methods for Examining the Net*, London : Sage Publications, 1998.

Langford, Duncan (ed.), *Internet Ethics*, New York : St. Martin's Press, 2000.

Maner, Walter, "Unique Ethical Problems in Information Technology", *Science and Engineering Ethics*, vol.2, no.2, April 1996.

Menn, Joseph, *All the Rave : The Rise and Fall of Shawn Fanning's Napster*, London : Crown Business, 2003.

Nissenbaum, H., "Values in the Design of Computer Systems", *Computers and Society*, vol.28, no.1, March 1998.

Schneider, F. B. (ed.), *Trust in Cyberspace*, Washington, DC : National Academic Press, 1999.

Siau, Keng, Fiona Fui-Hoon Nah, and Limei Teng, "Acceptable Internet Use Policy", *Communications of the ACM*, vol.45, no.1, January 2002.

Spinello, Richard, *CyberEthics : Morality and Law in Cyberspace* ; 이태건·노병철(역), 『사이버 윤리 : 사이버 공간에 있어서 법과 도덕』, 서울 : 인간사랑, 2001.

Stallman, Richard, "Why Software Should Be Free", in Terrell W. Bynum, et al., *Software Ownership and Intellectual Property Rights*, New Haven : The Research Center on Computing & Society, 2000.

Taylor, Paul, "Hacktivism : in search of lost ethics?", in David S. Wall (ed.), *Crime and the Internet*, London : Routledge, 2001.

Van den Hoven, Jeroen, "The Internet and Varieties of Moral Wrongdoing", in Duncan Langford (ed.), *Internet Ethics*, New York : St. Martin's Press, 2000.

Wall, David S. (ed.), *Crime and the Internet*, London : Routledge, 2001.

Wall, David S., "Cybercrimes and the Internet", in Wall (ed.), *Crime and the Internet*, London : Routledge, 2001.

Wall, David S., "Maintaining order and law on the Internet", in Wall (ed.), *Crime and the Internet*, London : Routledge, 2001.

Watkins, Christopher & Marenka, Stephen R., *Virtual Reality Excursions*, Cambridge, M A : Academic Press, 1994.

Weckert, John, "What is New or Unique about Internet Activities?", in Duncan Langford (ed.), *Internet Ethics*, New York : St. Martin's Press, 2000.

Zbar, Jeffery D., *Teleworking & Telecommuting*, Deerfield Beech, FL : Made E-Z Products, 2002.

Zhai, Philip, *Get Real : A Philosophical Adventure in Virtual Reality*, Lanham, MD : Rowman & Littlefield, 1998.

Zimmerman, John, C., *Holocaust Denial*, Lanham, MD : Rowman & Littlefield, 2000.

제4장 도덕과 교육에서 강조되는 가정 윤리의 특성

Ⅰ. 도덕교육과 가정 윤리

주지하는 바와 같이 지난 반세기 동안 우리 사회의 발전, 특히 그 경제적 발전은 대단하다. 한국은행의 자료에 따르면 우리의 1인당 국민소득은 이념적 전쟁 직후인 1955년의 65달러에서, GDP 규모 세계 10위권인 2005년에는 16,291달러로 250배 정도 늘었다.

그런데 국가가 사회·경제적으로 변화 발전하는 경우, 국가 안의 모든 요소들 또한 변하게 마련이다. 국가 구성원들의 가치관이나 윤리·도덕도 마찬가지로 사회 발전의 영향을 받는다. 물론 거꾸로 국민들의 가치관이나 윤리·도덕이 사회 발전의 원동력이 되기도 한다. 본 연구는 글의 제목에서 알 수 있듯이 우리나라 초·중·고등학교 도덕과 교육에 있어 가정에 관한 윤리가 어떻게 강조되고 있는지 살펴보는 데 그 목적을 두고 있다.

우리나라는 특히 1970년대 이후 급속하게 산업화 및 도시화의 과정을 거쳤다. 그런 와중에 가족의 외형적인 형태나 크기뿐 아니라 가족 내의 인간관계 및 기능 등 여러 측면에서 커다란 변화를 겪었다. 가족의 규모가 크게 줄어들었으며,[1] 부부 중심의 핵가족이 증가하고[2] 친척들과의 유대 및 접촉은 감소되고 있다. 이에 전통 사회에서 수행되었던 가정의 복합적인 기능은 축소되고, 가정 내부의 인간관계도 가장 중심의 권위주의적 규범에 의해 유지되기보다는 평등과 협력을 전제로 하고 있다. 이러한 일련의 변화가 종전에 비하여 가정의 정서 기능을 높이고 남녀의 평등 의식을 향상시키는 등 긍정적인 효과를 끌어낸 점은 틀림없다. 그러나 그것은 동시에 부부간의 갈등 또는 이혼율의 증가나 가족 유기 현상의 심화 등 부정적인 문제점들도 부각시키고 있다.

가정은 오랜 동안 가장 기본적인 사회 단위로서 번식, 생존, 관습의 습득, 인간 상호 간의 접촉, 문화와 가치의 전달 등 중요한 사회적 기능을 담당해 왔다. 그것은 여전히 사회 통제의 가장 중요한 제도이며, 인간이 사회화되는 최초의 학습장으로서 여러 규범과 가치가 학습되는 곳이다.[3] 그러나 사회 변동의 결과로 경제 생산이 가정 밖으로 옮아가고, 여성의 사회 진출이 늘어나며, 기계화로 가정의 일이 경감되고, 가족계획을 통해 가족 규모가 축소됨에 따라 이러한 전통적인 기능은 많이 약화되어 있다.[4] 이 같은 가정 기능의 변화가 꼭 가정 해체로 이어지는 것은 아니겠지만, 사회적 가치·태도·행위 등이 학습되는 가정생활의 축소화는 가

---

1) 한국의 가구당 평균 가구원수는 1970년 5.2명이었으나, 2005년에는 2.9명이다. 이는 사회 발전에 따른 출산율 변화와도 관계있다. 같은 기간에 여성 1명이 평생 동안 갖는 평균 출생아는 1970년 4.53명에서 2005년 1.16명으로 줄었다.
2) 통계청에 따르면 2005년 말 현재, 조부모와 부모 및 자녀 등 3세대 이상이 함께 사는 가구는 115만 1,745가구로서 전체 가구의 7.29%를 차지한다(www.nso.go.kr). 1970년에 3세대 이상 가구의 비중은 23.2%였으며, 1960년에는 28.5%였다.
3) Joseph Höffner, *Christliche Gesellschaftslehre* ; 박영도(역), 『그리스도교 사회론』, 왜관 : 분도출판사, 1985, p.105ff.
4) 한국 사회에서의 가정 기능의 변화에 대한 상세한 설명으로 조희금 외, 『가정생활 복지론』, 서울 : 도서출판 신정, 2002, pp.53~57 참조.

족의 연대감을 약화시키면서 성원 간의 긴장과 갈등을 충분히 초래할 가능성이 있다.

따라서 가정 기능의 변화는 최악의 경우 가정 해체를 야기한다. 가정 해체는 그 자체가 사회 문제일 뿐만 아니라, 비행이나 범죄 등 또 다른 탈선적 사회 문제의 원인이기도 하다.[5] 우리가 가정의 해체를 우려하는 것은, 현대의 가정들이 일단의 승인된 가치들— 그들이 기댈 수 있으면서도 한편으로 이것들 없이는 현대의 복잡한 민주 사회에의 책임성 있는 참여가 어려워지는— 을 자녀들에게 전달하는 데 있어서 점차 실패하고 있다는 점 때문이다. 이에 한 나라가 자라나는 학생들에게 가정에 대하여 가르치는 방식은, 개인의 인생관 정립은 물론 국가 사회의 존속과 발전을 위하여 매우 중요하다고 하지 않을 수 없다. 본 연구의 필요성도 이 같은 점에서 충분히 정당화될 수 있을 것이다.

가정 윤리는 우리나라 초·중·고등학교 교육에서 비중 있게 다루어진다. 이를테면 제7차 도덕과 교육과정은 특히 가정 윤리를 도덕과의 일반 목표를 구현하기 위한 네 가지 하위 목표 가운데 두 번째 하위 목표로 설정하고 있다 ; "가정 생활에서 요구되는 도덕규범과 예절을 익히고, 이러한 생활에서 나타나는 도덕적 문제 사태들에 대한 합리적 해결 방안을 모색하는 가치 판단 능력을 신장하여, 바르게 살아갈 수 있는 생활 태도와 실천 의지를 지닌다."[6]

---

5) 구드는 '가정 해체'를 넓은 의미와 좁은 의미의 개념을 합쳐, 다음과 같은 6가지의 형태로 분류한다. 비합법적인 동거와 같은 불완전한 가족 단위 ; 이혼이나 별거 등 배우자의 자발적 이탈 ; 문화 변동의 충격에서 생기는 역할의 변화 ; 구성원 간의 커뮤니케이션이 거의 없고 정서적인 상호 협력의 의무감을 상실한 빈 껍질만의 가정 ; 사망, 수감, 재난, 전쟁 등으로 인한 배우자의 일시적 혹은 장기적인 비자발적 부재와 같은 외재적 사건에 의한 가정 위기 ; 정신적, 육체적인 병리에 의한 비자발적 역할 수행의 불가능과 같은 내적 파멸 등. William J. Goode, "Family Disorganization", in R. K. Merton & R. A. Nisbet, *Contemporary Social Problems*, New York : Harcourt, 1976, p.515f.
6) 교육부, 『제7차 도덕과 교육과정』, 1997, p.29.

이 글은 연구의 범위를 제7차 초·중·고등학교 도덕과 교육과정과 교과서들을 분석하는 일에 한정하고 있다. 글의 내용 구성을 보면, Ⅱ장은 가정 윤리에 관한 일반적인 이론적 배경을 탐색한다. 이어서 Ⅲ, Ⅳ장은 1~2학년의 바른생활과를 제외한 초·중·고등학교 3~12학년의 도덕과 과목들에서 가정 윤리가 어떤 형태로 강조되고 있는지에 대하여 살펴볼 것이다. Ⅴ장은 맺는 부분이다.

II. 가정생활의 윤리적 배경

가정(家庭, family)은 부모와 자녀가 한데 모여 의식주 등의 공동생활을 하는 생활 공동체이다. 가족은 이런 공동생활을 하는 사람들을 이른다. 자녀의 요구와 성향들, 부모의 애정과 천성, 그리고 피로 맺어진 육체적 및 정신적인 온갖 유사점들은 가정의 자연적 구성에 대해 의심의 여지가 없게 한다.

근래에 가정생활에 대하여 학문적으로 접근하려는 노력은 주목할 만하다. 이를테면 지난 세기 이래로 사회과학자들은 가족학(family science)의 이름으로 연구를 진행해 오고 있는데, 그 연구 틀을 위하여 메타이론, 상징적 상호작용론, 발달론, 체계론, 사회 갈등론, 구조기능론, 교환론, 인간 생태론, 생애 과정론, 여권주의론, 현상학, 민속방법론, 가족 담론 등 다양한 관점들이 활용되고 있다.[7] 그런가 하면, 가족이 환상을 불러일으키는 파시즘의 씨앗으로서 경계의 대상이라는 독특한 목소리도 있다.[8] 가

---

7) Family science와 관련하여 유계숙·최연실·성미애(편역), 『가족학이론 : 관점과 쟁점』, 서울 : 도서출판 하우, 2003 ; 한국가족관계학회, 『가족학 이론』, 서울 : (주)교문사, 2002 ; Sandra Markle, *Family Science*, Hoboken, NJ : Jossey-Bass, 2005 등 참조.
8) 이득재, 『가족주의는 야만이다』, 서울 : 조합공동체 소나무, 2001.

족이라는 단어가 주는 마력 때문에 가족 '주의'가 생겨났고, 가족주의야
말로 사회와 민주주의의 형성을 가로막는 최대의 적이라는 것이다.

윤리학적인 측면에서 볼 때, 가정은 오래된 주제들 중 하나이다. 무엇
보다도 그것은 사회의 세포로 이해되고 있다.[9] 고대에 있어서 그것은 혈
연관계를 중시하면서도 단순히 함께 사는 사람들만을 뜻하지는 않았다.
하인이라든가 꼭 친척 관계가 아니더라도 한 지붕 아래에 산다든지 혹은
같은 농장에서 사는 사람들을 포함하여 집안 전체를 의미하기도 하였다.
따라서 이 말이 부부와 그 자녀들로 구성된 사회의 기초라는 보다 제한
된 의미로 사용된 것은 근래에 들어서인 것 같다.

가정이 사회의 기본 단위라는 점은 그 두 가지 구성 요소에서 잘 나타
난다. 두 가지 구성 요소란, 하나는 남편과 아내의 결합이라는 수평적 요
소로서 이른바 혼인상의 사회(여기서의 중심은 부부 간의 관계이다)를, 다른
하나는 부모와 자녀의 결합이라는 수직적 요소로서 이른바 양친상의 사
회(여기서의 중심은 부모와 자녀 간의 관계이다)를 말한다. 이들이 실제로 별개
의 사회인 것은 아니지만, 가정 안에서의 두 모습이자 경향이다.

그러므로 가정의 질료인(質料因)이 그것을 구성하는 구성원들, 즉 한 남
자와 한 여자 그리고 그들의 자녀들로 이루어진다면, 그들 간의 도덕적
결속이야말로 형상인(形相因)을 이룬다. 이 같은 결속은 혼인 사회 안에서
혼인이라는 약정에 의하여 다짐되며, 양친상의 사회 안에서 사물들의 본
성에 의하여 부과되는 일단의 권리와 의무들로 구성된다. 따라서 가정의
목적인(目的因)은 서로 사랑하며 삶으로써 얻을 수 있는 모든 관련 당사자
들의 선이다.[10] 이에 가정의 작용인(作用因)은 혼인이며, 더 적절하게 보자

---

9) Johannes Messner, *Social Ethics : Natural Law in the Modern World*, St. Louis : Herder
   Book Co., 1965, p.306.
10) Austin Fagothey, *Right and Reason : Ethics in Theory and Practice*, St. Louis : C. V.
   Mosby Co., 1967, p.287.

면 혼인 당사자들이다.

혼인에 의하여 가정이 성립 유지되는 한, 부부는 두 인격의 상호 증여인 혼인을 통하여 계약으로서 그리고 제도로서[11] 사회의 출발인 가정을 이룬다. 여기서 우리가 중시해야할 사항은, 전통적으로 혼인이 본성적인 제도로 인식되고 있는 점이다. 예컨대, 아리스토텔레스(Aristoteles)는 이에 대한 통찰을 다음과 같이 표현하고 있다.

"남편과 아내 사이에 친애는 본성적으로 존재하는 것 같다. … 단, 다른 동물들의 결합이 생식에로만 이어지는 데 반하여, 인간들은 생식을 위해서뿐만 아니라 여러 가지 삶의 목적들을 위해서 가정을 영위하며 함께 산다. 즉 인간의 여러 기능은 전부터 분화되어 있으며 이렇게 남녀의 기능이 다르기에 그들은 자신의 특수한 재능을 공동의 장에 바침으로써 서로를 돕는다. 이 같은 종류의 친애에 유용성이나 쾌락이 포함되어 있다고 생각되는 것은 이런 이유들 때문이다. 친애는 그들이 선한 경우 또한 덕에 기초를 두고 있다. 각자는 자신의 고유한 덕을 가지고 있으며, 그들은 이에 즐거움을 느낀다. 자녀들은 이 같은 결합의 끊을 수 없는 연줄이다. 자녀가 없는 이들이 더 쉽게 헤어지는 것도 이런 이유에서이다. 왜냐하면 자녀들은 둘에게 공동선을 이루며, 공동의 것이 그들을 결합시키기 때문이다."[12]

토마스 아퀴나스(Thomas Aquinas)의 논의 역시 주목할 만하다. "혼인이 본성적이라 함은, 자연적 이성이 그에 대하여 두 가지 방식의 경향을 보이기 때문이다. 첫째로, 혼인의 첫 번째 목적, 즉 자식이라는 선에 관한 것이다. 자연(본성)은 자식의 출산뿐만 아니라 자식이 인간으로서 완전한

---

11) 계약으로서 그리고 제도로서의 가정에 관하여 주교회의 신앙교리위원회 생명윤리연구회, 『생명과 가정』, 서울 : 한국천주교중앙협의회, 2004, pp.519 ; 563.

12) Aristoteles, *Nicomachean Ethics*, Bk.Ⅷ, ch.12, 1162a 16~28. 또한 이와 유사한 논의로 Aristoteles, *Politics*, Bk.Ⅰ, 2, 5.

상태, 즉 덕의 상태에 도달할 때까지 그의 교육과 양육을 의도한다. 그러므로 우리는 부모로부터 세 가지의 것, 즉 존재와 양육과 교육을 끌어낸다. 둘째로, 혼인의 두 번째 목적, 즉 혼인 상태의 사람들이 가사에 있어서 서로에게 주는 상호 간의 봉사에 관한 것이다. 자연적 이성은 인간이 삶의 모든 영역에 있어서 자급할 수 없는 이상, 함께 살아가야 한다고 명령한다. 마찬가지로 삶에 필요한 업무들 가운데 어떤 것들은 남자에게, 그리고 어떤 것들은 여자에게 적당한 것으로 된다. 이런 이유로 자연은 혼인 안에 존재하는 남자와 여자의 사회에 대하여 되풀이하여 가르치고 있다."13)

혼인이 본성적인 제도인 이상, 가정 역시 하나의 본성적인 제도라고 할 수 있다. 본성적 제도라 함은, 부모와 자녀 사이에 일정한 공동체의 형태가 인간의 본성에 의하여 요구된다는 의미에서, 그리고 그 결과로서 사람들이 어디서 살든지 간에 자연스럽게 나타나는 형태라는 의미에서 그렇다. 태어난 유아들의 상대적으로 무력한 여건과 마찬가지로 남자와 여자의 상호 보완적인 본성은 오직 가정 안에서만 적절하게 충족될 수 있는 기본적인 욕구를 포함한다. 설사 가정에 의해 이행되는 주요 기능들이 서로 분리될 수 있으며 또한 별개의 제도들에 의하여 실행될 수 있다 할지라도, 그것들이 가정이라는 시스템 안에서는 분리되지 않는다. 이처럼 가정은 모든 사회에서 예외 없이 개발된 유일한 사회적 제도이다.

자연법의 전통을 따르는 페쉬케(K. H. Peschke)는 가정의 기능을 세 가지로 요약한다. 즉, 가정은 인간에게 기본적인 경제 공동체이며, 기본적인 교육 단위이고, 기본적인 영적 공동체이다.14)

---

13) Thomas Aquinas, *Summa Theologica*, Ⅲ, Supplement, Q.41, A.1.

14) Karl H. Peschke, *Christian Ethics* ; 유봉준(역), 『그리스도교 윤리학』 제3권, 왜관 : 분도출판사, 1992, p.42. Cf. Ibrahim Amin, *Principles of Marriage and Family Ethics*, Qum, Iran : Ansariyan Publications, 2002.

첫째, 경제적 단위로서 가정은 인간에게 날마다 필요한 의식주를 제공한다. 이것은 주로 가사의 일이지만 가정의 다른 과제들도 이것과 전혀 무관한 것은 거의 없다. 가정이 있는, 그리고 일이나 벌이를 할 수 있는 모든 사람들은 적어도 가정이 부양을 필요로 하는 그 정도만큼은 기여해야 한다.

둘째, 인간의 지적 및 윤리적 발전은 가정교육에 결정적으로 달려 있다. 어린이는 가정의 범위 안에서 주변 세계에 대한 첫 지식과 이해를 제공 받는다. 여기에서 그는 서로 사랑하는 것이 사심이 없다는 것을 처음으로 배운다. "가장 중요한 사회적 덕인 사랑과 정의는 기본적으로 가정생활에서 가르쳐진다. 이런 것들 다음에 합당한 순종과 정당한 규율이라는 사회적 덕이 온다. 이러한 것들을 배우고 난 다음에야 사람은 인간의 존엄성과 권리에 부합하는 형태를 사회 권위에 줄 수 있게 된다."15)

셋째, 가정은 그 구성원들에게 가장 중요한 영적 보금자리를 제공한다. 사랑과 진실, 존경과 존중에 입각한 일상생활에는 다른 집단에서 발견하지 못하는 이념과 확신, 가치와 태도들에 대한 교환이 있으며, 기쁨과 슬픔, 성공과 시련에 대한 체험과 나눔이 있다. 친교와 우정, 아름다움, 놀이 및 레크리에이션에 대한 인간의 갈망들이 채워지는 최초의 원천은 부모, 형제, 자매, 친척의 범주에서이다.

Ⅲ. 부모·형제자매 관계의 규범

우리는 우리의 학교 도덕교육이 '가정 윤리'에 대하여 큰 관심을 갖고

---

15) Messner, *op. cit.*, p.299 f. ; Peter E. Bristow, *The Moral Dignity of Man*, Dublin : Four Courts Press, 1997. Cf. Augustine, *De Civitate Dei*, Bk. ⅩⅨ, ch.14.

있음을 그 내용 체계에서 잘 알 수 있다. 도덕과 교육과정은 4개의 생활 영역별 목표를 정하고 있는데, 가정생활의 윤리는 이웃 및 학교생활의 윤리와 더불어 그 두 번째 목표를 이루고 있다. 국민공통기본교육과정에서 3～6학년의 경우는 매 학년마다 가정 윤리를 다루며, 7～10학년의 경우는 7학년과 9학년에서 다룬다. 11～12학년의 경우, 『전통 윤리』 과목에서 네 단원 중 한 단원이 가정 윤리에 할애되고 있다.

이렇듯이 가정 윤리는 초·중·고등학교 도덕과에 있어 거의 모든 학년에서 교육된다. 우리는 얼핏 매우 방대해 보이는 그 내용 체계에 대하여 다음과 같이 요약할 수 있다. 그것은, 가정 윤리의 내용이 관계의 측면에서 부모·형제자매 관계의 규범과 친족 및 조상 관계의 규범을 강조한다는 점이다.

관계(關係, relation)는 존재론에서 매우 중시되는 개념이다. 모든 존재자는 다른 존재자와 직접적 또는 간접적으로 어떤 작용 관계를 가진다. 즉, 다른 것에 대한 하나의 생각이나 다른 사람에 대한 하나의 지향이 있는 곳에는 항상 관계가 주어져 있다.16) 따라서 관계들의 특성은 그 상호성에 있다. 우리는 도덕과 교육과정의 가정생활에 있어서의 관계를 부모·형제자매의 관계와 친족 및 조상 관계의 두 가지로 나누어볼 수 있다. Ⅲ장은 전자에 관하여, 그리고 Ⅳ장은 후자에 관하여 서술한 것이다.

부모·형제자매 관계의 규범에는 행복하고 화목한 가정을 위한 조건으로서 효도와17) 우애, 서로 아끼고 공경하는 마음, 그리고 사랑 및 관용이 포함된다.

첫째, 초등학교의 경우는 주로 감동적인 예화들을 통하여, 화목한 가

---

16) 신창석(역), 『스콜라 철학의 기본 개념』, 왜관 : 분도출판사, 1997, p.25,
17) 박창근에 따르면 효(孝)는 한국인의 자랑스러운 전통 중 최고의 가치이며 동시에 가장 세계적인 사상이다. 박창근(편), 『한국인의 효 (제1권)』, 서울 : 서울언론인클럽, 2005, pp.138, 150.

정생활을 가능케 할 습관의 형성을 강조한다. 3학년에서 교육과정은 학생들로 하여금 화목한 가정생활의 중요성을 알고, 화목한 가정을 위해 부모님께 효도하며 형제간에 우애 있게 지내는 태도를 지니게 한다. 이에 대하여 교과서는 '4. 화목한 우리 집' 단원에서, 부모님께 효도하고 형제자매간에 사이좋게 지내야 하는 까닭 알아보기('어머니와 세 딸'), 그렇게 지내려는 마음 다져보기('황금보다 귀중한 형제의 사랑', '대통령 자리에 앉은 어머니'), 화목한 가정을 만들기 위하여 효도와 우애 실천하기를 가르치고 있다.[18]

5학년에서 교육과정은 학생들로 하여금 가정생활에 있어서 서로 아끼고 공경하는 경애의 자세가 가지는 의미의 중요성을 알고, 이를 생활 속에서 실천하려는 자세를 지니게 한다. 교과서는 이에 대하여 '3. 공경하고 사랑하는 마음' 단원에서, 서로 공경하고 사랑할 때 화목한 가정을 이룰 수 있음을 강조한다. 특히 서로 공경하고 사랑해야 하는 까닭 알아보기, 그런 마음으로 생활하였는지 반성하기('수호의 각오', '사랑의 다락방'), 생활 속에서 실천하기를 가르치고 있다.[19] 한편 6학년에서 교육과정은 학생들에게 자애롭고 너그럽게 대하는 태도의 의미와 중요성을 알고, 일상생활에서 이를 실천하려는 태도와 의지를 지니게 한다. 이에 대해 교과서는 특별히 가정생활에 초점을 맞추어 다루지는 않지만, '3. 너그러운 마음' 단원에서, 서로 사랑하고 이해할 때에 화목한 가정을 이룰 수 있다고 서술한다.[20]

둘째, 중학교의 경우는 화목한 가정에 대한 인지적 설명을 바탕으로 실천 의지의 형성을, 그리고 가정 문제에 관한 판단 능력의 신장을 강조

---

18) 교육인적자원부, 『도덕 3-1』, 2007, pp.62~75.
19) 교육인적자원부, 『도덕 5』, 2007, pp.34~50.
20) 교육인적자원부, 『도덕 6』, 2007, p.36.

한다. 7학년에서 교육과정은 학생들에 대하여 가정의 의미와 그 중요성을 알고, 행복한 가정을 이루기 위해 각 구성원 간에 실천해야 할 역할과 도리를 다하려는 태도를 지니게 한다. 교과서는 구체적으로 '1. 행복한 가정' 단원에서, 건강한 가정을 만들기 위하여 부모와 자녀 사이에 그리고 형제자매 사이에 각각 도리를 다해야 한다고 서술한다.

먼저, 부모와 자녀의 관계에서는 자애(慈愛)와 효도(孝道)가 강조된다. 부모는 헌신적으로 자녀를 사랑하고(경우에 따라 엄격한 훈계와 함께), 자녀는 그 사랑에 대하여 효로써 응답해야 한다. 교과서는 효도와 관련하여 「논어」를 인용하면서, 효도의 핵심이 무엇인지를 약술한다 ; "부모에게 효도하는 것은 물질적 봉양도 중요하지만, 그 밑바탕에는 반드시 공경심과 정성된 마음이 있어야 한다."21)

다음으로, 형제자매의 관계에서는 우애(友愛)가 강조된다. 즉 형은 아우를 사랑하고 아우는 형을 따르며 항상 화목하게 지내는 일이다. 교과서는 우애 있게 지내는 방법을 구체적으로 제시한다. "형제자매 간에 우애 있게 지내기 위해서는 서로 간에 예의를 잘 지켜야 한다. … 서로 자기주장만을 내세우지 말고 상대방의 처지에서 생각할 줄 알아야 한다. … 우애를 두텁게 하기 위해 필요한 것은 서로 배려하는 마음이다."22) 교과서는 형제자매 간의 우애를 위한 8계명도 함께 제시하고 있다.

9학년에서 교육과정은 학생들로 하여금 가정생활의 도덕 문제를 파악하고, 그 해결 방안을 탐색하는 능력과 태도를 지니게 한다. 이에 대하여 교과서는 '2. 가정·친척·이웃 생활과 도덕 문제' 단원에서, 확대 가족을 이루고 가정을 중심으로 생활한 우리 조상들이 가정의 질서와 화목을 유지하기 위하여 인간관계의 기본 질서인 오륜과 같은 유교 윤리를 따랐

---

21) 교육인적자원부, 『중학교 도덕 1』, 2007, p.176.
22) Ibid., p.183.

음을 지적한다. 다만 "부모에 대한 자녀의 도리, 남편에 대한 아내의 도리, 어른에 대한 아이의 도리는 강조되었지만, 가족 구성원 상호 간의 존중이나 평등은 강조되지 않았다."[23]

한편, 오늘날 우리 가정에 전통적인 문제들과 현대적인 문제들이 함께 나타나고 있음을 지적한다. 이를테면 평등한 부부 관계가 강조되면서 남편과 아내의 역할 분담을 둘러싼 갈등, 이혼 문제, 유산 상속을 둘러싼 형제자매 간의 불화, 핵가족화에 따른 아이들의 과잉보호, 노인들의 소외, 가족 이기주의 등이 그것이다. 이 같은 문제들에 직면하여 교과서는, 전통 가정의 공동체 정신을 계승하고 서구 가정의 민주적인 요소를 수용하여 이상적인 가정 윤리를 확립해 나가도록 권고한다.[24]

셋째, 고등학교의 경우 『전통 윤리』는 학생들에게 우리 조상들의 윤리적 삶을 현대적 시각에서 재음미하며 한국인으로서 지녀야 할 바람직한 윤리적 인식과 자세를 보다 확고히 정립할 것을 권고한다. 이 같은 목표의 달성을 위하여 동 과목은 네 가지 하위 목표를 정하고 있는데, 그 두 번째 하위 목표가 가족의 가치 있는 삶에 관한 것이다 ; "전통 윤리에 나타난 개인·가족생활에서의 윤리적 규범을 올바르게 이해하고, 이를 오늘날의 실제 생활에 적용, 실천하는 능력과 태도를 지닌다."[25]

『전통 윤리』 과목은, 개인과 가족의 가치 있는 삶을 위하여 '부모 공경과 효친', '부부·형제자매 관계와 사랑'의 두 가지를 강조한다. 교육과정은 전자에 대하여, 학생들로 하여금 전통 윤리에 나타난 효의 기본 정신을 바르게 파악하여, 부모님에 대해 효를 실천하려는 태도를 지니게 한다. 또, 후자에 대해서는 학생들로 하여금 전통 윤리에 나타난 남녀·

---

23) 교육인적자원부, 『중학교 도덕 3』, 2007, p.137.
24) Ibid., p.141.
25) 교육부, 『제7차 도덕과 교육과정』, p.68.

부부·형제자매에 관한 윤리의 내용을 파악하여, 오늘날의 올바른 남녀·부부·형제자매 관계의 윤리를 정립할 수 있는 능력과 태도를 지니게 한다.

구체적으로 교과서는 우선, 전자에 대하여 같은 이름의 '2. 부모 공경과 효친' 단원에서 다음의 내용들을 다루고 있다.26) 첫째, 부모를 사랑하고 공경하는 것은 자연스러운 감정의 표현으로서 모든 덕행의 근본이다. 효의 정신은 가정의 인간화 및 사회의 인간화의 밑거름으로서 확장되어야 한다. 둘째, 조상들의 효의 실천 전통을 이어받되, 본래의 인(仁)의 정신을 발휘하는 참다운 정신으로 회복하기 위해 노력한다. 여기에는 부모님에 대한 자식의 지극한 섬김의 정신 배우기, 효의 호혜적 윤리로서의 본질 회복하기가 포함된다.

다음으로, 후자에 대하여 교과서는 두 개의 소단원을 할애한다. '3. 부부간의 분별과 화합' 단원은 다음과 같은 내용을 다루고 있다.27) 첫째, 남녀에 대한 관점은 두 성(性)간의 차별이 아닌 차이를 전제로 한다. 이는 동서양의 모든 사상에서 뒷받침되고 있다. 둘째, 부부가 된다는 것은 인간의 영원한 존속을 위한 첫걸음이 되므로, 부부 간에는 높은 수준의 윤리가 요구된다. 21세기의 바람직한 부부상을 위해서는 개인의 자아의식과 가족 공동체 의식을 조화시키는 일, 부부가 결혼 생활을 통해 상호 발전해 나가는 일을 중시해야 한다. 셋째, 전통 사회와 비교해 볼 때 현대 사회에서는 남녀의 역할에 많은 변화가 있다. 그렇지만 남녀 관계는 상호 보완적 관계이므로 남녀가 상호 조화를 이룬 상태를 이상적으로 보아야 한다.

아울러 '4. 형제자매 관계와 우애' 단원은 다음의 내용들을 다루고 있

---

26) 교육인적자원부, 『고등학교 전통 윤리』, 2007, p.92f.
27) Ibid., p.108f.

다.28) 첫째, 형제자매는 같은 부모와 살과 피를 나눈 동기간이므로, 형제자매가 우애 있게 지내는 것은 부모에 대한 효를 실천하는 길이다. 형제자매 간의 우애를 사회로 확대하면 붕우(朋友) 등 모든 인간관계에 적용할 수 있다. 둘째, 형우제공(兄友弟恭)은 훌륭한 덕목이다. 이는 형제자매 간의 갈등을 극복하고 화합하는 길로 나아갈 수 있다. 셋째, 전통적인 형제자매 관계에서 보였던 대가족 제도의 비민주성, 남성 우월주의와 여성 권익의 침해, 장자(長子) 우대 등의 문제는 극복되어야 한다. 형제자매 관계를 새롭게 정립해 나가려면 남녀 차별적인 제도를 수정하는 동시에 근본적으로 차별적 시각을 변화시켜야 하며, 남녀평등 의식을 기반으로 하여 서로 아끼고 협력할 수 있는 관계를 정립해야 한다.

IV. 친족 및 조상 관계의 규범

인류 역사상 어느 시대, 어느 나라에서든 최소한의 친족 구조에 기초한 사회관계를 배제한 사회 구조는 존재하지 않았으며, 친족의 유대는 가장 원초적인 사회적 결속의 힘이었다.29) 지금도 사회에 따라서는 친족의 범위가 사회 계층 구조의 분화 체계로 이어지거나, 친족 관계가 남녀의 지위 관계 또는 성별 역할의 구조에 깊이 영향을 미치기도 한다. 이에 친족과 가족의 관계는 여전히 사회 구조의 기초로 남아 있다.

---

28) Ibid., p.124f.

29) 박호강 등은 친족의 기능을 전근대적·농경사회의 경우와 현대산업사회의 경우로 나누어 설명한다. 전자는 사회통합, 비형식적 사회통제, 종교 의식, 교육, 경제적 상부상조, 자치활동의 6가지를 포함한다. 후자로는 재산보유 및 상속문제 처리, 주택과 거주 유형 결정, 장례 및 재정적 협조, 정서적 유대의 4가지를 꼽는다. 박호강·박충선·정영숙, 『현대사회의 성·결혼·가족』, 경산 : 대구대학교출판부, 1999, pp.91~92.

우리나라의 현행 법률(민법 제767조)에 의하면, '배우자, 혈족 및 인척을 친족으로 한다.' 여기서 혈족은 직계 혈통(자기의 직계존속과 직계비속)과 방계 혈통(자기의 형제자매와 형제자매의 직계비속, 직계존속의 형제자매 및 그 형제자매의 직계비속)을 포함하며, 인척은 혼인으로 인하여 맺어진 사람들로서 혈족의 배우자, 배우자의 혈족 및 그 배우자를 말한다. 또한 동 법률은 친족의 범위를 '8촌 이내의 혈족, 4촌 이내의 인척, 배우자'로 규정하고 있다(민법 제777조). 현재 친족의 범위를 부계와 모계의 혈족(각각 모두 8촌 이내), 부(夫)의 처족의 혈족과 처(妻)의 부족의 혈족(각각 모두 4촌 이내)에 대하여 균등하게 인정하고 있는 점은 남녀평등, 부부평등을 기하기 위한 것으로 보인다.[30]

한편 교육과정이 친족 개념으로 통일하고 있는 데 반하여, 교과서에서 친족 개념과 함께 친척 개념을 쓰고 있는 점은 흥미롭다. 이는 법률상의 용어로는 친족이지만, 친척이 사회적 속칭으로 널리 쓰이고 있음을 반영한 것으로 보인다. 인류학자 래드클리프브라운(A. R. Radcliffe-Brown)은 한 인간과 관련되어 팽창하는 친척의 범위를 세 범주로[31] 계산하여 분류한 적이 있다.

도덕 교과는 가정 윤리에 있어서 이 같은 친족 관계의 규범과 더 나아가 조상 관계의 규범을 강조한다. 여기서는 무엇보다도 친족간의 예절과 조상에 대한 정성이 강조된다. 첫째, 초등학교의 경우 주로 친족간의 예절을 주제로 하는 감동적인 예화들을 중심으로 생활 습관의 형성을 강조한다.

---

30) 김득중 외, 『가정생활과 예절』, 서울 : 교문사, 1998, p.209.
31) 세 범주란 '1차적 친척'(나의 핵가족 성원의 범위 : 부, 모, 형제, 자매, 배우자, 아들, 딸), '2차적 친척'(나의 1차적 친척의 1차적 친척), '3차적 친척'(나의 2차적 친척의 1차적 친척)을 말한다. A. R. Radcliffe-Brown, *The Social Anthropology of Radcliffe-Brown*, London : Routledge & Kegan Paul, 1977.

이를테면 교육과정은 4학년에서 학생들에 대하여 친족 간에 지켜야
할 예절을 알고 이를 실천하며, 친족 간에 화목하게 지내려는 태도와 실
천 의지를 지니게 한다. 이에 대하여 교과서는 '1. 가깝고 반가운 친척'
단원에서, 친척 간에 예절을 지키고 화목하게 지내야 하는 까닭 알아보
기, 친척들과 지낸 일들을 반성하고 화목하게 지내려는 마음 다져보기,
친척끼리 화목하게 지내기 위하여 지켜야 할 예절 실천하기를 가르치고
있다.32)

둘째, 중학교의 경우는 친족 및 조상에의 예절에 대하여 인지적 설명
을 바탕으로 예절의 습득과 실천 의지의 형성, 그리고 가치 판단 능력 신
장과 생활 원리의 체계화를 강조한다. 예컨대 7학년에서 교육과정은 학
생들에게 예절의 근본정신과 형식과의 관계를 알고, 친족 간에 지켜야
할 예절을 실천할 수 있는 능력과 태도를 지니게 한다. 구체적으로 교과
서는 '2. 친척간의 예절' 단원에서, 우리의 전통 예절이 부모와 자녀, 남
편과 아내, 형과 아우, 스승과 제자, 친구 사이, 친척 사이 등 주로 친밀
한 관계에서 발달하였다고 지적한다. 특히 동 단원의 '(2) 계촌과 호칭
예절' 제재는, 우리 민족이 친족간의 관계를 소중히 생각하였으며, 따라
서 우리의 친척 간 호칭 예절이 다른 나라에 비해 잘 발달되어 있음을
강조한다. "촌수는 친척간의 예절을 지키는 데 중요한 역할을 한다."33)

또, '(3) 친척 간에 사이좋게 지내기' 제재에서는, 친척 간 왕래와 교류
의 필요성, 항렬에 따른 예절, 건전한 친척 간 놀이문화 등이 강조되고
있다. '(4) 조상에 대한 예절' 제재에서, 우리가 조상에게 지켜야 할 예절
에는 조상을 공경하고 그분들에게 욕되지 않는 삶을 살도록 노력하는 일,
조상들이 남긴 훌륭한 문화재와 전통을 잘 지키고 보존하는 일, 조상의

---

32) 교육인적자원부, 『도덕 4-2』, 2007, p.6f.
33) 교육인적자원부, 『중학교 도덕 1』, 2007, p.196.

은혜와 사랑에 대해 감사하는 마음을 표현하는 일 등이 포함되어 있다.[34] 특히 조상을 섬기는 제례는 효의 연속으로서 강조된다. 제사는 한편으로 돌아가신 조상이 아직도 한 울타리 안에 우리와 더불어 살고 있음을 뜻하는 공동체 의식의 표현이라는 것이다.

9학년에서 교육과정은 학생들로 하여금 친족 생활의 도덕 문제를 파악하고, 이의 해결 방안을 탐색하는 능력과 태도를 지니게 한다. 이에 대하여 교과서는 '2. 가정·친척·이웃 생활과 도덕 문제' 단원의 두 번째 제재 '(2) 친척간의 도덕 문제와 해결'에서, 우리 조상들은 친척 간 생활에서 가문과 가풍을 중요시하게 되었고, 이를 유지하기 위한 예절을 발달시켰음을 지적한다. 다만 조상들의 경우 "예절의 정신보다는 형식과 절차에 지나치게 치중하는 경향이 있었다. … 조상 숭배와 가문에 대한 의식은 족보를 통해 나타났는데, 족보를 비롯하여 가문을 번창시키는 일에서도 문제가 발생하였다. … 조상의 묘를 명당에 쓰면 자손들이 복을 받을 수 있다는 생각에 사로잡혀, 좋은 터를 잡기 위해 다툼을 벌이거나 호화스런 겉치레로 치장하기도 하였다."[35]

한편, 오늘날에는 사회문화의 변화에 따라 친척간의 예절에도 많은 변화가 생겼으며, 여러 도덕 문제들이 생기고 있다. 예를 들어 조상의 의미에 대한 이해의 차이에서 비롯되는 문제(제사의 형식과 절차를 놓고 발생하는 갈등), 복잡한 촌수·항렬·호칭으로 말미암아 친척간의 교류가 더 어렵게 되는 점, 명절 문화를 개선시키고자 하는 요구 등이다. 친척 생활에서 발생하는 도덕 문제들에 대하여 교과서는, 친척간의 교류를 확대하여 서로 도와주는 따뜻한 정 되살리기, 친척간의 관혼상제와 같은 의례나 행사들을 합리적으로 치르려고 노력하기, 가족이나 친척 중심의 폐쇄적 사

---

34) Ibid., p.212.
35) 교육인적자원부, 『중학교 도덕 3』, 2007, pp.145~147.

고에서 탈피하여 공동체 정신을 발휘하기를 권장한다.36)

셋째, 고등학교 과목인 『전통 윤리』는 동 교과목의 목표 달성을 위한 네 가지의 구체적 하위 목표 중 세 번째 하위 목표를 친족 관계와 바람직한 삶에 두고 있다 ; "전통 윤리에 나타난 친족 관계에서의 윤리적 규범을 올바르게 이해하고, 이를 오늘날의 실제 생활에 적용, 실천하는 능력과 태도를 지닌다."37)

『전통 윤리』의 경우, 친족 및 조상 관계의 규범으로서 '친족 관계와 화목', '관혼상제와 예절'의 두 가지를 강조한다. 교육과정은 전자에 대하여 학생들에게 친족에 대한 전통 예절의 기본 정신과 내용을 파악하여, 어른과 노인을 공경하며 이웃 사람을 사랑하고 아끼는 태도를 지니게 한다. 또, 후자에 대해서는 학생들에게 전통 사회에서 관혼상제와 일상생활 예절의 기본 정신과 내용을 파악하고, 오늘날 이를 실천하려는 자세를 지니게 한다.

교과서는 구체적으로 먼저, 전자에 대하여 '1. 친척 윤리와 노인 공경' 단원에서 다음과 같은 내용을 다루고 있다.38) 첫째, 우리는 예로부터 친척에 대한 친밀함을 인간관계를 형성하는 출발점으로 삼아왔다. 또 친척에 대한 칭호는 그 의미가 올바르게 전달되는 데 의미가 있다. 둘째, 친척간의 윤리는 친소(親疎)와 세대(世代)의 기준에 의해 설정된다. 산업화 및 핵가족화에 따라 기존의 친척 문화가 위축되고 있으나, 친척 의식은 우리 삶에 적지 않은 영향을 미친다.

이어서 후자에 대하여 교과서는 '4. 관혼상제' 단원에서 다음의 내용들을 다루고 있다.39) 첫째, 상장례(喪葬禮)는 죽은 이를 떠나보내는 절차로

---

36) Ibid., pp.149~152.
37) 교육인적자원부, 『제7차 도덕과 교육과정』, p.68.
38) 교육인적자원부, 『고등학교 전통 윤리』, 2007, p.140f.

서 삶의 소중한 가치를 일깨우는 의식이다. 현대 사회의 구조와 생활 방식, 새로운 종교의 등장에 따른 상례 방식의 변화 속에서도 그 의미를 되새겨볼 필요가 있다. 둘째, 제례(祭禮)는 생명의 근원인 자연과 자신의 뿌리인 조상을 공경하는 마음의 표현으로서 자신의 근원을 잊지 않고 감사하는 보본의식(報本意識)을 담고 있다. 예의 형식도 의미 있으나 그 정신을 계승하는 자세가 중요하다.

한편 이와 별도로 『전통 윤리』 과목은, '2. 부모·조상 공경과 효친' 단원에서 부분적으로 조상 섬김의 전통과 그 현대적 의미에 대하여 다루고 있다. 여기서는 조상 섬김의 문화 속에 우리나라 사람들의 독특한 종교관과 생사관이 자리 잡고 있다는 점, 향후 바람직한 조상 섬김의 문화를 건설하기 위해서는 매장 문화에 대한 점진적인 인식의 전환, 명절 문화 속에 남아있는 남성 위주의 가부장적 요소의 극복, 조상의 범위가 우리 가족·우리 혈통주의로 국한되지 않도록 하기 등이 필요하다는 점이 서술되어 있다.

V. 수업 지도의 유의점

우리는 지금까지, 지난 반세기 동안 엄청나게 변화 발전해온 한국 사회에서 가정윤리가 초·중·고등학교에 걸쳐 도덕교육의 주요한 내용으로서 다루어지고 있는 점을 구체적으로 살펴보았다. 가정윤리가 도덕과 교육의 한 목표로서, 특히 관계의 측면에서 보아 부모·형제자매 관계의 규범과 친족 및 조상 관계의 규범으로 강조되고 있는 점을 확인하였다.

---

39) Ibid., p.186f.

그리고 학교급 별로 다소 초점은 다를 수 있지만 전자의 경우 주로 화목한 가정을 위한 조건으로서 효도와 우애, 서로 아끼고 공경하는 마음, 사랑 및 관용에 대하여, 그리고 후자의 경우 주로 친족간의 예절, 조상에 대한 정성에 대하여 기술하고 있는 점도 알아보았다.

이제 글을 맺으며, 도덕 교과에서의 가정윤리 교육과 관련하여 다음의 몇 가지를 제언 사항으로 삼고자 한다.

첫째, 가정을 보호하고 그 기능을 증진하는 일이야말로 우리 사회의 최고 관심사이어야 한다는 점이 더욱 강조될 필요가 있다. 가정은 인간이 육체적으로나 영적으로 건강한 형태를 개발시킬 수 있는 유일하지는 않더라도 가장 중요한 매체이다. 가정생활의 몰락이 국가 쇠락의 가장 깊은 원인이라는 것을 역사는 충분히 입증하고 있다. 가정이 생물학적으로 사회의 원세포이자 모세포인 이상, 혼인과 가정이 붕괴되어 있는 사회는 조만간 멸망을 피할 수 없게 된다.

가정이 도덕적으로도 더 이상 사회의 기초로서 교육과 문화의 첫째가는 터전이 되지 못한다면, 그 결과는 비인격화로 이르게 마련이다. 모든 참된 개혁은 가정에서 시작해야 한다는 결론 역시 이 같은 가정의 입지로부터 나온다. 이를 간과하거나 역행하는 사회 개혁이란 모두가 궁극적으로는 실패할 수밖에 없다.[40] 인류의 미래는 가정에 달려있기 때문이다.

둘째, 관계를 중시하되 그것 역시 사회의 변화와 분리될 수 없다는 점이 고려될 필요가 있다. 부모와 자녀 관계의 경우, 전통 사회에서는 자녀의 무조건적인 순종을 요구하는 효가 중시되었지만 오늘날 효의 성격은 오히려 평등한 관계를 지향하는 경향을 보인다. 가족의 대를 잇는다는 데 최우선의 의미를 두었던 자녀관은 변화하고 있으며, 노후를 자녀에게

---

40) Messner, *op. cit.*, p.306.

의존했던 부모들의 태도도 바뀌고 있다.

친척 관계의 경우도, 종전의 부계 친척 중심에서 벗어나는 경향을 보인다. 모계의 친척을 부계의 그것과 비슷하게 친척으로 인지하는 현상이 늘고 있음은, 부계 중심의 가족 가치관이 변화하는 양상으로 풀이할 수 있다. 또 과거에 비하여 왕래하는 친척의 범위나 친척과의 왕래 정도, 친척과의 상호 부조도 감소하고 있다.

셋째, 최근 두드러지고 있는 이른바 가족 문제에 대하여 좀 더 다룰 필요가 있다. 가정생활의 현 주소를 점검한 한 연구조사에 따르면, "우리의 가정은 겉으로는 견고해 보이나 실상은 속이 텅 비어있는 공동화현상을 보이고 있다. 전통적으로 가족이 담당해오던 기능이 상실된 자리에 우애적 가족으로의 전환 또한 미미한 수준에서 전개됨으로써, 우리의 가족은 심각한 아노미를 경험하고 있다."[41]

예컨대, 1주간에 가족이 함께한 식사 횟수에서 2회 이하가 25%로 4명 가운데 1명은 주말 이외에는 가족과 식사하는 경우가 거의 없는 것으로 보인다. 얼핏 이처럼 단순해 보이는 문제 외에, 가정 폭력은 아동 학대, 부모에 대한 폭력, 형제간의 폭력, 부부간 폭력, 노인 학대 등 언론을 통해 보도되는 자료들만 보아도 심각하다. 가족 문제는 이밖에 이혼가족, 재혼가족, 맞벌이가족, 실직가족, 노인 단독가구, 치매노인 가족, 그리고 더 나아가 청소년 비행, 혼외 관계 등의 문제들도 포함한다.

넷째, 가정의 윤리를 가정 복지와 관련하여 강조할 필요도 있다. 세상에는 불행히도 정식으로 가정이라고 부를 수 없거나 가족이라고 도저히 주장할 수 없는 사람들이 적지 않다. 또, 현대 사회에서 사적 영역인 가

---

41) KBS한국방송·한국가족학회, 『여론조사 한국의 가족문화』, 2000년 11월, p.5. 동 여론조사는 한국 가족의 현 주소에 나타난 특징으로서 이외에 일곱 가지를 더 지적한다. Ibid., pp.5~8.

정생활에 비하여 공적 영역, 즉 사회생활(직장생활)의 비중이 커짐에 따라, 가정의 주체성은 점점 감소되어가고 있다.

이러한 구조 속에서 가정생활은 본질적 가치를 유지하되 공적 생활 세계와도 균형을 맞추어야 한다. 이에 가정 윤리 역시 구성원의 다양한 욕구를 충족시키면서 가정생활의 질적 향상을 가능하게 하는 쪽으로 초점을 맞출 필요가 있겠다. 그럼으로써 가정 스스로 생활의 유지, 인격의 형성과 발달, 문화의 창조에 주체가 될 수 있는 것이다.

참고문헌

강두호, 『자연법 사회 윤리』, 서울 : 인간사랑, 2003.

교육부, 『제7차 도덕과 교육과정』, 1997.

교육인적자원부, 『고등학교 도덕』 ; 『고등학교 시민 윤리』 ; 『고등학교 윤리와 사상』 ; 『고등학교 전통 윤리』, 2007.

교육인적자원부, 『도덕 3-1』 ; 『도덕 3-2』 ; 『도덕 4-1』 ; 『도덕 4-2』 ; 『도덕 5』 ; 『도덕 6』, 2007.

교육인적자원부, 『중학교 도덕 1』 ; 『중학교 도덕 2』 ; 『중학교 도덕 3』, 2007.

김득중 외, 『가정생활과 예절』, 서울 : 교문사, 1998.

김익주 외, 『한국인의 가정윤리(상) ; (하)』, 서울 : 학문사, 2000.

동양문화연구원(편), 『가정생활보감』, 서울 : 동양서적, 1993.

맹용길, 『가정과 윤리』, 서울 : 쿰란출판사, 1995.

박창근(편), 『한국인의 효(제1권) ; (제2권)』, 서울 : 서울언론인클럽, 2005.

박호강·박충선·정영숙, 『현대사회의 성·결혼·가족』, 경산 : 대구대학교출판부, 1999.

신창석(역), 『스콜라 철학의 기본 개념』, 왜관 : 분도출판사, 1997.

옥선화, "현대 한국인의 가족주의 가치에 대한 연구", 서울대학교 박사학위논문, 1989.

유계숙·최연실·성미애(편역), 『가족학이론 : 관점과 쟁점』, 서울 : 도서출판 하우, 2003.

이기영 외, 『광복 후 가정생활의 변천』, 서울 : 서울대학교출판부, 1996.

이득재, 『가족주의는 야만이다』, 서울 : 조합공동체 소나무, 2001.

이연섭 외, 『흔들리는 가정과 교육』, 서울 : 교육과학사, 2001.

이영숙·박경란·전귀연, 『가족문제론』, 서울 : 학지사, 1999.

전국보육교사교육원대학협의회, 『가정과 사회』, 서울 : 양서원, 1999.

정형모, 『가정과 영웅』, 광주 : 시와 사람, 2001.

조희금 외, 『가정생활복지론』, 서울 : 도서출판 신정, 2002.

주교회의 상임교리위원회 생명윤리연구회, 『생명과 가정』, 서울 : 한국천주교중앙협의회, 2004.

KBS한국방송·한국가족학회, 『여론조사 한국의 가족문화』, 2000.

한국가족관계학회, 『가족학 이론』, 서울 : (주)교문사, 2002.

Amini, Ibrahim, *Principles of Marriage and Family Ethics*, Qum, Iran : Ansariyan Publications, 2002.

Aquinas, Thomas, *Summa Theologica*, Notre Dame, IN : Ave Maria Press, 1981.

Archard, David W., *Children, Family and the State*, Brookfield, VT : Ashgate Publishing,

2003.

Aristoteles, *The Nicomachean Ethics*, New York : Oxford University Press, 1998.

Aristoteles, *The Politics*, London : Penguin Classics, 1981.

Augustine, *De Civitate Dei*, London : Penguin Classics, 1981.

Blustein, Jeffrey, *Parents and Children : The Ethics of the Family*, New York : Oxford University Press, 1982.

Bristow, Peter E., *The Moral Dignity of Man*, Dublin : Four Courts Press, 1997.

Fagothey, Austin, *Right and Reason : Ethics in Theory and Practice*, Saint Louis : C. V. Mosby Co., 1967.

Glover, Jackie, *The Patient in the Family : An Ethics of Medicine and Families*, Garrison, NY : Hastings Center, 1997.

Goode, William J., "Family Disorganization", in R. K. Merton & R. A. Nisbet, *Contemporary Social Problems*, New York : Harcourt, 1976.

Höffner, Joseph, *Christliche Gesellschaftslehre* ; 박영도(역), 『그리스도교 사회론』, 왜관 : 분도출판사, 1985.

Houlgate, Laurence D., *Morals, Marriage, and Parenthood : An Introduction to Family Ethics*, Florence, KY : Wadsworth Publishing, 1998.

Markle, Sandra, *Family Science*, Hoboken, NJ : Jossey-Bass, 2005.

Messner, Johannes, *Social Ethics : Natural Law in the Modern World*, St. Louis : B. Herder Book Co., 1965.

Murray, Thomas H., *What are Families for?*, Garrison, NY : Hastings Center, 2002.

Neusner, Jacob, *Comparing Religious Traditions : Ethics of Family Life*, Florence, KY : Wadsworth Publishing, 2000.

Peschke, Karl H., *Christian Ethics* ; 유봉준(역), 『그리스도교 윤리학』, 제3권, 왜관 : 분도출판사, 1992.

Radcliffe-Brown, Alfred R., *The Social Anthropology of Radcliffe-Brown*, London : Routledge & Kegan Paul, 1977.

Ⅰ. 연구의 목적과 필요성

인간을 본성적으로 사회적 존재라고 보는 인식은 아리스토텔레스 (Aristoteles)[1] 이래 인류의 오랜 전통이다. 인간에게 간혹 고독함이 유리할 때도 있으나, 극단적으로 홀로 격리되어 있는 경우에 솔직히 혼자서는 자신의 기본적인 욕구를 충족시키기도 어렵다. 또 인간이 지적으로나 도덕적으로 성장·발전할 수 있는 것 역시, 다른 존재에서는 볼 수 없는 언어나 재능 등을 통하여 자신의 동료들과 협력하거나 교류함으로써 가능하다.

인간이 사회에로 지향되어 있으며 동시에 사회의 기초를 이룬다는 점에 대하여, 우리는 우선 '생물학적'으로 쉽게 이해할 수 있다. 즉 인간은 한 남성 또는 여성으로서 성적 본능에 따라 결혼을 하고 가정을 꾸린다. 그리고 가정은 그 자체로서 사회의 세포를 이룬다. 또 인간은 '심리적'으

---

1) Aristoteles, *Politics*, I, ch.2, 1253a 2.

로 고독한 생활에 만족할 수 없으며 어떤 형태로든 고독에서 오는 불안을 해소하려는 성향이 있다. '목적론적' 측면에서 인간은 행복을 추구하는 가운데 그것을 위한 전제 조건으로서 조화로운 삶의 질서를 원한다. 그리고 자기 존재의 완성을 위해서 다른 이들과 상호 보충을 필요로 하는 것은 그의 '존재론적' 특징이기도 하다.

윤리학의 관점에서 사회는 '공동선을 추구하기 위하여 일정한 권위 아래 도덕적으로 결속된 사람들 다수의 지속적인 결합'을 의미한다.[2] 이런 의미에서 우리가 주목해야 할 것은, 사회가 개인들의 단순한 모임에 불과한 것이 아니라 구성원들의 공동선을 그 목적으로 하는 인격적 실재라는 점이다.[3]

즉 공동선은 사회의 목적인(目的因)으로서 인격체인 구성원들이 상호 보충하고 완성하는 데서 정립되는 것이기에, 그것은 각 개인들에 의하여 이루어진 공헌들의 단편적인 총계에 그치기보다는 오히려 그들의 협력에서 오는 종합적인 결과의 증대이다. 또, 공동선이 단순히 각 개인들이 합심하여 기여한 어떤 결과물의 분배에 그치기보다 오히려 그들의 노력을 보충하고 완성하는 데 있는 이상, 구성원들은 각자 고유한 결정과 활동에 따라 자신의 실존적인 목적들을 달성할 수 있게 된다.

사회애(社會愛)란 사회를 이루는 구성원들이 이처럼 공동선의 실현을 위하여 협력하면서 자신이 속한 사회에 대하여 정상적으로 표하는 선의의 감정을 말한다. 여기서 정상적으로 표한다는 것은 사람에 따라 때때로 특정한 사회의 구성원이라는 의식에서 비정상적인 경우가 있음을 염두에 둔 것이다. 본 연구는 사회애가 하나의 규범으로서 어떤 특징을 지니는지, 그리고 우리나라 초·중·고등학교 도덕 교과에서 그것이 실제

---

2) Austin Fagothey, *Right and Reason*, Saint Louis : C. V. Mosby Company, 1967, p.278.
3) 강두호(역), 『사회 윤리의 기초』, 서울 : 인간사랑, 1997, p.171.

로 어떻게 구체화되어 제시되고 있는지를 살펴보는 데 그 목적을 두고 있다.

연구의 진행은 관련 문헌의 분석에 의존하되 기본적으로 토미즘(Thomism) 윤리학의 입장에서 접근한다. 본 연구가 토미즘을 견지하는 이유는, 그것이 인간의 존재 문제와 관련되어 논의될 경우 도덕 교과의 성격에 가장 어울리기 때문이다.

우리나라의 도덕 교과 역시 인간은 사회적 성격의 존재라는 점, 그리고 그에 근거하여 인간은 자신이 속한 사회를 사랑해야 한다는 점을 함께 강조한다. 따라서 사회애는 여느 나라에서처럼 한국의 도덕교육 현장에서 비중 있게 다루어진다. 물론 인간의 사회성을 강조한다고 하여 공리주의적으로 타인에 대한 외면적 의존성만을 그 바탕에 두기보다는, 그것이 인간의 본성에 기인하는 것으로 이해한다. 또 사회에 대한 사랑을 강조한다고 하여 이데올로기적 강요에 입각하기보다는, 그것이 도덕적 주체의 본성적인 당위로서 요구된다고 본다. 한 사회가 자라나는 학생들에게 어떤 식으로 사회에 대한 애정을 가르치는가 하는 점은, 그들로 하여금 개인의 사회관을 올바로 정립하게 함은 물론 국제 사회에서 더불어 살아가는 방법을 체득하게 하는 데 있어서 매우 중요하다고 말할 수 있다.

II. 사회애의 규범적 특징

사회애를 인간 행위의 한 바람직한 덕목으로 혹은 도덕적인 삶의 한 요소로 간주하는 것은, 그것이 사회의 존속과 발전을 위해서 주요한 정신적 기초가 된다는 생각에 있을 것이다. 우리는 사회애가 개인과 사회의 연대를 가능하게 하는 원리라는 데서, 그리고 사회의 정의를 위한 근본적인 덕목이라는 데서 그 규범적인 특징을 찾을 수 있다.

1. 개인과 사회의 연대 원리

사회애를 그 자의(字義)에 따를 경우 '사회를 중히 여기는 마음 내지 태도'라고 규정지을 수 있다. 이를 구체적으로 프롬(E. Fromm)의 관점에서[4] 원용하여 보자면, '사회에 대하여 관심을 가지고 그 상황과 미래에 대하여 어떤 책임감을 느끼면서, 개인적인 이익을 앞세우지 않고 사회를 존중하며 사회를 진정으로 알고자 하는 감정' 정도로 풀이할 수 있겠다.

사회애를 하나의 덕목으로 간주하며 탐색하는 노력은 특히 토미즘 윤리학에서 강하다. 일반적인 덕 이론들처럼 토미즘에서도 덕은 도덕적으로 선한 일을 쉽게 행할 수 있는 경향 내지 능력을 제공하는 습성이라고 이해된다. 다만 덕의 체계에 있어서, 플라톤(Platon)이 정의를 포괄적인 덕으로 본다든지, 칸트(I. Kant)가 보편적인 의무감을 윤리의 기본자세라고 주장하는 것처럼, 토미즘 윤리학은 그리스도교의 전통에 충실하면서 사랑을 가장 기본적이고 보편적인 덕으로 중시한다.

일찍이 토마스 아퀴나스(Thomas Aquinas)는, 인간은 고립된 상태로는 자기 정신의 완성을 이루기 어렵다고 강조한 바 있다.[5] 그에 의하면 인간이 고독한 삶을 사는 동기는 두 가지이다. 하나는 그 마음이 거칠고 원만하지 못해서 인간끼리의 사귐을 감내하지 못하는 경우로서, 이는 야수와 같은 상태이다. 다른 하나는 몸도 마음도 신에게 바쳐 봉사하는 경우로서, 이는 초인의 상태이다. 이 같은 경우들을 제외하고 인간은 통상적으

---

4) Cf. Erich Fromm, *The Art of Loving*, New York : Harper Perennial Modern Classics, 2006.
5) Thomas Aquinas, *Summa Theologica*, Ⅱ-Ⅱ, Q.188, A.8.

로 고독한 삶보다는 더불어 사는 삶을 지향한다.

사회애(dilectio socialis ; social charity)라는 명칭의 표현은, 토마스 아퀴나스가 자신의 논문 "사랑에 대하여(De Caritate, a.9)"에서 처음 사용한 것으로 알려져 있다.6) 그가 국가를 완전한 사회로 보면서 조국에 대한 각별하고 숭고한 사랑을 피에타스(pietas)라고 불렀던 점에 비추어 볼 때, 사회애도 마찬가지로 자신이 살고 있는 사회에 대하여 지니는 강한 사랑을 표현한 것이라고 짐작된다. 그와 같은 시대에 살았던 기베르(Guibert de Tournai)는 토마스의 dilectio socialis를 마치 남편과 아내가 서로 평등한 동료로서 상대방에 대하여 의식하는 사랑처럼 파트너십에 기초하는 사랑이라고 설명하고 있다.7) 한편 근래의 독일의 신학자이자 사회학자인 넬브로이닝(Oswald von Nell-Breuning)은 이를 사회에 대하여 가지는 호의(Wohlwollen)로 이해한다.8)

토미즘의 사조에서 사회애라는 표현이 연대성과 관련해서 다루어지고 있지만, 사실 학문적으로 연대 의식을 통한 사회적 책임을 강조하고 사회에 대한 의무적 공헌을 구체적으로 설명하기 시작한 것은 그리 오래되지 않는다. 독일의 페쉬(H. Pesch)가 연대성을 논하면서, 인간은 오직 다른 사람들과의 협력 안에서만 발전하고 실존적인 목적을 달성할 수 있으며 문화와 역사를 이루어나갈 수 있다고 서술한 것도 20세기 초이다. 위에서 언급한 넬브로이닝은 연대성이야말로 인간다운 사회를 건설하는 규준이며, 연대성 아래서 도덕적 책임은 전체의 복리를 위한 힘을 정하고 사

---

6) Joseph Höffner, *Christliche Gesellschaftslehre* ; 박영도(역), 『그리스도교 사회론』, 왜관 : 분도출판사, 1979, p.79. Dilectio socialis는 social charity 대신 social love라고 번역되기도 한다.

7) Erik Kooper, "Loving the Unequal Equal : Medieval Theologians and Marital Affection", in Robert R. Edwards & Stephen Spector (eds.), *Olde Daunce*, Albany : SUNY Press, 1991, p.53.

8) Daniela Anton, *Katholische Soziallehre*, München : GRIN Verlag, 2002.

적인 이익을 공익의 하위에 둔다고 밝혔다.

토미즘의 진수 가운데 하나라고 볼 수 있는 1987년의 회칙 『사회적 관심』(Sollicitudo Rei Socialis)은 연대성을 하나의 도덕 원리로 규정한다. 이 문헌에 의하면, "상호 의존은 현대 세계에서 그 경제적, 문화적, 정치적 및 종교적인 요소들에 있어서의 관계들을 결정하는 하나의 시스템으로 이해되며 동시에 하나의 도덕적 범주로 받아들여진다."9) 상호 의존을 이런 관점에서 파악할 경우, 도덕적이고 사회적인 태도이자 일종의 덕목으로서 그에 상응하는 응답은 연대성이다. 그러므로 연대성은 가깝거나 혹은 멀리서 여러 사람들이 겪는 어려움에 대하여 지니는 막연한 동정심 내지 피상적인 근심과 같은 느낌이기보다는 오히려 공동선에 전념하겠다는 강력하고 항속적인 결의로 인식되고 있다.

연대성은 그것이 특히 종교적 사랑의 성격을 지닐 때 더욱 완전해진다고 이해되는 것 같다. 실제로 동 회칙은 이렇게 적고 있다. "신앙에 비추어 볼 때 연대성은 단순히 연계되어 있음을 넘고자 하며, 전적인 베풀음, 용서, 화해처럼 각별한 사랑의 형태를 취하고자 한다. 이제 나의 이웃은 그저 나름대로의 권리를 가지며 다른 이와 근본적으로 평등한 사람에 그치는 것이 아니라 신의 모상이 되며, 따라서 그를 위해서라면 희생까지도 각오하지 않으면 안 될 대상으로 오른다."10) 오늘의 우리 사회에 만연되어 있는 극단의 이기주의적 사고방식을 극복하는 데 연대성과 사랑의 투신이 더욱 요구됨을 강변하고 있는 것이다.

연대성의 원리는 개인과 사회와의 관계에서 사익과 공익의 우선 문제를 수반하게 마련이다. 토미즘의 전통은 유기체의 유비(類比)를 적용하여, 사회를 하나의 몸과 같으며 동시에 한 인간과 같다고 공식화한다. 따라

9) John Paul Ⅱ, *Sollicitudo Rei Socialis(On the Social Concerns)*, 1987, n.38.
10) Ibid., n.40.

서 사회의 공익이 개인들의 사적 이익과 다를 수 있다는 전제 아래, 개인이나 보다 작은 단체들로 하여금 질서 있는 협동을 통하여 인격의 계발과 문화 영역의 건설을 위해 노력하게 한다. 물론 공익성을 남용하여 개인의 인격적인 자유와 존엄을 부정하는 것은 잘못이다. 그러므로 사익에 대한 공익의 우선은 오직 구성원으로서의 개인이 사회에 일정한 의무를 지고 있는 한에서만 타당하며, 현세적 사회가 인간의 존엄이나 공동선 등 초자연적 질서를 인정하는 데서 가능하다고[11] 볼 것이다.

2. 사회 정의의 근본 덕목

개인의 사회에 대한 연대 의식과 함께 사회애가 다루어지는 또 다른 측면은 사회 정의와의 관계에서이다. 토미즘 윤리학에서 사회애는 이웃 사랑의 연장이다. 이웃 사랑이란 간단하게는 '다른 사람의 선을 바라는 것'이라고 말할 수 있다. 여기서 지칭하는 다른 사람에는 사회를 구성하는 모든 개인과 집단들이 해당된다. 또 다른 사람의 선을 바란다는 것은, 그(개인 또는 집단)가 가져야 할 선, 발전시켜야 할 선, 회복해야 할 선을 바라는 것을 포함한다.

한편 우리는 실제로 도움을 받아야 할 처지에 있는 사람들의 경우, 우리가 단순히 그들의 선을 바라기만 하는 것만으로는 부족하다는 사실을 알고 있다. 즉, 실제적인 방법을 통하여 그들의 안녕과 발전을 증진시켜 줌으로써 비로소 그들에게 사랑을 실천한다고 볼 수 있는 경우이다. 이런 맥락에서 볼 때 사회애는 우리로 하여금 다른 사람이 가지고 있는 모든 좋은 것을 실제로 보호하는 데에 투신하고, 그의 손상된 선의 회복과 그가 이룰 가능성이 있는 선의 촉진을 위하여 일하도록 이끌어 준다. 달

---

11) Thomas Aquinas, *Summa Theologica*, II-I, Q.21, A.24.

리 표현하면 사회애는 우리에게 사회에 대한 사랑에 어긋나는 것을 제거하도록 요구한다. 사랑은 순진한 이상주의를 탈피하고 정책적인 방법을 찾아내야 한다는[12] 말도 이 같은 점에서 쉽게 이해될 수 있다.

우리가 이처럼 사회애를 공동선의 실현을 위한 실천적 사랑으로 인식하면서 사회적 결합 관계에 있는 개인과 집단들의 몫을 공동체적 선의의 정신으로 인정하고자 할 경우, 우리에게는 공익에 대해 헌신적으로 봉사하는 일, 나아가 사회관계의 새로운 질서를 조성하며 정의를 추구하는 일이 요구된다.[13]

사회의 가난하고 필요한 이들에게 관심을 가지면서 정의를 추구하여 실현하고자 하는 데 의미를 부여하는 것은 여러 세기를 통해 토미스트들이 지켜온 중요한 특성이다. 이와 관련하여 우리가 유념해야 할 사항은, 그들이 말하는 정의란 단순히 합법성에 국한되는 것이 아니라 사랑의 정신을 바탕으로 하여 사회의 질서와 평화에 필요불가결한 전제 조건으로 인식되고 있는 점이다.

예컨대 1931년의 회칙 『사십 주년』(Quadragesimo Anno)은 특히 경제 활동을 사회적·도덕적 측면에서 규제할 원리로서, 사회 정의와 사회애를 지적하고 있다. 이 문헌은 사회 질서의 재건을 논하는 가운데, 사회애는 사회 정의를 구현하는 질서의 혼(魂)으로서 작용해야 한다고 강조한다. ; "국가와 사회의 모든 제도는 정의의 정신으로 물들여져야 하고, 이 정의가 무엇보다 우선적으로 실천되어야 한다. 그리하여 모든 경제 활동을 지배할 수 있는 법적, 사회적 질서가 수립되어야 한다. 그리고 사회애는 이 질서의 혼이 되어야 한다."[14]

---

12) Karl H. Peschke, *Christian Ethics* ; 김창훈(역), 『그리스도교 윤리학』 제2권, 왜관 : 분도출판사, 1998, p.246.

13) Joseph Höffner, *Christliche Gesellschaftslehre*, op. cit., p.80.

14) Pius XI, *Quadragesimo Anno(On the Restructuring of the Social Order)*, 1931, Ⅱ, ch.5,

또 같은 문헌에 따르면 진정한 사회 질서는 사회의 다양한 구성원들이 어떤 강력한 결속을 통해서 결합되는 것을 요구하는데, 사회애가 그 선도적인 역할을 할 수 있다. 사회 정의가 설사 충실히 이행된다 하더라도 그것만으로는 사회적 갈등의 원인을 제거할 수는 있을지언정 결코 마음과 마음의 결합을 가져올 수 없기 때문이라는 것이다. "사회 구성원들은 각각 서로 서로의 지체 구실을 하기 때문에, 한 지체가 고통을 당하면 다른 모든 지체도 함께 아파한다는 신념"을 요구하는 점은[15] 사회애의 구체적인 형태를 묘사하고 있다.

사실 사회 정의가 자신의 사적인 선 이상으로 사회를 위하는 태도를 예상한다는 점은 일찍이 아리스토텔레스에 의해서 지적된 바 있다. 그에 의하면, "인간들이 벗일 때는 정의라는 것이 거의 필요 없지만, 반면에 그들이 정의로울 때 그들은 친애(親愛)도 필요로 한다."[16] 이는 정의와 친애(곧 사랑)가 서로 결합하여 분리할 수 없음을 말하고 있다. 그러므로 사회 정의와 사회적 친애(곧 사회애)는 하나로서, 말하자면 사회애 없이 사회 정의가 성립되기 어렵다고 보아야 한다.

그러므로 사회 정의에는 본질적으로 사회애의 정신이 필요하다. 그 근본적인 이유는 사랑만이 이웃을 진정으로 알 수 있고, 따라서 그에게 마땅한 것을 충분히 알 수 있기 때문이다. 요컨대 사랑이 우리로 하여금 정의에 대하여 올바로 볼 수 있게 하는 것이다. 같은 입장에서 헤링(B. Häring)은 사회애가 사회 정의보다 더 근본적이라고 주장한다.[17] 그에 따르면 사랑은 정의에 대하여 명확한 비전과 풍부한 외연을 부여하면서 정

---

n.37.

15) Ibid., 36 ; 57.

16) Aristoteles, *Nicomachean Ethics*, Bk Ⅷ, 1155a 25.

17) Bernard Häring, "Justice and Love", in *New Catholic Encyclopedia*, New York : McGraw-Hill, vol.8, 1967, p.69.

의의 실현을 최대로 보장한다.

이를테면 사랑에 기초를 두고 있는 사람은 자신의 활동에 있어서, 정의에 대한 최소한의 요구보다는 이웃과 공동체의 현실적인 욕구를 우선적으로 고려한다. 그리고 다른 이들에게 불리한 요구를 한다든지 또는 부담을 지운다든지 하는 문제가 생길 경우, 그는 오직 자신이 뚜렷하게 정당한 권리를 갖고 있는 것에 한하여 조심스럽게 요구한다. 아울러 그는 여러 권리들이 자신과 공동체의 보전을 손상시키지 않고 포기될 수 있음을 가정하면서 다른 사람들을 위해 자신의 권리 행사를 기꺼이 보류하고자 한다. 이웃과 공동체에 대하여 장애가 되는 것이라면 무엇이건 더 이상 올바른 것이 아니라고 여기기 때문이다.

결국 우리는 진심으로 사회를 사랑할 수 있는 자가 아니면 사회 정의를 바르게 행할 수가 없다는 점을 알 수 있다. 그렇다면 사회 정의를 이루기 위해 필요한 것은 단지 사회 제도의 혁신만이 아니며, 사회정신의 혁신 내지 인간 마음의 개조라고 볼 수 있다. 사회 정의가 사회생활의 규준임에는 틀림없다. 그렇지만 사회 정의에 있어서 그 근원적인 원리가 되는 것은 사회애로서, 이에 바탕을 두지 않은 사회 정의는 생명력이 없는 셈이다.

Ⅲ. 사회애의 도덕 교과에서의 실제

우리는 Ⅱ장에서 살펴본 사회애의 규범적 특징으로 미루어볼 때, 도덕 교과가 학생들을 상대로 사회애를 가르치는 일에 있어서 그 중심에 자리매김하고 있음을 잘 알 수 있다. 실제로 사회애는 오랫동안 우리나라 초·중·고등학교 도덕 교과에서 비중 있게 다루어져왔다.

도덕 교과에서 사회애는 3~10학년의 경우 주로 사회생활 관련 영역 (제7차 교육과정의 '사회 생활' 영역 ; 그리고 2007년 개정 교육과정의 '우리·타인·사회와의 관계' 영역)에서 다루어지며, 11~12학년의 경우 각 선택 과목(제7차 교육과정의 『시민 윤리』, 『윤리와 사상』, 『전통 윤리』 ; 2007년 개정 교육과정의 『현대 생활과 윤리』, 『윤리와 사상』, 『전통 윤리』)의 관련 단원들에서 다루어진다.

도덕과 교육과정의 내용 체계에는 '협동, 준법, 타인 배려, 정의, 공동체 의식'(제7차 교육과정의 경우) 혹은 '협동, 민주적 대화, 준법, 정의, 배려'(2007년 개정 교육과정의 경우) 등이 구체적인 가치·덕목으로 명시되어 있는데, 이는 우리로 하여금 도덕 교과에서의 사회애 교육의 방향을 가늠할 수 있게 한다.

아래의 [표]는 초·중·고등학교 도덕 교과서의18) 사회애와 관련되는 내용들을 Ⅱ장에서 제시된 사회애의 두 가지 측면에 따라 과목, 단원 및 제재별로 요약해 놓은 것이다.

[표] 초·중·고등학교 도덕과의 과목별 사회애 관련 내용 구성

구분	과목	단원 및 제재	주요 내용
① 사회애와 연대성	초등학교 『도덕 3-2』	1. 약속과 규칙	• 약속과 규칙을 지켜야 하는 까닭 • 약속과 규칙을 지키려는 마음
	초등학교 『도덕 4-2』	2. 우리 모두를 위하여	• 공공장소를 이용할 때 예절과 질서를 지켜야 하는 까닭
	초등학교 『도덕 5』	6. 나와 우리	• 공공의 이익을 추구해야 하는 까닭 • 공공의 이익을 위해 행동하려는 마음
	초등학교 『도덕 6』	6. 아름다운 사람들	• 다른 사람을 배려하고 봉사하는 생활의 중요성
	중학교 『도덕 1』	Ⅰ.1.(1) 도덕의 필요성	• 도덕 교과를 배우는 이유
		Ⅰ.1.(2) 양심과 도덕	• 양심에 대한 올바른 생각

18) 여기서의 교과서는 제7차 교육과정의 교과서를 칭한다. 2007년 개정 교육과정의 교과서는 2010년 이후에 연차적으로 보급된다.

① 사회애와 연대성	중학교 『도덕 1』	Ⅰ.3.(1) 인간다운 삶, 가치 있는 삶	• 함께 사는 삶
	중학교 『도덕 2』	Ⅰ.2.(3) 시민 윤리의 기본 정신	• 규범을 지키는 정신 • 민주적 절차를 따르는 정신
		Ⅰ.3.(1) 민주 사회와 인간 존중	• 인간 존중의 실천
		Ⅰ.3.(2) 자발적 참여와 봉사	• 자발적 참여의 중요성 • 참된 봉사 활동 • 책임 의식의 생활화
	중학교 『도덕 3』	Ⅰ.2.(1) 인간과 가치 갈등	• 가치 갈등 상황
		Ⅰ.2.(2) 가치 갈등의 문제	• 가치 갈등의 사례들 • 가치 갈등이 발생하는 이유 • 가치 갈등으로 인한 문제점
		Ⅰ.2.(3) 가치 갈등의 해결	• 가치 갈등 해결의 기본 자세
	고등학교 『도덕』	Ⅰ.3.(1) 도덕 공동체의 의미와 공동선의 중요성	• 공동체란 무엇인가? • 아름다운 공동체의 전통 • 도덕 공동체와 공동선
		Ⅰ.3.(2) 도덕 공동체의 구현을 저해하는 요인들	• 한국 사회와 도덕 공동체의 위기 • 도덕 공동체의 약화 요인 • 도덕 공동체 회복의 어려움
	고등학교 『시민 윤리』	Ⅰ.2.(1) 시민 윤리의 필요성	• 갈등 해결을 위한 시민 윤리의 덕목
		Ⅰ.2.(3) 시민 공동체 형성을 위한 과제	• 시민 공동체의 필요성 • 시민 공동체 형성의 조건
		Ⅰ.3.(2) 성숙한 시민 의식	• 공공 질서의 준수
		Ⅰ.3.(3) 공동체 의식의 함양	• 시민 공동체 의식의 형성
	고등학교 『윤리와 사상』	Ⅰ.1.(1) 인간의 특성	• 사회적 존재
		Ⅰ.1.(3) 인간의 삶과 윤리의 필요성	• 윤리를 배우는 이유 • 윤리적 삶의 필요성
		Ⅰ.3.(1) 사회적 삶의 특성	• 사회의 본질과 특징 • 인간의 사회성 • 사회적 삶에서의 윤리와 사상
		Ⅳ.2.(3) 현대 한국 사회의 바람직한 윤리 사상의 정립	• 가치 갈등 및 사회 문제의 윤리적 해결
		Ⅳ.3.(1) 민주적 도덕 공동체의 형성	• 민주적 도덕 공동체의 의미 • 민주적 도덕 공동체의 구성 원리 • 열린 마음과 민주적 도덕 공동체
	고등학교 『전통 윤리』	Ⅳ.3.(3) 공동체 의식과 협동 정신	• 나는 혼자서 살아갈 수 있는가?
	초등학교 『도덕 4-2』	3. 공정한 생활	• 공정하게 행동해야 하는 까닭 • 공정한 생활의 중요성

② 사 회 애 와 사 회 정 의	초등학교 『도덕 5』	5. 서로 존중하는 태도	• 다른 사람의 권익을 존중해야 하는 까닭
		7. 서로 다른 주장	• 서로 다른 주장을 민주적으로 해결하는 방법
	초등학교 『도덕 6』	5. 함께 지키자	• 법과 규칙을 잘 지켜야 하는 까닭 • 법과 규칙을 잘 지키려는 마음
	중학교 『도덕 2』	Ⅰ.2.(2) 시민 윤리의 필요성	• 도덕 문제의 특징
		Ⅰ.3.(3) 질서 의식과 준법 정신	• 질서의 의미와 필요성 • 준법 정신의 중요성 • 질서 의식과 준법 정신의 생활화
		Ⅰ.3.(4) 공정한 절차와 올바른 의사 결정	• 공정한 절차와 합의의 중요성 • 합리적 의사 결정의 의미와 조건 • 합리적 의사 결정의 과정
		Ⅰ.4.(3) 일하는 즐거움과 풍요로운 생활	• 즐겁고 풍요로운 삶 • 깨끗한 부의 추구
		Ⅰ.4.(4) 근로자와 기업인의 화합과 협력	• 기업인의 윤리와 기업의 사회적 책임 • 노사 화합과 협력
	고등학교 『도덕』	Ⅰ.1.(2) 현대 사회의 도덕 문제	• 사회적 도덕 문제
		Ⅰ.3.(3) 도덕 공동체의 구현 방향	• 도덕 공동체 구현의 이상과 그 모습 • 도덕 공동체 구현의 기본 원리 • 도덕 공동체 구현의 길
	고등학교 『시민 윤리』	Ⅲ.1.(3) 분배 정의의 실현 및 복지	• 분배 정의의 필요성과 기준
		Ⅲ.2.(1) 경제 발전과 경제 윤리의 관계	• 경제 윤리의 중요성
	고등학교 『윤리와 사상』	Ⅳ.3.(2) 민주적 도덕 공동체의 실현 조건	• 정의와 복지
		Ⅳ.3.(3) 민주적 도덕 공동체의 실현 과정	• 공공성의 확립과 공정성의 실현
	고등학교 『전통 윤리』	Ⅳ.2.(3) 경제 윤리와 현대적 실현 방안	• 우리 사회의 경제 현실

* 출처 : 교육인적자원부, 『초・중・고등학교 도덕 교과서』, 2008.

1. 개인과 사회의 연대 규범으로서의 실제

우리나라의 초·중·고등학교 도덕 교과에서 사회애는 무엇보다도 개인과 사회의 연대 의식을 강조하는 당위 규범으로서 강조되고 있다.

먼저 초등학교의 경우, 『도덕 3-2』의 제재 1(약속과 규칙)은 약속을 잘 지키면 사람들끼리 서로 믿고 생활할 수 있을 뿐 아니라 규칙들을 잘 지켜야 모두 즐겁고 명랑한 생활을 할 수 있다고 가르친다. 특히 스스로 반성해 보기(예화 '규칙을 지켜야지'), 역할극(처칠 수상 이야기) 등을 통해 사회생활을 위한 기본예절을 강조한다.

『도덕 4-2』는 제재 2(우리 모두를 위하여)에서 학생들로 하여금 공공장소가 어느 한 개인이 아니라 우리 모두를 위해 마련된 곳임을 알게 한다. 여러 예화들(거리에서, 학예회장에서, 깨끗해진 공중 화장실, 칭찬의 편지, 공원은 우리 모두의 것, 백화점에서 생긴 일)은 질서를 통해서 사회 구성원들이 편하고 안전하게 살 수 있다고 일깨워 준다.

『도덕 5』도 마찬가지로 자기 이익을 찾다 보면 다른 이들에게 피해를 줄 수 있는데, 다른 이들에게 피해를 주지 않고 모두에게 이익을 주는 사회가 아름다운 사회라고 적고 있다(제재 6. 나와 우리). 과학자의 연구 결과가 돈을 벌기 위한 수단으로 이용되어서는 안 된다는 퀴리 부부 이야기('돈보다 귀한 것')는 학생들로 하여금 공공의 이익을 위해 행동하려는 마음을 다져보게 한다.

『도덕 6』은 '아름다운 사람들'이라는 제재에서, 다른 사람의 어려운 처지를 이해하고 돕는 마음이 세상을 아름답게 만든다고 강조한다. 특히 3개의 예화(젓갈 파는 할머니, 사랑의 뜨개질 아주머니, 헌신과 봉사의 삶)는 학생들에게 일상생활에서 다른 사람의 처지를 이해하고 봉사 활동을 하였는지 반성하도록 이끌고 있다.

다음으로 중학교의 경우, 7학년『도덕』과목은 맨 첫 단원 '삶과 도덕'에서 학생들로 하여금 도덕이 인간의 삶에서 어떤 의미를 지니는지 생각하게 한다. 교과서는 구체적으로, 사회생활을 보다 올바르고 부드럽게 해 나가는 데에 바른 예절과 바람직한 행동 기준을 제시해주는 도덕이 절대로 필요하다는 점, 양심이 도덕적인 삶을 가능하게 하지만 그것이 개인적으로만 옳은 것이어서는 안 되며 사회에 대해서도 옳은 것이어야 한다는 점, 자신만을 챙기지 않고 이웃과 어려움을 나누며 함께 사는 삶 속에서 참으로 인간다운 삶의 모습이 드러난다는 점 등을 들면서 개인과 사회의 연대에 대해 역설한다.

8학년『도덕』과목에서 사회애는 시민 윤리와 민주적 생활 태도를 위해 꼭 필요한 규범으로 제시된다. 시민 윤리는 민주 사회의 구성원으로서 지켜야 할 조건과 규범이며 사회생활에 필요한 삶의 방식을 제공해 주는데, 교과서에 따르면 "개인의 이익을 추구하면서 동시에 사회 전체의 공익을 고려"하는[19] 것이야말로 시민 윤리의 기본 정신 중 하나이다. 이와 관련하여 교과서는 사회 전체의 공익을 고려할 경우, 그 이익이 결국 자신에게 되돌아온다는 것을 강조한다. 또 이러한 정신은 우리가 사회 문제들에 참여하는 과정에서 대화와 설득을 통해 타협하고, 다수결의 원칙을 지키되 소수 의견도 존중하며, 관용을 통하여 타인을 존중할 줄 아는 것을 포함한다고 쓰고 있다.

한편 동 과목이 '자발적인 참여와 봉사'를 권고하는 점은 사회애의 구체적인 실천 방안을 제시하고 있다는 점에서 인상적이다. 교과서에 의하면 현대 사회는 고도로 분업화된 사회로서 사회 구성원 각자가 맡은 바 임무를 성실하게 수행함으로써 유지되고 발전해 갈 수 있기 때문에, 사

---

19) 교육인적자원부, 『중학교 도덕 2』, p.61.

회의 구성원들은 "자기가 해야 할 일을 자율적으로 결정하고 그 결과에 대하여 책임"을[20] 져야 한다. 나아가 봉사 활동을 통하여 건강한 사회가 유지되는데, "봉사 활동은 자발적인 참여를 통하여 다른 사람에게 자신의 사랑을 보여주고, 그것을 통해 자아를 실현하는 중요한 계기가 되는 것"이라고[21] 기술하고 있다.

9학년 『도덕』 과목에서 사회애는 학생들로 하여금 사회적으로 가치 갈등이 생기는 여러 상황들 및 그 원인과 문제점을 이해하고, 그것을 해결하기 위해 필요한 기본자세를 탐색하게 하는 차원에서 중점적으로 다루어진다. 교과서는 "사회에는 가치관과 사고방식이 서로 다른 많은 사람들이 모여 함께 살아가기 때문에 가치 갈등은 불가피하게 일어나기 마련"이라고 전제하고[22], 특히 다른 사람과의 관계 속에서 발생하는 가치 갈등은 개인은 물론 사회를 불안하게 한다고 지적한다.

그리고 사회적 가치 갈등을 원만히 해결하기 위한 기본적인 마음의 자세를 구체적으로 나열한다.[23] 가치 갈등의 해결 측면에서 나열된 사회애의 목록이라고 평가할 수 있는 이 기본자세에는 '문제점에 대하여 자기중심적으로 생각하는 태도를 버리기, 나와 다른 가치를 가진 사람일지라도 그의 생각과 가치를 존중해줄 수 있는 관용의 자세를 갖기, 서로 양보하고 타협하려고 노력하기, 당사자 간의 대화와 설득에 의해 자발적으로 해결하기, 사회 규범을 준수하고 공공의 이익을 우선적으로 생각하는 마음을 갖기' 등이 제시되어 있다.

끝으로 고등학교의 경우, 10학년 『도덕』 과목에서 사회애는 도덕 공동

---

20) Ibid., p.86.
21) Ibid., p.89.
22) 교육인적자원부, 『중학교 도덕 3』, p.48.
23) Ibid., pp.61~64.

체를 구현하고 공동선을 추구하는 데 요구되는 요인으로 요약된다. 교과
서에 의하면 공동체는 공동체 의식을 바탕으로 형성되는데, "공동체 의
식이란, 그 구성원들이 스스로 중요하고도 의미 있는 집단에 속해 있다
고 느끼는 것을 말한다."24) 또 사회가 도덕 공동체로 될 수 있는 것은
"동일한 가치 또는 규범을 공유함으로써, 그리고 그것이 지향하는 이상
적인 인간상과 사회상을 설정함으로써"25) 가능하다. 교과서는 최근 한국
사회에서 만연하는 집단 이기주의, 가치 전도 현상, 지역감정 등이 도덕
적 공동체를 약화시킨다는 지적도 부연하고 있다.

11~12학년의 선택과목들은 각 과목의 고유한 특성에 따라 일정한 단
원과 제재들에서 사회애의 연대적 측면을 다룬다. 예를 들어『시민 윤리』
과목은 사회애를 시민 사회의 존속과 발전을 위하고 시민 공동체를 형성
할 수 있게 하는 시민 윤리의 덕목으로 설명한다. 교과서에 따르면 상호
간의 연대성이나 유대감 없이 시민 공동체는 형성될 수 없다. 그리고 진
정으로 건강한 사회는 "특히 보통의 인간들보다 소외된 이들을 끌어안고
배려하는 사회, 정신적·신체적으로 건강하고 우수한 사람들이 그렇지
못한 사람들과 함께 일하며 살아갈 수 있는 사회"이다26). 또 성숙한 시
민 의식은 "공공질서의 준수, 권리의 주장과 책임의 의무, 민주적인 생활
태도와 직결되어 있다."27)

『윤리와 사상』과목에서 사회애는 7~10학년의 내용을 심화시킨 느낌
을 준다. 요컨대 사회애의 연대성은, 인간은 사회적인 존재로서 이상 사
회를 건설하기 위해 노력해 왔다는 점과 관련지어 다루어지고 있다.

---

24) 교육인적자원부,『고등학교 도덕』, p.68.
25) Ibid., p.74.
26) 교육인적자원부,『시민 윤리』, p.35.
27) Ibid., p.50.

'Ⅰ.1. 인간의 삶과 윤리' 단원 및 'Ⅰ.3. 사회적 삶과 사회사상의 중요성' 단원에서의 서술들이 이에 해당한다. 사회애의 연대성은 또한 민주적 도덕 공동체를 형성하려는 의지를 다루는 가운데 설명되고 있다. 'Ⅳ.2. 한국 사회의 바람직한 윤리 사상의 정립' 단원과 'Ⅳ.3. 민주적 공동체의 구현' 단원에서의 관련 내용들이 이에 해당한다. 이밖에 『전통 윤리』 과목에서 사회애는 비록 큰 주제로 다루어지고 있지는 않으나, 과거에 우리 조상들이 지녔던 공동체 의식과 협동 정신을 살펴보는 가운데 언급될 수 있을 것이다.

2. 사회 정의 규범으로서의 실제

우리나라의 초·중·고등학교 도덕 교과에서 사회애는 또한 사회 정의를 위한 근본 덕목으로서 강조되고 있다.

먼저 초등학교의 경우, 『도덕 4-2』는 제재 3(공정한 생활)에서, 공정하게 행동하지 않는 사람은 주변 사람들에게 많은 고통과 어려움을 겪게 한다는 점을 분명히 한다. 교과서는 역할극('승진이의 깨달음')을 통하여, 각자의 능력과 여건에 알맞게 일을 할 수 있도록 모든 이에게 골고루 기회를 주는 것이 공정함이라고 설명하고 있다. 또 주변에서 느꼈던 공정한 사례, 불공정한 사례를 찾아 탐구해 보도록 지도한다.

『도덕 5』에서는 2개의 제재를 통해서 사회애와 사회 정의에 대해 살펴볼 수 있다. 먼저, 제재 5(서로 존중하는 태도)는 다른 사람의 권익을 존중해 줄 때 나의 권리도 누릴 수 있다고 서술한다. 교과서는 권익을 침해받았을 때의 해결 방안을 찾아보도록 하는 역할극에서, '침해 사실을 당당하게 알리고 고치도록 요구하기, 많은 사람의 충분한 대화와 토론을 거쳐 해결하기, 소수의 의견도 존중하기, 서로 조금씩 양보하고 다른 사람의 처지가 되어 생각하기' 등을 제안한다. 그리고 제재 7(서로 다른 주장)

은 사회생활을 하면서 서로 의견과 주장이 달라 문제가 생길 경우의 그 민주적인 해결 방법에 대해 안내하고 있다. 특히 2개의 대조적인 만화 ('더 많은 수의 의견으로'와 '적은 수의 의견이라도')는 학생들로 하여금 서로 다른 주장을 민주적으로 해결하려고 노력하는지 반성하게 한다.

『도덕 6』의 제재 5(함께 지키자)에 따르면, 무질서를 바로 잡고 모든 사람이 평화롭게 살아가기 위해서는 누구든지 법과 규칙을 지켜야 한다. 구체적으로 '법을 존중한 소크라테스'와 '생명을 구한 안전 운전'이라는 2개의 예화는 사회 구성원들이 법과 규칙을 잘 지켜야 하는 이유를 묘사한다. 교과서는 또 '모두가 고통스럽구나'와 '솔직한 고백'의 예화를 통해서 학생들로 하여금 법과 규칙을 지켜 사회 정의를 실현하려고 노력하는 마음을 다져볼 수 있게 이끌고 있다.

다음으로 중학교의 경우, 8학년 『도덕』 과목은 중학교 과정에서 사회애의 사회 정의적 측면을 유일하게 그리고 집중적으로 다루고 있다. 교과서는 'Ⅰ.2. 현대 사회와 시민 윤리' 단원에서 시민 윤리의 필요성을 설명하는 가운데, 현대 사회의 도덕 문제는 구성원들의 연대 의식을 바탕으로 해결될 수 있다고 전제한다. 다만 현대 사회의 도덕 문제들이 단순히 개인적인 차원에서 도덕성이 부족하다고 해서 나타나는 것만이 아니기 때문에, 시민들은 개인적으로 도덕성을 갖춰야 할 뿐만 아니라 사회적으로 미비한 법과 제도를 보완하고 부정과 비리를 근절시킬 수 있는 제도적 장치를 마련해야 한다고 촉구한다.[28]

동 과목의 'Ⅰ.3. 민주적 생활 태도' 단원은 사회 정의를 위한 기본자세를 다루고 있다. 이 단원은 먼저, 질서 의식과 준법정신이 공동생활의 기반이 됨을 분명히 한다. 인간이 자신의 입장만을 고집하고 다른 사람

---

28) 교육인적자원부, 『중학교 도덕 2』, pp.51~53.

들과의 관계를 고려하지 않는다면, "사회는 제대로 유지될 수 없을 것"이기[29] 때문이다. 이 단원은 아울러 공동선을 위해서는 공정한 절차와 합의가 중요하다고 밝히면서, "사회에서는 항상 경쟁과 갈등이 발생하게 되며, 이를 해결하기 위해서는 공정한 절차와 자율적인 합의를 거쳐 민주적이고 합리적인 의사 결정을 이루어야 한다."고[30] 적고 있다.

또한 'I.4. 생활 속의 경제 윤리' 단원은 학생들로 하여금 복지 사회의 실현을 위하여 실천해야 할 경제 윤리의 내용들을 알고, 그것을 실천하려는 태도를 지니게 한다. 교과서는 경제 정의의 실현을 위하여 구체적으로 노력할 것을 당부한다. 그 한 가지 예로서 교과서에 따르면, 풍요로운 복지 사회를 실현하기 위해 실시된 사회 보장 제도는 단순히 제도와 정책이 잘 갖추어졌다고 해서 완성되는 것이 아니다. 진정한 복지 사회는 "구성원들 상호 간에 서로를 위하는 인간애가 충만한 사회이다."[31] 그리고 무엇보다도 "경제 윤리의 확립은 올바른 제도의 운영과 함께 깨끗한 부를 추구하고자 하는 우리 모두의 올바른 판단과 실천에 의해서만 가능"하다[32].

끝으로 고등학교의 경우, 사회애의 사회 정의적 측면은 중학교 과정의 그것을 학생들의 도덕성 발달 수준에 맞추어 특화하여 기술하고 있다. 10학년 『도덕』 과목은 사회의 도덕 문제를 해결하는 데 있어서 사회 제도나 정책의 차원에서 접근하도록 지도한다. 교과서는 이런 배경에서 "우리가 보다 현명하게 선한 사회를 만들기 위해서는 개인의 도덕성 함양뿐만 아니라, 개인의 도덕성을 올바르게 표현할 수 있는 사회적 여건

---

29) Ibid., p.96 ; pp.101~102.
30) Ibid., p.103 ; pp.107~108.
31) Ibid., p.132.
32) Ibid., p.136.

을 마련하는 데에도 노력을 기울여야 한다."고33) 쓰고 있다.

한편 동 과목에서 도덕 공동체를 구현하기 위해 고려해야 할 기본 원리로서 롤스(John Rawls)를 인용하고 있는 점은 주목할 만하다. 교과서는 정의로운 사회를 공동선을 추구하면서도 인간의 존엄성을 지키는 사회, 구성원 모두에게 동등한 기회를 줌으로써 각자의 재능을 마음껏 발휘할 수 있게 해주는 사회, 뛰어난 성취를 이룬 사람들이 사회적으로 책임을 느낄 줄 아는 사회라고 묘사한다. 그리고 이러한 정의로운 사회를 위하여, "모든 사람은 침해되어서는 안 될 기본권을 지니고 있으며, 공평한 대우를 받아야 한다. 또 사회적 약자에 대한 배려가 우선되어야 한다."고34) 서술한다.

11~12학년에서 『시민 윤리』 과목은 사회애를 분배 정의와 경제 윤리의 기초로 본다. 교과서에 의하면 자본주의 경제 체제에서는 소득의 분배가 원칙적으로 시장의 수요와 공급의 원리에 의해서 결정되기에 일견하여 공정하게 이루어지는 것처럼 보이나 그렇지 않은 면도 있다. 출생 배경처럼 당사자의 책임이 아닌 우연의 요인이 소득의 분배를 왜곡할 수 있기 때문이다. 따라서 시장에서 이뤄지는 소득 분배가 그대로 공정하다고는 할 수 없기에, 분배적 정의를 위해서라면 예컨대 경제적 기회를 개방하고 공정한 경쟁을 허용하는 문제에 대하여 어느 정도 사회적으로 합의를 이루려는 마음가짐을 지녀야 한다.

또한 교과서는 사회의 경제적 발전과 관련하여 경제 윤리의 중요성을 강조하면서, 사회가 가난에서 벗어나고 지속적으로 생활수준을 향상시키기 위하여 자신의 이익을 합법적이고 정의로운 방법으로 추구할 것을 요구한다.35)

---

33) 교육인적자원부, 『고등학교 도덕』, p.26.
34) Ibid., pp.90~91.

『윤리와 사상』 과목은 민주적인 도덕 공동체의 실현 조건과 과정에 대하여 다루면서 사회애를 사회 정의와 연결시키고 있다. 정의와 복지는 민주적인 도덕 공동체를 실현하기 위한 주요 조건이 된다. 민주적 도덕 공동체는 생존에 필요한 물질적 측면뿐만 아니라 정신적·사회적·문화적 측면의 복지가 조화롭게 갖춰진 사회이다. 교과서에 따르면 이러한 사회 안에서 상호 간의 배려를 통해 '너와 나의 양심'의 조화라는 양심의 사회성이 발휘될 필요가 있다.[36]

또한 동 과목은 공공성을 확립하고 공정성을 실현하는 일의 중요성을 강조한다. 교과서에 의하면 공동체 내의 갈등은 사회적 가치의 배분 문제에서 비롯되기 때문에, "공정한 배분의 원칙은 공동체의 화합을 위해 중요하다."[37] 아울러 사회애의 사회 정의적 측면은 『전통 윤리』 과목에서 우리 사회의 경제 현실을 진단하는 내용 중에 간단하게나마 언급될 수 있을 것으로 보인다.

IV. 사회애 교육의 개선 방향

앞에서 우리는 사회애가 하나의 규범으로서 어떤 특징을 가지고 있는지, 그리고 그것이 초·중·고등학교 도덕 교과에서는 실제로 어떻게 구체화되어 제시되어 있는지에 대하여 알아보았다. 먼저 사회애가 그 규범적 측면에서 볼 때, 개인과 사회의 연대 원리로서 또 사회 정의의 근본 덕목으로서 인식되어 왔음을 주로 토미즘의 전통을 통하여 살펴보았다.

---

35) 교육인적자원부, 『시민 윤리』, p.147 ; 156.
36) 교육인적자원부, 『윤리와 사상』, p.242.
37) Ibid., p.245.

이어서 우리나라의 도덕 교과에 반영되어 있는 사회애의 실상에 대하여 동 교과서의 내용 분석을 통해서 정리하였다. 이 같은 작업을 거치면서 우리가 확인하게 된 것은, 인간은 사회적 존재로서 사회애를 통하여 자신과 사회의 연대 의식을 공고히 할 수 있다는 점, 그리고 진정한 사회 정의의 실현은 사회애를 기초로 해서 가능하다는 점이다.

도덕 교과가 학생들로 하여금 사회의 선을 존중하여 추구하게 하는 데 기여하고 있음은 주지의 사실이다. 그러므로 동 교과를 통해서 사회애의 교육이 어떻게 이루어지고 있는가에 따라 교과의 성패가 상당 부분 좌우되리라는 점은 어렵지 않게 짐작할 수 있다. 이런 맥락에서, 초·중·고등학교 도덕 교과에 반영되어 있는 사회애의 실상을 바탕으로 다음의 세 가지 사항을 제언하고자 한다.

첫째, 향후의 도덕 교과에서 사회애는 보다 존재론적인 측면에서 접근될 필요가 있다. 이를테면 사람이 자신이 속해 있는 사회를 사랑해야 하는 까닭을, 단지 사회의 도움 없이 혼자서는 생존하기 어렵기 때문이라는 식의 소극적 측면의 설명 그 이상에서 찾아야 한다는 점이다. 만일 우리가 사회로부터의 도움을 별로 필요로 하지 않는다고 스스로 느낀다든가, 사회의 협력과 도움을 실질적으로 받고 있음에도 불구하고 그에 대하여 고마워할 이유를 찾지 못한다면, 또는 사회 자체에 그다지 관심이 없다면, 우리는 사회를 사랑해야 할 어떤 당위적 근거를 찾을 수 없게 된다.

반면에 만일 우리가 인간의 인격이야말로 사회성의 기본 전제요 공동체에로의 소명을 의미한다고 인식한다든가, 인간의 형이상학적 본질을 사회의 도움 없이 혼자서 살기 어렵다는 소극적인 빈곤에서가 아니라 인격체로서 자신의 완성을 위해 사회를 요구하는 적극적인 풍요에서 찾는다면[38], 또는 현대의 사회 윤리가 사회 비판 기능과 함께 공동선 및 사회 정의의 구현을 그 주요 과제로 삼고 있음을 이해한다면, 우리는 사회를 사랑해야 할 어떤 존재론적인 의무감을 가질 수밖에 없다.

둘째, 향후 도덕 교과에서의 사회애는 그 논리와 내용 면에서 보다 체계적으로 정리될 필요가 있다. 교과서의 내용을 보면 사회애는 그 외연에 있어서 다소 모호하거나 산만할 뿐만 아니라 서술에 있어서도 곳곳에 중복되어 나타난다. 예를 들면 연대성과 관련하여, 사회애는 인간다운 삶에 요구되는 것(『도덕 3-2』, 『중학교 도덕 1』, 『윤리와 사상』), 사회 참여와 봉사의 기본 정신(『도덕 6』, 『중학교 도덕 2』), 가치 갈등의 해결에 필요한 것(『중학교 도덕 3』, 『윤리와 사상』), 공동선의 기초(『도덕 4-2』, 『도덕 5』, 『고등학교 도덕』, 『윤리와 사상』, 『전통 윤리』), 시민 윤리의 덕목(『시민 윤리』) 등으로 느슨하게 제시되어 있다.

또한 사회 정의와 관련하여, 사회애는 시민 윤리에 필요한 것(『도덕 4-2』, 『중학교 도덕 2』), 민주적인 생활 태도(『도덕 5』, 『중학교 도덕 2』), 경제 윤리 내지 분배 정의의 기초(『중학교 도덕 2』, 『시민 윤리』, 『전통 윤리』), 도덕 공동체 구현의 원리(『도덕 6』, 『고등학교 도덕』, 『윤리와 사상』) 등으로 뒤섞여 제시되어 있다.

셋째, 향후의 도덕 교과에서 사회애는 특히 그것이 사회 정의와 관련되어 강조될 경우 사회 정의의 조건으로서 분명하게 제시될 필요가 있다. 실제로 과거에 단순한 사랑의 의무나 무상의 자선으로 여겨지던 것들이 오늘날에는 사회 정의를 위해서 없어서는 안 될 필요조건으로 뚜렷하게 인식되고 있는데, 복지 국가를 지향하는 현대의 국가 활동 중에는 이와 유사한 예들이 많다.

이 같은 논리에 대하여, 혹자는 정의와 사랑은 혼동되기 쉬우며 우리

---

38) 이와 관련하여 강두호, 『자연법 사회 윤리 : 도덕 교육의 기초』, 서울 : 인간사랑, 2003, pp.68~76 ; 강두호, "도덕과 교육과정에 제시된 인간상의 존재론적 특징", 「윤리연구」 제64호, 2007, pp.253~278 참조.

가 구하는 것은 사회 정의이지 사회애는 아니라고 비판할 수도 있다. 물론 학생들에게 사회 정의를 촉구하면서 사회에 대한 사랑을 함께 요구하는 것이 무리일 수 있다. 그러나 사회 정의의 기초로서 주장되는 사랑은 정의의 대용품으로서의 감상적이고 위선적인 사랑이 아니라, 오히려 정의를 초월하고 그것보다 훨씬 엄격한 요구 사항을 내포하는 사랑이다.

최소한의 정의마저 무시되기 쉬운 현실의 사회에서 정의를 초월하고 그것보다 엄격한 요구를 담은 사랑이 실현 가능한지는 여전히 문제로 남는다. 다만 인간의 본성이 사회성을 가지는 것이 분명한 이상, 사회애 역시 본성적이라고 말할 수 있어서, 결국 사회 정의와 사회애의 양자가 결합하는 가운데 비로소 인간 사회의 존속과 발전이 보증된다고 보아야 할 것이다.

참고문헌

강두호, "도덕과 교육과정에 제시된 인간상의 존재론적 특징", 「윤리연구」, 제64호, 2007, pp.253~278.

강두호(역), 『사회 윤리의 기초』, 서울 : 인간사랑, 1997.

강두호, 『자연법 사회 윤리 : 도덕 교육의 기초』, 서울 : 인간사랑, 2003.

교육부, 『제7차 도덕과 교육과정』, 1997.

교육인적자원부, 『고등학교 도덕 ; 시민 윤리 ; 윤리와 사상 ; 전통 윤리』, 2008.

교육인적자원부, 『도덕과 교육과정』, 2007.

교육인적자원부, 『중학교 도덕 1 ; 도덕 2 ; 도덕 3』, 2008.

교육인적자원부, 『초등학교 도덕 3-1 ; 도덕 3-2 ; 도덕 4-1 ; 도덕 4-2, 도덕 5, 도덕 6』, 2008.

Anton, Daniela, *Katholische Soziallehre*, München : GRIN Verlag, 2002.

Aquinas, Thomas, *Summa Theologica*.

Aristoteles, *Nicomachean Ethics*.

Aristoteles, *Politics*.

Fagothey, Austin, *Right and Reason*, Saint Louis : C. V. Mosby Company, 1967.

Ferree, William J., *Introduction to Social Justice*, Arlington, VA : Center for Economic and Social Justice, 1997.

Fromm, Erich, *The Art of Loving*, New York : Harper Perennial Modern Classics, 2006.

Gómez-Lobo, Alfonso, *Morality and the Human Goods* ; 강두호(역), 『도덕과 인간의 선 : 자연법 윤리학 개론』, 서울 : 인간사랑, 2008.

Häring, Bernard, "Justice and Love", in *New Catholic Encyclopedia*, New York : McGraw-Hill, vol.8, 1967, p.69.

Höffner, Joseph, *Christliche Gesellschaftslehre* ; 박영도(역), 『그리스도교 사회론』, 왜관 : 분도출판사, 1979.

Jackson, Timothy P., *The Priority of Love : Christian Charity and Social Justice*, Princeton, NJ : Princeton University Press, 2002.

John Paul Ⅱ, *Sollicitudo Rei Socialis(On the Social Concerns)*, 1987.

Kooper, Erik, "Loving the Unequal Equal : Medieval Theologians and Marital Affection", in Robert R. Edwards & Stephen Spector (eds.), *Olde Daunce*, Albany : SUNY Press, 1991, pp.44~56.

Peschke, Karl H., *Christian Ethics* ; 김정훈(역), 『그리스도교 윤리학』 제2권, 왜관 : 분도출판사, 1998.

Pius XI, *Quadragesimo Anno(On the Reconstruction of the Social Order)*, 1931.

Ⅰ. 국가애 교육의 의의

국가는 사람들로 이루어진 사회들 가운데 최고의 권위를 부여받은 실재이다. 국가의 목적은 그 구성원인 모든 국민의 공동선을 높이는 데 있으며, 바로 이 점에서 그것은 다른 집단들에 비해 탁월한 역할을 한다. 국가는 실제로 이 같은 자신의 목적을 달성하는 데 필요한 모든 수단을 가지면서도 다른 집단으로부터 독립적이고 원칙적으로 자족적이라는 의미에서 완전한 사회라고 불리어왔다.

대부분의 사상가들은 국가의 구체적인 형태나 정치 질서를 결정하는 데 구성원의 동의가 요구되지만, 국가가 인간의 자유 의지의 산출물에 불과한 것이라기보다는 인간 본성에 토대를 두는 하나의 필연이라는 점을 인정한다. 국가가 이처럼 그 토대를 인간의 본성에 두고 있는 이상, 그것은 도덕적 질서에 속한다.[1]

---

1) Johannes Messner, *Social Ethics*, St. Louis : B. Herder, 1965, p.500 ; Heinrich Rommen, *The State in Catholic Thought*, Westport, CT : Greenwood Press, 1970, p.248f.

한편 국가가 국민 공동선의 보호와 증진에 관심을 기울이는 데 대하여, 구성원으로서의 국민들은 공동선의 실현에 협력함으로써 그를 지원하게 된다. 한 국가의 구성원들이 국민적 공동선의 실현에 협력하면서 자신의 국가에 대하여 정상적으로 표시하는 감정이 바로 국가애(國家愛)이다. 여기서 정상적이라는 말은 특정 국가의 국민이라는 의식에 부정적인 경우가 있을 수 있음을 암시한다. 예컨대 같은 나라에 살면서도 다른 사람들과 국민적 정체성을 함께하고 싶지 않은 경우이다. 물론 우리는 이런 것들을 곧바로 '반(反) 애국'이라고 단정할 수는 없으며, 따지고 보면 어느 나라든 이런 부류의 사람들은 있게 마련이다.

본 논문의 목적은, 국가애를 교육하려 할 경우에 그 기준은 무엇인지, 그리고 그것이 초·중·고등학교 도덕 교과에서 실제로 어떻게 구체화되어 제시되고 있는지를 살펴보는 데 있다. 국가애가 국가에 대한 국민적 감정의 정상적인 표현인 한, 그것은 특정 국가의 국민이라는 자각과 떨어져 생각될 수 없다.

사람들은 부모와 조상들의 삶이 이어져오고 역사와 전통이 자신에게 계승된 고국에 본능적으로 애착을 보이게 마련이다. 다만 국민적 감정이 항상 동일하지는 않으며 역사와 상황에 따라 다양한 모습을 보인다.[2] 나라가 빈곤하고 위험에 처해 있는 경우, 국민들은 조국의 생존을 위해 불굴의 결의로서의 자기희생과 헌신이 요구됨을 느낀다. 이때는 국민적 언어, 문학, 전통, 그리고 미래를 위한 아이들의 교육에 대해서도 강한 열망을 보인다. 반면에 나라가 부유하고 번영을 구가하는 경우, 국민적 감정은 훨씬 덜 엄격해진다. 이때의 국가애는 대체로 고상하며, 지적이고

---

2) David W. Orr, *The Last Refuge : Patriotism, Politics, and the Environment in an Age of Terror*, Washington, DC : Island Press, 2004 ; Herb Galewitz (ed.), *Patriotism : Quotations from Around the World*, Mineola, NY : Dover Publications, 2003.

정신적인 삶의 발전을, 지나친 불평등의 교정을, 그리고 복잡한 정치 질서 안에서의 내면적인 개혁을 지향한다.

물론 부유한 나라라고 해서 국민적 감정이 꼭 느슨한 것만은 아니다. 이를테면 미국에서 국가애는 9·11 테러 이후 국민들의 큰 화두로 되었으며, 최근의 대 이라크 전쟁이 미국인들의 그 같은 애국적 감정과 어느 정도 맞물려 있다는 점을 부인할 수 없다. 또한 국민적 감정은 그 도덕적 추진력의 강도에 있어서 사람마다 다르다. 어떤 이에게 애국적이라고 여겨지는 행동이 다른 이에게는 그렇지 않을 수 있다. 참전 군인들과 전쟁 반대론자들은 똑같이 자신의 행동이 조국에 대한 사랑에서 나온다고 생각하면서도, 동시에 상대편의 행동은 위험하고 비애국적이라고 생각하기 쉽다.

그러므로 한 나라가 자라나는 학생들에게 어떤 식으로 국가에 대한 애정을 가르치는가 하는 점은, 개인의 국가관 정립은 물론 국제 사회에서 더불어 살아가는 방법을 체득하게 하는 데 있어서 매우 중요하다고 하지 않을 수 없다. 본 연구의 필요성도 이런 맥락에서 충분히 정당화될 수 있을 것이다.

국가애는 여느 나라에서처럼 우리나라의 교육 현장에서 비중 있게 다루어진다. 교육기본법 제2조는 교육의 주요한 목적 중 하나가 국민들로 하여금 국가의 발전에 이바지하게 하는 데 있다고 규정한다. 여기서 국가의 발전이 국가애를 필요로 하는 것임은 말할 나위도 없다. 도덕과 교육과정은 특히 도덕 과목이 '학생들로 하여금 국가·민족의 구성원으로서 역할과 책임을 파악하게 하여 한국인으로서의 바람직한 삶을 살아가는 데 도움을 주기 위한 교과'임을 분명히 밝히고 있다.3) 동 교육과정은

---

3) 교육부, 『제7차 도덕과 교육과정』, 1997, p.28.

그 일반 목표 아래에 '국가, 민족, 민족 문화를 아끼고 사랑하는 애국 애족의 자세'를 그 하위 목표로 설정하고 있다.

이 글에서 도덕 교과는 제7차 초·중·고등학교 도덕과 교육과정을 가리킨다. 이는 2007년 2월 교육과정의 개정에도 불구하고, 도덕 교과에서의 실제를 살피는 본 연구의 성격상 아직 현장에서 제7차 교육과정의 교과서들이 학습되고 있음을 고려한 것이다. 글의 내용 구성을 보면 먼저 II장은 국가애에 관한 규범적 배경을, 그리고 III장은 국가애 교육을 위한 준거 틀을 마련하는 일에 할애한다. 이어서 IV장은 초·중·고등학교 도덕 과목들에서 실제로 국가애가 어떻게 강조되고 있는지에 대하여 분석할 것이다. V장은 맺음말 부분이다. 한편 이 글은 연구 방법에 있어서 대체로 문헌 연구에 의존하고 있다.

II. 국가애의 규범적 배경

국가애 혹은 애국심을 뜻하는 영어 patriotism은 그 어원에 있어서 라틴어 patria 및 그리스어 πατρίδα(patrida)에 연결된다. 라틴어의 파트리아나 그리스어 파트리다는 '조상들의 땅'을 의미한다. 국가애는 이렇게 용어의 배경으로 보아, 조상들로부터 이어져 내려오고 지금 자신이 살고 있는 나라에 대하여 나타내는 애정을 가리킨다.

일찍이 아리스토텔레스(Aristoteles)는 인간이 국가 생활에 들어감으로써 비로소 진정한 인간으로 될 수 있다고 보았다. 인간은 날 때부터 사회 안에 살면서 자신의 개인적 선을 얻으며, 이러한 선은 또한 그 사회의 성장과 발전을 위한 기초가 된다. 사회적 본성으로 말미암아 인간이 홀로 있는 일은 불가능하며, 따라서 누가 어느 집단으로부터 독립되어 있다고 주장하는 것은 비현실적이고 비인간적이다. 아리스토텔레스는 국가의 구성원이 아닌 자는 신이거나 아니면 인간 이하의 야수에 지나지 않는다고 단언한다. 따라서 현실적이고 인간답게 사는 것은 공동 사회 안에서 사는 것이며, 국가는 그런 사회 중에서도 가장 높고 가장 포괄적이다.

그러므로 국가의 시민들로 구성된 윤리적 공동체야말로 가장 고귀한 인류의 본래적 형식이다.4) 그에 따르면 좋은 시민은 단순히 좋은 사람을 넘어서 자신이 속해 있는 국가에 대하여 이바지하는 사람이다. 국가의 목적이 인간의 최고선, 즉 도덕적이며 지적인 삶을 보증해주는 데 있는 한, 국가에 대해 가장 공헌한 사람은 그렇지 않은 사람보다 국가에 있어서 보다 큰 몫을 갖는다는 것이다.5)

토마스 아퀴나스(Thomas Aquinas)가 국가를 하나의 완전한 사회(communitas perfecta)로 규정한 것도 아리스토텔레스와 통한다고 할 수 있겠다. 국가는 진정으로 자기 충족적인 인간의 사회, 즉 모든 인간에 대하여 현세적인 욕구와 열망을 만족시켜주고 덕을 발휘하게 해주는 유일한 사회이다. 그리고 국가가 인간을 완전에로 이끄는 이상, 그것은 도덕적 질서와 관련된다. 이것이 인간의 무의식적 충동에 비중을 둔 홉즈(T. Hobbes) 등의 국가관과 다름은 물론이다.

토마스에 있어서 한 가지 더 주목할 만한 것은, 그가 인간의 조국에 대한 애정을 피에타스(pietas)라 불리는 형태의 사랑으로 표현한 점이다.6) 당초 피에타스는 그리스와 로마의 전통을 이어받아 특히 신에 대한 숭배 내지 신을 향하여 의무를 다하는 행위를 뜻하는 말이었다. 이 말은 토마스 아퀴나스를 거치면서 사람이 자신과 혈통을 함께 하는 동료 국민들

---

4) Aristoteles, *The Politics*, 1252a ; 1253a.
5) Ibid., 1276b.
6) Thomas Aquinas, *Summa Theologica*, Ⅱ-Ⅱ, Q.101, A.1.

및 조국에 대한 본분과 충성의 성질을 나타내는 개념으로 확대되었다.

토마스에 의하면 사람은 특히 신과 부모 그리고 조국에 대하여 경애(敬愛)의 성격을 띠는 각별한 사랑의 의무를 지닌다. 즉, 인간은 자신의 생명과 양육에 있어서 먼저 신의 은총이 있었고, 그 다음으로 부모와 조국에 대하여 은덕을 입고 있다. 신에 대한 경애가 종교를 통해서 이루어진다면, 부모와 조국에 대한 경애는 피에타스를 통해서 완성된다는 것이다. 아리스토텔레스도, 조국에 대한 충성이 같은 촌락 사람들 사이에 성립하는 것 혹은 같은 배를 탄 사람들의 것과 같은 공동체적 친애를 함유한다고[7] 설명한 적이 있다.

근대에 국가를 윤리적 삶의 최고 실현으로 보고 그로부터 인류의 완성을 찾은 이가 헤겔(Georg W. F. Hegel)이다. 그의 이념적 국가관은 개체에 대하여 전체의 우위를 강조한 점, 그리고 지나치게 국가를 신격화하여 긍정한 점 등에서 비판을 받고 있음에도 불구하고 국가의 목적을 국민들의 선의 실현에 두는 점에서 자주 주목받아 왔다. 그에 의하면 국가가 개인의 자유 의지를 뛰어넘는 최고의 윤리적 실체인 이상, 개인은 도덕적이고 공적 권위를 지닌 국가의 구성원으로서 살아갈 경우에만 진정한 윤리적 삶을 누린다.[8] 따라서 개인은 국가에 대한 헌신을 통하여 스스로의 원초적인 이기심을 극복할 수 있으므로, 국가의 구성원이 되는 일에 최선을 다할 필요가 있다.

근래에 이르러 일단의 자연법론자들은 국가애에 대하여 특히 그 도덕적 근거를 강조한다. 한 국가의 구성원들은 인간으로서 자신의 고유한 실존적 및 자연적 권리들을 누리며 스스로 자유로운 삶을 추구할 수 있

---

7) Aristoteles, *Nicomachean Ethics*, Bk VIII, 12.
8) Georg G. W. Hegel, *Grundlinien der Philosophie des Rechts* ; 임석진(역), 『법철학』, 서울 : 지식산업사, 1996 ; 임재진, "헤겔의 인륜이론 정초에 관한 연구", 서울대학교 박사학위논문, 1998.

다. 다만 자신의 국민적 정체성을 기꺼이 받아들이고 조국의 부단한 발전과 개혁을 위하여, 인간 그리고 국가의 본성 자체에 뿌리를 둔 도덕적 질서의 규범들에 따라 조국의 선을 추구해야 할 의무가 있다는 것이다.[9]

그들은 또 건전한 국가애와 인간적인 국제주의 사이의 균형을 강조한다. 마리탱(J. Maritain)은, 오늘날 한 국가가 혼자의 힘만으로 자기 충족을 하거나 또는 평화의 유지라는 일을 해낼 수 없게 되어 이른바 완전한 사회라는 개념에서 결정적으로 후퇴해버린 이상, 이전과는 사정이 사뭇 다르다고[10] 주장한다. 메쓰너(J. Messner)도 마찬가지로, 국제적인 공동체를 위해서는 여러 가지 역량에서 차이를 보이는 각 국가들이 식민주의 내지 패권주의에 대하여 재인식하고 보다 빈곤한 국가들에 대한 개발 원조에 관심을 기울이며 서로에 대하여 최소한의 평등한 권리들을 부여할 필요가 있다고[11] 역설한다. 요컨대 애국의 경애심과 국제적인 연대감의 통합이 자체의 국경선을 넘어 보다 확대된 정의를 추구함으로써 더 큰 국가의 선을 실현할 수 있다는 사실에 주목하고 있는 셈이다.

최근에 국가애에 대하여 이론적 저작물을 남기고 있는 이들 중 몇몇을 선별하여 보면 다음과 같다. 테일러(C. Taylor)는 다문화의 특징을 보이는 캐나다 출신답게 다문화 사회에서 상호 인정하며 사는 지혜로서의 애국심을 강조한다.[12] 로티(R. Rorty)는 미국의 역사로부터 한편으로 아메리칸 드림이라는 공유된 신념과 다른 한편으로 노예제도, 인디언 학살, 베트남전 등의 유산이라는 상반된 요인을 들여다보면서 국가애의 갈등을 비춰

---

9) Messner, *op. cit.*, p.484 ; Rommen, *op. cit.*, p.418.

10) Jacques Maritain, *Man and the State*, Washington, DC : The Catholic University of America Press, 1998, p.198.

11) Messner, *op. cit.*, p.401f.

12) Charles Taylor, *Multiculturalism and the Politics of Recognition*, Princeton, NJ : Princeton University Press, 1992.

본다.13) 비롤리(M. Viroli)에 의하면 국가애는 민족애 내지 민족주의와 구별되어야 한다.14) 후자가 갈등과 다툼의 요인이 되어온 데 반하여, 전자는 시민적 책임성의 소중한 원천이다. 그는 국가애란 말이 사람들의 공공의 자유를 지탱하는 정치제도 내지 생활양식에 대한 호의, 즉 공화정에 대한 호의를 강화시키고 불러내기 위해 수세기에 걸쳐 사용되어왔음을 강조한다.

바버(B. Barber)는 현대 세계의 특징으로서 국경을 넘나드는 자본주의와 지역 내 파벌주의는 둘 다 민주주의에 대하여 위협적이므로, 국가애를 발휘할 경우 이 점에 유의해야 한다고15) 쓰고 있다. 미국의 계관 시인이자 2006년도 만해 대상 문학부문 수상자로 국내에도 이름이 알려진 핀스키(R. Pinsky)에 의하면, 국가애를 표현하는 데 있어서 종종 간과되는 문제는 사람들이 그 부정적인 측면을 무시하는 경향이 있다는 점이다. 그는 애국적 감정이 잘못되거나 혹은 맹목적인 것처럼 보이는 이유도 이 때문이라고 지적한다.16) 디츠(M. Dietz)는 애국심이 한 국가에 있어서 정치적 격변과 같은 특수한 역사적 환경과 관련되어 있음을17) 주시한다.

한편 매킨타이어(A. MacIntyre)는 국가애를 하나의 덕으로 간주한다.18) 그는 덕을 공평하고 보편적인 것으로만 이해할 경우 지역적 특수성을 띨

---

13) Richard Rorty, *Achieving Our Country*, Cambridge, MA : Harvard University Press, 1999.

14) Maurizio Viroli, *For Love of Country : An Essay on Patriotism and Nationalism*, Oxford : Oxford University Press, 2003.

15) Benjamin Barber, *Jihad vs. McWorld : How Globalism and Tribalism Are Reshaping the World*, New York : Ballantine, 1996.

16) Martha C. Nussbaum, *For Love of Country : Debating the Limits of Patriotism*, Boston : Beacon Press, 1996.

17) Mary G. Dietz, *Thomas Hobbes and Political Theory*, Lawrence, KS : University Press of Kansas, 1991.

18) Alasdair MacIntyre, "Is Patriotism a Value?", in Ronald Beiner (ed.), *Theorizing Citizenship*, Albany, NY : SUNY Press, 1995, p.209.

수밖에 없는 국가애를 배제하게 되지만, 자유주의적 도덕 이론가들에 의하여 출신 국민과 같은 특성들이 왜곡되어 있다고 비판하면서 국가애를 도덕적 덕으로서 옹호한다. 끝으로 샤르(J. Schaar)는 국가에 대한 충성심은 일종의 태도로서, 자유롭고 다원적이며 민주적인 사회에서 가장 잘 육성된다고[19] 주장한다.

III. 국가애 교육의 준거

II장에서 국가애의 규범적 배경을 살펴보는 동안, 우리는 인류 역사상 경애의 정신을 바탕으로 자신의 나라에 대하여 헌신적인 애정을 갖도록 하는 일이 사람들에게 늘 강조되어 왔음을 알 수 있었다. 학생들로 하여금 국가애를 갖도록 교육하는 것은 이처럼 자신의 나라에 대하여 각별히 사랑하도록 가르치는 일을 의미한다.

대부분의 사람들은 국가애를 교육하는 일에 대하여 긍정적이다.[20] 한 국가에서 법이 만들어지고 정당화되며 사회 질서가 유지되는 일은 민주 정치를 통해서 가능한데, 적절한 국가애야말로 이 같은 민주 정치의 활력으로서 중요하다고 생각하기 때문일 것이다.

우리는 II장의 내용에 주목하면서, 그로부터 다음 사항들을 국가애 교육의 준거로 추출할 수 있겠다.

첫째, 국가애는 인간의 사회적 본성에 그 철학적 토대를 두고 있다는 점이다. 혼자 살지 못하는 인간은 사회생활을 하면서 본능적으로 누군가

---

19) John H. Schaar, *Loyalty in America*, Westport, CT : Greenwood Press, 1982.

20) Richard Parker, "Homeland : An Essay on Patriotism", *Harvard Journal of Law & Public Policy*, vol.25, no.2, 2002, p.407.

로부터 사랑받기를 원하며, 또 누군가 혹은 무엇인가를 사랑하길 원한다. 즉, 국가애는 조국과 그곳에 함께 사는 동료 국민들에 대한 사랑으로서 인간의 사회적 본성으로부터 우러나온다고 보는 것이다. 인격체인 인간의 사회생활은 본능적으로 떼 지어 사는 다른 생물체들과 달리, 자유와 책임 그리고 양심에 기초하여 공동선을 추구한다.

인격이 이처럼 인간 사회성의 기본 전제로서 공동체에로의 소명(召命)을 의미하는 한, 국가애는 사회 윤리의 중요한 덕목이 아닐 수 없다. 왜냐하면 모든 인격적 존재는 본질적으로 자신의 양여(讓與)와 타인에의 참여를 위해 노력하며, 따라서 그는 자신의 본질에 따라 '너'와 '사회'로 지향되어 있기 때문이다.21) 이때 인격적 가치의 종류에 따라 제각기 고유의 목적을 지닌 여러 가지 사회적 관계들(여기서는 '나와 국가')이 결정된다.

이렇게 인간의 본성적 요구에 근거하는 국가애가 과연 도덕적으로 선(善)인가의 여부는 국가애의 종류에 따라 달리 판단될 수 있다. 대부분의 경우 국가애는 학생들에 대하여 도덕적 측면에서 칭송의 대상으로 제시된다. 예컨대 강력한 외침 세력에 맞서 조국을 지키려다 죽어간 용사들은 경외의 대상이다. 그러나 침략 세력들 역시 자신들도 조국을 위하여 애국적인 행동을 하였다고 주장한다. 또 우리는, 과거에 여러 정부들이 군사적 공격이나 외국인들에 대한 학대, 심지어 살인까지 포함하는 행위들에 대하여 자국민의 지지를 얻을 목적으로 종종 애국심의 감정에 호소하곤 했음을 역사적 사례를 통하여 알고 있다.

둘째, 국가애는 숭고한 형태의 사랑이라는 점이다. 우리는 사랑에 대하여 한마디로 단정하기 쉽지 않음을 잘 안다. 그러면서도 그것에 대해서 의미 있게 말하는 일은 그리 어렵지 않아 보인다. 왜냐하면 우리는 사

---

21) 강두호, 『자연법 사회 윤리』, 서울 : 인간사랑, 2003, p.74.

랑이 여러 가지 형태를 갖고 있음에도 불구하고 그에 대하여 이미 나름대로 뭔가 알며 느끼고 있기 때문이다. 또 국가에 대한 사랑에 대하여 나름대로 체험하며 실천해오고 있다.

우리는 앞에서 토마스 아퀴나스의 피에타스를 살펴보는 중에, 그것이 인간의 존재론적 측면에서 설명되고 있음을 알았다. 한 인간은 신을 통하여 창조되고, 부모를 통하여 출산과 양육이 이루어지며, 그리고 조국을 통하여 그의 문화적 및 역사적 정체성이 형성되는 셈이다. 요컨대 국가애는 한 인간에 있어서 그의 역사적 및 문화적 근원에 대해 의무 지우는 특수한 형태의 경애심인 것이다. 따라서 그것은 개인에 대하여 국가를 향해 막연한 감상을 갖도록 하는 데 그치지 않으며, 구체적으로 이를테면 조국에 대해서 충성하고 조국의 정치 질서에서 자신의 몫에 따라 협조하며 동료 국민들의 행복과 이익에 이바지하려는 의지를 보이는 등 어떤 실제적인 것을 요구한다.

다만 사랑은 인간이 지닌 모든 에너지들을 활성화시킬 수도, 거꾸로 마비시킬 수도 있는 힘을 함께 갖고 있다. 그러기에 온전한 사랑은 인간을 선하고 건설적인 방향으로 이끌지만, 반대로 잘못된 사랑은 그를 악하고 파괴적인 방향으로 유도한다.[22] 그것은 인생의 선과 악, 그리고 건설과 파괴라는 양면성을 모두 포함하면서 인간의 운명에 중대한 요인이 되고 있는 것이다. 캘런(E. Callan)이 도덕적으로 순수한 국가애와 맹목적 숭배 식의 국가애를 구별하도록 충고하는[23] 것도 이런 취지에서라고 볼 수 있다.

셋째, 국가애는 민족애 혹은 민족주의와 관계되어 있다는 점이다. 민

---

22) Johannes Lotz, *Die Drei Stufen der Liebe*, Frankfurt : Josef Knecht, 1971.
23) Eamonn Callan, "Love, Idolatry, and Patriotism", *Social Theory and Practice*, vol.32, no.4, 2006, p.525.

족은 국가와 함께 애국심의 중요한 두 가지 대상이 되어왔다. 민족애는 자기와 혈통을 나눈 동족에 대한 사랑으로서, 보통 정치적 신조로서의 민족주의는 이에 그 기반을 두고 있다. 그리고 민족주의는 민족국가가 현존하든 혹은 앞으로 있기를 바라는 것이든 자민족에 대한 최고의 충성에 초점을 맞추고 있다.

국가애가 민족애나 민족주의와 반드시 일치하는 것은 아니지만, 근대 민족주의의 형성 그리고 민족국가 내지 국민국가의 발달과 관계가 깊다.24) 국가애가 국가에 대한 충성스러운 감정으로서 민족국가 혹은 국민 국가가 발전하는 데 정신적 원동력으로 작용했으리라는 점은 쉽게 짐작된다.

민족주의에 기초한 국가애가 국민의 주권을 수호하고 문화적 자결을 강화함으로써 국가의 발전에 긍정적인 역할을 할 수 있음은 물론이다. 그러나 문제는 자민족에 대한 애정이 다른 민족에 대하여 닫혀있는 경우이다. 이는 자칫 종족적 순수성에 입각하여 민족들 간에 배타성을 조장하기 쉽다. 민족애가 이처럼 인내와 공존의 태도 그리고 국제 관계에 있어서의 공적인 기질과 거리를 둘수록, 그에 기초한 국가애는 그만큼 위험해질 가능성이 높게 마련이다.

오늘날 국가애가 한편에서 정치적 덕으로 옹호되고 있지만, 다른 한편에서 민족주의적 악덕으로 비판받고 있는 것도 이런 이유에서일 것이다.25) 최근 일본의 아베(安倍) 정부가 애국심 교육의 강화를 골자로 하는 교육기본법을 개정하여 학생들로 하여금 행사 때 국가(기미가요)를 부르고 국기(히노마루)에 대한 다짐을 하도록 요구하고 있는 데 대하여 주변국들

---

24) R. Michener (ed.), *Nationality, Patriotism and Nationalism in Liberal Democratic Societies*, St. Paul, MN : Paragon House, 1993.

25) 원준호, "애국심의 대상, 요소, 현실성에 대한 숙고", 「한국정치학회보」 제47권, 제3호, 2003, p.67.

이 우려하고 있음은 주지의 사실이다. 국가애에 대하여 민족이나 국익을 넘어 인류애에로의 확산이 요구되고 있는 것이다.

넷째, 바르게 이해된 국가애는 건전한 국제주의를 위한 하나의 기초가 된다는 점이다. 우리는 위에서 국가애가 정의로운 국가 질서의 확립을 가능케 하는 사랑의 형태라는 점을 살펴보았다. 국가에 대한 관심과 호의가 사람들로 하여금 소속된 국가가 무질서 또는 정의롭지 못한 상태에 있지 않도록 노력하게 하는 것이다.

국제 질서의 확립도 마찬가지이다. 국제 사회에 대한 관심과 호의는 사람들로 하여금 국제 사회가 무질서와 정의롭지 못한 상태에 있지 않도록 힘쓰게 한다. 문제는 국제 사회의 정의란 그것을 추구하려는 개별 국가들의 노력에 달려 있다는 점이다. 이렇게 볼 때 간혹 무절제한 민족주의의 공격적 특성을 보이는 국가애는 주변 국가들을 비참하게 만들기도 한다.

사실 사람들은 모두 똑같지 않으며, 그들 사이에는 지식이나 능력, 자원 등에 있어서 서로 차이가 있다. 그렇다고 해서 우리는, 보다 갖춘 사람이 덜 갖춘 사람들에 비하여 인간적 존엄성에 있어서 더 우월하다거나 또는 그들을 지배할 권리가 있다고 말할 수는 없다. 오히려 능력 있는 이에게 모든 사람들의 발전과 향상을 위하여 협조할 더 중대한 책임이 있다고 보아야 할 것이다.

국가들의 경우도 동일하다고 본다. 평화는 연대 의식의 열매(Opus solidaritatis pax)라는 점이 국제 질서에서라고 예외는 아닌 것이다.26) 오래된 전통과 문화를 지닌 국가가 조상에게서 물려받은 유산을 사랑하고 자랑스러워하는 일은 지극히 자연스럽지만, 이 같은 정당한 감정도 전 인류를 감싼 보편적인 사랑 속에서 더욱 완전해질 필요가 있다.

---

26) John Paul Ⅱ, *Sollicitudo Rei Socialis* ; 성염(역), 『사회적 관심』, 서울 : 한국천주교중앙협의회, 1988, n.39.

IV. 국가애 교육의 도덕 교과에서의 실제

우리는 학생들을 상대로 국가애를 교육하는 일에서, 도덕 교과가 큰 비중을 차지하고 있음을 그 내용 체계를 통하여 잘 알 수 있다. 무엇보다도 제7차 도덕과 교육과정 체제의 경우 '국가애'는 바람직한 한국의 청소년 상의 정립에 기여할 것으로 강조된 전체 20개의 가치·덕목 중 하나이다. 뿐만 아니라 그것은 '민족애, 안보 의식, 평화 통일, 인류애'와 더불어 도덕과의 4대 생활영역 가운데 특히 국가·민족 생활영역의 핵심 가치·덕목이다.

국가애는 이처럼 좁은 의미에서 보면 민족에의 경애, 국가 안보 의식, 남북 평화 통일의 의지, 인류에 대한 사랑과 서로 구분되는 덕목이지만, 넓은 의미에서 보면 이들과 함께 국가·민족적 도덕 생활의 필수 덕목으로 자리 매김하고 있다.

초·중·고등학교 도덕과 교육과정 체제에서 국가애는 3~6학년, 8학년, 10학년에서 중요하게 다루어지며, 11~12학년의 모든 선택 과목들에서도 부분적으로 다루어진다. 국가애를 다루는 초·중·고등학교 도덕과의 내용을 교과목별로 정리하면 [표 1]과 같다. 이와 별도로 모든 도덕 교과서들은 머리말과 차례 앞의 맨 처음 속 페이지를 태극기, 국기에 대한 맹세, 국기의 게양 또는 보관 요령 등으로 장식하고 있다. [표 1]에서 알 수 있듯이, Ⅲ장에서 국가애 교육의 준거로 삼을 수 있다고 본 네 가지 기준은 초·중·고등학교 도덕과 교육과정에서 그대로 유효하다.

준거	과목	단원 및 제재	주요 내용
① 국가애는 인간의 사회적 본성에 그 철학적 토대를 두고 있다.	초등학교 『도덕 5』	8. 나라 발전과 나	• 나라를 소중히 여겨야 하는 까닭 • 나라 발전을 위해 노력하는 마음 • 나라 발전을 위해 할 수 있는 일
	중학교 『도덕 2』	II.2. 국가의 중요성과 국가 발전	• 나라란 무엇인가 • 나라가 하는 일 • 우리 나라는 어떤 나라인가 • 우리 나라의 이상과 목표
	고등학교 『시민 윤리』	IV.1. 국가 발전과 시민의 자세	• 국가의 본질 • 올바른 국가관 • 올바른 안보관
	고등학교 『윤리와 사상』	IV.4. 한국의 진로와 민족적 과제	• 국가 정체성의 확립
② 국가애는 숭고한 형태의 사랑이다.	초등학교 『도덕 3-2』	4. 나라 사랑의 길	• 나라를 사랑해야 하는 까닭 • 나라 사랑하는 마음 • 나라 사랑하는 방법
	초등학교 『도덕 4-2』	5. 우리 나라 우리 조국	• 나라를 지키고 위해야 하는 까닭 • 나라를 위하는 마음가짐 • 나라를 지키기 위해 해야 할 일
	중학교 『도덕 2』	II.3. 올바른 애국·애족의 자세	• 애국·애족의 중요성과 방향 • 조상들과 재외 동포들의 애국·애족 • 중학생으로서 애국·애족하는 길 • 국가 안보의 중요성과 방향
	고등학교 『전통 윤리』	IV.1. 국가 생활과 국민의 도리	• 민본 사상과 위민 정신 • 충성과 호국 정신 • 봉공과 청백리 정신
③ 국가애는 민족애 혹은 민족주의와 관계되어 있다.	초등학교 『도덕 3-2』	5. 우리의 소원	• 분단의 아픔과 통일의 필요성 • 통일을 이루려는 마음 • 통일을 위해 내가 할 수 있는 일
	초등학교 『도덕 4-2』	4. 자랑스러운 우리 문화	• 우리의 문화 유산을 소중히 해야 하는 까닭 • 나라를 위하는 마음가짐 • 나라를 지키기 위해 해야 할 일
	초등학교 『도덕 5』	9. 한 마음으로 평화 통일을	• 평화 통일을 이루어야 하는 까닭 • 평화 통일을 이루려는 마음 • 평화 통일을 위해 할 수 있는 일
	초등학교 『도덕 6』	8. 평화 통일의 길	• 통일 조국의 미래 모습 • 평화 통일을 준비하는 마음 • 평화 통일을 위해 할 수 있는 일

	초등학교 『도덕 6』	9. 우리는 자랑스러운 한민족	• 재외 동포들에 관심을 가져야 하는 까닭 • 재외 동포들을 사랑하려는 마음 • 재외 동포들과 가깝게 지내는 방법
	중학교 『도덕 2』	II.1. 민족의 발전과 민족 문화 창달	• 민족과 민족 문화의 의미 • 우리 민족의 얼과 문화 유산 • 민족 문화의 계승과 발전 • 주체적 문화 교류의 자세
		II.4. 남북 통일과 통일 실현 의지	• 통일의 의의 • 북한 사회에 대한 이해 • 통일을 위한 노력 • 통일을 위해 우리가 해야 할 일
	고등학교 『도덕』	II.1. 민족 분단과 남북한 사회 현실	• 민족 분단의 과정 • 민족 분단과 남북한 사회·문화의 비교 • 민족 분단의 극복 방향
		II.2. 남북한의 통일 정책과 통일의 과제	• 우리의 대내외적 통일 환경 • 남북한의 통일 정책 비교 • 통일 실현을 위한 우리의 자세
	고등학교 『시민 윤리』	IV.2. 민족 공동체의 번영과 통일	• 민족 공동체의 의미와 중요성 • 재외 동포에 대한 올바른 자세 • 민족 공동체의 발전 방향과 통일
		IV.3. 민족 문화와 민족 정체성	• 민족 문화의 중요성 • 민족 문화의 계승과 발전 • 문화 교류의 올바른 자세
	고등학교 『윤리와 사상』	IV.4. 한국의 진로와 민족적 과제	• 통일 한국의 실현
④ 바르게 이해된 국가애는 건전한 국제주의를 위한 하나의 기초가 된다.	초등학교 『도덕 5』	10. 우리 문화와 세계 문화	• 문화 교류의 필요성 • 문화 교류의 마음 자세 • 여러 나라의 문화를 이해하기 위한 방법
	초등학교 『도덕 6』	10. 평화로운 지구촌	• 인류가 평화롭게 살아야 하는 까닭 • 인류가 평화롭게 살기 위한 마음 • 인류가 평화와 번영을 위해 할 수 있는 일
	고등학교 『도덕』	II.3. 민족 공동체의 번영과 통일 한국의 모습	• 민족 공동체의 당면 과제와 해결 • 통일 한국의 미래상 • 세계 속의 바람직한 한국인상
	고등학교 『시민 윤리』	IV.4. 세계 시민으로서의 올바른 자세	• 지구 공동체의 윤리적 상황 • 세계 시민 사회와 지구 공동체 윤리 • 세계 시민으로서의 바람직한 자세
	고등학교 『윤리와 사상』	IV.4. 한국의 진로와 민족적 과제	• 미래 한국의 진로와 역할

자료 : 교육인적자원부, 『초·중·고등학교 도덕과 교과서』, 2006.

첫째, 국가애가 인간의 사회적 본성에 그 철학적 토대를 두고 있다는 준거에서 본 실제이다.

초등학교의 경우, 『도덕 5』의 제재 8.은 학생들에 대하여 공동 운명체로서의 국가와 개인의 상호 의존과 보완 관계를 이해함으로써 국가 발전에 협력할 것을 강조한다. 2개의 예화(조국 동티모르를 생각하며 올림픽 경기에 출전한 선수, 민족의 혼을 일깨운 장지연)를 통해서 학생들로 하여금 개인이 나라 없이는 살아갈 수 없다는 점에 대하여 느껴보게 한다.

중학교의 경우, 8학년의 제재 Ⅱ.2.는 학생들로 하여금 국가의 기원과 의미, 국가의 기능과 중요성에 대한 이해를 바탕으로 우리나라의 이상과 목표를 이해하도록 돕는다. 특히 나라가 나에게 어떤 의미를 갖는지에 대하여 생각하게 하면서 국민 된 보람과 도리를 중시한다. 즉, 나라는 나의 삶의 터전으로서 내게 소중한 존재이고 많은 혜택을 주며, 따라서 나도 나라를 위해 해야 할 일이 있음을 상기시킨다. 그리고 나라에 대한 도리와 의무를 다할 때에 나라와 나의 관계가 온전해진다고 쓰고 있다.[27] 국가애가 국가 발전의 중요한 요소라는 점 역시 강조된다. 한 국가의 형태나 국력은 국민이 자신들의 안전과 행복을 증진시키기 위하여 어떤 의지와 목표를 가지고 노력하는가에 따라서 달라진다는 것이다.

고등학교의 경우, 『시민 윤리』는 국가의 발생을 놓고 인간의 본성에서 찾는 입장과 사회 구성원들의 계약에 의한다는 입장을 비교한 다음, 개인이나 가정과 같은 소집단의 힘만으로는 할 수 없는 일을 국가가 수행한다는 점에 대하여 강조한다.[28] 이 과목에서 특기할 만한 것은 애국심에 대하여, 국가로부터 받은 은혜를 갚겠다는 인간적 보국(報國)의 논리로 설명하는 점이다. 국가애는 나와 국가와의 본성적인 규범 관계에서 지녀

---

27) 교육인적자원부, 『중학교 도덕 2』, 2006, p.190.
28) 교육인적자원부, 『시민 윤리』, 2006, p.204.

야 할 태도로서, 이는 내가 국가로부터 혜택을 입고 있다는 사실에서 비롯된다는 것이다. 그러므로 내가 국가로부터 혜택을 받을 수 있을지 확실하지 않은 상태에서 국가를 위해 헌신하고 희생할 수 있다면 그것은 더욱 칭송받을 만한 행위를 하는 셈이다.

『윤리와 사상』은 국가 정체성이란 국가 공동체 안에서 나 자신이 어떤 위치에 있는가에 대한 자기 성찰에서 비롯된다고 단언한다. 교과서에 따르면, 국가 정체성이 결여되는 경우 국민적 단합과 결속이 약화될 뿐만 아니라 국민으로부터의 충성심도 기대할 수 없다.[29]

둘째, 국가애가 숭고한 형태의 사랑이라는 준거에서 본 실제이다.

초등학교의 경우, 많은 예화들을 통해서 국가애가 예사롭지 않은 사랑임을 보여준다. 예화로는 『도덕 3-2』의 제재 4.에서 '나랏빚 갚기 운동, 금 모으기 운동, 이홍근 선생의 문화재 사랑, 전쟁터에서 몸을 다친 병사, 무궁화를 지킨 남궁 억 선생, 애국가를 지은 안익태 선생' 등, 그리고 『도덕 4-2』의 제재 5.에서 '외교로 나라를 지킨 서희, 컴퓨터 해킹으로부터의 정보 지킴이, 간첩을 신고한 택시 기사, 조국의 전쟁에 대해 상반되게 대응하는 두 유학생 이야기, 재판정의 안중근 의사' 등이 소개되고 있다.

중학교의 경우, 8학년의 제재 Ⅱ.3.은 학생들로 하여금 국가애의 중요성과 그 다양한 방법들을 알게 한다. 여기서 주목할 만한 것은 국내외 애국 운동들의 사례를 근거로 하면서 국가애 활동의 유형을 셋으로 제시하는 점이다. 세 가지 유형이란 '민족의 독립과 국토 수호 및 국위 선양, 경제 발전과 국민 복지의 실현, 민족 문화의 발전과 문화유산의 보전'을 말한다.[30]

국가애의 첫째 유형에 대한 구체적인 사례로는 16세기 말 왜군의 침

---

29) 교육인적자원부, 『윤리와 사상』, 2006, p.247.
30) 교육인적자원부, 『중학교 도덕 2』, p.231f.

략으로부터 나라를 지켜낸 이순신 장군, 20세기 초 일제 하에서 3·1 운동을 일으켜 독립을 선포하고 대한민국 임시 정부를 수립한 민족 지도자들, 1988년 서울 올림픽을 성공리에 치러낸 모든 국민들의 노력을 들고 있다. 둘째 유형의 사례로는 1970년대에 국민들을 오랜 가난과 구습에서 벗어나게 한 새마을 운동의 추진에 참여한 사람들, 1960년대 이후 국토의 대동맥인 고속 국도의 개통을 이루어낸 국가 통치자, 기업인, 근로자들이 서술되어 있다. 셋째 유형은 그 사례로서 한글을 반포한 세종대왕, 유네스코 지정 세계 문화유산 급의 훌륭한 문화유산을 만든 조상들을 들고 있다. 교과서는 이밖에도 근래에 재외 동포들 가운데 국가의 위상을 높인 사례들(예컨대, 중국에서 전통 문화를 잊지 않고 지키며 살기, 미국의 교육 및 스포츠 분야에서 두각을 나타내기 등)을 제시하면서 국가애에는 다양한 방법들이 있다고 설명한다.

고등학교의 경우, 『전통 윤리』는 우리의 전통 사상에서 충(忠)의 대상은 자신에서 시작하여 가족은 중간이요, 국가가 가장 크며 최후의 대상이었다고 설명한다.31) 또 국가에 대한 충성은 언제나 부모에 대한 효도와 연결되어 강조되곤 하였다고 적고 있다. 구성원의 한 사람으로서 자신의 삶의 터전인 국가에 대해서 충성을 다하는 것은, 자식이 부모에게 효도하는 것처럼 자연스러운 일이라는 것이다. 아울러 조상들의 봉공(奉公)과 청백리 정신은 오늘날 국민 모두에게 적용되어야 한다고 당부한다.

셋째, 국가애가 민족애 혹은 민족주의와 관계되어 있다는 준거에서 본 실제이다. 이 기준에서의 국가애는 크게 보아 민족과 민족 문화에 대한 애정, 그리고 분단된 민족의 통일이라는 두 가지 측면으로 제시된다. 또 국가애에 관한 내용 설명에 있어서 가장 많은 분량을 차지하고 있다.

---

31) 교육인적자원부, 『전통 윤리』, 2006, p.210.

초등학교의 경우, 대부분 예화들로 꾸며져 있는데, 관련 제재와 예화들로는 『도덕 3-2』의 5.우리의 소원('탁구 경기를 보면서' 외), 『도덕 4-2』의 4.자랑스러운 우리 문화('흥부가를 부른 송이' 외), 『도덕 5』의 9.한마음으로 평화 통일을('우리 가족의 노래가 북녘 땅까지' 외), 그리고 『도덕 6』의 8.평화 통일의 길('고향으로 가는 소' 외), 9.우리는 자랑스러운 한민족('따뜻한 동포의 응원' 외) 등을 꼽을 수 있다.

중학교의 경우, 8학년의 Ⅱ.1.민족의 발전과 민족 문화 창달, Ⅱ.4.남북 통일과 통일 실현의지가 이에 해당된다. 교과서는 Ⅱ.1.에서 특히 민족 문화의 유산을 잘 계승, 발전시킬 수 있도록 우리 문화에 대하여 긍지와 자부심을 가질 것을 권고한다. 또 Ⅱ.4.에서 남북의 통일은 분열된 민족의 삶을 하나로 묶어 완전한 한민족 국가를 만드는 것이므로 통일을 준비하는 마음가짐이 중요하다고 강조한다.

고등학교의 경우, 『도덕』(Ⅱ.1. 민족 분단과 남북한 사회 현실, Ⅱ.2. 남북한의 통일 정책과 통일의 과제), 『시민 윤리』(Ⅳ.2. 민족 공동체의 번영과 통일, Ⅳ.3. 민족문화와 민족 정체성), 『윤리와 사상』(Ⅳ.4. 한국의 진로와 민족적 과제)은 각 교과목들의 고유한 학문적 성격을 유지하면서 국가애의 두 가지 측면들을 다루고 있다.

넷째, 바르게 이해된 국가애가 건전한 국제주의를 위한 하나의 기초가 된다는 준거에서 본 실제이다.

초등학교의 경우, 『도덕 5』의 제재 10.은 '흥선 대원군과 김옥균'의 예화 등을 통하여 세계 여러 나라의 문화를 올바로 이해할 때 우리 문화도 더욱 발전할 수 있다고 설명한다. 『도덕 6』의 제재 10. 역시 '카쟈흐스탄에서 온 편지' 등의 예화들을 통해서, 지구촌의 모든 사람들이 서로 협력하고 공동의 번영을 추구하며 평화롭게 살기를 바라고 있음을 상기하게 한다.

중학교의 경우, 국가애와 국제주의의 관계에 관한 별도의 제재는 없으나, 우리의 문화를 다루는 가운데 어느 한 민족의 문화만을 우수한 문화라고 생각하는 것은 위험하다는 점, 세계화된 국제사회에서 우리 문화와 다른 문화의 바람직한 공존이 필요하다는 점, 국수주의는 폐쇄적이 되기 쉽다는 점 등을 서술하고 있다.[32]

고등학교의 경우, 향후의 통일 조국은 열린 민족주의를 바탕으로 안으로는 민족의 단결을 통한 발전과 번영을 도모하면서도 밖으로는 세계 평화와 인류의 공존을 위해 상호 협력할 것(『도덕』, II.3.), 초국가적이고 상호의존적인 지구적 관점을 취하며 세계 시민으로서 바람직한 자세를 가질 것(『시민 윤리』, IV.4.), 지역성과 지구성을 서로 배제하는 것이 아니라 서로 끌어당기고 만나는 것으로 이해할 것(『윤리와 사상』, IV.4.) 등을 제안한다.

V. 국가애 교육의 개선 방향

우리는 국가애가 자신의 국가에 대하여 가지는 각별한 애정으로서, 역사적으로 볼 때 고대 이래로 오늘에 이르기까지 한 나라의 국민이라면 누구나 지녀야 할 당위 규범으로 인식되어 왔음을 관찰하였다. 그리고 국가애를 교육하기 위한 준거는 그것이 인간의 본성에 토대를 두는 가치·덕목이요, 지고한 형태의 사랑이며, 민족애 내지 민족주의와 깊은 관계를 갖고 있고, 바르게 이해될 경우 건실한 국제주의의 한 가지 기반이라는 점에 둘 수 있음을 살펴보았다. 또 그것은 실제로 한국의 초·중·고등학교 도덕 교과에 있어서, 다소 강약의 차이는 있으나 이 같은 네 가

---

32) 교육인적자원부, 『중학교 도덕 2』, pp.160 ; 177 ; 181.

지의 준거들에 부합하여 강조되고 있음도 확인하였다.

글을 맺으면서, 동 교과를 통한 국가애 교육과 관련하여 몇 가지를 제언으로 덧붙이고자 한다.

첫째, 국가애는 사심(私心)을 떠나 특별한 감정에 의하여 동기 부여된다는 점을 강조해야 할 것이다. 동기는 어떤 행위를 일으키는 요인일 뿐만 아니라 그 행위의 도덕성 여부를 판단하는 주요한 원천이다. 예컨대, 어느 병사가 전장에서 적군과 싸우다가 죽은 것과 그가 국가애의 감정을 실제로 체험했는가는 별개의 문제이다. 진정으로 적의 이념에 맞서 조국을 지키려 했을 수도 있지만, 군인으로서 그저 자신의 의무를 다해야 한다는 생각에 그쳤을 수도 있다. 학생들로 하여금 특별한 감정을 체감하게 할 수 있는 적절한 수업 기법과 사례들이 연구될 필요가 있을 것이다.

둘째, 국가애를 다른 유사한 개념들과 혼동하지 않도록 구별하여 강조해야 할 것이다. 국가애는 사회적 공존에 관심 두기보다 자기 민족이 본래부터 우월하다고 믿는 자민족 중심주의, 독립된 국가의 형성에 대하여 주된 욕구를 표현하는 국가주의, 조국의 이익을 위해서라면 수단과 방법을 가리지 않는 광신적인 쇼비니즘(chauvinism), 맹목적이고 공격성을 보이는 징고이즘(jingoism) 등과는 서로 차별성 있게 교육될 필요가 있다. 국가애는 민주적 가치를 최대한으로 실현시키는 측면에서 접근되어야 하기 때문이다.

셋째, 국가애가 보편적 형제애와 모순되지 않는 것임을 강조해야 할 것이다. 국가애는, 조국에 대한 우선(優先)을 강조함으로써 일견하여 보편적 인간애와 모순되는 것처럼 보인다. 그렇지만 6 · 25 전쟁 때 한국을 위해 열렬히 싸워준 16개 국가 군인들의 경우에서 알 수 있듯이, 한국이 지향하는 가치(반공, 자유, 평화 등)를 위해서 싸운 이상 그들도 한국에 대하여 애국을 한 셈이다. 역사적으로 보아 평화는 항상 연대 의식의 열매였다.

참고문헌

강두호, 『자연법 사회 윤리 : 도덕 교육의 기초』, 서울 : 인간사랑, 2003.

교육부, 『도덕과 교육과정』, 1997.

교육인적자원부, 『초・중・고등학교 도덕 교과서』, 2006.

원준호, "애국심의 대상, 요소, 현실성에 대한 숙고", 「한국정치학회보」 제47권, 제3호, 2003, pp.49~70.

임재진, "헤겔의 인륜이론 정초에 관한 연구", 서울대학교 박사학위논문, 1998.

최병권, 『대안은 열린 애국주의다』, 서울 : 열린책들, 1999.

Aquinas, Thomas, *Summa Theologica*, Notre Dame, IN : Ave Maria Press, 1981.

Aristoteles, *The Nicomachean Ethics*, New York : Oxford University Press, 1998.

Aristoteles, *The Politics*, London : Penguin Classics, 1981.

Barber, Benjamin, *Jihad vs. McWorld : How Globalism and Tribalism Are Reshaping the World*, New York : Ballantine Books, 1996.

Callan, Eamonn, "Love, Idolatry, and Patriotism", *Social Theory and Practice*, vol.32, no.4, 2006, pp.525~546.

Cohen, Joshua & Nussbaum, Martha C., *For Love of Country?*, Boston : Beacon Press, 2002.

Dietz, Mary G., *Thomas Hobbes and Political Theory*, Lawrence, KS : University Press of Kansas, 1991.

Galewitz, Herb (ed.), *Patriotism : Quotations from Around the World*, Mineola, NY : Dover Publications, 2003.

Hegel, Georg G. W., *Grundlinien der Philosophie des Rechts* ; 임석진(역), 『법철학』, 서울 : 지식산업사, 1996.

Janowitz, Morris, *The Reconstruction of Patriotism : Education for Civic Consciousness*, Chicago : University of Chicago Press, 1983.

John Paul II, *Sollicitudo Rei Socialis* ; 성염(역), 『사회적 관심』, 서울 : 한국천주교중앙협의회, 1988.

Lotz, Johannes B., *Die Drei Stufen der Liebe*, Frankfurt : Josef Knecht, 1971.

MacIntyre, Alasdair, "Is Patriotism a Virtue?", in Ronald Beiner (ed.), *Theorizing Citizenship*, Albany, NY : State University of New York Press, 1995, pp.209~228.

Maritain, Jacques, *Man and the State*, Washington, DC : The Catholic University of

America Press, 1998.

Messner, Johannes, *Social Ethics : Natural Law in the Modern World*, St. Louis : B. Herder Book Co., 1965.

Michener, Roger (ed)., *Nationality, Patriotism and Nationalism in Liberal Democratic Societies*, St. Paul, MN : Paragon House, 1993.

Nussbaum, Martha C., *For Love of Country : Debating the Limits of Patriotism*, Boston : Beacon Press, 1996.

Orr, David W., *The Last Refuge : Patriotism, Politics, and the Environment in an Age of Terror*, Washington, DC : Island Press, 2004.

Parker, Richard D., "Homeland : An Essay on Patriotism", *Harvard Journal of Law & Public Policy*, vol.25, no.2, 2002, pp.407~428.

Primoratz, Igor, *Patriotism*, Amherst, NY : Humanity Books, 2002.

Rommen, Heinrich A., *The State in Catholic Thought : A Treatise in Political Philosophy*, Westport, CT : Greenwood Press, 1970.

Rorty, Richard, *Achieving Our Country*, Cambridge, MA : Harvard University Press, 1999.

Schaar, John H., *Loyalty in America*, Westport, CT : Greenwood Press, 1982.

Taylor, Charles, *Multiculturalism and the Politics of Recognition*, Princeton, NJ : Princeton University Press, 1992.

Viroli, Maurizio, *For Love of Country : An Essay on Patriotism and Nationalism*, Oxford : Oxford University Press, 2003.

I. 연구의 의미

이 글은 우리나라 초·중·고등학교 도덕 교과에서 강조되는 종교윤리에 대하여 살펴보되, 그것이 학생들에게 어떻게 구체화되어 제시되고 있으며 또한 어떤 과제를 안고 있는지 알아보는 데 연구의 목적을 둔다. 종교가 현대인들에게 여전히 강력한 윤리 규범의 하나로서 그들로 하여금 인생을 가장 깊은 내면으로부터 들여다보게 하는 요인이라는 점에 주목하는 것이다.

이 같은 연구의 필요성은, 종교윤리가 인간의 당위에 미치는 영향력을 헤아려 보면 곧 수긍할 수 있다. 즉, 종교는 인간의 탄생으로부터 죽음, 나아가 그 이전과 이후까지를 아우르면서 삶에 대해 총체적인 관점을 제시한다. 그리고 인간은 자신의 종교적 가치관과 신념의 영향을 받아 사고하고 행동한다. 그러기에 한 개인의 삶에서 종교가 주는 영향은 어떤 의미로 절대적이라고 말할 수도 있다.

현재 절반이 조금 넘는 한국인들이 종교를 갖고 있다. 통계청이 2006

년에 발표한 <인구 주택 총 조사>에 따르면, 2005년 11월 현재 한국의 종교 인구는 전체 인구의 53.1%이다. 종교별로는 불교 22.8%(1,072.6만), 개신교 18.3%(861.6만), 가톨릭 10.9%(514.6만), 원불교 0.3%(13만), 유교 0.2%(10.5만), 기타 종교 0.5%이다.[1] 따라서 우리는, 모든 종교가 윤리적 요소를 포함하고 있는 이상, 한국인들의 도덕 행위의 연원에 종교가 적지 않은 비중을 차지하고 있음을 알 수 있다.

연구의 내용을 보면 먼저 Ⅱ장은 종교윤리가 보이는 일반적인 특징에 대하여 다룰 것이다. 특정 종교의 고유한 윤리적 특성보다 종교윤리의 일반적 특징을 다루는 이유는 한국의 종교 다원화 상황을 고려한 것이다. 한국은 오랫동안 단일 민족의 동질적인 문화를 유지해온 사회로서 동서양의 종교가 고루 공존하고, 외래종교와 자생종교가 함께 있으며, 또 어떤 종교도 주도적인 위치에 있지 못하다. Ⅲ장은 한국의 초·중·고등학교 교과로서의 '도덕'에서 종교윤리가 어떤 내용으로 표현되어 있는지 분석하는 부분이다. 그리고 Ⅳ장은 분석된 내용을 바탕으로, 도덕 교과를 통한 종교윤리 교육이 해결해야 할 과제에 대하여 탐색한다. 끝으로 Ⅴ장은 맺음말을 이룬다. 한편 이 글은 연구 방법에 있어서 문헌 연구에 의존하되, 도덕 교과와 관련해서는 한국의 초·중·고등학교 도덕과 교육과정과 교과서들을 망라하여 다룰 것이다.

---

1) 동아일보 2006년 5월 26일자. Cf. 기타 종교에는 천도교, 대종교, 한국이슬람교, 바하이 한국중앙회, 대한천리교, 태극도, 성덕도, 한얼교, 국제도덕협회, 대순진리회, 천존회, 삼법수도교화원 등이 포함된다.

II. 종교윤리의 일반적 특징

종교와 윤리가 그 대상이나 인식 원리에 있어서 서로 차이를 보이는 한, 종교윤리의 개념을 간략하게 정의하기란 쉽지 않다. 우선 '종교'의 개념이 복잡하고 다양할 뿐만 아니라 그 의미 또한 풍부하다. '윤리'의 개념도 사상가들의 개성과 차이만큼이나 광범하다.2) 물론 윤리와 관계없는 종교나, 거꾸로 종교와 관계없는 윤리가 있을 수 있다. 이를테면 종교철학자 마틴(M. Martin)은 도덕적 행동을 위해서 종교가 꼭 필요한 것은 아니라고 주장하며, 달라이 라마(Dalai Lama) 같은 성직자도 종교와 상관없는 세속적인 윤리를 통해서 인간의 가치는 증진될 수 있다고 설명한다. 반면에 정치철학자 홀로웨이(C. Holloway)는 종교의 뒷받침이 없는 도덕은 교양이나 예의가 될 수 있을지언정 높은 수준의 도덕으로 되기 어렵다는 입장에 선다.3)

여러 논의에도 불구하고 많은 이들은 종교와 윤리가 서로 불가분의 관계라는 데 동의하는 것 같다.4) 실제로 윤리적 규범을 갖는 것은 종교들의 특성으로서, 그리스도교의 십계명이나 유교의 오륜 등은 대표적인 도덕률이다. 그러므로 종교에서 윤리가 배제될 경우, 그것은 진정한 의미의

---

2) 어원으로 볼 때 religion은 '매다, 속박하다, 묶다'라는 의미의 라틴어 religare의 명사형 religio에서 나왔다. 한자어 종교(宗教)는 19세기말 일본에서 religion을 으뜸 되는 가르침 혹은 모든 것이 귀일하는 근본적 진리로서의 가르침이라는 뜻으로 번역함으로써 본격적으로 사용되었다. ethics는 인격에 관한 학문을 의미하는 그리스어 ethikē에서 유래하며, 이는 습관을 뜻하는 ethos에서 나왔다. 한자어 윤리(倫理) 역시 근대에 유교의 오륜과 부합하는 것으로 번역되면서 널리 쓰이게 되었다.

3) Michael Martin, *Atheism : A Philosophical Justification*, Philadelphia : Temple University Press, 1992 ; Amitabh Pal, "The Dalai Lama Interview", *The Progressive Online Interview*, January 2006 ; Carson Holloway, *The Right Darwin?*, Dallas, TX : Spence Publishing Co., 2006.

4) 종교와 도덕의 관계에 대한 개괄적인 설명으로 강영계, 『종교와 인간의 삶』, 서울 : 철학과 현실사, 1999, pp.118 ; 123~124.

종교라고 보기 어렵다. 여기서도 종교의 윤리성을 중시하면서 종교윤리를 넓은 의미에서 '종교를 통해 제시되는 일정한 행위 규범의 총체'라고 이해하기로 한다.5)

종교윤리가 보이는 일반적인 특징에 대해서는 다음과 같이 네 가지로 정리할 수 있다. 첫째, 종교윤리는 종교적 신앙에 근거하여 동기가 부여된다.

'행위는 존재에 준한다.'(agere sequitur esse)는 말처럼 종교적 당위는 종교적 존재론에 의거하게 마련이다. 신앙으로 비춰진 인간관은 순수한 자연인의 인간관과는 사뭇 다르다. 따라서 신앙에 정초하는 원리들은 인간의 윤리 생활에 상당히 다른 차원을 제공한다.6) 이것은 종교에서 우러나는 도덕적 동기가 다른 일반적이고 세속적인 동기보다 설득력이 강하고 효과가 크기 때문일 것이다.

예컨대 그리스도교인의 행동 원리가 되는 하느님의 구원과 은총은 그의 윤리 생활에 전혀 다른 의미를 부여한다. 그리스도교 안에서 순수한 자연인은 없다. 신의 모상(imago Dei)으로서 아담의 후예요 그리스도 안에서 구원받았고 초자연적 운명에로 부름을 받은 구체적 인간만이 존재한다. 따라서 이성을 절대화하면서 이성에만 입각하는 순수한 자율적 윤리란 있을 수 없다. 그러므로 그리스도교 윤리는 그리스도를 신앙하는 인

---

5) 종교윤리에 관한 해설서로 William Schweiker (ed.), *Religious Ethics,* Ames, IA : Blackwell Publishing Professional, 2005 ; Robert A. Bowie, *Philosophy of Religion and Religious Study*, Kingston upon Thames, UK : Nelson Thornes, 2002 ; Prasad Piet, *Comparative Religious Ethics*, New Delhi : Cosmo Publications, 2004. 관련 전문 학술지로는 1973년에 창간되어 연간 4회 발행되는 Journal of Religious Ethics를 들 수 있다. 최근 종교윤리의 장르와 교의에 대하여 다룬 것으로 Gerald McKenny, "Genre and Persuasion in Religious Ethics", *Journal of Religious Ethics*, vol.33, no.3, September 2005, pp.397~407 참조.

6) Franz Böckle, *Grundriffe der Moral* ; 성염(역), 『기초윤리신학』, 왜관 : 분도출판사, 1993, p.21.

간의 윤리이다.

불교의 윤리가 불교의 인간관에 기초하기는 마찬가지이다. 인간은 악덕 번뇌의 바탕이며 극복되어야 할 소아(小我)를 버리지 않는 한 고통스런 존재이다. 이에 이상으로서 실현되고 회복되어야 할 대아(大我)를 추구해야 한다. 대승불교에서 이상적인 인간상은 보살이며, 그는 위로는 깨달음을 구하고 아래로는 중생을 구제한다(上求菩提 下化衆生).

종교윤리는 이렇게 인간으로 하여금 신앙에로 향하게 윤리라고 볼 수 있다.[7] 따라서 그것은 신앙과 윤리가 서로를 배제하고서는 이해될 수 없을 만큼 밀접하게 연계되어 있음을 드러낸다. 그것은 자연계와 초자연계를 둘 다 살아가는 인간의 윤리인 것이다. 다만 윤리의 문제를 신앙으로써 논증하려고 할 경우, 그러한 논증의 시도에 토대를 두는 윤리적 요구는 오로지 그 신앙을 인정하는 자에게만 적용된다는 반론이 제기될 수 있다. 그러나 현대 세계에서 윤리 문제의 해결에 대하여, 보편적으로 이해되고 수용됨이 없이 오로지 자신들에게만 타당성을 지닌 견해를 주장하는 것만으로는 불충분하다. 오히려 각 종교는 여러 종교들 간에 세계상과 윤리 문제에 대해서 어떤 공통성을 발견하려고 노력해야 할 것이다.

둘째, 종교윤리는 삶의 성스러움을 추구한다.

성스러움은 모든 종교에 공통적이며 보편적인 것이다. 프랑스의 인류학자 위베르(H. Hubert)는 "종교란 성(聖)을 관리하는 것이다."고 단언한 적이 있다.[8] 원래 라틴어의 사케르(sacer)라는 단어는 '떨어져 있으며, 뭔

---

7) 종교는 신앙만을 필요로 하므로 이성은 중요하지 않다는 견해들도 있다. 사도 Paul이나 Tertullianus, Schleiermacher 등이 그 예이다. 강영계, *op. cit.*, p.368. Cf. 신앙과 이성에 대하여 균형 잡힌 시각을 강조한 최근의 문헌으로 John Paul Ⅱ, *Fides et Ratio : On the Relationship between Faith and Reason*, Boston : Pauline Books & Media, 1998.

8) Roger Caillois, *L'Homme et le Sacré* ; 권은미(역), 『인간과 聖』, 서울 : 문학동네, 1996, p.23.

가에 더럽히지 않고서는 접촉이 이루어질 수 없는 사람이나 사물'을 가리키는 말이었다. 그렇지만 사실 성스러움이 무엇을 의미하는지에 대해서는 그것의 특성을 속됨과 대조해보지 않고서는 꼬집어 말하기가 쉽지 않다.

사회과학적 관점에서 뒤르켕(E. Durkheim)은 종교를 '성스러운 것, 즉 동떨어져 구별되고 금지되는 것에 연관된 신앙과 실천의 통합된 체계'라고 정의한다.9) 이러한 정의는 일상생활과 그것으로부터 격리되고 금기시되는 성스러운 세계, 즉 '성-속' 이분법을 기반으로 하고 있다. 그의 성속 이론은 다소 독특해 보인다. 예를 들어 그는 성스러움이란 단어를 그리스도교의 신(神) 개념에 대한 사회학적 상당어로서 쓰고 있다. 어쨌든 그에 따르면 일상 세계는 종교적 세계에 의해 보완되어야만 생명력을 되찾을 수 있으며, 성스러운 사물들은 그것에 충실한 사람들을 도덕 공동체로 통일한다.

일반인들의 경우에 성스러움이 가리키는 것은 초인적인 권위를 지닌다고 여기는 대상이다. 문화에 따라 그것은 절대자로 섬기는 신이거나 혹은 대대로 전해져온 경전일 수 있으며, 위대한 인물이나 고위 성직자, 또는 조상일 수 있다. 또한 가톨릭의 성사나 수도원 제도, 산이나 강과 같은 자연, 종교의 창시자가 가르친 수양의 길, 혹은 신비스럽고 경건한 의례가 될 수도 있다. 이 같은 대상, 말씀, 인물, 계율, 의식들에는 신자들의 삶을 규제하고 일깨워 나아가게 하는 힘이 가득 차 있다.10)

성스러움은 이처럼 한편으로 어떤 것에 부여된 초자연적 가치로서 시대와 장소를 막론하고 사람들의 절대적인 존경을 받는다. 그리고 그것은

---

9) Émile Durkheim, *The Elementary Forms of the Religious Life*, New York : The Free Press, 1965, p.62.

10) William E. Paden, *Interpreting the Sacred : Ways of Viewing Religion* ; 이민용(역), 『성스러움의 해석』, 파주 : 청년사, 2006, p.132.

다른 한편으로 참여자에게 매우 비일상적인 힘으로서 경험된다. 사람들은 이 같은 외경(畏敬)을 맛보면서 종교를 체험해나간다.

셋째, 종교윤리는 사람들로 하여금 미래를 고려하게 한다.

대부분의 종교는 인간의 행위가 그의 미래와 관련되어 있음을 강조한다. 이는 사람들로 하여금 지나치게 현재에 집착하지 않고 죽음을 초월하는 미래의 깊은 의미를 인정하며, 현재의 행복을 접으면서까지 멀리 있는 미래를 향해 특별한 관심을 기울이도록 유도한다.

사실 죽음을 넘는 미래를 고려하는 것이 의미 있다고 생각되지 않을 경우 인간은 가시적인 목표를 달성하는 일이나 행위의 현실적인 결과에만 강하게 매달린다. 자신의 삶에 있어서 아무런 초월적 목표가 전제되지 않는 이상, 인간은 권력, 명예, 재물, 안락 등의 현세적 가치를 얻기 위해 수단과 방법을 가릴 이유가 없는 것이다. 그리고 어느 시기에 스스로 추구하는 열망이 지니고 있는 허무함에 대하여 체험할수록 결국 숙명론과 체념에 빠지게 된다.11)

인생의 의미에 대하여 전적으로 현존에 근거하여 생각하거나 또는 죽음을 뛰어넘는 삶의 의미의 초월성을 애매하게 이해할 경우 인간은 허무함을 극복하기 어렵다. 이렇게 되면 그는 모든 힘을 동원하여 자기 존재의 허무함에 대하여 저항하거나 아니면 이해할 수 없는 무의미로 단정해버리기 쉽다. 이제 그는 허무함을 극복하고자 자신의 현재의 삶에 모든 것을 걸고 투쟁할 것이다.12) 모든 인간은 죽어 사라질 것이고, 죽으면 모든 게 끝이라는 사실을 부인할 수 없기 때문이다.

---

11) Lynne R. Baker, "Death and the Afterlife", in William J. Wainwright (ed.), *The Oxford Handbook of Philosophy of Religion*, New York : Oxford University Press, 2004, pp.366 ～391.

12) 도덕적 허무주의에 대하여 Stanley Rosen, *Nihilism : A Philosophical Essay*, South Bend, IN : St. Augustine's Press, 2000.

종교윤리는 인간으로 하여금 이 같은 상황에서 하나의 의미를 발견하도록 다양한 가능성을 제시한다. 예컨대 그리스도교의 부활 신앙이나 불교에서의 환생 또는 윤회 신앙, 기타 여러 종교에서의 죽은 조상들과의 재회 신앙 등은 사람들로 하여금 한편으로 현세의 삶은 소중한 의미와 가치를 가지고 있지만, 다른 한편 이 현세의 삶이 모든 것을 포기하면서까지 집착해야만 하는 것은 아니라는 생각을 갖게 한다.13)

넷째, 종교윤리는 현실 사회 안에서의 가치관 또는 생활 규범을 중시한다.

종교가 반드시 현세의 삶 너머에만 관심을 쏟는 것은 아니며 현 사회의 정화를 위해서도 노력한다. 물론 각 종교별로 사회 현실의 가치에 대한 반응과 태도에 차이는 있다. 종교에 따라서는 급격한 사회변동으로 인하여 제기되는 가치관의 변화에 대해 초연하거나 초보적인 지침을 제시하는 수준에 머무르는 경우가 있다. 사회의 가치에 대한 반응과 해석이 다르기 때문에 가령 민족적인 가치, 민주화 운동, 환경이나 생태 문제, 과학과 종교의 충돌, 복지 사회 등에 대한 종교들의 반응 양상은 다양하다.

또한 종교별로 생활 영역에 따라 영향력의 차이를 보이기도 한다. 이를테면 한국의 경우 유교 문화는 오랜 세월을 통해 뿌리를 내려왔던 만큼 한국인의 생활과 의식의 저변에 깊고 넓게 자리 잡고 있다. 유교 문화는 특히 가정과 학교 단위의 생활 영역에서 중요한 역할을 한다. 불교나 다른 전통종교들 역시 한국인의 일상 윤리와 삶의 태도에 여전히 자양분

---

13) 로터는 그리스도교윤리의 특성을 11가지로 요약한다. 이는 다음 사항들을 포함한다. '인간의 행위는 인간 실존의 최종 목표와 부합할 때 윤리적인 행위가 된다.' ; '인간 삶의 마지막 목표에 대한 이해로부터 윤리적 행위를 위한 개별적인 판단 기준이 발생한다.' Hans Rotter, *Christliches Handeln* ; 안명옥(역), 『그리스도교 윤리』, 왜관 : 분도출판사, 1987, p.143f.

을 공급하면서 문화적으로 중대한 기능을 담당하고 있다. 그리스도교는 적극적인 참여활동을 통해 근래의 격동기마다 첨예하게 대두된 사회적 가치에 신속한 대응을 보여 왔다.

각 종교는 이처럼 추구하는 목적이나 그것을 달성하고자 하는 방법 그리고 사회적 영향력 등에 있어서 서로 다르지만, 현실 세계에서의 윤리적 실천을 중시한다는 점에서는 일치한다. 종교마다 사회적 가치에 대한 해석 체계나 참여의 정도가 다를 수 있지만 대사회적인 가치를 실현하는 장에서 공동의 보조를 이루는 셈이다. 한 예로, 1993년 5월에 한국종교인평화회의를 중심으로 한국의 6대 종교 지도자들은 「환경윤리 종교인 선언」을 채택하면서 그동안의 개별적인 종교 환경운동들을 묶어냈다. 2006년 12월에는 「생명문화운동-'생명 하나 더'」를 펼친 바 있다.14)

Ⅲ. 도덕 교과에서의 종교윤리의 실제

우리나라 초·중·고등학교에서 도덕 교과는 3학년부터 12학년에 이르기까지 교육되고 있다. 동 교과에서 종교윤리는 모든 학년을 통해 다루어지고 있지는 않으며, 교육과정에 정해져 있는 단원과 제재에 따라 그에 맞는 내용들을 담고 있다. 아래의 [표]는 도덕 교과서의 종교윤리와 관련되는 내용들을 학년별, 과목별, 단원 및 제재별로 요약해 놓은 것이다.

---

14) 한국종교인평화회의(KCRP)는 종교계의 화합을 목적으로 1986년 10월 26일에 창립된 범종교단체이다. 불교, 천주교, 기독교, 원불교, 유교, 천도교, 한국민족종교협의회의를 포함한 7개 종단으로 구성되어 있다.

[표] 도덕 교과서의 종교윤리 관련 내용

구분 학년, 과목	단원 및 제재	쪽수, 내용
6 『도덕』	6. 아름다운 사람들	• (pp.90~91) 헌신과 봉사의 삶 : 한경직 목사
7 『도덕』	I.2.(3) 훌륭한 인격	• (p.61) 테레사 수녀 사진
		• (pp.63~64) 높은 경지의 인격자로서 공자, 석가모니, 예수, 무함마드와 종교 언급
	I.1~2. 인물 학습	• (pp.74~79) 원효, 석가모니
	I.3.(3) 사랑과 관용	• (p.103) 교황과 암살범의 악수 사진
	I.3.(4) 감사하는 생활	• (pp.107~108) 감사하는 마음에 대한 수도원장의 훈계
	II.2.(4) 조상에 대한 예절	• (p.216) 제례에 대한 천주교, 기독교, 불교의 예식
	II.1~2. 인물 학습	• (pp.220~223) 공자
8 『도덕』	I.1.(2) 전통 도덕의 기본 정신	• (pp.17~23) 전통 도덕의 기본 정신으로서의 토속신앙, 불교, 유교, 도교
	I.1~2. 인물 학습	• (pp.74~76) 예수
	I.4. 생활 속의 경제 윤리	• (p.145) 동서양 고전탐구『프로테스탄티즘의 윤리와 자본주의 정신』
	II.1~2. 인물 학습	• (pp.217~219) 일연
9 『도덕』	I.1.(1) 삶의 모습과 가치	• (pp.14~15) '종교적 가치' 설명
	I.2.(2) 가치 갈등의 문제	• (p.54) 유교적 미덕 사진
	I.1~3. 인물 학습	• (pp.101~103) 노자
10 『도덕』	I.1.(3) 환경 문제와 그 해결 방안	• (pp.35~36) 환경 문제의 극복을 위한 유가, 도가, 불교 사상의 의의 ; 동서양 고전탐구『도덕경』
11~12 『시민 윤리』	II.1.(1) 생명과 윤리	• (p.71) 생명의 존엄성에 대한 불교의 시각
		• (p.73) 그리스도교의 생명 존중 사상
	II.1.(2) 환경과 윤리	• (pp.79~80) 환경에 대한 유학, 도가, 불교의 관점
	II.4.(3) 종교 활동과 경건한 삶	• (pp.129~130) 종교의 본질
		• (pp.130~132) 과학과 종교의 관계
		• (pp.132~133) 종교의 윤리성
	III.2.(1) 경제 발전과 경제 윤리	• (p.154) 탐구과제 '신유교 윤리에 대해 알아보기'
	III.3.(1) 인간의 삶과 직업의 가치	• (p.171) 칼뱅의 직업 소명론

11~12 『윤리와 사상』	Ⅰ.1.(2) 다양한 인간관	• (pp.16~17) 유교, 불교, 도교의 인간관
		• (p.18) 그리스도교의 인간관
	Ⅰ.2.(3) 인격 완성을 위한 노력	• (p.37) 인격 완성을 위한 유가, 불가, 도가의 덕목
	Ⅱ.1.(2) 한국 윤리의 전개	• (pp.78~81) 한국 유교 윤리의 흐름
		• (pp.81~82) 한국 불교 윤리의 흐름
		• (p.83) 한국 도교 윤리의 흐름
		• (p.84) 동학 사상
	Ⅱ.2.(1) 동양 윤리의 연원	• (pp.89~91) 유교 윤리의 뿌리
		• (pp.92~93) 불교 윤리의 뿌리
		• (pp.93~95) 도교 윤리의 뿌리
	Ⅱ.2.(2) 동양 윤리의 전개	• (pp.97~98) 유교 윤리의 발달
		• (pp.98~99) 불교 윤리의 발달
		• (pp.99~100) 도교 윤리의 발달
	Ⅱ.3.(1) 서양 윤리의 연원	• (pp.108~109) 중세 그리스도교의 윤리
	Ⅱ.4.(3) 세계 윤리의 전망	• (pp.130~131) 세계 윤리와 종교적 평화
		• (p.132) 한국인의 종교관과 관용 정신
	Ⅳ.2.(1) 한국 전통 윤리 사상에 대한 이해	• (pp.217~218) 한국 유교 윤리 사상의 특징
		• (pp.219~220) 한국 불교 윤리 사상의 특징
		• (pp.220~221) 한국 도교 윤리 사상의 특징
		• (p.224) 자본주의와 프로테스탄트 윤리
11~12 『전통 윤리』	Ⅰ.1.(2) 세계 여러 나라의 전통 윤리 강조 추세	• (pp.17~19) 그리스도교, 이슬람, 유교 전통의 존중
	Ⅰ.3.(1) 전통 윤리의 사상적 배경	• (pp.42~43) 전통 윤리의 원시 신앙적 기초
		• (pp.43~44) 유학, 불교, 도가의 전통
		• (p.45) 동학, 증산교, 원불교
		• (p.46) 가톨릭, 개신교
	Ⅰ.3.(2) 전통 윤리의 우주관	• (pp.47~48) 유학에서의 하늘의 의미
		• (pp.48~49) 민간신앙, 유학의 자연관
		• (p.51) 동학의 자연관
	Ⅰ.3.(3) 전통 윤리의 인간관	• (pp.52~56) 유학, 불교의 인간·사회관
	Ⅰ.4.(2) 전통 윤리의 특성	• (pp.64~65) 장자, 불교, 유학의 지혜
	Ⅰ.4.(3) 전통 윤리의 계승과 현대적 적용	• (pp.68~70) 유교 문화의 역동성
		• (pp.70~71) 무속의 신명과 민간 신앙

11~12 『전통 윤리』	Ⅱ.1.(2) 전통 사상의 인간관과 수양의 원리	• (pp.81~82) 유학의 사단과 수신
		• (pp.82~84) 불교의 불성과 수행
		• (pp.84~85) 도가의 덕과 무위 자연의 삶
	Ⅱ.1.(3) 극기를 통한 인격 수양	• (pp.86~90) 유학, 도가, 불교의 절제, 수양
	Ⅱ.2.(1) 우리의 효 문화	• (p.95) 불교의 효 정신
	Ⅱ.2.(3) 조상 섬김의 전통과 그 현대적 의미	• (p.103) 전통적 종교관 및 생사관
	Ⅱ.3.(1) 동서양의 남녀관	• (p.112) 유학, 불교의 남녀관
		• (p.113) 구약성서의 남녀관
	Ⅲ.4.(3) 제례의 기본 정신과 절차	• (p.200) 제사와 종교에 대한 논의 정리하기
	Ⅳ.1.(1) 민본 사상과 위민 정신	• (pp.205, 207) 불교, 동학의 평등사상
	Ⅳ.4.(1) 조상들의 자연관	• (pp.249~251) 유불도 사상에 나타난 자연관

[표]의 내용을 중심으로, 한국의 도덕 교과에서 교육되는 종교윤리의 실상을 정리하면 다음과 같다. 첫째, 종교윤리는 학교급별 및 과목별로 차이를 두어 설명된다. 초등학교의 경우 종교윤리에 관한 단원이나 제재는 없다. 다만 6학년 『도덕』에서 '아름다운 사람들'에 관한 4개의 예화 중, 헌신과 봉사의 모범을 보여준 성직자의 예화 하나가 소개되어 있을 뿐이다.

중학교의 경우 종교윤리에 관한 단원이나 제재를 따로 두고 있지는 않지만, 주제에 따라 비교적 많이 다루는 편이다. 이 경우에도 학문적 탐구보다는 생활 속에서 종교를 생각하게 하는 데 중점을 둔다. 종교윤리를 인격의 도야, 인간다운 삶의 자세, 가치문제와 관련지어 설명하는 점, 인물학습의 대상으로서 공자, 예수, 노자 등 종교의 창시자들을 선정한 점, 토속신앙·불교·유교·도교를 한국 전통 도덕의 기본 정신으로 보는 점 등이 주목할 만하다.

고등학교의 경우는 종교윤리에 대하여 과목별 특성에 따라 꽤 자세하게 다룬다. 이를테면 『시민 윤리』는 주로 생명·환경 등 현대 사회 문제들의 해결 및 바람직한 경제생활과 직업 활동에 필요한 윤리적 태도와 연결하여 설명한다. 그리고 종교의 본질, 과학과 종교, 종교와 윤리 등 종교에 관한 탐구에 요구되는 기초 지식을 살펴보도록 유도한다.

『윤리와 사상』은 동서양 윤리의 연원과 전개를 서술하면서 종교윤리를 비중 있게 다룬다. 한국 및 동양 윤리의 경우 유교윤리·불교윤리·도교윤리를 중심으로 그 뿌리, 흐름, 발달, 특징에 대하여 심도 있게 서술하고 있다. 서양 윤리의 경우 동양 윤리에 비하여 짧으나마 그리스도교윤리를 그 연원의 하나로 기술한다.

또 『전통 윤리』는 유교, 불교, 도교를 중심으로(일부에서 그리스도교, 민족종교 포함) 그 우주관, 인간관, 현대적 적용, 인격 수양, 효, 조상 섬김, 남녀관, 제례, 평등사상, 자연관 등에 대하여 상세하게 다루고 있다.

둘째, 종교윤리에 대해서 종교 다원화에 입각하여 접근한다. 다원화는 개인이나 사회에 영향을 미치는 제도적 및 의식적 근원이 다양해지는 것을 뜻한다. 이는 오늘날 가치와 규범 그리고 사회조직과 구조의 모든 영역에서 두드러진 현상으로 나타나고 있다. 사회가 개방되면서 여러 종교들이 자유롭게 공존하는 것이 일반적인 현상이지만, 한국의 경우는 특히 세계에서 보기 드문 종교 다원 사회이다.

한국 민족은 고대에 한자를 쓰기 시작하면서 유교와 도교를 수용했으며, 삼국시대 이래로 불교와 더불어 있어왔다. 근대에 이르기까지 정치적으로는 유교 문화가, 종교적으로는 불교와 도교 그리고 민속신앙이[15] 혼재하였으며, 가톨릭과 개신교라는 서구 문화적 종교의 전래와 더불어 종교적으로 더욱 다양해졌다. 다양함이 가져오는 바람직한 상호관계와 별도로 서로간의 이해 부족과 가치관의 갈등은 현대 한국 사회에서도 예외

---

15) 민속신앙이 종교인가의 여부에 대하여 주영하, "민속종교의 종교성과 문화성", 이상훈 외, 『한국문화와 종교적 다양성』, 성남 : 한국정신문화연구원, 2003, pp.183~229.

일 수 없는 것 같다.16)

교과서는 이 점을 충분히 헤아리고 있다. 훌륭한 인격자의 모델에서부터 사회 문제에 대한 시각, 인간관, 인격 완성을 위한 덕목, 자연관, 이성(異性)관, 그리고 제례 의식에 이르기까지 종교다원주의의 원칙을17) 존중하며 서술하고 있는 것이다.

셋째, 종교윤리를 문화 및 삶의 지혜의 측면에서 강조한다. 종교윤리에 있어서 종교적 신앙과 윤리와의 관계를 강조하는 이들에게는, 신앙의 전제 조건에 대한 충분한 반성 없이 어떤 윤리를 발전시키고 전개하려는 시도가 별 의미를 갖지 못할 수도 있다.18)

앞에서 지적되었듯이 한국을 종교 다원화 사회라고 하였을 때, 그것은 여러 종교들이 혼재해 있다는 뜻과 함께 또한 주도적인 종교가 없다는 뜻도 된다. 더구나 전 인구의 절반 정도에 불과한 종교인구에서도 그 양상은 또다시 차이가 있다. 예컨대 통계에 의하면 한국의 종교는 불교, 개신교, 천주교가 주축을 이룬다. 그러나 유교의 경우 신도 수에서는 적지만 문화적 및 사회적 영향력은 결코 무시할 수 없다.19) 그밖에 민족종교와 신흥종교 등도 영향력을 키워나가고 있다.

이 같은 상황에서 도덕 교과의 종교윤리가 문화 내지 삶의 지혜로 강

---

16) 전통시대부터 현대까지 한국의 종교간 갈등과 공존의 역사를 살피고 향후 한국의 종교가 나아갈 길을 제시한 글로서 강돈구, "한국종교사—갈등에서 공존으로", 이상훈 외, *op. cit.*, pp.13~49.

17) 종교학에서 다원주의는 배타주의나 포괄주의와 달리 타종교를 있는 그대로 인정하면서 그 위에 상호 깊은 이해와 배움을 추구하자는 입장이다. 종교다원주의에 대한 해설서로 John H. Hick, *Problems of Religious Pluralism*, New York : St. Martin's Press, 1985 ; David R. Griffin, *Deep Religious Pluralism*, Louisville, KY : Westminster John Knox Press, 2005.

18) Hans Rotter, *op. cit.*, p.55.

19) 서구식 자기 확인 방법에만 의존해 조사를 실시하면 유교 인구가 매우 적지만, 실제로 제사를 지내는 등 실천적 유교인은 95%라는 통계가 나온다. 김종서, 『종교사회학』, 서울 : 서울대학교출판부, 2005, p.iv.

조되는 일은 오히려 자연스러워 보인다. 어차피 각 종교는 나름의 자기 충족적인 논리가 있으며, 각각이 지향하는 바에 상응하는 도덕적인 길도 갖고 있게 마련이다. 이들 중 어떤 모형에 바탕을 두고 출발점을 구성하는가에 따라, 예컨대 유일신을 섬길 것인지 자기 해탈을 할 것인지 아니면 자연 및 사회와 조화로운 관계를 맺을 것인지에 따라, 종교윤리에 대한 해석도 다르게 나타날 수밖에 없다.

다원주의적 논의가 본래 윤리적 견지에서 도덕적 행위의 적합성을 찾기 위한 노력의 산물이란 점을 고려한다면 더욱 그렇다. 특정 종교의 윤리 규범이 다른 종교의 그것보다 더 가치 있다는 객관적 논증이 불가능한 이상, 구체적인 삶의 현장에서 더불어 사는 데 적합한 규범들을 찾는 데는 문화적 접근 방식이 유리하다고 본다.

또 한 가지 유념할 것은 종교에서 신앙과 문화를 분리하는 일이 과연 가능한가 하는 점이다. 아랍의 문화를 알지 못하고서 이슬람교를 이해할 수 없고, 힌두 문화와 힌두교가 분리될 수 없는 것과 마찬가지로, 교과서도 한국인의 종교윤리 체계를 설명하기 위하여 문화 내지 삶의 지혜의 측면을 중시하는 것으로 보인다.

IV. 도덕 교과 종교윤리 교육의 과제

21세기를 영성의 시대 또는 종교의 시대로 전망하는 사상가들이 늘고 있다.[20] 이는, 그들이 특히 지난 세기의 양면성을 염두에 두고 추론한 결

---

20) Giovanni Vattimo & Richard Rorty, *The Future of Religion*, New York : Columbia University Press, 2005 ; Richard Warms, James Garber, Jon McGee, *Sacred Realms : Essays in Religion, Belief, and Society*, New York : Oxford University Press, 2004.

과로 보인다. 20세기는 인류 역사상 전례 없는 과학기술의 발달, 눈부신 근대화, 물질적 풍요 등이 두드러진 시대였지만, 다른 한편으로는 지구 환경의 파괴, 핵무기를 비롯한 첨단 무기의 확산과 위협, 민족간 종교간 폭력과 파괴의 시대이기도 하였다. 인류가 처한 이 같은 위기를 해결하는 데 정치나 경제 분야에서 그 해법을 찾을 수도 있다.

그러나 문제를 깊이 성찰해보면, 현대의 위기적 상황은 단순히 정치나 경제 분야에 관한 것이 아니라 근본적으로 인간관 그리고 사회관의 문제와 관련됨을 알 수 있다. 종교가 인간관 및 사회관과 관련하여 해온 역할을 고려해보면, 종교는 문제의 해결에 근원적인 열쇠를 쥐고 있는 셈이다.

이런 관점에서 우리는 향후 한국에서 도덕 교과를 통하여 종교윤리 교육을 지속적으로 강화할 경우 다음과 같은 점들에 관심 두어야 할 것이다.

첫째, 종교윤리 교육은 학생들로 하여금 우선적으로 자기 탐구 내지 자기 정체성의 확립에 근거하여 실천하게 하는 방향으로 이루어져야 한다. 앞에서도 언급하였지만 행위의 질서를 규정하는 것은 존재이다(agere sequitur esse). 인간의 규범은 인간 존재 자체와 떨어질 수 없는 것이다. 그런데 인간 존재를 취급하는 데 종교 분야만큼 유리한 것도 없다. 종교는 인간은 어떤 존재인가, 왜 살아있는가, 인간과 세계의 근원적 관계란 어떤 것인가, 인간 생명의 근원은 무엇인가와 같은 '존재' 물음에 대하여 답변을 주고자 한다.

우리는 가끔 주변에서 겉으로는 풍요롭고 건강하고 화목하게 비추이지만 실로 깊은 고독과 권태감에 짓눌린 이들을 본다. 부러울 것 하나 없는 엘리트들이 사이비 종교에 빠져드는 일도 본다. 겉보기에는 승자로 보이는 이들이 오히려 인생의 패배자에 불과하다는 생각이 들 정도이다. 과거에는 빈곤이나 질병 등 자신을 괴롭히는 것들의 모습이 눈에 보였다. 그러나 경제적 풍요로 빈곤을 극복하고 진보하는 의료 기술로 질병을 고치게 된 현대 사회에서 적(敵)의 모습은 딱히 드러나 있지 않으며, 많은 경우 적은 오히려 자기 자신 안에 있다. 종교윤리 교육이 적어도 '진정한 나'를 추구하는 프로세스 자체로서의 의미를 발휘하도록 요구되는 것도 이런 이유에서이다.

이와 관련하여 볼 때 교과서 『시민 윤리』가 '종교 활동과 경건한 삶'의 제재를 통하여 종교의 본질을 직접 다루면서, 인간을 종교적 존재라고 표현한 점은 눈여겨볼 만하다. 교과서에 따르면, 삶의 유한함과 불완전함을 깨닫게 된 인간이 그 궁극적인 의미를 찾고자 노력하면서 믿게 된 초월적이고 초자연적 힘을 지닌 존재가 신이다. 종교가 인생의 근원적인 부분에 해답을 제시한다는 것이다.[21]

또 흥미로운 예 하나를 더 들면, 조상에 대한 예절을 존재론적으로 설명하는 점이다. 교과서는 '나'라는 존재의 근원이 조상이라고 단언하면서 조상 섬김과 존재의 생명력을 연결시킨다. 조상에 대한 제사는 근본적으로 자기 존재의 근원에 대한 보답이라는 것이다. 아울러 조상 섬김의 문화 안에는 한국인들의 독특한 종교관과 생사관이 자리 잡고 있다고 설명한다. 이에 의하면 제례는 자신을 이 세상에 존재하게 해준 근본에 대한 마음의 표현으로서, 자신의 근원을 잊지 않고 감사하는 보본(報本) 의식을 담고 있다.[22]

둘째, 종교윤리를 다룰 경우 종교의 열림과 닫힘의 양면성을 동시에 보도록 지도해야 한다. 종교는 일견하여 양면성을 띠고 있다. 하나는 자기 종교만이 유일한 진리를 가진 참된 종교라는 것, 그리고 다른 하나는 자기의 종교가 세상 모든 이들에 대한 보편적인 관용과 인간적이고 열린

---

21) 교육인적자원부, 『시민 윤리』, 2006, pp.129~130.
22) 교육인적자원부, 『중학교 도덕 1』, 2006, pp.210~211 ; 213 ;『전통 윤리』, pp.103 ; 191 ; 195~196.

사랑을 강조한다는 것이다.

우리는 물론 종교가 긍정적이고 열려 있는 측면을 가지고 있다는 사실을 잊어서는 안 된다.[23] 인류 역사를 놓고 볼 때 종교만큼 인간의 정신적 해방과 치유와 구제에 기여한 것도 드물다. 그러면서도 이따금씩 종교를 둘러싸고 일어나는 수많은 스캔들에 접하다보면, 종교에는 인간이 가지고 있는 가능성을 좁은 영역에 가두어두는 은폐의 측면이 있다. 구성원들이 일면적인 세계관에서 벗어나지 못한 채 단지 자신들의 종교만이 진리와 선함을 독점적으로 소유하고 있으며, 모든 다른 것들은 거짓이고 사악하다는 믿음에 빠져있는 것이다. 이는 때때로 자기 자신에게 상처를 입힐 뿐 아니라 가족과 사회를 붕괴시키기도 한다.

도덕 교과에서 다루는 종교윤리 교육은 종교를 찬미하는 것도 아니고 종교를 부정하는 것도 아니다. 종교와 그것이 제시하는 윤리 규범을 있는 그대로 파악하는 것이다. 무조건 싫어할 것인가 혹은 무조건 받아들일 것인가 하는 이분법이 아니라, 학생 한 사람 한 사람이 주체적으로 그와 마주서게 하는 일이다.

셋째, 종교윤리 교육은 종교간 대화의 기회로 활용될 수 있어야 한다. 요컨대 학생들로 하여금 자신의 신앙에 전적으로 헌신하면서도 동시에 다른 종교를 향해 진지하고 정직한 대화에 임하게 하는 기회로 삼는 것이다.

한국의 종교적 다원 상황이 가족 간의 갈등을 유발하거나, 사회적으로는 가치관의 혼란 내지 중첩으로 나타나면서 갈등의 증폭 요인이 되고

---

23) 러셀은 종교가 아이들로 하여금 이성적인 교육을 받지 못하게 막는다고 비판한다. 한편 큉은 종교의 해악을 경계하면서도 그것이 인류에 끼친 공헌을 인정한다. Bertrand Russell, *Why I Am Not a Christian*, London : George Allen & Unwin, 1957 ; Hans Küng, *Why I Am Still a Christian*, New York : Continuum International Publishing Group, 2005.

있음을 지적하는 연구들이 있다.24) 반면에 또 다른 연구 조사에 의하면 "여러 종교의 교리는 얼핏 생각하면 서로 틀리는 것 같아 보이지만 결국 같거나 비슷한 진리를 말하고 있다."는 포용적인 태도에 대하여, 한국인 전체의 80.0%, 그리고 불교인 중 87.0%, 천주교인 중 85.4%, 개신교인 중 61.7%가 "그렇다"고 응답하여 긍정하고 있다.25) 한국 사회에서 종교 간 대화의 가능성이 엿보이는 대목이다.

실제로 종교를 둘러싼 가장 큰 문제 중의 하나는 종교에 대한 열린 논의가 이루어지지 않는다는 점이다. 미래에 한국 사회가 하나의 종교로 통합될 가능성이 없는 한, 여러 종교들의 공존은 필연적이다. 만일 종교끼리 상호 이해가 없거나 종교의 다양성을 수용하지 못한다면 우리는 폐쇄된 체계를 가진 수많은 집단으로 나뉜 사회에서 살아야 한다.26)

그러기에 교사와 학생은 자신이 설령 어떤 특정 종교를 신봉한다고 할지라도 종교 일반에 관한 보편적 요소를 추구하고자 하는 마음가짐을 갖지 않으면 안 된다. 다종교 사회에 대하여 부정적으로만 보면 종교 간의 긴장, 갈등, 알력이 상상되지만, 긍정적으로 볼 경우 우리에게는 중요한 인류의 문화유산을 폭넓게 누릴 수 있는 선택의 기회가 주어진 셈이다.27) 이런 긍정적인 사고야말로 종교의 상호 이해와 공생이라는 시대적 요청에도 부합할 것이다.

---

24) 이원규, "종교적 배타성과 종교성의 관계에 대한 경험적 연구", 서울대학교 종교문제 연구소(편), 『종교다원주의와 종교윤리』, 서울 : 집문당, 1994, pp.173~205. Cf. 한국 갤럽조사연구소의 표본조사에 의하면, 부부간의 종교 일치율은 68.8%, 부모와 자녀간의 종교 일치율은 51.3%이다. 한국갤럽조사연구소, 『한국인의 종교와 종교의식』, 서울, 1990, pp.68~69.
25) 윤이흠 외, 『한국인의 종교관』, 서울 : 서울대학교출판부, 2001, p.244.
26) 존 힉은 종교간 다툼을 피하기 위해서는 타종교에 대하여 어떤 선입견이나 성급한 판단을 내리지 말라고 충고한다. John H. Hick, *Philosophy of Religion*, Upper Saddle River, NJ : Prentice Hall, 1990, p.117.
27) 이상훈 외, *op. cit.*, p.278.

V. 유의 사항

앞에서 우리는 종교윤리가 한국의 도덕 교과를 통하여 비교적 비중 있게 다루어지고 있음에 주목하면서, 종교윤리가 일반적으로 어떤 특징을 지니고 있는가, 종교윤리에 관한 내용이 교과목들에서 구체적으로 어떻게 표현되어 있는가, 또 종교윤리가 교과목들을 통하여 다루어질 때 향후 해결해나가야 할 과제는 무엇인가에 대하여 차례대로 살펴보았다.

지금의 한국 사회는 정신적인 면에서 그리 안정되어 있지 못하다. 지난 세기의 후반부에는 서구식 자유민주주의와 사회주의 등의 거친 이념적 갈등을 겪었고 전투적인 민족주의도 있었다. 최근에는 이른바 세계화, 극단적인 소비문화 내지 향락주의의 물결이 거세게 들이닥치고 있다. 젊은이들이 안정된 직업을 구하기란 하늘의 별따기와 같고, 기왕의 직장인들은 그저 살아남는 데 온 힘을 쏟아내고 있다.

이런 상황에서 지금의 한국 사회는— 다른 나라들도 엇비슷한 사정이지만— 가히 '영적 위기'에[28] 있다. 한국 사회를 이끌어 갈 어떤 밝은 미래에 대한 비전이나 희망보다는 무력감이 더 팽배해 있는 것 같다. 불신의 늪에 빠져 있는 사람들에게 남북의 통일이니, 사회 개혁이니, 2만 달러 시대니 하는 구호는 공허하게 들린다.

도덕 교과는 그 실효성 내지 타당성을 둘러싸고 벌여온 여러 논쟁에도 불구하고, 학생들로 하여금 바람직한 삶에 필요한 예절과 규범을 익히는 데 기여해온 과목으로 인정받아 왔다. 종교 또한 바람직한 삶의 의미를 이해하고 방향을 정립하는 데 중요한 역할을 해온 것으로 인식되어 왔다. 이런 측면에서 우리는 도덕 교과에서 종교윤리를 다루는 일에 대하여 더

---

28) 관련 문헌으로 J. Lebron McBride, *Spiritual Crisis : Surviving Trauma to Soul*, Binghamton, NY : The Haworth Press, 1998 참조

큰 기대를 해도 좋을 것 같다.

　종교가 우리를 울타리에 가두려 하기보다는, 우리를 편안하고 생명력 가득 찬 삶으로 이끌어줄 수 있다는 그런 기대이다. 이런 기대가 현실화되기 위해서는 우리 각자의 현명한 태도가 필수적이다. 이를테면 종교를 세뇌의 기술이라고 비판하기 이전에, 우리 사회의 시스템은 진정 세뇌적인 것과 관계없는지 먼저 물어야 할 것이다. 반대로 종교를 가혹한 일상의 현실에서 도피하는 장으로 사용해서도 안 될 것이다.

　이 세계와 자신은 보다 깊은 탐구의 대상이 되기에 충분한 존재이다. 아무리 탐구해도 여전히 알 수 없는 부분이 남는 유현함의 극치이기도 하다. 자라나는 아이들에 대하여 내면세계의 다양하고 풍요로운 정경과 마주할 수 있는 장을 제공하는 데에 도덕 교과의 종교윤리 교육의 존재 의의가 있을 것이다.

참고문헌

강영계, 『종교와 인간의 삶』, 서울 : 철학과 현실사, 1999.
교육인적자원부, 『고등학교 도덕』 ; 『시민 윤리』 ; 『윤리와 사상』 ; 『전통 윤리』, 2006.
교육인적자원부, 『도덕 3-1』 ; 『도덕 3-2』 ; 『도덕 4-1』 ; 『도덕 4-2』 ; 『도덕 5』 ; 『도덕 6』, 2006.
교육인적자원부, 『중학교 도덕 1』 ; 『중학교 도덕 2』 ; 『중학교 도덕 3』, 2006.
김종서, 『종교사회학』, 서울 : 서울대학교출판부, 2005.
서울대학교 종교문제연구소, 『종교다원주의와 종교윤리』, 서울 : 집문당, 1994.
윤이흠 외, 『한국인의 종교관』, 서울 : 서울대학교출판부, 2001.
이상훈 외, 『한국문화와 종교적 다양성』, 성남 : 한국정신문화연구원, 2003.
정재식, 『전통의 연속과 변화 : 도전받는 한국 종교와 사회』, 서울 : 아카넷, 2004.
한국갤럽조사연구소, 『한국인의 종교와 종교의식』, 서울 : 한국갤럽조사연구소, 1990.
홍승식, 『종교철학이란 무엇인가?』, 서울 : 가톨릭출판사, 2001.
Baker, Lynne R., "Death and the Afterlife", in William J. Wainwright (ed.), *The Oxford Handbook of Philosophy of Religion*, New York : Oxford University Press, 2004, pp.366~391.
Böckle, Franz, *Grundbegriffe der Moral* ; 성염(역), 『기초윤리신학』, 왜관 : 분도출판사, 1993.
Bowie, Robert A., *Philosophy of Religion and Religious Study*, Kingston upon Thames, UK : Nelson Thornes, 2002.
Caillois, Roger, *L'Homme et le Sacré* ; 권은미(역), 『인간과 성』, 서울 : 문학동네, 1996.
Durkheim, Émile, *The Elementary Forms of the Religious Life*, New York : The Free Press, 1965.
Griffin, David R., *Deep Religious Pluralism,* Louisville, KY : Westminster John Knox Press, 2005.
Hick, John H., *Philosophy of Religion*, Upper Saddle River, NJ : Prentice Hall, 1990.
Hick, John H., *Problems of Religious Pluralism*, New York : St. Martin's Press, 1985.
Holloway, Carson, *The Right Darwin?*, Dallas, TX : Spence Publishing Co., 2006.
John Paul II, *Fides et Ratio : On the Relationship between Faith and Reason*, Boston : Pauline Books & Media, 1998.
Küng, Hans., *Why I Am Still a Christian*, New York : Continuum International Publishing Group, 2005.

Martin, Michael, *Atheism : A Philosophical Justification*, Philadelphia : Temple University Press, 1992.

McBride, J. Lebron, *Spiritual Crisis : Surviving Trauma to Soul*, Binghamton, NY : The Haworth Press, 1998.

McKenny, Gerald, "Genre and Persuasion in Religious Ethics", *Journal of Religious Ethics*, vol.33, no.3, September 2005, pp.397~407.

Paden, William E., *Interpreting the Sacred : Ways of Viewing Religion* ; 이민용(역), 『성스러움의 해석』, 파주 : 청년사, 2006.

Pal, Amitabh, "The Dalai Lama Interview", *The Progressive Online Interview*, January 2006.

Piet, Prasad, *Comparative Religious Ethics*, New Delhi : Cosmo Publications, 2004.

Quinn, Philip, "Religious Obedience and Moral Autonomy", *Religious Studies*, vol.11, 1975, pp.265~281.

Rosen, Stanley, *Nihilism : A Philosophical Essays*, South Bend, IN : St. Augustine's Press, 2000.

Rotter, Hans, *Christliches Handeln* ; 안명옥(역), 『그리스도교 윤리』, 왜관 : 분도출판사, 1987.

Russell, Bertrand, *Why I Am Not a Christian*, London : George Allen & Unwin, 1957.

Schweiker, William (ed.), *Religious Ethics*, Ames, IA : Blackwell Publishing Professional, 2005.

Ueda, Noriyuki, 『宗教クライシス』 ; 양억관(역), 『종교의 위기』, 서울 : 도서출판 푸른숲, 1999.

Vattimo, Giovanni & Rorty, Richard, *The Future of Religion*, New York : Columbia University Press, 2005.

Warms, Richard, et al., *Sacred Realms : Essays in Religion, Belief, and Society*, New York : Oxford University Press, 2004.

제3부 도덕교육의 교수·학습방법 및 평가

Ⅰ. 가치 내면화 탐색의 의의

가치는 도덕과 교육에 있어서 지식, 지적 기능, 행위와 더불어 그 목표를 구성하는 성분으로 인식되어 왔다. 따라서 가치교육, 즉 교사가 학생들에 대하여 가치를 탐구하고 이를 내면화하게 하는 것은 도덕과 교육의 주요한 근거를 이룬다.

교사가 학생들로 하여금 가치를 내면화하게 하고 아울러 가치 갈등의 상황 속에서 도덕적 추론의 능력을 갖게 하려면 어떻게 가르쳐야 하는가 하는 점이야말로 가치교육을 담당하는 교사들이 직면하는 가장 큰 딜레마 중의 하나이다. 솔직히 현대 사회에 다양한 가치들이 존재하며 수많은 가치 갈등의 유형과 우열을 가릴 수 없을 정도로 복잡한 가치간의 대립 안에서, 이른바 만병 치료제의 역할을 할 수 있는 어떤 한 가지 기발한 지도 방법을 기대한다는 것은 무리일 수 있다. 또 교육과정에 제시되는 많은 가치 덕목들을 일일이 그 같은 방식으로 가르치는 것도 쉽지 않을 것이다.

그렇지만 현대 사회에서 일어나는 여러 도덕적 문제들과 더불어 학생들이 부딪치는 가치 기준의 혼란을 그대로 두고 볼 수만은 없다. 어차피 변화와 발전에 대한 욕구가 인간의 역사를 움직이는 하나의 주된 원동력인 한, 학생들로 하여금 사회 변화에 따른 가치 기준의 혼돈을 극복하고 바람직하고 합리적인 가치관을 정립하여 내면화하게 할 가치교육의 방법은 계속 모색되어야 할 것이다.

본 연구의 목적은 도덕과 교육에서 활용할 수 있는 교수 방법을 정립하기 위한 하나의 시도로서, 가치 내면화 방안의 이론과 실제를 탐색하는 데 있다. 아마도 이 연구가 우리나라의 교육 여건에 적절한 독창적인 아이디어를 창조하기보다는, 서구의 가치교육에서 주목받아온 것을 우리의 교육 현장에 활용할 수 있는 방안을 제시하는 데 그치고 있는 점은 이 연구의 한계점일 것 같다.

다만 우리나라 도덕과 교육의 효과가 기대치에 이르지 못한다는 이유 가운데 하나로서 종종 실제적인 교수 방법상의 문제가 지적되어온 점으로 보아, 적어도 이러한 측면에서 본 연구는 의미 있다고 생각된다. 연구의 순서는 먼저 가치교육의 목표로서 가치 내면화의 이론적 배경을 살펴보고, 그 구체적인 수업 모형 몇 가지를 고찰한 다음, 도덕과 교육에서의 실제 적용 방안을 제시해 보고자 한다.

II. 가치 내면화의 이론적 배경

1. 가치 관념의 철학적 근거

도덕과의 내용 영역에서 가치를 탐구하는 능력이 중요시 되고 있음은 주지의 사실이다. 인간은 가치를 추구하는 존재로서, 삶의 목표를 세우고 그것을 달성하기 위하여 노력하는 것도 각자가 추구하는 가치를 실현하기 위한 것이며, 어떤 행동의 옳고 그름을 판단하는 것 또한 가치와 관련되어 있기 때문이다.

일상적으로 가치라는 말은 매우 광범하게 시용되고 있으며, 가치에 대한 연구 또한 대단히 다양하다. 가치를 하나의 초자연적·형이상학적 성질의 것으로 보는 입장에서, 가치는 자연계처럼 감각을 통하여 지각할 수는 없지만 추론을 통하여 인식할 수 있으며, 자연의 현상처럼 일시적으로 나타나는 현상이 아니라 영구불변의 것으로 이해된다. 따라서 어떤 대상이 지닌 가치는 그에 관심을 가진 사람들의 감정이나 의지 혹은 그 밖의 어떤 주관적인 태도를 통해 그 대상 속에 깃든 선악 등을 좌우하거나 변경시킬 수 없다고 이해된다.

이에 반하여 인간의 선악이 주관의 결과라고 보는 입장에서, 가치는 그 자체로서 실재하는 것이 아니라 주체의 심적 태도에 따르는 것으로 이해된다. 이를테면 인간의 어떤 욕구가 작용할 때 가치 현상이 시작된다고 보거나, 혹은 어떤 대상에 대하여 느끼는 일정한 감정이 가치를 발생시킨다고 보는 것이다.

가치에 대한 연구가 본격적으로 체계화되기 시작한 것은 19세기말의 서구 사상계라고 볼 수 있는데, 독일의 에렌펠스(C. Ehrenfels)는 가치의 근본을 인간의 욕망에 두었다.[1] 이후 가치의 본질 직관을 중시한 셸러(Max Scheler)에 의하면 제 가치는 영속적일수록, 분할에도 감소됨이 없을수록, 다른 것에 지배되지 않을수록, 감득에 있어서 만족도가 클수록, 그리고 현존재에 국한됨이 적을수록 그 등급이 높다.[2] 20세기 중반에 영국에서

---

1) Christian von Ehrenfels, *System der Werttheorie*, Leipzig : O. Reisland, 1897.
2) Max Scheler, *Der Formalismus in der Ethik und die materiale Wertethik*, Teile 2, 1913~1916 ; M. S. Frings & R. L. Funk (tr.), *Formalism in Ethics and Non-Formal Ethics of Values*, Evanston, IL : Northwestern University Press, 1973.

는 헤어(R. M. Hare)가 가치를 표하는 평가적 언어의 분석에 관심을 기울이고 있으며,3) 직관주의의 입장에서 무어(G. E. Moore)는 가치란 분명하게 정의될 수 있는 것은 아니지만 그렇다고 우리의 주관에 따라 좌우되는 것은 아니라고4) 설명한다.

또한 가치론의 새로운 장을 연 미국에서 듀이(J. Dewey)는 가치를 경험을 통해 평가하는 행동의 결과로 파악하고,5) 에버레트(W. G. Everett)는 가치를 여덟 가지로 분류하면서 하나의 가치체계를 마련하고 있다.6) 페리(R. B. Perry)에 따르면7) 가치는 모든 관심의 모든 대상으로서, 관심의 크기에 따라 가치도 비교된다. 한편 모리스(C. Morris)는 인간이 수많은 선택의 대상들 가운데 어떤 특정의 것을 보다 좋은 것으로 택하는 성향을 가치라고8) 기술하고 있다.

20세기 후반에 주목받은 것으로서 게첼스(J. W. Getzels)는 가치를 바람직한 개념, 즉 실재적으로 바람직해야 하는 것으로서 행동의 선택에 영향을 미치는 것이라고 규정한다.9) 그리고 로키치(M. Rokeach)는 가치를 다음과 같이 정의하고 있다 ; 10) '어떤 구체적인 행동 양식이나 생활의 목적 상태가 개인적으로나 사회적으로 보아 그와 상반되는 행동 양식이나 생활의 목적 상태보다도 더 낫다고 믿는 지속적인 신념으로서, 행동, 어떤 대상과 상태에 대한 태도, 이념, 타인에 대한 자신의 표출, 평가, 정당

---

3) Richard M. Hare, *The Language of Morals*, Oxford : Oxford University Press, 1952.

4) George E. Moore, *Principia Ethica*, Cambridge : Cambridge University Press, 1956.

5) John Dewey, *Theory of Valuation*, Chicago : University of Chicago Press, 1938.

6) Walter G. Everett, *Moral Values*, New York : Kessinger, 1918.

7) Ralph B. Perry, *The General Theory of Value*, Cambridge : Cambridge University Press, 1954.

8) Charles Morris, *Varieties of Human Values*, Chicago : University of Chicago Press, 1956.

9) J. W. Getzels, "The Problem of Interest : A Reconsideration", in H. A. Robinson (ed.), *Reading : 75 Years of Progress*, Chicago : University of Chicago Press, 1966, p.97.

10) Milton Rokeach, *The Nature of Human Values*, New York : The Free Press, 1973, p.7.

화, 타인과 자신의 비교, 그리고 타인에게 영향을 미치려는 시도 등을 결정하고 안내하는 표준.'

가치의 개념에 대하여 그동안 국내에서는, 정의적인 성질을 띤 속성으로서 시비·선악·적부에 대해 판단의 방향을 갖는 내면화된 문화 규범, 또는 개인의 동기와 포부를 결정하고 지각과 해석을 좌우하며 만족과 의의 획득에 영향을 미치면서 평가 기준을 제공하는 것 등으로[11] 논의되어 왔다.

가치교육으로서 도덕과 교육의 경우 지금까지 의도적이든 혹은 비의도적이든 학생들로 하여금 가치의 실재성을 믿게 하려고 노력하였으며, 인생의 의의와 가치에 대하여 어느 정도 확고한 지침을 줌으로써 일정한 행동 유형을 형성시켜 주고자 하였다. 또 오늘날 인간의 문제가 다른 분야의 것과 마찬가지로 과학적인 방법으로써 다루어지는 경향이 강화되고, 급변하는 사회 속에서 가치의 실재성의 추구가 어려워지고는 있지만, 그 가운데서도 가치에 대한 관심이 상대적으로 높아지고 있는 것 또한 사실이다.

2. 가치 내면화의 심리적, 교육적 근거

1) 가치 내면화의 심리적 근거

가치의 내면화는 바람직한 가치가 개인에게 계속적으로 스며들며 그의 일부가 되어가는 과정을 적절하게 설명해주는 개념이다. 이에 대하여 가치의 습득이나 발달 과정에 대한 심리학적 이론은 가치교육에 시사하는 바가 크다.

먼저 행태주의에 의하면 인간의 행동은 그의 외적 환경에서 생기는 힘

---

11) 정범모, 『가치관과 교육』, 서울 : 배영사, 1986 ; 박용헌, 『가치교육의 변천과 가치의식』, 서울 : 서울대학교출판부, 2002.

에 의하여 크게 좌우된다. 따라서 행태주의자들의 가치 형성에 대한 관심은 사람들에게 모방할 수 있는 바람직한 행동을 보여주거나, 옳은 행동을 했을 경우 보상을 주고 그른 행동을 보일 경우에는 벌을 주는 분위기를 만들어 내는 데 있다.[12] 사람들은 이런 과정을 통해서 사회적으로 수용되는 행동을 배우고, 나쁜 유혹에 대해서는 자제하는 방식을 배우게 된다. 행태주의에 의하면 가치관과 행동의 변화는 특히 아동기인 5, 6세에서 13세까지, 그리고 청년기인 13~18세에서 두드러진다.

또한 인본주의적 입장은 인간이 매우 큰 가능성을 지닌 존재로서 정의와 진리 추구 등의 원리에 따라 자신의 삶을 자유롭게 선택하고 영위해 나간다고 보고 있다. 즉, 인간은 때로는 내적 충동이나 환경의 힘에 의하여 영향 받기도 하지만, 본래적으로 자신의 이기심을 극복하고 자신의 삶의 방향을 올바르게 결정할 수 있는 능력이 있음을 강조한다.[13] 인간은 본성에서 근본적으로 선하거나 적어도 중립적이기 때문에 어떤 가치 문제에 직면할 경우, 그는 자신의 통합된 자아에 근거하여 도덕적 판단을 내리게 된다고 보는 것이다.

심리학적 이론들은 가치 내면화에 대해 비교적 실용성 있는 학문적 근거를 이루고 있다. 행태주의에서 개발된 강화(强化), 조건화, 모형제시 등은 가치교육에서 교사가 학생들의 가치·태도나 그에 일치되는 행동을 형성·발전시키는 데 있어 하나의 이론적 근거가 될 수 있다.

또 인본주의에서 지향하는 자아실현이나 충분기능인(充分機能人)은[14] 개인 스스로 실현하는 것으로, 모든 사람이 이 같은 수준에 도달할 때 매우

---

12) B. F. Skinner, *Science and Human Behavior*, New York : Macmillan, 1953 ; William M. Baum, *Understanding Behaviorism*, Hoboken, NJ : Wiley-Blackwell, 2004.

13) Carl R. Rogers, *Freedom to Learn*, Columbus, OH : C. E. Merrill, 1969 ; Richard Norman, *On Humanism*, London : Routledge, 2004.

14) Rogers, *op. cit.*, p.286.

조화롭고 기능적인 사회가 가능하다고 본다. 인간의 본성에 대한 무한한 신뢰 속에서 학생들로 하여금 높은 도덕적 수준에 도달하도록 도와주는 것이 교육의 근본 이상인 한, 인본주의 이론들 역시 가치 내면화의 강한 이론적 바탕이 될 수 있다.

2) 가치 내면화의 교육적 근거

가치의 내면화는 교육적 측면에서 더욱 중요하다. 우리는 I 장의 맨 앞에서, 도덕에 관한 지식이나 지적 기능만으로는 바람직하고 합리적인 행위라는 도덕과 교육의 최종 목표이자 요구를 충족시킬 수 없음에 대하여 암시하였다. 이는 도덕과 교육에서 지식이나 지적 기능이 필요하지 않다는[15] 의미이기보다는 도덕과 교육에서 가치문제가 매우 중요한 관심사가 되어야 함을 강조하고 있다.

바람직하고 합리적인 행위란 물론 추상적이기는 하지만, 도덕과 교육의 본질에 비추어볼 때 학생이 학생으로서 또는 성인이 된 다음에 공동선을 존중하며 올바른 삶을 위해서 책임 있고 지성적인 행위를 보이면 일단 이 목표에 접근한다고 볼 수 있다. 다만 이러한 행위의 선행조건으로서 바람직하고 합리적인 결정이 있어야만, 비로소 그에 부합하는 행위가 나타날 가능성이 높아질 것이다.

그러므로 공동선을 위한 바람직하고 합리적인 결정은 내재적인 목표라고도 말할 수 있으며, 이 같은 결정을 하는 데 필수적인 구성요소가 지식과 지적 기능, 그리고 내면화된 가치·태도인 셈이다. 물론 이 세 분야는 실제의 교수·학습과정에서는 서로 얽히기 마련인데, 이를테면 학생들은 지식을 사용하지 않고서는 지적 사고를 할 수 없으며, 지적 사고를

---

15) Cf. 아리스토텔레스는 덕을 갖추는 데에는 아는 것이 전혀 혹은 조금밖에 의의를 갖지 않는다고 썼다. Aristoteles, *Nicomachean Ethics*, Bk Ⅱ, ch.4, 1105b.

하는 과정에서 가치문제가 등장하지 않을 수 없는 것이다.

가치에 있어 그 내면화가 중요하다는 것은 로키치가 지적한 바와 같이,16) 가치가 하나의 지속적인 신념으로서 인지적·정의적·행동적 요소로 구성되어 있기 때문이다.

첫째로, 가치는 바람직하고 합리적인 것에 대한 인지적 측면을 가지고 있다. 가치는 사람이 그것을 인지하고 내면화하여 자기 행동의 주요 기준으로 채택함으로써 비로소 그에게 완전히 수용되었다고 볼 수 있다. 예컨대 효도는 중요한 가치이지만, 효도하는 일이 과연 무엇인지 밝혀지지 않는다면 효도의 생활이 효도가 아닌 것이 될 수도 있다. 따라서 가치의 내면화를 위해서는 무엇보다도 그 가치의 개념과 적용 범위에 대한 명확한 지식이 필요하며, 그것을 기초로 하여 도덕적 원리와 규칙에 대한 이해가 가능하게 된다.

둘째로, 특정한 가치에 대하여 정서적 느낌을 가지고 그에 대해 긍정적인 면을 보이거나 그 반대의 경우를 인정하려 하지 않는 점에서 가치는 정의적이다. 물질적인 가치와 진실한 우정 중 어느 것을 선택하느냐의 문제는, 물론 상황에 따라 다르겠지만 개인의 정의적 특성과 밀접하게 관련되어 있다. 인간에게 본래적으로 가치에 관한 감정이 있는 한, 가치교육에서 다양한 자료들을 통하여 가치감을 형성시켜 주는 것이 바람직하다.

셋째로, 가치는 행동으로 이끄는 변수가 된다는 의미에서 행동적 측면을 갖는다. 도덕적 가치들에 관해 그 개념적 뜻을 이해하는 것만으로는 별 의미가 없다. 그 가치에 대한 직접적 혹은 간접적인 체험을 바탕으로 가치의 인지적 요소와 정의적 요소가 결합될 때 비로소 그 가치는 행동

---

16) Rokeach, *op. cit.*, p.7f.

으로 표출될 수 있는 것이다.

내면화에 대한 관점은 다양하다. 잉글리쉬(H. English) 등은 내면화를 사회화의 개념과 유사하게 쓰면서, 어떤 것을 자신의 내부에 흡수하는 것 또는 다른 사람이나 사회의 아이디어, 관습, 가치 등을 자기 것으로 채용하는 것을 내면화라고 정의하고 있다.[17] 굿(C. V. Good)에 의하면 내면화는 개인이 가치 판단을 내리고 자기의 행위를 결정함에 있어서 자신의 일부가 되는 여러 태도, 신념, 원리 혹은 법칙 등을 수용하는 경우에 일어나는 내적 성장이다.[18] 켈만(H. C. Kelman)이 사용한 내면화는 태도 변화의 최종 과정을 지칭하고 있는데,[19] 이렇게 쓸 경우 가치의 내면화란 가치에 관한 교육적 과정의 최종 결과를 말하게 된다.

가치의 내면화 과정은 교육 목표의 정의적 영역을 분류하는 데 관심을 기울인 크라쓰볼(D. R. Krathwohl) 등에 의해 잘 설명되고 있다.[20] 이 설명을 응용해보면, 가치의 내면화 과정은 학생이 어떤 현상에서 드러나는 가치에 주의를 기울이면서 시작된다. 그리고 그가 그 가치에 주의를 기울이면서 자신의 지각의 장(場)에 있는 다른 것들로부터 그것을 변별해내며 만족감을 느낀다. 이제 그는 이런 변별이나 만족과 함께 그 가치에 대하여 개인적으로 확신하게 된다. 이 같은 확신이 커지면서 학생은 다른 현상들과 관계지우며, 수많은 가치들을 하나의 체계로 조직한다. 끝으로 새 가치는 그의 가치체계에서 한 지위를 차지하며 그의 행동을 통제하여 새로운 문제들에 반응하게 된다.

---

17) Horace English & Ava C. English, *A Comprehensive Dictionary of Psychological and Psychoanalytical Terms*, New York : Longmans, Green, 1958, p.272.

18) Carter V. Good, *Dictionary of Education*, New York : McGraw-Hill, 1959, p.296.

19) Herbert C. Kelman, "Compliance, identification, and internalization : Three processes of attitude change", *Journal of Conflict Resolution*, vol.2, no.1, 1958, p.51f.

20) David R. Krathwohl, B. S. Bloom & B. B. Masia, *Taxonomy of Educational Objectives*, White Plains, NY : Longman Publishing Group, 1999, Bk 2, Ⅱ.

또한 마시알라스(B. G. Massialas)는 가치 탐구의 수업 단계를 문제의 인지, 가치의 제시, 결과의 예언, 증거 제시, 가치의 내면화로 구분한 적이 있다.21) 여기서는 특히 크라쓰볼이나 마시알라스 등에 주목하면서, 가치의 내면화를 '설명되거나 혹은 탐구된 가치를 체계화하고 자각하여 생활의 실천 원리로 만들어가는 과정(및 그렇게 하여 만들어진 결과)'로 이해하고자 한다.

가치의 내면화는 설명식 학습이나 탐구식 학습을 통해서 이루어질 수 있을 것이다. 전자에서는 현재 학생들이 어떤 가치를 가지고 있어야 하느냐가 주된 관심이지만, 후자에서는 어떤 가치를 가지고 있든 내 것으로 되어가는 과정을 거쳤느냐가 중요한 관심사이다. 이에 대해서는 다음 장에서도 언급될 것이다.

III. 가치 내면화의 교수 모형

1. 가치 내면화의 방법론적 접근

교육 현장에서 실제로 가치의 내면화를 지도하기 위한 방법에 대하여는 많은 의견들이 제시되어 왔다.

도덕 사회화(moral socialization), 합리적 공리주의(rational utilitarianism), 가치 명료화(value clarification), 인지발달 접근(cognitive development approach)으로 분류하거나,22) 덕목 수합(bag of virtues), 권위 존경(respect-for-authority), 사회 적응(social adjustment), 인지 발달(cognitive development), 개인 심리학

---

21) Byron G. Massialas, *Inquiry in Social Studies*, New York : McGraw-Hill, 1969, p.75ff.
22) Barry Chazan, *Contemporary Approaches to Moral Education*, New York : Teachers College Press, 1985.

(individual psychology), 유기적 접근(organic approach), 행동적 접근(behavioral approach), 가치 명료화(value clarification)로 나뉘어23) 연구되기도 한다. 또 허쉬(R. H. Hersh) 등은 이론적 근거 확립(rationale building), 숙고(consideration), 가치 명료화(value clarification), 가치 분석(value analysis), 인지적 도덕 발달(cognitive moral development), 사회 행위(social action) 등으로24) 구분하고 있다.

흔히 전통적으로 실시되어온 가치교육 방법상 두드러진 점이라면, 그것은 교사가 옳다, 바르다, 바람직하다고 인정하는 가치들을 학생들에게 '설득, 모형제시, 교양법, 강요'와 같은 여러 수단을 통하여 전달하려고 하였다는 점일 것이다. 이러한 접근 방법은 학생들이 추구할 가치의 형성과 그들이 제기하는 가치문제에 대한 해답을 가능한 한 기존의 가치 기준에서 찾으려고 한다.

그러나 이런 방법들은 우리의 의식이 미처 따라가지 못할 만큼 급변하는 현 시대 상황에서 자칫 행위자의 자율성을 소홀히 할 우려가 있기에 합리적이고 효과적인 방법이 될 수 없다는 비판을 받아왔으며, 이제 학생 스스로 가치 기준을 설정하게 하는 것이 낫다는 점이 강조되고 있다.

가치 탐구의 학습으로서 그동안 폭넓은 관심을 받아온 방안으로는, 학생들의 가치 선택 및 그 입장이나 이유를 토의하게 함으로써 도덕적 추론의 수준을 높여주려는 인지적 도덕 발달, 가치를 결정하는 데 있어서 논리적 사고와 합리적인 분석 과정을 활용하도록 도우려는 가치 분석, 자신의 가치를 명백하게 하는 데 가치화의 과정 자체를 직접 경험하게 하려는 가치 명료화를 꼽을 수 있다.

---

23) Bill E. Forisha & Barbara E. Forisha, *Moral Development and Education*, Lincoln, NE : Professional Educators, 1976.
24) Richard H. Hersh, et al., *Models of Moral Eduction* ; 강두호 외(역), 『도덕・가치교육의 교수모형』, 서울 : 교육과학사, 1996.

이 중에서도 앞의 두 가지 접근이 인지적인 성격이 강한 반면, 가치 명료화는 인지적·정의적·행동적 측면을 총체적으로 다루고 있는 점에서 가치 내면화를 위한 중요한 방법으로 유익한 결과를 가져올 수 있다고 생각된다. 이 글에서는 특히 가치 명료화에 초점을 두기로 한다. 가치 명료화는 현재 가치교육 분야에서 가장 관심 받고 있을 뿐만 아니라 탐구적인 성격도 가장 강하게 드러내고 있다.

2. 가치 명료화

가치 명료화는 가치교육을 도덕적 문제들의 해결보다는 자아 인식과 자아 관심을 증진시키는 관점에서 본다. 이 수업 모형은 자신에 대한 보다 의미심장하면서도 안정된 느낌을 얻기 위해 학생들이 자신의 가치들을 깨달아 발견하고 검사해보도록 돕는다. 따라서 이것은 각 개인의 가치 선택을 도와주려고 노력하는 모형으로서, 정치·종교·우정·사랑·성·인종·돈과 같은 가치풍부 영역 안에서 가치를 찾아내려고 시도하며 결정을 내리는 일이 여러 요인들의 영향을 받기 쉽다는 점을 지적해 준다.

라쓰(L. E. Raths), 할민(M. Harmin), 사이몬(S. B. Simon)은 이 모형에서 사람들이 가치의 혼돈에 빠지는 것을 줄여주고 가치화과정(價値化過程)을 통하여 지속적인 가치를 갖게 해주려고 시도하였다.[25] 가치 명료화는 방법론에 있어서 몇 가지 기본 요소를 갖는다. 즉, 관련되는 삶의 이슈들에 초점을 맞추고, 자신의 가치를 판단하지 않은 상태에서 있는 그대로를 받아들이게 하며, 가치의 수용뿐 아니라 가치의 반영도 요구하고, 가치 명료화에 참여하는 학생들이 방향 감각과 성취감을 얻을 수 있다고 보는

---

25) Louis E. Raths, M. Harmin & S. B. Simon, *Values and Teaching* ; 정선심·조성민(역), 『가치를 어떻게 가르칠 것인가』, 서울 : 철학과 현실사, 1994 ; 강두호 외, *op. cit.*, p.87.

점 등이26) 그것이다.

가치 명료화는 학생들로 하여금 변화하는 세계에 만족스럽고도 지적인 방식으로 관계하게 하는 여러 가치들을 얻도록 돕는 데 그 중요한 목적을 둔다. 가치 명료화 이론가들에 의하면 이 모형은 가치와 행동 사이의 관계 분석에서 비롯된다. 학생들이 학교나 가정에서 보이는 제반 문제들은 가치들에 의하여, 더 정확히 표현하자면 가치들의 결핍에 의하여 야기되는데, 우리가 사회와의 관계 속에서 얼마나 명백하게 우리 자신을 파악하는가 하는 점이야말로 우리의 행동을 결정짓게 된다는 것이다. 예컨대 커센바움(H. Kirschenbaum)은 한 사람의 개인적 및 사회적 지위의 중요성에 대한 관심이 명료화 과정에서 항상 중심이 되어왔음을 상기시키면서, 가치 명료화는 결코 어떤 정적인 명료함을 촉진하는 것이 아니라 표시된 행위를 포함하여 평가되고 존중된 가치들을 계속 발달시키는 것이라고 설명한다.27)

그러므로 가치 명료화 모형에서 가치는 어떤 고정된 견해이거나 영구불변의 진리이기보다는 한 개인의 개인적·사회적 체험 안에 근거를 둔 지침으로 이해된다. 라쓰 등은 우리가 어떤 가치들 내지 삶의 형태가 여느 사람들에게 가장 적절한 것이라고 확언할 수는 없지만 그 대신 가치의 획득을 위해서라면 어떤 과정이 가장 효과적인지에 대하여는 어느 정도 인식하고 있다고 강조한다.28)

이들은 가치 명료화가 올바르게 사용될 경우 공헌할 수 있는 몇 가지 목표들을 기대하고 있다.29) 즉, 여덟 가지의 불명확한 가치 행동유형(냉담

---

26) Raths, et al., *op. cit.*, pp.4~5.

27) Howard Kirschenbaum, *Advanced Values Clarification*, La Jolla, CA : University Associates, 1977.

28) Raths, et al., *op. cit.*, p.26.

29) Ibid., pp.248~249.

하고 무관심함, 변덕스러움, 불확실함, 우유부단함, 열정이 없이 표류함, 지나치게 순응적임, 뚜렷한 이유 없이 반항적임, 가식되고 위선적임)의 빈도가 감소되고 일탈적인 형태의 행동이 줄며, 자기 지시적이고 자기 신임적인 성향이 증진된다. 또 가치 표현이 성숙되고 학습 분위기와 사회적 관계가 개선되며 학습 성과도 향상된다. 나아가 개인적인 압박감으로부터 해방되면서 희망과 신념이 증가되고, 교사와 학생과의 관계 또한 좋아진다는 것이다.

라쓰 등의 가치 명료화 모형에 따르면, 자신의 가치에 도달하기 위해서 우리는 그 가치들을 선택하고 존중하며 행동화하는 과정에 참여해야 한다. 이 과정은 실제로 다음의 일곱 가지 과정을 포함한다.[30]

- 선택 : ① 자유롭게
  ② 여러 대안으로부터
  ③ 각 대안의 결과에 대한 깊은 숙고 후에
- 존중 : ④ 선택한 것에 행복을 느끼면서 그것을 소중히 하고
  ⑤ 공적으로 그 선택한 바를 확언하려 하며
- 행위 : ⑥ 선택한 것을 행위로 나타내고
  ⑦ 반복하여, 어떤 생활양식으로서 행동함

이 과정은 우리가 하나의 가치를 어떻게 규정하고 명확히 하는가를 보여주는데, 구체적으로 다음과 같이 설명될 수 있다. ① 어떤 가치의 선택을 강요받은 학생은 그 가치를 자신의 가치 체계 안에 통합시킬 가능성이 거의 없다. ② 접근 가능한 선택 중 하나를 고르는 것은 학생이 자유롭게 선택할 수 있는 가능성을 넓혀준다. ③ 충동적인 선택은 지성적인 가치 체계에로 나아가지 못한다. ④ 학생은 자신의 가치를 소중히 여기고 그것을 존재의 한 통합적인 부문으로 간주해야 한다. ⑤ 스스로 선택

---

30) Ibid., pp.27~28.

한 가치들을 부끄러워하지 않고, 어떤 일이 생겼을 때 기꺼이 적용해보려는 의도를 가지고 있어야 한다. ⑥ 학생의 행동은 소중히 여기는 가치들을 반영하여야 한다. ⑦ 하나의 가치를 좇아 행동할 경우 지속적이고 반복적인 형태로 이루어져야 한다.

한편 가치 명료화가 정의적 영역에 대한 비판적 사고 기능의 적용임을 주목한 커센바움은 이 과정을 '감정, 사고, 의사소통, 선택, 행위'로 확대시키고 있다.31)

라쓰식 모형이든 커센바움식 모형이든 가치 명료화 과정은 어떤 특별한 진행 속에서 가치를 가르치고자 하기보다는, 학생들로 하여금 자신의 삶에서 가치의 정립을 위하여 여러 과정을 사용해보도록 돕는다. 이미 형성된 신념과 행동양식 혹은 지금 진행 중인 그것들에 대하여 가치화과정을 적용하게 하는 것이다. 여기서는 라쓰의 모형을 존중하기로 한다.

가치화과정은 다음과 같은 종류의 내용들에 적용될 수 있다. 우선 목표나 포부 등 이른바 가치 지표(value indicators)로 불리는 인간 삶의 여러 측면들이다. 이때 교사는 학생들의 목표나 포부 등을 명료화하는 데 초점을 두고 토론을 진행할 수 있을 것이다. 또, 우리가 직면하고 있는 개인적인 문제들로서 사랑, 우정, 성, 일, 결혼, 충성심 등에 관한 문제들이 이에 포함된다. 그밖에 몇몇 사회적 이슈들 — 공동체 안의 빈곤, 종족주의, 언론과 자유, 파업권 등 — 도 가치 명료화를 통해서 고찰될 수 있을 것이다. 구체적인 적용 방안의 실례는 Ⅳ장에서 다루어질 것이다.

---

31) Howard Kirschenbaum, "Beyond Values Clarification", in H. Kirschenbaum & S. B. Simon, *Readings in Values Clarification*, Minneapolis : Winston Press, 1973, pp.105~106.

Ⅳ. 가치 내면화 교수 모형의 실제적 적용

1. 가치 명료화 모형의 적용 방안

가치 명료화 교수 모형은 우리나라 교육 현장에서 비교적 잘 알려져 왔고, 실제로 교실 수업에의 적용 면에서도 많은 시도가 있었던 것으로 보인다.

정세구 교수는 그의 한 연구에서, 정의적 영역의 교수 목표를 바람직한 가치·태도, 합리적인 가치·태도, 그리고 바람직한 혹은 합리적인 행위로 나누어 제안한 바 있다.[32] 그 개략적인 의미를 보면, 바람직한 가치·태도는 우리가 당면한 현실에 비추어 바람직하다고 생각되는 것으로서 우리나라의 건전한 사고방식을 가진 시민 대다수가 바라고 호감을 갖는 것이 이에 해당한다. 합리적인 가치·태도는 합리적인 가치 판단에 비추어 결정되는 것으로서 귀납적이거나 연역적인 혹은 그 둘을 합친 논리적 사고 과정에 의한 것을 의미하며, 바람직한 또는 합리적인 행위는 바람직하거나 합리적인 가치 기준에 따른 행위를 말한다.

또 다른 연구에서[33] 정교수는 초등학교 저학년에서 고학년을 거쳐 중학교, 고등학교, 그리고 대학에 이르는 동안, 가치 교육의 교수 목표는 점차 바람직한 혹은 합리적인 행위보다 합리적인 가치가 강조되며 바람직한 가치는 계속 중시된다면서 특히 가치 명료화 접근방안에 관심을 기울이고 있다.

가치의 내면화를 위한 수업 전략에서 지금까지 연구가 진행 중인 가치 명료화 방법의 구체적인 방안들은 상당수에 이른다.[34] 여기에는 명료화

---

32) 정세구, "초, 중, 고 사회·도덕교육의 정의적 영역 평가", 「정의적 영역 평가의 원리와 실제」, 서울 : 중앙교육평가원 교육평가세미나보고서, 제3집, 1986, p.52ff.
33) 정세구, "가치교육 방법론", 「국민윤리연구」 제23호(Ⅰ), 1986, pp.116~118.

응답(clarifying response), 가치지(value sheets), 역할놀이(role playing), 가상적 사건(contrived incidents), 의사결정상황(decision-making situations), 악마의 변호(devil's advocate), 가치연속(value continuum), 개방문장 완성하기(open-ended questions), 시간일지(time diary), 자서전적 질문지(autobiographical questionnaire), 가치투표(values voting), 순위 매기기(rank order), 코드지(codes papers), 감수성도(sensitivity modules), 자존심 격려(proud whip), 의자선택(chairs), 제목 없는 그림(picture without a caption), 가치 격자(values grid), 좋아하는 것들 20가지(twenty things you love to do), 공개인터뷰(public interview), 전보/편지보내기(I urge telegrams/letters to the editor), 낙진대피(fall-out shelter problem), 삶의 지도(personal life map), 지금 여기서(here and now wheel), 궁극적인 생각(final thoughts), 사색지(thoughts cards), 주간 반응지(weekly reaction sheets), 자신의 문장(personal coat of arms), 진술배우기(I learned statements), 집에 오는 손님(Who comes to your house?), 성공의 상징(success symbols)이 있다.

또, 강요된 선택사다리(force choice ladder), IALAC신호이야기(IALAC sign story), 상대모험 혹은 분담트리오(partner risks or sharing trios), 프라이버시범위(privacy circles), 단추설계(design a button), 가정상황(If situations), 구별하기(Where do you draw the line?), 로저 듣기놀이(Rogerian listening), 자유선택게임(free-choice game), 대안행동 찾기(alternative action search), 전체집단 나눔(whole-group sharing), 악어의 강(alligator river), 유형 찾기(pattern search), 생활목록기습(life inventory surprise), 명확한 요점(positive points), 환상의 씨(fantasy seeds), 열세 개(bakers dozen), 연극이나 영화 장면(a scene from a play or a movie), 자극적인 질문(provocative questions), 가치짝(value pairs), 의사결정인

---

34) 구체적인 내용 방안에 대하여 Raths, et al., *op. cit.* ; Kirschenbaum & Simon, *op. cit.* ; Sidney Simon, L. W. Howe & H. Kirschenbaum, *Values Clarification : A Handbook of Practical Strategies for Teachers and Students*, New York : Hart, 1972 등 참조.

터뷰(decision-making interview), 논평 없는 5분 인용문(five-minute quote without comment), 가치보고서(value reports), 행위기획(action projects), 지그재그훈련(zigzag lesson) 등이 포함된다.

위의 방안들은 각기 독특한 기법으로 가치 내면화의 수업 전략을 촉진시키고 있는데, 방법론에 있어 크게 보아 대화 내지 토론을 통해서, 그리고 쓰기를 통해서 가치 내면화에 접근하고 있다. 그밖에 결과의 인식을 통해서 접근하기도 한다. 여러 방안들은 이들 가운에 어느 특정한 방안이 가치 내면화에 보다 우수한지 우열을 가리는 데 의미를 갖기보다는, 보다 훌륭한 수업계획이 일반적으로 보다 훌륭한 학습지도를 낳고 있음을 상기시키는 데에 관심을 둔다고 보아야 할 것이다. 본 연구에서는 대화를 통한 방안 중 '명료화 응답'(明瞭化應答)과 쓰기에 의한 방안 중 '가치지'(價値紙)를 중심으로 살펴보기로 한다.

2. 명료화 응답

1) 기본 틀

명료화 응답은 학생이 말한 것에 대하여 교사가 주는 응답을 이르는 것으로서, 교사가 학생으로 하여금 가외의 사고를 하도록 격려하는 데 그 목적을 두고 있다. 따라서 명료화 응답의 기본 의도는 학생들이 자신의 생각과 행동을 더 가까이 접근해 들여다봄으로써, 자신이 진정으로 가치화하고 있는 바가 무엇인지를 스스로 명료화시켜 보게 하는 데에 있다.

명료화 응답은 대개 교사와 한 학생간의 격식 없는 대화의 형식으로 또는 전체 학급 토론 중에 이루어지며, 종종 학생들에 대한 지필상의 논평으로 이용되기도 한다. 예를 들어, 한 학생이 고등학교를 마치고 대학에 진학하려 한다는 이야기를 듣고 난 교사가 "그래, 열심히 해라", "어느 대학에 갈래?”, “행운을 빈다.”는 식으로 응답하기보다는, “대학에 진학하는 것 말고 다른 대안도 생각해 보았니?”라고 응답해줄 경우, 가치의 명료화가 보다 진척된다고 보는 것이다.

그러므로 명료화 응답은 교사가 자신의 가치 체계를 옳은 답으로 강요하는 것이 아니라 학생 자신의 가치에 관한 사고를 섬세하게 자극하는 것을 의미한다. 라쓰 등은 앞에서 언급된 가치화의 일곱 과정을 통해 명료화 응답을 제안하고 있다. 각 과정별로 명료화 질문의 예를 하나씩 들어보면,

① 자유로운 선택 : 너는 그 아이디어를 어디서 얻었니?
② 여러 대안으로부터의 선택 : 이것을 선택하기 전에 다른 것을 생각해 보았니?
③ 심사숙고하고 반성하여 선택 : 각 대안의 결과는 어떠할 것 같니?
④ 존중하고 아낌 : 그런 기분을 느낄 때 즐겁니?
⑤ 확언 : 기회가 주어지면 너의 느낌을 학급에서 말해보겠니?
⑥ 선택에 따른 행위 : 네가 추구하는 것에 대해 뭐 좀 읽어보았니?
⑦ 반복 : 꽤 오랜 기간 이런 방식으로 느껴왔니?

그러나 이러한 명료화 응답들이 유용하기 위해서는 이들이 몇 가지 요건에 부합하여 사용되어야 할 것이다.[35]

• 명료화 응답은 비판하거나 평가하는 것을 피하므로 ‘옳은’ 또는 ‘그른’ 응답에 초점을 맞추지 않는다.
• 그 목적은 학생들에게 스스로 선택할 수 있는 책임을 부여하는 데 있다.
• 학생들이 응답하는 것을 반드시 기대하지 않으며 통과할 수 있는 길을 허용한다.
• 응답의 목표는 행동의 변화보다 분위기의 조성을 지향한다.

---

35) 강두호 외(역), *op. cit.*, p.98.

- 명료화 응답은 인터뷰가 아니라 학생들의 사고를 자극하려는 것이다.
- 명료화 응답은 논의의 확장을 바라는 것은 아니며 대개 짧은 대화 속에서 이루어진다.
- 명료화 응답은 각 개인에게 관심을 두므로 그룹토의 보다는 개별 접촉이 더 효과적이다.
- 교사가 교실에서 이야기되거나 행해지는 모든 것에 응답하는 것은 아니다.
- 학생들이 '옳은' 답으로 향하도록 시도하지 않는다. 교사가 마음속에 간직한 해답을 지향하게끔 학생들을 유도하는 질문들도 배제된다.
- 명료화 응답에 일정한 패턴은 없으며, 응답들이 대화 도중에 자연스럽게 나타나야 하고 기계적인 방식으로 활용되어서는 안 된다.

실제로 명료화 응답을 통해서 학생들의 가치 내면화를 꾀할 경우, 교사는 학생들이 진술하는 말씨 내지 설명에 주의를 기울여 듣고자 할 것이다. 라쓰 등은 아직 가치에 도달하고 있지 않지만 가치를 지향하고 있는 가치 지표들을 분류하면서 그 진술을 나타내는 전형적인 기본 어귀들을 제시하였는데[36], 이런 진술들이야말로 명료화 응답의 기회가 무르익은 것으로 볼 수 있다. 가치 지표별 주요 기본 어귀들을 하나씩 들어보면, 태도(나는 …에 찬성한다), 감정(나는 …할 때 힘들었다), 포부(나의 장기 계획은 …이다), 목적(나는 …을 하려고 생각하고 있다), 관심(나는 …하는 것을 좋아한다), 행위(하교 후에 나는 대개 …한다) 등.

괄호 속의 진술 형태들을 면밀히 살펴보면, 가치는 직접적으로 나타나기보다 가치 지표로부터 추론되어 나오는 것으로서 학생들이 지니는 가치의 단서를 주고 있는 셈이다. 또한 어떤 가치 지표든지 한 가지만으로는 가치화에 작용하거나 영향을 끼치지 못하므로, 교사는 몇 가지 범주에 속하는 학생들의 언질을 경청하고서 가치화의 방법 체계에 따라 응답

---

36) Ibid., pp.92~95.

해 줄 필요가 있다.

2) 실례

여기서 드는 몇 가지 예는 가치 명료화 과정이 어떻게 이루어지는가에 초점을 두고 있다. 다만 미리 고려해야 할 사항들을 보면, 먼저 어떤 가치든지 그것을 명료화하기 위해서 반드시 지켜야 할 고정된 법칙이나 공식은 없다는 점이다. 그것은 지극히 개인적이고 개별적으로 취급되는 과정이기 때문이다. 또, 이처럼 인쇄된 종이 안에서 명료화 사건을 보는 데는 한계가 있는 점이다. 명료화가 일어나는 상황을 문자화하기란 결코 쉽지 않다. 그렇지만 아주 평범해 보이는 대화이면서도 그것을 통하여 교사가 학생들에게 가치관을 정립해 나가도록 협조할 수 있는 데 의미가 있다. 그리고 명료화는 한번으로 족한 업무가 아니다.

여기 명료화 응답을 사용하는 교사를 보자.

교사 : 너 오늘도 지각했구나. 넌 학교에 늦는 게 좋으니?
학생 : 아닙니다.
교사 : 더디고 느린 것에 대해 기분이 어떠니?
학생 : 글쎄요, 때때로 익살맞다는 느낌도 듭니다.
교사 : 익살맞다는 것이 무슨 의미이지?
학생 : 저는 어떤 난처함 같은 것을 느낍니다.
교사 : 늦는 것이 좀 불안하다는 말이로구나.
학생 : 네, 맞습니다.
교사 : 네가 시간에 맞게 도착하는 것을 내가 어떻게 도울 수 있을까?
학생 : 음, 어머니께서 대개 아침이면 저를 깨우십니다만, 어머니도 가끔 늦잠자곤
　　　 하십니다.
교사 : 그래, 알람시계를 갖고 있니?
학생 : 없습니다.
교사 : 그것을 살 수 있니? 그걸 사는 데 내가 도와주마. 네가 원한다고 생각하면.
학생 : 무슨 말씀인지 알겠습니다.

여기서 교사는 진부한 재담으로 빠지지 않는 용기를 갖는 것이 중요하다. 그러므로 하나의 유일한 정답만이 용인될 수 있다는 식의 대화는 삼가는 게 좋다. 이를테면 "너는 지각하는 게 나쁘다고 생각되지 않니?"라든가 "시간 지키는 것이 좋다는 점에 동의하지 않니?" 등은 흔히 예상되는 질문들이다.

고등학교 수준의 학급 토론에서 가능한 대화를 보자.

연우 : 너무 많은 동남아 노동자들을 받아들이는 경우 사람들에게 곤란할 것 같습니다.
교사 : 어떻게 곤란스럽겠니?
연우 : 글쎄요, 그들은 너무 값싼 노동을 하고 있기 때문에 어지간한 수준의 내국인이 취업할 수 없습니다.
교사 : 실제로 그런 일이 일어나고 있는 예를 들 수 있니?
연우 : 가죽공장의 구직광고를 보고 찾아갔는데, 필리핀에서 온 근로자가 먼저 도착해서 이미 서류를 낸 경우를 생각할 수 있겠습니다.
교사 : 응, 그 근로자가 기꺼이 저렴한 가격으로 일하려 했을까?
연우 : 그 점은 확실히 모르겠지만요.
교사 : 만일 네가 취업을 하지 못하게 되었을 때 어떤 느낌이겠니?
연우 : 정말이지 미쳐버릴 것 같습니다.
교사 : 혹시 함께 있던 형식이가 취업하게 될 경우에도 그러겠니?
연우 : 그 누구든 그럴 것 같습니다. 저는 참으로 그 계통의 취업을 원하고 있기 때문입니다.
교사 : 다른 가죽공장도 알아보겠니? 아마 우리가 가죽공장 목록을 작성한 다음, 네가 하나를 대조해볼 수도 있겠구나.

이 대화에서 "어떻게 곤란스럽겠니?"라고 묻는 교사는 하나의 명료화 질문을 던지고 있다. 왜냐하면 이 질문은 학생으로 하여금 대화에 응하도록 초대하고, 동남아 근로자들의 진출보다도 돈과 더 관계있을 법한 현실적인 관심에 말을 걸고 있으며, 아울러 사물을 보다 명료하게 하는 데 관여하기 때문이다. 이어서 교사는 학생에게 하나의 실례를 들어보고 동남아 근로자의 의도도 생각하게 하면서, 학생으로 하여금 장난으로 느끼지 않도록 유도하고 있다. 또한 교사는 연우가 왜 졸업 후 그러한 직업을 원할까, 대학가기 위한 돈벌이 준비일까 등 여러 가지를 기억하게 되는데, 향후 명료화 접촉에서 이 같은 문제들을 탐구해볼 수도 있을 것이다.

양심적인 교사로서 빈약해 보이는 학생들의 비판적 사고를 결코 소홀히 할 수 없지만, 정면 공격이 꼭 효과적인 것은 아니다. 앞의 대화에서 교사는 동남아 근로자들의 국내 진출에 대한 진술이 자신이 원하는 직업을 갖지 못하는 데서 오는 학생의 욕구 불만에 기초한다는 가정을 염두에 둘 필요는 있다.

포부를 드러내는 또 하나의 예를 보자.

여기서 교사는 꽤 흥미로운 대안들을 갖게 되는데, 그 중에는 학생이 존경받음을 느끼는 것이 얼마나 중요한지, 학생이 지금 당장 어떤 봉사를 행할 수 있는지, 먼 곳에 가보기 위해 학생이 무슨 다른 가능성을 갖고 있는지 등에 관한 것도 포함된다. 물론 교사는 이쯤에서 대화를 끝내버릴 수도 있겠지만. 결국 명료화 응답에서는 말하는 사람이나 듣는 사람에게 모든 것이 존중되고 신뢰받으며 자유롭다는 생각이 들게 할 정도의 분위기가 요구된다. 아울러 참가자들은 타인의 생각이나 감정을 받아들이는 것 자체가 동의는 아니라는 사실도 인정해야 한다.

3. 가치지

1) 기본 틀

명료화 응답이 특정 학생의 특정한 표현에 주목하는 데 반하여, 가치지는 일반 학생들을 겨냥하면서 대부분의 학생들에게 중요하다고 여겨지는 아이디어들을 다룬다. 이런 의미에서 명료화 응답이 본질적으로 각 개인에 초점을 두는 방안이라면, 가치지는 집단적으로 활용될 수 있는 방안이다.

가치지는 강제적이지 않으면서도 자극적인 방식을 통해서 학생들의 주의를 우리 주변의 뭔가 더욱 분명해져야 할 가치들에로 집중시키는 한 가지 방안이다. 그것은 학생 각자로 하여금 이 같은 문제와 그 대안에 직면하게 하므로 가치 명료화에 잘 부합된다. 또, 각자는 이 방식을 통하여 자유롭고도 사려 깊게 지성적인 선택을 하고, 그 선택한 바에 맞는 방식에 따라 행동하도록 고무된다.

가치지는 학생들에 대하여 깊이 생각한 다음 써 보게 하는 것으로서, 가치 암시적인 것이 담긴 사고 유발형의 진술이나 이야기 혹은 일련의 질문을 포함한다. 가치 암시를 주는 가치문제를 제시하고 이에 대한 응답을 쓰게 하는 것은, 학생들이 응답하는 과정에서 자신의 가치를 명료화하도록 도우려는 의도에서이다. 학생들이 각자 가치지에 응답해 나가는 일은 세상을 살면서 부딪치는 여러 문제들을 해결해가는 과정과 유사하다고 볼 수 있다.

가치지의 가장 간단한 형태는 사고를 유발하는 자극적인 진술문과 그에 관한 일련의 질문들로 이루어진다. 교사는 학생들에게 가치화의 측면에서 어떤 강한 반응을 야기할 것 같은 문장으로 된 진술문을 주고 그와 관련된 질문들을 첨부하여 학생들에게 나누어 준 다음, 그들로 하여금 각자 그것을 읽고 질문에 답하게 한 후 반응하거나 또는 함께 논의한다. 이렇게 하는 과정에서 학생은 그 문제와 관련된 자신의 가치를 명료화할 수 있게 된다.

가치지에서 쓰기 응답이 강조되는 것은 대답을 적는 활동이 말하는 활동보다 더욱 세심한 사고를 유도해 낸다고 보는 데 있다. 라쓰 등은 가치지를 이용하는 효과적인 방법들이 사려 깊게 질문에 응답하는 개인으로부터 비롯됨을 강조한다.[37] 가치의 개발에는 개방적이면서도 사색적인 분위기가 요구되지만, 토론이 가치지와 병행될 경우 큰 집단보다는 작은 집단에서 더 효과적이다.

가치지의 효율성을 높이기 위하여 라쓰 등이 제시하는 전략은[38] 도덕과 교사들에게 좋은 지침이 될 수 있다.

- 교사는 학생들로 하여금 각자 기입한 가치지를 가지고 모둠별로 토의하게 할 수 있다. 학생들에게 교사를 통한 답을 기대하게 하기보다 문제를 끝까지 충분히 생각하게 한다는 측면에서이다.
- 교사는 학급 전원을 상대로 해당 가치의 주제에 대해 전체 토의를 갖도록 유도할 수 있다. 이때 새로운 대안과 아이디어가 많이 나올수록 유익할 것이며, 교사는 학생들의 견해 차이가 속출하는 것을 보장하도록 노력할 필요가 있다.
- 교사는 제출된 가치지에 대하여 논평 없이 흥미로운 대안을 제시하거나, 문제에 대해 특수한 관점에서 응답한 것을 선정하여 읽어줄 수

---

37) Raths, et al., *Values and Teaching*, op. cit., p.116.
38) Ibid., p.117ff.

있다. 이때 이어서 토의를 진행시키는 것도 좋은 방법이다.

- 교사는 제출된 가치지의 여백에 일정한 논평을 적어서 돌려줄 수 있다. 이 경우 논평들은 가치화의 양식에 맞춰져 있어야 하며, 학생이 원래 적은 것의 일정한 측면을 다시 생각해보게 하는 후속 질문들을 포함하는 것이 좋다.

2) 실례

가치지의 틀이 진술문과 일련의 질문들로 구성되어 있지만, 그 구체적인 형식은 퍽 다이내믹하다. 이 중에는 몇 개의 질문이 있고 학생들이 자유롭게 답을 쓰는 것, 가치화의 과정이나 행동 변화의 수준을 일정한 빈 칸 속에 써넣게 함으로써 학생들의 가치나 행동을 보다 엄밀하게 분류하는 것 등이 포함된다.

먼저 매니즈(M. Mannes)의 글을 활용하여 라쓰가 개발한 가치지의 한 예를 인용해보자.39)

다음의 질문들에 대하여 가능한 한 답변을 해보세요. 다만 깊이 생각한 후에 정직하게 답하세요. 제출한 가치지는 약간의 논평과 함께 돌려드리겠습니다. 이것은 점수와는 관계없습니다.

UN 본부의 명상실

뉴욕의 UN 본부 건물에는 명상실 하나가 있는데, 그곳에는 특정 종교와 관련되는 모든 상징물을 다 치웠습니다. 거기에는 몇 줄의 의자와 화분 1개, 그리고 등(燈)만이 있습니다. 마리야 매니즈 씨는 이방에 대해 다음과 같이 썼습니다.

"그 방에 혼자 있는 동안 아무것도 장식되어 있지 않은 분위기가 나를 압박하여 혼란스럽게 했고, 나는 미칠 것 같았습니다. 그 방은 마치 미친 사람을 가두는 수용소처럼 느껴졌습니다. 현 시대가 당면한 가장 큰 문젯거리의 핵심이 그곳에 놓여있는 것처럼 보였으며, 일체의 무색, 무형, 공허가 마치 우리들의 체력을 고갈시키는 백혈병을 연상시켰습니다. 이제 우리는 우리 모두를 기쁘게 해줄 수 있는 것

---

39) Ibid., pp.86~87.

은 아무 것도 없음을, 그리고 우리가 인간 정신으로부터 가장 위대한 보편적인 것을 만들고자 시도하고 있음을 깨달았습니다. 그 방의 가장 큰 두려움은 어떤 말도 없다는 점입니다."

1. 이 인용문에 대한 당신의 반응을 짧게 쓰세요.
2. 이 글이 당신에게 불러일으키는 감정은 무엇인가요?
3. 매니즈 씨의 인용문이 반종교적이라고 생각되나요? 그렇게 생각되는 이유는 무엇인가요? 만약 그렇지 않다면, 왜 그런가요?
4. 당신 생각에 매니즈 씨가 자신이 보이는 위험을 과장해서 표현했다고 보이나요?
5. 매니즈 씨의 견해를 지지할 수 있는 더 많은 예를 우리 사회 안에서 찾아내어 나열할 수 있나요?
6. 그의 견해를 논박할 수 있는 어떤 것을 나열할 수 있나요?
7. 만약 인용문이 당신을 걱정케 하는 문제점을 암시한다면, 당신이 그에 대해 개인적으로 할 수 있는 일이 무엇인가요? 당신 혼자 할 수 있는 일, 가까운 친구와 함께 할 수 있는 일, 보다 큰 모임과 더불어 할 수 있는 일은 각각 무엇인가요?
8. 당신의 경험 중에 매니즈 씨의 걱정을 덜어줄 어떤 지혜로운 말을 해줄 수 있나요? 혹은 그를 더 놀라게 할 수 있는 지혜로운 말이 있나요?
9. 당신은 무엇을 깨달았나요? 그리고 그에 대해 무엇을 할 생각인가요?

가치지를 사용함에 있어서 항상 고려해야 할 것은, 각 학생들이 자칫 생각 없이 남의 의견을 수동적으로 듣기 쉬운 여느 토론에 임하기 전에, 여러 질문들을 해결하기 위해서 스스로 생각할 기회를 갖게 하는 점이다. 위의 가치지에서 질문7은 특히 학생들로 하여금 우리의 말과 행동 사이에 큰 차이가 있을 수 있음을 인식하도록 일깨워준다. 또, 질문8은 교사의 교과 내용에 대한 책임을 인식하고 있다. 질문9는 비교적 단순하고 직선적인 물음이지만, 학생들로 하여금 자신이 행하는 것들 중 실제로 깊이 마음 쓰고 있는 것이 그리 많지 않음을 알도록 유도하고 있다.

가치지는 위의 경우와는 달리 하나의 덕목에 대한 일련의 질문들로 간략하게 만들어지기도 한다. 도덕 교과에서 중요한 덕목 가운데 하나인 우정에 관한 것을 예로 들어보자.

> **우정**
> 1. 당신에게 우정이란 무엇을 의미하나요?
> 2. 당신의 친구들을 놓고 볼 때, 당신이 그들을 선택했나요? 아니면 우연하게 그들이 당신의 친구가 되었나요?
> 3. 당신은 어떤 식으로 우정을 표시하나요?
> 4. 당신은 우정을 개발하고 유지하는 것이 얼마나 중요하다고 생각하나요?
> 5. 당신의 방식을 바꿀 계획이 있다면, 어떤 변화를 원하는지 써보세요. 그럴 계획이 없는 경우에는 '없음'이라고 쓰세요.

다음의 예는 비교적 정교한 화젯거리를 다루지만, 이것도 학생들이 보이는 반응에 따라 서로 다른 수준에서 논의될 수 있다.

> **G8과 북경 올림픽**
>
> | G8국가 | 금메달 | 은메달 | 동메달 |
> | --- | --- | --- | --- |
> | 미 국 | 36 | 38 | 36 |
> | 러 시 아 | 23 | 21 | 28 |
> | 영 국 | 19 | 13 | 15 |
> | 독 일 | 16 | 10 | 15 |
> | (한 국) | 13 | 10 | 8 |
> | 일 본 | 9 | 6 | 10 |
> | 이탈리아 | 8 | 10 | 10 |
> | 프 랑 스 | 7 | 16 | 17 |
> | 캐 나 다 | 3 | 9 | 6 |
>
> 1. 위의 내용에서 보면 한국은 G8 국가들과 비교하여 단연 돋보입니다. 당신은 이것이 명예로운가요? 또, 우리는 이것을 소중히 해야 하나요?
> 2. 올림픽에서의 메달 성적은 어떤 방식으로 당신의 삶에 관련되나요?

V. 수업 지도의 유의점

우리는 앞에서 도덕과 교육의 효과를 높이기 위한 측면에서 가치를 내면화할 수 있는 방안에 대하여 살펴보았다. 먼저 가치 관념이 갖는 철학적 근거와 가치 내면화의 심리적 및 교육적 근거를 토대로 그 이론적 배경을 탐색하였으며, 실제로 교육 현장에서 학생들의 가치 내면화를 돕기 위한 여러 가지 접근 방법들을 고찰하였다. 이 가운데 특히 가치 명료화에 주목하면서, 가치 명료화가 학생들로 하여금 자신의 생활 속에서 스스로 가치의 정립을 위하여 가치화 과정을 활용하도록 돕는 방법임을 강조하였다.

이어서 가치 내면화의 교수 모형으로서 가치 명료화를 실제의 교육과정에 적용해볼 구체적인 방안으로 명료화 응답과 가치지를 선별하였다. 전자는 대화 중심으로 개별 학생의 특정한 표현에 관심을 기울이며, 후자는 쓰기 중심으로 대개의 학생들에게 중요하다고 생각되는 아이디어들을 논의하게 하는 것으로서, 각각 그 수업 적용을 위한 기본 틀을 정리한 후에 구체적인 실례들도 제시하였다.

이 연구는 가치 내면화에 대하여 인간이 선택, 존중, 행위의 과정에 의해서 가치에 도달할 수 있다는 가정에 기초를 두고 있다. 이 같은 탐구 과정을 거쳐서 가치를 얻은 경우, 학생들은 이제 덜 혼란스럽고 보다 합리적이며 열정적으로 행동하리라 기대된다. 그들이 가치화의 과정을 거치면서, 도덕적으로 적극적이고 긍정적이며 자신의 선택에 대하여 신념을 갖고 행동하는 태도를 가지리라고 보는 것이다.

물론 이러한 관점에 대하여 기왕에 비판이 없는 것은 아니다. 이를테면 가치 명료화가 갈등의 명료화에는 별 기여하지 못한다거나, 윤리적 상대주의의 경향을 야기한다는 점이 지적되고 있고,[40] 철학적인 기초와 목표가 약하다는[41] 우려도 있다.

그럼에도 불구하고 이 글이 주목한 방안들은 가치에 대한 학생들의 응답을 일깨우며, 나아가 보다 재미있는 수업을 유도할 수 있는 장점을 갖는다고 본다. 적어도 가치에 대하여 개인적 및 사회적으로 중요한 관심을 불러일으키는 하나의 괜찮은 출발점이 될 것으로 보인다. 얼핏 게임처럼 생각되는 방안들도 사용하기 쉽고 보다 완화되고 개방된 수업 분위기를 만드는 데 도움을 주기 때문에, 교사들 또한 흥미롭게 접근할 수 있을 것이다.

끝으로 교사가 명료화 응답과 가치지의 방안을 통하여 가치 내면화 수업을 지도할 경우에 유의해야 할 사항 몇 가지를 기술하면서 글을 마치고자 한다.

첫째, 교사는 가치화 과정을 지도하는 데 있어서 사실이나 개념 수준의 학습에서와 달리 수용적으로 임해야 한다. 학생들은 대체로 교사를 권위자로 보는 데 익숙하여 교사의 입장을 따르는 경향이 있으므로, 그들이 다른 견해를 표현해도 책망받지 않을 것이라는 점을 일깨워 준다.

둘째, 학생들에 대하여 명료화 과정에 반드시 참여하지 않고 자기의

---

40) Alan Lockwood, "A Critical View of Values Clarification", in David Purpel & K. Ryan (eds.), *Moral Education : It Comes with the Territory*, Berkeley : McCutchan, 1976, p.155f.

41) Cf. Forisha & Forisha, *Moral Development and Education*, op. cit., p.71.

차례를 통과할 수 있도록 배려한다. 교사는 필요 이상으로 학생에게 이유를 캐어묻지 말고 그의 반응 자체를 존중하는 것이다.

셋째, 참여하는 학생들에게 정직한 반응을 하도록 격려한다. 아울러 논쟁적인 문제들이나 가치 선택들이 토의될 경우 '예, 아니오' 또는 '이것, 아니면 저것' 식으로의 답을 유도하면서 사고를 제한시키는 질문들은 피한다.

넷째, 개인적인 관심사와 더불어 남북통일, 사회정의, 생명윤리, 환경 문제 등 보다 광범한 사회적·국가적 쟁점들과 관련된 질문들도 포함시킨다.

참고문헌

박용헌, 『가치교육의 변천과 가치의식』, 서울 : 서울대학교출판부, 2002.

정범모, 『가치관과 교육』, 서울 : 배영사, 1986.

정세구, "가치교육 방법론", 「국민윤리연구」 제23호(I), 1986.

정세구, "초, 중, 고 사회・도덕교육의 정의적 영역 평가", 「정의적 영역 평가의 원리와 실제」, 서울 : 중앙교육평가원 교육평가세미나보고서, 제3집, 1986.

Aristoteles, *Nicomachean Ethics*, Bk II.

Baum, William M., *Understanding Behaviorism*, Hoboken, NJ : Wiley-Blackwell, 2004.

Chazan, Barry, *Contemporary Approaches to Moral Education*, New York : Teachers College Press, 1985.

Dewey, John, *Theory of Valuation*, Chicago : University of Chicago Press, 1938.

Ehrenfels, Christian v., *System der Werttheorie*, Leipzig : O. Reisland, 1897.

English, Horace & English, A. C., *A Comprehensive Dictionary of Psychological and Psychoanalytical Terms*, New York : Longmans, Green, 1958.

Everett, Wakter G., *Moral Values*, New York : Kessinger, 1918.

Forisha, Bill E. & Forisha, B. E., *Moral Development and Education*, Lincoln, NE : Professional Educators, 1976.

Getzels, J. W., "The Problem of Interest : A Reconsideration", in H. A. Robinson (ed.), *Readings : 75 Years of Progress*, Chicago : University of Chicago Press, 1966.

Good, Carter V., *Dictionary of Education*, New York : McGraw-Hill, 1959.

Hare, Richard M., *The Language of Morals*, Oxford : Oxford University Press, 1952.

Hersh, Richard H., et al., *Models of Moral Education* ; 강두호 외(역), 『도덕・가치교육의 교수모형』, 서울 : 교육과학사, 1996.

Kelman, Herbert C., "Compliance, identification, and internalization : Three processes of attitude change", *Journal of Conflict Resolution*, vol.2, no.1, 1958, pp.51~60.

Kirschenbaum, Howard, *Advanced Values Clarification*, La Jolla, CA : University Associates, 1977.

Kirschenbaum, Howard & Simon, S. B., *Readings in Values Clarification*, Minneapolis : Winston Press, 1973.

Krathwohl, David R., Bloom, B. S. & Masia, B. B., *Taxonomy of Educational Objectives*, White Plains, NY : Longman, 1999.

Lockwood, Alan, "A Critical View of Values Clarification", in David Purpel & K. Ryan (ed.),

Moral Education : It Comes with the Territory, Berkeley : McCutchan, 1976.

Massialas, B. G. & Cox, C. B., *Inquiry in Social Studies*, New York : McGraw-Hill, 1969.

Moore, George E., *Principia Ethica*, Cambridge : Cambridge University Press, 1956.

Morris, Charles, *Varieties of Human Values*, Chicago : University of Chicago Press, 1956.

Norman, Richard, *On Humanism*, London : Routledge, 2004.

Perry, Ralph B., *The General Theory of Value*, Cambridge : Harvard University Press, 1954.

Raths, Louis E., Harmin, M. & Simon, S. B., *Values and Teaching* ; 정선심 · 조성민(역), 『가치를 어떻게 가르칠 것인가』, 서울 : 철학과 현실사, 1994.

Rogers, Carl R., *Freedom to Learn*, Columbus, OH : C. E. Merrill, 1969.

Rokeach, Milton, *The Nature of Human Values*, New York : The Free Press, 1973.

Scheler, Max, *Der Formalismus in der Ethik und die materiale Wertethik* ; M. S. Frings & R. L. Funk (tr.), *Formalism in Ethics and Non-Formal Ethics of Values*, Evanston, IL : Northwestern University Press, 1973.

Simon, Sidney B., Howe, L. W. & Kirschenbaum, H., *Values Clarification : A Handbook of Practical Strategies for Teachers and Students*, New York : Hart, 1972.

Skinner, B. F., *Science and Human Behavior*, New York : Macmillan, 1953.

Ⅰ. 연구의 방향

1. 연구의 목적과 필요성

'무엇이 보다 인간다운 삶인가?', '어떤 삶이 가치 있는 삶이며, 또 왜 우리는 그렇게 살아야만 하는가?', '장차 이 사회를 이끌어갈 학생들에 대해서는 어떻게 지도할 것인가?'와 같은 물음들은 도덕 교사들에게 매우 의미 있는 것들이다. 물론 이 물음들이 비단 도덕 교사들에게만 주어지는 것은 아닐 것이다. 이는 인류 역사와 더불어 지금까지 모든 인간에게 던져진 가장 근본적인 물음인 동시에, 또 무엇보다도 우선적으로 관심 두어야 할 중요한 과제이기 때문이다.

이 글은 서양 윤리사상의 한 연원(淵源)을 이루고 있는 아리스토텔레스(Aristoteles)의 덕론에 의거하여, 이 시대의 학생들에게 적절하게 보이는 도덕교육의 한 접근 방안을 모색하는 데 그 목적을 두고 있다.

아리스토텔레스는 위에서 제시된 물음들에 대하여 한 가지 실천의 원리를 제시하고 있다. 그는 특히 그의 저서 『니코마코스 윤리학』(Nicomachean Ethics)에서 이와 같은 문제를 다루면서, 인간 행위의 목적으로 정의된 보편적인 선을 인식하는 일, 그리고 선을 행하지 않으면 안 되는 이유에 대하여 탐구한다. 인간에게 있어서 최선의 삶은 무엇인지, 또 이를 위해 인간은 어떻게 행동해야 할 것인지를 밝히고 있는 점이야말로 아리스토텔레스 윤리학의 근간을 이룬다.

아리스토텔레스는 도덕교육이 어려서부터 실행되어야 한다고 강조한다. 왜냐하면 어려서부터 몸에 지닌 좋은 습관과 각성된 마음에 의해 나타난 도덕성이 노년기까지 지속되기 때문이다. 실제로 우리나라의 도덕과 교육은 학생들에 대하여 올바른 생활 습관의 형성에 늘 관심을 기울였다. 학교 급별로 볼 때, 특히 초등학교의 경우 중·고등학교에서보다 이 점을 더욱 중시해왔다.

예컨대 교육과정은 초등학교의 경우 그 내용에 있어 1~2학년에서는 바른 생활의 습관화를 강조하며, 3~6학년에서는 1~2학년 때 얻은 바른 생활의 습관을 바탕으로 점차 도덕적 사고력과 판단력을 형성, 발전시켜 나가도록 구성하고 있다. 아리스토텔레스가 제시하고 있는 바, 최선의 삶과 행위에 대한 지침이 우리나라의 도덕과 교육에도 깊숙이 반영되고 있음을 알 수 있다. 이 글은 특히 성장기에 있는 초등학교 학생들로 하여금 최선의 삶을 살아가도록 지도할 수 있는 도덕교육의 방안을 아리스토텔레스의 덕론에서 이끌어내는 연구 작업이 절실하게 필요하다는 점에 주목하고자 한다.

2. 연구의 범위와 방법

도덕교육의 일차적인 과제는 인간다운 인간을 형성하는 데 있다. 인간다운 인간의 형성을 위해서라면 그것은 처음부터 어떤 이상적인 인간상에 대하여 대답할 필요가 있을 것이다. 이에 도덕과 수업 지도를 위한 하나의 바람직한 접근 방안을 모색하고자 하는 본 연구는 아레테(aretē)를 중시하는 아리스토텔레스의 윤리학을 그 탐색의 대상으로 삼게 되었다.

아리스토텔레스에게 있어서도 덕은 탁월성을 말하지만 여기에 그치지 않는다. 그에 따르면 덕은 지적인 탁월성과 도덕적인 탁월성으로 나누어지며, 최고선으로서의 행복은 이 두 탁월성이 조화를 이룬 완전한 덕을 통해서 성취될 수 있다. 그는 특히 인간이 사회적 존재인 이상, 덕의 완성은 공동체 안에서만 가능하다고 강조한다. 즉, 최선의 생활인 행복이 공동체와의 관계 속에서 정당화되고 있는 것이다. 그러므로 개인적인 삶에서 덕을 소유하고, 그것을 행하는 것은 공동체의 삶에 있어서 인간다운 생활을 하기 위한 전제조건이다. 이렇게 개인적인 덕의 완전한 실현을 위해서 공동체의 덕이 그 바탕이 된다. 아리스토텔레스는 공동체의 덕으로 정의와 친애를 내세운다.

이와 같은 점을 고려하여 이 글은 도덕교육의 이상적인 지도 방안을 정립하기 위하여 다음과 같은 내용을 다루게 된다. 먼저 II장에서는 아리스토텔레스의 덕론에 있어 그 기초를 이루는 내용들이 무엇인지 검토할 것이다. 인간의 삶과 목적이 최고선으로서의 행복의 추구에 있으며 그것은 바로 덕에 따르는 생활이라는 점에 대해, 그리고 지적인 덕과 도덕적인 덕의 원천과 내용 및 그 둘의 관계에 대해 고찰할 것이다. III장에서는 아리스토텔레스의 덕론에 의거한 도덕교육의 내용이 공동체 속에서의 덕의 실현과 그 전제로서의 정의와 친애를 탐색하게 된다. 끝으로 IV장에서는 III장에서 요약된 내용을 바탕으로 도덕과 수업의 실제적인 방안을 제시하기 위해 구체적인 수업 지도안을 작성해 보고자 한다.

이 연구는 방법에 있어서 주로 관련 문헌 및 자료들을 활용하는 문헌 연구를 중심으로 하였으며, 특히 수업 지도안을 제시하기 위하여 도덕과 교육과정과 교과서, 교사용 지도서 이하 관련 선행 연구들을 참조하였다.

II. 아리스토텔레스 덕론의 기본 원리

아리스토텔레스에 따르면 모든 행위는 목적을 지향하고 있고, 그것은 최고의 목적에로 귀결된다. 이 궁극 목적이 최고선으로서의 행복이다. 행복은 쾌락이나 명예, 부를 통해 얻어지는 것이 아니라, 인간이 인간으로서 잘 산다는 것, 즉 이성을 가지고 사는 것을 통해 얻어진다. 이성을 항상 잘 발휘하기 위해서는 그렇게 하려는 경향 내지 습성이 필요하며, 이 습성이 덕을 이룬다. 덕은 정신의 구분에 따라 지적인 덕과 도덕적인 덕으로 나누어지는데, 양자는 상호 보완적인 관계로서 둘의 조화를 통해 행복의 성취가 가능하게 된다.

1. 최고선으로서의 행복

아리스토텔레스의 덕론을 이해하기 위하여 가장 주목해야 할 사항은, 그가 윤리적인 선의 본질을 행복에 두고 있는 점, 그리고 그의 윤리학이 철저하게 목적론적이라는 점일 것이다. 그러므로 그의 덕론에서, 인간을 포함하여 자연 안의 만물에 성취되어야 할 분명한 목적과 수행되어야 할 기능이 존재한다는[1] 명제는 매우 중요한 의미를 갖는다.

아리스토텔레스가 모든 행위는 목적론적이라고 주장하는 이상, 우리는 행위의 목적을 논하면서 마찬가지로 행위의 수단을 고려하지 않을 수 없다. 왜냐하면 모든 행위의 목적은 수단－목적이라는 질서의 연관에서 존

---

1) W. K. C. Guthrie, *History of Greek Philosophy* ; 박종현(역), 『희랍철학 입문』, 서울 : 종로서적, 1992, p.152.

재하기 때문이다. 인간의 개별적 행위의 목적은 보통 그 자체를 위한 것에서 그치지 않고 보다 높은 목적을 위한 수단이게 마련이다. 그러나 우리가 수단과 목적의 계열을 거슬러 올라가면 마침내 그 이상 올라갈 수 없는 단계, 즉 자체를 위해서 소망되는 그 무엇에 도달할 것이며, 우리는 이것을 궁극적인 목적이라고 볼 수 있다. 그런데 인간 행위의 목적은 분명 하나 이상 있을 수 있다. 따라서 인간이 달성해야 할 목적이 선의 실현에 있는 한, 목적 중의 목적이라고 할 수 있는 최고의 목적, 즉 궁극적 목적이 최고선이 될 것이다.

그는 인생의 궁극적 목적이라고 이해하기 위하여 우선 그것이 갖추어야 할 성질로서 두 가지를 제시한다. 두 가지 성질이란 다른 무엇의 수단이 될 수 없다는 뜻으로서의 궁극성(窮極性), 그리고 그 이상 아무 것도 보탤 필요가 없다는 뜻으로서의 자족성(自足性)이다. 아리스토텔레스는 이 두 가지 성질을 갖춘 것이 바로 궁극적인 목적이라고 단정하면서, 인간 행위의 궁극적인 목적이 행복에 있다고 말한다.[2] 왜냐하면 행복은 다른 무엇을 위한 수단이 될 수 없으며, 또 그 이상 다른 것을 보탤 필요가 없이 그것만으로 충분하기 때문이다. 이렇게 삶의 궁극적인 목적은 최고선으로서의 행복(eudaimonia)을 이른다.

아리스토텔레스는 다른 사람들이 말하는 행복에 대한 정의를 비판하면서 자신의 견해를 밝히고 있는데,[3] 여기서 도덕 교사들이 간과하지 말아야 할 것이 있다면 그에 있어서 행복이 어떤 정지된 상태가 아니라 활동하는 과정으로 이해되고 있는 점이다. 행복이 인간의 활동 과정이고 보면, 그것은 달리 표현하여 인간의 기능에서 유래하는 활동이라고 할 수 있다.

---

2) Aristoteles, *Nicomachean Ethics*, Bk I, ch.7, 1097b 20.
3) Ibid., Bk I, ch.5.

아리스토텔레스는 인간의 기능을 크게 영양과 생식, 감각과 욕구, 이성과 사유의 세 가지로 나누면서,4) 오직 이성과 사유를 사람을 사람답게 하는 참된 기능으로 인정한다. 즉, 이성과 사유의 기능만이 인간 삶의 참 뜻을 가장 적절하게 나타내 주며, 그러한 이성적 사유의 기능이 유감없이 발휘되는 것이야말로 인간으로서의 좋은 삶이자 행복이라는 것이다.

그러나 이러한 행복을 달성하는 데 개인적인 노력만으로는 충분하지 않다. 그것은 인간이 사회적 동물이기 때문이다. 개인은 불완전한 존재이기에, 사회 공동체 안에서의 생활에 의하여 비로소 인간다움이 발휘되는 것이다. 달리 표현하여 인간의 행복은 공동체적 생활을 통해서 자기에게 부과된 소임을 다하는데 있다고 하겠다. 따라서 아리스토텔레스에 있어 최고선은 공동체적인 생활을 통한 행복에 있는 셈이다.

2. 덕스러운 삶

행복은 앞에서 밝힌 바와 같이 인간의 이성과 사유의 기능이 탁월하게 발휘되면서 얻어지는 인간의 좋은 삶이다. 아리스토텔레스는 이 같은 행복을 얻기 위한 불가결한 바탕으로서 사람들의 덕스러운 삶을 강조한다.

물론 아무나 덕스러운 삶을 위한 행위를 할 수 있는 것은 아니다. 여기엔 일정한 지식과 경험이 필요하다. 이때 지식은 단순한 이론지(理論知)에 그치지 않으며, 그것은 실천지(實踐知)로서 양식(phronēsis)과 같은 것을 의미한다. 즉, 단순히 어떤 행위가 옳다는 것을 지적으로 이해하는 것만으로는 아직 덕이라고 할 수 없으며, 자기의 양식의 판단에 의해서 과부족이 없는 행위를 이끌어 낼 때 진정한 덕이 있게 된다.

또한 덕을 갖기 위해서 경험이 필요하다고 한 것은 '도덕적 덕은 습관

---

4) Ibid., 1098a.

에 의해서 생긴다.'5)고 하는 데 근간을 두고 있다. 분명히 도덕적인 덕은
본성적으로 우리에게 생기는 것이 아니라 우리가 실천을 통해서 그것을
여러 번 되풀이하는 가운데 몸에 익혀지는 것이다. 덕이 좋은 습관이라
함도 이런 배경에서이다. 사람들은 옳은 행위를 실행함으로써 옳게 되고,
절제 있는 행위를 함으로써 절제 있게 되며, 용감한 행위를 함으로써 용
감하게 될 수 있다. 이것은 입법자들이 국민들로 하여금 좋은 습관을 가
지게 함으로써 좋은 국민을 만들어 가는 것과 같은 이치이다.6)

덕에 따르는 생활은 이와 같이 일시적이 아니라 '온 생애를 통한 것'
이어야 가능하다. 한 마리의 제비가 날아온다고 봄이 오는 것이 아니요,
하루아침에 여름이 되는 것도 아닌 것처럼, 인간이 행복하게 되는 것도
단번의 짧은 시간에 되는 것은 아니다.7) 이성의 일시적인 발휘만으로 행
복을 성취할 수는 없으며, 일생을 통해 이성이 한결같이 발휘될 때 비로
소 행복은 실현된다. 그러므로 인간 특유의 이성 기능을 항상 발휘하기
위해서는 그렇게 하려는 의향 내지 습성이 필요하며, 이 습성이 바로 덕
인 것이다. 지식과 경험을 바탕으로 이성을 한결같이 발휘하려는 습성이
야말로 아리스토텔레스의 덕 개념의 본질을 이룬다.

여기서 이성은 사고와 의지로 나눠질 수 있기 때문에, 덕 역시 지적인
덕과 도덕적인 덕이라는 두 가지의 커다란 그룹으로 나뉘게 된다.8) 전자
는 지성의 완전성으로서 순수한 진리의 인식을 추구하지만, 후자는 사려
와 현명함의 완전성으로서 진리의 실천을 추구한다. 요컨대 사물의 이치
를 인식하고 항상 올바른 행동을 계획하는 지적 능력을 지적인 덕이라고

---

5) Ibid., Bk Ⅱ, ch.1, 1103a 15.
6) Ibid., 1103b 5.
7) Ibid., Bk I, ch.7, 1098a 15.
8) Ibid., Bk I, ch.13, 1103a 5.

한다면, 이성의 인식과 계획에 따라서 항상 올바른 길을 택하는 행동의 능력이 도덕적인 덕이다.

3. 지적인 덕

지적인 덕은 정념에 대한 이성의 통제에 의하여 성립하는 덕이 아니라 순전한 이성 자체의 활동에 의한 덕이다. 아리스토텔레스는 올바른 이치가 무엇이며, 어떻게 찾아야 하는가를 지적인 덕에서 구명하고자 한다. 그는 진리의 인식을 가능하게 하는 상태로서 '기술, 학적 인식, 실천적 지혜, 직관적 이성, 철학적 지혜'를 들고 있다.9)

기술(art)은 참된 이치에 따라 사물을 제작할 수 있는 것으로서, 진실한 추론의 과정을 포함하여 무엇을 만들어낼 수 있는 능력의 상태이다. 학적 인식(scientific knowledge)은 논증할 수 있는 능력이 있는 상태를 가리킨다. 어떤 사람이 일정한 방식으로 무엇에 대하여 확신을 가지게 되고 또 그에 대한 근본 전제를 분명히 알고 있을 때, 그는 학적 인식을 갖고 있다고 볼 것이다.

또한 실천적 지혜(practical wisdom)는 인간에 대하여 좋은 것 혹은 나쁜 것에 관해서 참된 이치를 따라 행동할 수 있는 상태이다.10) 그것은 전체적으로 인간적인 선에 유익한 것이 무엇인가에 대해서 훌륭하게 살피고 바르게 생각할 수 있음을 말한다. 직관적 이성(intuitive reason)은 근본 명제를 직관적으로 파악하는 특성이다. 그리고 철학적 지혜(philosopic wisdom)는 본질적으로 가장 고귀한 것들에 대하여 직관적 이성이 결부된 학적 인식이다.11) 그것은 지적인 덕의 최고 상태를 이룬다. 아리스토텔레스에

---

9) Ibid., Bk Ⅵ, ch.3, 1139b 15.
10) Ibid., 1140b 5.
11) Ibid., 1141a 20.

있어서 철학적 지혜의 활동은 가장 자족적이요 여유로우며 가장 유쾌하고 좋은 일이다.12)

여기서 도덕교육과 밀접한 관련이 있다고 여겨지는 실천적 지혜에 대하여 좀 더 살펴보기로 한다.13) 앞에서도 언급하였지만 실천적 지혜는 참다운 이치에 입각하여 올바른 추리로 인도되는 상태의 지적인 덕으로서, 다른 방식으로 있을 수 있는 것을 사려한다는 점에서 숙고적(熟考的) 부분에 속한다. 그것은 특히 인간적인 선악에 관한 실천적 상태라는 점에 그 본바탕이 있다.

그러므로 실천적 지혜는 인간적인 것이면서 깊이 생각할 수 있는 것들에 관계한다. 깊이 생각하는 것이야말로 실천적 지혜가 있는 사람의 특징이다. 그러나 아무도 어떤 방법으로든 있을 수 없는 것들에 대해서, 또 목적이 없는 것들에 대해서는 깊이 생각할 수 없다. 깊은 생각에 능한 사람은 행동에 의해서 달성할 수 있는 것들 가운데 인간에게 가장 좋은 것이 무엇인지를 살필 줄 아는 사람이다. 이는 실천적 지혜가 보편적인 것들에 관계한다는 점을 뜻한다. 그렇다고 해서 실천적 지혜가 개별적인 것들을 경시하는 것은 아니며, 그것은 인간의 개별적인 행동을 결정하는 데 중요한 역할을 한다.

4. 도덕적인 덕

아리스토텔레스는 도덕적인 덕이라는 개념을 통하여 한층 더 현실에 접근하고 있는 것 같다. 물론 그의 논조로 보아 지적인 덕이 도덕적인 덕보다 우위에 있음에 틀림없다. 그렇지만 그가 덕을 소크라테스(Socrates)처

---

12) Ibid., 1141a 30.
13) 실천적 지혜에 대한 상세한 설명으로서 박전규, 『아리스토텔레스의 실천적 지혜』, 서울 : 서광사, 1990 참조.

럼 이해에 한정짓지 않고, 단순한 지식과는 다른 정신적 힘으로서의 의지의 태도, 즉 행위를 선택하는 상태라고 설명하는 점은 도덕교육의 새로운 장을 열고 있다고 말할 수 있다.

아리스토텔레스는 도덕적인 덕을 염두에 두고서 덕은 인간의 정신 속에 있는 '정념, 능력, 성격 상태' 중의 하나라고 말한다.14) 정념(passions)은 공포, 자신(自信), 질투, 환희, 친애, 증오, 동경, 경쟁심, 번민 등 일반적으로 쾌락이나 고통을 수반하는 감정을 말한다. 능력(faculties)은 인간으로 하여금 이와 같은 여러 가지 감정을 느낄 수 있게 하는 것으로서, 우리는 이를 통하여 노여워하거나 괴로워하거나 불쌍히 여기거나 할 수 있게 된다.

그리고 성격 상태(states of character)는 우리가 정념과의 관계에서 잘 처신하거나 혹은 잘못 처신하는 것, 곧 성품을 이룬다. 가령 분노와의 관계에서 너무 격렬하거나 혹은 지나치게 둔감하다고 하면 우리는 잘못 처신하고 있는 셈이고, 반대로 온건하게 느끼고 있다면 처신을 잘 하고 있는 셈이다.

우리가 도덕교육의 측면에서 주목할 것이 있다면, 도덕적인 덕이 본성적으로 우리에게 갖추어져 있는 것이 아니라 부단한 실천을 통한 습관에 의한 것이라는 점이다. 아리스토텔레스에 의하면 지적인 덕은 그 산출이나 성장이 가르침에 힘입고 있으며 그러기에 경험과 시간을 필요로 하는 데 반하여, 도덕적인 덕은 습관의 결과로 생긴다. Ethike(윤리)란 명칭이 ethos(습관)란 말에서 파생된 것임은 주지의 사실이다.

다만 그의 주장은 얼추 모순인 것처럼 보이기도 한다. 왜냐하면 덕이 습관적으로 실천만 하면 형성된다는 말로 해석될 수 있기 때문이다. 우

---

14) Aristoteles, *Nicomachean Ethics*, Bk Ⅱ, ch.5, 1105b 20.

리는 이에 대하여, 도덕적인 덕의 어느 것도 우리 안에서 본능적으로 일어나는 것이 아님을 일깨워 준다고 이해해야 할 것이다. '돌은 본성적으로 아래로 움직이도록 되어 있기 때문에, 아무리 천 번 만 번 던지면서 위로 움직이도록 훈련시켜 그것이 습관이 되게 하려 해도 그렇게는 도저히 할 수 없으며, 마찬가지로 불을 아래로 움직이게끔 할 수는 없다.'15)

아리스토텔레스가 덕을 습관에 의하여 형성되는 것으로 설명하고 있지만, 우리가 이를 전적으로 후천적인 성질로만 해석할 필요는 없을 것이다. 예를 들면, 자전거를 탈줄 아는 사람들은 기능적 측면에서 볼 때 동일한 기능을 가졌으나 같은 노력을 같이 기울인다 해도 능력의 차이로 인하여 잘 타는 사람과 잘 못타는 사람으로 구분되게 마련이다.

그러므로 덕을 오직 후천적인 것으로만 인정하는 데는 이론의 여지가 있다. 즉 그가 의도하는 참뜻은 아무리 선천적인 소질을 받고 기능적으로 우수한 자라도 그것을 실행하지 않으면 효과가 없으며, 반면에 선천적으로 소질을 받지 않은 자라도 꾸준한 실행을 통하면 효과가 좋아진다는 데 있다고 보아야 할 것이다. 실행의 반복을 통하여 습관화될 경우 그 기능 자체도 우월성을 갖게 되는 것이 사실이다. 우리의 행위가 성품까지도 결정하기 때문에 어릴 적부터 자신의 활동을 일정한 방향으로 습관화해야 한다는 말도 이와 통할 것이다.

아리스토텔레스적인 의미에서 덕을 형성하는 데 요구되는 습관은 기계적인 반복이라기보다는, 사려 깊은 선택과 관련된 습관을 의미할 것이다.16) 사려 깊은 선택은 이성의 작용 없이는 불가능하다. 그러므로 습관적인 행동이 덕성을 지닌다고 말할 수 있는 까닭은, 그 행동이 이성과 일

---

15) Ibid., 1120b 20.
16) John MacCunn, "The Ethical Doctrine of Aristotle", *International Journal of Ethics*, vol.7, 1906, p.302.

치하기 때문일 것이다. 요컨대, 덕의 실천 가능성이 인간의 이성 안에 있기에 그것을 적당하게 개발할 수 있는 습관을 통해 마침내 도덕적인 덕이 형성된다고 하겠다.

아리스토텔레스는 이처럼 이성에 따르는 행동의 습관을 강조하면서 참다운 덕에 이르는 구체적인 길을 중용(中庸)으로 표현하고 있다. 즉, 덕은 이성에 의하여 중용을 얻는 성향 내지 습관인 셈이다. 그는 덕이란 선택에 있어서 합리적인 원리에 의해 결정되며 또한 실천적 지혜를 가진 사람이 그에 따라 결정하게 되는 바 중간에 있는 성품이라고 설명한다. '덕은 그것이 중간을 목표로 하고 있는 이상 일종의 중용이다.'17) 그것은 한쪽의 너무 부족한 악덕과 다른 쪽의 너무 지나친 악덕 사이의 중도적 상태에 위치하는 것이다.

한편 아리스토텔레스의 중용은 절대적인 것이라기보다는 상대적인 것으로 이해되어야 할 것이다. 산술적 중간은 절대적 중용이다. 이에 반하여 상대적 중용은 우리에게 상관적으로 고찰된 것으로서, 개개인에 따라서 변하게 되며 달라진다. 그러기에 중용은 상황에 따라 가장 알맞은 행위를 이끌어내는 '적중(的中)'과 같은 것이라고 하겠다. 적중은 표적의 정중(正中)을 맞히는 것이다.18)

중용이 고정 불변의 기준이기보다 개인에 따라서 다양한 기준으로 나타날 수 있는 이상, 중용을 지키는 것은 원의 중심을 찾는 것처럼 쉽지 않은 일이다. 그것을 발견하는 일은 단순한 추리에 의존하지 않으며, 실천적 지혜를 통한 지각에 의해서 가능한 것이다.19) 아리스토텔레스의 실천적 지혜는 비록 지적인 덕에 포함되어 있지만, 도덕적인 덕 특히 중용

---

17) Aristoteles, *Nicomachean Ethics*, Bk Ⅱ, ch.5, 1106b 25.
18) Ibid., 1109b 10.
19) Ibid., 1109b 20.

의 덕과도 밀접하게 관련되어 있다.

Ⅲ. 아리스토텔레스의 덕론에 의거한 도덕교육의 내용

아리스토텔레스가 중시하는 덕목으로는 통상 다음과 같은 것들이 열거되어 왔다. 예컨대 정의, 친애, 용기, 절제, 온화, 관후, 긍지, 진실, 호탕, 기지 등. 이 중 공동선을 알게 하는 덕목으로서, 정의와 친애는 현대의 자기중심적인 세태로 보아 초등학교 도덕교육에서 특히 중요하다고 생각된다.

이런 맥락에서 여기서는 특히 다음과 같은 내용에 주목하고자 한다.

첫째로, 아리스토텔레스에 있어서의 도덕성은 본질적으로 사회적이라는 점이다. 인간은 그 본질에 있어서 사회적이며, 사회를 떠나서는 도덕적인 것이 실현될 수 없다. 도덕적인 덕의 완성은 공동선으로서 사회적인 환경 속에서만 달성될 수 있다.

둘째로, 그에 의하면 지고한 덕으로서의 정의는 모든 덕의 총화이며 최고의 완전한 덕이라는 점이다. 그에 있어서 정의는 넓은 의미로 인간 공동생활의 일반적인 규범을 내포하고 있으며 모든 도덕적 영역에 걸쳐 있다.

셋째로, 그가 친애로써 정의에 대하여 명확한 비전과 풍부한 외연을 부여하고 있는 점이다. 그는 정의의 가장 참된 형태란 친애의 성질을 띠고 있으며, 특히 선한 사람들 간의 친애가 가장 진정한 것이라고 설명한다.

1. 공동선

공동선 관념은 역사적으로 보아 오래된 관념이다. 공동선은 개인의 인격 완성과 사회의 정의 실현을 포함하는 인류 전체의 선으로서 시대적 변화에 따라 다양하게 표현되어 왔는데, 아리스토텔레스에 있어서 그것은 공동체 전 구성원의 덕 있는 생활로 이해되고 있다.

공동선의 실현은 사회가 공동체적인 성격을 갖지 않는 한 불가능하다. 아리스토텔레스는 인간이 그 본질에 있어서 사회적 및 정치적인 동물이기에 사회 안에서만 그 잠재력을 발휘할 수 있다고 설명한다.[20] 그에 의하면 공동체는 인간의 최고선, 즉 도덕적이며 지적인 인간의 생활을 보장해 준다. 그러므로 공동체 밖에서 고립되어 있는 덕이란 존재할 수 없다.[21] 공동체는 각자의 행복을 보장해 줄 공동 이익을 위하여 개인적인 덕이 공동체의 덕으로 확대되도록 기본적인 여건을 마련할 필요가 있다. 개인의 행복은 곧 사회적인 존재로서의 행복이며 또한 개인적인 덕의 사회적 실천으로 얻어질 수 있기 때문이다.

아리스토텔레스는 덕의 문제를 실천적으로 응용하면서, 사회적 존재인 인간은 스스로의 삶을 보존하고 완성하기 위하여 다른 사람과의 공동체를 필요로 한다는 점을 주지시킨다. 그리하여 플라톤(Platon)의 경우처럼 그에 있어서도 법률과 도덕을 바탕으로 선을 지향하는 국가의 시민들로 구성된 윤리적 공동체야말로 가장 고귀한 인류의 본래적 형식이 된다.

그는 한 개인의 목적과 국가의 목적이 동일한 경우, 그 목적 달성이 개인을 위해서 값어치 있다 하더라도 국가를 위해서 달성하는 것이 보다 훌륭하고 위엄 있다고 강조한다. 선이 개인에 있어서나 국가에 있어서나 같은 것이라고 하더라도, 국가의 선을 실현하고 보존하는 쪽이 확실히 더욱 크고 더욱 궁극적이라는 것이다. 단순히 개인을 위한 선의 실현도

---

20) Aristoteles, *Politics*, Bk Ⅰ, ch.2, 1253a 5. 또한 W. S. Sahakian, *Ethics : An Introduction to Theories and Problems* ; 송휘칠・황경식(역), 『윤리학의 이론과 역사』, 서울 : 박영사, 1992, p.66.
21) Aristoteles, *Politics*, Bk Ⅲ, ch.9.

좋은 일이지만, 종족이나 국가를 위한 선의 실현은 개인의 경우 이상으로 고귀하고 위엄 있는 것이기 때문이다.[22]

아리스토텔레스는 덕의 완성이 공동체 안에서 가능하다는 점을 다음과 같이 쓰고 있다. "만인을 위해 가장 바람직한 생활이 국가의 경우나 개인의 경우나 동일한 것인지 아니면 상이한 것인지 확인하지 않으면 안 된다. 그러나 이것은 자명한 일이다. 그것이 동일하다는 것을 부정할 사람은 아무도 없을 것이기 때문이다. … 따라서 유능한 입법가라면 국가나 종족들이나 그밖에 모든 공동체들이 어떻게 하면 선한 생활과 최대한도의 행복에 참여할 수 있을 것인지를 연구하지 않으면 안 된다."[23]

2. 정의

아리스토텔레스는 정의를 모든 덕의 통일로 보았으며 또한 공동생활의 기초로 삼고 있다. 그에게 있어서 정의는 인간의 사회적 관계가 형성될 때 나타나므로 포괄적인 사회성을 갖는다. 그것은 인간 상호간의 관계에 올바르게 적용됨으로써 공동 관계를 보장하고, 인간을 위한 선을 실현할 수 있게 한다.

또한 아리스토텔레스에 있어서 정의는 도덕적인 덕으로서, 비록 차이는 있지만 중용의 일반적 이론이 그것에 적용된다. 실제로 그는 정의란 어떤 종류의 중용으로서 사람들로 하여금 옳은 일을 행하게 하고, 옳은 태도로 행동하게 하며, 옳은 것을 원하게 하는 성품이라고 적고 있다.[24] 반대로 부정의란 사람들로 하여금 옳지 않게 행동하게 하며 옳지 않은 것을 원하게끔 하는 성품이다.[25] 그러므로 정의에 대한 그의 논의는 중

---

22) Aristoteles, *Nicomachean Ethics*, Bk Ⅰ, ch.2, 1094b.
23) Aristoteles, *Politics*, Bk Ⅶ, ch.2, 1324a 5~1325a 5.
24) Aristoteles, *Nicomachean Ethics*, Bk Ⅴ, ch.1, 1129a 5.

용을 수용하거나 거부하는 감성적 성향이기보다는 적정한 중용을 확인하는 일인 셈이다.

따라서 우리는 아리스토텔레스의 정의론의 특성을 다음과 같이 몇 가지로 요약해 볼 수 있다. 첫째, 정의는 가장 완전한 도덕적 덕이란 점에서 덕 일반이라고 할 수 있지만, 타인과의 관계라는 공동체성을 지닌다는 점에서 덕 일반과 구별된다. 둘째, 도덕적인 덕 일반은 실천을 통해서 획득되어지나, 정의에 있어서는 특히 실천적 지혜를 통한 행동이 강조된다. 셋째, 정의는 중용의 실천으로 구체화되는데, 이 경우 중용이란 공정함 및 평등의 실현을 의미한다. 넷째, 정의는 자족을 목적으로 하며, 비례적으로나 실제적으로 평등하고 자유로운 사람들 사이의 덕이다.

위와 같은 관점에서 아리스토텔레스는 정의의 구체적인 형태를 논하고 있다. 그는 정의로운 사람을 법을 준수하는 사람, 공정한 사람이라고 쓰고 있다.26) 그러므로 그에 따르면 정의롭다는 것은 합법적인 것, 그리고 공정하고 동등한 것이다. 로스(W. D. Ross)는 이를 보편적 정의와 특수적 정의로 설명한 바 있다.27) 보편적 정의는 공동생활을 하는 타인과의 관계에서의 완전한 사회적 덕의 총체이다.

아리스토텔레스는 특수적 정의를 배분적 정의, 교정적 정의, 교환적 정의로 나누고 있다. 배분적 정의(distributive justice)는 공동체 안에서 개인의 능력이나 공적에 비례하여 그에 상응하는 명예나 이익을 분배하는 것을 말한다.28) 교정적 정의(remedial justice)는 사람들 간의 상호 거래에서 발생하는 부정의를 교정하는 것을 뜻한다. 이는 당사자 양측이 균등하다

---

25) Ibid., 1129a 10.
26) Ibid., 1129a 30.
27) W. D. Ross, *Aristotle*, London : Methuen, 1964, p.209.
28) Aristoteles, *Nicomachean Ethics*, Bk Ⅴ, ch.3, 1131a 30.

는 전제 아래, 이득이나 손실에 대해서 기하학적인 비례에 따르기보다는 산술적 균등을 회복하는 것이다.[29] 교환적 정의(commutative justice)는 공동 생활을 영위하는 데 있어서 필연적으로 요청되는 거래의 균형에 관한 것이다.[30]

아리스토텔레스에 있어서 정의는 달리 표현하여 부정을 행하는 것과 부정을 당하는 것 사이의 중간적인 것이다. 왜냐하면 부정을 한다는 것은 너무 많이 취하는 것이요, 반대로 부정을 당한다는 것은 너무 적게 취하는 것이기 때문이다. 따라서 정의는 중용으로서 덕의 전 영역과 연계된다. 다만 도덕교육과 관련지어 지적해 둘 것은, 정의는 매우 높이 평가되어야 하지만 극단으로 흐를 경우 그것이 무의미하게 될 수 있다는 점이다. 실제로 지나치게 엄격한 법률은 가장 옳지 못하다고 비판받아 왔다. 아리스토텔레스는 자칫 차디차게 될 수 있는 정의에 대하여 따스한 원리로서의 친애를 통해 그것을 중화시키고 있다.

3. 친애

아리스토텔레스에 의하면 어느 공동체에나 일정한 형태의 정의가 있고 또 친애가 있다. 즉, 친애는 정의와 함께 동일한 대상에 관심을 두며 또한 동일한 사람들 사이에서 발견되는 성품이다.[31] 따라서 친애는 공동체에서 성립하는 것으로서 구성원들의 삶의 공유와 관련된다. 그것은 공동체를 단합하게 하는 덕이며, 공동체 생활에 가장 필수적일 뿐만 아니라 가장 고귀한 것이다.

친애가 정의와 밀접한 관계가 있음은 아리스토텔레스가 '서로 친애하

---

29) Ibid., ch.4, 1132a.
30) Ibid., ch.5.
31) Ibid., Bk Ⅷ, ch.9, 1159b 25.

는 사람들 간에는 정의가 필요하지 않지만, 정의로운 사람들 간에는 정의 외에 친애도 필요하다'고[32] 쓰고 있는 데서 잘 알 수 있다. 요컨대 정의의 가장 참된 형태는 친애의 성질을 띤다는 것이다. 아리스토텔레스는 정의보다 오히려 친애가 공동체 생활에 있어서 우위에 있는 덕이라고 강조한다.

그가 친애를 정의와 연결시킴으로써 정의의 개인적이고 이기적인 측면을 완화시키고자 하는 데는, 친애가 정의를 포용하고 초월하여 공동생활의 기초를 이루며 공동체의 화합에 있어서 기본 요인이 된다는 점을 중시함에서 비롯한다고 볼 수 있다. 정의가 규범과 법률에 얽매어져 인간의 외적인 관계만 관심 두는 것과 대조적으로, 친애는 심정의 밑바탕을 파고들기 때문이다. 친애는 너무 작거나 보잘 것 없는 것이라곤 아무것도 없으며, 외적인 관계만을 보는 것이 아니라 상황을 전체적으로 보고 행동하는 자의 심정까지도 헤아린다.

한편 아리스토텔레스는 친애를 유용성, 쾌락, 선에 입각하는 세 가지의 것으로 분류하는데,[33] 그는 선에 입각한 친애를 완전하고 올바른 덕으로 본다. 그것은 자기만을 위하지 않으며 타인을 친애하면서 즐거워하고, 마찬가지로 상대방도 나를 친애하면서 즐거워하는 상호 교호적이라는 것이다. 따라서 그의 관점에 의하면 친애는 사랑을 받는 데 있기보다는 오히려 사랑하는 데에 깃들어 있다. 사랑하는 것을 기쁨으로 여기는 부모에서 이를 알 수 있다.

사랑은 받기보다 오히려 주는 데 의미가 있다는 것도 이를 두고 하는 말일 것이다. 도덕교육은 선을 추구하는 사랑의 과정으로서, 학생들로 하여금 서로 사랑하는 마음을 갖고 협동하며 신뢰하는 인간관계를 가지도

---

32) Ibid., 1155a 25.
33) Ibid., ch.2.

록 관심을 기울이게 하는 데 그 본질을 둔다. 그러므로 도덕교육에 있어서 친애의 덕은 필연적이며, 그 자체로서 귀하고 아름다운 것으로 강조되어야 한다.

IV. 아리스토텔레스의 덕론에 의거한 도덕교육의 실제

교육은 인간의 내부에 깃들어 있는 가능성의 자원을 경작하여 나아가는 부단한 과정이다. 왜냐하면 인간은 성인이 된 경우에도 결코 고정되어 있지 않으며, 궁극적으로는 자유롭게 단련될 수 있는 본성을 가지고 있기 때문이다.[34] 여기에 인간의 발전성이 있으며, 후천적인 가르침이 요구된다. 도덕교육은 학생들이 넓고 깊이 있는 도덕적 인품을 형성해 나가고, 이와 일관된 행동을 실천함으로써 전반적으로 그들의 도덕적 삶이 향상되도록 해야 한다. 그러기 위해서는 도덕적 원리의 습관화와 합리적인 판단이 중요하다. 실제로 수업에서 이것이 어떻게 적용되어지는지 살펴보기로 한다.

1. 수업지도안 작성의 준거

아리스토텔레스의 덕론에 의거한 도덕교육의 내용으로 III장에서 공동선, 정의, 친애를 지적했다. 이 세 가지 도덕교육의 내용이 초등학교 도덕과 교육과정에서 어떻게 편성되어 있는지를 보면 다음의 [표]와 같다. 표에서 알 수 있듯이 공동선, 정의, 친애가 학년별로 수준에 맞게 골고루 편성되어 있으며, 다른 덕목들보다 더 체계적으로 짜여져 있다.

---

34) G. Howie, *Aristotle on Education*, New York : Macmillan, 1968, p.9.

[표] 초등학교 도덕과 교육과정에서의 덕목별 내용 체계

덕목	학년	학기	제 재	교육과정 지도요소
공동선	2	1	10. 내가 도울 일	어려운 이웃돕기
	3	1	6. 참다운 봉사	협동(봉사하기)
	4	1	5. 이해하고 존중하는 마음	공공질서(다른 사람의 이익 존중)
	4	1	6. 서로 돕는 생활	협동(건전한 경쟁과 협동)
	5	2	14. 서로 돕는 사회	협동(시민사회에서의 협동)
	6	2	14. 더불어 사는 세상	협동(공동체 의식과 참여하는 자세)
정의	3	1	9. 여러 사람을 위하여	공익
	3	2	6. 모두가 소중한 사람	공정(사람 차별하지 않기)
	4	1	8. 아낌없이 주는 자연	공익(환경보호와 공동체의 삶)
	5	1	6. 사람의 기본 권리	공정(다른 사람의 권리 존중)
	5	2	15. 올바른 경제생활	공익(경제생활의 윤리)
	6	1	6. 우리 모두의 이익을 위하여	공익(개인의 이익과 공동의 이익간의 조화)
	6	1	7. 정의로운 사회	공정(정의로운 사회를 이룩하려는 자세)
친애	1	1	5. 화목한 우리 가족	형제간에 우애 있게 지내고, 가정의 일에 협력하기
	1	2	7. 다정한 친구	친구를 이해하고, 사이좋게 지내기
	2	2	5. 다정한 이웃	이웃사람들에게 피해를 주는 행동 삼가기
	3	1	3. 서로 아껴주는 사람들	가정에서의 예절(가족끼리 존중하기)
	4	1	3. 친족간의 예절	가정에서의 예절(친족간의 예절)
	5	1	4. 서로 돕는 마음	경애(어려운 처지의 사람들을 이해하고 도와주는 마음)
	5	2	12. 정다운 이웃	향토애(이웃간에 존중하고 아껴주는 마음)
	6	2	13. 사랑하고 공경하며	경애(손아랫사람에 대한 사랑과 웃어른에 대한 공경)

우리는 초등학교 도덕과 교육과정이 추구하는 목표, 즉 건전한 도덕성을 형성하고 자율적인 도덕 생활을 위하여 기초를 정립하는 일이 아리스토텔레스적인 의미에서의 덕스러운 삶을 위해 필연적으로 요구되는 것이

라는 점, 그리고 그것은 바로 최고선으로서의 행복에 이르는 일이 된다는 점을 어렵지 않게 추론할 수 있다.

아리스토텔레스 덕론의 원리와 내용에 의거하여 도덕 수업을 지도할 경우, 교사는 그것이 도덕 교과의 일반적인 교수학습 과정과 결코 무관할 수 없음을 알 필요가 있다. 초등학교 도덕과의 학습지도를 위하여 가장 널리 활용되어 온 일반 수업 모형의 절차는 보통 5단계의 과정으로 구성되어 있다.35) 통상 그것은 '도덕적 문제 사태의 제시 → 관련된 도덕규범 찾기 → 도덕규범의 의미와 타당성 찾기 → 도덕 판단의 연습 → 실천 동기의 부여'로 이루어진다.

이제 아리스토텔레스의 덕론에 입각하여 구체적으로 도덕과의 수업지도안을 작성해 보기로 한다. 다음의 2절은 초등학교 학생들을 대상으로 하는 수업지도안의 한 예이다. 이것은 아리스토텔레스가 덕의 실현에서 중요하게 생각한 '공동선'을 수업 목표로 하고 있다. '정의'나 '친애'를 수업 목표로 하는 것도 이와 유사한 형태로 구성될 수 있을 것이다.

2. 수업지도안의 실제

(1) 학년, 제재명, 지도시간
- 학　　년 : 4학년
- 제 재 명 : 6. 서로 돕는 생활
- 지도시간 : 80분(1～2차시)

(2) 수업 목표
- 건전한 경쟁과 협동이 자신과 사회를 발전시키는 중요한 요소임을 깨닫고 실천한다.

(3) 수업 전개

---

35) 서강식, 『도덕·윤리과 수업 모형』, 서울 : 양서원, 1999, p.39.

학습 단계	교수·학습 내용 및 활동	시간	지도상의 유의점
시작	• 중용의 덕인 '친애'의 입장에서 교사와 학생간의 상호 친밀한 관계를 형성하도록 한다. －노래 부르며 학습 준비하기 －학습 내용 알아보기 －학습 문제 확인하기 －학습 방법 확인하기	3분	
도덕적 문제사태의 제시	• 역할극을 통하여 도덕적 문제 사태를 제시한다. －교과서 60~67쪽의 내용('명진이의 후회'와 '명호와 진영')을 몇 명의 학생들에게 미리 준비된 역할극으로 발표하기	10분	• 학생들이 역할극에 집중할 수 있도록 분위기를 조성한다.
관련된 도덕규범 찾기	• 지적인 덕의 내용인 직관적 이성에 의해 근본 명제를 직관적으로 파악하는 부분이다. 도덕적 문제 사태로부터 '협동(공동선)'이라는 규범을 찾는다. －명진이 은정을 미워하게 된 까닭은? 　• 자신의 경쟁상대로 삼고 무엇이든 꼭 이겨야만 된다고 생각했기 때문임 －명진이 부끄럽고 괴로워했던 이유는? 　• 은정이 자신에게 대해 준만큼 은정에게 해주지 못했기 때문임 　• 은정에게 정당하지 못한 생각과 행동을 했기 때문임 －선생님께서 반 학생들에게 한 말씀은? 　• '나 하나쯤이야'하는 잘못된 생각은 힘을 모으는 데 장애가 됨 　• '나 하나만이라도'라는 적극적인 마음으로 협동하는 것이 좋음 －'명진이의 후회'와 '명호와 진영'에서 우리가 찾을 수 있는 도덕규범은? 　• 협동(공동선) 　• 선의의 경쟁	15분	• 학생들이 토의를 통하여 도덕규범을 찾을 수 있도록 한다.
도덕 규범의 의미 찾기	• 두 가지 문제 사태 속에서 각각 협동 방법과 선의의 경쟁 방법을 찾아봄으로써 '협동(공동선)'의 의미를 안다. 지적인 덕의 모습이다. －경쟁이란? 　• 어떤 일을 하기 위해 상대와 겨루게 되는 것 　• 서로 겨루어 다투는 일 －선의의 경쟁이란? 　• 비겁하지 않으며 바람직한 경쟁임 　• 정해진 규칙과 질서를 잘 지키고 남에게 피해를 주지 않음 　• 공동의 이익을 생각하고 남의 입장에서 생각함 　• 서로 용기를 북돋워 주고 정당하게 경쟁함	10분	• 도덕규범의 의미를 찾아보도록 격려한다.

	• 최선을 다한 후 나보다 잘 한 친구에게는 축하해 주고, 나보다 못한 친구에게는 위로해 줌 –바람직하지 못한 경쟁은? • 경기 중 반칙, 새치기, 시험 중에 남의 답을 보고 쓰기, 친구와 싸움 등 –협동이란? • 여럿이 마음과 힘을 합쳐 공동의 일을 해 나가는 것 • 서로 도움을 주고받는 것		
도덕 규범의 타당성 밝히기	• '협동과 경쟁'이라는 양 극단의 올바른 관계를 살펴봄으로써, 지나치지도 않고 모자람도 없는 중용의 모습을 찾는다. 협동과 선의의 경쟁이 조화를 이루어야한다는 중요성을 강조면서, 종전의 지적인 덕의 모습에서 도덕적인 덕의 모습으로의 변화를 유도한다. –협동만 중시하고 선의의 경쟁이 없어진다면? • 자신의 목표에 도달하기 어려움 • 자신과 자신이 속해 있는 단체는 물론 국가의 발전이 없음 –지나치게 경쟁만 하고 서로 협동하지 않는다면? • 인심이 나빠지고 서로 시기하며 질투함 • 싸움이 잦고 사이가 나빠짐 –협동과 선의의 경쟁은 어떤 관계인가? • 수레의 두 바퀴처럼 떨어질 수 없는 밀접한 관계임 • 협동과 선의의 경쟁은 살기 좋은 사회를 만드는 두 가지 힘이 됨 –협동과 선의의 경쟁이 잘 조화를 이루려면? • 자신의 이익만을 추구하지 않음 • 다른 사람에게 피해를 주지 않고 공동의 목적을 위함 –협동이 필요한 까닭은? • 여럿이 해야 될 일을 혼자하면 힘이 들고 능률도 떨어짐 • 사람은 혼자서 살아갈 수 없으며, 서로 도움을 주고받아야 함 • 어려운 처지의 사람을 도와 줄 때 여러 사람의 힘이 필요함	15분	• 도덕규범의 타당성을 밝혀보도록 유도한다. 다양한 의견들이 나올 수 있게 격려한다.
도덕 판단의 연습	• 실제 행위의 문제 사태에서 중용을 찾는다. 중용의 덕은 '협동'(공동선)이며, 이는 실천적 지혜에 의한 것이다. 이러한 과정 안에서 우리는 행복해질 수 있다. –'난파선의 사람들'을 읽고 이야기가 주는 교훈을 찾는다면? • 사회생활에서는 공동의 목적을 위해 협동해야 더불어 살 수 있음	10분	
	• 중용의 덕인 '협동(공동선)'을 일상생활에서 반복하여 생활화할 수 있도록, 학급과 주변에서 할 일을 찾아본다.		

| 실천
동기의
부여 | −학급에서 협동하여 실천할 만한 일은?
• 청소, 환경 미화, 질서 유지 등
• 실천 기간, 장소, 인원, 장비 등을 구체적으로 자세히 정함
−어려운 이웃을 도울 수 있는 방법은?
• 성금을 모아 도와주기
• 마음으로 위로해 주기
• 일을 거들어 주기
−협동하는 생활을 실천하기 위한 자세는?
• 나를 도와주는 여러 사람에 대해 감사하는 마음을 가짐
• 서로 예절을 지키고 양보하는 마음을 가짐
• 재난을 당하면 서로 위로하고, 일손이 모자라면 서로 도와줌
• 자신의 이익에만 집착하지 않고 공동의 이익에 힘씀
−협동과 경쟁이 조화된 사회를 만들어 나가기 위한 우리의 마음가짐은?
• 서로가 협동하고 선의의 경쟁을 함
• 공동생활을 위해 봉사 활동을 함
• 공동생활에서 남을 신뢰하는 자세를 가짐
• 각자가 맡은 일을 열심히 하려는 자세를 가짐
• 경쟁할 때에는 정정당당하게 함
• 경쟁을 통해서 이루고자 하는 목표에 대하여 올바른 생각을 가짐 | 15분 | • 학교의 교과수업에서는 시간이 한정되어 있으므로 직접 실천해 볼 시간은 없다. 따라서 자신이 일정 기간 동안에 실천한 사례를 적어 보게 한다. |
| 마침 | • '협동(공동선)'과 관련하여 최근의 신문, 방송, 기타 주변에서 거론되는 사례를 들어본다. | 2분 | |

V. 유의점

지금까지 아리스토텔레스의 덕론에서 중심을 이루고 있는 원리들, 또 덕론에서 강조되는 덕을 갖추기 위해 요구되는 내용들에 대하여 살펴보았다. 아울러 그의 덕론에 의거하여 도덕교육을 실행할 경우 지침으로 삼아야 할 준거를 정립하였으며, 그에 유의하여 학생들을 상대로 하는 실제적인 수업 지도안을 작성하였다.

아리스토텔레스에 따르면 모든 행위는 목적을 지향하고 있으며, 그 궁극적인 목적은 최고선으로서의 행복이다. 행복은 인간이 인간으로서 잘 삶을 의미하며, 그것은 자기의 행위를 이성을 통하여 의식적으로 유도하여 가는 생활에서 가능하다. 그런데 이성을 항상 잘 발휘하기 위해서는 그렇게 하려는 경향 내지 습성이 필요하다. 이 습성이 바로 덕이며, 따라서 덕은 행복을 위하여 기본적인 필수조건이다.

인간은 덕을 실천할 가능성을 지니고 있다. 아리스토텔레스에 의하면 덕은 정신의 구분에 따라 지적인 덕과 도덕적인 덕으로 나뉘는데, 전자는 순수한 이성 자체의 활동에 관계되는 것으로서 가르침을 통하여 획득되며, 후자는 실천적인 이성의 통제를 받는 것으로서 습관화를 통해서 획득된다. 특히 도덕적인 덕은 중용의 상태와 관련된다.

아리스토텔레스에 있어서 행복이 사람들로 하여금 자기완성을 실현할 수 있도록 해주는 조건이라는 의미에서 공동선인가 하는 점에 대해서는 후학들의 논의가 있음에도 불구하고, 그의 덕론은 본질적으로 사회적이며 공동체적이다. 그리고 그는 공동체를 위한 덕으로서 특히 정의와 친애를 내세운다.

이 글에서의 수업지도안은 개념 분석이나 가치 갈등의 모형과는 달리, 학생들을 이성의 활동을 통한 덕의 습관화로 유도하고 있으며 특히 수업에서 덕의 실천 의지를 강하게 부여하고 있다. 동 지도안을 중심으로 수업할 경우, 우리는 다음과 같은 점을 수업 효과의 극대화를 위한 제언으로 요약할 수 있다. 무엇보다도 교사는 도덕과의 수업 지도에 있어서 학생들로 하여금 덕목의 구체적인 실천을 습관화할 수 있게 유도하는 설계안을 부단히 준비해야 할 것이다. 아울러 교사는 학생들로 하여금 일상생활에서 체험 중에 부딪치는 도덕적 문제 사태와 관련지어 중용의 덕을 찾을 수 있게 할 교수 기법들을 창안하고 개발하는 일에 힘써야 할 것이다.

참고문헌

강두호, "자연법적 윤리규범으로서의 공동선", 「전북대학교논문집」 제31집, 1989.

박전규, 『아리스토텔레스의 실천적 지혜』, 서울 : 서광사, 1990.

서강식, 『도덕・윤리과 수업 모형』, 서울 : 양서원, 1999.

이상봉, "Aristoteles 윤리학에 있어서 덕과 행복", 경북대학교 박사학위논문, 1995.

조문수, "Aristoteles의 德에 관한 硏究", 고려대학교 석사학위논문, 1994.

Allan, D. J., *The Philosophy of Aristotle* ; 장영란(역), 『아리스토텔레스 철학의 이해』, 서울 : 고려원, 1993.

Aristoteles, *Nocomachean Ethics*.

Aristoteles, *Politics*.

Chase, D.P., et al., *The Ethics of Aristotle*, New York : Routledge & Sons, 1965.

Clouse, B., *Teaching for Moral Growth*, Grand Rapids, MI : Baker Book, 1993.

Guthrie, W.K.C., *History of Greek Philosophy* ; 박종현(역), 『희랍철학 입문』, 서울 : 종로서적, 1992.

Howie, G., *Aristotle on Education*, New York : Macmillan, 1968.

Kenny, Antpong, *Aristotle on the Perfect Life*, Oxford : Clarendon Press, 1992.

MacCunn, John, "The Ethical Doctrine Of Aristotle", *International Journal Of Ethics*, vol.7, 1906.

Prior, William J., *Virtue and Knowledge : An Introduction to Ancient Greek Ethics*, London : Routledge, 1991.

Reeve, C., *Practice of Reason : Aristotle's Nicomachean Ethics*, Oxford : Clarendon Press, 1995.

Ross, W. D., *Aristotle*, London : Methuen, 1964.

Sahakian, W. S., *Ethics : An Introduction to Theories and Problems* ; 송휘칠・황경식 (역), 『윤리학의 이론과 역사』, 서울 : 박영사, 1992.

Stern-Gillet, Suzanne, *Aristotle's Philosophy of Friendship*, Buffalo : SUNY Press, 1995.

Tessitore, Aristide, *Reading Aristotle's Ethics : Virtue, Rhetoric, and Political Philosophy*, Buffalo : SUNY Press, 1996.

Ⅰ. 도덕과 교육의 발달론적 접근

근래에 도덕 수업을 이끄는 교사들에 대하여 도덕교육의 학문적 기초를 제공하는 데 기여해온 분야로서 심리학의 역할은 주목할 만하다. 윤리학이 도덕과 교육의 본질과 근거에 관한 철학적 탐구로서 공헌해 왔다면, 심리학과 도덕교육의 연관성은 도덕 수업을 위한 다양한 프로그램들이 학생의 도덕성 발달에 대한 경험적 결과들을 고려해야 한다는 인식에 의거한다고 말할 수 있다.

심리학의 여러 이론들은 도덕교육을 받은 이들의 구체적인 모습을 서술하는 일 외에도 도덕적 인간으로 발달해 갈 수 있는 조건 내지 상황, 도덕교육의 방법 등에 대하여 나름대로 설명해 왔다. 이를테면 '정신분석학'은1) 이론적 검증이 어렵고 인간의 본성에 대해서 비관적이라거나 혹은 남성 편향적이라는 비판에도 불구하고, 교사로 하여금 학생들의 슈퍼

---

1) Sigmund Freud, *The Origins of Psychoanalysis*, New York : Basic Books, 1954 ; Anth Bateman, *An Introduction of Psychoanalysis*, London : Routledge, 1995.

에고(superego)의 형성에 관심을 기울이게 하였다.

그리고 '행동주의'는[2] 인간의 행동이 전적으로 환경의 영향력들에 의하여 결정된다고 봄으로써 교사로 하여금 선뜻 수용하기를 꺼리게 하고 있지만, 도덕교육에 있어서 모든 인간의 행동에 대하여 어떤 통제를 가할 수 있는 행동 수정 기술의 사용 가능성을 함축하고 있다. 또 '사회 학습이론'은[3] 도덕성 발달에 있어 타인과의 상호 작용이나 사회적 상황을 중시한다는 점에서 주목받아 왔다. 다만 그것은 관찰 가능한 행위에 초점을 맞추는 반면에, 감정·의도·동기·도덕적 추론 등 내면적인 상태를 경시하고 있다는 비판을 면하기 어렵다.

이른바 '인간주의' 심리학자들에 따르면,[4] 도덕 교사는 감정이입의 이해·진실성·존중이라는 인간주의적인 교육 원리를 실현하는 사람이 되어야 한다. 그러나 인간의 본성과 잠재력에 대하여 지나치게 낙관적인 입장을 취하고 있는 점은 이들이 해명해야 할 과제일 것이다. 최근 '여성학적 접근론'자들은[5] 성(性)을 담론을 넘어 본질적인 것으로 만들고 있다는 비판에도 불구하고, 자아에 대한 배려에서부터 자아와 타인간의 연관성에 대한 새로운 이해에 이르기까지 배려윤리의 일정한 발달 순서를 강조하고 있다.

'인지적 도덕 발달론'은 도덕성의 발달에 대하여 가장 체계적이고 포괄적인 연구 결과들을 제공해 온 것으로 인정되어 왔다. 피아제(J. Piaget)

---

2) B. F. Skinner, *About Behaviorism*, New York : Vintage Books, 1976 ; William M. Baum, *Understanding Behaviorism*, Hoboken, NJ : Wiley-Blackwell, 2004.

3) Albert Bandura, *Social Learning Theory*, Upper Saddle River, NJ : Prentice-Hall, 1976 ; Kri Kumpulainen, *Classroom Interaction and Social Learning*, London : RoutledgeFalmer, 2001.

4) Carl R. Rogers, *Freedom to Learn*, Columbus, OH : Merrill, 1969 ; Joseph F. Rychlak, *The Psychology of Rigorous Humanism*, New York : New York University Press, 1990.

5) Carol Gilligan, *In a Different Voice*, Cambridge, MA : Harvard University Press, 1982.

는 사회의 도덕적 지식이 권위와 복종으로부터 발달하여 자율성과 협동, 그리고 평등의 방향으로 어떻게 이행하게 되는지를 보여주고자 시도하는 과정에서, 아동의 도덕성이 타율적 도덕성으로부터 자율적 도덕성으로 발달해 간다고 주장하였다.[6]

인지적 도덕 발달론은 특히 콜버그(L. Kohlberg)와 근래의 리코나(T. Lickona) 등에 의해서 체계화되었다.[7] 콜버그와 리코나에 대해서는 Ⅱ장에서 구체적으로 살펴볼 것이다. 이들의 이론이 자연주의적 오류 문제에서부터 연구에 사용된 측정 도구의 문제에 이르기까지 많은 비판자들의 논쟁거리 대상이 되었음은 주지의 사실이다. 다만 여기서 이들에게 비중을 두려는 것은, 그들의 이론이 철학적·심리학적·교육학적 관심들을 통합하면서 도덕과 교육의 전략 수립에 적실성을 지닌다고 여겨지기 때문이다.

Ⅱ. 도덕성 발달 단계론의 의의

콜버그나 리코나에 따르면 인간의 도덕적 성장은 하나의 발달 과정으로서 출생 시에 시작하여 성인기에 이르기까지 계속된다. 그들은 이 같은 도덕적 발달이 별안간에 나타나는 것이 아니라 단계에 따라 서서히 이루어진다고 설명한다.

콜버그는 자신의 이론이 심리학적이면서도 철학적이며, 자신의 연구 결과들은 어떤 고정된 도덕 규칙들을 가르치기보다 도덕성의 발달을 조

---

6) Jean Piaget, *The Moral Judgement of the Child*, New York : Free Press, 1965.
7) Lawrence Kohlberg, *The Psychology of Moral Development*, San Francisco : Harper & Row, 1984 ; Thomas Lickona, *Raising Good Children*, New York : Bantam Books, 1983.

장하기 위하여 계획된 도덕교육의 철학을 생성하고 있다고 주장한다. 그는 도덕성 및 도덕성의 발달에 대하여 철학적 개념이 요구되고, 도덕성 발달이 불변의 질적인 단계들을 거치며, 사고와 문제 해결을 촉진시키는 것으로써 조장된다고 믿었던 것 같다. 그에 의하면 한 사람의 도덕성은 자신의 도덕적 갈등을 이해하고 해결해 나가는 논리적 과정들의 관점에서 가장 잘 설명된다.8)

콜버그 이론의 특성이 도덕적 판단의 단계들에 있음은 잘 알려져 있다. 그의 연구는 세 개의 도덕적 수준에 할당된 여섯 개의 발달 단계들을 만들어내었다. 그는 이후에 일정한 간격을 두고 실시한 재검사 결과들을 통하여 도덕성 발달이 3수준 6단계를 거치면서 이루어진다는 점을 확신하였다.

리코나는 근래에 통합적 인격교육 운동을 이끌고 있는 것으로 유명하다. 그는 콜버그의 인지적 도덕 발달론에 입각하되, 행동주의나 정신분석학적 도덕 심리학의 여러 이론적 성과들을 통합한 토대 위에서 자신의 도덕성 발달 이론을 전개하였다. 그는 콜버그의 도덕성 발달에 관한 20여 년간의 종단 연구가 끝나고 제6단계에 이르는 사람을 찾아보기 어렵다는 사실이 경험적으로 밝혀지자, 자신의 저서 『Raising Good Children』을 통해 6단계를 생략하고 0단계를 추가하여, 0단계에서 5단계에 이르는 도덕성 발달론을 체계화하였다.9)

다음의 [표]는 콜버그와 리코나의 단계 이론을 요약하여 하나로 묶은 것이다.

---

8) Richard H. Hersh, et al., *Models of Moral Education* ; 강두호 외(역), 『도덕·가치교육의 교수모형』, 서울 : 교육과학사, 1996, p.134.
9) Thomas Lickona, *Raising Good Children*, op. cit., chs.6~11.

[표] 콜버그와 리코나의 도덕성 발달 단계론 비교

구분 / 단계	콜버그		리코나	
	단계 표시	내 용	단계 표시	내 용
첫째	1	**처벌을 피하기 위한 복종** : 벌은 피하고 권력에는 복종하는 것이 좋다.	0	**이기적 추론** : 나는 반드시 나 좋은 방식으로 행동한다.
둘째	2	**도구적 상대주의** : 다른 이들의 요구를 아는 것과 호혜성은 중요하다.	1	**무조건의 복종** : 나는 하라는 대로 해야 한다.
셋째	3	**대인 관계의 조화** : 소속 집단의 승인을 얻고, 사람들의 기대를 유지한다.	2	**자기중심적 공정성** : 나는 내 이익을 챙겨야 한다. 그러나 내게 공정한 사람에게는 나도 공정하게 대해야 한다.
넷째	4	**사회 질서의 존중** : 기존의 질서를 유지하기 위해 법과 의무에 충실히 임한다.	3	**상호 간의 일치** : 나는 괜찮은 사람이 되어야 하고, 나를 아는 사람들의 기대에 부응해야 한다.
다섯째	5	**사회 계약의 정신** : 타인의 권리 존중이나 의무의 이행은 상호간의 약속이다.	4	**체제에 대한 책임** : 나는 사회 체제에 맞도록 책임을 다해야 한다.
여섯째	6	**양심 및 보편적 원리** : 사회 계약의 합의를 초월하면서 도덕적 자유로움을 누린다.	5	**원리화된 양심** : 나는 모든 이의 권리를 존중하고, 인권을 보호하는 체제를 지지해야 한다

리코나의 연구가 콜버그의 그것과 여러 측면에서 다르게 나타남은 물론이다. 이를테면, 그가 수직적 발달 외에 수평적 발달이라는 개념을 도입한 점, 바람직한 도덕교육은 먼저 사회화에 초점을 두고 진행되어야 하며 그런 연후에 자율적·독립적으로 사고하고 행동하는 방법이 학습되어야 한다고 본 점, 인습을 중심축으로 해서 이전과 이후로 구분하여 논하지 않은 점, 0단계라는 독특한 용어를 사용한 점 등이다.

이 글에서는 콜버그와 리코나 모두 도덕성 발달의 '단계'에 관한 이론을 강조한다는 사실에 주목하고자 한다. 도덕 수업에서 도덕성 발달 단계 이론이 갖는 의의는, 교사가 학생들로 하여금 도덕성 발달이 단계적으로 순조롭게 진행되어 가도록 도울 수 있다는 데 있을 것이다.

콜버그나 리코나에 의해 제시된 '단계'는 추론의 구조(structure of

reasoning)를 가리킨다. 그것은 구조화된 전체 혹은 조직화된 사고의 체계로서, 불변의 계열성을 이루는 위계적 통합이다. 그러므로 단계는 교사로 하여금 학생들의 시각으로 도덕성을 볼 수 있게 해준다. 교사는 그것을 통해서, 학생들을 무엇이 옳고 그른지에 대한 관점을 지니고 있는 '생각하는 사람'으로 인정할 수 있게 된다. 요컨대 학생들이 자신의 행위를 말하고 그렇게 행동하는 이유를 이해할 수 있게 해주는 것이다.

교사가 일단 학생들의 내면을 이해하고 나면, 도덕적 인식에 관한 그들의 발달 단계의 위치를 알 수 있으므로, 그들의 현재의 추론 방식을 발전시켜 성장하도록 도울 수 있게 될 것이다. '어떻게 하면 학생들로 하여금 도덕적 추론의 단계를 밟아가게 할 수 있을까? 어떻게 하면 학생들로 하여금 최상의 도덕적 추론에 의거하여 행동하도록 학습하여 스스로 옳다고 생각하는 것을 실제 행동으로 실천할 수 있게 도울 수 있을까?' 이런 질문들은 도덕 교사들에게 수업 방법의 개선을 위한 방안들을 탐구해 보도록 이끌게 된다.

Ⅲ. 도덕과 수업 방법의 개선을 위한 방안

교사는 도덕성 발달 단계론에 입각하여 도덕과 수업 방법의 개선을 위한 방안을 찾는 데 있어서, 학생들로 하여금 자신의 경험을 통하여 점차 복잡한 방법으로 사고하는 기회를 갖게 할 수 있다. 학생들에 대하여 보다 인지적으로 정교화 되도록 동기를 부여하는 것이야말로 보다 적절한 추론의 방식들 — 특히 보다 높은 도덕적 판단의 단계를 반영하는 방식들 — 을 접하게 하는 일이다. 여기서는 이 점을 염두에 두면서 도덕적 딜레마 제시와 토론, 역할놀이, 민주적 도덕 공동체의 형성, 도덕적 추론 능력의 측정에 대하여 차례로 살펴보고자 한다.

1. 도덕적 딜레마 제시 및 토론

도덕성 발달 이론에서 단계가 추론의 구조인 이상, 학생들로 하여금 보다 적절한 추론의 방식들을 접하게 하는 일은 중요하다. 따라서 딜레마 접근법은 학생들에 대해서 자신이 속해 있는 현재의 단계보다 한 단계 높은 단계의 추론을 활용할 수 있게 하기 위한 것이다.

도덕적 추론은 행위자가 실제로 체험하고 있는 사실에 대하여 일정한 도덕적 명제들을 적용하면서 어떤 판단을 내리는 중에 이루어진다. 사람은 누구나, 자신이 도덕적 갈등에 대하여 늘 해오던 것보다 더 포괄적이며 일관성 있게 생각하지 않을 수 없게 된 경우, 인지적 동요를 갖게 마련이다. 바로 이 점에서 교사는, 학생들이 보다 포괄적인 사회적 관점과 보다 객관적인 추론 방법을 개발하도록 돕기 위하여, 도덕적 딜레마들을 효과적으로 활용할 수 있다.

교사가 활용하는 딜레마는 반드시 가상적인 것(사실에 근거하지 않으나 믿을 만한 것, 예컨대 하인츠 딜레마)일 필요는 없으며, 특수한 내용을 담고 있는 것(교과서 등 일정한 자료들에 근거하고 있는 것, 예컨대 사육신, 조선시대의 천주교 박해)이나 또는 현실적이고 실용적인 것(학생들 주변에서 쉽게 찾아볼 수 있는 것, 예컨대 시험 중 부정행위를 하는 친구의 사례)들도 가능할 것이다.

도덕적 딜레마의 내용이 어떤 성질의 것이든, 학생들로 하여금 딜레마의 해결을 위해 추론하게 하는 데는 교사의 능숙한 토론 전략이 요구된다.10) 학생들은 토론이 진행되는 동안 도덕적 지식을 계발하게 되며, 점차 도덕적 추론에 있어서 구조적인 변화를 가져올 수 있게 되는 것이다.

---

10) Hersh, et al., *op. cit.*, p.150.

토론의 초기 단계에서 교사는 딜레마에 관하여 가능한 한 '도덕적' 문제를 강조하되, 왜(why)란 질문을 던짐으로써 학생들로 하여금 같은 입장에서도 다른 이유가 있을 수 있다는 점을 알게 한다. 또한 교사는 원래의 도덕적 문제에 대하여 상황을 복잡하게 할 있는데, 이는 당초의 문제에다 새로운 정보나 상황을 추가함으로써 학생들의 도덕적 문제로부터의 회피 현상을 막을 수 있다.

토론의 심층 단계에서 교사는 훨씬 다양한 전략을 구사할 수 있다. 첫째, 질문을 정제하는 전략이다. 질문은 여러 측면에서 시도되어야 한다. 단순히 '왜 그런가?' 묻고 끝나는 것은 단계의 변화를 일으키기에 충분하지 못하다. 심층 탐색의 질문으로는 '명료화(clarifying) 탐색, 특정 문제(issue-specific) 탐색, 상호 문제(inter-issue) 탐색, 역할 전환(role-switch) 탐색, 보편적 결과(universal-consequences) 탐색' 등이 알려져 있다.11)

둘째, 인접 단계의 논의들을 강조하는 전략이다. 보다 높은 수준의 도덕적 추론은 도덕적 성장을 자극하게 마련이다. 교사는, 학생들이 대화 중에 추론의 유형에서 좀 차이를 보이는 인접 단계를 사용하는 경우, 자신의 사고의 적절성을 탐구해 보도록 그들을 격려할 수 있다. 예를 들어, "철호야, 선생님이 보기에 네 판단은 (한 단계 더 높은) 영수의 판단과 다르구나. 너는 왜 네 해결책이 좋다고 생각하는지 다시 말해줄 수 있겠니? 영수가 말한 것과 어떻게 다르지?"라고 물을 수 있다.

또 교사는, 학생들이 보다 높은 단계의 관점을 놓치고 있는 경우, 높은 단계에로의 토론을 유도할 수 있다. 예를 들어, "너희들 중에 … (더 높은 단계의 말) … 으로 말하는 사람이 아무도 없구나. 누가 ……와 같은 의견을 말해줄 수 있겠니?"

---

11) Ibid., pp.154~155.

셋째, 명료화 및 요약에 관한 전략이다. 교사가 질문을 주도하는 입장으로부터 전환하여 학생들의 말하는 바를 명료화하고 요약하는 것이다. 학생들은 이러한 과정을 거치면서 도덕적 갈등의 문제들에 접근하는 방법을 배우게 된다. 교사는 학생들이 제시하는 추론의 단계들을 보다 주의 깊게 경청할 수 있으며, 아울러 그들이 놓치고 있는 단계들을 확인할 수 있게 된다.

토론이 진행되는 동안 학생들은 자신의 추론을 동료들의 추론들에 맞서서 입증해보는 기회를 갖게 된다. 그러므로 교사는, 도덕적 딜레마를 통한 토론의 최종 목적을 학급 구성원 모두가 동의하는 하나의 결론에 도달하는 데에만 두기보다, 오히려 학생들로 하여금 복잡한 딜레마에 대하여 최상의 반응을 생각해낼 수 있도록 연루시키는 데 두어야 할 것이다.

추병완은 교실에서의 도덕적 토론을 효과적으로 이끌어가기 위한 교수 기법들에 대하여 다음과 같이 요약하고 있다.[12] 교사는, 학생들이 딜레마에 대한 자신의 견해를 자유롭게 설정하고 표현할 수 있도록 분위기를 조성한다. 학생들이 서로 마주보고 서로의 발언 내용들을 경청할 수 있도록 좌석 배치를 한다. 학생들이 말하는 것을 주의 깊게 듣는다. 학생들에게 심리적인 위협감을 주지 않는 질문을 한다. 학생들 사이의 상호작용을 권장한다. 학생들의 토론 기능을 발달시킨다. 탐색 질문, 대안적 딜레마, 이전에 교과서에서 활용했던 딜레마들을 활용하여 수업이 효율적으로 이루어지도록 유지한다. 학생들에게서 나타나는 실제적인 의견의 불일치 혹은 주제나 본론으로부터 벗어나는 행위 등에 대처할 수 있도록 계획을 세우되 융통성을 갖는다. 다른 사람으로 하여금 수업을 참관하게 한다. 여유를 가지고 학생들과의 활동 자체를 즐기도록 한다.

---

12) 추병완, 『열린 도덕과 교육론』, 서울 : 하우, 2000, pp.52~53.

2. 역할놀이

교사는 학생들의 추론 능력을 높여주기 위하여 그들의 이기적인 수준으로부터 다른 이들의 감정과 권리를 배려하는 수준에 이르기까지 관점 채택(perspective-taking) 능력을 자극하는 데 관심을 기울일 필요가 있다. 역할놀이는 이에 적절한 수업 방법의 하나이다. 사실 역할놀이는 탐구의 과정 자체이다. 그것은 학생들로 하여금 어떤 가상적인 역할을 수행해 봄으로써 가치·태도와 행동을 변하게 하려는 수업 기법으로 많이 활용되어 왔다.

원래 역할놀이 수업 모형은 샤프텔 부부(Fannie R. Shaftel & George Shaftel)에 의해 처음으로 개발되었다. 그들은 오랜 연구를 통하여 역할놀이 수업이 다음과 같은 장점들을 갖고 있다고 설명하였다[13] ; 학생들은 상호간에 일어나는 여러 가지 평범한 문제를 직시하고, 당면한 문제에 대처해 나갈 수 있다. 자신과 타인의 행동에 영향을 미치게 될 가치, 충동, 두려움, 외적 힘 등을 깨닫게 된다. 역할놀이 상황에서 얻은 통찰력을 실제의 생활에 적용할 수 있다. 가상적인 상호 행동을 통하여 자신의 이상, 의견, 행동 등을 평가할 수 있다. 어떤 역할을 가상적이나마 실연해 봄으로써 문제나 상황을 보다 깊이 이해할 수 있게 된다. 역할놀이의 방법을 배움으로써 대인 관계의 기술을 향상시키고 자신과 타인의 동기에 대한 이해력을 높일 수 있다.

샤프텔 부부는 역할놀이의 수업을 크게 여덟 개의 단계로 구성한 바 있다.[14] 집단의 준비(warm-up the group) → 참가자 선정(selecting participants) → 무대 설치(setting the stage) → 청중의 준비(preparing the audience) → 공연

---

13) Fannie R. Shaftel & George Shaftel, *Role-Playing for Social Values*, Englewood Cliffs, NJ : Prentice-Hall, 1967, p.31ff.
14) Ibid., pp.74~83.

(enactment) → 논의 및 평가(discussion and evaluation) → 재연(re-enactment) → 경험의 공유와 일반화(sharing experience and generalization)가 그것이다.

교사는 도덕적 갈등에 초점을 두고 역할놀이를 활용하는 중, 특히 '논의 및 평가'의 단계에서 학생들의 추론 능력의 향상을 기대할 수 있다. 이 단계야말로 그들의 추론을 통한 발표를 요구하기 때문이다. 논의를 통하여 문제와 아이디어 및 가치 등은 자유롭게 검토되며, 사고 역시 지속적으로 풍부해지게 마련이다. 의견을 교환하는 가운데 문제 해결의 절차가 학습되고 더욱 세련되어진다.

또한 '재연'은 역할놀이에서 큰 의미가 있다. 학생들은 인물의 배역과 청중의 역할을 번갈아 맡으면서 새로운 통찰력을 얻게 되며, 이런 힘은 그들로 하여금 스스로의 사고를 통한 자신만의 결론에 이르게 해준다. 이 같은 통찰력은 무엇보다도 행동이 일어나는 상황을 파악하여 그 상황에서 무엇이 옳은 행위인지를 알게 하므로 덕의 바탕이 될 수 있다.

'경험의 공유와 일반화'는 역할놀이의 마지막 단계이다. 학생들은 때로 자신이 알고 있는 사건 속의 인물들이 되고 싶어 하며, 때로는 개인적인 경험을 솔직하게 드러내기도 한다. 경우에 따라서는 역할놀이가 일반화의 수준에 이르지 못하고, 단지 문제의 성질을 상세하게 묘사하는 계속된 시연 정도의 수준에서 머무를 수도 있다. 역할놀이를 이끄는 교사는 학생들의 추론 수준에서 일어나는 논리에 부단히 주목하면서, 그들 자신에게 필요한 것 이상을 볼 수 있도록 자극하는 노력을 기울일 필요가 있다.

3. 민주적 도덕 공동체의 형성

이것은 도덕과 수업 방법에 있어서 기법보다는 전략에 가깝다. 도덕 교사들의 과업은 학생들에게 보다 높은 단계의 추론을 강요하는 데 있지 않다. 오히려 학생들이 이해할 수 있을 정도의 심오한 추론의 기회를 제공하는 데, 그리고 도덕적 의사결정에 있어서 추리력을 최대한 발휘하도록 지속적으로 격려하는 데 있다. 학생들의 집단, 즉 학급이나 학교를 민주적 도덕 공동체로 만드는 것은 그 같은 과업을 위해 유리하게 보인다.

콜버그의 이른바 정의 공동체(just community) 접근법은 도덕적 추론의 문제가 교실 안에서 끝나지 않음을 보여주는 좋은 사례이다.15) 이 접근법은 도덕성 발달에 대한 콜버그의 생각이 완벽하게 나타나 있는 것으로 평가되어 왔는데, 일종의 대안학교 형태로서 시작된 정의 공동체는 크게 세 가지의 목적을 근거로 하였다. 즉, 도덕적 논의에의 참여를 통하여 학생들의 도덕적 추론 수준을 높이는 것, 민주적인 규칙의 제정과 집단 연대감의 형성을 통하여 도덕 문화를 창출하는 것, 그리고 학생과 교사 모두가 도덕적 제도와 결정에 따라서 행동할 수 있는 환경을 마련하는 것이 그것이다.

그러므로 정의 공동체의 주된 관심은 학교생활에 관련된 일상적인 일들에 대한 도덕적 토론 외에, 특히 학교의 민주적 운영에 있다. 학교는 철저하게 직접 민주제로 운영된다. 예컨대, 정의 공동체는 모든 구성원들의 참여에 의하여 회의를 운영하며, 규율을 위반한 구성원에게는 규율위원회를 통하여 공정한 처벌을 결정한다. 콜버그는 학교의 민주적이고 도덕적인 분위기를 통해서 학생들의 도덕성 발달을 도모하고자 하였는데, 참여 민주주의의 체험을 바탕으로 학교에 긍정적인 도덕 문화를 만들어내는 것이 도덕성 발달에 효과적임을 보여주고자 한 것이다.

콜버그는 정의 공동체의 운영 방식이 직접적으로 민주적이기 때문에 올바를 뿐만 아니라, 공동체의 결정이 학생들에게 가능한 도덕적 추론의

---

15) Hersh, *op. cit.*, p.165.

최고 수준에서 이루어질 수 있기 때문에 올바른 것이라고 믿었던 것 같다. 실제로 대안학교에서 발생한 절도 사건이 처리되는 수년의 교육활동 과정에 관한 보고에 따르면,16) 학생들은 점차 자신의 공동체 문제에 대한 관심과 책임의식을 증대시켰고, 공동체 안의 규범을 형성하고 이를 준수하려는 태도 및 공동체적 삶에 필요한 도덕적 사고와 판단 능력을 향상시킴으로써 그러한 접근 방법이 성공적일 수 있음을 보여주었다.

정의 공동체의 경험은 우리에게 의미 있는 시사점을 준다. 하나는, 추상적으로 형성된 도덕적 사고가 구체적으로 실제적인 삶의 세계와 접목되고 체험되어야 한다는 점이다. 바람직한 도덕적 사고와 행동은 삶의 세계로부터 유리되어 존재할 수 없으며, 일상생활 속에서 구현되지 못하는 개인의 도덕은 의미가 없는 것이다.

다른 하나는, 도덕성의 발달을 위해서는 사회적 맥락과 집단 또는 공동체라는 요소를 중시해야 한다는 점이다. 정의 공동체는 도덕적 사고와 행동이 사회적 혹은 집단적 맥락 속에서 일어나며, 이러한 맥락이 개인의 도덕성 발달에 큰 영향을 미친다는 점을 잘 보여주고 있다. 집단이나 공동체의 규범과 구조들의 도덕적 수준이 높아질 때, 개인의 도덕성 또한 높아질 수 있는 것이다.

정의 공동체가 학교라는 집단의 도덕적 분위기와 잠재적 교육과정을 중시하는 관점에 기초하게 된 이유도 바로 여기에 있을 것이다. 건전한 도덕성의 형성과 발달을 위해서는 학생들의 도덕적 판단 능력을 향상시키기 위한 일과 그 집단 혹은 공동체의 규범·제도·구조 등과 같은 환경을 재구성하는 일이 병행되지 않으면 안 된다. 이에 비추어볼 때 최근 서구의 도덕교육이 공동체에 대하여 강조하고 있음은 주목할 만하다. 우

---

16) Ibid., p.168.

리나라의 도덕과 교육과정도 그 교수·학습방법에서 이 점을 비중 있게 다루고 있다.

우리는 콜버그의 6단계나 리코나의 5단계에서 나타나 있듯이, 도덕성 발달 단계의 정점에 공동체 의식이 기초하고 있음을 쉽게 알 수 있다. 실로 공동체의 가장 큰 특징은 구성원들이 정의적으로, 또 도덕적으로 결속되어 있다는 데 있다. 이는, 공동체가 일치된 사랑을 기초로 하면서 구성원들 상호간에 도덕적 책임의식을 느끼는 결합체라는 점을 말해 준다.[17] 레스트(J. Rest)는 상호 호혜적이고 상부 상조적인 공동체가 도덕적 삶과 도덕성 발달의 경험을 제공하는 데 유리하다고 쓰고 있다.[18] 리코나 또한 도덕성 발달 내지 도덕적 추론 능력의 발달이 사랑에서 시작된다고 강조한다. 그는 사랑을 인간의 발달을 비추는 등불이라고 표현하고 있다.[19] 요컨대 학급이나 학교는 학생들의 도덕성 발달에 실질적으로 도움 줄 수 있는 공동체가 되어야 한다.

4. 도덕적 추론 능력의 측정

학생들의 도덕적 추론 능력을 높여주는 수업도 그것이 평가와 연결되지 못하면, 그 값어치는 그만큼 절하될 것이다. 따라서 도덕성 발달론이 현장 교사의 도덕교육에 실제적으로 도움 될 수 있으려면, 교사가 학생들을 상대로 쉽게 도덕성 검사지(檢査紙)를 활용하고 그 적용 결과를 살펴볼 수 있어야 할 것이다.

포오터(N. Porter)와 테일러(N. Taylor)는 콜버그의 도덕성 발달 이론에

---

17) 강두호(역), 『사회 윤리의 기초』, 서울 : 인간사랑, 1997, p.183.
18) James R. Rest, "First Annual Lawrence Kohlberg Memorial Lecture", *Journal of Moral Education*, vol.18, no.2, May 1989, p.95.
19) Lickona, *Raising Good Children*, op. cit., p.78.

대하여 실제로 도덕 교사가 쉽게 이해하고 그 도구를 간편하게 사용할 수 있도록 한다는 의도에서 OISE Test를 제작 시행한 바 있다.[20] 교사는, 딜레마를 읽고 관련 질문에 자유롭게 응답한 학생들의 답안 내용에 대하여, 그 추론 수준에 따라 단계별로 점수를 부여하게 된다. OISE Test는 주관식 서술형의 측정이면서도, 단계들의 중복을 보이는 답안에 대해서는 상이한 가중치를 둠으로써 평가의 정확성을 기하고자 하였다.

레스트는 도덕성 발달에 있어서 각 단계간의 차이란 결국 도덕적 추론 형식의 차이라는 점에 근거하여, DIT(Defining Issues Test) 방법을 고안하였다.[21] DIT는 도덕성의 발달을 측정하려는 척도를 표준화하여 객관화시킴으로써, 검사지의 활용이 보다 간편하고 수월하게 이루어지도록 고안된 것이다. 이것은 지금까지 도덕적 판단력의 측정 분야에서 가장 널리 사용되어온 도구이며, 또한 그 신뢰성과 타당성에 있어서도 크게 인정받아 왔다.

DIT에 포함되어 있는 각 딜레마에는 딜레마의 해결책에 대한 근거를 제시하는 12가지의 항목들이 있다. 이러한 항목들은 기왕에 OISE Test 등 주관식 측정의 채점 안내서에 나온 것들로서 도덕적 사고의 전형들을 기술한 것이며, 실제로 콜버그의 인터뷰에서 참여자들이 표현했던 내용을 기초로 만들어졌다.

DIT에서 학생들이 하는 일은 제시된 딜레마에 대한 결정을 내리는 데 있어서 12항목들의 중요성을 평가하고 순서를 매기는 작업이다. 학생들은 도덕적 결정을 내리는 중요성에 비추어 각 항목의 진술들을 5개의 척

---

20) OISE(Ontario Institute for Studies in Education) Test에 대하여 N. Porter & N. Taylor, *How to Assess the Moral Reasoning of Student*, Toronto : Ontario Institute for Studies Education, 1972 참조.

21) James R. Rest, *Revised Manual for the Defining Issues Test*, Minneapolis : University of Minnesota Press, 1979.

도에 따라 체크한다. 이렇게 항목들을 모두 체크한 다음, 학생들은 앞의 항목들을 동시에 고려하여 중요도에 따라서 순위를 매기게 된다. 학생들의 점수는 항목들이 체크한 점수와 순위들을 통해 산출된다. DIT에서 가장 많이 사용되는 P 지수(Principled score)는, 이른바 인습 후기 수준의 항목들이 전체의 점수에서 차지하는 가중치를 나타낸다.

최근에 독일의 린트(G. Lind)는 MJT(Moral Judgement Test)를 개발하여, 학생들의 도덕성 발달이 일관되게 이루어지고 있는지를 측정하는 데 공헌하고 있다.[22] 린트의 MJT 검사는 현재 유럽에서 많이 이용되고 있다. MJT는 두 가지의 이야기들을 담고 있다. 각 이야기에는 어떤 행동에 관련되어 딜레마에 처한 사람이 등장하며, 그러한 딜레마로 인해 이야기의 주인공은 행동을 결정함에 있어서 그에 결부된 몇 가지 규칙들 때문에 갈등을 겪게 된다.

교사는 학생들에 대하여 질문 사항에 포함된 각 주장들에 관한 자신의 수용 정도를 표시하도록 요구한다. 질문 사항은 이야기 속의 주인공이 내리는 결정을 지지하는 여섯 가지의 주장들과 그러한 결정에 반대되는 여섯 가지의 주장들로 구성되는데, 이 주장들은 각기 다른 도덕적 추론의 수준들을 보여준다. 제시된 주장들의 수용 정도를 판단하기 전에, 학생들은 주인공의 결정에 대해 '매우 반대한다.'에서부터 '매우 찬성한다.'에 이르는 척도를 통해 체크하도록 되어 있다. 교사는 MJT의 주요 점수인 C 지수(Consistency Index)를 통하여, 찬성의 주장들과 반대의 주장들에 대한 학생들의 판단들이 도덕적으로 일관성이 있는가를 측정한다.

MJT는 DIT와 마찬가지로 여러 단계의 도덕적 발달 수준에 대한 개인

---

22) Georg Lind, *Review and Appraisal of the Moral Judgement Test*, Glasgow : Association for Moral Education, 2000. 또 DIT와 MJT를 비교하여 다룬 글로서 김항인, "도덕 판단력 측정에 관한 고찰 : DIT와 MJT를 중심으로", 「도덕윤리과교육」 제12호, 2000, pp.227~242 참조.

의 태도 점수를 제공한다. 따라서 교사는, 학생들이 어떤 유형의 딜레마
에서 높은 수준 혹은 낮은 수준의 도덕적 추론을 행하는지에 대하여 파
악할 수 있다. 물론 우리의 교육 현실에서 이 같은 검사지들을 그대로 활
용하는 데는 다소 어려움이 있을 것이다. 그렇지만 학생들에게 보다 적
합한 도덕성 발달 검사 방법을 개발해 내려는 탐구가 계속되면서, 이런
문제도 차츰 해결될 수 있으리라 기대해 본다.

IV. 교훈적 의의

　우리는 도덕성 발달 이론이 도덕교육에서 가지는 의의와 그에 근거하
여 도덕과의 수업 방법을 개선하기 위한 방안에 대하여 살펴보았다. 도
덕성 발달 이론이 도덕교육의 모든 기초를 완벽하게 설명해낼 수 없음은
물론이다. 사실 도덕성 발달 단계 이론의 보편적 성질을 둘러싸고 지금
까지 많은 물음들이 있었으며, 교사 역시 학생들을 단계별로 유형화함으
로써 발달 단계 이론을 오용할 가능성도 있다. 더구나 단계에 근거하여
학생들의 도덕적 추론 능력을 측정·평가하는 데는 장기간의 시간이 요
구될 뿐만 아니라, 그것을 위한 도구의 개발이 쉽지 않은 등 한계점을 지
니고 있다.

　그러나 한편으로 도덕성 발달 이론은 아동기부터 성인기에 이르기까
지 인간의 도덕적 판단이 발달하는 단계를 논리적으로 설명하며, 특히
가치 갈등들을 해결하는 데 충분한 관심을 기울여 왔다. 또 수많은 연구
와 비판을 자극하였으며, 그 결과 도덕 발달에 대하여 새로운 장을 열어
놓았다.

　도덕 교과를 통한 수업에 있어서, 직접적인 교수 활동이나 특정의 교

육 프로그램에 의하여 학생들의 도덕성이 향상되고 있음을 과학적으로 입증하기란 쉽지 않다. 그럼에도 불구하고 우리는 학생들의 도덕성을 향상시킬 수 있는 교육적 환경이 '있다'는 점에 대해서는 어느 정도 확신할 수 있다.

도덕 교사가 도덕성 발달론으로부터 얻을 수 있는 메시지가 있다. 인간은 자유의지를 갖고 있는 유일한 존재이다. 따라서 도덕성의 발달 역시 도덕적 주체의 능동적인 노력 없이 기계적으로 이루어지지 않는다. 우리의 중요한 교훈은 바로 여기에 있다. 즉, 인간의 도덕성은 저절로 자라나는 것이 아니라 애써서 가꾸고 정성을 다하여 키워나가야 하는 것이라는 점이다.

참고문헌

강두호(역), 『사회 윤리의 기초』, 서울 : 인간사랑, 1997.

김태훈, 『도덕성 발달 이론과 교육』, 서울 : 인간사랑, 2004.

김항인, "도덕 판단력 측정에 관한 고찰 : DIT와 MJT를 중심으로", 「도덕윤리과교육」 제12호, pp.227~242.

이수영, "가치 갈등 수업 모형이 도덕성 발달에 미치는 영향", 고려대학교 석사학위논문, 1999.

임현철, "콜버그의 정의로운 공동체에 관한 연구", 한국교원대학교 석사학위논문, 1995.

추병완, 『열린 도덕과 교육론』, 서울 : 하우, 2000.

Bandura, Albert, *Social Learning Theory*, Upper Saddle River, NJ : Prentice-Hall, 1976.

Bateman, Anth, *An Introduction of Psychoanalysis*, London : Routledge, 1995.

Baum, William M., *Understanding Behaviorism*, Hoboken, NJ : Wiley-Blackwell, 2004.

Freud, Sigmund, *The Origins of Psychoanalysis*, New York : Basic Books, 1964.

Gilligan, Carol, *In a Different Voice*, Cambridge, MA : Harvard University Press, 1982.

Hersh, Richard H., et al., *Models of Moral Education* ; 강두호 외(역), 『도덕·가치교육의 교수모형』, 서울 : 교육과학사, 1996.

Kohlberg, Lawrence, *The Psychology of Moral Development*, San Francisco : Harper & Row, 1984.

Kumpulainen, Kri, *Classroom Interaction and Social Learning*, London : RoutledgeFalmer, 2001.

Lickona, Thomas, *Raising Good Children*, New York : Bantam Books, 1983.

Lind, Georg, *Review and Appraisal of the Moral Judgement Test*, Glasgow : Association for Moral Education, 2000.

Porter, N. & Taylor, N., *How to Assess the Moral Reasoning of Student*, Toronto : Ontario Institute for Studies in Education, 1972.

Rest, James R., "First Annual Lawrence Kohlberg Memorial Lecture", *Journal of Moral Eduction*, vol.18, no.2, May 1989, pp.86~95.

Rest, James R., *Revised Manual for the Defining Issues Test*, Minneapolis : University of Minnesota Press, 1979.

Rogers, Carl R., *Freedom to Learn*, Columbus, OH : Merrill, 1969.

Rychlak, Joseph F., *The Psychology of Rigorous Humanism*, New York : New York

University Press, 1990.

Shaftel, Fannie R. & Shaftel, George, *Role-Playing for Social Values*, Englewood Cliffs, N J : Prentice-Hall, 1967.

Skinner, B. F., *About Behaviorism*, New York : Vintage Books, 1976.

제4장 **배려 윤리의 도덕 수업에의 적용**

I. 배려 윤리와 도덕교육

도덕교육에 있어서 개인주의적이며 인지 발달에 의거하는 경우, 그것은 종종 도덕적 지식과 행동 간의 불일치를 초래하는 원인의 하나가 된다고 비판받아왔다. 특히 인간관계의 단절과 고립, 서로에 대한 무관심과 냉담, 타인에 대한 배려의 부족 등이 만연하는 오늘날의 사회 현실에 비추어 볼 때, 그 같은 형태의 도덕교육을 통해서는 도덕적 문제들의 원만한 해결이 더욱 어렵다는 지적이 많았다.

우리나라의 도덕과 교육과정을 되돌아보면 초기에는 전통적인 덕목들이 중시되었으나, 제3차 교육과정시기부터 인지 발달의 접근이 시도된 이래로 도덕적 추론 능력을 발달시키는 일이 도덕교육의 주된 목표로서 규정되어왔다. 그러다보니 추상적인 도덕 지식이나 원리, 도덕 판단 능력 등 인지적 측면의 교육을 통해서 이상적인 도덕적 인간을 양성할 수 있다고 확신하거나, 도덕적 감정 혹은 정서의 측면은 인지의 측면에 본래적으로 수반되는 것으로 여기는 경향이 강하였다.

1980년대 중반부터 주목받은 공동체주의는 이전의 자유주의 전통에 근거한 도덕 이론에 대하여 비판적인 입장을 취하고 있다. 그것은 사람들로 하여금 공동체적 생활을 촉진하도록, 즉 이기심 내지 협소한 도구주의를 극복하도록 도와주는 가치들의 함양을 강조한다. 배려(配慮) 윤리는 공동체주의를 지향하는 대표적인 이론의 하나로서,1) 사회 구성원들 간의 공동체적 관계와 애정 어린 배려에 강조점을 두고 있다.

본 연구는 근래에 기존 도덕교육의 한 가지 대안으로서 관심을 받고 있는 배려 윤리에 입각하여, 바람직한 도덕교육의 방향에 부합하는 학습 지도의 방안을 모색하는 데 그 목적을 두고 있다. 인지 중심의 도덕교육이 도덕적 판단 및 추론 능력을 발달시키는 데 비중을 크게 둠으로 말미암아 실제로 사람들과의 관계 속에서 생기는 도덕적 문제 상황을 해결하고 도덕적 행위를 이끌어내는 데는 한계가 있다는 점을 인정하면서, 배려 윤리를 통해 그 한계점을 보완하고자 하는 것이다.

연구는 그 방법상 대체로 문헌 연구에 의존하되 도덕 수업 현장에서의 실제적인 적용 가능성을 염두에 둘 것이다. 연구의 내용 체계를 보면, 앞쪽의 Ⅱ장과 Ⅲ장은 배려 윤리를 도덕교육에로 적용하기 위한 이론적 배경을 다룬다. 여기서는 배려 윤리의 발달이 심리학적으로, 그리고 윤리학적으로 도덕교육에 각각 어떻게 정초(定礎)되는지에 대하여 알아본다. 전자의 경우에는 길리간(C. Gilligan)을, 후자의 경우에는 나딩스(N. Noddings)를 중심으로 살펴볼 것이다. 뒤쪽의 Ⅳ장은 배려 윤리에 근거하여 실제로 도덕과의 학습 지도를 다루는 부분이다. 여기서는 주로 협동 학습, 봉사 활동, 내러티브, 모델링 등이 제시되고 있다. 끝으로 Ⅴ장에서는 맺음말과 함께 정의 윤리와 배려 윤리의 통합에 대한 의견이 제안될 것이다.

---

1) 박병춘, 『배려 윤리와 도덕 교육』, 서울 : 울력, 2002, p.9.

II. 배려 윤리의 도덕교육에의 심리학적 정초

일찍이 철학자 메이어옵(M. Mayeroff)은 배려의 도덕적 가치에 관심을 둠으로써 배려 윤리에 이론적 토대를 제공하였다. 그는 배려를 '다른 사람이 성장할 수 있도록 도와주는 것'이라고 정의하고, 그 전형적인 예로서 아버지의 자식, 교사의 학생, 의사의 환자, 남편의 아내에 대한 경우를 들고 있다.[2] 그에 따르면 배려는 다른 사람에게 단순히 관심을 가지거나 그저 잘되기를 소망하는 것 이상의 것이다. 그는 또 배려하는 사람역시 배려를 통해서 부수적으로 자신의 성장을 도울 수 있으며, 그러므로 배려하는 사람과 배려 받는 사람 양자간의 상호 의존성이 중요하다고 강조한다.

메이어옵의 배려 개념을 수용한 길리간은 배려의 심리적인 특성에 집중하면서 배려 윤리를 하나의 도덕적 정향으로 규정하였다. 주지하는 바와 같이 도덕성의 성차(性差)는 길리간의 사고에서 가장 핵심을 이루는 주제이다. 배려 윤리는 인간관계, 책임, 상호 의존, 유대, 애착, 동정심, 사랑을 중요시하는 도덕성을 바탕으로 하는데, 여기에 남녀간의 차이가 있다는 것이다.

길리간에 의하면 도덕성은 정의와 배려라는 두 측면으로 구성된다. 이둘은 성과 연관되어 서로 구별되는 도덕적 목소리로서, 자아, 도덕, 인간관계에 대하여 상이한 관점을 갖는다. 길리간의 견해는 기존에 지배적이었던 정의 윤리는 도덕성을 정의(正義)의 관점에서만 편협하게 정의(定義)하여 주로 남성적 특성을 반영함으로써, 주로 여성적 특성인 배려의 도덕성을 무시하고 배제해 왔다는 것이다.[3]

---

2) Milton Mayeroff, *On Caring*, New York : Harper & Row, 1971, p.2.
3) Carol Gilligan, *In a Different Voice : Psychological Theory and Women's Development* ;

요컨대 남성과 여성은 전통적으로 기본적인 삶의 정향 특히 자아와 도덕성에 대한 개념에서 다르며 서로 다른 발달 경로를 밟고 있는데, 분리 내지 자율성을 중시하는 남성들이 정의·공정성·규칙·권리들의 문제를 중심으로 도덕을 논하는 반면에, 가족과 친구를 중시하는 여성들은 사람들의 소망·필요·관심·열망 등을 중심으로 도덕을 논한다는 설명이다. 실제로 길리간은 이를 입증하고자 노력하였다.[4]

길리간은 콜버그(L. Kohlberg)의 도덕 발달 이론에서 여성이 남성보다 낮게 평가된 이유는, 콜버그가 여성에게는 부적절한 남성 중심의 척도를 가지고 여성의 도덕성 발달을 측정했기 때문이라고 비판한다. 그리고 여성에게는 남성과 질적으로 다른 도덕 발달 단계가 있다고 주장한다. 그에 의하면 배려 윤리는 3수준 2과도기의 과정을 걸쳐서 발달해 간다.[5]

① 제1수준 : 자기 이익의 지향(The orientation toward self-interest). 유일한 관심은 자아의 생존이다. 이 단계에서 선으로 생각하는 배려는 다른 사람을 위한 것이 아니라 오직 자신을 위한 것이다.

② 첫 번째 과도기 : 이기심에서 책임감으로(From selfishness to responsibility). 자기중심적인 이기심을 되돌아보면서 자신과 타인간의 연결을 새롭게 이해하기 시작한다.

③ 제2수준 : 선과 타인에 대한 책임감의 동일시(Identification of goodness with responsibility for others). 자신의 이익보다 다른 사람을 기쁘게 해 주려는 욕구, 심지어 자기의 욕구를 희생해서라도 다른 사람이 원하는 것에 응하려는 욕구가 전면에 등장하게 된다. 이제 선은 자기희생 또는 다른 이들에 대한 따뜻한 배려와 동일시된다.

④ 두 번째 과도기 : 동조에서 새로운 내적 판단으로(From conformity to a

허란쥬(역), 『다른 목소리로』, 서울 : 동녘, 1997, p.304.

4) Carol Gilligan & Grant Wiggins, "The Origin of Morality in Early Childhood Relationships," in J. Kagan & S. Lamb (eds.), *The Emergence of Morality in Young Children*, Chicago : University of Chicago Press, 1988, p.114.

5) Gilligan, *In a Different Voice*, op. cit., pp.152~153.

new inner judgment). 자기희생의 논리를 면밀히 고찰하고 자신과 타인의 관계를 재고하면서 선에 대하여 새로운 개념화를 이루어가는 과정이다.

⑤ 제3수준 : 자아와 타인 사이의 역동성에 초점을 둠(Focusing on the dynamics between self and others). 인간관계가 상호적인 것임을 인식하며, 자신과 타인의 새로운 이해를 통하여 이기심과 책임간의 대립을 해소하는 단계이다.

우리는 길리간의 배려 윤리를 도덕교육에 적용하는 데 있어서, 특히 다음과 같은 점들을 유용하게 활용할 수 있을 것이다. 첫째, 도덕 행위자에 대한 관점이다. 길리간은 도덕 행위자에 대해서 성별이나 시공을 초월하여 초연한 입장에 서서 판단하는 사람으로 묘사하지 않는다. 오히려 행위자는 자신과 어떤 특별한 관계를 맺고 있는 사람들에 대하여 염려하고 친근하게 마음 써주는 사람이다.[6]

말하자면 다른 사람에 대해 그의 특수한 입장을 고려하고, 그의 욕구, 이해관계, 복리를 이해하며, 동정심 내지 감정적 민감성을 갖는다. 물론 일정한 유대 관계들은 상황에 따라 변하기도 하지만, 그렇다고 해서 도덕 행위자 스스로가 만들어내는 것만은 아니다. 이렇게 볼 때 도덕 행위자는 근본적으로 완전하고 자율적인 존재라기보다는 어떤 관계나 유대에 의해 영향 받고 있는 존재라고 말할 수 있다.

둘째, 도덕적 추론 내지 도덕성에 대한 관점이다. 길리간에 의하면 올바른 행위에로 유도하는 도덕적 추론의 양식이 꼭 형식적인 합리성만을 포함하는 것은 아니다. 도덕 행위의 동기와 추론에 있어서 정서의 역할을 강조하기 때문이다. 따라서 도덕성은 필연적으로 정서, 인지, 행위 면에서 서로 관련되어 있게 마련이다. 어떤 행동을 해야 할지를 추론하는

---

6) Ibid., p.102.

것은 바로 다른 사람들을 배려하여 추론하는 것을 이른다.

사실 길리간은 한 개인에게 적합한 행동이 반드시 보편적이며 일반화될 수 있다는 점에 대해서 회의적이다. 그가 '보편적'이라는 용어 대신 '반응의 적절성'이라는 용어를 선호하는 것도 이런 맥락에서이다.7) 이것은, 그가 상대주의의 입장에 있다기보다는 특정한 개인이 어떤 상황에서 취할 수 있는 적절한 행동의 기준에 대해 강조한 것으로 보인다.

셋째, 도덕적 행동에 대한 관점이다. 길리간에게 있어서 도덕적 행동의 토대는 무엇이 보편적으로 옳은지 혹은 어떤 원리를 취해야 하는지에 관한 도덕적 신념 이전의, 사람들 사이의 구체적인 유대 관계에 대한 감각과 그 직접적인 반응에 있다.

그러므로 도덕적 행동은 특정한 사람들에 대하여 그 같은 관계를 표현하고 지속시키는 것을 의미한다. 이와 관련하여 길리간이 여교사의 역할을 강조하는 점은 이채롭다.8) 그에 따르면 여교사들은 특히 소녀들로 하여금 목소리의 상실과 진실하지 못한 인간관계, 여성의 발달을 손상시키는 규범이나 양식들에 저항하게 함으로써 건전한 심리적 발달을 도모하고 있다.

Ⅲ. 배려 윤리의 도덕교육에의 윤리학적 정초

길리간의 배려 윤리를 수용하여 그것을 윤리학적으로 더욱 발달시킨 이가 나딩스이다. 나딩스는 현대 윤리학에 대한 비판적 시각에서부터 배

---

7) Lawrence A. Blum, "Gilligan and Kohlberg : Implications for Moral Theory", *Ethics*, vol.98, April 1988, p.472f.
8) 박병춘, 『배려 윤리와 도덕 교육』, *op. cit.*, p.110.

려의 문제를 제기한다. 그에 의하면 윤리학에서 이루어지는 논의들은 대부분 윤리 이론의 본질과 그 적합성을 따지는 일에 초점을 맞추고 있기에, 인간과 인간의 만남이 보편적으로 설명하기 어려운 어떤 독특함과 개별성을 갖는다는 사실을 놓치고 있다.

그런데 이처럼 추상적 인간이 추구하는 보편적인 원리에만 관심을 쏟다보면, 윤리학은 개개의 인간이 구체적으로 어떻게 살 것인지, 또 사람을 만나서는 어떻게 대해야 하는지의 문제에 대해서는 적절한 답을 제시하기 어렵다는 것이다.9) 그는 도덕교육 역시 도덕적 추론의 구조를 발달시키는 데만 주안점을 둘 경우, 학생들은 도덕성을 지적 측면에서의 도덕 판단의 형식으로 이해함으로써 도덕의 내용을 간과하기 쉽다고 설명한다.

나딩스는 윤리적인 논의나 결정은 반드시 사람과 사람 간에 배려하는 상호 작용에서 이루어져야 한다고 주장한다. 복잡하고 어려운 상황에서 도덕 문제를 해결해 나가는 데는 어떤 한 가지 보편적인 원리보다 배려받는 대상에 관심을 갖는 것이 더 낫다고 보는 셈이다. 이를테면 '저 사람이 지금 필요로 하는 게 무엇일까?', '그에게 필요한 것을 채워주는 것이 전체의 관계 속에서 혹시 다른 사람에게 해가 되지는 않을까?', '내가 과연 이 같은 필요나 요구를 들어줄 수 있을까?', '그가 필요로 하는 것이 실제로 그에게 도움이 되는 것일까?' 식으로 물으면서 상대방에게 집중해야 한다는 것이다.

성차에 주목하기는 나딩스도 마찬가지이다. 이를테면 여성에게 있어서 악(惡)은 주로 타인에게 해로움을 주는 것으로 인식되는 데 반하여, 남성에게 있어서는 종교적인 명령을 어기거나 국가의 법을 깨뜨리는 것과 같

---

9) Nel Noddings, *Philosophy of Education*, Denver : Westview Press, 1995, p.136.

은 규칙의 위반으로 인식되는 면이 강하다고 본다.10) 그는 이와 관련하여 기왕의 윤리학자들이 정직·진실·정의·용기·자아 통제와 같은 덕목들을 매우 추상적인 방식으로 제시했을 뿐만 아니라, 적극적인 배려·우정·교제 등에 요구되는 필요충분조건들을 구체화하는 데 실패하였다고 지적한다.

결국 나딩스의 배려 윤리가 갖는 가장 큰 특징은, 그것이 관계 중심적 윤리라는 점에 있다. 여기서 배려 관계의 주체는 배려하는 사람과 배려 받는 사람 모두이다. 그러므로 배려하는 사람이 배려를 베풀고, 배려 받는 사람이 배려를 인지하며 그에 응답할 때 배려는 완성된다. 이 경우에 먼저, 배려하는 사람의 의식 상태는 전념(engrossment)과 동기 전환(motivational displacement)으로 설명될 수 있다.11)

전념이란 다른 사람의 경험 안으로 들어가는 것, 즉 단지 다른 사람과 입장을 바꿔서 생각하는 데 그치지 않고 그 사람을 내 안으로 수용하여 함께 느끼는 것을 말한다. 사람은 배려의 대상에 대하여 전념할 경우 어떤 동기의 근본이 자신으로부터 전념하는 다른 사람에게로 옮겨지게 됨을 느끼게 마련이다. 곧 다른 사람이 전달하고자 하는 것을 수용하고 그의 목적이나 계획을 촉진할 수 있는 방식으로 반응하고 싶은 마음을 갖게 되는데, 이것이 바로 동기 전환이다.

한편 배려의 완성을 위해서는 배려하는 사람뿐만 아니라 배려를 받는 사람의 역할도 중요하다. 배려를 받는 사람은 배려를 인지하고 배려를 수용하고 있다는 반응을 어떤 형태로든지 배려하는 사람이 인식할 수 있

---

10) Nel Noddings, *Women and Evil*, Berkeley : University of California Press, 1989, pp.57 ~58 ; 88~89.

11) Nel Noddings, *The Challenge to Care in Schools : An Alternative Approach to Education* ; 추병완·박병춘·황인표(역), 『배려교육론 : 인간화 교육을 위한 새로운 접근』, 서울 : 다른우리, 2002, p.15.

도록 보여주어야 한다.12) 그렇지 못할 때 결국 배려의 관계는 상실된다는 논리이다.

또한 나딩스에 따르면 배려는 두 개의 감정 곧, 자연적(natural) 배려의 감정과 윤리적(ethical) 배려의 감정으로 구성된다.13) 자연적 배려는 다른 사람을 배려하고 싶은 자연스러운 감정에 의거하는 것으로서, 단지 자연스럽게 보살펴 줄 뿐 인위적으로 어떤 윤리적 노력이 요구되지 않는 경우이다. 어머니가 자녀를 돌보는 일은 어떤 의무감에서보다는 사랑으로써 자녀를 보살피고자 하는 본성적인 경향으로부터 동기화된 것이다. 설사 아이를 배려해야 한다는 의무감이 있어도 그것은 강제적인 명령이 아니라 스스로 원하는 것에 자연적으로 수반되는 것이라는 설명이다.

반면에 윤리적 배려는 자연적 배려와는 달리 다른 사람에 대하여 느끼는 의무감에 대한 응답에서 나온다. 그것은 배려하고 싶은 욕구가 자연스럽게 일어나지는 않지만 배려하는 것이 더 좋다는 점을 의식적으로 깨닫게 될 때 자연적 배려의 감정으로부터 생겨난다.

우리는 나딩스의 배려 윤리를 도덕교육에 적용하는 데 있어서, 특히 다음과 같은 점들을 유용하게 활용할 수 있을 것이다. 첫째, 배려 윤리의 핵심을 관계성에서 찾고 있는 점이다. 그에 의하면 인간 실존의 기본적인 모습은 타인과 함께 관계를 맺으며 살아가는 데 있다.14) 인간은 살아가는 동안 한편으로는 선택하고 결정하는 일에 있어서 자유롭지만, 다른 한편으로는 여러 사람들과 불가피하게 관련될 수밖에 없다. 우리 존재의 중심에는 이런 근본적인 관계성이 있다. 내가 자유를 찾고자 관계된 사람들과 연결된 고리를 끊을 때, 나는 심지어 나 자신으로부터 소외 될 수

---

12) Ibid., p.16.

13) Nel Noddings, *Caring : A Feminine Approach to Ethics and Moral Education*, L. A. : University of California Press, 1984, pp.79~83.

14) Ibid., p.51.

도 있는 것이다.

둘째, 배려에 대한 의무성을 통찰한 점이다. 우리가 살다보면 자연적으로 배려하고 싶지 않는 사람이 있게 마련이다. 그에 대하여 전념하는 것이 오히려 어떤 혐오감을 가져오기에 아무런 동기 전환이 일어나지 않을 수 있다. 그러나 상황에 따라서는 어떤 의무감을 지니는 배려가 요구될 수 있으며, 이 같은 경우에 필요한 것을 윤리적 배려로 본 것이다. 다만, 나딩스는 자연적 배려를 윤리적 배려보다 우위에 두고 있다. 이런 면에서 볼 때 배려 윤리는, 자연적 감정이나 이타심에서 나온 행위에 도덕적 가치를 두지 않으며 오직 선한 의지에 따른 의무에서 나온 행위에 도덕적 가치를 부여하는 칸트(I. Kant)와 대조되기도 한다.

셋째, 도덕교육의 방향을 제시하고 있는 점이다. 나딩스의 입장에서 모든 교육의 궁극적인 목적은 학생들로 하여금 배려를 유지하고 강화하게 하는 도덕성의 함양에, 즉 배려할 줄 아는 도덕적인 인간을 길러내는 데 있다. 그는 실제로 학교의 교육과정을 배려와 관련된 주제에 따라 조직할 것을 제안한다. 그가 제시하는 배려의 범위에는 자아에 대한 배려, 친밀한 사람들에 대한 배려, 낯선 사람과 멀리 있는 사람에 대한 배려, 동물·식물 그리고 땅에 대한 배려, 인간이 만든 세상에 대한 배려, 사상에 대한 배려 등이 망라되어 있다.[15]

IV. 배려 윤리에 근거한 도덕과 학습 지도의 실제

지금까지 II, III에 걸쳐서 배려 윤리가 길리간과 나딩스를 통하여 심리학적 및 윤리학적으로 발달해 왔으며, 그것들이 도덕교육의 새로운 방

---

15) Noddings, *The Challenge to Care in Schools*, op. cit., p.129f.

향 정립을 위해서 정초 역할을 하고 있음에 대하여 살펴보았다. 길리간이 그동안 경시되어 왔던 여성적 특성으로서의 배려의 도덕성을 강조함으로써 도덕성의 발달에 대하여 좀 더 포괄적이고 총체적인 이해를 유도했다면, 나딩스는 배려 윤리를 보다 명료화하고 도덕교육과 관련시키는 데 공헌했다고 볼 수 있겠다.

우리는 이제 배려 윤리에 입각한 도덕 교과에서의 구체적인 학습 지도 방안에 대하여 살펴볼 것이다. 여기서는 도덕과의 학습 지도를 위한 실제적인 수업 모형으로서 협동 학습, 봉사 활동, 내러티브, 모델링의 네 가지를 구안하였다. 이 모형들은 먼저, 앞에서 지적하였듯이 길리건과 나딩스의 논의를 도덕교육에 적용하는 데 특히 유용하게 활용할 수 있는 몇 가지 점들을 기초로 한 것이다.

또 배려 윤리의 취지로 보아 도덕 수업의 현장에서 요구될 것으로 예기되는 것들, 예컨대 배려의 능력은 자신이 배려를 받았거나 베풀었던 경험에 의존하므로 교사는 학생들에 대하여 따뜻한 배려자로서의 본보기 역할을 다해야 한다는 점, 배려의 능력이나 성향 또한 배려의 실천 경험을 통해서 발달되기 때문에 학생들로 하여금 구체적으로 배려를 실천할 수 있도록 기회를 부여해야 한다는 점, 배려가 상대방에 대한 이해와 신뢰 없이는 어려우며 이 같은 이해와 신뢰를 형성하는 데에 대화가 필수적이라는 점들을 염두에 둔 것이다. 다만 배려 윤리에 근거하기에 감정이나 관계성에 주목하되, 도덕적 추론에 있어서 인지적 측면의 중요성을 간과하지 말아야 한다는 점 역시 망각되어서는 안 될 것이다.

1. 협동 학습

협동 학습(cooperative learning)은 이질적인 학생들로 구성된 소규모 집단의 협동을 수업 과정에 활용하면서 학생들로 하여금 각자의 학업 성취와

더불어 다른 동료들의 학습을 적극적으로 도와주도록 하는 하나의 구조화된 학습 양식이다.16)

학생들은 협동 학습을 통해서 학급에 대한 애착과 소속감을 갖고, 학급 속의 다른 이들에 대한 배려와 이해를 발달시키며, 그들과의 상호작용을 통하여 긍정적인 또래집단의 규범 문화를 창조해감으로써 도덕성 내지 가치의 발달을 도모할 수 있다. 정문성은17) 협동 학습이 협력적 기능, 교과에 대한 태도, 정신 건강, 사회성 발달, 동료에 대한 태도, 관점 채택 능력, 자존감 등에 긍정적인 영향을 미친다고 강조한다.

협동 학습이 배려의 윤리를 발달시키는 데 있어서 매우 유용한 방법임을 직시한 것은 나딩스였다. 그에 의하면 협동 학습의 일차적인 목적은 구성원들이 서로를 이해하고 서로의 감정을 공유하며 서로를 지지해주는 것이다.18) 협동 학습이 개인적이고 경쟁적 경향이 강한 학교 분위기를 쇄신하는 패러다임을 추구하는 점으로 보아, 그가 중시하는 상호 의존성이나 관계성이야말로 협동 학습의 기본 원리를 이룬다고 할 수 있다.

나딩스는 설사 협동 학습 방법이 개인주의적 학습 방법보다 낫다는 확실한 증거를 제시해 주지 못하더라도, 협동 학습의 근본 목적이 윤리적 이상의 고양에 있는 이상 우리는 도덕교육에 있어서 이 방법을 계속 활용해야 한다고 주장한다. 아마도 그는 협동 학습의 성과 가운데 사회적 응집성의 제고라는 측면에 초점을 맞추고 있는 것 같다. 즉 학생들이 하나의 협동적인 학습 집단을 이루어 공부하면서 서로 아끼고 돕고 보살펴주는 가운데, 배려의 발달에 필수적인 관계성, 수용성, 책임감 등과 같은 윤리적 특성들을 자연스럽게 지닐 수 있게 된다는 것이다.

---

16) 추병완, "협동학습의 도덕교육적 함의", 「사회와 사상」 제16집, 1997, p.295.
17) 정문성, 『협동 학습의 이해와 실천』, 서울 : 교육과학사, 2003, p.66.
18) Noddings, *Philosophy of Education*, op. cit., p.192.

다소 통합적 입장을 견지하는 리코나(T. Lickona) 또한 협동 학습이 훌륭한 인격의 두 가지 핵심 요소인 '존중심'과 '책임감'의 발달에 효과적이라고 믿고 있다.[19] 즉 학생들은 협동 학습을 통해 학습 과제를 수행하면서 서로를 존중해주는 것을 생활화 할 수 있을 뿐만 아니라, 공동의 과제를 해결하는 데 있어서 개인적 및 집단적인 책임감을 고양할 수 있다는 것이다. 또한 교사는 지속적인 협동 학습을 통해 교실을 하나의 응집력 강한 공동체로 만들어 나감으로써 인간 관계적인 갈등의 해소는 물론 도덕적 상호 작용을 원활하게 해줄 수 있다고 보았다.

협동 학습이 학생들의 배려를 함양하는 데 유리한 이유는, 무엇보다도 그것이 학생들에게 서로 돕는 것이 좋은 일이라는 점을 가르치기 때문일 것이다. 자신이 협력하여 학급을 공동체로 만드는 데 기여해야 한다는 의식은 학생들로 하여금 동료를 배려하고 보다 이타적인 태도를 발달시키며 자발적인 친사회적 행위의 경향성을 지니게 한다. 실제로 협동 학습은 학생들에게 기본적인 생활 기능을 가르친다. 예컨대 주의 깊게 경청하기, 타인의 관점을 취하기, 효과적으로 의사소통하기, 갈등을 해결하기, 공동의 목적을 달성하기 위해 함께 일하기 등은 협동 학습에 의해 발달되는 기능들이다. 연구 결과에 따르면,[20] 협동 학습에 규칙적으로 참여한 학생들이 그렇지 않은 학생들에 비해 인간관계에서 더욱 원만함을 보이고 있다.

협동 학습에서는 도움을 주는 사람이나 받는 사람 모두가 다른 동료에 대하여 이해하고 부족한 점을 서로 보완함으로써 각각 만족을 얻는다. 도움을 주는 사람은 도움을 베풂으로써 자신의 존재 가치를 새롭게 인식

---

19) Thomas Lickona, *Educating for Character* ; 박장호 · 추병완(역), 『인격교육론』, 서울 : 백의, 1998, pp.218~244.
20) 추병완, "협동학습의 도덕교육적 함의", *op. cit.*, pp.320~321.

하고, 도움을 받는 사람 또한 어려운 상황에서 협조를 얻어 문제를 해결함으로써 기쁨을 얻게 된다. 교사는 협동 학습의 목적이 서로를 도와주는 데 있음을 학생들에게 분명히 인식시킴으로써 배려의 실천을 위한 계기로 삼을 수 있도록 지도해야 할 것이다.

2. 봉사 활동

봉사 활동(service project)은 개인이나 집단이 자발적인 의도에서 대가를 바라지 않고 다른 사람을 돕거나 사회에 기여하는 계획적이고 지속적인 활동을 말한다. 여기서 알 수 있듯이 봉사 활동은 무엇보다도 자발성에 그 의미가 있다. 아무리 훌륭하고 가치 있는 일이라도 강제로 행하는 일이거나 자신의 사회적 역할에 부수된 당연한 의무로서 수행하는 일은 봉사 활동이라고 할 수 없다.

또한 봉사 활동은 보수나 대가를 바라지 않고 자신의 시간과 노력을 들여서 베푸는 활동이다. 오직 남을 돕는다는 정신적인 보람과 만족을 기대하고 하는 행위인 것이다. 봉사 활동이 우연이거나 일시적인 선행과는 달리 계획에 의해 일정 기간 지속하는 활동이라는 점도 중요하다.

학생들이 배려를 높게 평가하고 배려하고 싶은 마음가짐을 갖도록 교육하기 위해서는 그들로 하여금 실제로 다른 사람을 배려할 수 있는 기회를 갖고 직접 행동으로 실천해보게 하는 것이 중요하다.[21] 이는 사람의 태도나 마음가짐이 일정 부분 경험을 통해서 형성된다는 점을 보면 쉽게 수긍할 수 있다.

학생들이 배려를 직접 실행해볼 수 있는 방법으로서 주변의 봉사 활동에 참여하는 일만한 것도 드물다. 거리, 양로원, 병원, 복지 시설, 동물원,

---

21) Noddings, *Caring : A Feminine Approach to Ethics and Moral Education*, op. cit., p.187.

식물원 등 어디서든지 그들로 하여금 그 일을 과제로서가 아니라 남에 대한 배려를 연습하고 훈련하며 배우는 기회로서 체험하게 하는 것이다. 학생들은 봉사 활동을 통해서 봉사 업무 자체에 관련된 기능을 학습할 수도 있지만, 보다 중요한 것은 그들이 배려의 능력을 발달시킬 수 있다는 점에 있다.

배려 윤리를 강조하는 이들은 봉사 활동이 학교에서 정규의 교육과정으로 채택되어야 한다고 제안한다. 이를테면 나딩스는 교사들이 학생들에 대하여 다른 이를 배려하여 도움을 베풀 수 있도록 적극적으로 기회를 제공할 것을 촉구한다. 다만 그에 따르면, 봉사 활동에 참여하는 학생들은 반드시 배려의 본보기가 될 수 있는 성인과 함께 참여해야 한다. 왜냐하면 학생들만 봉사 활동에 참여시킬 경우 봉사 활동이 자칫 배려가 아닌 방식으로 수행되거나, 또는 학생들이 배려의 진정한 태도보다 그 형식적인 면만 배울 수도 있기 때문이다. 함께 참여하는 성인들은 학생들에 대하여 배려에 수반되는 어려움이나 또는 그 보상들에 대하여 가르쳐줄 수 있을 것이다.

이런 점에서 볼 때 리코나가 인격 교육의 실천을 위한 포괄적 접근 방안으로서, 교사들에 대하여 이른바 '교실을 넘어선 배려'(caring beyond the classroom)에 관심을 기울이도록 충고한 것도 같은 맥락에서 이해될 수 있다. 교사가 학생들에게 어려운 이웃을 돕는 모범 단체들을 소개하고 그 가입과 참여를 유도하는 것은 학생들의 인격을 발달시키는 데 있어서 잠재적인 봉사 활동을 제공하는 기회가 될 것이다.

봉사 활동 프로그램 자체가 학생들의 배려 행위를 보장한다고 단정하기는 물론 어렵다. 따라서 봉사 활동을 추진하는 교사들은 활동 계획을 기획하는 단계에서부터 학생들의 능력과 흥미를 고려하여 적절한 곳에 그들을 배치하도록 힘써야 하며, 아울러 배려의 행위를 직접 모범적으로

보여줄 필요가 있다.22)

또한 도덕과의 경우 짧은 수업 시간 안에 봉사 활동을 실행한다는 것은 현실적으로 어려움이 있다. 그러므로 직접 봉사 활동을 하는 것은 방과 후 혹은 방학 기간을 활용하며, 수업 시간에는 봉사 활동에 대하여 계획을 수립한다든지 또는 봉사 활동을 실시한 후에 결과를 발표하도록 하는 것이 효과적일 것이다.

3. 내러티브

흔히 이야기하기(story telling)로 통하는 내러티브(narrative)는 일찍이 키에르케고르(S. Kierkegaard), 부버(M. Buber), 사르트르(J. P. Sartre) 등의 저작에서 보이는 실존주의 전통에서 강조된 바 있다.23) 이는 실존주의 사조가 인간의 현실적 존재로서의 삶에서 일어나는 구체적인 사건과 줄거리에 관심을 두는 점으로 보아 쉽게 이해될 수 있다.

다양한 이야기를 바탕으로 하는 내러티브는 어떤 하나의 고정된 측면에 도덕적 지향을 두기보다는 삶의 다양함과 복잡함이 반영된 도덕성의 이면을 중시한다. 내러티브 안에서 펼쳐지는 수많은 도덕 이야기들은 내가 직접 경험하지 못한 타인의 도덕적 경험 세계로 나를 인도하며, 타인의 도덕 경험은 나로 하여금 자기중심적인 태도에서 벗어나 그의 입장에서 사고하고 행동할 수 있게 유도한다. 이처럼 내러티브 안에서 전개되는 도덕 지향의 차이가 상이한 도덕적 태도와 행동에 대한 존중을 불러일으키며, 그것이 타인에 대한 배려의 밑거름이 되는 셈이다.

배려 윤리에서 내러티브의 활용은 도덕성 발달을 위하여 적극 권장되

---

22) Nel Noddings, "Care and Moral Education", in Wendy Kohli (ed.), *Critical Conversations in Philosophy of Education*, London : Routledge, 1995, p.140.

23) Noddings, *Philosophy of Education*, op. cit., p.62.

고 있다.24) 학생들로 하여금 자신들의 실제 삶에서 겪은 도덕적 경험을 이야기할 수 있도록 기회를 제공해 주기 때문이다. 우리는 흔히 자신의 도덕적 경험을 이야기하면서 스스로의 권위와 책임감을 표현하며 고양시키곤 한다. 학생들은 이야기를 통해 도덕적 경험의 인지, 정의, 행동적 차원을 표현해 봄으로써, 스스로 도덕적 관점에서 자신의 경험을 반성하도록 고무될 수 있을 것이다.

길리간은 학생들이 자신의 도덕적 이야기에 권위를 부여할 수 있는 다양한 내러티브적 방법을 구체적으로 제시하고 있다.25) 즉, 학생들에게 심층적인 인터뷰 기회를 제공하기, 자신의 도덕적 이야기를 저널의 형태나 에세이 형태의 글로 써보게 하기, 간단한 역할놀이 또는 비디오 촬영 등을 통해 자신의 도덕적 이야기를 극화할 수 있도록 도와주기 등.

확실히 길리간이 보기에 도덕적 지식은 콜버그의 발달 패러다임을 적용하기에는 본질적으로 너무 복잡하며, 내러티브 내지 이야기 말하기가 그러한 지식을 견지하고 전달하는 데 가장 적합한 형태였다. 왜냐하면 내러티브는 모든 연령, 모든 장소, 모든 사회에 존재하기 때문이다. 내러티브적 담론이야말로 인간의 삶에 대한 도덕적 이해를 위하여 가장 자연스러운 형태가 될 수 있음을 확신한 그는 배려의 목소리를 함양하기 위한 구체적인 방법으로서 역사와 문학 분야의 자료를 활용할 것을 권장한다.26) 아마도 이 같은 자료들이 추상적인 규칙보다는 구체적인 인간관계와 맥락을 고려한 앎의 방법을 중시하기 때문이리라.

내러티브는 우리가 삶의 의미를 찾기 위해 노력하는 것을 설명해줄 뿐만 아니라, 우리에게 영감을 불어넣거나 반대로 두렵게 하며, 우리가 어

---

24) 추병완, 『열린 도덕과 교육론』, 서울 : 하우, 2000, p.93.
25) 박병춘, 『배려 윤리와 도덕 교육』, *op. cit.*, p.116.
26) 추병완, "길리간의 도덕 발달 이론에 대한 재조명," 「도덕윤리과교육」 제9호, 1998, p.414.

떤 행동을 선택해야 더 좋아질지 또는 더 나빠질지를 말해준다.27) 길리간에 의하면 내러티브는 인간의 경험 중 여성적인 면, 즉 감정이나 직관 혹은 관계에 관한 특별한 목소리이다. 그는 추상적이고 보편적인 규범으로는 도덕적 상황을 이해할 수 없으며, 도덕적 문제를 이해하기 위해서라면 문제 상황에 처해 있는 개개인의 구체적이고 주관적인 목소리를 들을 수 있어야 한다고 주장한다.

도덕 교사가 배려의 도덕성을 함양하는 데 내러티브를 활용하고자 할 경우, 우선 배려와 관련되는 이야기를 다양한 자료들을 통하여 찾아내려고 노력해야 한다. 그리고 수집된 이야기 자료를 학생들의 수준과 흥미에 부합하도록 재구성하여 제시하는 일에 힘써야 한다. 특히 신문을 활용한 내러티브는 구체적 상황이나 실존 인물을 다루게 되므로 학생들에 대하여 더욱 생생하게 배려를 일깨울 수 있을 것이다.

4. 모델링

모델링(modelling)은 대부분의 도덕교육에서 강조되지만 특히 배려와 관련하여 매우 중요하다고 생각된다. 모델링을 통한 배려의 학습은 특정한 인물을 배려의 모형으로 제시하면서 그가 다른 이를 어떻게 배려하는지에 대하여 직접 보여주는 학습지도 방법이다. 따라서 이것은 배려에 관한 추론 자체를 도덕교육의 주된 내용으로 삼거나 또는 단지 다른 사람을 배려하라고 막연하게 지식으로서 가르치는 데 그치지 않는다.

학생들은 단순히 배려에 관한 말이나 훈계를 통해서 배려하는 법을 배우지 않는다. 오히려 자신들이 배려를 받았던 경험이나 반대로 배려를 베풀었던 경험을 토대로 하되, 훌륭하게 배려하는 인물들의 배려의 모습

---

27) Ibid., p.415.

을 본뜨며 배우는 수가 많다. 일찍이 반듀라(A. Bandura)가 관찰에 의한 학습을 대리 학습이라고 본 것도 이런 맥락에서였을 것이다. 그러므로 학생들로 하여금 배려할 수 있는 도덕적 감정을 가진 사람이 되도록 길러 내려면, 모델링을 통하여 주의를 집중시키고 파지(把持) 과정을 거쳐 강화 및 동기화에 이르도록 이끌 필요가 있다.

학생들은 능력 있는 배려 제공자가 배려를 실천하는 모습을 관찰하여 모방하는 일 외에, 그들이 스스로 배려의 제공자로서 행동하도록 격려되어야 한다. 이런 점으로 볼 때 학교에서 학생들이 배려하는 자로서 성장하는 데 가장 큰 책임을 갖는 것은 교사가 아닐 수 없다. 교사야말로 학생들과의 만남과 관계 속에서 행동을 통해 배려를 실천함으로써 배려의 의미와 방법을 가르쳐 보여줄 수 있는 중요한 역할을 수행하는 존재이기 때문이다. 리코나나 라이언(K. Ryan)이 도덕 교사의 역할로서 모범을 강조한 점도 여기서 찾을 수 있을 것이다.

교사는 교과서 밖에서 배려의 모델을 찾아 제시할 수 있지만, 현행 교과서 체제에서 '인물 학습'을 활용하여 배려의 모범이 될 만한 인물을 강조하면 좋을 것이다. 주지하는 바와 같이 '인물 학습'에 제시된 인물들은 학년별 및 생활영역별로 교과 목표에 부합하는 위인들로서 선정 구성되어 있다. 교사는 배려의 정신을 실천한 대표적인 인물을 집중적으로 소개할 수 있을 것이다.

한편 교사가 모델링을 통하여 수업을 이끌어 나갈 경우 그 효과가 즉각적으로 나타나지 않는다고 해서 모델링의 효과에 대하여 부정해서는 안 된다. 모델링을 통한 학습은 많은 경우 어느 정도의 시간이 지나고 나서야 그 효과가 발생하기 때문이다.

V. 수업 지도의 유의점

도덕교육이 인지 발달에 입각한 도덕적 추론 능력에 치우쳐 이루어질 경우, 그것은 자칫 현실의 삶 속에서 사람들 간의 관계성이나 따뜻한 배려의 도덕성을 간과하기 쉽다. 본 연구는 이 점을 유념하여 배려의 도덕성에 무게를 두는 배려 윤리에 초점을 맞추고, 그것을 도덕교육에 적용해 보려는 하나의 시도였다고 요약될 수 있다.

이 글이 배려 윤리를 도덕교육에 있어서의 심리학적 및 윤리학적 기초로 삼고, 그에 입각하여 실제적인 학습 지도 방안을 모색한 점은 사실이다. 그렇다고 해서 근본적인 취지가 정의의 윤리와 원칙을 배제하는 데 있는 것은 아니다. 사실 낯선 사람들에 대한 책임감을 위해서는 오히려 정의의 윤리에 따르는 것이 더 적합할 수도 있다. 다만 여기서 강조하고자 하는 것은 학생들로 하여금 옳고 그름을 판단할 줄 알고, 선한 일을 하려는 동기를 가지며, 그것을 실제로 행할 수 있는 도덕적 인간으로 성장하도록 하기 위해서는, 어떤 문제가 발생한 상황 속에서 다른 사람과 함께 공감하고 다른 사람을 배려할 줄 아는 마음을 지니는 것이야말로 도덕적인 것을 정확하게 인식하고 판단하는 데 유리하다는 점이다.

글을 마치면서 한 가지 사항을 제언하고자 한다. 그것은 정의 윤리와 배려 윤리의 개방적이고 통합적인 논의에 관한 것이다. 도덕적 성숙에 대하여 어떤 명확한 기준을 입증해내기란 결코 쉽지 않다. 따라서 '자율성'이나 '독립성'을 중시하는 정의 윤리가 '관계성'과 '친밀성'을 우선시하는 배려 윤리보다 더 성숙한 도덕 이론이라는 확증이 명백하지 않은 상황이라면, 어느 일방에다 우선성을 두기에 앞서 양자를 보편적인 도덕성으로 인식하고, 도덕 수업의 현장에 있어서도 양면의 도덕성을 조화시켜 교육하는 방안을 모색해야 할 것이다.

실제로 브라벡(M. Brabeck)은 두 도덕성을 함께 갖춘 사람이 진정한 도덕적 인간이라고 묘사한 적이 있다.28) 배려 윤리와 정의 윤리를 상호 보완적인 측면에서 하나의 도덕적 관점으로 통합하여 양자가 모든 사람의 내면에 공존하는 것으로 인식할 때, 우리는 감성과 지성이 하나로 통합된 조화로운 인간을 길러내는 데 훨씬 수월하게 될 것이다. 끝으로 배려 윤리를 적용한 도덕과 수업의 효과에 대한 연구가 한층 더 심층적으로 이뤄지기를 기대해 본다.

---

28) Mary Brabeck. "Moral Judgement : Theory and Research on Differences Between Males and Females", Larrabee, Mary J. (ed.), *An Ethic of Care : Feminist and Interdisciplinary Perspectives*, New York : Routledge, 1993, p.48.

참고문헌

강두호, "도덕 교과서 '함께 하기'의 효율화 방안 연구", 「도덕윤리과교육」 제21호, 2005.

박병춘, 『배려 윤리와 도덕 교육』, 서울 : 울력, 2002.

이나현, 『배려윤리의 내러티브 교육과정을 위한 탐색』, 파주 : 한국학술정보(주), 2008.

정문성, 『협동 학습의 이해와 실천』, 서울 : 교육과학사, 2003.

정윤경, "나딩스의 배려윤리와 도덕교육", 「한국교육」 제27권, 1호, 2000.

추병완, "길리간의 도덕 발달 이론에 대한 재조명," 「도덕윤리과교육」 제9호, 1998.

추병완, 『열린 도덕과 교육론』, 서울 : 도서출판 하우, 2000.

추병완, "협동학습의 도덕교육적 함의", 「사회와 사상」 제16집, 1997.

Blum, Lawrence A., "Gilligan and Kohlberg : Implications for Moral Theory", *Ethics*, vol.98, April 1988.

Brabeck, Mary, "Moral Judgement : Theory and Research on Difference Between Males and Females", in Larrabee, Mary J. (ed.), *An Ethic of Care : Feminist and Interdisciplinary Perspectives*, New York : Routledge, 1993.

Gilligan, Carol, *In a Different Voice : Psychological Theory and Women's Development* ; 허란주(역), 『다른 목소리로』, 서울 : 동녘, 1997.

Gilligan, Carol and Wiggins, Grant, "The Origin of Morality in Early Childhood Relationships," in J. Kagan & S. Lamb (eds.), *The Emergence of Morality in Young Children*, Chicago : University of Chicago Press, 1988.

Gómez-Lobo, Alfonso, *Morality and the Human Goods* ; 강두호(역), 『도덕과 인간의 선』, 고양 : 인간사랑, 2008.

Katz, Michael, S., Noddings, Nel and Strike, Kenneth, A., *Justice and Caring : The Search for Common Ground in Education* ; 윤현진 외(역), 『정의와 배려』, 서울 : 인간사랑, 2007.

Lickona, Thomas, *Educating for Character* ; 박장호・추병완(역), 『인격교육론』, 서울 : 백의, 1998.

Mayeroff, Milton, *On Caring*, New York : Harper & Row, 1971.

Noddings, Nel, "Care and Moral Education", in Wendy Kohli (ed.), *Critical Conversation in Philosophy of Education*, London : Routledge, 1995.

Noddings, Nel, *Caring : A Feminine Approach to Ethics and Moral Education*, L. A. : University of California Press, 1984.

Noddings, Nel, *Philosophy of Education*, Denver : Westview Press, 1995.

Noddings, Nel, *The Challenge to Care in School : An Alternative Approach to Education* ; 추병완·박병춘·황인표(역), 『배려교육론 : 인간화 교육을 위한 새로운 접근』, 서울 : 다른우리, 2002.

Noddings, Nel, *Women and Evil*, Berkeley : University of California Press, 1989.

Slote, Michael, *The Ethics of Care and Empathy*, London : Routledge, 2007.

Ⅰ. '함께 하기' 연구의 의의

1. 연구의 목적과 필요성

도덕과 교과서의 '함께 하기'는 제7차 교육과정 도덕 교과서 편찬 방향의 주요 산물 중 하나이다. 동 교육과정 체제 아래서 도덕 교과서는 그 편찬의 주된 지향을 지적 영역을 위한 교수자 중심이 아니라 학생들이 자율적으로 학습할 수 있는 학습자 중심의 자료에, 그리고 학생들의 실생활 경험과 직결되는 사례 중심의 흥미를 끌게 할 수 있는 자료에 두고 있다. 또한 교과서 개발 팀은 종전의 교과서에서 행동 실천이나 구체적 활동과 연결되는 내용이 부족하였음을 지적하고, 교육과정의 개정 중점의 구현을 위하여 특히 행동 실천과의 연결에 역점을 두었다고 밝히고 있다.[1]

---

[1] 교육인적자원부, 『중학교 도덕 1 교사용 지도서』, 서울 : 대한교과서주식회사, 2005, p.44.

'함께 하기'는, 이 말이 표현하고 있는 바와 같이 학생 혼자서 하지 않고 여러 명이 더불어 수행하는 공동 작업이다. 여럿이 더불어 일하는 것이 어쩌면 인간의 본성적인 생존 방식이지만, 근래에 학교 교육에서 경쟁의 원리가 강조되고 있는 현실에 비추어볼 때 이런 형태의 수업은 오히려 새삼스러운 느낌마저 준다.

학생들끼리 함께 하다보면 그 수업은 서로 도움을 주거나 힘을 합쳐서 학습 목표를 향하여 나가는 협동 내지 긍정적 상호의존성의 형태를 갖지 않을 수 없다. 존슨(David W. Johnson) 등은 이런 학습 구조가 경쟁 지향적이거나 혹은 반대로 개별적 차원에서 학습이 그치도록 하는 경우에 비하여 탐구 등 고급 사고를 학습하는 경우에 적절하다고[2] 지적한다.

도덕 교과서는 그 구성 체제 면에서 크게 도입 부분과 전개 부분으로 이루어져 있는데, 이 중 전개 부분은 각 소단원들 안의 제재들로 짜여진 본문과 인물 학습으로 짜여져 있다. '함께 하기'는 '명언, 명구', '사진, 삽화, 표', '동서양 고전 탐구' 등과 함께 본문을 구성한다(물론 인물 학습에서도 다룬다).

이 글은 제목에서 알 수 있듯이 도덕 교과서의 본문에서 결코 적지 않은 비중을 차지하는 '함께 하기'를 보다 효율적으로 다루어나가기 위하여 적절한 방안을 탐색하는 데 그 목적을 두고 있다. 이 같은 연구가 필요함은 최근 학생들의 적극적인 참여와 체험 및 창의적인 수업을 유도하는 활동형의 학습 지도가 적극적으로 요구되고 있는 시점에서 더 강한 설득력을 얻을 수 있을 것이다.

실제로 근래의 한 연구는[3] 학생들의 경험 세계와 연계된 소재 및 제

---

2) David W. Johnson & Roger T. Johnson, *Learning Together and Alone : Cooperative, Competitive, and Individualistic Learning*, Boston : Allyn & Bacon, 1998, p.6.

3) 차우규, "제7차 교육과정 국민공통기본교육과정 중·고 『도덕』(7~10학년)의 적용방안과 교과서 개발", 「도덕윤리과교육」 제10호, 1999, p.29.

재를 사용하는 교과서가 제7차 교육과정에 더 어울리는 교과서라고 밝히고 있다. 요컨대 교과서가 실제적인 소재를 통해 학습자의 경험을 성장시키도록 유도해야 한다는 것이다. 이런 측면에서 볼 때, '함께 하기'는 학생들에게 구체적인 도덕적 경험의 기회를 제공해 준다는 점에서 매우 유용하며, 학생들은 그런 활동을 통하여 도덕적 자기반성 및 결단의 기회를 얻을 수 있게 된다. 이에 우리는 '함께 하기'를 통하여 학생들로 하여금 지식 그 자체를 능동적으로 새롭게 생산하고 조직화시키는 데 관심을 기울이면서 그 효과를 극대화하기 위해 노력할 필요가 있겠다.

2. 연구의 범위와 방법

이 글은 연구의 범위에 있어서 현행 중·고등학교 도덕 교과서들을 분석의 대상으로 한다. 중·고등학교 교육과정에서 학습되고 있는 도덕 교과서들은『중학교 도덕 1』,『중학교 도덕 2』,『중학교 도덕 3』,『고등학교 도덕』, 그리고 선택 과목인『시민 윤리』,『윤리와 사상』,『전통 윤리』를 합하여 모두 7권이다. 이들은 외형적인 체제 면에서 공히, 학생들이 동료들과 더불어 공동 작업을 하면서 자신의 실천 및 활동에 대하여 기록할 수 있는 난을 포함하고 있다.

다만 11～12학년 선택 과목들의 경우, 타이틀을 '탐구 과제'로 하고 있으며 또한 그 성격상 학생들로 하여금 반드시 함께 하도록 할 당위성도 약하여 이 연구에서는 일단 제외하기로 한다. 반면에 7～10학년 국민공통기본교육과정 과목들의 경우, 타이틀 자체가 '함께 하기'일 뿐만 아니라 도덕성 발달의 수준에서도 협동적인 학습을 하는 것이 바람직하게 인식되기 때문에 본 연구에서는 이들 네 개의 과목들을 중점적으로 살펴볼 것이다.

글은 연구 방법론에 있어서 방금 지적한 7～10학년의 도덕 교과서들을 대상으로 분석하는 일을 중심으로 하게 된다. 뒤의 [표 1]에서 보는 바와 같이 네 개의 교과서들은 7학년 119개, 8학년 106개, 9학년 59개, 그리고 10학년 50개 등 전체 334개의 '함께 하기'를 요구한다. 교과서들의 분석 작업을 돕기 위하여 이와 관련되는 다른 연구물들의 성과도 고찰될 것이다.

II. '함께 하기'의 이론적 기초

'함께 하기'를 전통적인 학습 형태에서 찾아볼 경우 이는 협동 학습(cooperative learning)이나 협력 학습(collaborative learning)과 통한다. 협동 학습이 주로 사회심리학자들의 이론에 기초하여 미국을 중심으로 연구 발전되어온 데 반하여, 협력 학습은 영국을 중심으로 구성주의자들에 의하여 연구되어 왔다는 서로 다른 뿌리를 지니고 있지만, 사실상 두 경우의 지향은 서로 같다. 동료들과 더불어 수행하는 학습이라는 측면에서 '함께 하기'는 협동 학습 내지 협력 학습의 한 가지 모형이라고 볼 수 있는 것이다.

또, 일찍이 미국의 존슨(D. W. Johnson & R. T. Johnson) 형제는 함께 학습하기(Learning Together) 모형을 개발했는데, 이는 특별하게 독특한 절차나 역할을 특징으로 하기보다는 협동적인 학습의 일반 원리에 따르는 것이었다.4) 여기서는 이 같은 종래의 학습 유형에도 주목하는 동시에 여러 가지 형태의 학습 활동을 통하여 활동형 교과서의 개발에 역점을 둔 제7차 교육과정의 취지에 공감하면서, 다음의 세 가지를 '함께 하기'의 이론적 기저로 삼고자 한다.

---

4) 정문성, 『협동 학습의 이해와 실천』, 서울 : 교육과학사, 2003, p.325.

1. 구성주의적 도덕성 발달

'함께 하기'에 의미를 부여하는 교사는 학생들에 대하여 스스로 자신의 학습을 통제하고 자기 주도적인 학습 능력을 갖도록 요구한다. 학생들로 하여금 스스로 유형을 찾아내고 문제를 제기하며 자신 만의 개념이나 전략을 구성함으로써 구체적이고 실생활에서 의미 있는 경험을 하게 하는 일은 구성주의적 관점의 특징을 이룬다.

이 같은 관점에서 개인은 환경과의 능동적인 상호 작용을 통해 자신을 발달시킨다. 즉 그는 도덕성에 관한 모든 것들을 단순히 수용하는 존재가 아니라 능동적으로 의미를 구성하고 생산하는 존재이다. 인간은 본성적으로 자신의 경험을 자신이 살고 있는 세계의 맥락에서 이해하려고 하는 어떤 구조화 경향성(structuring tendencies)을 가지고 있으며, 환경 안에서의 경험을 통해 능동적으로 지식을 구성해 간다.5) 그러므로 구성주의적 마인드를 가진 교사는 학생들로 하여금 자신의 경험, 즉 자신의 의미 구성 체계를 깨닫도록 돕는 일에, 그리고 학생들의 도덕성 발달을 촉진하는 데 유리한 환경을 제공하는 일에 관심을 기울이게 된다.

비고츠키(L. S. Vygotsky)의 근접 발달 지역(Zone of Proximal Development)의 원리는 이와 관련하여 우리에게 좋은 시사점을 주고 있다. 그에 따르면 근접 발달 지역은 '독자적으로 문제를 해결함에 따라 결정되는 실질적 발달 수준과 성인의 도움이나 보다 능력 있는 동료와 함께 문제를 해결함으로써 결정되는 잠재적 발달 수준과의 차이'이다.6) 학생은 학습에 있어서 자신의 환경 안에 있는 사람들과의 협동을 통한 상호 작용으로 인하여 내적 발달 과정을 겪게 되는데, 이것이 곧 그의 독립적인 발달 성

---

5) 정창우, 『도덕교육의 새로운 해법』, 서울 : 교육과학사, 2004, p.18.
6) Lev S. Vygotsky, *Mind in Society : The Development of Higher Psychological Process*, Cambridge, MA : Harvard University Press, 1978, p.86.

취의 한 부분이 되는 셈이다. 그는 이제 자신에 비해 더욱 지식이 많은 교사 및 동료들과의 협동적인 활동을 통하여 자신이 속해 있는 문화의 가치·신념·문제 해결 전략들을 획득해 간다.

또 거겐(K. Gergen)과 같은 사회 구성주의자들에 의하면 지식은 인간이 함께 만들어내는 산물로서 사회 문화적으로 구성되는 것이며, 개인들은 서로 간의 상호 작용을 통해 의미를 만들어낸다.[7] 데이먼(W. Damon) 역시 협동적인 학습이 서로 간의 피드백과 논쟁을 통하여 잘못된 개념을 버리고 더 나은 해결책을 찾도록 서로 동기화할 뿐만 아니라 발견 학습과 창조적 사고를 위한 기회를 준다고 강조한 바 있다.[8]

이렇게 볼 때 '함께 하기'는 교사의 주도가 아닌 학생의 능동적인 참여와 자기 주도성을 강조하는 점, 그리고 학생 중심의 교육 환경의 구축을 강조하는 점에서 구성주의에 부합한다고 볼 수 있다. 즉, 학생들에게 지적인 도전을 불러일으킬 수 있는 질문과 과제를 부여함으로써, 그들로 하여금 지금 당장 나와 상관없는 것이 아닌 좀 더 폭넓은 도덕적 관점을 견지하며 사고할 수 있도록 유도하는 것이다.

물론 '함께 하기'를 구성주의와 관련짓는 데 대하여 회의적일 수도 있다. 그러나 학생들이 함께 활동함을 통해서 스스로의 개입과 자기 조직화를 요구 받게 된다는 점은 구성주의 이론에 입각한 학습 원리의 하나라고 해석할 수 있다. 여기서는 다양한 관점이 토의되고, 모둠들을 통한 학급 공동체의 참여가 있으며, 대화의 장이 마련되어 있고, 여러 가지 수업 기법의 실험이 가능하게 된다.[9] 나아가 다짐하기 혹은 쓰기를 통하여 반성의 시간을 갖는 일, 그리기나 만들기 등 여러 가지 상징적 형태로 표

---

7) Kenneth J. Gergen, *An Invitation to Social Construction*, London : SAGE, 1999, p.160.
8) William Damon, "Peer Education : The untapped potential", *Journal of Applied Developmental Psychology*, vol.5, 1984, p.343.
9) 정문성, *op. cit.*, p.36.

상하는 일, 체험하기나 사례 연구 또는 발표 등을 통하여 관련 문제에 대해 토론하는 일 등이 반성적 추상을 촉진시킨다는[10] 점은 구성주의 이론을 적용한 것이라고 해석할 수 있겠다.

실제로 청소년 및 성인 초기의 학생들의 인지적 및 도덕적 성숙을 위해서는 구성주의를 이론적 기반으로 삼아야 한다는 점에 많은 학자가 동의하고 있다. 이를테면 정창우는 구성주의적 인식론이 도덕적 판단력의 발달을 위한 주요한 조건임을 강조한다.[11] 도덕교육은 이미 정해져 있는 사회적 규범을 권위에 의존하여 후속 세대들에게 일방적으로 전수시키는 과정이 아니라, 학생 스스로 도덕적 기준을 형성해가는 능동적인 자율적 성장이어야 한다는 것이다.

2. 도덕적 추론 능력의 향상

'함께 하기'는 학급 안에서 전체 혹은 모둠별 그룹 활동을 통하여 학생들의 도덕적 추론 능력이 향상된다는 점을 전제로 한다. 존슨 등은 협동적인 학습 구조가 과제의 유형과 상관없이 개념 획득, 문제 해결, 기억 등 대부분의 과제에 있어서 다른 학습 구조보다 학업 성취에 더 유리한 조건을 갖추고 있다고 주장한다.[12]

특히 학습에 참여하는 학생들 간의 활발한 토론 과정은 그들로 하여금 지식을 더 쉽게 기억하고 오래 유지하게 할 뿐만 아니라, 경쟁이나 다른 개인적 사고 과정보다 고급 사고력의 사용 경험을 많이 제공한다고 한다. 예를 들어 문제 해결력은 사실적인 정보, 개념, 원리 등의 기억, 적용, 전

---

10) Catherine T. Fosnot & T. C. Fosnot (eds.), *Constructivism : Theory, Perspectives, and Practice* ; 조부경 외(역), 『구성주의 이론, 관점, 그리고 실제』, 서울 : 양서원, 2001, p.57.
11) 정창우, *op. cit.*, p.176.
12) Johnson & Johnson, *op. cit.*, pp.31~33.

이를 위해서는 필수적인 과정인데, 주어진 문제를 해결하기 위해 다른 이들과 협동하는 가운데 확산적 사고, 모험적 사고 등이 나타난다는 것이다.

로티어(J. Rottier) 등도 협동적인 학습의 장점이 고급 사고력을 길러주는 데 있음을 강조한다.[13] 인간은 성장하면서 매순간 사소한 선택으로부터 진로, 직업, 결혼 등 매우 중요한 선택에 이르기까지 여러 문제들을 해결하거나 의사 결정을 해야 하는데, 문제에 직면하는 학생들에 대해 정확한 정보를 수집하고 가치의 위계를 분석하여 합리적으로 해결하거나 의사 결정하도록 경험시키는 것이 학교 교육의 중요한 역할이라는 것이다. '함께 하기'와 같은 활동은 동료들과 함께 협동해서 이러한 문제의 해결을 합리적으로 해결하는 경험을 제공해줄 수 있을 것이다. 동료와 함께 문제를 해결해 보는 것이야말로 학생들에 대하여 미래 사회에 적응하는 중요한 방법을 익히게 하는 일이 된다.

우리는 또한, 공동체의 결정이 가능한 한 도덕적 추리의 최고 수준에서 이루어질 수 있다고 믿은 콜버그(L. Kohlberg)의 관점을 주목해볼 필요가 있다. 사실 도덕적 추론은 인지적 도덕 발달 모형의 교수 학습 방식에서 늘 주목받아 왔다. 콜버그가 열정을 쏟았던 정의 공동체(Just Community)는 그 같은 학교 운영의 방식이 직접적으로 민주적일 뿐만 아니라, 공동체의 결정이 학생들에게 가능한 도덕적 추론의 최고 수준에서 이루어질 수 있다는 신념에 기초하는 것이었다.[14] 교사의 과업은 학생들에게 심오한 추론을 제공하며 공유의 결정에 도달하는 데 있어 자신들의 도덕적 추리력을 최대한 발휘하도록 지속적으로 격려하는 일이다. 공동의 목적을 지

---

13) Jerry Rottier & Beverly J. Organ, *Cooperative Learning in Middle-Level Schools*, Washington, DC : National Education Association, 1991.

14) Richard H. Hersh, et al., *Models of Moral Education* ; 강두호 외(역), 『도덕·가치교육의 교수모형』, 서울 : 교육과학사, 1996, p.168.

니고 있는 집단의 구성원들은 서로의 생각을 교환하고 서로의 입장들을 존중하면서 그러한 생각이나 입장들에 대하여 도덕적으로 설득력 있는 이유들을 제공하거나 스스로 교정함으로써 도덕적 문제들에 대해 보다 높은 수준에서 숙고하게 된다.

콜버그의 정의 공동체 프로그램은 이렇게 도덕적 토론에 참여하는 것을 통해서 학생들의 도덕 추론 능력을 확장시킨다는 주요한 목적을 갖는다.[15] 요컨대 도덕적 추론이 사회적 맥락에서 야기되며, 집단에 의해 영향 받기도 하고 그에 영향을 주기도 한다는 점을 강조하고 있는 것이다.

물론 콜버그의 정의 공동체는 학생들을 인습 이후의 수준에 이르게 하기 위한 하나의 가치 있는 교육 방법이면서도, 사회적 환경으로서 공동체 그 자체가 하나의 목적과 가치로서 여겨지지 않는다는 비판을 받는다. 그에 있어서 공동체는 높은 수준의 혹은 더욱 적절한 도덕적 추론 능력을 발달시키기 위한 하나의 수단으로서 여겨질 뿐, 공동체 그 자체가 도덕 생활의 목적이나 이상이 되지는 못한다는 것이다.[16] 다만 여기서는 공동체를 자율적인 추론 능력의 함양을 위한 단순한 도구로 비하시켰다는 콜버그의 한계에도 불구하고, 학급 공동체 내에서의 대화가 더 나은 사고를 유발하게 한다는 점에 주목하고자 한다.

즉, 발표나 대화하기와 같은 토론은 학생들의 조망 수용 능력과 도덕적 추론 능력을 발달시키는 데 상당히 좋은 기회로 작용한다.[17] 학생들은 함께 대화하는 중에 도덕적인 문제를 보다 여러 가지 관점에서 생각할 수 있게 되며, 경쟁적 혹은 개별적인 학습 구조에 비하여 고급 사고력을 사용할 수 있는 기회를 더욱 많이 제공 받음으로써 도덕적 추론 능력

---

15) 정창우, *op. cit.*, p.50.
16) 정세구 외, 『공동체주의 교육』, 서울 : 교육과학사, 2002, p.20.
17) 조부경 외, *op. cit.*, p.171 ; 정문성, *op. cit.*, p.66.

의 향상에 보다 큰 효과를 얻을 수 있는 것이다. 자유로운 토론 분위기, 모험적 사고와 발표의 기회, 확산적 사고, 즉각적인 피드백 등은 이러한 능력을 향상시키는 데 중요한 역할을 한다.

3. 정의적 연대감의 형성

'함께 하기'는 이질적인 학생들로 구성된 학급이라는 집단을 수업 과정에 활용함으로써, 그들로 하여금 스스로 학업의 성취를 이루게 하면서 동시에 다른 동료들과의 상호 작용을 통하여 서로 도움을 주고받게 만드는 학습 양식이다.

그러므로 이에 활용되는 방법들은 학생들이 과제를 수행하면서 학급 공동체 의식 내지 정의적 연대감을 함양하는 데 퍽 유익한 것들이다. 그것들 중에는 역할놀이나 체험하기처럼 공동체의 구성원으로서의 의식을 함양하려는 의도적인 목적 아래 이루어지는 것도 있지만, 무의식중에 공동의 노력과 힘을 결집하려는 태도 변화를 통하여 공동의 경험을 나눌 수 있는 기회로 활용될 수 있는 것들도 있다.

물론 '함께 하기'의 일차적인 목적이 학생들의 협동심이나 연대 의식을 기르는 데 있지는 않다. 협동적인 학습은 원래 경쟁적 또는 개인주의적인 학습 구조의 한계를 극복하기 위한 대안으로 등장한 것이다.18) 그것은 경쟁적이고 개인주의적인 학습 구조가 승자와 패자를 가리는 데 관심을 두거나 사회성이 결여된 편협한 지식인을 만들어내는 데 대한 대안으로, 학생들 간의 긍정적인 상호 작용을 극대화함으로써 그들의 인지적 성장을 도모하기 위하여 나타난 것이다. 이렇게 보면 '함께 하기'에서 학생들의 협동심이나 연대감을 형성하는 정의적 효과는 이차적인 관심이라

---

18) 정문성, *op. cit.*, p.45.

고 할 수도 있겠다.

그러나 모든 인간에게는 어떤 집단에 소속되어 연대하며 살고자 하는 본능이 있다. 특히 7~10학년 학생들처럼 사춘기의 아이들은 발달 심리 면에서 급격한 신체적 및 정서적 변화를 경험하며 그러한 경험이 자신에 게만 오거나 또는 자신 만이 소외되어 있다고 생각하는 등 어느 시기보다 강한 소외감을 느끼면서 동시에 소속 욕구도 증대되는 시기에 있다. 학생 들은 '함께 하기'와 같은 협동적 학습에서 자연스럽게 한 모둠에 속하고 긍정적 인간관계를 맺음으로써 이런 본능적인 욕구를 만족시키게 된다.

피아제(J. Piaget)는 아이들 상호간의 협동과 책임을 조장해줄 수 있는 그룹 작업 혹은 자치 활동 관련 프로그램이 그들을 보다 성숙한 자율적 도덕성의 단계로 발달시키는 데 유리하다고 설명한다.[19] 지나치게 개별 화되고 경쟁적인 학교 교육이 학생들의 자기중심성을 강화시키기 쉬운 반면에, 그룹 활동 속에서의 협동을 통하여 그 같은 상황을 개선해 나가 려는 노력 자체가 학생들의 지적 발달은 물론 도덕적 발달에 있어서 매 우 긍정적인 역할을 한다는 것이다.

배려의 윤리를 강조한 나딩스(N. Noddings) 역시 협동 학습에 주목하고 있다. 그녀는 학생들이 하나의 협동적인 학습 집단을 이루며 배려를 실 천적으로 경험함으로써, 서로 돕고 보살펴주는 가운데 따뜻한 배려에 요 구되는 원만한 관계, 수용, 양보, 책임 등과 같은 도덕적 특성들을 배울 수 있다고[20] 강조한다. 리코나(T. Lickona)는 협동적인 학습이 훌륭한 인격 에 필요한 두 개의 핵심 가치인 존중심과 책임감의 발달에 효과적이라 고[21] 주장한다. 학생들은 공동의 과제를 해결하는 데 있어서 서로 존중

---

19) David W. Johnson, Roger T. Johnson & Edythe Holubec, *Cooperation in the Classroom*, Boston : Allyn & Bacon, 1998, p.3.
20) 박병춘, 『배려 윤리와 도덕 교육』, 서울 : 울력, 2002, p.153.
21) Thomas Lickona, *Education for Character : How Our Schools Can Teach Respect and*

하는 일을 생활화할 수 있을 뿐만 아니라 개인적 및 집단적인 책임감을 높일 수 있다는 것이다.

추병완은 협동 학습의 도덕교육적 유용성을 요약하면서, 그것은 특히 가치의 습득에 있어서 매우 중요한 응집력 있는 공동체를 만들어준다고 쓰고 있다.22) 학생들은 협동 학습을 통해 학급에 대한 애착 및 소속감을 갖게 되고, 학급 속의 다른 구성원들에 대한 배려와 이해를 발달시키며, 그들과의 상호작용을 통하여 매우 긍정적인 또래 집단의 규범 문화를 창조해 감으로써 도덕성이나 가치의 발달에 주요한 역할을 수행한다는 것이다.

정문성 또한 협동 학습이 협력적 기능, 교과에 대한 태도, 정신 건강, 사회성 발달, 동료에 대한 태도, 관점 채택 능력, 자존감 등에 긍정적인 영향을 미친다고23) 강조한다. 이 같은 연구들은 '함께 하기'와 같은 학습 형태가 지니고 있는 정의적 효과를 중시한 것이라고 볼 수 있다.

Ⅲ. '함께 하기'의 유형과 특징

7~10학년의 도덕 교과서들에는 총 334개의 '함께 하기'가 등장한다. 여기에는 학급 내 구성원들 간의 긍정적인 상호 작용을 최대화하여 그들의 지적 및 도덕적 발달을 도모할 수 있는 여러 가지 기법들이 망라되어 있다. 각각의 '함께 하기'는 해당 수업 목표의 달성에 보다 유리한 유형의 기법들을 통하여 학생들로 하여금 주제를 깊이 생각하게 하고, 무언가를 쓰거나 그리면서 덕목을 명료하게 하며, 발표 혹은 토론을 통하여

Responsibility, New York : Bantam Doubleday Dell, 1999.
22) 추병완, 『도덕 교육의 이해』, 서울 : 백의, 2004, p.490.
23) 정문성, *op. cit.*, p.66.

지적 능력을 신장시킨다. 또 그들로 하여금 자료 분석이나 사례 연구를 통해 관련 내용을 심도 있게 그리고 구체적으로 인식하게 하거나 또는 체험을 통하여 몸소 덕을 실천하도록 유도한다.

우리는 이러한 기법들을 대략 다음과 같은 여덟 가지의 유형으로 구분할 수 있다.

① **생각하기, 느끼기, 다짐하기** : 자신의 삶, 생명, 효도, 봉사 등에 대하여 성찰하거나 반성하기, 주어진 시(詩)나 사진·그림·이야기 등을 음미하면서 뭔가를 느끼기, 자신의 지난날을 되돌아보며 스스로를 평가하거나 제시된 상황 자료를 읽은 다음 좀 더 발전된 방향으로 살고자 노력하도록 다짐하기 등을 포함한다. 여기에는 대체로 '생각해 보자', '반성해 보자', '살펴 보자', '느껴 보자', '점검해 보자'와 같은 술어(predicate)들이 사용되고 있다.

② **그리기** : 일정한 자료를 참고하여 자기의 현실적인 모습을 선이나 그림으로 나타내기, 효(孝)나 우애 등 특정한 덕목이 연상시키는 장면을 그리기, 이상적인 나 또는 사회의 모습이나 그것을 위해 노력하는 사람들의 모습을 만화로 그리기 등이다. 또 태극기나 지도 그리기, 공중도덕 관련 포스터 혹은 공익 광고용 만화 그리기, 민족의 얼이나 국민적 자부심 등 특정한 주제와 연상되는 것을 그림으로 표현하기 등을 포함한다. 이 경우 '그려 보자', '그림으로 표현해 보자'와 같은 술어들이 등장한다.

③ **쓰기 또는 조사하기** : 일반적으로 가치 명료화 수업 중에 많이 활용되는 기법이지만 '함께 하기'에서 꼭 그것만을 목적으로 하는 것은 아니다. 이 유형은 다음의 세 가지로 세분될 수 있다.

  a. **창작** : 제시된 자료나 요구 사항을 참고하면서 자신의 생각을 독창적으로 쓰기, 상황 자료에 암시되어 있는 중심 덕목을 추출하거나 지지하는 글을 쓰기, 자신이나 주변 사람들의 경험을 요약하기, 삶을 반성하는 혹은 누군가에게 감사하는 편지 쓰기, 위인들의 삶이 우리에게 던지는 메시지 쓰기 등이 포함된다. 여기서는 '써 보자', '만들어 보자', '찾아 보자' 등의 술어가 쓰인다.

  b. **빈칸, 문장 완성** : 주어진 글의 빈칸을 메우기, 통일 등 특정한 주

제를 중심으로 하는 낱말 맞히기, 미완성의 문장을 완성하기, 제시된 글과 유사한 맥락에서 새로운 문장을 써 넣기 등이다. 이 경우 '적당한 말을 써넣어 보자', '나머지 부분을 완성해 보자', '빈칸에 써 보자'와 같은 술어들이 사용된다.

   c. **표 완성** : 학습 내용을 분류하여 도표로 정리하기, 과제에서 요구되는 사항을 표 안의 칸에 맞게 써넣기 등이 이에 속한다. 주로 '채워 보자', '적어 보자', '조사해 보자', '정리해 보자' 등의 술어가 등장한다.

④ **발표, 대화하기** : 과제의 내용을 조사하여 발표 및 토론하기, 제시된 글을 읽고 함축되어 있는 덕목을 중심으로 느낀 점 등을 서로 대화하기, 여러 대안들 중의 선택에 대하여 타당한 근거를 대며 말하기 등이 여기에 해당된다. 주로 '발표해 보자', '이야기해 보자', '토론해 보자', '답해 보자'와 같은 술어가 사용되고 있다.

⑤ **자료 분석** : 주어진 상황 자료나 문학 작품에서 다루고 있는 중심 덕목 또는 도덕적 문제점을 찾아낸 다음 관련된 물음에 요점적으로 응답하기, 교과서 본문의 내용을 분석하여 요약하기, 위인들에 관한 자료들을 찾아 주제별로 분류 검토하여 정리하기, 미리 제시된 사진·도표·통계자료나 규정들을 활용하여 그 사진·도표·통계자료가 의미하는 바에 대하여 답하거나 유사한 규정을 만들기 등이 이에 속한다. 주된 술어는 '찾아 보자', '분석해 보자', '설명해 보자', '만들어 보자' 등이다.

⑥ **사례 연구** : 주어진 덕목과 관련된 모범적인 사례 또는 그 반대의 사례를 책, 답사, 인터넷, 신문, 방송 등을 통하여 찾아서 정리하기, 나 스스로나 주변에서 실제로 체험한 일들을 구체적인 예를 들어 적어 보기, 과제에서 지정한 대상이나 주제를 사례별로 조사하기 등을 포함한다. '사례를 찾아 보자', '소개하여 보자', '조사해 보자'와 같은 술어가 많이 쓰인다.

⑦ **역할놀이** : 제시된 내용과 관련되는 주제를 선택하여 역할극을 해 보기, 주어진 감동적인 예화를 읽고 역할극으로 표현하기, 제시된 내용에 따라 모의 활동하기 등이다. 이 경우 '역할극으로 표현해 보자', '역할을 해 보자'고 권장한다.

⑧ **체험하기, 만들기** : 역사 신문이나 가족 홈페이지, 감사패, 공익 광고, 그림엽서, 명함 등 일정한 덕목을 표현해 내는 것들을 실제로 만들기,

문화 유적지를 방문한 다음 보고서 만들기, 그리고 상담 활동, 인터넷 검사, 장애인 체험, 경로 체험, 봉사 활동, 소비 활동 등 직접 몸으로 경험하는 일들을 포함한다. 또, 설문조사를 실시하여 사람들의 의견 알아보기, 학급 공동체 행사 마련하기, 서로 편지 나누기, 하루 동안 역할 바꿔보기 등이 이에 속한다. 주로 '체험해 보자', '실천해 보자', '만들어 보자', '참여해 보자'와 같은 술어들이 쓰이고 있다.

'함께 하기'는 위와 같이 그 유형에 있어 매우 다양하게 접근되고 있다는 점에서 그 첫 번째 특징을 보인다. 다만 모든 유형이 동일한 비중으로 사용되는 것은 아니다. [표 1]에서 알 수 있듯이, 가장 많이 활용되고 있는 것은 쓰기 또는 조사하기(총 117회 ; 표 완성 58회, 창작 40회, 빈칸·문장 완성 19회 순)이다. 이어서 자료 분석(48회), 사례 연구(40회), 발표·대화하기(35회), 체험하기·만들기(31회), 생각하기·느끼기·다짐하기(30회), 그리기(28회), 그리고 역할놀이(5회)의 순으로 활용되고 있다.

[표 1] '함께 하기'의 유형 종합 표 (괄호 안은 비율 ; %)

학년	생각하기, 느끼기, 다짐하기	그리기	쓰기 또는 조사하기			발표, 대화하기	자료 분석	사례 연구	역할 놀이	체험하기, 만들기	계
			창작	빈칸, 문장 완성	표 완성						
7	9 (7.6)	10 (8.4)	16 (13.4)	12 (10.1)	26 (21.8)	13 (10.9)	12 (10.1)	9 (7.6)	3 (2.5)	9 (7.6)	119 (100)
8	11 (10.4)	12 (11.3)	13 (12.3)	5 (4.7)	12 (11.3)	12 (11.3)	14 (13.2)	15 (14.2)		12 (11.3)	106 (100)
9	3 (5.1)	5 (8.5)	6 (10.2)	2 (3.4)	5 (8.5)	6 (10.2)	11 (18.6)	11 (18.6)	1 (1.7)	9 (15.3)	59 (100)
10	7 (14.0)	1 (2.0)	5 (10.0)		15 (30.0)	4 (8.0)	11 (22.0)	5 (10.0)	1 (2.0)	1 (2.0)	50 (100)
계	30 (9.0)	28 (8.4)	40 (12.0)	19 (5.7)	58 (17.4)	35 (10.5)	48 (14.4)	40 (12.0)	5 (1.5)	31 (9.3)	334 (100)

두 번째 특징은 학년별로 강조되는 유형이 다소 다르다는 점이다. 7학년의 경우 쓰기 또는 조사하기가 가장 많으나(54회로 학년 전체의 45.3%),

다른 학년에 비하여 사례 연구(9회, 전체의 7.6%)는 그다지 강조되지 않는다. 또 생각하기·느끼기·다짐하기가 개인생활 단원에 집중된 반면에, 발표·대화하기는 가정·이웃·학교생활 단원에 상대적으로 몰려 있다. 7학년 '함께 하기'의 상세한 유형 분석은 [표 2]로 정리되어 있다.

8학년의 경우 역시 쓰기 또는 조사하기가 30회로 가장 많으나 학년 전체에서 차지하는 비중은 28.3%로 그렇게 높지 않으며, 다른 유형의 기법들이 고루 활용되고 있는 점이 주목할 만하다. 한편 생각하기·느끼기·다짐하기가 사회생활 단원에서 집중적으로 다루어지는 반면, 그리기가 국가·민족생활 단원에 집중되어 있는 점도 눈에 띤다([표 3] 참조). 역할 놀이는 한 번도 없다.

9학년의 경우 쓰기 또는 조사하기(13회, 22.1%)의 비중이 다른 학년에 비해 낮은 편이다. 반면에 자료 분석(11회, 18.6%), 사례 연구(11회, 18.6%)의 비중이 상당히 높다. 이는 학생들의 지적 및 도덕적 발달 수준을 고려한 것으로 보인다. 또 체험하기·만들기(9회, 15.3%)도 다른 학년에 비하여 많이 활용된다. [표 4]에서 보듯이 발표·대화하기, 자료 분석, 사례 연구가 개인생활 단원에서 활발히 다루어지는 데 비하여, 그리기, 체험하기·만들기는 가정·이웃·학교생활 단원에서 상대적으로 더 다루어지는 점도 눈여겨 볼 필요가 있다.

10학년에서는 다른 학년과 마찬가지로 쓰기 또는 조사하기(20회, 40.0%)가 주종을 이루면서도, 이 경우 학생들로 하여금 과제의 완성을 위하여 충분히 사전 조사 연구를 하도록 유도하는 점이 특색 있다. 예컨대 표의 완성(15회, 30.0%)은 물론 창작(5회, 10.0%)의 경우들도 해당 주제에 대하여 자료를 풍부하게 탐색한 다음 자신의 의견을 제시하도록 하고 있다. 또 다른 학년에 비하여 자료 분석(11회, 22.0%)을 많이 활용하는데, 특히 직접 제시된 글을 명확히 분석한 다음 응답하도록 한다. 다른 학년에 비해서 그리기, 체험하기·만들기는 상대적으로 그 활용이 미미한 편이다([표 5] 참조).

세 번째 특징은 각 유형들을 적절히 혼합하여 사용하는 경우가 적지 않다는 점이다. 표에서는 한 가지 유형으로 분류되었지만 다른 유형의 작업이 병행하여 요구되는 경우들이 있다. 이를테면 발표·대화하기와 표 완성(7학년 Ⅱ.2.(4)②), 사례 연구와 역할극(7학년 Ⅱ.3.(4)①), 자료 분석과 그리기(8학년 Ⅱ.2.인물학습①), 사례 연구와 발표·대화하기(9학년 Ⅰ.3.(1)②), 자료 분석과 발표·대화하기(10학년 Ⅰ.3.(3)① 및 Ⅱ.3.(2)①) 등이 그것이다. 이는 '함께 하기'의 장점을 최대한 살리려는 의도에서 나온 것이라고 설명할 수 있겠다.

네 번째의 특징은 유형에 따라 상당한 시간과 노력이 요구된다는 점이다. 특히 역할놀이나 체험하기·만들기에 이 같은 경우들이 많다. 몇 가지 예를 들면, 가족 신문이나 가족 홈페이지 만들기(7학년 Ⅱ.1.(1)④), 역사 신문이나 인물 신문 만들기(7학년 Ⅱ.2. 인물학습①), 비디오나 사진으로 찍어 시사회를 통해 발표하기(8학년 Ⅰ.2.(4)③), 봉사 활동 후에 평가서 작성하기(8학년 Ⅰ.3.(2)③), 고장의 문화재를 답사한 뒤 보고서 만들기(8학년 Ⅱ.1.(3)③), 지하철 노약자석 비워두기 실태조사 및 승객과의 인터뷰(9학년 Ⅰ.3.(2)③), 하루 동안 어머니의 역할을 대신하고 느낌 쓰기(9학년 Ⅱ.2.(1)③), 관련된 TV 광고를 녹화한 다음 내용을 분석하기(10학년 Ⅰ.2.(3)②) 등이 그것이다.

학생들은 장시간을 함께하면서 공동의 목표를 달성하기 위해 노력하는 가운데 더욱 긍정적인 상호 관계 증진의 기회를 갖게 된다. 또 역으로, 증진된 긍정적 상호 관계는 공동의 목표 달성을 위하여 더욱 지속적이며 헌신적인 노력을 유도한다. 학생들은 이처럼 서로의 성공을 위하여 노력한 결과로서 단순히 정보를 수집하는 일 이상의 높은 생산성과 성취를 얻게 될 것이다.

[표 2] 7학년 '함께 하기'의 유형 분석표

대단원/소단원/제재	생각하기, 느끼기, 다짐하기	그리기	쓰기 또는 조사하기: 창작	쓰기 또는 조사하기: 빈칸, 문장 완성	쓰기 또는 조사하기: 표 완성	발표, 대화하기	자료 분석	사례 연구	역할 놀이	체험하기, 만들기	계
Ⅰ.1.(1)	①	②	③					④			4
(2)		①	②								2
(3)			①	②	③						3
(4)	④			②		③	①				4
Ⅰ.2.(1)	②				③	①,④					4
(2)				②	①						2
(3)			①		②			③			3
(4)					②,③			①			3
인물학습							②		①		2
Ⅰ.3.(1)	②				③			①			3
(2)	③		①,④	②							4
(3)	④	①	②		③						4
(4)		①	③							②	3
Ⅰ.4.(1)				①,②			④			③	4
(2)		①			②						2
(3)			③		①,②						3
(4)			①	③	②,④						4
인물학습							①			②	2
Ⅱ.1.(1)			①,③				②			④	4
(2)				②	①,③,④						4
(3)		③				①,②	④			⑤	5
(4)		②			③	①					3
Ⅱ.2.(1)					④	②	③	①			4
(2)			①,②,③					④			4
(3)	②					③,④	①				4
(4)					①	②		③			3
인물학습			②							①	2
Ⅱ.3.(1)				①	②,④				③		4
(2)		①							③	②	3
(3)			③				①	②			3
(4)					②		③	①		④	4
Ⅱ.4.(1)			①		③		②				3
(2)	①	②			③,④						4
(3)	②				①,③						3
(4)			②		①		③			④	4
인물학습		②				①					2
계	9	10	16	12	26	13	12	9	3	9	119

[표 3] 8학년 '함께 하기'의 유형 분석표

대단원/소단원/제재	생각하기, 느끼기, 다짐하기	그리기	쓰기 또는 조사하기			발표, 대화하기	자료 분석	사례 연구	역할 놀이	체험하기, 만들기	계
			창작	빈칸, 문장 완성	표 완성						
Ⅰ.1.(1)					①		②	③			3
(2)			①			②,③					3
(3)	③		①					②			3
(4)	②,③							①			3
Ⅰ.2.(1)							①,②,③				3
(2)			③		①		②				3
(3)	②,③					①		④			4
(4)					①	③		②			3
인물학습			①				②				2
Ⅰ.3.(1)					②	③				①	3
(2)						②,④	①			③	4
(3)		①	②								2
(4)					②	③	①				3
Ⅰ.4.(1)	③						②	①			3
(2)	①							③		②	3
(3)	②	③	①								3
(4)	①		②							③	3
인물학습			①							②	2
Ⅱ.1.(1)					①,②	③					3
(2)		①,③						②			3
(3)					①			②		③	3
(4)					③			②		①	3
Ⅱ.2.(1)		①,③						②			3
(2)		③		②		①					3
(3)		③	①					②			3
(4)		②,④			③			①			4
인물학습						②	①				2
Ⅱ.3.(1)			①							②,③,④	4
(2)							②	③		①	3
(3)		①				②				③	3
(4)			②		①	③					3
Ⅱ.4.(1)				①,②,③							3
(2)	②						①				2
(3)	②					①	③				3
(4)			①	③	②						3
인물학습		②	①								2
계	11	12	13	5	12	12	14	15	0	12	106

[표 4] 9학년 '함께 하기'의 유형 분석표

대단원/ 소단원/ 제재	생각하기, 느끼기, 다짐하기	그리기	쓰기 또는 조사하기			발표, 대화하기	자료 분석	사례 연구	역할 놀이	체험하기, 만들기	계
			창작	빈칸, 문장 완성	표 완성						
Ⅰ.1.(1)					②			①,③			3
(2)							①,②	③			3
(3)	②		①					③			3
Ⅰ.2.(1)						①,②	③				3
(2)							②	①,③			3
(3)			③				①	②			3
Ⅰ.3.(1)						②,③		①			3
(2)					①	②				③	3
(3)	①			②			③				3
인물학습							①,②				2
Ⅱ.1.(1)		①,③						②			3
(2)			①							②,③	3
(3)		②			③					①	3
Ⅱ.2.(1)	②				④		①			③	4
(2)							③			①,②	3
(3)		①	②	③							3
Ⅱ.3.(1)			①						③	②	3
(2)			①					②		③	3
(3)					①		③	②			3
인물학습		①				②					
계	3	5	6	2	5	6	11	11	1	9	59

[표 5] 10학년 '함께 하기'의 유형 분석표

대단원/ 소단원/ 제재	생각하기, 느끼기, 다짐하기	그리기	쓰기 또는 조사하기			발표, 대화하기	자료 분석	사례 연구	역할 놀이	체험하기, 만들기	계
			창작	빈칸, 문장 완성	표 완성						
Ⅰ.1.(1)	①,②										2
(2)	①						②				2
(3)	②						①,③				3
Ⅰ.2.(1)	①				②			③			3
(2)					①	②					2
(3)					③	①	②				3
Ⅰ.3.(1)					②		③	①			3
(2)					①	②					2
(3)					③		①,②				3

											계
인물학습								②	①		2
II.1.(1)		②			①,③						3
(2)	①		③		②						3
(3)					②,③					①	3
II.2.(1)	①							②			2
(2)					②		①				2
(3)					①,②,③						3
II.3.(1)			①			②					2
(2)			②				①,③				3
(3)			①				②				2
인물학습			①					②			
계	7	1	5	0	15	4	11	5	1	1	50

IV. '함께 하기'의 효율화 전략

함께하는 학습이 학생들의 인지와 정의 면에서 학업 성취에 효과가 있음을 경험적으로 연구해낸 결과물들은 적지 않다.[24] 따라서 교사는 '함께 하기'의 효과를 극대화하기 위한 교수 학습의 전략에 보다 관심을 기울일 필요가 있다. 더구나 단원이나 제재에 따라 매우 다양한 유형의 활동들이 제시되고 있으므로 그만큼 교사의 창의적인 지도가 요청된다. 이에 '함께 하기'에 임하는 교사는 활동 이전, 활동 중, 그리고 활동 이후에 있어서 각각 치밀한 계획을 세워 지도해야 할 것이다.

첫째로, 교사는 사전의 준비 작업을 철저히 해야 한다. '함께 하기'에서는 얼핏 교사가 별로 준비할 일이 없는 것처럼 보인다. 그러나 이를테면 발표·대화하기, 사례 분석, 역할놀이, 체험하기·만들기 유형의 것들은 교사로 하여금 준비하는 데 많은 시간과 노력을 투자하게 하며 경우에 따라서는 교실의 물리적인 환경을 바꾸게 하기도 한다.

24) Ibid., p.64ff. 참조.

교사는 이와 관련하여 학생들에게 '함께 하기'의 내용을 미리 충분히 설명해줄 필요가 있다. 또, 사전의 준비 작업에는 협동하려는 의지의 함양, 학급 내 소집단의 구성, 협동 기술의 훈련 등이 포함된다. 협동 의지의 함양을 위해서는 서로를 경쟁의 상대로 하는 분위기 속에서 무엇보다도 공동의 작업에 대한 동기를 부여하는 일이 필요하다. 이때 교사는 학생들 각자의 목표 달성이 학급 공동체의 목표 달성에 부합하도록 모둠 등을 통한 집단 보상이라는 공동의 목표를 줄 수 있는데, 이는 집단의 응집력을 고양시킴은 물론 무임 승객 효과를 감소시키는 데도 유리하다.

소집단의 구성은 학급 전체를 대상으로 모둠들의 재편성을 자주 함으로써 학급 구성원들이 번갈아 가며 팀을 만드는 일에 익숙하게 한다. 그리고 협동 기술의 훈련은 도움 주기, 도움 구하기, 청취 기술, 번갈아 하기, 아이디어와 정보의 공유, 동료에 대한 칭찬과 격려, 정중하게 기다리기, 동료의 이해도 점검을 포함한다.[25] 이런 기술은 함께 학습하는 동안 자동적으로 습득되는 것이 아니기 때문에 때때로 교사의 직접적인 지도가 필요하다.

많은 연구들은 이 같은 사전 준비 작업에 있어서 특히 학생들의 능동적인 참여가 고려되기를 강조한다. 예컨대 전국의 초중고 교사들을 상대로 연구한 한 설문 조사에서[26], 교과서의 내용 구성에 있어 '학생 활동이 더 많이 포함될 수 있도록 구성되어야 한다.'는 항목에 대하여 응답자 477명 가운데 398명(83.4%)이 긍정적인 반응을 보이고 있다.

둘째로, 교사는 '함께 하기' 활동이 진행되는 동안 이에 적극적으로 관여할 필요가 있다. '함께 하기'가 학생 중심이라고 하여 교사를 단순한

---

25) 변영계·김광휘, 『협동학습의 이론과 실제』, 서울 : 학지사, 1999, p.118.
26) 차우규, "제7차 교육과정에서의 초·중등 도덕과 교육의 실태에 관한 조사연구", 「도덕윤리과교육」 제15호, 2002, p.89.

방관자로 두는 것은 아니다. 교사는 오히려 모둠이나 개인들에 대하여 그들이 정상적인 활동을 할 수 있도록 개입해야 한다. 물론 그 개입은 일방적으로 주도하는 것이기보다는 곁에서 도와주는 차원으로 한정되는 것이 바람직하다.

교사는 이를테면 여유를 가지고 활동을 보살피면서 모둠이나 각 학생들에게 개별적인 지도를 할 수 있다. 교사가 '함께 하기' 중에 교단에 머무르지 않고 교실의 여기저기를 순회하는 것은 학생들에게 정답을 제공해 주려는 것이 아니라 그들의 활동을 격려하고 아이디어를 주고 자료를 제공하면서 활발한 활동을 하도록 도와주려는 것이다. 학생들이 상호작용 없이 단지 자리만 같이 하여 진행하는 것은 함께 하기가 아니다. 모둠이나 학급 전체의 긍정적인 상호 의존성과 개별 책임성, 동등한 학습 참여는 '함께 하기'에서 항상 강조될 필요가 있다.

한편 교사가 '함께 하기'에 관여하는 것은 그에 소요되는 학습 시간을 융통성 있게 관리하는 일을 포함한다. 앞에서 인용한 연구에서도 응답 교사의 60.3%가 교과 시수에 비해 교과서의 내용이 많다고 지적한 점으로 미루어 보아,[27] '함께 하기'들을 모두 실행하는 일은 쉽지 않을 것으로 짐작된다. 유형에 따라 어떤 것들은 1차시 내에서 5분 안팎으로 짧게 할 수 있지만, 수업 외의 시간을 포함하여 몇 차시에 걸쳐서 길게 해야 할 것들도 있다.

특히 장시간을 요하는 것일수록 과제를 세분화하거나 모둠 내의 각 구성원들에게 과제를 분담하게 함으로써 모든 학생들이 '함께 하기'에 참여하게 하는 일이 중요하다. 한 제재 당 3∼4개의 '함께 하기' 프로그램이 할당되어 시수에 부담이 될 경우 교사는 단원 수업 시 적절히 취사선

---

27) Ibid., p.91.

택하거나 변형시켜 활용하는 것도 좋을 것이다.

셋째로, 교사는 앞서 이루어진 '함께 하기' 활동을 계속 모니터하면서 다음 차례에 할 유사한 유형의 '함께 하기'가 더욱 효율적으로 진행될 수 있도록 피드백을 제공해주어야 한다. 특히 '함께 하기'가 모둠 과정을 거쳤을 경우 반드시 모둠들로 하여금 자신들의 활동을 반성할 기회를 갖게 한다. 모니터한 결과를 분석함으로써 '함께 하기'의 전문성을 신장시켜주는 것이다.

교사가 이런 식으로 학생을 교육과정과의 대화를 통해 문제해결자로 기르는 데 관심을 둘 경우 '함께 하기'는 더욱 유익한 학습 구조가 될 수 있다. 왜냐 하면 '함께 하기'에서 제시되는 문제 상황은 학생들로 하여금 사회적 맥락, 다학문적 상황, 교사로부터 부여된 탐구 질문 등을 고려하여 다양한 방법을 통해서 문제를 해결하도록 유도하기 때문이다.

다만 비슷한 유형의 '함께 하기'라 할지라도 학생들의 수준으로 보아 아직 발달론 측면에서 부적합한 경우는 실패로 끝날 가능성도 있음을 유념해야 할 것이다. 실제로 드브리스(R. DeVries) 등이 강조한 '자기 조절' 및 '자기 구성의 원리'는 아이들에게 일정한 수준의 지적 능력을 요구하고[28] 있다.

끝으로, '함께 하기'를 잘 활용하는 교사는 이것이 열린 교육을 위해 필수적인 교수 학습 형태임을 경험하리라고 본다. 학생들 간의 상호 보완적인 의사소통과 의사 결정의 기회를 강조하는 열린 교육의 원리 하에서 협동적인 요소가 수업의 결과에 미치는 영향은 그만큼 클 것이기 때문이다. 이제 교사는 학생들을 억지로 함께하도록 강요하기보다는 학생들이 함께하지 않으면 안 되도록 수업 형태를 만들어가는 것이 훨씬 중요함을 발견하게 될 것이다.

---

28) Rheta DeVries, Carolyn Hildebrandt & Betty Zan, "Constructivist early education for moral development", *Early Education and Development*, vol.11, no.1, 2000, p.19.

V. '함께 하기'의 전망

우리는 7~10학년 도덕과 교과서 체제에 있어서 '함께 하기'에 대하여, 몇 가지 사항을 중심으로 살펴보았다. '함께 하기'의 이론적 기저를 구성주의적 도덕성 발달, 도덕적 추론 능력의 향상, 정의적 연대감의 형성에 둘 수 있음을 알아보았고, 이어서 '함께 하기'를 통하여 매우 다양한 유형의 학습 활동들이 이루어지고 있는 점도 검토해 보았다. 또 '함께 하기'의 유형들이 보이는 특징들에 대해서, 그리고 '함께 하기'를 효율적으로 활용하기 위하여 교사가 관심을 기울여야 할 전략에 대해서도 살펴보았다.

이미 서론에서 언급하였듯이 '함께 하기'는 도덕을 학습하는 학생들의 실천 및 활동과 관련 깊으면서 제7차 교육과정 체제 하의 도덕 교과서의 특징을 가장 잘 나타내고 있는 부분이기도 하다. '함께 하기'에서 제시된 다양한 형태의 학습 활동들이야말로 학생들에게 교과서를 하나의 흥미로운 학습 자료로 사용하는 데 도움을 줄 수 있으리라 생각된다.

이제 '함께 하기'는 경쟁적이고 비인간적인 분위기가 강한 우리의 학교 현실에 있어서 단순히 경쟁적인 또는 개별적인 학습의 부작용을 해소하기 위한 소극적인 대안에 그치는 것이 아니라, 학생들로 하여금 도덕적 지식이나 지적 능력을 실생활에서의 행동 실천에로 연결지어주는 데 부응하기 위한 적극적인 학습 활동으로 자리 매김 되어야 한다. 나아가 향후의 교과서 체제에서 도덕성의 인지, 정의, 행동의 영역들을 통합적으로 포괄하는 알찬 도덕교육 프로그램으로 거듭나기를 기대해 본다.

참고문헌

교육인적자원부, 『고등학교 도덕』, 2005.

교육인적자원부, 『중학교 도덕 1』 ; 『중학교 도덕 2』 ; 『중학교 도덕 3』, 2005.

교육인적자원부, 『중학교 도덕 1 교사용 지도서』, 서울 : 대한교과서주식회사, 2005.

박병춘, 『배려 윤리와 도덕 교육』, 서울 : 울력, 2002.

박인우 외(역), 『협동학습을 위한 참여적 학습자』, 서울 : 아카데미프레스, 2004.

박장호 · 추병완(역), 『인격교육론』, 서울 : 백의, 1998.

변영계 · 김광휘, 『협동학습의 이론과 실제』, 서울 : 학지사, 1999.

정문성, 『협동 학습의 이해와 실천』, 서울 : 교육과학사, 2003.

정세구 외, 『공동체주의 교육』, 서울 : 교육과학사, 2002.

정창우, 『도덕교육의 새로운 해법』, 서울 : 교육과학사, 2004.

차우규, "제7차 교육과정 국민공통기본교육과정 중 · 고 『도덕』(7～10학년)의 적용방안과 교과서 개발", 「도덕윤리과교육」 제10호, 1999, pp.24～41.

차우규, "제7차 교육과정에서의 초 · 중등 도덕과 교육의 실태에 관한 조사연구", 「도덕윤리과교육」 제15호, 2002, pp.83～101.

추병완, 『도덕 교육의 이해』, 서울 : 백의, 2004.

Damon, William, "Peer education : The untapped potential", *Journal of Applied Developmental Psychology*, vol.5, 1984, pp.331～343.

DeVries, Rheta, Hildebrandt, Carolyn & Zan, Betty, "Constructivist early education for moral development", *Early Education and Development*, vol.11, no.1, 2000, pp.9～35.

Fosnot, Catherine Twomey & Fosnot, T. C., *Constructivism : Theory, Perspectives, and Practice* ; 조부경 외(역), 『구성주의 이론, 관점, 그리고 실제』, 서울 : 양서원, 2001.

Gergen, Kenneth J., *An Invitation to Social Construction*, London : SAGE, 1999.

Hersh, Richard H., et al., *Models of Moral Education* ; 강두호 외(역), 『도덕 · 가치교육의 교수모형』, 서울 : 교육과학사, 1996.

Jacobs, George M., Power, Michael A. & Loh, Wan Inn, *Teacher's Sourcebook for Cooperative Learning*, Thousand Oaks, CA : Corwin Press, 2002.

Johnson, David W. & Johnson, Roger T., *Learning Together and Alone : Cooperative, Competitive, and Individualistic Learning*, Boston : Allyn & Bacon, 1998.

Johnson, David W., Johnson, Roger T. & Holubec, Edythe, *Cooperation in the Classroom*,

Boston : Allyn & Bacon, 1998.

Lickona, Thomas, *Education for Character : How Our Schools Can Teach Respect and Responsibility*, New York : Bantam Doubleday Dell, 1999.

Noddings, Nel, *Caring : A Feminine Approach to Ethics and Moral Education*, Berkeley : University of California Press, 2003.

Piaget, Jean, *The Moral Judgement of the Child*, New York : Free Press, 1997.

Putnam, Joanne W., *Cooperative Learning and Strategies for Inclusion*, Baltimore : Brookes Publishing Company, 1998.

Rottier, Jerry & Organ, Beverly J., *Cooperative Learning in Middle-Level Schools*, Washington, DC : National Education Association, 1991.

Slavin, Robert E., *Cooperative Learning : Theory, Research and Practice*, Boston : Allyn & Bacon, 1994.

Vygotsky, Lev S., *Mind in Society : The Development of Higher Psychological Process*, Cambridge, MA : Harvard University Press, 1998.

Ⅰ. 도덕과 서술 평가의 의미와 특징

평가는 일정한 기준을 잣대로 어떤 대상에 대하여 내리는 가치 판단 행위이다. 그러므로 도덕과의 서술 평가란 도덕과 교육을 통해 추구하려는 목표가 학생들에 있어서 어느 정도 달성되었는지를 서술형 문항 형식을 통하여 확인하고 판단하는 과정을 뜻한다. 물론 이 같은 정의는 타일러(Ralph W. Tyler) 이후의 전통적인 평가관을 반영하는 것이지만, 그렇다고 하여 그것이 결과를 재는 일에만 관심 두거나 혹은 목표 설정 시 의도되지 못했던 효과들을 소홀히 하는 것은 아니다.

평가와 비슷한 의미로 사용되는 용어들로서 사정(査定), 측정(測定), 검사(檢査) 등이 있다. 사정이 학생들의 성취와 실행을 다양한 영역에서 감정 내지 감독하는 일과 관련된다면, 측정은 일정한 현상이나 속성을 관찰한 다음 그것을 하나의 표준에 따라 수량화하는 체제이며, 검사는 학생들에 의해 이행되는 일정한 시험 업무이다.[1] 평가는 이들과 개념적으로는 분명하게 구별될 수 있으나 통상 혼용되어 쓰이기도 한다.

‘서술’(敍述)이라는 말을 사전에서 찾아보면, ‘어떤 사실을 차례를 좇아 설명함 ; 사건이나 생각 따위를 차례대로 말하거나 적음 ; 사물 혹은 대상의 특징을 조직적으로 밝혀 나가는 것 ; 오직 경험적 사실의 특징으로 나타나는 것들을 관련지어 단정적으로 묘사하는 것’ 등으로 설명되어 있다.[2] 요컨대, 그것은 일정한 사실이나 관점, 문제 등에 대하여 사려 깊고 충분하게 그리고 분명하게 글로 지어 표현하는 일이다.

서술과 더불어 자주 쓰이는 용어로 ‘논술’(論述)이라는 말이 있다. 이는 사전적 의미에서, ‘어떤 것에 관하여 의견을 논리적으로 서술하는 것, 또는 그런 서술’을 뜻한다.[3] 따라서 논술은 일정한 주제에 대해서 세밀하게 고찰한 다음, 자신의 주장을 창의적이고 논리적이면서 설득력 있게 조직하여 표현하는 일을 의미한다. 서술에 비하여 표현 주체의 논리적인 의견이 돋보이기는 하나, 논술이라는 개념 자체가 서술과 본질적으로 다르다고는 할 수 없다.

교사들은 경우에 따라, 이를테면 학생이 서술해야 하는 분량이 상대적으로 많지 않고 또 채점을 할 때 서술된 내용의 깊이와 넓이에만 관심을 두는 경우를 서술형 평가로, 이에 비하여 학생이 서술해야 할 분량이 상대적으로 많고 또 채점을 할 때 서술된 내용의 깊이와 넓이뿐만 아니라 글을 조직하고 구성하는 표현 능력이나 논리적인 일관성 등에도 관심을 두는 경우를 논술형 평가로 구분하기도 한다.

그러나 교사들이 문항을 제작할 때 서술형 평가 문항과 논술형 평가 문항을 엄밀히 구분하기가 쉽지 않으며, 또 구분한다는 것이 별 의미가

---

1) Clinton I. Chase, *Contemporary Assessment for Educators*, New York : Longman, 1999, pp.4〜5.
2) 국립국어연구원, 『표준국어대사전』, 서울 : 두산동아, 1999 ; 서울대학교 교육연구소(편), 『교육학용어사전』, 서울 : 하우, 1994.
3) Ibid.

없을 수도 있다. 이 글에서도 서술 평가는 논술 평가를 포함하는 것으로 이해한다. 이에 우리는, 도덕과의 서술 평가를 '학생들이 도덕과의 학습 내용을 이해하고 내면화한 것에 대하여 (창의적이고 논리성 있게) 글로 표현한 바를 확인하고 판단하는 과정'이라고 말할 수 있다.

서술 평가가 도덕과 교사에게 주는 매력이 있다면, 그것은 학생들에 대하여 스스로 자신의 응답을 구성해보도록 요구한다는 점일 것이다. 교육과정은 도덕과의 평가에 관하여, 도덕성의 제 측면에 대한 통합적 평가를 추구하고, 학생들의 학습 과정과 결과를 종합적으로 평가하는 것이 바람직하므로, 평가의 방법에 있어서도 가급적 여러 가지 방법을 적용하여야 한다고[4] 기술하고 있다.

이는 도덕과의 성격과 목표에 비추어 보아 교사로 하여금 그 평가 방법에 있어서, 가급적 다양화, 전문화, 특성화를 지향하게 하고 있음을 명시한 것이라고 할 수 있다. 서술 평가 역시 이 같은 차원에서 이루어져야 함은 물론이다. 실생활의 복잡한 문제들을 자신의 지식을 구성함으로써 해결해 나가는 것은 우리의 일상적인 일이다. 학생들은 현실적인 문제들을 풀어보게 하는 서술 평가를 통하여 실생활의 문제 해결에 필요한 추론 과정들을 체험하게 된다.

도덕과의 서술 평가는 그것이 갖는 의의에서 다음과 같은 특징들을 도출할 수 있다. 먼저, 도덕과의 서술 평가는 주관식 검사로서 높은 수준의 도덕적 지식과 사고력을 평가하는 데 유리하다는 점이다. 무엇보다 그것은 다음과 같은 이점을 가지고 있다. 즉, 서술 평가는 복잡한 학습 성과들, 예컨대 지식, 이해, 적용, 사고 기능, 일반적 기능, 태도, 관심, 감상, 조정 등을 측정하는 데 유리하다.[5] 학생들은 답안 작성을 통하여 스스로

---

4) 교육부, 『제7차 도덕과 교육과정』, 1997, pp.51~52 ; 교육인적자원부, 『도덕과 교육과정』, 2007, pp.31~32.

지식과 논점들을 가려내고 통합하며 자신이 선택한 바에 대하여 평가하면서 하나의 새로운 아이디어에 도달할 수 있다.

만일 서술 평가 문항이 학생들에 대하여 교과서에 쓰여 있는 내용을 그대로 옮겨 적도록 요구한다면, 그것은 서술 평가가 지니고 있는 이와 같은 잠재력을 활용하지 못하고 있는 셈이다. 이는 서술 평가가 의사소통 기술의 중요성을 강조하는6) 것과도 통한다. 이를테면, 각각의 도덕적 규율은 그 독특한 용어와 고유한 논리체계를 갖고 있는데, 학생들이 자신의 생각을 표현하기 위해서라면 그것들을 용이하게 사용할 수 있어야만 한다.

나아가 서술 평가는 학습 성과들을 확대시킨다. 예를 들어, '연대성과 공익성에 공통하는 원리를 찾아보라'는 문제를 받은 학생은 그것들을 이전에 따로따로 생각했던 것과는 다른 관점에서 보게 된다. 이제 양자의 공통점을 찾으려 하면서 둘에 대하여 어떤 확대된 개념을 갖게 되는 것이다. 이것은 객관식 평가에서는 일어나기 어려운 경험이다.

우리의 경우 도덕과 교육과정은 학제적 접근을 시도하며, 도덕적 가치·규범의 좀 더 깊은 이해와 신념화, 도덕 원리에 입각한 보다 높은 수준의 도덕적 사고력과 판단력의 육성 및 자율적 도덕성의 습득에 강조점을 둔다. 지필 검사(紙筆檢査)를 통하여 도덕적인 지식이나 사고력 외에 가치와 태도 등의 도덕적인 신념, 그리고 도덕적인 실천 의지와 성향까지를 한꺼번에 종합적으로 평가해내는 일은 쉽지 않다.

그렇지만, 서술 평가는 적어도 교사가 미리 제시한 답을 고르게 하는 것이 아니므로, 단편적인 사실에 대하여 기계적으로 기억해내는 것을 측

---

5) Robert L. Linn & Norman E. Gronlund, *Measurement and Assessment in Teaching*, Upper Saddle River, NJ : Prentice-Hall, 2000, p.239f.

6) Chase, *op. cit.*, p.175.

정하는 일을 극복할 수 있다는 장점이 있다. 학생이 답이라고 여기는 생각이나 의견 등을 직접 '서술'해보도록 함으로써, 학생의 창의성이나 문제 해결력, 비판력, 판단력, 분석력 등 고등 사고기능을 평가할 수 있는 것이다.

도덕과 서술 평가의 또 다른 특징은 평가가 가지는 정향적, 형성적, 진단적, 총괄적 기능의 모두에 용이하게 부합한다는[7] 점에 있다. 교사는 학기 초나 학기 도중에도 서술 평가를 통해서 새로운 수업 전략을 개발하는 데, 또는 현재 사용하고 있는 수업 프로그램이나 지도 방법을 개선하는 데 필요한 정보를 수집할 수 있다. 또한 그는 수시로 서술 평가를 통하여 학생들에게 도덕과의 학습 동기를 자극, 촉진할 수 있다. 예컨대, 수업 시간에 실시되는 간단한 서술형 쪽지 시험은 학생들의 학습 동기와 태도의 개선에 도움을 줄 수 있는 것이다.

다만 우리는, 위와 같은 실용성을 잘 유지해 나가기 위해서 그것이 갖고 있는 한계점도 함께 고려할 필요가 있다. 서술 평가가 수십 개의 문항을 통하여 넓은 영역을 골고루 평가할 수 있는 선다형 평가와는 달리 학습 단위의 내용 가운데 아주 적은 샘플로 이루어지는 이상, 교사는 학생들의 보다 높은 수준의 추론 과정을 알아보고자 하는 경우에 한하여 서술 평가를 시행해야만 할 것이다.

또, 서술 평가는 학생들로 하여금 섣불리 짐작해서 쓰기 어렵게 만들지만, 반면에 허세를 부리게 할 가능성이 있다.[8] 학생들이 서술형 검사의 답안지를 백지로 내는 일은 드물다. 무엇인가를 적어보려고 노력하기 때문이다. 나름대로 문항의 내용을 풀어서 다시 적거나 혹은 논점과 어떤

---

7) Linn & Gronlund, *op. cit.*, p.40.

8) Tom Kubiszyn & Gary Borich, *Educational Testing and Measurement*, New York : John Wiley & Sons, 2000, p.118.

관계가 있는지에 대하여 설명도 없이 권위 있는 글이나 말을 인용하는 등 부분 점수라도 얻기 위해 안간힘을 쓰기도 한다. 이 외에 채점의 신뢰도를 높이기가 쉽지 않고 많은 시간을 요구하는 점, 철자나 문법, 필체, 문장의 구조 등 작문 능력이 점수에 영향을 주기 쉬운 점도 서술형 평가의 한계라고 볼 수 있겠다.

II. 도덕과 서술 평가의 기본 원리

도덕과의 평가 과정에서 최우선적으로 고려되어야 할 사항은, 교사가 도덕 교과를 통하여 과연 무엇을 평가해야 하는지에 대하여 명확하게 인식하는 점이다. 이를 바탕으로 하여, 측정되어야 할 특성이나 실행에 적절한 구체적인 평가 유형이 선택되어야 한다. 또 선택된 유형은 그 자체로서 목적이 아니라 도덕과의 목표를 달성하기 위한 수단이다. 따라서 서술형 평가를 실시할 경우, 그것은 가능한 한 도덕과의 목표에 부응하고 아울러 서술형 평가의 이점을 최대한 활용하면서 그 한계점을 최소로 줄이는 방향으로 이루어져야 한다.9)

이렇게 볼 때, 도덕과의 서술 평가는 다음과 같은 점들을 그 기본적인 원리로 삼아야 할 것이다.

첫째로, 도덕과의 서술 평가는 가능한 한 학생의 도덕성을 총체적으로 파악할 수 있도록 지향되어야 한다. 교육과정도 도덕과의 평가는 도덕성의 인지적, 정의적, 행동적 측면에 대한 통합적 평가가 되도록 하는 것이 바람직하다고 규정하고 있다.10) 통합적 평가는 지식, 사고 능력, 가치관,

---

9) 평가의 일반적인 원리에 대하여 Linn & Gronlund, *op. cit.*, pp.33~35 참조
10) 교육부, *op. cit.*, p.51 ; 교육인적자원부, *op. cit.*, p.31.

태도, 실천 의지, 행동 성향을 전부 평가의 대상으로 삼는 것을 이른다.

그러므로 도덕과의 서술 평가는 학생들이 도덕적 사실이나 개념, 가치, 규범, 원리의 의미와 근거에 대하여 얼마만큼 이해하고 있는지를 알아보는 데 그치지 않고, 도덕적 사고력과 추론 능력 혹은 가치 판단을 합리적으로 내릴 수 있는 수준이 어느 정도인지를 확인할 수 있어야 한다. 또한 학생들이 도덕적 사태에 대하여 민감하게 반응하는지, 문제의 사태 해결을 위하여 적극적인 열정을 보이는지에 대해서도 관심을 두어야 하며, 나아가 도덕적 규범을 실천하고 습관화한 정도까지를 염두에 두고 이루어져야 한다.

위와 같은 일은 물론 말처럼 쉽지 않다. 왜냐하면, 도덕과 평가 자체가 정의(情意) 교육이 본래적으로 지니고 있는 문제점을 내포하고 있기 때문이다. 도덕교육이 정의 교육임에 틀림없지만, 정의라는 용어를 사용할 때 그 의미는 쓰는 사람에 따라 사뭇 다르다. '감정적 색조나 정서, 수용 또는 거부의 태도'가 중시되는가 하면,[11] '감정 및 정서와 관계되는 요소',[12] '정서, 취향, 선호, 흥미, 감상, 동기, 의지, 태도, 가치, 신념, 인격, 행동 지침, 생활 지침 등과 같은 일체의 비 지적 특성'으로 규정되기도 한다.[13] 그런가 하면 일부의 교사들은 정의적 영역의 평가를 생활기록부에 있는 행동발달 상황의 평가라고 생각하거나 혹은 흥미 검사나 인성 검사를 실시하는 것으로 이해하기도 한다.

이런 상황에서 교사는 서술 평가를 통하여 기껏해야 학생들의 도덕적 지식을, 잘하면 사고력 정도를 살펴볼 수 있는 것처럼 보인다. 그러나 교

---

11) David R. Krathwohl, B. S. Bloom & B. B. Masia, *Taxonomy of Educational Objectives, II : Affective Domain*, New York : David McKay, 1964.

12) T. A. Ringness, *The Affective Domain in Education*, Boston : Little & Brown, 1975.

13) W. L. Goodwin & L. A. Driscoll, *Handbook for Measurement and Evaluation in Early Childhood Education*, Washington, DC : Jossey-Bass, 1980.

사는 가치·태도 등 신념의 내면화 정도나 실천 의지와 성향도 서술 평가를 통하여 측정할 수 있다고 본다. 예를 들어, 학생들이 자유롭게 써낸 일기나 글, 기타 논술문의 내용에서 나타나는 반응의 경향성을 통하여[14] 그것들을 알 수 있을 것이다.

둘째로, 도덕과의 서술 평가는 수행 평가를 반영하여 이루어져야 한다. 최근 학교 현장에 널리 보급되고 있는 수행 평가는 도덕과의 특성을 잘 살릴 수 있는 방안으로 인정받고 있다. 무엇보다 교육과정은 종전에 비하여 수행 평가의 의미를 적극적이고 직접적으로 반영하고 있어서 수행 평가가 확대·적용되는 일을 좀 더 수월하게 하고 있다.

서술 평가는 학생으로 하여금 스스로 문제의 정답을 작성하게 함으로써 그의 도덕적 사고력과 실천력의 신장을 촉진하게 한다는 점만으로도 이미 수행 평가를 활용하고 있는 셈이지만, 몇 가지 점에 더 유의함으로써 보다 큰 효과를 거둘 수 있다. 즉, I장의 특징에서 언급했던 것처럼, 서술 평가는 교수·학습의 결과만이 아니라 그 과정도 함께 평가함으로써 교사의 학생에 대한 이해의 폭을 넓히고 교수·학습 개선을 유도할 수 있다. 이것이 학생들의 잠재 능력을 자극할 수 있음은 물론이다. 이때, 평가 결과를 모두 수량화하기보다는 학생의 특성이나 능력을 서술의 형태로 기술해 주는 일도 고려할 수 있다.

또, 동일한 영역에 대해서도 일회적인 평가에 그치기보다 학생 개개인의 변화 과정을 지켜보면서 다양한 기법을 동원하여 무언가를 서술해보도록 도와줄 수 있다. 이는 교사에게 학생 개개인의 도덕의식 수준에 대하여 깊이 이해할 수 있도록 도울 수 있을 것이다.

셋째로, 도덕과의 서술 평가는 규준(norm) 지향 평가와 준거(criterion) 지

---

14) 정세구, "초·중·고 사회·도덕교육의 정의적 영역 평가", 「정의적 영역 평가의 원리와 실제」, 교육평가세미나보고서, 제3집, 1986, p.50.

향 평가를 혼용하여야 한다. 규준지향 평가란 학생들이 받은 성적의 평균이나 정규분포곡선의 이론에 의거해서 미리 정해 놓은 비율을 평가의 기준으로 하여 학생들의 성취도를 서로 비교, 평가하는 것이다.15) 예컨대, 학급의 학생들이 어떤 시험에서 획득한 점수의 평균치를 기준으로 개개 학생들의 성취도가 평균 이상 어느 정도 혹은 평균 이하 어느 정도인지를 가늠할 경우의 평균치이다. 규준지향 평가에서는 개개 학생들이 시험에서 받은 점수의 가치가 상대적으로 결정된다. 그러므로 규준지향 평가는 개개 학생들의 성취도를 최대한 정밀하게 변별하여 특정의 프로그램을 이수할 수 있는 학생을 선정한 다음 각자의 능력에 맞는 내용 또는 수준의 교육을 해야 한다는 선발적(選拔的) 교육관에 기초를 두고 있다.

준거지향 평가는 학습 목표를 평가의 준거로 삼아 목표의 도달 여부와 그 정도를 확인, 점검하는 평가이다.16) 이는 학생들이 받은 점수를 정규분포에 입각하여 평균이나 미리 정해 놓은 비율을 근거로 해서 상대적으로 비교하는 것이 아니라, 학습 목표를 기준으로 개개 학생들이 알아야 할 것을 알고 있는지 혹은 모르고 있는지를 판정하는 데 관심을 둔다. 준거지향 평가는 충분한 학습 시간과 조건만 제공하면 거의 모든 학생들이 주어진 학습 목표에 도달할 수 있고 그것이 바로 교육의 목적이라는 발달적(發達的) 교육관에 기초를 두고 있다.

교사는 학생의 능력이나 성취도를 세밀하게 측정하기 위해 100점 만점의 십진법을 이용하거나 또는 오진법(수, 우, 미, 양, 가)을 이용하여 변별적으로 평가하고자 할 경우에 규준지향 평가를, 그리고 비교적 좁은 범위의 특정한 내용 또는 단원에 한정시켜 유사한 학습 영역별로 도달 여부를 평가하여 의미 있는 정보를 수집하고자 할 경우에 준거지향 평가를

---

15) Kubiszyn & Borich, *op. cit.*, p.38.
16) Ibid., p.37.

활용할 수 있을 것이다.

넷째로, 도덕과의 서술 평가는 평가 도구가 기본적으로 갖추어야 할 조건을 충족하고 있어야 하며 특히 타당성에 유의해야 한다. 평가 도구가 기본적으로 갖추어야 할 조건으로[17] 보통 신뢰도, 타당도, 객관도, 실용도 등이 논의되어 왔다.

신뢰도(信賴度)는 측정의 일관성과 정확성이다. 즉, 동일한 시기에 어떤 내용을 되풀이하여 측정하거나 또는 다른 척도를 통하여 평가해도 평가 결과가 변동 없이 일관성을 유지하는 정도이다. 도덕과의 평가는 머리 또는 마음속에 들어 있어 볼 수 없고 만질 수도 없는 것을 재야 할 때가 많아서 측정 결과에 측정하고자 하는 내용과 무관한 것이 포함될 가능성이 있다. 객관도(客觀度)는 평가의 과정과 결과에 교사의 개인적인 주관이나 편견 등이 작용하지 않는 정도를 의미한다.

한편 실용도(實用度)는 절차와 채점이 간편하고 결과의 해석과 활용이 용이하며 비용과 시간 또는 인력을 적게 들이고서도 실시할 수 있는 평가 도구의 쓸모이다. 타당도(妥當度)는 평가 도구가 당초 측정하려고 한 바를 측정해내고 있는 정도를 말한다. 예컨대, 어떤 문제가 도덕과 평가에 있어서 정직, 준법정신, 인간성 등 도덕성으로 정의된 특성을 측정해야 함에도 불구하고 엉뚱하게 독해력을 측정하고 있다면 타당도가 의심스럽다. 선다형 위주의 평가가 지나치게 평가의 신뢰도와 객관도를 강조한 나머지 지식 중심의 평가가 되기 쉬운 경향이 있다면, 서술형 평가는 타당성을 보다 강조하면서 이를 극복해낼 수 있을 것이다.

다섯째로, 도덕과의 서술 평가는 그 활용 가능한 시점을 잘 고려해야 한다. 노련한 교사는 아무 때나 서술 평가를 실시하지 않으며, 특히 그것

---

17) 서강식, 『도덕과 평가』, 서울 : 양서원, 2002, p.40f.

을 사용하는 것이 적절한 상황이라고 생각되는 경우들을 선별할 줄 안다. 예를 들어, 해당 내용의 수업 목표가 높은 수준의 인지 과정들을 상술하는 경우이다. 이러한 과정들은 단순히 어떤 지식을 알고 있는지 보다는 어떻게 지식을 조달하는지에 관심을 두기 때문에, 객관식 문항들에 의해 측정되기는 어렵다고[18) 보아야 한다.

또, 성적 처리에 단지 몇 개의 문항만이 요구되는 경우이다. 교사가 수백 명의 학생들을 상대로 넓은 범위에 걸쳐서 확대반응형 서술 평가를 실시하는 데는 엄청난 시간이 요구된다. 담당하는 학생수가 적을 때, 또는 객관식 문항들과 함께 한두 개의 주관식 검사가 필요한 때에는 서술 평가가 가능할 것이다. 그리고 검사의 보안이 고려되는 경우이다. 검사 문항들이 후배 학생들에게 전달될 가능성이 커서 다시 사용하기가 어렵다고 판단될 때, 교사는 서술 평가를 활용하는 것이 낫다.

마지막으로, 도덕과의 서술 평가는 사전에 충분히 문항을 검토한 다음 시행되어야 한다. 학교 현장의 현실로 보아 시험을 치르기 전에 예비조사를 통하여 문항 분석을 한 다음 양호도가 높은 문항만을 골라 출제한다는 것은 거의 불가능하다. 그렇지만 교사는 가급적 좀 더 좋은 문제를 출제하기 위하여 최선을 다해야 한다. 교사는, 예컨대 복잡한 학습 성과들에 관련되는 학생들의 성취도를 알아보기 위해 문항의 용어들을 신중하게 선택해야 한다.

이때 '분석하라, 도표로 나타내라, 설명하라'(분석력), '비교하라, 분류하라, 구별하라'(비교력), '써 보라, 제안하라, 설계하라'(창의력), '비판하라, 옹호하라, 평가하라, 판단하라'(평가력), '전개하라, 예언하라, 결론지어라, 안출하라'(추론력), '예증하라, 고쳐라, 해석하라, 개조하라'(해석력), '결합

---

18) D. R. Coker, et al., "Improving Essay Tests : Structuring the Items and Scoring Response", *Clearing House*, vol.61, no.6, 1988, p.253.

시켜라, 구성하라, 재정리하라'(종합력) 등의 용어를 활동 목표에 맞추어 적절히 사용할 수 있을 것이다.19) 이와 관련하여 교사가 유의해야 할 사항들은 Ⅳ장에 밝혀져 있다.

Ⅲ. 도덕과 서술 평가의 실제

도덕과 서술 평가의 문항은 채점의 객관성을 기준으로 볼 때 객관식이 아닌 주관식 문항이다. 주관식 평가에 대한 답안들은 한두 개의 문장으로 처리될 만큼 짧을 수 있으며 또는 몇 페이지에 걸쳐 기술될 만큼 길 수도 있지만, 어느 형태이든 학생들로 하여금 논점에 대하여 초점을 잘 맞추면서 명확히 체계적으로 표현하여 쓰도록 요구한다.

서술 평가의 문항 형식은 응답자의 반응 형태 면에서 보아 서답형(書答型)으로서, 여기에는 보통 단답형(短答型), 완성형(完成型), 논문형(論文型)이 있다. 앞의 둘은 채점자의 주관이 개입되기 쉬운 논문형 문항의 단점을 보완하기 위한 것이라는 점에서 객관식 문항으로 분류되기도 한다.

1. 단답형 서술 평가 문항

단답형 문항은 문제를 의문문이나 명령문으로 제시한 다음, 몇 개의 단어나 짧은 구, 문장으로 답하도록 하는 문항 형식이다. 단구적(短句的) 단답형은 객관식 문항에 속하지만, 답의 길이가 비교적 긴 서술형 단답형은 주관식 문항이라고 볼 수 있다. 주관식 단답형 서술 평가의 예를 보자.

---

19) Kubiszyn & Borich, *op. cit.*, pp.68~70 ; Chase, *op. cit.*, p.180.

이 같은 문항은 학생이 추측해서 답을 쓰기 어려우므로 선택형 문항에 비해 그의 능력을 보다 정확하게 평가할 수 있다. 또한 논문형 문항보다 채점의 객관도도 높일 수 있다. 다만 비교적 간단하게 응답할 수 있는 내용을 출제하기 때문에 높은 수준의 도덕성을 평가할 수 있는 문항을 제작하기 어려운 점이 있다.

2. 완성형 서술 평가 문항

완성형 문항은 문장의 일부분을 비워 놓고 빈자리를 서술하게 하여 불완전 문장을 완성하도록 하는 형식이다. 완성형 서술 평가 문항의 기본 형태는 다음과 같다.

일반적으로 완성형은 출제하기가 비교적 용이하지만, 반면에 문항 속에 정답의 단서가 포함될 가능성이 높다는 단점이 있다. 이와 같은 문항 형식은, 교사가 완성시키고자 하는 내용의 취지를 학생 편에 둘수록 학생 중심의 활동을 가능하게 할 뿐만 아니라 학생의 정의적 특성도 함께 측정할 수 있게 한다.

3. 논문형 서술 평가 문항

논문형 문항은 하나 또는 여러 개의 문장으로 구성된 문제 상황을 제시하여 놓고 응답자에게 몇 개의 문장 또는 여러 페이지에 걸쳐 논술식으로 답을 쓰게 하는 문항 형식이다. 논문형 문항은 주개념(주제, subject)과 빈개념(술어, predicate)으로 구성된다. 주개념은 판단 또는 명제의 주제로서 사고되는 대상을 말한다. 빈개념은 주개념의 내용을 언명하는 것이다. 예를 들어, '통일 한국의 생존 전략을 논하라'라는 논문형 문항에서 '통일 한국의 생존 전략'은 주개념이고, '논하라'는 빈개념에 해당된다. 흔히 주개념과 빈개념을 합쳐 논제(論題)라고 하지만 엄격하게 말하면 주개념만을 논제라고 할 수 있다.

논문형 문항은 평가하고자 하는 내용의 수준에 따라 지식수준 평가형 문항, 사고능력 평가형 문항, 가치·태도 평가형 문항으로 구분된다. 그러나 필요한 경우 하나의 논문형 문항으로 지식, 사고능력, 가치·태도 등을 동시에 복합적으로 평가할 수도 있다. 논문형 문항의 기본 형태는 다음과 같다.

> [문제]
> 우리 사회에 생명을 경시하는 풍조가 점차 만연되고 있다. 우리가 당면하고 있는 생명 존중의 윤리를 확립하기 위하여 해야 할 과제를 두 가지 제시해 보시오.

교사가 위의 문제를 제시하면서 경우에 따라 생명 경시 풍조를 상징하는 사진이나 그림을 함께 보여준다면, 학생들이 답을 작성하기가 좀 더 수월할 것이다. 또, 교사는 채점할 때, 학생이 '인간의 생명이 존귀하다는 가치관 정립, 모든 생명을 보전하기 위한 인간의 도덕적 책임의 범위 확대'의 두 가지를 잘 설명하는 경우 '상', 부분적으로 설명하는 데 그치는 경우 '중', 그리고 거의 설명하지 못하는 경우 '하'로 채점 기준을 정할 수 있다.

교사가 논문형을 활용할 경우의 장점이라면, 무엇보다도 답안 작성을 자유롭게 해주기 때문에 학생들은 주어진 주제를 폭넓고 깊이 있게 다룰 수 있으며, 교사는 학생의 창의력이나 비판력과 같은 고등 정신 학습 능력을 평가할 수 있다는 점이다. 반면에 채점 시에 교사의 주관이 개입될 소지가 커서 채점의 객관도와 신뢰도가 낮아지는 것은 그것이 갖는 한계점이다. 또, 주어진 시간 내에 학생이 답할 수 있는 문항수가 극히 제한되어 있기 때문에 학습 내용을 골고루 평가할 수 있도록 출제하기 어려우며, 어휘력이나 표현 능력이 낮은 학생에게 불리한 점도 있다.

논문형 문항은 답의 길이, 응답 형식에 대한 요구, 참고자료의 제시 여부 등에 따라 여러 가지로 변형될 수 있다. 변창진 등은 논문형 문항의 변형으로서 제한반응형, 확대반응형, 단독과제형, 자료제시형, 밑줄표시 요구형, 선택·평가적 재생 요구형, 조건제시적 비교 요구형, 조건제외적 비교 요구형, 판단·결정적 재생 요구형, 원인·결과제시 요구형, 설명 요구형, 요약 요구형, 분석 요구형, 관계설명 요구형, 예시 요구형, 분류 요구형, 적용 요구형, 목적제시 요구형, 비판 요구형, 개괄 요구형, 문제제기 요구형, 방법제시 요구형, 도해 요구형 등을 꼽고 있다.[20] 이 중 도덕 교과에서 활용해볼 만한 것들을 몇 가지 응용해보기로 한다.

1) 제한반응형(制限反應型)

답을 서술하는 방식(비교하라, 요약하라, 개조식으로 서술하라 등)이나 내용(특정한 주제를 중심으로 쓸 것 등), 길이(글자 수, 행 수, 문장 수 등)를 엄격하게 제한하여 응답하게 하는 형식이다. 단답형이나 완성형보다 폭이 다소 넓지만, 서술적 단답형 문항도 제한반응형이라고 할 수 있다.

> **[문제]**
> 남북의 통일을 저해하는 장애 요인을 3가지로 구분하여 9행 이내로 써 보시오.
>
> **[모범답안]**
> 첫째, 남북한 관계의 단절에서 생기는 이질화와 적대감 및 불신의 요인이다. 반세기 이상 계속되어 온 분단으로 남북한은 사상과 이념, 모든 생활 방식과 제도에서 동질성을 잃고 서로 신뢰하지 않게 되었다.
> 둘째, 남북통일이 한반도 주변 국가들 간에 갈등과 권익으로 서로 얽혀있다는 요인이다. 한반도 주변국들은 남북통일이 자신들의 국익과 직결되는 한 자국의 이익 증대에 더 큰 주안점을 두고 있다.
> 셋째, 남북의 사회적 특성에서 오는 요인이다. 한국은 개방 사회로서 다양한 집단들의 이해 상충에 따라 국론이 분열될 수 있으며, 또한 북한은 국제화 시대에도 변화에 소극적인 폐쇄적 체제를 유지하고 있다.

---

20) 변창진 외, 『교육평가』, 서울 : 학지사, 1997, p.335f.

2) 확대반응형(擴大反應型)

학생들이 답안에 쓸 내용과 방식, 길이 등에 대해 제한을 가하지 않고 자유롭게 응답하게 하는 형식이다. 교사는 이를 통하여 학생들의 인지 구조나 구성, 문제 해결 등에 관한 능력을 쉽게 파악할 수 있다. 반면에 학생들이 어떤 방식으로 응답할지 사전에 예측하기 어려우며 채점이 힘들다는 단점이 있다.

[문제]
인간의 삶 속에서 '윤리'가 필요한 이유를 설명해 보시오.

[모범답안]
　인간은 동물과는 달리 옳고 그른 행동을 분별할 수 있는 능력을 가지며, 그의 자유의지를 통해서 그른 행위를 자제할 수 있다. 그러면서도 그는 생각하고 도구를 사용하는 능력을 이용하여 타인에게 의식적으로 피해를 줄 수 있다. 윤리는 이같은 인간의 이중성으로 말미암아 필요한 것이다.
　또, 윤리가 필요한 이유는 인간이 사회적 존재란 점에서 찾을 수 있다. 인간이 자신의 능력을 개발하거나 행복을 누리는 것이 다른 사람들과의 관계에서 이루어지듯, 그가 당하는 고통도 대부분 다른 사람에 의하여 결정되는 경우가 많다.

3) 자료제시형(資料提示型)

논제와 함께 문장이나 관계 용어, 자료 등 답안 작성에 필요한 자료를 제시해준 다음 그에 근거해서 답안을 작성하게 하는 형식이다.

[문제]
다음에 제시된 낱말을 모두 사용하여 장자(莊子)가 이상적으로 생각하는 인물상을 기술해 보시오.
　① 좌망(坐忘)　　② 심재(心齋)　　③ 물아 일체(物我一體)　　④ 지인(至人)

[모범답안]

　장자는 정신적 자유를 추구하는 방법으로 좌망과 심재 등을 주장하였다. 좌망이란 조용히 앉아서 우리를 구속하는 일체의 것들을 잊어버리는 것이며, 심재는 마음을 비워서 깨끗이 하는 것이다. 즉, 일체의 감각이나 사유 활동을 정지한 채, 사물의 변화에 임하면 절대 평등의 경지에 있는 도(道)가 그 빈 마음속에 모이게 된다는 것이다. 그에 따르면, 이것이 곧 자연과 내가 하나가 되는 물아일체의 경지이고, 이러한 경지에 이른 인간이 지인이다. 이와 같이 볼 때, 장자가 이상적으로 생각하는 인물은 세속적인 생활로부터 벗어난 경지에 도달한 사람들이라고 할 수 있다.

4) 선택·평가적 재생 요구형(選擇·評價的 再生 要求型)

일정한 도덕적 지식을 단순히 상기해내도록 하는 것이 아니라, 관련된 도덕적 사고력에 대하여 어떤 선택된 평가의 과정을 거친 재생을 요구하는 형식이다. 예컨대, 교사는 자유민주주의와 자본주의의 올바른 관계 정립을 기초로 한 자본주의의 인간화 과제를 다음과 같이 물을 수 있다.

[문제]

자유민주주의와 자본주의는 많은 국민들에 의하여 지향되고 있는 이념이다. 자본주의의 인간화를 위해서 갖추어야 할 전제 조건을 자유민주주의와 관련지어 서술해 보시오.

[모범답안]

첫째, 자본주의는 관료적 권위주의 체제에서 탈피하여 자유, 평등, 절차적 정의, 관용 등 정치적 민주주의와 깊은 관련을 맺고 발전해야 한다.

둘째, 자본주의는 시장 경제의 역동성과 효율성을 추구하되 경제적 민주화 차원에서 국민 모두가 인간다운 삶을 영위할 수 있도록 분배의 정의와 서로 연계되어 발전해야 한다.

셋째, 자본주의는 사회적 측면에서 그 생명력으로서의 적절한 개인주의를 중시하면서도 더불어 살아가는 존재로서의 공동체 의식을 함께 함양하면서 발전해야 한다.

5) 비교 요구형(比較 要求型)

 특정한 관점이나 기준에 따라 주어진 사상을 비교하도록 요구하거나 혹은 아무런 전제 또는 조건 없이 주어진 사상을 비교하도록 요구하는 형식이다. 조건을 제시하면서 비교하게 하는 형태의 예를 들어보자.

[문제]
유학에서 심성론(心性論)은 인간의 내면적인 구조와 본질을 분석하는 데 관심을 기울이는 분야이다. 심성론의 차이를 중심으로 이황과 정약용을 비교해 보시오.

[모범답안]
 이황에 의하면, 인간의 심성은 절대적으로 선한 '이'(理)와 선과 악이 함께 섞여 있는 '기'(氣)의 개념으로 파악될 수 있다. 그런데 '이기'의 의미에 선악의 차이가 있음에도 불구하고 '기'에 내재한 선의 요소는 '이'의 순선(純善)으로 수렴될 수 있는 가능성이 발견된다.
 정약용에 의하면, 인간의 심성은 선이나 악으로 결정되어 있는 것이 아니라 행위의 구체적인 실천을 통하여 결단을 촉구하는 자유 의지이다. 이에 따라, 덕도 인간의 본성에 내재하는 것이 아니라 일상적인 행위 속에서 실천하면서 형성된다.

6) 판단·결정적 재생 요구형(判斷·決定的 再生 要求型)

 어떤 사상에 대한 결정이나 판단을 요구하는 형식이다. 교사는 둘 중의 하나를 선택해야 하는 학생들에게 스스로 가치관을 명료화시켜보도록 기회를 제공할 수 있을 것이다.

[문제]
도덕적인 사회를 이루기 위하여 절대론적 윤리설이 타당한지 상대론적 윤리설이 타당한지 결정한 다음, 그 이유를 써 보시오.

[모범답안]

(절대론적 윤리설이 타당하다고 본 경우)

　이상적인 도덕 사회를 구현하려면 절대론적 윤리설이 타당하다. 왜냐하면, 언제, 어디서나 그리고 누구에게나 보편타당한 절대적인 행위 법칙이 있어야 하기 때문이다. 인간은 이처럼 구속적인 속성을 지니는 법칙을 통하여 반드시 해서는 안 되는 행위, 하지 않으면 안 되는 행위를 구별하여 알 수 있게 된다.

(상대론적 윤리설이 타당하다고 본 경우)

　도덕적 행위에 대해서는 그 최선의 결과가 중요하므로 상대론적 윤리설이 타당하다. 왜냐하면, 어느 사회든지 그 사회의 목표나 구성원들의 욕구 충족을 위해서 도움 된다고 판단되는 행위는 인정을 받고, 그렇지 못한 경우에는 비난을 받거나 제재를 당함으로써 옳은 행위와 그른 행위가 구분되기 때문이다.

7) 예시 요구형(例示 要求型)

　도덕 생활에서 중시되어 온 어떤 법칙이나 원리에 대하여 예시나 예증을 요구하는 형식이다. 교사는 이런 문항을 통하여 도덕적 원리를 응용하는 능력은 물론, 학생의 정서적 반응이나 경향성 등의 도덕적 열정을 파악할 수 있을 것이다.

[문제]

우리는 시민생활의 윤리를 위하여 보조성(補助性)의 원리를 인정할 필요가 있다. 이 원리가 적용되는 경우를 예로 들어 설명해 보시오.

[모범답안]

　개인의 이익과 사회 및 국가의 이익을 조화시키는 일은 시민생활의 윤리를 정립하기 위하여 매우 중요하다. 보조성의 원리는, 개인이나 작은 단체의 활동이 자율적으로 이루어져야 하되 국가나 보다 큰 사회단체가 일정한 경우 그들을 위하여 보충적인 조치를 취해야 한다는 것이다.

　예컨대, 질병이나 실직, 가구주의 사망, 노령 혹은 사고로 인한 불구 상태로 말미암아 자신의 힘만으로는 생계를 해결할 수 없는 경우, 국가는 입법 등 제도적인 장치를 통해 이를 보호·지원해야 한다. 또, 지방 자치, 치안 제도, 중소기업의 육성 등도 보조성의 원리를 적용하여 설명할 수 있다.

이밖에 어떤 도덕적 사실이나 현상을 놓고 그 원인과 결과를 써보게 하거나(원인·결과제시 요구형), 도덕 용어나 진술에 대하여 그 뜻과 용법을 설명하게 할 수 있다(설명 요구형). 또, 주어진 사상과 변인간의 관계를 서술하게 하기(관계설명 요구형), 어떤 사상의 정당성이나 적절성에 대하여 비판하게 하기(비판 요구형) 등도 권장할 만한 유형들이다.

IV. 도덕과 서술 평가의 개선을 위한 제언

앞에서 도덕과 서술 평가의 여러 유형들을 살펴보았지만, 사실 절대적으로 가장 우수한 평가 유형이란 존재하지 않는다고 보아야 할 것이다. 왜냐하면, 각각의 유형들은 나름대로 고유한 장점과 단점을 지니고 있기 때문이다. 그러므로 교사는 서술형 문항을 작성할 경우에 단답형이든, 완성형이든, 논문형이든 단점을 최소로 줄이고 장점을 최대로 살릴 수 있도록 주의를 기울여야 한다.

또한 교사는 각 유형마다 그것을 언제 활용하는 것이 제일 나을지 그 용도의 적합성을 판단할 필요가 있다. 예컨대, 도덕과에서 흔히 다루어지는 전문 용어, 사상, 법칙, 원리 등과 같은 내용에 대하여 이해력이나 적용력 등을 평가하고자 할 때는 단답형이 적합하다. 그러나 단답형으로 출제하면 교사가 요구하는 답이 무엇인지 분명하지 않고 애매해 보이거나 혹은 보다 생생하고 자연스러운 표현을 통하여 답을 진술하는 것이 바람직한 경우에는 완성형을 사용하면 좋을 것이다. 그리고 학생수가 적으며 다른 문항 형식으로는 평가하기 곤란한 창의력, 비판력, 논증력 등과 같이 고차적인 사고 능력을 요구할 경우는 논문형이 적합하다.

이미 지적한 바와 같이 도덕과 교사는 서술 평가가 채점하기 어려울 뿐만 아니라 객관도가 떨어지기 쉽다는 점을 잘 알고 있다. 그렇지만 그 것이 높은 수준의 도덕적 사고력을 측정할 수 있으며, 암기를 통하여 추 측으로 답을 골라내는 일을 최소화할 수 있다는 장점이 있음을 기억할 필요가 있다. 이제 도덕과 교사가 서술 평가 문항을 제작하거나 실시할 경우에 유의해야 할 사항을 몇 가지로 나누어 정리해 보기로 한다.

첫째, 교사는 요구하는 답이 무엇인지 쉽고 정확하게 알 수 있도록 문 항을 구체적이고 명료하게 진술해야 한다. 서술형은 선택형 문항과는 달 리 선택지가 없기 때문에 자칫 잘못하면 무엇을 묻는지 모를 정도로 애 매하게 진술되기 쉽다. 문항을 명확히 진술하지 않으면 학생들이 각자 나름대로 해석하여 교사가 미처 생각하지 못했던 여러 가지 가능한 답이 나올 수 있으므로 한 개의 답만이 정답이 되도록 문항을 진술해야 한다.

그러므로 가능한 한 문장 구조는 단순하게 진술해야 할 것이다. 필요 이상으로 문장 구조가 복잡하면 학습 성과를 측정하는 것이 아니라 독해 력을 측정하는 문항이 되기 쉽기 때문이다. 질문이 구조화되어 있지 않 고 초점이 분명하지 않으면, 학생들은 응답하기가 어려울 뿐만 아니라 채점 결과에 대해서도 신뢰하지 않는다. 서술형 검사의 채점은 신뢰도 면에서 결코 객관식 검사의 그것을 따를 수 없다.[21]

물음이 구체적이고 명료하게 진술되었더라도 응답의 길이가 길수록 채점의 신뢰도는 떨어진다. 그러므로 제한반응형이나 조건제시 비교요구 형의 문항처럼 응답의 분량을 어느 정도로 해야 할지, 어떤 측면을 중심 으로 하여 서술해야 할지를 미리 밝혀두는 것이 좋다. 다만 원칙적으로 정답이 하나만 되도록 작성해야 한다는 점에 신경을 쓴 나머지, 한 개의 정답만이 가능하도록 문제에 여러 가지 조건을 덧붙여서 오히려 정답에

---

21) Kubiszyn & Borich, *op. cit.*, p.119.

대한 단서로 작용하게끔 진술해서는 안 된다.

교사는 확대반응형 서술 평가가 바람직하고 필요한 경우도 있음을[22] 상기할 필요는 있다. 이 경우에는 앞서서 채점의 개요를 정해주는 것이 좋다. 즉, 채점 시에 무엇을 훌륭한 답안으로 보려고 하는지에 대하여 미리 알려주는 것이다. 채점의 기준에 대해서는 아래의 셋째 항에서 다시 언급될 것이다.

둘째, 교사는 가능한 한 학생이 자신의 생각이나 의견을 드러낼 수 있도록 출제해야 한다. 특히 논문형 평가의 경우 목적에 적합한 동사를 잘 선정하여 사용하는 것이 좋다는 것(Ⅱ장 참조)도 이와 통하는 논리이다. 동일한 내용도 전혀 다른 인지적 수준에서 평가될 수 있기 때문에 교사가 요구하는 수준의 학습 성과를 평가할 수 있도록 적절한 동사 내지 빈개념을 이용해야 한다.

교사는 서술된 학생의 생각이나 의견을 통하여 질문의 응답에 꼭 필요한 내용은 빠뜨리지 않았는지, 두서없이 쓰지 않고 구성이 조리 있게 이루어졌는지, 적용으로부터 분석 내지 종합에 이르는 과정은 제대로 되었는지를 살펴보아야 한다. 특히 문제 해결이나 결론의 도출을 요구하는 경우에는 논리의 전개가 정확하고 합리적인지, 문제를 충분한 정도로 다루면서 일관성을 유지하고 있는지, 그리고 독창성이 있는지 등에 대하여 점검해야 한다.

위에서도 밝혔지만 도덕 교과에서 서술 평가가 의미 있으려면 단편적인 도덕적 지식을 암기하고 있는지의 여부를 평가하기보다는, 수행 평가의 관점에서 학생들의 도덕적 문제 해결력이나 가치·태도의 내면화 정도 등을 평가할 수 있도록 출제해야 한다. 이와 관련하여 교사는 시사적

---

22) H. I. Braun, "Understanding Scoring Reliability : Experiments in Calibrating Essay Readers", *Journal of Educational Statistics*, vol.13, no.1, 1988, p.15.

인 문제를 출제하는 것도 고려해볼 만하다. 또, 사고능력이나 가치 내지 태도를 평가하기 위한 경우에는 맞춤법, 띄어쓰기, 글씨 등과 같은 문법이나 작문의 요소는 크게 비중을 두지 않고 채점할 수도 있겠다.

셋째, 교사는 주관식 평가 결과의 오차를 줄이고 평가의 객관성을 확보하기 위해 사전에 모범 답안과 채점 기준표를 작성해야 한다. 서술형 평가 문항을 출제하면서 직접 꼬박꼬박 모범 답안을 만들기가 생각처럼 쉽지는 않겠지만, 채점 기준표가 미리 정해져 있지 않으면 채점이 진행되면서 기준 자체가 변할 수 있다. 또, 모범 답안을 사전에 작성하지 않고 학생들이 서술한 답안을 대충 훑어본 다음에 채점 기준표를 작성하는 수가 있다.

그러나 교사가 미리 모범 답안을 작성하지 않고 채점 기준표를 만들거나 혹은 시험을 치른 후에 학생들의 응답에 근거하여 채점 기준표를 만들 경우, 채점 기준표가 임의적이 되거나 애매모호해지는 수가 많다. 더구나 당초 의도했던 교육 목표를 어느 정도 성취해냈는가 하는 객관적인 기준에 의해 채점을 하는 것이 아니라 학생들이 답한 내용에 근거하여 임의적으로 채점할 가능성이 높기 때문에, 결과적으로 채점의 타당도와 객관도, 신뢰도를 그만큼 떨어뜨리게 된다.[23]

따라서 서술 평가 문항을 제작할 때는 반드시 모범 답안을 작성한 후 채점 기준표를 완성하도록 해야 하며, 모범 답안이 여러 가지로 제시될 수 있는 경우 가능한 한 모두를 유사 답안으로 나열하는 것이 좋다. 이는 교사로 하여금 채점의 일관성을 유지하게 할뿐만 아니라 모범 답안을 작성하는 과정에서 문항에 내포되어 있는 모호성과 오류를 파악하게 할 수 있다. 또, 교사가 학생들의 응답을 제대로 예측하지 못하여 사전에 만든

---

23) 한국교육과정평가원, 『고등학교 윤리과 수행평가의 이론과 실제』, 서울 : 교육진흥연구회, 1999, p.28.

모범 답안이나 채점 기준표를 일부 수정·보완해야 할 경우가 생기더라도 그에 신속하게 대응할 수 있게 해줄 것이다. 가끔씩 교사들은, 설령 채점 기준표가 있다 할지라도, 한 인간으로서 피로 또는 마음 상태에 따라 정해진 기준들을 지속적으로 유지하기 쉽지 않음을 체험하고 있다.

아울러, 교사는 서술 평가의 객관도를 높이기 위하여 함께 근무하는 다른 도덕 담당 교사와 공동으로 평가하는 것도 고려해볼 만하다. 사실 서술 평가의 경우 모범 답안과 채점 기준표를 작성하더라도 출제자의 주관성이 개입될 가능성은 항상 있다. 그러므로 가능하다면 둘 이상의 교사가 서로 합의하여 함께 채점하거나 또는 각자가 채점한 후 그 평균 점수를 이용하는 것도 바람직하다.

넷째, 교사는 최근 대학별로 시행되고 있는 논술고사와 관련하여 도덕과 서술 평가를 잘 활용할 수 있도록 관심을 기울여야 한다. 논술 평가는 단순한 글짓기가 아니라 종합적인 사고력의 깊이와 폭을 묻는 시험 형식이다. 이에 도덕과 서술 평가는, 그것이 다루는 내용 면에서 그리고 평가 방법 면에서 공히 고등학교 논술교육의 일환으로 매우 유리해 보인다.

논술교육은 어떤 주제를 스스로 해결하기 위해 자신의 배경 지식과 가치를 스스로 철저히 음미·반성하고 이들을 개선해 나감으로써 신빙성 있는 근거를 마련하여 전체적이며 통합적인 사고를 통해 올바른 판단에 이르도록 하는 데 그 목표를 두고 있다.[24] 그간 대입 논술고사에서 윤리와 가치관을 묻는 문제들이 자주 출제되어 온 것도 이 같은 취지와 부합하기 때문일 것이다.

논술고사가 강조된 데는 오랫동안 우리나라 교육계를 지배해 온 객관식 평가 및 주입식 학습에 대한 반성이 가장 큰 배경으로 자리하고 있다.

---

24) 김광수 외, 『논리와 논술』, 서울 : 한국방송대학교출판부, 1998, p.9.

도덕과 교육과정에 나타나 있는 것처럼, 학생들에게는 학문과 생활에 필요한 논리적, 비판적, 창의적 사고력과 태도를 익히는 일이 요구되고 있다.[25] 즉, 학생들은 스스로의 문제를 스스로 해결해야 하며, 주어진 주제나 스스로 발견한 주제들을 논리적으로 서술할 수 있는 능력을 지녀야 하는 것이다.

논술고사의 평가는 보통 배점 비율에 있어서 내용(문제의 파악, 내용의 깊이와 폭, 문제 해결의 능력, 독창적 관점) 40%, 논리(논의의 일관성, 논거 제시의 적합성, 논증의 타당성) 30%, 그리고 표현(어휘의 정확성과 풍부함, 수사적인 문장 능력, 글 전체의 유기성) 30%로 구분되고 있다.[26] 서술 평가를 실시하는 도덕과 교사는 이 점을 감안하여 학생들로 하여금 문제에 제시된 쟁점을 정확히 파악하고, 논점을 벗어나지 않으며, 논리적으로 정연하게 서술해 나가도록 훈련시킬 필요가 있다.

이제 글을 맺으면서, 도덕과 서술 평가의 성공을 위해서는 교사와 학생 모두에게 많은 노력이 요구된다는 점을 재삼 강조하고 싶다. 그것은 문항을 출제하는 교사나 답을 써나가는 학생이나 부단한 연습 과정을 거쳐야 하는 실기(實技)의 과정이기 때문이다.

---

25) 교육부, 『제7차 도덕과 교육과정』, 1997, p.4 ; 교육인적자원부, 『도덕과 교육과정』, 2007, p.3.
26) 김광수 외, *op. cit.*, p.64f.

참고문헌

교육부, 『제7차 도덕과 교육과정』, 1997.

교육인적자원부, 『도덕과 교육과정』, 2007.

국립국어연구원, 『표준국어대사전』, 서울 : 두산동아, 1999.

김광수・김창호・민찬홍・이초식, 『논리와 논술』, 서울 : 한국방송대학교출판부, 1998.

김대현 외, 『교육과정 및 교육평가』, 서울 : 학지사, 2007.

변창진 외, 『교육평가』, 서울 : 학지사, 1997.

서강식, 『도덕과 평가』, 서울 : 양서원, 2002.

서울대학교교육연구소(편), 『교육학용어사전』, 서울 : 도서출판 하우, 1994.

성태제, 『문항 제작 및 분석의 이론과 실제』, 서울 : 학지사, 1996.

신동로, 『교육과정과 교육평가』, 서울 : 교육과학사, 2000.

정세구, "초・중・고 사회・도덕교육의 정의적 영역 평가", 「정의적 영역 평가의 원리
와 실제」, 교육평가세미나보고서 제3집, 1986, pp.45~73.

정종진, 『교육평가의 원리』, 서울 : 교육출판사, 2002.

차우규, "도덕과 수행평가" ; 백순근(편), 『수행평가의 이론과 실제』, 서울 : 원미사,
1999, pp.131~182.

차우규 외, 『도덕・윤리과 수행평가』, 서울 : 백의, 2000.

최기영・정국재, 『논술손자병법』, 서울 : 도서출판 박이정, 1998.

추병완, 『열린 도덕과교육론』, 서울 : 도서출판 하우, 2000.

한국교육과정평가원, 『고등학교 윤리과 수행평가의 이론과 실제』, 서울 : 교육진흥연
구회, 1999.

황정규, 『한국 교육평가의 쟁점과 대안』, 서울 : 교육과학사, 2000.

Baker, S. & Hubbard, D., "Best Practices in the Assessment of Written Expression", in A.
Thomas & J. Grimes (eds.), *Best Practices in School Psychology*, *III*, Bethesda,
MD : National Association of School Psychologists, 1995.

Braun, H. I., "Understanding Scoring Reliability : Experiments in Calibrating Essay Readers",
Journal of Educational Statistics, vol.13, no.1, 1988, pp.1~18.

Chase, Clinton I., *Contemporary Assessment for Educators*, New York : Longman, 1999.

Coker, D. R., et al., "Improving Essay Tests : Structuring the Items & Scoring Response",
Clearing House, vol.61, no.6, 1988, pp.253~255.

Goodwin, W. L. & Driscoll, L. A., *Handbook for Measurement and Evaluation in Early
Childhood Education*, Washington, DC : Jossey-Bass, 1980.

Gronlund, Norman E., *Assessment of Student Achievement*, Boston : Allyn & Bacon, 1998.

Herman, J. L., Aschbacher, P. R. & Winters, L., *A Practical Guide to Alternative Assessment,* Alexandria, VA : Association for Supervision & Curriculum Development, 1992.

Krathwohl, David R., Bloom, Benjamin S. & Masia, Bertram B., *Taxonomy of Educational Objectives, Ⅱ : Affective Domain*, New York : David McKay, 1964.

Kubiszyn, Tom & Borich, Gary, *Educational Testing and Measurement*, New York : John Wiley & Sons, 2000.

Linn, Robert L. & Gronlund, Norman E., *Measurement and Assessment in Teaching*, Upper Saddle River, NJ : Prentice-Hall, 2000.

Miller, Wilma H., *Alternative Assessment Techniques for Reading & Writing*, Oakland, CA : Center for Applied Research in Education, 2001.

National Research Council, et al. (eds.), *Knowing What Students Know : The Science and Design of Educational Assessment*, Washington, DC : National Academy Press, 2001.

Ringness, T. A., *The Affective Domain in Education*, Boston : Little & Brown, 1975.

Wiggins, Grant P., *Educative Assessment : Designing Assessments to Inform and Improve Student Performance*, Washington, DC : Jossey-Bass, 1998.

Wolf, S. A. & Gearhart, M., "New Writing Assessments : The Challenge of Changing Teachers' Beliefs about Students as Writers", *Theory into Practice*, vol.36, 1997, pp.220~230.

Ⅰ. 도덕과 수업 능력 평가의 의의

교사 임용고시, 즉 교육공무원 임용후보자 선정 경쟁시험에서 도덕 교과 수험생의 경우, 제3차 시험은 전 교과에 걸쳐 공통으로 실시되는 '교직 적성 심층 면접'과 '도덕 수업 능력 평가'로 이루어진다. 이 글은 도덕 수업 능력의 평가에 관한 연구에 한한다. 여기서 수업 능력이란, 교사가 자신의 전문성의 중심인 수업을 설계하고 운영할 수 있는 능력을 말한다.[1]

수업은 의도된 학습 목표를 달성하기 위하여, 교사의 교수 활동과 학생의 학습 활동이 교육 내용과 교수 매체를 통해 상호작용으로 이루어지

---

* 이 글은 한국교육과정평가원·한국도덕윤리과교육학회의 『표시과목 「도덕·윤리」의 교사 자격기준 개발과 평가영역 상세화 및 수업능력평가 연구』(서울 : 한국교육과정평가원, 2008)에서, 필자가 연구책임자로 참여한 Ⅵ. 수업능력평가(pp.85~111) 영역 중 필자가 작성한 부분만을 이 책의 내용체계에 맞추어 재구성한 것이다.

1) 임찬빈·차우규, 『수업평가 매뉴얼 : 도덕과 수업평가 기준』(ORM 2006-24-4), 서울 : 한국교육과정평가원, 2006, p.1.

는 일련의 과정이다. 그것은 교사의 입장에서 볼 때 통상 3가지 활동, 즉 수업을 계획하고 조직하는 일, 학생들에게 적절한 학습 경험을 제공하고 학습 환경을 조성·유지하는 일, 타당하고 신뢰성 있는 평가를 통해 학생들의 학습 활동에 적절한 피드백을 제공해 주는 일을 포함한다.[2]

이에 수업 능력은, 교사가 수업의 목표를 설정하는 일에서부터 수업을 실행하고 피드백에 이르기까지의 과정에서 발휘하는 여러 가지 능력들을 포괄한다. 그러므로 교사 임용시험에서 이루어지는 도덕 수업 능력의 평가는 수험생으로 하여금 일정하게 주어진 시간 동안 도덕 수업을 실연(實演)하게 하고, 그것을 통하여 그가 도덕 교사로서의 학습 지도 능력을 어느 정도 갖추고 있는지에 대해서 중점적으로 평가하게 된다.

일찍이 바아(A. S. Barr)는, 교사의 수업 능력에 대한 평가는 수업을 받는 학생들에 의해서 이루어지거나 또는 교사를 관리하는 감독관에 의해서 이루어질 수 있다고 설명하였다.[3] 사실 교사의 수업 능력은 교육 수요자인 학생들로부터 가장 잘 평가될 수 있다. 또 교사의 그러한 능력은 학생들로부터 교사로서의 전문성을 인정받을 수 있음은 물론, 수업의 질(質)을 향상시키기 위해서 절대적으로 필요하다. 실제로 수업의 질을 강조하는 학자들은, 교사의 수업 능력에 대한 평가가 수요자인 학생의 요구나 기대를 충족시키는 데 기여한다는 점을[4] 강조한다.

한편 교사의 수업 능력에 대한 평가는 교사를 관리하는 감독관에 의해서도 이루어질 수 있으며, 교사 임용시험에서의 제3차 시험의 경우는 바로 이에 해당한다. 감독관은 도덕 교사의 수업 능력에 대한 평가를 통해서 도덕 과목을 가르칠 예비 교사가 지니고 있는 '이론적'(theoretical) 지식

---

2) 원효헌, 『수업평가의 이해와 적용』, 서울 : 교육과학사, 2002, p.8.
3) A. S. Barr, "Measurement of Teaching Ability", *Review of Educational Research*, vol.10, no.3, June 1940, p.182.
4) Wilfred Carr, *Quality in Teaching*, London : Taylor & Francis, 2007.

의 습득 상태뿐만 아니라, 나아가 그것과 '실제적'(practical) 교수 능력과의 조화 여부를 측정할 수 있게 된다.

이 같은 평가는 학교 현장의 교육에 실질적으로 필요한 능력을 갖춘 우수한 도덕 교사를 확보하기 위한 취지로 보인다. 또한 제3차 시험은 최종 합격자를 결정하는 데 있어서 동점자가 있는 경우, 동 시험의 고득점자를 우선순위에 둠으로써 그 중요성은 더 크다고 말할 수 있다.

II. 도덕과 수업 능력 평가의 기준

도덕과 교사의 수업 능력에 대한 평가는, 도덕과 교수 활동의 본질이 동 교사의 수업을 통해서 구현되고 있는 정도에 초점을 맞춰야 할 것이다. 현재 도덕 수업의 능력을 평가할 수 있는 구체적인 기준에 대하여 정부 차원에서 법적으로 명문화한 규정은 없다.

다만 도덕 수업이 동 교과목의 특성을 어느 정도로 반영하고 있는지를 살펴볼 수 있는 기준을 제시한 몇몇 연구들이 있으며, 이 같은 연구물 외에 도덕과 교육과정은 도덕 교과의 교수·학습방법에 대하여 비교적 상세하게 규정하고 있다. 그러므로 도덕 교사의 수업 능력에 대하여 구체적인 평가 문항과 도구를 개발하는 데 있어서, 이런 연구물들과 교육과정을 살펴보는 일은 필수적이다.

먼저, 한국교육과정평가원은 도덕과 수업 평가의 기준으로서, '4개 대영역, 9개 중영역, 26개 평가 요소'를 제시하고 있다.[5] 여기서 4개 대영역은, 지식(도덕 교사가 갖추어야 할 전문적 지식과 수행 능력), 설계(도덕 교사가

---

5) 임찬빈·차우규, *op. cit.*, p.3f.

갖추어야 할 수업 설계 능력), 실천(도덕 교사와 학생들의 실제적인 교수·학습 과정에의 참여), 전문성(도덕 교사의 전문성 발달을 위한 수업 전후의 활동)을 말한다. 동 평가 기준에서 강조된 것을, 교사 임용시험의 수업 능력 평가에서 평가 지표로 활용될 수 있도록 평가 문항의 형태로 변형하여 정리하면 다음과 같다.

1) 지식
① 교육과정 및 교과서 이해
- 교사는 도덕과 교육과정의 성격과 목표에 대하여 분명히 이해하는가?
- 교사는 도덕 교과서에 대해 충분히 이해하고, 이를 적절하게 활용하는가?
- 교사는 도덕 교과와 관련하여 다양한 교수·학습방법을 이해하는가?
- 교사는 도덕 교과와 관련하여 다양한 평가 방법을 이해하는가?

② 교과 내용 및 방법 지식
- 교사는 교과의 내용을 분명히 이해하는가?
- 교사는 교과의 내용에 대한 교수법(pedagogical content knowledge)을 지니고 있는가?

③ 학생 이해
- 교사는 학생의 도덕성 발달 특성과 그 형성 과정에 대해 고려하는가?
- 교사는 학생의 흥미와 관심, 성격, 인지 양식 등 개인차를 고려하는가?

2) 설계
④ 계획
- 교사는 교과 내용을 자신의 수업 상황과 학생 수준 등에 맞게 구체적으로 선정·조직(재구성)하는가?
- 교사는 자신이 재구성한 교과 내용을 구체적인 수업을 통해 실현할 수 있도록 계획하는가?

- 교사는 각종 평가 기준에 대한 검토를 통해 학생들의 학습 정도 및 수업 전반에 대해 적절히 파악하고, 그 결과를 반영하는가?

⑤ 준비

- 교사는 학생들에게 유의미한 학습이 일어날 수 있도록 다양한 학습 자료와 매체, 필요한 자원을 준비하는가? 또, 필요한 경우 교과서에 제시된 제재나 활동을 재구성하거나 대안 자료도 준비하는가?

3) 실천

⑥ 학습 환경 조성 및 수업 운영

- 교사는 학생들이 도덕 학습 활동에 적극적으로 참여하고 구성원 간의 상호작용이 활발하게 일어나도록 물리적·심리적 환경을 조성하는가?
- 교사는 학생들이 도덕 학습 활동에 적극적으로 참여하고 구성원 간의 상호작용이 활발하게 일어나도록 규칙과 절차를 운영하는가?

⑦ 수업 실행

- 교사는 학생들의 학습 동기를 유발하고, 선행 지식을 기초로 학습 과제를 해결할 수 있도록 지도하는가?
- 교사는 학습 목표와 내용, 학생의 특성과 요구에 부합하는 다양하고 적절한 수업 전략을 사용하는가?
- 교사는 도덕과 교수·학습 과정에 학생의 적극적인 참여를 유도하는가?
- 교사는 학생 수준에 맞는 언어를 사용하고 발문을 통해 학생들의 의사소통 활동을 촉진하는가?
- 교사는 학생들의 이해를 점검하고 학습 효과를 증진시키기 위해 적시에, 정확하고 구체적이며 건설적인 피드백을 제공하는가?
- 교사는 수업 활동을 적절히 조절하고 예상치 못한 상황에 대해 유연하게 대처하며, 특별한 요구를 지닌 학생들을 적절하게 지도하는가?
- 교사는 수업 설계 단계에서 수립한 평가 계획에 따라 학생의 도덕 수행 능력을 평가하며, 학생의 자기 평가와 동료 평가를 효율적으로 실행하는가?

4) 전문성
⑧ 지속적 자기 연찬
- 교사는 자신의 수업을 객관적으로 반성하여 강점과 약점을 정확하게 파악하고 이를 수업 개선에 활용하는가?
- 교사는 도덕 지식과 수업 기술 향상을 위해 부단히 노력하고, 교과 연구자, 동료 장학자 등의 전문적 역할을 기꺼이 수행하는가?

⑨ 연계적 노력
- 교사는 수업 개선을 위해 동료 교사와 협력하고, 자신이 알고 있는 지식과 정보를 동료 교사와 공유하는가?
- 교사는 학부모에게 학생 및 교수·학습과 관련한 정보를 주기적으로 제공하고, 학부모로부터 수업 참여 및 지원을 적절히 이끌어내는가?

도덕 교과에만 초점을 둔 것은 아니지만, 일반적인 수업 평가 기준 역시 도덕 수업 능력의 평가에 대하여 훌륭한 지침이 될 수 있다. 이화진이 제시한 수업 평가의 일반 기준을 요약하면 다음과 같다.[6]

1) 지식
① 내용 지식 및 내용 교수법
- 내용 지식
- 내용 교수법 및 오개념

② 학생 이해
- 발달·인지 학습
- 개인차

2) 계획
③ 수업 설계
- 학습 목표의 설정과 진술
- 일관성 있는 수업 설계

---

6) 이화진, "수업평가 기준과 활용 방안", 『교과 장학과 교실 수업』, 서울 : 서울특별시교육청, 2007, pp.48~51.

3) 실천
④ 학습 환경 조성 및 학급 운영
  • 안전하고 효율적인 물리적 환경
  • 민주적인 학급 분위기와 학습 문화
  • 효율적인 학급 운영과 학생 지도
⑤ 수업 실행
  • 사전 지식 활성화와 동기 유발
  • 이해와 사고를 촉진하는 수업 전략
  • 유의미한 학습 활동 및 과제 수행
  • 효과적인 자료와 매체 활용
  • 명료한 의사소통 및 적절한 언어 사용
  • 효과적인 질문 전략
  • 이해 점검 및 피드백 제공
  • 유연한 상황 대처
  • 구조화된 수업 조직과 효율적인 시간 관리

4) 전문성
⑥ 수업 반성 및 전문성 발달
  • 수업 반성과 개선
  • 동료 교사와의 협력
  • 학부모와의 협조
  • 전문성 발달 노력

　도덕교육 전문가 연구 차원에서 김국현은 도덕 교사의 수업 능력에 대한 평가 준거를 10가지로 구분하였다.[7] 그의 연구에서 제시된 도덕 교사 수업 능력 평가의 영역과 그 하위 요소에 대하여, 교사 임용시험에서 평가 지표로 활용될 수 있도록 평가 문항의 형태로 변형하여 정리하면 다음과 같다.

---

7) 김국현, "도덕·윤리 교사의 수업능력과 그 평가 준거", 「윤리교육연구」 제13집, 2007, pp.202~206.

1) 교육과정과 교과서에 대한 지식
- 도덕 교과의 목적에 기초하여 수업 활동을 하는가?
- 도덕 교과서의 내용을 종합적으로 깊이 있게 이해하고 있는가?
- 도덕 교과 내용에 대한 최신의 정확한 정보를 가지고 있는가?

2) 학습자 특성에 대한 지식
- 학생들의 도덕적 발달 단계를 파악하고 있는가?
- 학생들이 도덕과에 대해 가지는 관심과 흥미의 정도, 기존 지식의 수준을 파악하고 있는가?

3) 수업 목표의 설정
- 수업을 시작하면서 학생들에게 수업 목표를 구체적이고 명확하게 진술하는가?

4) 수업 활동의 구조화
- 수업의 내용과 주제에 따라 토론, 논술, 구술, 봉사활동, 강의 등 다양한 수업 방법을 활용하는가?

5) 교과 내용의 전달
- 도덕 교과의 내용을 여러 유형의 설명이나 예시 자료를 활용하여 흥미 있게 전달하는가?
- 학생들이 도덕적 개념에 대해 오(誤)개념을 형성하지 않도록 전달하는가?

6) 질문의 활용
- 학생들이 도덕적 사고와 가치 판단 과정에 참여할 수 있도록 적절하게 질문을 활용하는가?
- 질문에 대한 학생들의 반응을 수업 목표에 적합하게 유도하는가?

7) 피드백의 활용
- 학생들의 반응에 대하여 신속하게 피드백을 제공하는가?

8) 학습 기회 및 환경의 제공
- 학생들이 자기 주도적인 학습 기회를 갖도록 허용하는가?

9) 학습 동기 유발

- 학생들에게 스스로 도덕적 추론과 탐구를 할 수 있도록 자극하고 있는가?

10) 평가의 시행과 결과의 활용

- 학생 평가만이 아니라 도덕과 교육과정의 수업 운영에 대해서도 평가하고 있는가?
- 평가의 결과를 수업 개선을 위한 자료로서 활용하고 있는가?

끝으로, 도덕과 교육과정은 도덕 교사의 수업 능력을 평가하는 데에 좋은 지침을 준다. 즉, 평가자는 동 교육과정에 명시된 교수·학습방법이 교사의 수업에서 어느 정도로 구현되고 있는지를 살펴봄으로써 그의 수업 능력을 가늠할 수 있다.

[표 1]은 2007년 개정 도덕과 교육과정에 제시된 교수·학습방법을 토대로 하여, 동 교육과정에서 강조되는 수업 능력을 평가 문항의 형태로 요약한 다음, 그 능력에 대한 평가 기준 요인을 연결시킨 것이다. 특히 수업 능력의 평가 기준 요인은 예비 교사의 이론적 교수 능력(아는 것과 관련된 이론적 교수 역량 ; [표 1]에서 A로 표시되어 있음)과 실제적 교수 능력(수업을 행하는 것과 관련된 실제적 수업 역량 ; [표 1]에서 B로 표시되어 있음)에 대하여, 교사 요인, 학생 요인, 환경 요인으로 구분하여 연계하였다.

[표 1] 도덕과 교육과정의 교수·학습방법과 수업 능력 평가 기준

도덕과 교육과정에 제시된 교수·학습방법[8]	도덕과 교육과정에서 강조되는 수업 능력(평가 요소 형태)	평가 기준 요인
1) 도덕과 교육에서는 도덕적 지식, 판단력과 같은 인지적 영역과 함께 도덕적 가치와 태도, 도덕적 습관이나 실천과 같은 정의적 및 행동적 영역을 통합적으로 다룬다. 특히 도덕규범이나 예절에 대한 교육은 학생들이 지적 인식에 머무르지 않고, 정서적 공감을 통하여 행동으로 옮길 수 있도록 교사가 확고한 신념과 열정을 가지고 다양한 실천적 방법을 적용하여 지속적으로 지도한다.	• 교사는 학습 내용을 분명하고 정확하게 인지하고 있는가?	교사 A
	• 교사는 학습 내용과 관련하여 학생들에게 가치관 혹은 실천 의지를 강조하는가?	학생 B

2) 도덕과 수업은 학생들의 지적·도덕적 발달 수준에 부합되는 교수·학습방법을 학년별로 고려하고, 같은 학년에서도 목표와 내용에 알맞은 다양한 교수·학습방법을 활용한다. 도덕과 수업에서는 교육 내용에 알맞게 강의법, 문답법, 토의·토론법, 논술법, 시청각 매체 활용법, ICT 활용법, 협동학습 방법, 프로젝트 학습 방법, 역할놀이 방법, 실천체험 학습법 등 다양한 방법들을 활용하도록 한다.	• 교사는 학생들의 발달 수준을 고려하여 수업을 지도하는가?	학생 B
	• 교사는 학습 목표와 내용에 부합하기 위하여 어떤 교수·학습방법들을 활용하는가?	교사 B
3) 도덕과 수업에서는 학생들의 자율적인 도덕적 판단력 및 가치 판단 능력을 신장시키기 위하여 학생들로 하여금 삶에서 경험하는 여러 도덕 문제를 교과서의 내용과 관련지어 자기 주도적으로 학습하게 한다.	• 교사는 학습 내용을 일상생활과 어느 정도로 관련시키고 있는가?	교사 B
	• 교사는 학생 중심의 자기 주도적 학습을 어느 정도로 허용하고 있는가?	학생 B
4) 도덕과 수업에서는 교육과정에 의거하여 작성된 다양한 교수·학습 자료와 매체를 활용한다. 더 나아가 지역의 특성이나 시사성이 강한 내용은 그 지역이나 시기에 알맞게 재구성하여 지도하되, 편향되지 않은 객관적 입장에서 자료를 구성하여 활용하도록 한다. 이를 위해 다양한 도덕과 교수·학습 자료에 교사들이 쉽게 접근하여 활용할 수 있도록 지원 체제를 갖추도록 한다.	• 교사가 학습 내용을 구조화 내지 체계화하는 수준이 어느 정도인가?	교사 A
	• 교사가 수업 중에 다루는 교수·학습 매체의 활용은 적절한가?	교사 B
5) 도덕과를 지도하는 교사들은 자신이 학생들의 동일시 대상임을 고려하여, 일상적인 언어, 사고방식, 태도, 행동 등에 유의하여 도덕적 모범이 되도록 한다.	• 교사는 언어의 구사 수준과 사고에 있어서 학생들에게 모범적인가?	교사 B
	• 교사의 수업을 이끌어가는 태도는 얼마만큼 품위 있는가?	교사 B
6) 학생들의 건전한 도덕성을 형성하기 위해서는 도덕과 수업을 내실 있게 운영해야 한다. 이를 위해 가정교육이나 타 교과에서 다루어지는 가치문제, 봉사활동, 체험학습, 교내행사, 학교에서 일상적으로 이루어지는 교사와 학생 간의 상호 작용 등을 도덕과 수업에 적절히 관련시킴으로써, 학생들이 도덕규범을 내면화하고 도덕적 실천 의지를 강화하는 데 도움이 되도록 한다.	• 교사는 풍부한 관련 자료들의 설명을 통해서 수업을 알차고 짜임새 있게 진행하는가?	교사 B
	• 교사는 학생들이 도덕규범을 생활화할 수 있도록 가정, 학교, 사회와 잘 연계시키는가?	학생 B
7) 도덕과 수업이 성과를 거두기 위해서는 학교의 적절한 교육 여건을 구비할 필요가 있다. 학교의 형편이 허락하는 한 체험학습을 위한 도덕실(예절실)이나, 중등학교의 도덕과 수업을 위한 교과 교실 등이 마련되어야 한다.	• 교사는 교실 환경을 도덕 수업에 적절하도록 구비하고 있는가?	환경 B
	• 교사의 학습 분량과 수업 시간의 안배는 적절한가?	교사 B

* 평가 기준 요인에서 A는 교사의 '이론적 교수 능력', B는 교사의 '실제적 교수 능력'을 가리킴.

---

8) 교육인적자원부, 『도덕과 교육과정』, 2007.

Ⅲ. 도덕과 수업 능력 평가의 단계와 요소

1. 도덕과 교사의 자격과 수업 능력의 평가

한 나라의 교육 수준은 그 나라의 교사 수준을 넘지 않는다는 말이 있다. 교사가 교육의 영역에서 차지하는 절대적인 비중을 의미심장하게 표현한 말일 것이다. 이에 '도덕 교사란 어떤 자격 요건을 갖춘 사람이어야 하는가?'에 대하여 숙고하는 일은 우수한 도덕 교사를 확보하는 데 절대적으로 필요하다. 따라서 도덕과 수업 능력의 평가는 한 수험생이 도덕 과목을 가르치게 될 교사로서의 기본적인 자질과 능력을 충분히 갖추고 있는지를 확인하는 기능을 갖는다.

도덕과 수업 능력의 평가는 무엇보다도 도덕 교사의 자격 기준을 기초로 하여 실행될 것이다. 이를테면, 도덕 교사의 자격 기준에 비추어 보아 수업 능력의 평가는 수험생의 다음과 같은 요소들을 측정하게 된다.[9] 즉, 도덕과 수업 능력을 평가하는 평가자는 수업을 실연할 수험생이

① 교직 사명감과 윤리적 가치관을 가지고 수업에 임하는가?
② 도덕·윤리 교과, 학생, 교육 상황에 적절한 교육과정을 개발·운영하는가?
③ 수업을 효과적으로 계획하고 운영하는가?
④ 평가를 통해 학습자의 도덕성 발달을 돕고자 하는가?
⑤ 교과에 대한 전문 지식을 갖추고 있는가?
⑥ 학생들의 도덕성 발달을 촉진시키기 위한 수업 환경을 조성하는가?
⑦ 도덕적 역할 모델이 되고 있는가, 또 유덕한 역할 모델을 제시하는가?

---

9) 한국교육과정평가원·한국도덕윤리과교육학회, 『표시과목「도덕·윤리」의 교사 자격기준 개발과 평가영역 상세화 및 수업능력평가 연구』, 서울 : 한국교육과정평가원, 2008, pp.16～25 참조.

⑧ 학생들에게 다양한 도덕적 실천의 기회를 부여하고 있는가?
⑨ 전문성 개발을 위해 끊임없이 노력하고자 하는가?
⑩ 우리 사회의 공통적인 가치 기반의 공고화를 위해 노력하고, 가정 및 공동체를 도덕교육의 협력자로 활용하고자 하는가?

등에 대하여 중점적으로 살펴보게 된다.

2. 도덕과 수업 능력 평가의 단계

수험생의 도덕 수업 능력에 대한 평가 절차는 '수업 이전, 수업 중, 수업 이후'의 세 단계로 구분할 수 있다. 물론 세 단계의 평가는 1장의 평가표에 의거하도록 해야 할 것이다(뒤쪽의 [표 2] 참조).

수업 능력의 평가는 이러한 세 단계에 걸쳐 수험생 1인당 20~50분 정도씩을 배정하여 이루어지도록 하는 것이 좋다. 각 시도 교육청은 여건에 따라 20~50분 안에서 시간을 지정할 수 있을 것이다(수업 지도안 작성 시간은 별도). 평가의 절차는 공정성과 객관성을 기하되, 수험생이 임용 후 실제 교실에서 발휘할 것으로 예상되는 수업 능력을 정확히 파악하는 데 관심을 기울일 필요가 있다.

최근 교사의 수업을 평가하는 과정은 단순히 교사의 수업을 관찰하면서 측정하는 일에 그치지 않고, 그가 이끌어가는 수업의 전 – 중 – 후 활동을 포괄하는 경향이 강하다. 이화진의 연구에 따르면, 교실 수업의 관찰만으로는 평가 기준의 달성 정도를 가늠하기 어렵다.[10] 원효언 역시 수업 평가 전문가들의 연구에서 제시된 수업 활동을 '수업 전 활동, 수업 실행, 수업 후 활동'으로 구분하였다.[11]

---

10) 이화진, *op. cit.*, pp.47~48.
11) 원효언, *op. cit.*, pp.44~45.

1) 수업 이전 평가 : 작성된 수업지도안에 대한 평가

도덕과 수업 능력의 평가는 수업을 실연하게 될 수험생으로 하여금 교수·학습 지도안(이하 수업지도안이라 함)을 직접 작성하게 하는 일에서 시작한다.

수험생이 작성하게 될 수업지도안의 내용은 도덕 교과서를 중심으로 구체적인 단원 및 쪽수와 시간을 지정하여 줄 수 있다. 이때 수업지도안 외에 수험생으로 하여금 형성평가지, 모둠별 토론평가지 등을 병행하여 작성하게 한다면, 그의 수업 설계 능력을 종합하여 측정하는 데 더욱 유익할 것이다. 또한 경우에 따라서는 교과서의 구체적인 단원과 쪽수를 지정하는 대신에 교과서의 내용과 관련하여 일정한 주제를 제시한 다음, 수험생이 동 주제에 대하여 창의적으로 수업지도안을 작성하는 방법을 택할 수도 있다.

모든 수험생이 동일한 내용을 지도하는 것으로 하며, 수험생에게 1시간 정도의 시간을 갖고 수업지도안을 작성하게 한다. 평가위원들은 수업지도안 작성에 필요할 것으로 예상되는 교과서 외에 관련 자료들을 비치하여 수험생의 수업지도안 작성을 돕도록 한다. 수업지도안 작성이 끝나면 1부를 복사하여 본인이 수업 실연을 위한 준비 자료로서 활용하도록 하고, 원본은 교육청에서 보관한다.

작성된 수업지도안에 대한 평가인 수업 이전 평가에 총 점수의 30%를 배정한다.

2) 수업 중 평가 : 수업의 실연에 대한 평가

수업의 실연은 작성된 수업지도안을 기초로 하여 진행하는 것을 원칙으로 한다. 또한 수업지도안에서 벗어나는 수업의 실연은 감점의 요인이 될 수 있음을 사전에 수험생에게 고지하며, 아울러 다양한 교재 및 교구를 사용하여 수업 진행을 하는 것을 권장한다.

수험생 1인당 20~50분 이내(수업 이후 평가 1~2분을 감안하여 '이내'로 표시하였음)의 수업을 진행하도록 하여, 수험생으로 하여금 수업 능력을 충분히 보여줄 수 있는 기회를 준다. 또한 수업의 실연에 필요한 교재나 교구는 수험생이 준비하는 것을 원칙으로 하되, 멀티미디어를 사용하여 수업을 진행하는 경우에 필요한 빔 프로젝터와 노트북 컴퓨터는 평가 장소에 사전에 비치한다.

수업의 실연에 대한 평가인 수업 중 평가에 총 점수의 65%를 배정한다.

3) 수업 이후 평가 : 수업 실연 후의 인터뷰에 대한 평가

평가위원들은 수업의 실연이 끝난 후 1~2분 정도의 시간 동안 수험생과 인터뷰함으로써 도덕 교사로서의 자질을 평가하는 추가의 기회를 갖는 것이 좋다. 수업 이후의 인터뷰에서 실연된 수업과 관련하여 다음과 같은 질문들이 다루어질 수 있다. 수준별 학습에 대한 이해, 학생들과의 올바른 의사소통 방법, 학습 목표의 적절성 여부, 특정의 교수·학습 방법을 선택한 이유, 모의 수업에 대한 수험생 본인의 자기 평가 등.

수업 실연 후의 인터뷰에 대한 평가인 수업 이후 평가에 총 점수의 5%를 배정한다.

3. 도덕과 수업 능력 평가위원의 구성

평가위원은 총 5명으로 구성할 수 있다. 이를테면, 사범대학 조교수 이상(혹은 동급 연구소 연구원)의 도덕교육 전문가 2명, 1급 정교사 자격증을 소지한 교육 경력 5년 이상의 현직 교사 2명, 시도 교육청 도덕 담당

장학사 1명으로 하는 것이다. 그리고 평가위원 중 1명을 지정하여 평가위원장의 임무를 부여하도록 한다.

평가위원들은 평가의 신뢰성과 공정성을 위하여, 수업 능력 평가를 실시하기 이전에 별도의 워크숍을 갖고 평가와 관련하여 충분히 논의하는 것이 좋다. 이때 시도 교육청은 이전에 실시했던 수업 실기 평가 혹은 심층 면접 자료(비디오 포함), 채점기준표 등을 준비하여 논의를 진행할 수 있다.

IV. 도덕과 수업 능력 평가의 예시 문항

도덕과 수업 능력 평가를 위한 예시 문항의 유형을 요약하면, 교과서의 구체적인 단원과 쪽수를 지정하여 주고 예비 교사인 수험생으로 하여금 수업지도안을 작성하게 한 다음, 실제로 그것을 가지고 수업을 실연하게 하는 것이다. 시도 교육청에 따라서는 교과서의 내용과 연계하되 구체적인 단원과 쪽수를 지정하는 대신에, 일정한 관련 주제를 정하여 주고 수험생으로 하여금 수업지도안을 작성하게 한 다음, 수업을 실연하게 할 수도 있을 것이다.

수업 능력 평가의 예시 문항은 평가의 단계별로 다음과 같이 제시될 수 있다.

1. 수업 이전 평가(수업지도안 작성)의 예시 문항

> 고등학교『도덕』교과서의 'Ⅰ-3-(3) 도덕 공동체의 구현 방향'중 '도덕 공동체 구현의 기본 원리'를 주제로 1시간 동안 수업을 하고자 한다.
>
> 1. 수업지도안을 주어진 양식에 의거하여 작성하시오.
> 2. 형성평가지(5지 선다형 1문제 출제)와 모둠별 토론평가지(평가 요소 써넣기)를 주어진 양식에 의거하여 각각 작성하시오.

- 기본 자료 주기
  - 교과서 : 고등학교『도덕』, Ⅰ-3-(1) 도덕 공동체의 구현 방향, 도덕 공동체 구현의 기본 원리(89∼91쪽)
- 읽기 자료 주기
  - 김미영,『현대공동체주의』, 파주 : 한국학술정보, 2006.
  - 존 롤즈,『정의론』, 서울 : 이학사, 2003.
- 작성 양식 주기
  - 수업지도안 양식
  - 형성평가지 양식
  - 모둠별 토론평가지 양식

2. 수업 중 평가(수업의 실연)의 예시 문항

- 작성된 수업지도안에 따른 수업의 실연을 관찰하는 것이므로 별도의 예시 문항은 필요하지 않다.

3. 수업 이후 평가(수업 실연 후의 인터뷰)의 예시 문항

> 교사가 이 수업을 위하여 특별히 … … 과(와) 같은 시청각 자료를 활용한 이유를 설명해 보시오.

Ⅴ. 도덕과 수업 능력 평가의 도구

도덕과 수업 능력 평가의 대상 영역은 크게 도덕 교사의 '이론적 교수 능력'과 '실제적 교수 능력'으로 이분할 수 있다.

아는 것과 행하는 것(혹은 가르치는 것)이 반드시 일치하지 않는다는 점은 주지의 사실이다. 우리는 수험생의 수업 능력에 대해서도 그의 '아는 것'과 관련된 이론적인 교수 능력과, '행하는 것'과 관련된 실제적인 교수 능력을 서로 구별하여 관찰할 필요가 있다.

이론적 교수 능력과 실제적 교수 능력의 두 가지 대영역은 그 하위 수준에서 각각 구체적인 소영역들을 포함한다. 이를테면 이론적 교수 능력은 '수업 설계, 내용 인지, 교수법 인지, 학생 이해' 등의 영역들로 구성되며, 실제적 교수 능력은 '학습 환경 조성, 수업 실행, 수업 반성' 등의 영역들로 구성된다.

평가의 소영역들은 다시 그 하위 수준에서 각각 구체적인 평가 요소들을 갖는다. 그리고 각각의 평가 요소에 대해서는 일정한 점수(5점)를 배당한다. 다만 수업 실연의 중요성을 감안하여 이론적 및 실제적 교수 능력에 관한 지표들 가운데 상대적으로 비중이 큰 지표들에 대해서는 가중치(2배수)를 부여하도록 한다. 이렇게 하여 전체적으로는 100점 만점으로 구성한다. 수험생의 수행 수준을 나타내는 점수는 '매우 우수(5점) – 우수(4점) – 보통(3점) – 미흡(2점) – 매우 미흡(1점)'의 계열에 따른다.

평가위원들은, 예시 문항에 따라 수업지도안을 작성한 다음 수업을 실연하는 수험생들에 대하여 다음과 같이 평가 도구를 활용할 수 있다.

1. 수업 이전 평가(작성된 수업지도안에 대한 평가)의 도구

수업 관찰 이전의 평가는 평가위원들이 단지 수업을 관찰하는 것만으로 평가하기 어려운 요소들에 대하여, 미리 제출된 수업지도안 및 관련 수업 자료들을 분석하여 평가하는 단계이다. 평가위원들은 수험생의 실제적인 수업을 관찰하기 이전에, 그가 어떤 요령으로 수업을 설계하고 있는지, 학습 내용을 분명하고 정확하게 인지하고 있는지 등에 관한 지적 능력을 먼저 살펴볼 필요가 있다. 평가위원들은 주로 예비 교사의 수업 설계와 내용 인지를 평가하게 된다. 전체 30점(4개 평가 요소)의 구체적인 평가 기준 지표와 배점은 다음과 같다.

- 교사의 '수업 설계' (20점)
  - 교사의 수업지도안은 그 학습 목표(교육과정과의 연계성 포함)에 대하여 정확하고 명료하게 기술하고 있는가? (5점)
  - 교사의 수업지도안은 그 형식(도입-전개-정리, 수업 기법 포함)에 있어서 적절하게 작성되어 있는가? (5점)
  - 교사의 수업지도안은 그 내용(지식, 교수학적 전환 포함)에 있어서 체계적으로 작성되어 있는가? (5×2=10점)

- 교사의 '내용 인지' (10점)
  - 교사는 가르치는 내용과 그 배경 지식에 대하여 확실하고 충분하게 이해하고 있는가? (5×2=10점)

2. 수업 중 평가(수업의 실연에 대한 평가)의 도구

수업 관찰 중의 평가는 평가위원들이 수험생의 설명과 실제의 교수 활동으로 이루어지는 수업의 실연을 관찰하면서 평가하는 단계이다. 평가위원들은 수험생의 교수법의 인지 또는 학생 이해와 같은 지적인 능력뿐 아니라, 학습 환경을 조성하고 실제로 수업을 실행하는 실제적인 교수 능력을 평가하게 된다. 전체 65점(9개 평가 요소)의 구체적인 평가 기준 지표와 배점은 다음과 같다.

 제3부 도덕교육의 교수·학습방법 및 평가

- 교사의 '교수법 인지' (10점)
  - 교사는 학생들로 하여금 교과 내용을 이해하게 하는 데 가장 적절한 교수·학습방법을 인지하고 있는가? (5×2=10점)
- 교사의 '학생 이해' (10점)
  - 교사는 학생들의 도덕성 발달 수준을 고려하여 수업을 지도하는가? (5점)
  - 교사는 학생들의 도덕적 능력이나 선행 지식 등 개인적 차이를 고려하여 수업을 지도하는가? (5점)
- 교사의 '학습 환경 조성' (5점)
  - 교사는 도덕적이고 민주적인 수업 분위기를 조성하고 있는가? (5점)
- 교사의 '수업 실행' (40점)
  - 교사는 학생들의 주의를 집중시키기 위하여 다양한 동기 유발의 활동을 하는가? (5점)
  - 교사의 설명이나 판서는 학생들로 하여금 학습 내용을 이해하게 하는 데 있어서 효과적인가? (5×2=10점)
  - 교사가 활용하는 수업 방법들(강의, 발표, 질문, 토론, 협동학습 등)은 학습 목표의 달성에 효과적인가? (5×2=10점)
  - 교사가 활용하는 자료나 매체는 학습 목표의 달성과 실천 의지의 함양을 위하여 적절한가? (5×2=10점)
  - 교사가 학생들에게 부과하는 과제는 적절하며 유의미한가? (5점)

3. 수업 이후 평가(수업 실연 후의 인터뷰에 대한 평가)의 도구

수업 관찰 이후의 평가는 평가위원들이 수업의 실연을 마친 수험생과 별도의 인터뷰를 통하여 그의 수업 후의 생각을 직접 들어보는 단계이다. 이때 평가위원들은 수험생의 수업 반성에 대하여 평가하게 된다. 전체 5점(1개 평가 요소)의 구체적인 평가 기준 지표와 배점은 다음과 같다.

- 교사의 '수업 반성' (5점)
  - 교사는 자신이 실연한 수업의 효과성에 대하여 스스로 어떻게 피드백을 하고 있는가? (5점)

이상의 설명을 요약하면 다음의 [표 2]와 같다.

[표 2] 도덕 교사의 수업 능력 평가표

평가위원 : 소속(   ) 직위(   ) 이름(   )

평가 단계	평가 영역		평가 요소	배점	점수				
	대영역	소영역			5	4	3	2	1
수업 이전 (작성된 수업 지도안)	이론적 교수 능력	수업 설계	• 교사의 수업지도안은 그 학습목표(교육과정과의 연계성 포함)에 대하여 정확하고 명료하게 기술하고 있는가?	5					
			• 교사의 수업지도안은 그 형식(도입-전개-정리, 수업 기법 포함)에 있어서 적절하게 작성되어 있는가?	5					
			• 교사의 수업지도안은 그 내용(지식, 교수학적 전환 포함)에 있어서 체계적으로 작성되어 있는가?	5×2					
		내용 인지	• 교사는 가르치는 내용과 그 배경 지식에 대하여 확실하고 충분하게 이해하고 있는가?	5×2					
수업 중 (수업 실연)	이론적 교수 능력	교수법 인지	• 교사는 학생들로 하여금 교과 내용을 이해하게 하는 데 가장 적절한 교수·학습방법을 인지하고 있는가?	5×2					
		학생 이해	• 교사는 학생들의 도덕성 발달 수준을 고려하여 수업을 지도하는가?	5					
			• 교사는 학생들의 도덕적 능력이나 선행 지식 등 개인적 차이를 고려하여 수업을 지도하는가?	5					
	실제적 교수 능력	학습 환경 조성	• 교사는 도덕적이고 민주적인 수업 분위기를 조성하고 있는가?	5					
		수업 실행	• 교사는 학생들의 주의를 집중시키기 위하여 다양한 동기 유발의 활동을 하는가?	5					
			• 교사의 설명이나 판서는 학생들로 하여금 학습 내용을 이해하게 하는 데 있어서 효과적인가?	5×2					
			• 교사가 활용하는 수업 방법들(강의, 발표, 질문, 토론, 협동학습 등)은 학습 목표의 달성에 효과적인가?	5×2					
			• 교사가 활용하는 자료나 매체는 학습 목표의 달성과 실천 의지의 함양을 위하여 적절한가?	5×2					
			• 교사가 학생들에게 부과하는 과제는 적절하며 유의미한가?	5					
수업 이후 (수업 실연 후 인터뷰)	실제적 교수 능력	수업 반성	• 교사는 자신이 실연한 수업의 효과성에 대하여 적절하게 피드백을 하고 있는가?	5					
합계				100					

참고문헌

곽영순, 『교사평가 수업평가』, 서울 : 원미사, 2005.

교육인적자원부, 『도덕과 교육과정』, 2007.

김국현, "도덕·윤리 교사의 수업능력과 그 평가 준거", 「윤리교육연구」 제13집, 2007, pp.202~206.

원효헌, 『수업평가의 이해와 적용』, 서울 : 교육과학사, 2002.

이화진, "수업평가 기준과 활용 방안", 『교과 장학과 교실 수업』, 서울 : 서울특별시교육청, 2007, pp.48~51.

임찬빈·차우규, 『수업평가 매뉴얼 : 도덕과 수업평가 기준』(ORM 2006-24-4), 서울 : 한국교육과정평가원, 2006.

한국교육과정평가원·한국도덕윤리과교육학회, 『표시과목 「도덕·윤리」의 교사 자격 기준개발과 평가영역 상세화 및 수업능력평가 연구』, 서울 : 한국교육과정평가원, 2008.

Barr, A. S., "Measurement of Teaching Ability", *Review of Educational Research*, vol.10, no.3, June 1940, pp.182~184.

Capper, Colleen A. & Frattura, Elise M., *Meeting the Needs of Students of All Abilities*, Thousand Oaks, CA : Corwin Press, 2008.

Carr, Wilfred, *Quality in Teaching*, London : Taylor & Francis, 2007.

Fay, Jim & Funk, David, *Teaching with Love and Logic*, Golden, CO : Love & Logic Press, 1995.

Manning, Renfro C., *The Teacher Evaluation Handbook*, San Francisco : Jossey-Bass, 2008.

Muijs, Daniel, *Assessing Teacher Effectiveness*, London : Taylor & Francis, 2007.

Wilkerson, Judy R. & Lang, William S., *Assessing Teacher Competency*, Thousand Oaks, CA : Corwin Press, 2007.

　도덕교육의 교과교육학적 탐구

저자 소개

강두호(姜斗浩) | 전북 임실 출생, 전주고등학교 졸업
서울시립대학교 법정대학 졸업(학사)
서울대학교 대학원 윤리교육과 졸업(석사, 박사)
로마 산타크로체대학교, 사피엔차대학교 연구
미국 조지타운대학교, 노트르담대학교 연구
현재 전북대학교 사범대학 윤리교육과 교수

저서·역서
『도덕교육의 교과교육학적 탐구』(2009)
『도덕과 인간의 선』(2008)
『도덕·윤리과 교육의 발전 방향과 과제』(2005, 공저)
『자연법 사회 윤리』(2003)
『도덕과 교육론』(2001, 공저)
『도덕·윤리 교과교육학개론』(1998, 공저)
『윤리학과 윤리교육』(1997, 공저)
『사회 윤리의 기초』(1997)
『인격교육과 덕교육』(1995, 공역)
『민주시민을 위한 윤리·도덕』(1992, 공저)
『현대 이데올로기』(1991, 공역)
『도덕·가치교육의 교수모형』(1989, 공역)

전북대학교 교과교육연구총서 ❹

도덕교육의 교과교육학적 탐구

초판 인쇄 2009년 11월 23일 | **초판 발행** 2009년 11월 30일
지은이 강두호
펴낸이 이대현 | **편집** 권분옥
펴낸곳 도서출판 역락 | **등록** 제303-2002-000014호(등록일 1999년 4월 19일)
주소 서울시 서초구 반포4동 577-25 문창빌딩 2층
전화 02-3409-2058(영업부), 2060(편집부) | **팩시밀리** 02-3409-2059
전자우편 youkrack@hanmail.net
ISBN 978-89-5556-735-9 93370

정가 34,000원

■ 잘못된 책은 교환해 드립니다.